Machine Learning for High-Risk Applications

머신러닝
리스크 관리 with 파이썬

| 표지 설명 |

표지 동물은 폴리페무스대왕귀신꽃무지^{giant African fruit beetle}(학명: *Mecynorrhina polyphemus*)입니다. 이전에는 라틴어 이름인 'Chelorrhina polyphemus'로 분류되었던 이 커다란 녹색 풍뎅이 딱정벌레는 꽃가루, 꿀, 꽃잎, 과일과 나무 수액을 주로 먹는 밝은 색의 딱정벌레 그룹인 꽃무지아과에 속하는 곤충입니다. 메시노리나과에서 가장 큰 딱정벌레로 몸길이가 35~80mm에 달합니다.

이 거대한 풍뎅이는 중앙 아프리카의 울창한 열대 우림에서 발견됩니다. 성충 암컷은 반짝이는 각기둥 모양의 갑각이 있고 수컷은 뿔이 있으며 벨벳이나 무광택의 색을 띠는 등 성적으로 이형성화되어 있습니다. 매력적이고 비교적 키우기 쉬운 딱정벌레로 곤충학자를 꿈꾸는 사람들에게 인기 있는 반려동물입니다. 이 사실은 서식지 파괴와 더불어 (적어도 한 연구에 따르면) 일부 지역에서 개체 수 감소의 요인으로 언급되었지만, 전반적으로는 여전히 흔한 편입니다.

오라일리 표지에 실린 많은 동물은 멸종 위기에 처해 있으며 모두 소중한 존재입니다. 이 책의 표지 그림은 조르주 쿠비에^{Georges Cuvier}의 『Histoire Naturelle』를 바탕으로 캐런 몽고메리^{Karen Montgomery}가 그렸습니다.

머신러닝 리스크 관리 with 파이썬

안정성과 신뢰성 높은 견고한 모델을 구축하는 방법

초판 1쇄 발행 2024년 5월 10일

지은이 패트릭 홀, 제임스 커티스, 파룰 판데이 / **옮긴이** 윤덕상, 이상만, 김경환, 김광훈, 장기식 / **펴낸이** 전태호
펴낸곳 한빛미디어(주) / **주소** 서울시 서대문구 연희로2길 62 한빛미디어(주) IT출판2부
전화 02-325-5544 / **팩스** 02-336-7124
등록 1999년 6월 24일 제25100-2017-000058호 / **ISBN** 979-11-6921-238-0 93000

총괄 송경석 / **책임편집** 서현 / **기획·편집** 박지영 / **교정** 김가영
디자인 표지·내지 최연희 / **전산편집** 백지선
영업 김형진, 장경환, 조유미 / **마케팅** 박상용, 한종진, 이행은, 김선아, 고광일, 성화정, 김한솔 / **제작** 박성우, 김정우

이 책에 대한 의견이나 오탈자 및 잘못된 내용은 출판사 홈페이지나 아래 이메일로 알려주십시오.
파본은 구매처에서 교환하실 수 있습니다. 책값은 뒤표지에 표시되어 있습니다.
한빛미디어 홈페이지 www.hanbit.co.kr / **이메일** ask@hanbit.co.kr

지금 하지 않으면 할 수 없는 일이 있습니다.
책으로 펴내고 싶은 아이디어나 원고를 메일(writer@hanbit.co.kr)로 보내주세요.
한빛미디어(주)는 여러분의 소중한 경험과 지식을 기다리고 있습니다.

Machine Learning for High-Risk Applications

머신러닝
리스크 관리 with 파이썬

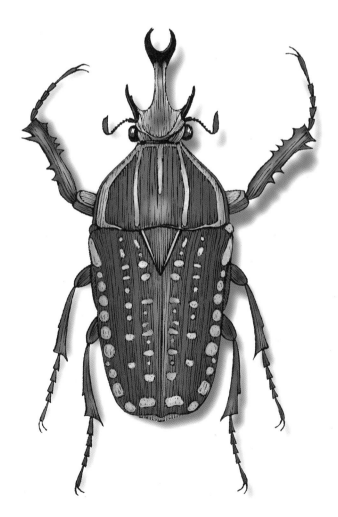

O'REILLY® 한빛미디어
Hanbit Media, Inc.

지은이 **패트릭 홀**Patrick Hall

BNH.AI의 수석 과학자로 포춘 500대 기업과 최첨단 스타트업에 AI 위험에 관해 자문을 제공하고, NIST의 인공지능 위험관리 프레임워크를 지원하는 연구를 수행하고 있다. 조지 워싱턴 경영대학원의 의사결정과학과 객원 교수로 데이터 윤리와 비즈니스 분석, 머신러닝 강의를 진행하고 있다.

BNH를 공동 설립하기 전에는 H2O.ai에서 책임 있는 AI 분야를 이끌면서 머신러닝의 설명 가능성 및 편향성 완화를 위한 세계 최초의 상용 응용 프로그램을 개발했다. 또한 SAS 연구소에서 글로벌 고객 지원 업무와 R&D 업무를 담당했다. 일리노이 대학교에서 계산화학을 전공한 후 노스캐롤라이나 주립대학교의 고급 분석 연구소를 졸업했다.

미국 과학, 공학 및 의학 아카데미National Academies of Science, Engineering, and Medicine, ACM SIG-KDD, 합동 통계 회의Joint Statistical Meetings에서 설명 가능한 인공지능과 관련 주제로 발표했다. McKinsey.com, 오라일리 레이더O'Reilly Radar, 톰슨 로이터 규제 인텔리전스Thompson Reuters Regulatory Intelligence 등의 매체에 글을 기고했으며, 그의 기술 성과는 『포춘Fortune』, 『와이어드Wired』, 『인포월드InfoWorld』, 『테크크런치TechCrunch』 등에 소개되었다.

지은이 **제임스 커티스**James Curtis

솔레아 에너지Solea Energy의 정량 분석가quantitative researcher로, 통계 예측을 사용해 미국 전력망의 탄소 배출을 감소하는 데 주력하고 있다. 이전에는 금융 서비스 조직, 보험사, 규제기관 및 의료 서비스 제공업체에 더 공정한 인공지능 및 머신러닝 모델을 구축하는 데 도움을 주는 컨설턴트로 활동했다. 콜로라도 광업대학교Colorado School of Mines에서 수학 석사학위를 받았다.

지은이 **파룰 판데이**Parul Pandey

전기공학을 전공했으며 현재 H2O.ai에서 수석 데이터과학자로 근무하고 있다. 이전에는 Weights & Biases에서 머신러닝 엔지니어로 근무했다. 또한 캐글Kaggle 노트북 부문의 그랜드마스터이며, 2019년에는 링크드인LinkedIn 소프트웨어 개발 부문에서 최고 목소리Top Voices 중 한 명으로 선정되었다. 다양한 출판물에 데이터과학 및 소프트웨어 개발을 주제로 한 여러 기사를 기고했으며, 책임 있는 AI와 관련된 주제에 대해 강연하고 멘토링 및 워크숍을 진행하는 등 활발하게 활동하고 있다.

●● 옮긴이 소개 ●

옮긴이 **윤덕상** yoondark@naver.com

고려대학교 정보보호대학원에서 정보보호 분야 박사학위를 취득했다. 삼성그룹, 롯데그룹, KT 그룹 등 대한민국 전자, 유통, 통신 핵심 대기업과 SECUI, Fasoo 등 정보보호 전문업체를 두루 거치면서 34년간 정보보호 실무자부터 정보보호최고책임자(CISO)에 이르기까지 정보보호 분야의 핵심 업무를 두루 경험한 정보보호 전문가다. 2015년 ISC2 2015 Asia Pacific ISLA Award, 2016년 제15회 K-ICT 정보보호대상 특별상, 2018년 제10회 SECURE KOREA 2018 대상, 2020년 소프트웨어 연구개발(R&D) 우수성과 장관상을 수상했다. 현재 모빌리티 보안 전문업체인 ㈜시옷에서 부사장으로 근무하며 성균관대학교 과학수사학과 겸임교수, 한국정보보호학회 부회장, 한국디지털포렌식학회 이사 등 정보보호분야에서 활발한 활동을 이어가고 있다.

옮긴이 **이상만**

동국대학교 전자계산학과를 졸업하고 삼성SDS, KDB산업은행, NH농협손해보험 등 대기업에서 12년간 정보보호 운영, 기획 등의 실무를 역임했다. 삼성그룹 정보보호 전문업체인 SECUI 등 정보보호 솔루션 업체에서 16년간 네트워크 기반 취약점점검 도구, 방화벽, PC 개인정보보호 솔루션, Endpoint 정보유출탐지 솔루션을 개발한 정보보호 분야 개발 전문가다. 현재 모빌리티 보안 전문업체인 ㈜시옷에서 미래 자동차 분야에서 국제표준 Smart 충전방식인 Plug&Charge(PnC) 보안인증 솔루션, Automotive 취약점 점검 솔루션 등의 개발을 담당하는 등 현역으로 활발한 연구개발 활동을 펼치고 있다.

옮긴이 **김경환** likebnb@hanyang.ac.kr

개발자의 길로 들어선 이후 강산이 세 번 바뀌었고 이제 네 번째도 중반을 넘어섰다. 코딩 자체도 좋아하지만, 다양한 분야의 전문가들로부터 요구사항을 듣고 분석하면서 새로운 지식을 습득하고 체계화하는 것을 즐긴다. 첫 직장에서 경험한 데이터베이스를 시작으로 데이터웨어하우스, 검색엔진, 빅데이터 그리고 인공지능에 이르기까지 여정에서 얻게 된 '살아 숨 쉬는 지혜'를 DIKW 이론을 빌려 주변에 설파하고 있다. '배운 것 남 주자'를 실천하기 위해 한양대학교 대학원과 학부에서 겸임교수로 '새로운 데이터역학을 주도하는 빅데이터시스템과 데이터과학', '자료구조와 알고리즘'을 가르치고 있다.

반도체 분야에 적용한 텍스트 마이닝 기반의 DLP 솔루션을 개발했고, ITS를 위한 빅데이터 플랫폼을 설계 및 구축했다. 현재는 모빌리티 보안 전문업체인 ㈜시옷에서 스마트카 보안의 핵심 기술인 vPKI와 이를 활용한 F-OTA, PnC 등의 솔루션 고도화에 매진하고 있다. 번역서로는 『Pandas를 이용한 데이터 분석 실습 2/e』(에이콘출판사, 2022)이 있다.

옮긴이 **김광훈** jeric.kim@gmail.com

고려대학교 정보보호대학원에서 석사과정을 졸업하고 성균관대학교 일반대학원 컴퓨터공학과에서 박사과정을 수료했다. 글로벌 컨설팅펌인 PwC와 Deloitte를 거쳐, 일본에서 NHN 그룹 보안총괄을 지냈고, 현재 한국의 IT기업에서 CISO/CPO로 재직 중이다. 또한 대통령직속 디지털플랫폼정부위원회 보안분과 전문위원으로도 활동하고 있다.

옮긴이 **장기식** honors@nate.com

경희대학교에서 대수학을 전공했으며 고려대학교 정보보호대학원에서 박사학위를 취득했다. 이후 약 10년간 경찰청 사이버안전국 디지털포렌식센터에서 디지털포렌식 업무를 담당했다. 경찰대학 치안정책연구소에서 데이터 분석을 접한 이후 데이터 분석을 기반으로 한 머신러닝 기술을 연구했으며, 이 경험을 바탕으로 스타트업에서 인공지능 기반 데이터 분석 업무부터 CCTV용 영상 분석에 이르기까지 다양한 머신러닝 및 인공지능 업무를 수행했다. 현재 모빌리티 보안 전문업체인 ㈜시옷의 CTO로서 자동차 사이버보안 및 데이터분석 솔루션 개발 및 연구를 책임지고 있다.

번역서로는 『보안을 위한 효율적인 방법 PKI』(인포북, 2003)을 비롯해 『EnCase 컴퓨터 포렌식』, 『인텔리전스 기반 사고 대응』, 『적대적 머신러닝』, 『사이버 보안을 위한 머신러닝 쿡북』, 『양자 암호 시스템의 시작』, 『스크래치로 배워보자! 머신러닝』, 『Pandas를 이용한 데이터 분석 실습 2/e』(이상 에이콘출판사)이 있다.

이 책의 번역 작업을 마무리하던 무렵인 2024년 3월 8일, 유럽연합 의회는 인공지능 기술을 안전하고 윤리적으로 사용할 수 있도록 하는 규제법안인 인공지능법[AI Act][1]을 승인했습니다. 이 법안은 인공지능 시스템의 개발, 배포, 사용에 대한 엄격한 규제를 마련해 인공지능 기술의 잠재적 위험성을 관리하고 사람 중심의 인공지능 기술 발전 촉진을 목적으로 제정되었습니다. 이 법안은 인공지능 기술을 '허용할 수 없는' 기술부터 고위험, 중위험, 저위험으로 분류하며 '허용할 수 없는' 기술은 금지합니다.

이 책에서 설명하는 의료 진단이나 금융 거래, 앞으로 다가올 자율주행 자동차 등 고위험 애플리케이션에서 발생하는 사고는 심각한 결과를 초래할 수 있습니다. 유럽연합을 시작으로 미국과 한국 등 전 세계 여러 나라에서 인공지능 기술 사용에 대한 규제를 강화하려는 현시점에서 고위험 애플리케이션에 적용되는 머신러닝 기술의 책임감을 확보하는 것은 그만큼 더욱 중요해졌습니다.

이 책은 고위험 애플리케이션에서 머신러닝 기술을 안전하고 책임감 있게 적용하는 데 중요한 지침을 제공합니다. 다음과 같은 내용을 주로 다루며, 인공지능 규제법안에 대응하는 필수 정보를 제공합니다.

- **편향 및 윤리 문제**: 모델 개발 과정에서 발생할 수 있는 편향과 윤리 문제 해결 및 완화 방법
- **모델 설명 및 책임감**: 고위험 애플리케이션에서 머신러닝 모델의 설명 가능성과 책임감 확보 방법
- **모델 평가 및 검증**: 고위험 애플리케이션에서 머신러닝 모델의 성능과 신뢰성 평가 및 검증 방법
- **모델 배포 및 관리**: 고위험 애플리케이션에서 머신러닝 모델을 안전하고 효율적으로 배포 및 관리하는 방법

이 책은 저자들이 경험한 실제 사례와 연구 결과를 통해 머신러닝 기술을 고위험 애플리케이션에 성공적으로 적용하는 방법을 보여줍니다. 또한, 유럽연합의 인공지능 규제법안의 주요 내용과 미국 위험관리 프레임워크 관련성을 분석하여 법안 준수를 위한 구체적인 방안을 제시합니다. 따라서 인공지능 규제법안 시대에 고위험 애플리케이션에서 머신러닝 기술을 책임감 있게

---

[1] https://www.europarl.europa.eu/news/en/press-room/20240308IPR19015/artificial-intelligence-act-meps-adopt-landmark-law

활용하는 데 필수적인 가이드라인 역할을 할 것입니다.

마지막으로, 좋은 번역서가 나올 수 있도록 고생하신 한빛미디어 편집자님들, 특히 박지영 에디터님과 김가영 교정자님께 감사드립니다. 두 분의 도움이 없었더라면 이 책은 빛을 보지 못했을 것입니다.

장기식

●● 감사의 말 ●

오라일리의 편집자 및 제작진, 특히 미셸 크로닌[Michele Cronin]과 그레고리 하이먼[Gregory Hyman], 카피 에디터인 리즈 휠러[Liz Wheeler], 인수 편집자인 레베카 노백[Rebecca Novack]과 니콜 버터필드[Nicole Butterfield]에게 감사드립니다. 기술 검토자인 나브딥 길[Navdeep Gill], 콜린 스타크웨더[Collin Starkweather], 하리옴 타트스태트[Hariom Tatstat], 로라 우스카테구이[Laura Uzcátegui]에게도 감사의 인사를 전합니다.

이 책의 긴 초고 작성과 편집 과정 내내 애정과 지원을 아끼지 않은 리사[Lisa]와 딜런[Dylan]에게 감사드립니다. 또한 지난 10년 동안 제게 도움을 주신 Institute for Advanced Analytics와 SAS 연구소, 조지 워싱턴 경영대학원, H2O.ai, SolasAI, AI Incident Database, NIST, BNH.AI 동료들에게도 감사의 인사를 전합니다.

패트릭 홀

한결같은 사랑으로 제 삶의 근간을 이루는 아내 린지[Lindsey]에게 이 책을 바칩니다. 내 아이들 아이작[Isaac]과 미카[Micah]는 이 책을 집필하는 데 큰 도움이 되지 않았지만, 그럼에도 고맙게 생각합니다. 마지막으로, 긴 시간 동안 통찰력 있는 토론을 해준 SolasAI의 동료들, 특히 닉[Nick]과 크리스[Chris]에게 감사의 인사를 전합니다.

제임스 커티스

이 책을 집필하는 동안 남편 마노즈[Manoj]와 아들 아그림[Agrim]의 사랑과 지지를 받을 수 있어서 정말 기뻤습니다. 두 사람 모두 제가 이 엄청난 작업을 끝낼 수 있도록 격려해주었을 뿐만 아니라 서재에서 몇 시간씩 책 작업에 몰두하는 것을 깊이 이해해주었습니다.

파롤 판데이

저명한 통계학자 조지 박스^{George Box}는 "모든 모델은 잘못되었지만, 일부는 유용하다"는 유명한 말을 남겼습니다. 이 사실을 인정해야만 위험관리를 효과적으로 할 수 있습니다. 머신러닝이 우리 삶의 중요한 결정을 점점 더 자동화하는 세상에서 모델 실패의 결과는 치명적일 수 있습니다. 위험을 완화하고 의도하지 않은 피해를 방지하려면 신중한 조치를 취해야 합니다.

2008년 금융 위기 이후 규제 당국과 금융기관은 은행의 안전을 보장하는 데 있어 모델의 위험관리 중요성을 인식하고 모델 위험관리^{MRM, model risk management}의 관행을 개선했습니다. 인공지능과 머신러닝이 널리 사용됨에 따라 모델 위험관리(MRM) 원칙이 위험관리에 적용되고 있습니다. 이런 발전의 예로는 미국 국립표준기술연구소^{NIST, National Institute of Standards and Technology}의 인공지능 위험관리 프레임워크^{RMF, Risk Management Framework}를 들 수 있습니다. 고위 관리직의 감독부터 조직 구조와 인센티브를 포함한 정책과 절차에 이르기까지 전체 프로세스에 대한 적절한 거버넌스^{governance}와 통제는 모델 위험관리 문화를 장려하는 데 매우 중요합니다.

홀과 커티스, 판데이는 이 책에서 머신러닝을 고위험 의사결정에 적용하는 프레임워크를 제시했습니다. 저자들은 강력한 거버넌스 및 문화의 중요성을 강조하는 데 기록된 모델 실패 사례와 새로운 규정을 활용해 설득력 있는 증거를 제시합니다. 안타깝게도 이런 원칙은 은행과 같은 규제 산업에만 적용되며, 다른 산업에는 거의 적용되지 않습니다. 이 책은 모델의 투명성과 거버넌스, 보안, 편향관리 등 다양한 주제를 다룹니다.

머신러닝에서는 모델의 다양성[1] 때문에 여러 모델의 성능이 같아질 수 있으므로 성능 테스트만으로는 충분하지 않습니다. 또한 머신러닝 모델은 설명 가능하고 안전하며 공정해야 합니다. 이 책은 본질적으로 해석 가능한 모델과 최근의 개발 및 적용 사례, 특히 소비자 금융과 같이 모델이 개인에게 영향을 미치는 경우를 강조한 최초의 책입니다. 이런 시나리오에서는 설명 가능성 표준과 규정을 엄격하게 적용하며, 설명 가능한 인공지능^{eXplainable AI}에 대한 사후 설명 가

---

1 옮긴이_ '모델의 다양성'이란 머신러닝에서 서로 다른 모델 구조, 알고리즘, 초매개변수를 사용해 학습한 모델들이 같은 데이터셋에 대해 비슷한 정확도나 성능 측정지표를 보이는 것을 의미한다. 모델의 복잡도나 데이터의 다양성, 잡음, 특성 선택 및 알고리즘의 다양성 등의 이유로 이런 현상이 발생할 수 있다. 따라서 서로 다른 모델이 비슷한 성능을 보이더라도 해당 모델이 어떻게 데이터를 처리하고 의사결정을 하는지 이해하는 것이 중요하다. 이런 이유로 설명 가능한 인공지능이 중요한 것이다.

능성$^{post\ hoc\ explainability}$ 접근방식은 상당한 어려움을 겪을 때가 많습니다.

신뢰할 수 있는 안전한 머신러닝 시스템을 개발하려면 모델의 약점을 엄격하게 평가해야 합니다. 이 책에서는 오차나 잔차 슬라이싱을 통한 모델의 결함 식별과 입력 손상에 따른 모델의 강건성 평가, 모델 출력의 신뢰성이나 불확실성 평가, 스트레스 테스트를 사용한 분포 변화에 따른 모델의 복원력 테스트 등 모델 디버깅 방법론과 함께 두 가지 사례를 자세히 제시합니다. 이런 주제는 고위험 환경에서 머신러닝을 개발하고 배포하는 데 매우 중요합니다.

머신러닝 모델은 역사적으로 소외된 집단에 부당한 피해를 줄 수 있으며, 이런 피해는 자동화 때문에 신속하면서도 대규모로 전달될 수 있습니다. 편향된 모델의 결정은 보호대상 집단에 불리한 영향을 미치며 사회적·경제적 불균형을 초래합니다. 이 책에서는 사회기술적 관점에서 모델의 공정성 문제를 해결하는 방법을 배울 수 있습니다. 또한 저자들은 모델 편향 제거 기술의 효과에 관한 연구를 자세히 설명하고 다양한 규제 대상 업종에 이런 기술을 적용하는 데 필요한 실용적인 조언을 제공합니다.

이 책은 실용적이면서도 독창적이며 시의적절합니다. 모델을 더 잘 이해하는 데 관심이 있는 데이터과학자나 기존 표준을 준수해야 하는 관리자, 조직의 위험관리를 개선하려는 경영진 등 어느 분야의 독자라도 이 어려운 주제에 관한 풍부한 통찰력을 얻을 수 있습니다.

아구수 수지안토
웰스 파고$^{Wells\ Fargo}$ 전무이사, 기업 모델 리스크 총괄 실용적이면서도 독창적이며 시의적절한 책입니다. 모델을 더 잘 이해하는 데 관심이 있는 데이터과학자나 기존 표준을 준수해야 하는 관리자, 조직의 위험관리를 개선하려는 경영진 등 어느 분야의 독자라도 이 어려운 주제에 관한 풍부한 통찰력을 얻을 수 있습니다.

아구수 수지안토
웰스 파고 전무이사, 기업 모델 리스크 총괄

이 필독서를 꼭 읽으세요. 최첨단 이론과 실무 경험이 어우러진 이 책은 AI의 해석 가능성과 설명 가능성, 그리고 보안의 복잡성을 다루는 모든 사람에게 혁신을 가져다줄 것입니다. 편향관리 등에 관한 전문적인 지침이 담긴 이 책은 AI 업계의 최신 유행어를 마스터하기 위한 최고의 가이드입니다. 경쟁에서 뒤처지지 않도록 이 책을 구입하세요!

마테우시 딤치크
메타[Meta] 머신러닝 부문 소프트웨어 엔지니어

이 책은 위험성이 높은 상황에서 머신러닝에 종사하는 모든 사람을 위한 포괄적이고 시의적절한 안내서입니다. 저자들은 규제와 위험관리, 해석 가능성 및 다른 여러 주제에 관한 개요를 제공하면서 실용적인 조언 및 코드 예제를 제공하는 멋진 일을 해냈습니다. 머신러닝 모델을 배포할 때 재난보다는 근면함을 선호하는 모든 사람에게 강력히 추천합니다.

크리스토프 몰나르
『해석 가능한 머신러닝[Interpretable Machine Learning]』 저자

머신러닝 애플리케이션이 성공하려면 모든 산업에서 공정성과 책임감, 투명성, 윤리를 고려해야 합니다. 고위험 애플리케이션을 위한 머신러닝은 이런 주제의 토대를 마련하고 다양한 사용 사례에 활용할 수 있는 귀중한 통찰력을 제공합니다. 모든 머신러닝 실무자에게 이 책을 강력히 추천합니다.

나브딥 길
H2O.ai 엔지니어링 매니저

책임 있는 AI를 간단하게 설명합니다.

하리옴 탓샛
『금융 전략을 위한 머신러닝』 공저자

급증하는 예측모델의 심층분석 수요에 대응하는 데 꼭 필요한 책입니다. 이 책은 매우 실용적이며 모델 디버깅과 편향, 투명성, 설명 가능성 분석과 같은 다양한 측면을 살펴보는 방법에 관한 명시적 조언을 제공합니다. 저자들은 표 형식의 데이터와 이미지 데이터 모두에 대해 다양한 종류의 모델을 분석한 방대한 경험을 공유합니다. 복잡한 모델을 책임 있게 다루고자 하는 모두에게 이 책을 추천합니다.

프셰미스와프 비체크
바르샤바 공과대학교 교수

머신러닝의 책임 있는 사용에 관한 신선하면서도 사려 깊고 실용적인 안내서입니다. 이 책에는 AI 재해와 피해를 예방하는 잠재력이 있습니다.

하쉬 싱갈
C3.ai 금융 서비스 부문 수석 AI 솔루션 이사

머신러닝의 시스템 위험을 해결하는 독특한 전술적 접근방식이 돋보이는 책입니다. 저자들은 원하는 결과를 얻으려면 필요한 경우 잠재적 위험(위협)을 제거하는 것이 매우 중요하며 머신러닝 성공의 핵심이라고 강조합니다. 특히 조직 구성원들이 머신러닝에 관한 의사결정을 내릴 때 올바른 역할을 맡도록 하는 데 중점을 두는 것이 도움이 됩니다. 이 책은 머신러닝 사용의 위험을 최소화하는 미묘한 접근방식을 사용해 독자에게 책임 있고 지속 가능한 방식으로 머신러닝 시스템을 성공적으로 배포할 수 있도록 하는 가치 있는 자원을 제공합니다.

리즈 그레넌
맥킨지 & 컴퍼니McKinsey & Company 디지털 신뢰 부문 부파트너 겸 글로벌 공동 책임자

이 책은 고위험 인공지능 애플리케이션에 대한 사회적 접근방식과 기술적 접근방식을 포괄적으로 검토하고, 실무자에게 책임 있는 AI의 핵심 개념과 일상 업무를 연결하는 데 유용한 기술을 제공합니다.

트리베니 간디
다타이쿠Dataiku의 책임 있는 AI 책임자

머신러닝과 AI의 잠재력을 최대한 활용하려면 단순히 모델의 정확성만으로는 부족합니다. 이 책은 설명 가능하고 편향이 없으며 강건한 모델에 있어서 중요하지만, 자주 간과하는 측면을 심층적으로 다룹니다. 또한 조직의 AI 계획이 성공하도록 문화 및 조직 모범사례에 관한 귀중한 통찰력을 제공합니다. 기술이 전례 없는 속도로 발전하고 규제가 이를 따라잡지 못하는 상황에서 실무자에게 시의적절하며 없어서는 안 될 책입니다.

벤 스타이너
컬럼비아 대학교Columbia University

머신러닝 모델은 본질적으로 매우 복잡하며 개발 과정에는 함정이 도사리고 있습니다. 이 분야의 실수는 많은 사람의 평판과 더불어 수십억 원, 심지어는 수조 원에 이르는 금전적 손실을 초래할 수 있습니다. 이 책은 지난 몇 년 동안 다른 수많은 머신러닝 시도처럼 실패하지 않고 강력한 머신러닝 모델을 설계, 개발, 배포하려는 모든 머신러닝 실무자에게 꼭 필요한 지식을 제공합니다.

실라드 파프카
에포크Epoch 수석 과학자

이 책은 시의적절하다고 해도 과언이 아닙니다. 머신러닝 모델을 만드는 사람에게는 이런 책이 자신이 만든 모델에서 발생할 수 있는 모든 편향과 영향을 고려하는 데 도움이 됩니다. 패트릭과 제임스, 파룰이 가독성 있고 이해하기 쉽게 책을 만들었습니다. 이 책은 모든 머신러닝 실무자의 책장에 꼭 있어야 하는 책입니다.

애릭 라바
분석학 부교수

이 책은 매우 시의적절한 책입니다. 데이터과학 및 AI 실무자는 모델의 실제 영향과 결과를 진지하게 고려해야 합니다. 이 책은 그들에게 동기를 부여하고 그렇게 할 수 있도록 도움을 줍니다. 이 책은 탄탄한 기술 정보를 제공할 뿐만 아니라 법률과 보안, 거버넌스, 윤리적 주제를 짜임새 있게 제공합니다. 참고 자료로 강력히 추천합니다.

호르헤 실바
SAS의 AI/ML 서버 책임자

AI 애플리케이션이 우리 삶의 모든 영역에 영향을 미치는 가운데, 특히 안전이 중요한 AI 애플리케이션을 책임 있게 개발하는 것이 중요합니다. 이 책의 저자들은 안전이 중요한 애플리케이션을 개발하는 데 필요한 핵심 측면과 문제를 실용적인 방식으로 명확하게 설명했습니다. 특히 위험성이 높고 중요한 AI 애플리케이션을 체계적이고 책임 있게 개발 및 테스트해야 한다면 이 책을 적극 추천합니다!

스리 크리슈나무르티
퀀트 대학교 QuantUniversity

조직에서 AI를 사용할 때 신뢰할 수 있는 자문가의 조언을 듣고 싶다면 이 책이 도움이 될 수 있습니다. 저자들은 지식과 경험을 모두 갖춘 입장에서 기술 및 일반적인 함정에 관한 기본 교육과 규제 및 사회적 문제, 관련성 있는 사례 연구, 실용적인 지침을 적절히 조합하여 제공합니다.

브렛 우젝
SAS의AI 제품 관리 책임자

오늘날 머신러닝ML, machine learning은 인공지능AI, artificial intelligence을 가장 상업적으로 실현한 하위 분야이다. 머신러닝 시스템은 고용과 보석bail, 가석방, 대출, 보안 등 전 세계 경제와 정부 전반에 걸쳐 영향력이 큰 여러 분야에서 고위험[1] 결정high-risk decision을 내리는 데 사용된다. 기업 환경에서는 소비자 대상 제품에서부터 직원 평가, 백오피스[2] 자동화back-office automation 등에 이르기까지 조직의 모든 부분에서 머신러닝 시스템을 사용한다. 실제로 지난 10년 동안 머신러닝 기술이 더 광범위하게 도입되었지만, 이에 따라 머신러닝은 운영자와 소비자는 물론 일반 대중에게도 위험이 될 수 있다는 사실이 드러났다.

모든 기술과 마찬가지로 머신러닝도 의도하지 않은 오용이나 의도적인 남용 때문에 실패할 수 있다. 2023년 현재, 알고리즘적 차별algorithmic discrimination과 데이터 프라이버시 침해data privacy violation, 학습 데이터 보안 유출training data security breaches 등 유해한 사건에 관한 공개 보고서가 수천 건에 달한다. 조직과 대중이 이 흥미로운 기술의 진정한 이점을 활용하려면 이런 위험을 완화해야 한다. 머신러닝의 위험에 대처하려면 실무자의 조치가 필요하다. 이 책이 준수하려는 초기 표준이 구체화하기 시작했지만, 머신러닝 실무에서는 아직 널리 인정받는 전문 자격증이나 모범사례가 부족하다. 따라서 머신러닝 기술을 세상에 배포할 때는 이에 따른 좋은 결과와 나쁜 결과의 책임을 전적으로 개별 실무자가 져야 한다. 이 책은 실무자가 모델 위험관리 프로세스를 제대로 이해하고 일반적인 파이썬Python 도구를 사용해 설명 가능한 모델을 학습하며 안정성과 안전성, 편향관리, 보안, 프라이버시 문제를 디버깅하는 새로운 방법을 제공한다.

> **NOTE** 인공지능(AI)의 정의는 스튜어트 러셀Stuart Russell과 피터 노빅Peter Norvig이 저술한 『인공지능: 현대적 접근방식』(제이펍, 2021)에서 정의한 "환경으로부터 신호를 받아 그 환경에 영향을 미치는 행동을 하는 지능형 시스템의 설계 및 구축하는 것"을 사용한다. 머신러닝(ML)의 정의는 아서 사무엘Arthur Samuel

---

1 옮긴이_ 'high stakes'란 위험이 많이 따르는 상황을 의미한다. 이 책에서의 'high stakes'는 책임감 있게 사용하지 않으면 심각한 피해를 줄 수 있는 인공지능 애플리케이션을 의미한다.

2 옮긴이_ 미국 마이크로소프트가 개발한 일련의 통신망 서버 소프트웨어 제품군. 윈도 NT 서버, SQL 서버(데이터베이스 서버), SNA 서버(범용기 접속용 서버), 시스템 관리 서버(SMS), 전자 우편 서버 등 5종류의 서버 소프트웨어로 구성된다. 부문 시스템에서부터 기간 시스템(backbone system)까지 기업의 정보 시스템에 필요한 서비스를 제공하는 것을 목적으로 한다(출처: 정보통신용어사전).

이 1960년대에 정의한 "명시적으로 프로그래밍하지 않고도 컴퓨터에 학습할 수 있는 능력을 부여하는 학문"을 사용한다.

대상 독자

이 책은 머신러닝이나 머신러닝 위험관리를 책임 있게 사용하는 방법을 배우려는 초중급 머신러닝 엔지니어 및 데이터과학자를 위한 기술서다. 코드 예제는 파이썬으로 작성했다. 하지만 파이썬으로 코딩하는 모든 데이터과학자와 엔지니어가 이 책의 대상 독자는 아니다. 이 책은 모델 거버넌스$^{model\ governance}$의 기본 사항을 배우고 워크플로^{workflow}를 개선해서 기본 위험 통제$^{risk\ control}$를 수용하려는 사람들에게 적합하다. 또한 특정 차별금지나 투명성, 프라이버시, 보안 표준을 준수해야 하는 사람들에게 적합하다(필자들은 규정준수^{compliance}를 보장하거나 법률 조언을 제공할 수 없다!). 설명 가능한 모델을 훈련하고, 해당 모델을 편집하고 디버깅하는 방법을 배우려는 사람들에게도 유용한 책이다. 마지막으로 이 책은 머신러닝 작업 시 자동화된 의사결정에서 발생하는 문제(예: 사회적 편견, 데이터 프라이버시 침해, 보안 취약점) 때문에 의도하지 않은 결과가 우려될 때, 이에 관한 조치를 취하려는 사람들에게 도움이 된다.

당연히 이 책은 다른 이들에게도 흥미로울 수 있다. 물리학이나 계량경제학^{econometrics}, 계량심리학^{psychometrics}과 같은 분야에서 머신러닝을 처음 접하는 사람이라면 이 책에서 기존 도메인 전문 지식과 타당성, 인과관계 개념을 새로운 머신러닝 기법에 결합하는 방법을 배울 수 있다. 이 책은 규제 기관이나 정책 전문가에게 법률이나 규정, 표준을 준수하는 데 사용할 수 있는 머신러닝 기술의 현재 상태에 관한 통찰력을 제공한다. 또한 기술 위험 임원이나 위험관리자에게 고위험 애플리케이션에 적합한 최신 머신러닝 접근방식의 최신 개요를 제공하는 데 도움이 된다. 전문 데이터과학자나 머신러닝 엔지니어는 이 책이 교육적일 뿐만 아니라 기존의 많은 데이터과학 관행에 도전한다는 것을 알게 될 것이다.

이 책의 목표

이 책에서는 머신러닝 워크플로와 시스템에 전통적인 모델의 위험관리나 사고대응, 버그 바운티[3], 레드 팀[4]과 같은 컴퓨터 보안 모범사례best practice와 결합해 실전 검증된 위험 통제를 적용하는 방법을 설명한다. 또한 설명 가능한 여러 구형 모델과 최신 모델 및 머신러닝 시스템을 더 투명하게 하는 설명 기법도 소개한다. 투명성이 높은 모델의 기초를 견고하게 다진 후에는 모델의 안전성safety과 신뢰성reliability를 테스트하는 방법을 알아본다. 모델이 작동하는 방법을 알면 작업이 더 쉬워질 것이다! 모델 평가용 데이터holdout data[5]로 모델의 품질을 측정하는 것을 넘어서 잔차 분석residual analysis, 민감도 분석sensitivity analysis, 벤치마킹과 같이 널리 알려진 진단 기법을 새로운 유형의 머신러닝 모델에 적용하는 방법을 살펴본다. 그런 다음 편향관리를 위해 모델을 구조화하고, 편향을 테스트하고, 조직과 기술 관점에서 편향을 해결하는 방법을 알아본다. 마지막으로 머신러닝 파이프라인과 API 보안을 설명한다.

> **NOTE** 유럽연합 인공지능법 초안Draft European Union AI Act에서는 생체인식과 중요 인프라 관리, 교육, 고용, 공공(예: 공공 지원), 민간(예: 신용대출) 필수 서비스, 법 집행, 이민 및 국경 통제, 형사 사법, 민주적 절차 등에 사용하는 머신러닝 애플리케이션을 고위험군으로 분류한다. 고위험 애플리케이션이라고 언급할 때 고려하는 머신러닝은 이런 유형이므로, 이 책의 코드 예제는 표 형식 데이터tabular data에 대한 컴퓨터 비전computer vision과 트리기반모형tree-based model에 중점을 두었다.

또한 이 책에서는 추정estimation과 의사결정을 위해 잘 정립된 머신러닝 방법에 중점을 두었으며, 다음과 같은 몇 가지 이유로 비지도학습이나 검색, 추천 시스템, 강화학습, 생성 AI는 자세

---

3 옮긴이_ 소프트웨어의 취약점을 발견하는 해커에게 보상금을 지급하는 제도다. 2012년 10월부터 한국인터넷진흥원에서 운영하며, 페이스북, 구글, 마이크로소프트 등 글로벌 기업에서도 시행한다(출처: 정보통신용어사전).

4 옮긴이_ '적팀' 또는 '침투 테스트 팀'이라고도 하며 조직의 보안을 위협하는 가상 공격을 모의하는 팀이다. 레드 팀은 조직의 보안 시스템과 프로세스를 평가하고, 취약점을 식별하고, 침해를 시뮬레이션하여 조직의 보안을 강화하는 역할을 한다.

5 옮긴이_ 'holdout data'는 머신러닝 모델을 개발하거나 평가할 때 사용하는 데이터셋 중 하나다. 머신러닝 모델을 훈련하고 테스트하는 데이터를 분리하여 사용하는데, 이때 'holdout data'는 일반적으로 모델의 성능을 평가하는 데 사용하는 데이터를 의미한다.

히 다루지 않았다.

- 이런 시스템은 아직 널리 사용하지 않는 상업용 생산 시스템이다.
- 더 복잡한 비지도학습이나 추천 시스템, 강화학습, 생성적 접근방식으로 넘어가기 전에 기초를 다져야 한다. 이 책은 나중에 복잡한 프로젝트를 수행할 수 있도록 기본에 초점을 맞추었다.
- 이런 시스템의 위험관리는 이 책에서 주로 다루는 지도학습만큼 제대로 이해할 수 없다. 이 책의 다른 부분에서도 자주 언급하듯이, 잘 알려지지 않은 모델을 장애 유형$^{failure\ mode}$과 완화^{mitigant}, 통제에 직접 사용하면 위험이 크게 높아질 수 있다.

앞으로도 이런 주제를 다시 다룰 수 있기를 바라며, 오늘날 이런 시스템이 긍정적이든 부정적이든 수십억 명의 사람에게 영향을 미치고 있음을 인정한다. 또한 약간의 창의력과 노력만 있다면 이 책이 소개하는 많은 기술과 위험완화, 위험관리 프레임워크를 비지도 모델과 검색, 추천, 생성 AI에 적용할 수 있다. 그리고 반드시 이런 노력이 필요하다.

NOTE 챗GPT^{ChatGPT}와 깃허브 코파일럿$^{GitHub\ Copilot}$ 같은 최첨단 생성 AI 시스템은 머신러닝이 우리 삶에 영향을 미치는 흥미로운 방식이다. 이런 시스템은 이전 세대의 비슷한 시스템을 괴롭혔던 편향 문제 일부를 해결한 것처럼 보인다. 그러나 고위험 애플리케이션에서 작업할 때는 여전히 위험을 초래할 수 있다. 고위험 애플리케이션으로 작업할 때 우려되는 점이 있다면 다음과 같은 간단한 보호장치를 고려해야 한다.

- **사용자 인터페이스에서 복사/붙여넣기를 하지 않는다.**
  생성된 콘텐츠를 직접 사용하지 않고 자체 콘텐츠를 인터페이스에 직접 붙여 넣지 않으면 지식재산권 및 데이터 프라이버시 위험을 제한할 수 있다.

- **생성된 모든 콘텐츠를 확인한다.**
  이런 시스템은 잘못되었거나 모욕적이거나 기타 문제가 있는 콘텐츠를 계속 생성한다.

- **자동화에 안주하지 않는다.**
  일반적으로 이런 시스템은 의사결정 지원보다는 콘텐츠 생성에 더 적합하다. 이런 시스템이 우리의 의도와는 다르게 의사결정을 대신하지 않도록 주의해야 한다.

NIST의 인공지능 위험관리 프레임워크와의 일치성

고위험 애플리케이션을 다루는 사람들에게 더 도움이 되도록, 이 책에서 제안하는 접근방식이 초기 미국 국립표준기술연구소의 인공지능 위험관리 프레임워크(NIST AI RMF)에 부합하는 부분을 강조한다. 외부 표준 적용은 잘 알려진 위험관리 전술이며, NIST는 권위 있는 기술지침technical guidance을 계속 발표한다. 인공지능 위험관리 프레임워크에는 많은 구성요소가 있지만, 두 가지 핵심 요소는 인공지능의 신뢰성에 대한 특성characteristic과 핵심 위험관리 프레임워크 지침이다. 신뢰성에 대한 특성은 인공지능 위험관리의 기본 원칙을 수립하지만, 핵심 위험관리 프레임워크 지침은 위험 통제를 구현하는 데 도움이 되는 조언을 제공한다. 이 책에서는 NIST의 인공지능 신뢰성에 대한 특성과 관련된 타당성validity, 신뢰성, 안전성, 보안security, 복원력resiliency, 투명성transparency, 책임감accountability, 설명 가능성explainability, 해석 가능성interpretability, 편향관리bias management, 강화된 프라이버시enhanced privacy 등의 어휘를 사용한다. 1부의 각 장 시작 부분에서는 표를 사용해 각 장의 내용이 핵심 NIST의 인공지능 위험관리 프레임워크의 매핑map과 측도measure, 관리, 거버넌스 기능의 특정 측면에 어떻게 연결되는지, 그리고 어디에 해당하는지를 알려준다. NIST의 인공지능 위험관리 프레임워크에 맞게 조정하면 더 효율적으로 이 책을 사용할 수 있다. 이 책이 효과적인 인공지능 위험관리 도구가 되기를 바란다.

CAUTION NIST는 이 책의 인공지능 위험관리 프레임워크와 관련된 모든 주장을 포함한 모든 내용을 검토, 승인, 용납하거나 다른 설명을 하지 않았다. 모든 인공지능 위험관리 프레임워크 콘텐츠는 필자들의 의견이지 NIST의 공식 입장이 아니며, NIST와 이 책 또는 저자 간의 공식 또는 비공식적인 관계를 반영하지 않는다.

이 책의 구성

이 책은 세 부분으로 나뉜다. 1부에서는 실제 애플리케이션 관점에서 문제를 다루고 필요한 경우 이론을 덧붙여 설명한다. 2부에서는 정형 데이터structured data와 비정형 데이터unstructured data 관점에서 1부 주제에서 다루는 긴 형식의 파이썬 코딩 예제를 소개한다. 3부에서는 실제 고위험 사용사례에서 성공하는 방법에 관해 어렵게 얻은 조언을 제시한다.

1부

1장은 계류 중인 규정regulation과 제조물 책임product liability에 관한 논의와 기존 모델 위험관리의 자세한 설명으로 시작한다. 이런 관행 대부분은 모델링에 다소 안정적이고 전문적인 접근방식을 가정해서 오늘날의 '빨리빨리' 문화와는 거리가 있으므로, 실패를 가정한 컴퓨터 보안 모범사례를 모델 거버넌스에 통합하는 방법도 설명한다.

2장에서는 급성장하는 설명 가능한 모델의 생태계를 소개한다. 일반화가법모형GAM, generalized additive model 계열을 가장 자세히 다루며, 다른 여러 유형의 고품질 및 고투명성 추정기estimator도 설명한다. 또한 다양한 사후 설명 기법도 개괄적으로 설명하지만, 다소 과장된 책임 있는 머신러닝 기법의 하위 분야인 이 기법의 엄격성과 알려진 문제점을 중점적으로 살펴본다.

3장에서는 모델의 검증validation을 다루지만, 실제로 모델의 가정과 실제 신뢰성을 테스트하는 방식으로 진행한다. 소프트웨어 테스트의 기본을 살펴보고 모델 디버깅 분야의 주요 내용도 다룬다.

4장에서는 머신러닝에서 공정성fairness과 편향의 사회기술적 측면sociotechnical aspect을 개괄적으로 살펴본 다음, 기술적 편향 측정과 개선remediation 접근방식을 알아본다. 그런 다음 차별적 영향과 차등 타당성differential validity 테스트를 포함한 편향 테스트를 자세히 다룬다. 또한 편향성 개선을 위해 확립된 보수적 방법과 최신 쌍대목적dual-objective과 대립적adversarial, 전처리/ 진행 중 처리/ 후처리 개선 기법을 모두 다룬다.

5장에서는 컴퓨터 보안의 기본부터 시작해 일반적인 머신러닝 공격과 대립적 머신러닝, 그리고 강건한robust 머신러닝까지 설명하면서 머신러닝 시스템을 레드 팀으로 만드는 방법을 소개하며 1부를 마무리한다.

1부의 각 장은 질로우Zillow의 아이바잉 사업 실패iBuying meltdown와 영국의 A급 스캔들, 자율주행 우버Uber의 치명적 충돌사고, 트위터의 첫 번째 편향 버그 바운티, 실제 머신러닝 우회 공격evasion attack과 같은 사례를 논의하며 마무리한다. 또한 각 장에서는 콘텐츠와 NIST의 인공지능 위험관리 프레임워크 간의 일치성을 설명한다.

2부

2부에서는 더 상세한 코드 예제를 사용해 1부의 아이디어를 확장한다. 6장에서는 기본적인 소비자 금융consumer finance 예제와 함께 설명 가능한 부스팅 머신EBM, Explainable Boosting Machine과 XGBoost, 설명 가능한 인공지능 기법을 살펴본다. 7장에서는 파이토치 이미지 분류기image classifier에 사후 설명 기법post hoc explanation technique을 적용한다. 8장에서는 소비자 금융 모델의 성능 문제를 디버깅하고 9장의 이미지 분류기에도 같은 작업을 한다. 10장에서는 편향 테스트 및 편향 개선과 관련해 상세한 예제를 살펴보고, 11장에서는 트리기반모형에 대한 머신러닝 공격과 대응책countermeasure에 관한 예제를 살펴본다.

3부

12장은 고위험 머신러닝 애플리케이션을 성공하게 하는 방법에 관한 더 일반적인 조언으로 마무리한다. '빠르게 움직이면서 문제를 해결하는 방식moving fast and breaking things'이 아니다. 일부 저위험 사용사례에는 빠르고 더러운 접근방식quick and dirty apporach을 적용해도 괜찮을 수 있다. 하지만 머신러닝이 더 많은 규제를 받고 더 많은 고위험 애플리케이션에 사용됨에 따라 무언가를 깨뜨리는 결과는 더 심각해졌다. 12장에서는 고위험 시나리오에 머신러닝을 적용하는 데 유용한 어렵게 얻은 실용적인 조언으로 마무리한다.

이 책에서는 오늘날 머신러닝에서 흔히 볼 수 있는 불투명하고 압축된 시간 프레임^{time-frame} 워크플로에 관한 합법적인 대안을 제공하려 한다. 이 책은 실무자가 매우 중요한 작업을 수행하는 데 도움이 되는 어휘와 아이디어, 도구, 기법을 제공한다.

예제 데이터셋

이 책에서는 두 가지 주된 데이터셋을 사용해 기법을 설명하거나 접근방식을 시연하고 그 결과를 설명한다. 이 데이터셋은 고위험 애플리케이션의 모델 학습에는 적합하지 않지만, 쉽게 접할 수 있는 예제 데이터셋이다. 또한 이 데이터셋의 단점을 통해 다양한 데이터와 모델링, 해석 오류^{interpretation pitfall}를 지적할 수 있다. 이 책에서 이 데이터셋을 여러 번 언급할 것이므로 책을 읽기 전에 데이터셋에 관한 감을 익히길 바란다.

대만 신용 데이터

정형 데이터를 다루는 6장, 8장, 10장, 11장에서는 캘리포니아 대학교 어바인 머신러닝 저장소^{University of California Irvine Machine Learning Repository}**6**나 캐글^{Kaggle}에서 제공하는 대만 신용 데이터^{Taiwan credit data}**7**를 약간 수정한 버전을 사용한다. 신용카드 기본값 데이터에는 2005년 대만의 신용카드 고객에 대한 인구통계 및 결제 정보가 포함된다. 일반적으로 이 데이터셋의 목표는 과거 결제상태^{past payment status}(PAY_*)와 과거 결제금액^{past payment amount}(BILL_AMT*), 청구금액^{bill amount}(BILL_AMT*)을 입력으로 사용해 고객이 다음 결제금액을 납부할지(DELINQ_NEXT = 0)를 예측하는 것이다. 통화 금액은 대만 달러다. 편향 테스트와 개선 접근방식을 설명하기 위해 (또

---

6 https://archive.ics.uci.edu/dataset/350/default+of+credit+card+clients

7 https://www.kaggle.com/datasets/jishnukoliyadan/taiwan-default-credit-card-clients

는 설명하고자) 이 데이터셋에 가상의 성별(SEX)과 인종(RACE) 항목을 추가했다. 결제정보를 입력특성[input feature]으로 사용하며, 머신러닝 시스템의 편향을 관리하는 모범사례에 따라 인구통계 정보는 모델의 입력으로 사용하지 않는다. 전체 데이터셋에 관한 설명은 [표 P-1]에서 확인할 수 있다.

표 P-1 신용카드 기본값 데이터 설명

이름	모델링 역할	형식	설명
ID	ID	Int	고유 행 식별자
LIMIT_BAL	입력	Float	이전 신용한도
SEX	인구통계 정보	Int	1 = 남성; 2 = 여성
RACE	인구통계 정보	Int	1 = 히스패닉, 2 = 흑인, 3 = 백인,* 4 = 아시아계
EDUCATION	인구통계 정보	Int	1 = 대학원, 2 = 대학교, 3 = 고등학교, 4 = 기타
MARRIAGE	인구통계 정보	Int	1 = 기혼, 2 = 미혼, 3 = 기타
AGE	인구통계 정보	Int	1 = 나이
PAY_0, PAY_2-PAY_6	입력	Int	과거 결제 내역: PAY_0 = 2005년 9월 상환 상태, PAY_2 = 2005년 8월 상환 상태, …, PAY_6 = 2005년 4월 상환 상태 상환상태 측정 척도: −1 = 제때 상환, 1 = 한 달 지연, 2 = 두 달 지연, …, 8 = 8개월 지연, 9 = 9개월 이상 지연
BILL_AMT1– BILL_AMT6	입력	Int	청구서 금액: BILL_AMT1 = 2005년 9월 청구서 금액, BILL_AMT2 = 2005년 8월 청구서 금액, …, BILL_AMT6 = 2005년 4월 청구서 금액
PAY_AMT1– PAY_AMT6	입력	Int	이전 결제 금액: PAY_AMT1 = 2005년 9월 결제 금액, PAY_AMT2 = 2005년 8월 결제 금액, …, PAY_AMT6 = 2005년 4월 결제 금액
DELINQ_NEXT	대상	Int	고객의 다음 달 결제 연제 여부: 1 = 연체, 0 = 정상

* 인종 인구통계 집단을 지칭할 때 '백인[White]'을 '흑인[Black]'과 함께 대문자로 표기해야 하는지에 관한 논쟁이 계속되고 있다. 이 책에서는 일반적으로 출판계와 학계의 권위 있는 목소리[authoritative voices][8]를 따라 '흑인'을 대문자로 표기하며, 이는 공유된 역사와 문화적 정체성을 인정하기 때문이다.

---

8 https://www.nytimes.com/2020/07/05/insider/capitalized-black.html

다음 장에서 살펴보겠지만, 이 데이터셋에는 몇 가지 병리적 결함이 있다. 이 데이터셋은 사용할 수 있는 고용량 머신러닝 추정기$^{\text{high-capacity ML estimator}}$를 학습하기에는 너무 작으며, `DELINQ_NEXT`의 거의 모든 값이 `PAY_0`으로 인코딩되었다. 이 책을 진행하면서 이 문제를 해결하고 다른 문제도 찾아보도록 한다.

캐글 흉부 엑스레이 데이터

딥러닝을 다루는 6장과 9장에서는 캐글에서 제공하는 흉부 엑스레이 이미지 데이터셋$^{\text{Chest X-Ray}}$ $^{\text{Images dataset}}$[9]을 사용한다. 이 데이터셋은 폐렴^{pneumonia}과 정상^{normal} 두 가지 클래스^{class}로 된 약 5,800장의 이미지로 구성된다. 이미지는 전문가들이 레이블링했다. 이 이미지는 중국 광저우시 여성아동의료센터에서 정기적인 치료 방문 중에 촬영해 비식별화된 흉부 엑스레이 이미지다. 폐렴 이미지의 예는 [그림 P-1]에서 확인할 수 있다.

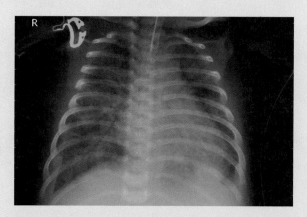

그림 P-1 캐글 흉부 엑스레이 데이터셋의 폐렴 이미지 예

---

9 https://www.kaggle.com/datasets/paultimothymooney/chest-xray-pneumonia

이 데이터셋에서 직면하게 될 주된 문제는 데이터가 적다는 것 외에도 전이학습$^{transfer\ learning}$ 작업과 데이터셋의 이미지 간의 불일치, 단축학습$^{shortcut\ learning}$[10]으로 이어질 수 있는 시각적 아티팩트$^{visual\ artifact}$[11], 그리고 모델링 결과의 타당성을 검증하는 데 필요한 도메인 전문지식의 필요성 등이다. 대만 신용 데이터와 마찬가지로 이 책에서는 이런 문제를 해결하고 더 많은 것을 알아보도록 한다.

코드 예제 사용하기

코드 예제나 연습문제 등의 자료는 다음 URL에서 확인할 수 있다(추후 코드 예제는 변경될 수 있다).

- https://oreil.ly/machine-learning-high-risk-apps-code

---

10 옮긴이_ 단축학습은 머신러닝 모델이 훈련과정에서 복잡한 문제를 풀기보다는 데이터셋의 특정 패턴을 학습하여 정확도를 높이는 현상을 말한다. 이 패턴은 모델의 목표를 충족하는 데 필수적이지 않지만, 모델이 학습하기 쉽고 정확도 향상에 큰 도움이 될 수 있다. 다만 편향 문제가 발생할 수 있다.

11 옮긴이_ 아티팩트는 인공지능(AI) 모델에 의해 생성된 부수적 또는 부정적인 결과다. 아티팩트는 모델의 성능을 저하하거나 모델의 결과를 왜곡할 수 있다. 아티팩트의 종류는 편향, 오류, 규제 등이 있으며 편향, 오차, 잡음, 이상값을 제거하는 데이터셋 정제 방법을 사용할 수 있다.

PART 1 인공지능 위험관리의 이론과 실제 적용 사례

1장 현대의 머신러닝 위험관리

2장   해석 및 설명 가능한 머신러닝

3장   안전성과 성능을 높이는 머신러닝 시스템 디버깅

4장 머신러닝 편향관리

5장   머신러닝 보안

PART **2** 인공지능 위험관리 실행하기

6장 설명 가능한 부스팅 머신과 XGBoost 설명

7장 파이토치 이미지 분류기

8장 XGBoost 모델 선택 및 디버깅

9장 파이토치 이미지 분류기 디버깅

10장 XGBoost를 사용한 편향 테스트 및 개선

11장 레드 팀 XGBoost

PART **3** 결론

12장 고위험 머신러닝에서 성공하는 방법

인공지능 위험관리의 이론과 실제 적용 사례

PART 1

## CHAPTER 1

현대의 머신러닝 위험관리

최고의 머신러닝 시스템을 구축하는 일은 문화적 역량과 비즈니스 프로세스에서 시작된다. 1장에서는 머신러닝의 성능을 개선하고 실제 안전과 성능 문제로부터 조직의 머신러닝을 보호하는 데 사용할 수 있는 다양한 문화와 절차적 접근방식을 알아본다. 또한 사람이 머신러닝 시스템을 적절하게 감독하지 않은 채 사용하면 어떤 일이 발생하는지를 보여주는 사례 연구도 소개한다.

1장에서 설명하는 접근방식의 주된 목표는 더 나은 머신러닝 시스템을 만드는 것이다. 이는 가상환경에서의 테스트 데이터$^{\text{in silico test data}}$**1** 성능 개선을 의미할 수도 있다. 하지만 실제로는 실제 환경$^{\text{in vivo}}$에 배포된 후 예상대로 작동하는 모델을 구축해 비용 손실이나 인명 피해 등을 유발하지 않는 것을 의미한다.

> **NOTE** **인 비보**(in vivo)란 라틴어로 '생명체 내부'를 의미한다. 이를 사람 사용자와 상호작용할 때 머신러닝 모델이 실제 세상에서 어떻게 작동하는지를 보여주기 위해 '생명체와의 상호작용'이라는 의미로 사용하기도 한다. 또한 **인 실리코**(in silico)는 '컴퓨터 모델링이나 컴퓨터 시뮬레이션을 사용해서'라는 의미로, 데이터과학자가 머신러닝 모델을 배포하기 전에 개발 환경에서 사용하는 테스트 데이터를 설명할 때 사용한다.

---

1 옮긴이_ 인 실리코 데이터셋은 컴퓨터 모델링 또는 시뮬레이션을 사용해 생성한 데이터셋이다. 실제 세계의 데이터와 비슷한 데이터를 생성할 수 있지만, 실제 세계의 데이터에 존재하는 모든 제약을 갖지는 않는다. 예를 들어, 인 실리코 데이터셋은 데이터가 편향되지 않으며 모든 데이터의 품질이 동일하다고 가정할 수 있다(출처: 바드).

1장에서는 현재의 머신러닝 법률 및 규제 환경과 몇 가지 초기 모범사례 지침에 관한 논의로 시작해 시스템 개발자의 안전과 성능에 관한 기본적인 의무 사항을 소개한다. 또한 이 책의 내용이 미국 국립표준기술연구소(NIST)의 인공지능 위험관리 프레임워크에 어떻게 부합하는지도 보여준다. 역사를 공부하지 않은 사람은 역사를 반복할 수밖에 없으므로, 1장에서는 인공지능 사고incident를 강조하면서, 인공지능 사고를 이해하는 일이 머신러닝 시스템의 적절한 안전과 성능에 왜 중요한지를 설명한다. 머신러닝 안전과 관련한 많은 문제에는 기술 사양을 넘어서는 사고thinking가 필요하므로 1장에서는 모델 위험관리와 정보기술 보안 지침, 그리고 다른 분야의 사례를 섞어 조직의 머신러닝 안전 문화safety culture와 프로세스를 개선하는 여러 아이디어를 제시한다. 마지막으로 안전 문화와 법적 파급 효과, 인공지능 사고에 초점을 맞춘 사례 연구로 마무리한다.

1장에서 논의하는 위험관리 접근방식들은 만병통치약이 아니다. 위험을 성공적으로 관리하려면 다양한 통제 방법 중에서 조직에 가장 적합한 방법을 선택해야 한다. 일반적으로 대규모 조직은 소규모 조직보다 더 많은 위험을 관리할 수 있다. 따라서, 대규모 조직은 다양한 부서를 통제해야 한다. 소규모 조직은 위험관리 전술을 신중하게 선택해야 한다. 결국 기술 위험관리의 많은 부분은 사람의 행동에 달려 있다. 조직이 어떤 위험 통제 방식을 구현하든지, 머신러닝 시스템을 구축하고 유지관리하는 **사람들**을 위한 강력한 거버넌스governance**2** 및 정책과 조화를 이루어야 한다.

1.1 법률 및 규제 환경 개요

머신러닝이 규제받지 않는다는 것은 잘못된 상식이다. 머신러닝 시스템은 법을 위반할 수 있으며 실제로도 위반한다. 머신러닝 시스템과 관련한 법률적 문맥legal context을 잊어버리거나 무시하면 조직에 매우 위험할 수 있다. 또한 머신러닝에 관한 법률 및 규제 환경은 복잡하며 빠르게 변화한다.

이 절에서는 중요한 법률과 규정을 파악할 수 있도록 간략하게 개괄적으로 소개한다. 먼저 계

---

2 옮긴이_ 거버넌스(governance)는 널리 쓰이지만 우리말로 번역하기 어려운 단어다. 기업이나 조직과 관련된 IT 분야에서는 '관리'나 '운영'이라는 의미로 사용한다. 이 책에서는 처음에 '관리'라는 용어로 번역하려고 했지만, 그 의미를 온전히 전달하지 못할 듯해 원 단어를 음차 표기했다.

류 중인 유럽연합 인공지능법AIA, EU AI Act부터 살펴본다. 그런 다음 머신러닝과 관련한 여러 미국 연방법US federal law과 규정, 데이터 프라이버시 및 인공지능에 관한 미국 주 및 지방자치법, 제조물 책임의 기본 사항을 설명하고, 최근 연방거래위원회FTC, Federal Trade Commission의 집행 조치enforcement action를 요약하며 마무리한다.

> **CAUTION** 저자들은 변호사가 아니며 이 책의 어떤 내용도 법률적인 조언이 아니다. 법과 AI의 교차점은 데이터과학자와 머신러닝 엔지니어가 단독으로 처리할 수 없는 매우 복잡한 주제다. 여러분이 작업하는 머신러닝 시스템에 법적인 문제가 있을 수 있다. 만일 그렇다면 실제 법률 자문을 구해야 한다.

1.1.1 유럽연합이 제안한 인공지능 법안

2021년 4월 21일 유럽연합은 인공지능에 관한 포괄적인 규정을 제안했고, 2023년 12월 9일에 유럽의회 의장단과 유럽의회 협상단은 이 규정에 잠정적으로 합의했으며, 마침내 2024년 3월 8일에 유럽연합 의회는 인공지능 기술의 안전하고 윤리적인 사용을 위한 인공지능법을 승인했다.[3] AIAEU AI Act[4]라고도 하는 이 인공지능 법안은 인간 행동의 왜곡과 소셜 신용점수, 실시간 생체인식 감시와 같은 용도로 인공지능을 사용하는 일을 금지한다. AIA는 형사 사법, 생체인식, 고용심사, 중요 인프라 관리, 법 집행, 필수 서비스, 이민 등의 분야를 고위험으로 간주하여 이런 분야에 문서화, 거버넌스, 위험관리 부담을 지운다. 제한적이거나 위험이 낮다고 간주하는 다른 용도로 사용할 때는 제작자와 운영자의 규정 준수compliance 의무가 적다. 유럽연합의 일반 개인정보보호법GDPR, General Data Protection Regulation이 미국을 비롯한 전 세계 기업의 데이터 처리 방식을 변화했듯이, 유럽연합의 인공지능 규정은 미국 및 기타 국제적인 인공지능 배포에 막대한 영향을 미치도록 설계되었다. 유럽연합에서 일하든 그렇지 않든 간에 우리는 인공지능 법안에 익숙해져야 한다. 용어를 정의하고 문서와 적합성 요구사항을 나열한 부록annexes[5](특히 부록 1과 3-8)을 읽어보면 도움이 될 것이다.

---

3 https://www.europarl.europa.eu/news/en/press-room/20240308IPR19015/artificial-intelligence-act-meps-adopt-landmark-law

4 https://artificialintelligenceact.eu

5 https://artificialintelligenceact.eu/annex/1/

1.1.2 미국 연방법 및 규정

미국 정부와 경제계에서는 수십 년 동안 알고리즘을 어떤 형태로든 사용해 온 만큼, 이미 많은 미국 연방법과 규정에서 인공지능과 머신러닝을 다룬다. 이러한 규정은 알고리즘에 의한 사회적 차별을 방지하는 데 초점을 맞추는 경향이 있지만, 투명성과 프라이버시 같은 여러 주제도 다룬다. 1964년과 1991년의 민권법Civil Rights Act과 미국 장애인법ADA, Americans with Disabilities Act, 신용기회평등법ECOA, Equal Credit Opportunity Act, 공정신용보고법FCRA, Fair Credit Reporting Act, 공정주택법FHA, Fair Housing Act은 고용과 신용대출, 주택 등의 분야에서 알고리즘에 의한 차별을 방지하려는 연방법의 일부다. 신용기회평등법과 공정신용보고법은 규정 B에서 더 구체적으로 시행되며, 머신러닝 기반 신용대출의 투명성을 높이고 신용 소비자의 구상권recourse rights을 보장하려고 노력한다. 신용대출 신청이 거부된 경우 대출기관은 거부 사유, 즉 **부당한 조치**adverse action를 명시하고 그런 결정을 내린 머신러닝 모델의 특성을 설명해야 한다. 제공된 추론이나 데이터가 잘못되었다면 소비자는 그 결정에 이의를 제기할 수 있어야 한다.

연방준비제도이사회Federal Reserve의 SR 11-7 지침[6]에 부분적으로 정의된 모델 위험관리 관행은 미국 대형 은행 규정 심사의 일부를 구성하며, 업무수행에 필수적인mission-critical 금융 애플리케이션에 사용되는 머신러닝의 우수하고 신뢰할 수 있는 성능을 위해 조직적이고 문화적이며 기술적인 프로세스를 설정한다. 1장의 대부분은 가장 많은 실전으로 검증된 머신러닝 위험관리 프레임워크(AI RMF)인 모델 위험관리 지침의 영향을 받았다. 1996년의 의료보험 양도 및 책임에 관한 법률HIPAA, Health Insurance Portability and Accountability Act과 가족교육권리 및 프라이버시 법FERPA, Family Educational Rights and Privacy Act과 같은 법률은 의료정보 및 학생에 관한 개인정보에 엄격한 기대치를 설정한다. GDPR과 마찬가지로 HIPAA 및 FERPA와 머신러닝의 상호작용은 중요하고 복잡하며 여전히 논쟁의 여지가 있다. 머신러닝 사용에 영향을 미치는 미국 법률을 모두 나열하지는 않았지만, 이 간략한 목록이 미국 연방정부가 규제할 만큼 중요하다고 판단한 사항에 관한 아이디어를 제공하기를 바란다.

1.1.3 주 및 지방자치법

미국 주와 시에서도 인공지능과 머신러닝에 관한 법과 규정을 제정했다. 자동화된 고용결정 도

---

6 https://www.fdic.gov/news/financial-institution-letters/2017/fil17022a.pdf

구의 편향 검사를 의무화하는 뉴욕시 지방법^{New York City Local Law} 144조는 당초 2023년 1월에 실행될 예정이었지만 4월 13일부터 시행되었다. 이 법에 따라 뉴욕시의 모든 주요 고용주는 자동화된 고용결정 소프트웨어에 편향 테스트를 실시하고 결과를 웹사이트에 게시해야 한다. 워싱턴 DC에서 제안한 알고리즘에 의한 차별금지법^{Stop Discrimination by Algorithms Act}은 차별금지와 투명성에 관한 연방정부의 기대치를 그대로 반영하려고 시도하며, DC에서 사업을 하는 기업이나 수많은 DC 시민의 데이터를 사용하는 기업을 대상으로 훨씬 더 광범위하게 적용된다.

많은 주에서 자체적으로 데이터 프라이버시 법안을 통과시켰다. 이러한 주 데이터 프라이버시 법은 기존 HIPAA 및 FERPA 연방법과 달리 의도적으로 AI와 머신러닝 사용을 부분적으로 규제하도록 설계되었다. 캘리포니아, 콜로라도, 버지니아 등의 주에서는 자동화된 의사결정 시스템의 투명성을 높이거나 편향을 줄이는 데이터 프라이버시 법을 통과시켰다. 일부 주에서는 생체인식 데이터나 소셜미디어도 규제 대상에 포함했다. 예를 들어, 일리노이주의 생체정보 프라이버시 법^{BIPA, Biometric Information Privacy Act}은 생체 데이터의 다양한 사용을 금지하며 일리노이주 규제 당국은 이미 시행 조치를 시작했다. 연방 데이터 프라이버시 또는 인공지능 법률의 부재와 이러한 새로운 주 및 지방자치법이 결합하면서 인공지능과 머신러닝 규정 준수 환경이 매우 복잡해졌다. 시스템의 용도나 산업분야, 지역에 따라 머신러닝의 사용 여부와 규제 수준이 달라진다.

1.1.4 기본 제조물 책임

소비자 제품 제조업체로서 데이터과학자와 머신러닝 엔지니어는 기본적으로 안전한 시스템을 만들어야 할 의무가 있다. 브루킹스 연구소^{Brookings Institute}의 최근 보고서인 「AI 피해에 대처하기 위한 제조물 책임법」[7]을 인용하자면 '제조업체는 합리적으로 예측할 수 있는 방식으로 제품을 사용할 때 안전한 제품을 만들어야 한다. 인공지능 시스템을 예측할 수 있는 방식으로 사용했음에도 해를 끼친 경우, 원고는 제조업체가 그 결과의 가능성을 인지하지 못한 과실이 있다고 주장할 수 있다.' 자동차나 전동공구 제조업체와 마찬가지로 머신러닝 시스템 개발업체도 과실 및 안전에 관한 광범위한 법적 기준을 준수해야 한다. 제품 안전은 법적·경제적 분석의 대상이 되어 왔지만, 이 절에서는 과실에 관한 초기의 간단한 기준 중 하나인 핸드 룰^{Hand rule}[8]을

---

7 https://www.brookings.edu/articles/products-liability-law-as-a-way-to-address-ai-harms/

8 옮긴이_ 핸드 룰은 1947년 미국 연방 항소법원 판사인 런드 핸드가 제시한 과실에 관한 법적 기준이다. 이 룰은 제품 제작자가 합리적으

중심으로 설명한다. 이는 런드 핸드Learned Hand 판사의 이름을 따 1947년에 만들어졌다. 머신러닝 제품 개발사가 과실 및 주의의무due diligence에 관해 생각할 수 있도록 실행 가능한 프레임워크를 제공한다. 핸드 룰에 따르면 제조업체에는 주의의무가 있으며, 이 주의의무에 소요되는 자원resource은 항상 제품과 관련된 사고 발생 가능성의 비용보다 커야 한다. 이를 수식으로 표현하면 다음과 같다.

$$부담 \geq 위험 = (사고\ 발생\ 확률) \times (피해의\ 정도)$$

조금 더 쉽게 말하자면, 조직은 예상할 수 있는 위험과 관련된 비용에 상응하는 수준으로 시간, 자원, 비용을 지불해야 한다. 그렇지 않으면 책임을 물을 수 있다. [그림 1-1]에서 부담burden은 기하급수적으로 증가하는 선이며, 사고 발생 확률에 피해 정도를 곱한 값인 위험은 기하급수적으로 감소하는 선이다. 이러한 선은 특정 측정값과 관련이 없지만, 이 포물선 모양은 모든 머신러닝 시스템의 위험을 제거하는 마지막 단계에서 나타나는 문제를 반영한다. 또한 합리적인 분계점threshold 이상으로 주의를 기울이면 위험 감소에 따른 수익도 줄어든다는 점을 보여준다.

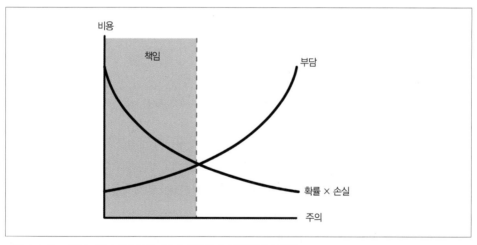

그림 1-1 핸드 룰('사고법의 대체 책임 기준에 대한 경제적 분석'[9]에서 발췌)

로 예측 가능한 방식으로 사용될 때 안전한 제품을 만들어야 할 의무가 있음을 명시한다. 핸드 룰에 따르면 사고 발생 확률과 발생할 경우의 피해 정도가 사고방지를 위한 사전 조치를 하는 데 드는 비용보다 크다면, 사회 통념상 요구되는 위험방지조치를 다 하지 않은 것으로 본다.

9 https://cyber.harvard.edu/bridge/LawEconomics/neg-liab.htm

핸드 룰의 양quantity을 계산하는 데 많은 자원을 투입할 수 있지만, 머신러닝 시스템을 설계할 때는 이러한 과실과 책임의 개념을 고려하는 것이 중요하다. 특정 머신러닝 시스템의 사고 발생 확률이 높거나, 시스템 사고와 관련한 재정적 또는 기타 손실이 크다면 조직은 해당 시스템의 안전을 보장하는 데 추가 자원을 투입해야 한다. 또한 조직은 주의의무가 추정장애확률estimated failure probability에 추정손실estimated loss을 곱한 값보다 크다는 것을 최선을 다해 문서로 기록해야 한다.

1.1.5 연방거래위원회의 집행

실제로 우리는 어떻게 곤란에 처하게 될까? 규제 대상 산업에서 일한다면 규제기관을 잘 알 것이다. 하지만 자신의 업무가 규제 대상인지, 법이나 규제의 경계를 넘어서면 어떤 기관이 처벌을 내릴지를 모른다면 가장 먼저 고려해야 할 기관은 미국 연방거래위원회일 것이다.

연방거래위원회는 불공정하거나 속임수를 쓰거나 약탈적인 거래 관행에 크게 관심을 기울이며, 불과 3년 만에 최소 3개의 저명한 머신러닝 알고리즘을 중단할 이유를 찾았다. 연방거래위원회는 새로운 집행 도구enforcement tool인 **알고리즘 환수**algorithmic disgorgement를 사용해 알고리즘과 데이터를 삭제할 수 있으며, 일반적으로 위반 알고리즘의 향후 수익 창출을 금지할 수 있다. 케임브리지 애널리티카Cambridge Analytica[10]는 2016년 대선을 둘러싼 기만적인 데이터 수집 관행으로 이 같은 처벌을 받은 첫 번째 기업이었다. 에버앨범Everalbum[11]과 웨이트 와처스WW, Weight Watchers[12]도 과징금 처분을 받았다.

---

10 *https://www.ftc.gov/system/files/documents/cases/d09389_comm_final_orderpublic.pdf*
11 *https://www.ftc.gov/system/files/documents/cases/1923172_-_everalbum_decision_final.pdf*
12 *https://www.ftc.gov/system/files/ftc_gov/pdf/wwkurbostipulatedorder.pdf*

연방거래위원회는 인공지능과 머신러닝에 관한 연방법을 집행하겠다는 의지에 대해 조용한 태도로 일관해 왔다. 연방거래위원회 위원들은 알고리즘과 경제적 정의에 관한 장문의 논문[13]을 작성했다. 또한 집행 조치에 따른 불쾌감을 피하려는 기업을 위해 고수준의 지침을 제공하는 블로그 게시물을 최소 두 건 이상 게시했다. 이 블로그에서는 기업이 취해야 할 여러 가지 구체적인 조치를 강조한다. 예를 들어, '인공지능 및 알고리즘의 사용'[14]이라는 블로그 게시물에서 연방거래위원회는 소비자가 사람처럼 행동하는 머신러닝 시스템과 상호작용하도록 오도해서는 안 된다는 점을 분명히 한다. 책임감accountability은 방금 소개한 '인공지능 및 알고리즘의 사용'과 '기업의 인공지능 사용 목표는 진실과 공정, 형평성'[15] 등 관련 간행물에서 다루는 주요 주제다. 연방거래위원회는 '기업의 인공지능 사용의 목표는 진실과 공정, 형평성'에서 '스스로 책임지거나 연방거래위원회가 대신할 것'이라고 명시했다. 규제기관에서 이렇게 직접적으로 표현하는 일은 매우 이례적이다. 연방거래위원회는 '인공지능 및 알고리즘의 사용'에서 '스스로를 책임지는 방법과 독립적인 기준이나 독립적인 전문 지식을 사용해 한발 물러서서 인공지능을 평가할 것인지를 고려하라'고 제시했다. 다음 절에서는 책임감을 높이고, 더 나은 제품을 만들고, 잠재적인 법적 책임을 줄일 목적으로 사용할 수 있는 몇 가지 새로운 독립 기준을 소개한다.

1.2 권위 있는 모범사례

오늘날 데이터과학에는 전문적인 기준과 인증이 거의 없지만, 일부 권위 있는 지침이 등장하기 시작했다. 국제표준화기구(ISO)는 인공지능에 관한 기술 표준technical standards for AI[16]의 윤곽을 잡기 시작했다. 모델이 ISO 표준에 부합하는지 확인하는 것은 머신러닝 작업에 독립적인 표준을 적용하는 한 가지 방법이 될 수 있다. 특히 미국의 데이터과학자들에게 NIST의 인공지능 위험관리 프레임워크는 주목해야 할 매우 중요한 프로젝트다.

인공지능 위험관리 프레임워크의 버전 1은 2023년 1월에 나왔다. 이 프레임워크는 타당성, 신

---

13 algorithms and economic justice. https://law.yale.edu/sites/default/files/area/center/isp/documents/algorithms_and_economic_justice_master_final.pdf

14 https://www.ftc.gov/business-guidance/blog/2020/04/using-artificial-intelligence-and-algorithms

15 https://www.ftc.gov/business-guidance/blog/2021/04/aiming-truth-fairness-equity-your-companys-use-ai

16 https://www.iso.org/committee/6794475.html

뢰성, 안전성, 보안, 복원력, 투명성, 책임감, 설명 가능성, 해석 가능성, 편향관리, 강화된 프라이버시 등 인공지능 시스템의 '신뢰성trustworthiness'에 관한 특성을 제시한다. 그런 다음 신뢰성을 달성하는 데 필요한 네 가지 조직 기능인 매핑map, 측정, 관리, 거버넌스에 걸쳐 실행할 수 있는 지침을 제공한다. 이 네 가지 기능의 지침은 더 세부적인 범주와 하위 범주로 나뉜다. 이러한 범주의 지침을 확인하려면 위험관리 프레임워크[17]나 더 자세한 제안을 제공하는 인공지능 위험관리 프레임워크 플레이북playbook[18]을 참고한다.

> **NOTE** NIST의 인공지능 위험관리 프레임워크는 인공지능과 머신러닝 시스템의 신뢰성을 개선하는 **자율도구**voluntary tool다. 인공지능 위험관리 프레임워크는 규제가 아니며 NIST도 규제기관이 아니다.

1부에서는 각 장의 내용이 인공지능 위험관리 프레임워크에 어떻게 연결되는지를 알아본다. 필자의 조언과 규제기관 및 권위 있는 지침 발행자들의 조언을 따르는 데 도움이 될 것이다. 이 단락을 따라가다 보면 각 장의 소제목이 인공지능 위험관리 프레임워크의 하위 범주 중 어디에 해당하는지 보여주는 표를 볼 수 있다. 이 표를 사용하면 각 장에서 설명하는 접근방식이 인공지능 위험관리 프레임워크를 준수하는 데 유용할 것이다. 하위 범주의 조언은 때로 머신러닝 실무자에게 추상적으로 들릴 수 있어 위험관리 프레임워크의 범주에 맞는 실무적인 설명을 제공한다. 이는 위험관리 프레임워크를 실제 환경 머신러닝 배포에 맞추도록 하는 데 도움이 될 것이다. 교차표에서 1장의 내용이 인공지능 위험관리 프레임워크의 어느 부분에 해당하는지 확인하고, 1부 각 장의 시작 부분에서 비슷한 표를 찾아보길 바란다.

NIST의 인공지능 위험관리 프레임워크 교차표

장/절	NIST의 인공지능 위험관리 프레임워크 하위 범주
1.1 법률 및 규제 환경 개요	GOVERN 1.1, GOVERN 1.2, GOVERN 2.2, GOVERN 4.1, GOVERN 5.2, MAP 1.1, MAP 1.2, MAP 3.3, MAP 4.1, MEASURE 1.1, MEASURE 2.8, MEASURE 2.11

---

17 https://nvlpubs.nist.gov/nistpubs/ai/NIST.AI.100-1.pdf
18 https://airc.nist.gov/AI_RMF_Knowledge_Base/Playbook

장/절	NIST의 인공지능 위험관리 프레임워크 하위 범주
1.2 권위 있는 모범사례	GOVERN 1.2, GOVERN 5.2, MAP 1.1, MAP 2.3
1.3 AI 사고	GOVERN 1.2, GOVERN 1.5, GOVERN 4.3, GOVERN 6.2, MEASURE 3.3, MANAGE 2.3, MANAGE 4.1, MANAGE 4.3
1.4.1 조직의 책임감	GOVERN 1, GOVERN 2, GOVERN 3.2, GOVERN 4, GOVERN 5, GOVERN 6.2, MEASURE 2.8, MEASURE 3.3
1.4.2 효과적인 이의 제기의 문화	GOVERN 4, MEASURE 2.8
1.4.3 다양하고 경험이 풍부한 팀	GOVERN 1.2, GOVERN 1.3, GOVERN 3, GOVERN 4.1, MAP 1.1, MAP 1.2, MEASURE 4
1.4.4 개발한 제품 직접 사용해보기	GOVERN 4.1, MEASURE 4.1, MEASURE 4.2
1.4.5 빠르게 움직이면서 문제 해결하기	GOVERN 2.1, GOVERN 4.1
1.5.1 장애 유형 예측하기	GOVERN 1.2, GOVERN 1.3, GOVERN 4.2, MAP 1.1, MAP 2.3, MAP 3.2, ANAGE 1.4, MANAGE 2
1.5.2의 '위험 계층화'	GOVERN 1.2, GOVERN 1.3, GOVERN 1.4, GOVERN 5.2, MAP 1.5, MAP 4, MAP 5.1, MANAGE 1.2, MANAGE 1.3, MANAGE 1.4
1.5.2의 '모델 기록문서'	GOVERN 1, GOVERN 2.1, GOVERN 4.2, MAP, MEASURE 1.1, MEASURE 2, MEASURE 3, MEASURE 4, MANAGE
1.5.2의 '모델 모니터링'	GOVERN 1.2, GOVERN 1.3, GOVERN 1.4, GOVERN 1.5, MAP 2.3, MAP 3.5, MAP 4, MAP 5.2, MEASURE 1.1, MEASURE 2.4, MEASURE 2.6, MEASURE 2.7, MEASURE 2.8, MEASURE 2.10, MEASURE 2.11, MEASURE 2.12, MEASURE 3.1, MEASURE 3.3, MEASURE 4, MANAGE 2.2, MANAGE 2.3, MANAGE 2.4, MANAGE 3, MANAGE 4
1.5.2의 '모델 인벤토리'	GOVERN 1.2, GOVERN 1.3, GOVERN 1.4, GOVERN 1.6, MAP 3.5, MAP 4, MANAGE 3
1.5.2의 '시스템 검증 및 프로세스 감사'	GOVERN 1.2, GOVERN 1.3, GOVERN 1.4, GOVERN 2.1, GOVERN 4.1, GOVERN 4.3, GOVERN 6.1, MAP 2.3, MAP 3.5, MAP 4, MEASURE, MANAGE 1
1.5.2의 '변경 관리'	GOVERN 1.2, GOVERN 1.3, GOVERN 1.4, GOVERN 1.7, GOVERN 2.2, GOVERN 4.2, MAP 3.5, MAP 4, MEASURE 1.2, MEASURE 2.13, MEASURE 3.1, MANAGE 4.1, MANAGE 4.2

장/절	NIST의 인공지능 위험관리 프레임워크 하위 범주
1.5.3의 '모델 감사 및 평가'	GOVERN 1.2, GOVERN 1.3, GOVERN 1.4, GOVERN 2.1, GOVERN 4.1, MAP 3.5, MAP 4, MEASURE, MANAGE 1
1.5.3의 '영향 평가'	GOVERN 1.2, GOVERN 1.3, GOVERN 1.4, GOVERN 2.1, GOVERN 4.1, GOVERN 4.2, GOVERN 5.2, MAP 1.1, MAP 2.2, MAP 3.1, MAP 3.2, MAP 3.5, MAP 5, MEASURE 3, MANAGE 1
1.5.3의 '이의 제기, 재정의, 옵트아웃'	GOVERN 1.1, GOVERN 1.2, GOVERN 1.4, GOVERN 1.5, GOVERN 3.2, GOVERN 5, MAP 3.5, MAP 5.2, MEASURE 2.8, MEASURE 3.3, MANAGE 4.1
1.5.3의 '페어 프로그래밍 및 이중 프로그래밍'	GOVERN 4.1, GOVERN 5.2, MAP 3.5
1.5.3의 '모델 배포를 위한 보안 권한'	GOVERN 1.4, GOVERN 4.1, GOVERN 5.2, MAP 3.5, MAP 4.2
1.5.3의 '버그 바운티'	GOVERN 5, MAP 3.5, MAP 5.2, MEASURE 3
1.5.3의 '인공지능 사고대응'	GOVERN 1.2, GOVERN 1.5, GOVERN 4.3, GOVERN 6.2, MAP 3.5, MAP 4, MAP 5, MEASURE 3.1, MANAGE 2.3, MANAGE 4.1, MANAGE 4.3

- 적용 가능한 인공지능 신뢰성에 포함되는 특성: 타당성 및 신뢰성, 안전성, 편향관리, 보안 및 복원력, 투명성 및 책임감, 설명 가능성 및 해석 가능성, 강화된 프라이버시
- 참고
  - NIST의 인공지능 위험관리 프레임워크[19]
  - NIST의 인공지능 위험관리 프레임워크 플레이북[20]
  - 전체 교차표[21](공식 자료는 아님)

1.3 AI 사고

3장에서 설명할 머신러닝 안전 프로세스$^{safety\ process}$와 관련 모델 디버깅의 근본적인 목표는 인공지능 사고$^{AI\ incident}$를 예방하고 완화하는 것이다. 여기서는 인공지능 사고를 '해를 끼칠 수 있

---

19 https://www.nist.gov/itl/ai-risk-management-framework
20 https://airc.nist.gov/AI_RMF_Knowledge_Base/Playbook
21 https://oreil.ly/61TXd

는 시스템의 모든 결과'로 느슨하게 정의한다. 핸드 룰을 지침으로 사용하게 되면 인공지능 사고의 심각성은 사고로 인한 손실에 따라 증가하며, 운영자가 이러한 손실을 완화하려고 취하는 조치에 따라 감소한다.

복잡한 시스템은 장애가 발생할 수밖에 없으므로 인공지능 사고 사례는 아주 많다. 인공지능 사고는 성가신 것부터 치명적인 것까지 다양하다. 계단에서 넘어지는 쇼핑몰 보안 로봇[22]부터 보행자를 사망에 이르게 하는 자율주행차 사고[23], 의료 자원을 가장 필요한 사람에게 제대로 제공하지 못하는 것[24] 등이다. [그림 1–2]와 같이 인공지능 사고는 크게 세 가지 유형으로 나눌 수 있다.

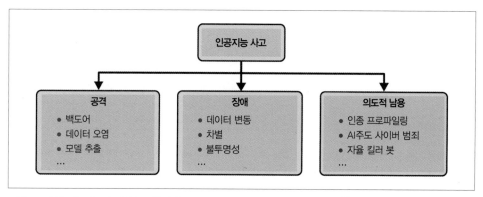

그림 1-2 인공지능 사고의 기본 분류(출처: 「인공지능이 장애를 일으킬 때 해야 할 일」, [25])

공격

연구자들은 기밀성과 무결성, 가용성에 관한 공격을 비롯한 모든 주요 공격 유형의 예를 제시했다(자세한 내용은 5장 참고). 기밀성 공격confidentiality attack은 인공지능 시스템의 엔드포인트에서 훈련 데이터나 모델 논리model logic를 유출하는 것이다. 무결성 공격integrity attack은 대립예제adversarial example나 회피evasion, 위장impersonation, 오염 등으로 훈련 데이터나 모델의 결과를 대립적으로 조작하는 것이다. 가용성 공격availability attack은 시스템의 자원을 과도하게 사용하는 스펀지 예제sponge example나 공격자가 유도하는 알고리즘 차별algorithmic discrimination을 사용해 특정 사용자 그룹에 시스템 서비스를 거부하는 것이다.

22 https://www.youtube.com/watch?v=4Pwx3U4vJKw&ab_channel=TechNewsTown
23 https://www.nytimes.com/2018/03/19/technology/uber-driverless-fatality.html
24 https://www.nature.com/articles/d41586-019-03228-6
25 https://www.oreilly.com/radar/what-to-do-when-ai-fails

장애

인공지능 시스템의 장애는 알고리즘 차별이나 안전 및 성능 저하, 데이터 프라이버시 위반, 충분하지 않은 투명성, 타사 시스템 구성요소의 문제와 관련이 있다.

의도적 남용

인공지능은 다른 인공지능 시스템에 대한 해킹이나 공격과는 별개로 악의적인 목적으로 사용할 수 있다. 이미 해커가 일반적인 공격의 효율성과 위력을 더 높이는 데 인공지능을 사용하고 있을 수 있다. 미래에는 훨씬 더 무서운 일이 벌어질까 걱정된다. 자율주행 드론 공격이나 권위주의 정권의 인종 프로파일링과 같은 악몽은 이미 현실이 되었다.

인공지능 사고는 실제로 발생하고 있다. 그리고 인공지능 사고가 발생하는 시스템과 마찬가지로 인공지능 사고 자체도 복잡할 수 있다. 인공지능 사고의 원인은 공격, 장애, 의도적 남용 등 다양하다. 또한 컴퓨터 보안의 전통적인 개념과 데이터 프라이버시 및 알고리즘 차별과 같은 문제가 한데 섞여 있다.

2016년 테이 챗봇 사고^{Tay chatbot incident}[26]가 대표적인 예다. 테이는 마이크로소프트 연구소^{Microsoft Research}의 세계 최고 전문가들이 훈련한 최첨단 챗봇이었다. 트위터에서 사람들과 상호작용하면서 인공지능에 관한 인식을 높일 목적으로 만들어졌다. 하지만 출시되고 나서 16시간 동안 총 9만 6천 건의 트윗을 올린 후, 테이는 신나치 포르노 작가^{neo-Nazi pornographer}라는 비난을 받으며 서비스를 종료해야 했다. 무슨 일이 벌어졌던 걸까?

트위터 사용자들은 테이의 적응형학습 시스템^{adaptive learning system}이 쉽게 오염될 수 있다는 사실을 알게 되었다. 봇에 트윗된 인종차별적이고 성적인 콘텐츠가 학습 데이터로 활용되어 공격적인 출력을 빠르게 만들어냈다. 이러한 데이터 오염은 무결성 공격이지만, 수행된 맥락 때문에 알고리즘 차별이 발생했다. 또한 테이의 설계자들은 막대한 자금을 지원받는 연구소의 세계적인 전문가들이었던 만큼, 몇 가지 안전장치를 마련했던 것으로 보인다. 테이는 특정 민감한 주제^{hot button}에 관해서는 미리 준비된 답변으로 대응했다. 하지만 그것만으로는 충분하지 않았고, 결국 테이는 마이크로소프트 연구소의 공공 보안^{public security} 및 알고리즘 차별 사건으로 발전했다.

이러한 사고는 일회성이 아니다. 최근에도 성능과 안전, 프라이버시, 보안 위험을 체계적으

---

26 https://en.wikipedia.org/wiki/Tay_(chatbot)

로 고려하지 않고 과대광고에 열을 올리다 보니 스캐터랩[Scatter Lab]이 출시한 이루다 챗봇[Lee Luda chatbot]에서 테이의 실패를 반복했다.[27] 머신러닝 시스템을 설계할 때는 과거에 알려진 사고와 계획을 비교해서 향후 비슷한 사고를 예방해야 한다. 이것이 최근 인공지능 사고 데이터베이스[28] 구축 노력과 관련 논문[29]들의 주제다.

인공지능 사고는 책임 있는 기술 개발의 정치적 동기를 제공할 수 있다. 좋든 나쁘든 알고리즘 차별이나 데이터 프라이버시와 같은 주제에 관한 문화적, 정치적 관점은 매우 다를 수 있다. 팀원들을 윤리적 고려 사항에 동의하게 하기란 매우 어려울 수 있다. 당혹스럽고 잠재적으로 비용이 큰 위험한 사고를 예방하는 차원에서 팀을 설득하는 것이 더 쉬우며, 이것이 모든 데이터 과학 팀의 기본이 되어야 한다. 인공지능 사고라는 개념은 머신러닝 안전을 이해하는 데 핵심적인 개념으로, 1장의 주된 주제는 인공지능 사고를 예방하고 완화하는 데 사용할 수 있는 문화적 역량과 비즈니스 프로세스다. 다음 절부터 이러한 완화책을 살펴보고 실제 사고를 자세히 살펴보면서 1장을 마무리한다.

1.4 머신러닝 위험관리를 위한 문화적 역량

조직 문화는 책임 있는 AI[responsible AI]의 필수 요소다. 이 절에서는 조직의 책임감, 개발한 제품 직접 사용해보기[drinking our own champagne], 도메인 전문성[domain expertise], (메타의 슬로건이기도 한) '빠르게 움직이면서 문제 해결하기[move fast and break things]'와 같은 문화적 역량에 관해 설명한다.

1.4.1 조직의 책임감

머신러닝의 위험을 성공적으로 완화하려면 조직원들에게 인공지능 사고의 책임을 확실하게 물을 수 있어야 한다. 머신러닝 시스템이 실패하거나 공격을 받거나 악의적인 목적으로 남용될 때 책임지는 사람이 없다면, 해당 조직의 누구도 머신러닝의 안전과 성능에 신경 쓰지 않을 것이다. 조직에는 위험을 고려하고 소프트웨어 품질보증[QA, Quality Assurance] 기술을 적용하고 디버깅

27 https://slate.com/technology/2021/04/scatterlab-lee-luda-chatbot-kakaotalk-ai-privacy.html
28 https://incidentdatabase.ai/
29 https://arxiv.org/pdf/2011.08512.pdf

방법을 모델링하는 개발자 외에도, 머신러닝 시스템 기술의 타당성을 판단하고 관련 프로세스를 감사하는 개인이나 팀이 있어야 한다. 또한 조직에는 인공지능 사고대응 계획을 담당할 사람도 있어야 한다. 바로 이러한 이유로 수십 년 동안 예측모델링의 사용이 규제되었던 주요 금융 기관이 모델 위험관리라는 관행을 채택했다. 모델 위험관리의 기반은 2008년 금융위기에서 비롯된 연방준비제도이사회의 SR 문서 11-7의 모델 위험관리 지침SR 11-7: Guidance on Model Risk Management[30]이다. 특히 모델 위험관리를 구현할 때는 책임 있는 경영진과 모델 및 머신러닝 시스템의 안전과 성능을 책임지는 여러 팀이 참여하는 경우가 많다.

모델 위험관리 표준을 구현하려면 일반적으로 여러 팀과 경영진의 리더십이 필요하다. 모델 위험관리의 문화적 근간을 형성하는 몇 가지 핵심 원칙은 다음과 같다.

기록문서로 된 정책 및 절차

머신러닝을 만들고 사용할 때 지켜야 할 조직의 규칙을 작성해 모든 조직 이해관계자가 사용할 수 있도록 해야 한다. 머신러닝 시스템과 밀접한 관련이 있는 사람들은 정책policy과 절차procedure를 알아야 한다. 또한 적절한 감사를 수행해 이러한 규칙을 시기적절하게 개정해야 한다. 누구도 규칙을 모른다고 주장할 수 없어야 하고, 규칙은 투명해야 하며, 승인 없이 규칙을 변경해서는 안 된다. 정책과 절차에는 심각한 위험이나 문제를 고위 경영진에게 보고하는 확실한 방법을 포함해야 하며, 내부고발 절차와 보호 장치도 마련해야 한다.

효과적인 이의 제기

효과적인 이의 제기effective challenge는 이의 제기 대상이 되는 머신러닝 시스템을 만들지 않은 전문가가 검증 및 감사를 수행하는 것을 의미한다. 모델 위험관리 관행은 일반적으로 효과적인 이의 제기를 세 가지 '방어선'에 걸쳐 분산하는데, 첫 번째 방어선은 성실한 시스템 개발자가, 두 번째와 세 번째 방어선은 독립적이고 숙련된 권한을 부여받은 기술 검증자technical validator와 프로세스 감사자process auditor로 구성한다.

책임 있는 리더십

인공지능 사고가 발생하지 않도록 책임지는 임원이 있어야 한다. 이 직책을 **최고모델위험책임자**CMRO, Chief Model Risk Officer라고 한다. 최고모델위험책임자의 고용조건과 보상은 머신러닝 시스템의 성능과 연계되는 경우도 많다. 최고모델위험책임자의 역할은 머신러닝 시스템의 안전과 성능에 관한 매우 명확한 문화적 점검을 제공하는 것이다. 상사가 머신러닝 시스템의 안전과 성능을 중요하게 생각하면 부하직원들도 관심을 기울이게 된다.

---

30 https://www.fdic.gov/news/financial-institution-letters/2017/fil17022a.pdf

인센티브

책임감 있게 머신러닝 시스템을 구현하도록 데이터과학자와 관리자에게 인센티브를 제공해야 한다. 빡빡한 제품 개발 일정에 맞춰 시장에 빨리 출시할 수 있도록 최소한으로 실행 가능한 제품^{minimum viable product}을 먼저 만들면 인센티브를 제공받고, 모델의 수명주기의 끝에서 제품에 배포되기 직전에 엄격한 테스트와 수정을 하는 방식으로 제품 개발이 진행될 수 있다. 또한 머신러닝 테스트 및 검증 팀도 머신러닝 개발 팀과 똑같은 기준으로 실적을 평가받으므로 테스터와 검증자는 품질을 보장하기보다는 빠르게 진행해야 인센티브를 받으므로 근본적인 불일치가 발생한다. 타임라인과 성능 평가, 급여 인센티브를 팀의 기능에 맞게 조정하면 책임 있는 머신러닝 및 위험완화 문화를 공고히 하는 데 도움이 된다.

물론 규모가 작은 조직이나 신생 조직은 머신러닝 시스템의 위험을 모니터링할 정규직 직원을 둘 여유가 없을 수도 있다. 하지만 머신러닝 시스템에서 사고가 발생할 경우 개인이나 그룹이 책임을 지고, 시스템이 잘 작동하면 보상하는 것이 중요하다. 조직에서 머신러닝 위험 및 인공지능 사고가 발생할 때 모든 사람이 책임을 져야 한다고 가정한다면, 실제로는 아무도 책임지지 않는다.

1.4.2 효과적인 이의 제기 문화

조직이 본격적으로 머신러닝 위험관리 관행을 도입할 준비가 되었는지와 상관없이, 머신러닝 위험관리의 특정 맥락에서 혜택을 볼 수 있다. 특히 효과적인 이의 제기의 문화적 역량은 머신러닝 위험관리 맥락 밖에서도 적용할 수 있다. 효과적인 이의 제기의 핵심은 머신러닝 시스템 개발 전반에 걸쳐 적극적으로 이의와 의문을 제기하는 것이다. 조직 문화가 머신러닝 시스템 설계에 진지한 의문을 장려한다면, 효과적인 머신러닝 시스템이나 제품을 개발할 수 있고 시스템이나 제품이 유해한 사고로 번지기 전에 문제를 해결할 가능성이 커질 것이다. 효과적인 이의 제기는 남용되어서는 안 되며 머신러닝 시스템을 개발하는 모든 직원, 특히 실력이 뛰어난 엔지니어와 데이터과학자 모두에게 똑같이 적용되어야 한다. 또한 효과적인 이의 제기는 현재의 설계 사고^{design thinking}에 의문을 제기하고 대안적인 설계 선택을 진지하게 고려하는 구조화된 방식(예: 주간 회의)으로 진행해야 한다.

1.4.3 다양하고 경험이 풍부한 팀

다양한 구성원으로 이루어진 팀은 머신러닝 시스템의 설계부터 개발, 테스트에 이르기까지 더 광범위하고 새로운 관점을 제공할 수 있다. 다양성이 없는 팀은 그렇지 못한 경우가 많다. 데이터과학자가 머신러닝 시스템의 훈련이나 결과에서 인구통계학적 다양성을 고려하지 않아 발생하는 불행한 결과를 초래한 사례가 많았다. 이러한 실수의 잠재적인 해결책은 현재 비참한 수준[31]인 머신러닝 팀의 인구통계학적 다양성을 높이는 것이다.

팀을 구성할 때는 비즈니스나 다른 도메인(분야)의 경험도 중요하다. 도메인 전문가domain expert는 특성 선택feature selection 및 특성 공학feature engineering과 시스템 결과물 테스트에서 중요한 역할을 한다. 머신러닝 시스템 개발을 서두르는 상황에서 도메인 전문가는 안전을 점검하는 역할을 할 수도 있다. 일반 데이터과학자는 특정 도메인의 데이터와 결과를 다루는 데 필요한 경험이 부족한 경우가 많다. 입력 데이터나 출력 결과의 의미를 제대로 이해하지 못한 상태에서 시스템을 배포하면 인공지능 사고로 이어질 수 있다.

특히 사회과학 분야에서는 데이터과학자가 도메인 전문성의 중요성을 잊거나 무시하지 않도록 주의해야 한다. '기술의 사회과학 지배'[32]라 불리는 추세에서, 일부 조직은 숙련된 사회과학자가 내려야 할 의사결정을 대체[33]하거나 사회과학 분야 전문 지식의 집단지성 지혜collective wisdom를 무시[34]하는 유감스러운 머신러닝 프로젝트를 추진했다.

1.4.4 개발한 제품 직접 사용해보기

개발 제품을 직접 사용해보는 관행은 조직 내부에서 자사 소프트웨어나 제품을 사용해보는 것을 의미한다. 이는 프리알파prealpha 또는 프리베타prebeta 테스트의 한 형태다. 개발한 제품을 직접 사용해보면 버그와 장애가 고객, 사용자, 일반 대중에게 영향을 미치기 전에 복잡한 실제 배포 환경에서 발생하는 문제를 파악할 수 있다. 머신러닝 모델 예측 대상의 개념이나 정의가 시간이 지남에 따라 변화하는 현상을 의미하는 개념 변동concept drift이나 알고리즘 차별, 단축학습shortcut learning, 과소특정화under-specification와 같은 심각한 문제는 표준 머신러닝 개발 프로세스로는 식별하기 어렵기로 악명이 높은 만큼, 개발한 제품을 직접 사용해보는 방법은 제한적이며 통제된, 그러나 현실적인 머신러닝 시스템의 테스트 환경을 제공한다. 물론 조직이 인구통계학

---

31 https://www.theguardian.com/technology/2019/apr/16/artificial-intelligence-lack-diversity-new-york-university-study

32 https://twitter.com/ruchowdh/status/1144006696345505793

33 https://www.wired.com/story/tech-needs-to-listen-to-actual-researchers

34 https://www.technologyreview.com/2020/06/23/1004333/ai-science-publishers-perpetuate-racist-face-recognition

적으로나 전문성 기준으로 다양한 팀을 꾸리거나 머신러닝 시스템을 배포할 도메인 전문가를 포함해서 제품을 직접 사용해본다면 다양한 문제를 발견할 가능성이 더 커질 것이다. 또한 인공지능에 고전적인 황금률$^{Golden Rule}$[35]을 적용할 수 있다. 다만 우리 자신이나 조직에서 시스템을 사용하기가 불편하다면 해당 시스템을 배포해서는 안 된다.

> **NOTE** 배포 환경과 관련해 고려해야 할 한 가지 중요한 사항은 머신러닝 시스템이 생태계와 지구에 미치는 다음과 같은 영향이다.
>
> - 머신러닝 모델의 탄소 발자국$^{carbon footprint}$[36]
> - 인공지능 사고로 머신러닝 시스템이 환경을 손상할 가능성
>
> 모델이 환경에 미칠 영향이 걱정된다면 머신러닝 거버넌스를 조직의 광범위한 환경적, 사회적, 관리적 노력과 연계해야 한다.

1.4.5 빠르게 움직이면서 문제 해결하기

'빠르게 움직이면서 문제 해결하기'라는 말은 수많은 실력 있는 엔지니어와 데이터과학자에게 거의 종교적인 신념에 가깝다. 하지만 안타깝게도 이러한 최고의 실무자들은 빠르게 움직이면서 문제를 해결하면 다른 문제가 발생할 수 있다는 사실을 잊은 듯하다. 머신러닝 시스템이 자율주행차나 신용, 고용, 대학 성적 및 출석, 의료 진단 및 자원 할당, 대출, 재판 전 보석, 가석방 등과 관련해 더 많은 영향을 미치는 의사결정을 내리는 상황에서, '문제를 해결한다$^{break things}$'는 것은 버그가 있는 앱 그 이상의 의미를 가진다. 즉, 소규모 데이터과학자와 엔지니어가 많은 사람에게 대규모로 실질적인 피해를 줄 수 있음을 의미한다. 영향력이 큰 머신러닝 시스템 설계와 구현에 참여하려면 심각한 성능 및 안전 문제를 예방하도록 사고방식의 전환이 필요하다. 실무자는 푸시^{push}할 수 있는 소프트웨어 특성의 개수나 머신러닝 모델의 테스트 데이터 정확도보다 작업의 의미와 후속 위험을 인식하는 데 우선순위를 둬야 한다.

---

35 옮긴이_ 황금률은 다른 사람을 대하는 데 기본적인 기준이 되는 원칙이다. '자신이 대접받고 싶은 대로 남을 대접하라'는 의미의 윤리적 원칙으로, 수많은 문화와 다양한 종교에서 공통적으로 발견된다. 공자는 "내가 원하지 않는 바를 남에게 행하지 말라"고 했으며 예수는 "남에게 대접을 받고자 하는 대로 너희도 남을 대접하라"고 했다. 또한 황금률은 책임 있는 머신러닝 개발의 중요한 원칙으로, 인공지능 시스템을 개발할 때는 황금률을 적용해 다른 사람에게 해를 끼치지 않는 시스템을 개발해야 한다.

36 개인 또는 단체가 직접·간접적으로 발생시키는 온실가스의 총량(출처: 위키피디아)

1.5 머신러닝 위험관리를 위한 조직 프로세스

조직 프로세스organizational process는 머신러닝 시스템이 안전하고 성능을 보장하는 데 중요한 역할을 한다. 앞서 설명한 문화적 역량과 마찬가지로, 조직 프로세스는 머신러닝 시스템의 신뢰성을 결정하는 비기술적인 핵심 요소다. 프로세스에 관한 이 절은 실무자가 머신러닝 시스템에 관해 알려졌거나 예측할 수 있는 모든 장애 유형을 고려해 기록하고 이를 완화하려고 노력하기를 촉구하는 것으로 시작한다. 그런 다음 머신러닝 위험관리를 자세히 설명한다. 1.4절에서는 머신러닝 위험관리를 성공으로 이끄는 데 필요한 사람과 사고방식을 중점으로 설명했다면, 이 절에서는 고급 예측모델링과 머신러닝 시스템의 위험을 완화하려고 머신러닝 모델 관리에서 사용하는 다양한 프로세스를 간략히 설명한다. 머신러닝 위험관리는 우리가 모두 지향해야 할 가치 있는 프로세스의 표준이지만, 일반적으로 머신러닝 위험관리에 포함되지 않는 중요한 추가 통제 프로세스가 있다. 이 절에서는 기존 머신러닝 위험관리를 넘어 코드 배포를 위한 페어 프로그래밍pair programming과 이중 프로그래밍double programming, 보안 권한 요구사항과 같은 중요한 위험 통제 프로세스를 중점적으로 알아본다. 이후 인공지능 사고대응에 관한 설명으로 이 절을 마무리한다. 머신러닝 시스템을 설계하고 구현하는 동안 피해를 최소화하려고 열심히 노력했다 하더라도 우리는 여전히 장애와 공격에 대비해야 한다.

1.5.1 장애 유형 예측하기

머신러닝 안전 및 윤리 전문가들은 머신러닝 시스템에서 예측할 수 있는 장애 유형을 고려하고, 기록하고, 완화하려는 시도가 중요하다는 데 대체로 동의한다. 또한 이 작업이 쉽지 않다는 점에도 대부분 동의한다. 다행히도 최근 몇 년 동안, 이 주제에 관한 새로운 자원과 학문이 등장해 머신러닝 시스템 설계자가 더 체계적인 방식으로 사고를 예측하는 데 도움을 주었다. 잠재적인 장애의 전체 범주를 파악할 수 있다면, 머신러닝 시스템을 강화해서 실제 성능과 안전을 개선하는 작업을 더 적극적이고 효율적으로 할 수 있다. 다음 항에서는 이러한 전략 중 하나와 머신러닝 시스템의 미래 사고에 관한 브레인스토밍을 하는 몇 가지 추가 프로세스를 설명한다.

과거의 알려진 장애 사례

논문 「사고를 목록화해 반복되는 실제 인공지능 장애를 예방하는 방법: 인공지능 사고 데이터베이스[37]에서 설명하듯이, 시스템 설계를 과거에 실패했던 설계와 비교하는 것은 머신러닝 시스템에서 잠재적인 인공지능 사고를 완화하는 효율적인 방법이다. 교통 전문가들이 사고를 조사하고 목록화한 뒤 그 결과를 사용해 관련 사고를 예방하고 새로운 기술을 테스트하듯이, 반복되는 관련 장애를 예방하기 위해 여러 머신러닝 연구자와 논평가, 인공지능 관련 단체들이 인공지능 사고를 수집하고 분석하기 시작했다. 가장 유명한 인공지능 사고 저장소는 인공지능 사고 데이터베이스[AI Incident Database][38]다. 이 검색 가능한 상호대화형 데이터베이스에서 등록된 사용자는 키워드를 사용해 데이터베이스를 시각적으로 검색하고 공개적으로 기록된 사고에 관한 다양한 정보를 찾을 수 있다.

이러한 자원을 참고해 머신러닝 시스템을 개발해야 한다. 현재 설계하거나 구현하거나 배포 중인 시스템과 비슷한 시스템에서 사고가 발생했다면, 이는 새로운 시스템에서 사고가 발생할 가능성이 크다는 매우 강력한 지표가 될 것이다. 인공지능 사고 데이터베이스에서 익숙한 것을 발견했다면 작업을 중단하고 지금 무엇을 하고 있는지 더 신중하게 생각해야 한다.

상상력의 부재

맥락과 세부 사항을 고려해 미래를 상상하기란 절대 쉬운 일이 아니다. 그리고 때로는 머신러닝 시스템이 예측할 수 없거나 알 수 없는 세부 사항으로 운영될 때 인공지능 사고로 이어지기도 한다. 최근 워크숍에서 발표된 논문 「인공지능이 적용된 시스템 개발 및 배포에서 상상력의 부재 극복하기」[39]의 저자는 상상하기 어려운 미래 위험에 관한 가설을 세우는 몇 가지 구조적인 접근방식[structured approach]을 제시했다. 시스템 설계자는 인공지능 사고에서 **누가**[who](예: 투자자, 고객, 취약한 비사용자[vulnerable nonuser]), **무엇을**[what](예: 복지, 기회, 존엄성), **언제**[when](예: 즉시, 자주, 오랜 기간), **어떻게**[how](예: 행동하기, 신념 바꾸기) 외에도 다음 사항들을 고려해야 한다.

- 시스템의 영향이 유익하다는 가정(그리고 시스템 영향의 불확실성이 존재할 때 이를 인정하기)
- 수학과 기술만이 아닌 시스템의 문제 영역[problem domain]과 적용 사용사례[applied use case]
- 예상치 못했거나 놀라운 결과, 사용자 상호작용, 시스템에 대한 반응

37 https://arxiv.org/pdf/2011.08512.pdf
38 https://incidentdatabase.ai
39 https://arxiv.org/pdf/2011.13416.pdf

인공지능 사고는 (비용이 많이 들지 않거나 불법이 아니라 해도) 조직에는 당혹스러운 일이다. 또한 인공지능 사고는 소비자와 일반 대중에게도 피해를 줄 수 있다. 하지만 약간의 선견지명만 있었다면 현재 알려진 인공지능 사고 중 상당수는 (완전히 피할 수는 없었더라도) 완화할 수 있었다. 또한 머신러닝 실패를 연구하고 개념화하는 과정에서 설계나 시스템을 완전히 재작업해야 함을 발견할 수도 있다. 이럴 때는 결함 있는 시스템을 출시했을 때 조직이나 대중이 겪을 피해보다 시스템 구현이나 배포 과정의 지연으로 발생하는 비용이 더 적게 든다는 사실에 위안을 삼아야 한다.

1.5.2 모델 위험관리 프로세스

모델 위험관리 프로세스 측면에서는 시스템 모델링을 자세히 기록하고, 시스템을 인적 검토하고 지속해서 모니터링해야 한다. 이러한 프로세스는 중요한 소비자 금융 애플리케이션에 배포된 예측모델에 대한 연방준비제도이사회 및 통화감독국Office of the Comptroller of the Currency이 감독하는 연방준비제도이사회의 SR 문서 11-7의 모델 위험관리 지침의 거버넌스 부담governance burden 대부분을 차지한다. 조직이 크지 않으면 모델 위험관리가 제공하는 모든 것을 완전히 수용하지 못할 수 있지만, 진지한 머신러닝 실무자라면 이 지침에서 무언가를 배울 수 있을 것이다. 다음 항에서는 여러분이 조직에서 모델 위험관리의 여러 측면을 사용할 수 있도록 모델 위험관리 프로세스를 더 작은 구성요소로 나눈다.

위험 계층화

1장 서두에서 설명했듯이, 머신러닝 시스템 배포의 위험을 평가하는 데는 피해 발생 확률과 그 피해에서 오는 예상 손실을 곱하는 방법을 일반적으로 사용한다. 모델 위험관리 맥락에서 위험과 손실의 곱을 **중요도**materiality라고 한다. 중요도는 조직이 현실적으로 머신러닝 시스템의 위험 수준을 결정할 수 있도록 하는 강력한 개념이다. 더 중요한 것은 이러한 위험 계층화risk tiering로 제한된 개발과 검증, 감사 자원을 효율적으로 사용할 수 있다는 점이다. 물론 중요도가 가장 높은 애플리케이션은 사람의 관심과 검토를 가장 많이 받아야 하며, 중요도가 가장 낮은 애플리케이션은 자동화된 머신러닝AutoML, Automatic Machine Learning 시스템이 처리하고 최소한으로만 검증하면 된다. 머신러닝 시스템의 위험완화는 지속적이며 비용이 많이 드는 작업이므로, 효과적인 거버넌스를 위해 고위험, 중위험, 저위험 시스템에 적절하게 자원을 할당해야 한다.

모델 기록문서

모델 위험관리 표준은 시스템에 관한 자세한 문서를 요구한다. 첫째, 문서를 통해 시스템 이해관계자는 책임 있게 지속해서 시스템을 유지보수하고 사고에 대응할 수 있어야 한다. 둘째, 감사 및 검토 프로세스가 효율적이게 시스템 전반에 걸쳐 문서를 표준화해야 한다. 문서는 규정 준수의 첫걸음이다. 다음에 제시할 고수준 문서 템플릿 목록은 데이터과학자와 엔지니어가 표준화된 워크플로를 진행하거나 모델 개발의 후반 단계에서 작성해야 할 문서다. 문서 템플릿에는 책임 있는 실무자가 올바른 모델을 구축하려면 수행해야 할 모든 단계를 포함해야 한다. 문서의 일부가 작성되지 않았다면 학습 과정이 부실함을 의미한다. 대부분의 문서 템플릿과 프레임워크에서 최종 모델 문서에 이름과 정보를 적도록 해 자신의 역할을 다하지 않은 사람이 누구인지 알 수 있어야 한다. 참고로 다음은 모델 위험관리 문서의 일반적인 절과 유럽연합 인공지능 법안[40] 부록에서 권장하는 절을 조합한 목록이다.

- 기본 정보
  - 개발자 및 이해관계자 이름
  - 현재 날짜 및 개정표
  - 모델 시스템 요약
  - 비즈니스 또는 가치 정당화value justification
  - 사용 목적 및 대상 사용자
  - 잠재적 피해 및 윤리적 고려 사항
- 개발 데이터 정보
  - 개발 데이터 출처
  - 데이터 사전
  - 프라이버시 영향 평가
  - 가정 및 제한사항
  - 데이터 전처리에 사용할 소프트웨어 구현
- 모델 정보
  - 동료 검토 참조가 포함된 학습 알고리즘 설명
  - 모델 사양
  - 성능 품질
  - 가정 및 제한사항

---

40 https://eur-lex.europa.eu/legal-content/EN/TXT/?qid=1623335154975&uri=CELEX%3A52021PC0206

- 학습 알고리즘 소프트웨어 구현
- 테스트 정보
  - 품질 테스트 및 수정
  - 판별 테스트 및 수정
  - 보안 테스트 및 수정
  - 가정 및 제한사항
  - 테스트에 사용할 소프트웨어 구현
- 배포 정보
  - 모니터링 계획 및 메커니즘
  - 상위 및 하위 종속성
  - 이의 제기 및 재정의 계획 및 메커니즘
  - 감사 계획 및 메커니즘
  - 변경 관리 계획
  - 사고대응 계획
- 참고 문헌
  - 과학을 한다는 것은 다른 과학자들의 기존 연구 결과를 바탕으로 새로운 지식을 창출하는 것이므로, 과학 논문이나 문서를 작성할 때는 반드시 참고한 출처를 밝히는 참고 문헌 목록이 있어야 한다!

특히 중요도가 높은 시스템이라면 이러한 문서의 분량이 수백 쪽에 달할 수 있다. 제안된 데이터시트[41]와 모델 카드[42] 표준은 소규모 또는 신생 조직이 이러한 목표를 달성하는 데 도움이 된다. 현재 조직에서 긴 모델 문서를 작성하기가 어려운 상황이라면 이 두 가지 간단한 프레임워크가 적합할 수 있다.

모델 모니터링

머신러닝 안전의 기본 전제는 실제 환경에서 머신러닝 시스템의 성능을 예측하기 어려운 만큼 성능을 모니터링해야 한다는 것이다. 따라서 배포된 시스템이 폐기될 때까지 성능을 자주 모니터링해야 한다. 여러 가지 문제 조건problematic condition에 대해 시스템을 모니터링할 수 있으며, 가장 일반적인 조건은 머신러닝 모델의 입력 분포가 시간이 지남에 따라 변화하는 입력 변동input drift이다. 머신러닝 시스템의 학습 데이터는 시스템의 운영 환경 정보를 정적 스냅샷static snapshot

---

41 *https://arxiv.org/pdf/1803.09010.pdf*
42 *https://arxiv.org/pdf/1810.03993.pdf*

으로 인코딩하지만, 세상은 전혀 정적이지 않다. 경쟁 업체가 시장에 진입하거나 새로운 규제가 공표되거나 소비자의 취향이 바뀔 수 있으며 전염병이나 다른 재난이 발생할 수 있다. 이러한 모든 상황 때문에 머신러닝 시스템에 입력되는 라이브 데이터live data가 학습 데이터의 특성과 다르게 변경되어 시스템의 성능이 떨어지거나 위험해질 수 있다. 이러한 돌발상황을 막기 위해 최고의 머신러닝 시스템은 입력 및 출력 분포의 변동과 모델의 성능이 저하되는 **모델 붕괴**model decay라고 하는 품질 저하를 모두 모니터링한다. 성능 품질이 가장 일반적인 모니터링 대상이지만, 머신러닝 시스템에 대한 비정상 입력anomalous input이나 예측, 특정 공격 및 해킹, 변동하는 공정성 특성도 모니터링할 수 있다.

모델 인벤토리

머신러닝 시스템을 배포하는 모든 조직은 다음과 같은 간단한 질문에 답할 수 있어야 한다.

- 현재 배포된 머신러닝 시스템은 몇 개인가?
- 이러한 시스템에 영향을 미치는 고객이나 사용자는 몇 명인가?
- 각 시스템에 책임 있는 이해관계자는 누구인가?

이러한 모델 인벤토리model inventory를 사용해 모델 위험관리의 목표를 달성할 수 있다. 모델 인벤토리는 조직의 모든 머신러닝 시스템을 정리한 최신 데이터베이스다. 모델 인벤토리는 문서 작성에 필요한 중요한 정보가 들어 있는 저장소 역할을 할 수 있지만, 모니터링 계획 및 결과, 감사 계획 및 결과, 중요한 과거 및 향후의 시스템 유지보수와 변경, 사고대응 계획과도 연결되어야 한다.

시스템 검증 및 프로세스 감사

전통적인 모델 위험관리 관행에 따르면 머신러닝 시스템을 출시하기 전에 두 가지를 검토해야 한다. 첫 번째 검토는 시스템의 기술적 검증으로, 박사급 데이터과학자를 포함한 숙련된 검증자가 시스템 설계 및 구현의 취약점을 찾아내고 시스템 개발자와 협력해 발견한 문제를 해결한다. 두 번째 검토에서는 프로세스를 조사한다. 감사 및 규정 준수 담당자는 문서와 향후 계획에 맞춰 시스템 설계, 개발, 배포를 면밀히 분석해 모든 규제와 내부 프로세스 요구사항을 만족하는지 확인한다. 또한 머신러닝 시스템은 시간이 지나면서 변화하고 변동하므로 시스템이 업데이트될 때마다 또는 합의된 향후 주기에 따라 검토해야 한다.

여러분의 조직에는 이러한 광범위한 검토를 수행할 수 있는 자원이 없다고 생각할 수도 있다. 당연히 소규모 또는 신생 조직이라면 그럴 수 있다. 하지만 검증 및 감사는 대부분의 조직에서 수행할 수 있다. 검증 및 감사의 핵심은 시스템을 개발하지 않은 기술자가 시스템을 테스트하고, 내외부 의무 사항을 기술적이지 않은 방식으로 검토하는 기능을 갖추고, 중요한 머신러닝 시스템 배포를 승인하고 감독하는 것이다.

변경 관리

모든 복잡한 소프트웨어 애플리케이션과 마찬가지로 머신러닝 시스템도 다양한 요소로 구성되는 경우가 많다. 백엔드 머신러닝 코드부터 응용 프로그래밍 인터페이스$^{API, Application Programming Interface}$와 그래픽 사용자 인터페이스$^{GUI, Graphic User Interface}$에 이르기까지 시스템의 구성요소를 변경하면 다른 구성요소에 부작용을 일으킬 수 있다. 데이터 변동과 새로운 데이터 프라이버시 및 차별금지 규정, 타사 소프트웨어에 대한 복잡한 종속성 등의 문제까지 더해지면 머신러닝 시스템의 변경 관리$^{change management}$는 심각한 문제가 될 수 있다. 업무 수행에 필수인 머신러닝 시스템을 계획하거나 설계한다면 변경 관리를 최우선 프로세스 통제로 만들어야 한다. 명시적인 변경 관리 계획과 자원이 없다면, 동의 없이 데이터를 사용하거나 API 불일치 등 시스템이 발전하는 과정에서 발생하는 프로세스나 기술적 실수를 방지하기가 매우 어려워진다. 더구나 변경 관리가 없다면 이러한 문제는 사고가 발생할 때까지 감지되지 않을 수 있다.

이 책 전체에서 모델 위험관리를 여러 번 설명한다. 이 프레임워크는 머신러닝 시스템의 거버넌스와 위험관리 측면에서 많은 실전 테스트를 거친 프레임워크다. 물론 머신러닝 안전 및 성능 프로세스 개선에 필요한 영감을 얻을 수 있는 곳은 모델 위험관리뿐만이 아니다. 다음 항에서는 다른 실무 영역에서 얻을 수 있는 교훈을 알아본다.

> **NOTE** 21쪽 분량의 SR 11-7 모델 위험관리 지침[43]을 읽어보기만 해도 머신러닝 위험관리의 기술을 빠르게 습득할 수 있다. 이 지침을 읽을 때는 문화와 조직 구조에 중점을 둔 부분에 특히 주목한다. 기술 위험을 관리하는 일은 다른 무엇보다 사람에 관한 문제인 경우가 많다.

---

43 https://www.federalreserve.gov/supervisionreg/srletters/sr1107a1.pdf

1.5.3 모델 위험관리 그 이상

재무 감사와 데이터 프라이버시, 소프트웨어 개발 모범사례 및 IT 보안에서 배울 수 있는 머신러닝 위험관리의 교훈은 많다. 이 절에서는 모델 감사, 영향 평가, 이의 제기, 재정의, 옵트아웃opt-out[44], 페어 프로그래밍 및 이중 프로그래밍, 최소 권한, 버그 바운티bug bounty, 사고대응 등 기존 모델 위험관리 범위에 포함되지 않은 아이디어를 머신러닝 안전 및 성능 관점에서 알아본다.

모델 감사 및 평가

감사는 모델 위험관리에서 흔히 쓰는 용어지만, 일반적으로 알려진 의미 외에 전통적인 모델 위험관리 시나리오에서 최후의 방어선third line of defense이라는 의미도 있다. 최근 몇 년 동안 **모델 감사**model audit라는 용어가 주목받았다. 모델 감사는 특정 정책, 규정, 법률의 준수 여부를 추적하는 머신러닝 시스템에 초점을 맞춘 공식적인 테스트 및 투명성 활동이다. 모델 감사는 감사자와 감사 대상 조직 간의 상호작용이 제한된 제삼자가 수행한다. 모델 감사에 관한 자세한 내용은 최신 논문 「알고리즘 편향과 위험 평가: 실무에서 얻은 교훈」[45]을 참고한다. 또 다른 논문 「인공지능 책임감 격차 해소: 내부 알고리즘 감사를 위한 엔드투엔드 프레임워크 정의」[46]는 감사 및 평가에 유용한 견고한 프레임워크를 제안하며 작업 문서 예제도 제공한다. 관련 용어인 **모델 평가**model assessment는 내외부 그룹이 수행할 수 있는 비공식적이고 협력적인 테스트 및 투명성 연습을 의미하는 것으로 보인다.

머신러닝 감사 및 평가는 편향 문제나 안전, 데이터 프라이버시 피해, 보안 취약성security vulnerability 등 기타 심각한 위험에 초점을 맞출 수 있다. 어디에 초점을 맞추더라도 감사와 감사자는 공정하고 투명해야 한다. 감사자는 명확한 윤리적 또는 전문적 기준에 따라 감사를 수행해야 하지만, 이런 기준은 2023년 현재 거의 존재하지 않는다. 이러한 책임 메커니즘이나 구속력이 있는 지침이 없다면 감사는 효율적인 위험관리 관행이 될 수 없으며, 더 나아가 유해한 머

---

44 옮긴이_ 개인정보 처리에 관한 동의를 사전에 받지 않고, 정보주체가 개인정보 활용 거부 의사를 명시적으로 표시하지 않는 한 개인정보를 활용하는 방식. 즉, 기본적으로 개인정보 활용에 동의한 것으로 간주하고, 정보주체가 별도의 조치를 취하지 않으면 개인정보를 활용할 수 있다는 방식이다. 예를 들어, 이메일 마케팅에서 사용자는 뉴스레터 구독 등을 자동으로 시작하게 되며, 이를 원하지 않는다면 직접 구독 취소를 선택해야 한다. 옵트아웃 시스템은 프라이버시와 관련한 논란의 대상이 될 수 있으므로 이 책에서는 이를 지적한다. 이와 반대되는 개념은 옵트인(opt-in)으로, 사용자는 명시적으로 참여를 선택해야만 서비스를 받을 수 있다.

45 *https://link.springer.com/content/pdf/10.1007/s44206-022-00017-z.pdf*

46 *https://dl.acm.org/doi/abs/10.1145/3351095.3372873*

신러닝 시스템을 인증하는 기술 세탁tech washing[47]이 될 수 있다. 결함이 있더라도 위험관리를 위한 감사는 정책 입안자와 연구자가 선호하는 위험관리 전술로, 앞에서 언급한 뉴욕시 지방법 144조와 같이 법률로 규정된다.

영향 평가

영향 평가impact assessment는 시스템 구현 후 발생할 수 있는 잠재적인 문제를 예측하고 기록하는 데 많은 도메인에서 사용하는 공식 문서 접근방식이다. 데이터 프라이버시[48]에 사용하기 시작하면서 영향 평가는 조직의 머신러닝 정책과 제안된 법률[49]에 등장하기 시작했다. 영향 평가는 머신러닝 시스템이 초래할 수 있는 위험을 고려하고 문서로 남기는 효과적인 방법으로, 인공지능 시스템의 설계자와 운영자의 책임감을 높여준다. 하지만 영향 평가만으로는 충분하지 않다. 앞에서 제시한 위험과 중요성의 정의를 기억한다면, 영향은 위험의 한 요소일 뿐이다. 영향은 가능도likelihood와 결합해 위험 측도risk measure를 만들고, 위험도가 가장 높은 애플리케이션을 중점적으로 감독하는 방식으로 위험을 완화해야 한다. 영향 평가는 광범위한 위험관리 프로세스의 시작에 불과하다. 다른 위험관리 프로세스와 마찬가지로, 평가 대상 시스템에 맞춰 적절한 주기로 영향 평가를 수행해야 한다. 시스템이 빠르게 변경된다면 영향 평가를 더 자주 수행해야 한다. 영향 평가와 관련된 또 다른 잠재적 문제는 평가 대상인 머신러닝 팀이 영향 평가를 설계하고 구현할 때 발생한다. 이때 평가 범위를 축소하고 잠재적인 부정적 영향을 경시하려는 유혹을 받을 수 있다. 영향 평가는 광범위한 위험관리 및 거버넌스 전략의 중요한 부분이지만, 특정 시스템에서 필요한 만큼 자주 수행해야 하며 독립적인 감독 전문가가 수행해야 할 수도 있다.

이의 제기, 재정의, 옵트아웃

사용자나 운영자가 피할 수 없는 잘못된 결정에 이의를 제기하고 재정의할 방법을 대부분의 머신러닝 시스템에 내장해야 한다. 이를 가리키는 용어는 실행 가능한 구제 조치actionable recourse[50], 개입 가능성intervenability, 보상redress, 부당한 조치 통지adverse action notice 등 여러 도메인에서 다양하

---

47 옮긴이_ 기술을 이용해 부정적인 이미지나 문제를 숨기려는 행위
48 https://iapp.org/media/pdf/knowledge_center/Making_PIA__more_effective.pdf
49 https://www.congress.gov/bill/116th-congress/house-bill/2231/text
50 옮긴이_ 불만이나 피해를 당한 사람이 법이나 행정적 절차를 거쳐 문제를 해결할 권리

게 사용한다. 구글 검색창의 '부적절한 예상 검색어 신고' 기능처럼 단순할 수도 있고, 사용자에게 데이터와 설명을 제시하고 명백히 잘못된 데이터 포인트나 결정 메커니즘에 대한 이의 제기 프로세스를 활성화하는 것처럼 정교할 수도 있다. 옵트아웃이라고 하는 또 다른 비슷한 접근방식은 사용자가 자동화된 처리를 거치지 않고 기존 방식으로 조직과 비즈니스를 수행할 수 있도록 한다. 많은 데이터 프라이버시 법과 주요 미국의 주요 소비자금융법은 구제 조치나 옵트아웃을 다룬다. 많은 사용자에게 잘못된 결정을 자동으로 강요하는 것은 머신러닝에서 명백한 윤리적 잘못ethical wrong이다. 너무나 명확하고 잘 알려진 윤리적, 법적, 평판상의 함정에 빠져서는 안 되지만, 많은 시스템이 이러한 함정에 빠진다. 이는 머신러닝 시스템을 설계할 때부터 이의 제기와 재정의, 옵트아웃을 제대로 수행하려면 프로세스와 기술 모두에 대한 계획과 자원이 필요하기 때문일 것이다.

페어 프로그래밍 및 이중 프로그래밍

머신러닝 알고리즘은 복잡하고 확률적이므로 주어진 머신러닝 알고리즘 구현이 정확한지 알기 어렵다. 이러한 이유로 일부 선도적인 머신러닝 조직에서는 품질보증(QA) 메커니즘으로 머신러닝 알고리즘을 두 번 구현한다. 이는 일반적으로 페어 프로그래밍이나 이중 프로그래밍 방식으로 이루어진다. 페어 프로그래밍 방식에서는 두 명의 기술 전문가가 협업 없이 알고리즘을 코딩한다. 그런 다음 두 전문가가 서로의 결과를 비교하여 두 구현의 차이점을 파악하고 문제를 해결한다. 이중 프로그래밍 방식에서는 한 명의 실무자가 같은 알고리즘을 두 번 구현하지만, 객체지향 언어인 파이썬이나 절차적 언어인 SAS와 같이 전혀 다른 프로그래밍 언어로 구현한다. 그런 다음 두 구현 결과의 차이점을 조정한다. 두 가지 접근방식 모두 시스템을 배포할 때까지 발견되지 않았을 수많은 버그를 발견할 수 있다. 페어 프로그래밍과 이중 프로그래밍은 데이터과학자가 알고리즘의 시제품을 제작하는 동안 전담 엔지니어가 배포를 위해 알고리즘을 강화하는 표준 워크플로와 일치할 수 있다. 그러나 이 방식이 제대로 작동하려면 엔지니어는 데이터과학 시제품에 자유롭게 도전하고 테스트할 수 있어야 하며, 단순히 시제품을 다시 코딩하는 역할에 그쳐서는 안 된다.

모델 배포를 위한 보안 권한

IT 보안의 **최소 권한**^{least privilege}**51**은 시스템 사용자가 필요 이상의 권한을 가져서는 안 된다는 개념이다. 최소 권한은 기본적인 프로세스 통제이지만, 다른 많은 IT 시스템과 연결되는 머신러닝 시스템에서는 머신러닝 개발 과정^{ML build-out}의 편의상 '실력 있는' 데이터과학자들이 이 원칙을 간과하기 쉽다. 안타깝게도 이는 머신러닝 안전과 성능에 반하는 패턴이다. 과대포장된 머신러닝과 데이터과학 세계가 아닌 일반적인 소프트웨어 개발 관행에서 엔지니어는 자신이 작성한 코드에 너무 익숙해서 테스트에서 간과하는 부분이 생길 수 있으며, 모든 경우의 수를 테스트하기란 불가능하므로 자신의 코드를 충분히 테스트할 수 없다. 따라서 엔지니어는 코드 작성에는 특화되었지만, 제품 전체를 보는 시각이 부족할 수 있으므로 제품 조직의 다른 사람(예: 제품 관리자, 변호사, 임원)이 소프트웨어 출시 시점을 결정해야 한다.

이러한 이유로 머신러닝 시스템을 배포하는 데 필요한 IT 권한은 IT 조직 내부의 여러 팀으로 분산되어야 한다. 개발 스프린트^{development sprints}**52** 기간에 데이터과학자와 엔지니어는 개발 환경을 완전히 통제할 수 있어야 한다. 하지만 중요한 출시나 검토가 임박하면, 사용자 대면 제품에 대한 수정이나 개선 사항 및 새로운 기능을 푸시할 수 있는 IT 권한이 데이터과학자와 엔지니어에서 제품 관리자나 테스터, 변호사, 임원 등으로 이전된다. 이러한 프로세스 통제는 승인되지 않은 코드가 배포되는 일을 방지하는 역할을 한다.

버그 바운티

버그 바운티는 컴퓨터 보안에서 차용할 수 있는 또 다른 개념이다. 전통적으로 버그 바운티는 소프트웨어의 문제, 특히 보안 취약점을 발견하면 조직이 보상을 제공하는 것을 말한다. 머신러닝은 대부분 소프트웨어에 불과하므로 머신러닝 시스템에 버그 바운티를 실시할 수 있다. 버그 바운티를 사용해 머신러닝 시스템에서 보안 문제를 찾을 수 있을 뿐만 아니라 신뢰성이나 안전성, 투명성, 설명 가능성, 해석 가능성, 프라이버시와 관련한 다른 유형의 문제를 찾는 데도 사용할 수 있다. 버그 바운티는 표준화된 프로세스에 따라 커뮤니티 피드백을 장려하는 데 금전적 보상을 사용한다. 1장의 다른 부분에서도 강조했듯이 인센티브는 위험관리에서 매우 중요하다. 일반적으로 위험관리는 지루하고 자원을 많이 소모하는 작업이다. 사용자가 머신러

---

51 https://en.wikipedia.org/wiki/Principle_of_least_privilege
52 옮긴이_ 애자일 개발 방법론에서 사용하는 단위 기간으로, 소프트웨어 개발에서 프로젝트를 짧고 반복적인 주기로 나누어 개발하는 방식.

닝 시스템의 주요 문제를 찾아내도록 하려면, 사용자에게 돈을 지불하거나 다른 의미 있는 방식으로 보상을 제공해야 한다. 버그 바운티는 일반적으로 공공의 노력으로 이루어진다. 버그 바운티 때문에 일부 조직이 불안해한다면 여러 팀이 머신러닝 시스템의 버그를 찾는 내부 해커톤hackathon도 똑같이 긍정적인 효과를 가져올 수 있다. 물론 참여자가 많을수록 더 좋은 결과를 얻을 가능성이 크다.

인공지능 사고대응

SR 11-7 지침[53]에서는 "숙련된 모델링과 강력한 검증으로도 모델의 위험을 제거할 수는 없다" 고 한다. 머신러닝 시스템과 머신러닝 모델의 위험을 제거할 수 없다면 결국 이러한 위험은 사고로 이어지게 된다. 사고대응은 이미 컴퓨터 보안 분야에서 잘 정립된 관행이다. NIST[54]나 사이버보안교육기관인 SANS[55] 같은 유서 깊은 기관에서는 수년간 컴퓨터 보안 사고대응 지침을 발표해왔다. 머신러닝이 범용 엔터프라이즈 컴퓨팅보다 성숙되지 않고 위험도가 높은 기술이라는 점을 고려하면, 영향력이 크거나 업무수행에 필수인 인공지능 시스템은 반드시 공식적인 인공지능 사고대응 계획과 관행을 갖추어야 한다.

공식적인 인공지능 사고대응 계획을 준비해 두면 조직은 피할 수 없는 사고에 더 빠르고 효과적으로 대응할 수 있다. 사고대응은 앞에서 설명한 핸드 룰에도 적용할 수 있다. 사고대응 계획을 수립하고 이에 따라 연습을 해두면, 조직은 인공지능 사고로 인한 비용이 많이 발생하거나 위험한 사회적 문제로 확대되기 전에 사고를 식별해서 방지하고 근절할 수 있다. 인공지능 사고대응 계획은 인공지능과 관련한 위험을 완화하는 기본적이고 보편적인 방법의 하나다. 시스템을 배포하기 전에 사고대응 계획의 초안을 작성하고 테스트해야 한다. 모델 위험관리를 완벽하게 구현할 수 없는 신생 조직이나 소규모 조직은 인공지능 사고대응을 비용 효율적이고 강력한 인공지능 통제 수단으로 고려할 수 있다. 컴퓨터 사고대응에서 차용한 인공지능 사고대응은 다음과 같은 6단계로 생각할 수 있다.

1단계: 준비

조직의 인공지능 사고를 명확하게 정의하는 일 외에도 인공지능 사고 발생 시를 대비한 준비preparation에는

---

53 https://www.federalreserve.gov/supervisionreg/srletters/sr1107a1.pdf
54 https://nvlpubs.nist.gov/nistpubs/SpecialPublications/NIST.SP.800-61r2.pdf
55 https://www.sans.org/apac

인력과 물류, 기술 계획을 포함해야 한다. 대응에 사용할 예산을 책정하고, 소통 전략을 수립하고, 모델 문서와 비상통신 및 인공지능 시스템 종료를 위한 기술적 보호 장치를 구현해야 한다. 인공지능 사고를 대비하고 연습하는 좋은 방법 중 하나는 조직의 주요 담당자가 과거에 발생했던 실제 사고를 처리하는 탁상 토론 훈련tabletop discussion exercise이다. 인공지능 사고 탁상 토론 훈련을 시작하기에 적절한 질문은 다음과 같다.

- 인공지능 사고에 대응하는 조직 예산과 권한은 누구에게 있는가?
- 문제가 된 인공지능 시스템을 오프라인으로 전환할 수 있는가? 누가 할 수 있는가? 어떤 비용이 드는가? 어떤 후속 프로세스가 영향을 받는가?
- 어느 규제 기관이나 법 집행 기관에 연락해야 하는가? 누가 연락할 것인가?
- 어느 외부 로펌이나 보험 회사, 홍보 회사에 연락해야 하는가? 누가 연락할 것인가?
- 내부적으로는 대응자들 간에 또는 외부적으로는 고객이나 사용자들과 소통하는 담당자는 누구인가?

2단계: 식별

식별identification은 조직이 인공지능의 실패나 공격, 남용을 발견하는 단계다. 식별은 인공지능과 관련한 남용에 대한 경계 유지를 의미하기도 한다. 그러나 실제로는 네트워크 침입 모니터링과 같은 더 일반적인 공격 식별 접근방식이나 개념 변동이나 알고리즘 차별과 같은 인공지능 시스템 실패에 관한 더 전문적인 모니터링까지 포함하는 경향이 있다. 식별의 마지막 단계는 관리자와 사고대응 담당자, 사고대응 계획에 명시된 사람들에게 알리는 것이다.

3단계: 격리

격리containment는 사고의 직접적인 피해를 완화하는 작업을 의미한다. 사고가 발생한 시스템에만 피해가 국한하는 경우는 거의 없음을 명심해야 한다. 일반적인 컴퓨터 사고와 마찬가지로, 인공지능 사고에서도 조직의 시스템과 고객이 사용하는 시스템 전반에 걸쳐 확산하는 네트워크 효과network effect가 발생할 수 있다. 실제 격리 전략은 사고가 외부 공격이나 내부 장애 때문에 발생했는지, 인공지능 시스템을 허가받지 않은 용도로 사용OLU, off-label use하거나 남용해서 발생했는지에 따라 달라진다. 필요하다면 대중과 소통을 시작하는 것도 좋은 방법이다.

4단계: 근절

근절eradication은 영향을 받은 모든 시스템을 복구하는 작업을 의미한다. 예를 들어, 공격받은 모든 시스템의 유출입 경로를 차단하거나, 차별적인 인공지능 시스템을 종료하고 신뢰할 수 있는 규칙 기반 시스템rule-based system으로 임시로 교체할 수 있다. 근절 후에는 사고에 따른 새로운 피해가 더는 발생해서는 안 된다.

5단계: 복구

복구recovery는 영향을 받은 모든 시스템을 정상 상태로 되돌리고 향후 비슷한 사고를 방지하는 통제 장치를 마련하는 작업을 의미한다. 복구는 인공지능 시스템을 다시 훈련하거나 구현하고, 문서로 기록된 사고 이전의 수준으로 작동하는지 테스트하는 것을 의미할 때도 많다. 또한 우발적인 장애^{accidental failure}나 내부 공격이 발생한 경우에는 직원에 대한 기술이나 보안 프로토콜을 면밀히 분석해야 할 수도 있다.

6단계: 사고대응으로 얻은 교훈

6단계는 현재 사고에 대응하는 동안 겪은 성공과 도전을 바탕으로 인공지능 사고대응 계획을 수정하거나 개선하는 작업이다. 대응 계획 개선은 프로세스 또는 기술을 중심으로 이루어질 수 있다.

다음 사례를 살펴보면서 사고대응 단계와 인공지능 사고대응 계획이 질로우^{Zillow} 사에 효과적인 위험관리가 되었는지 생각해 보길 바란다.

1.6 사례 연구: 질로우 아이바잉 사업의 흥망성쇠

부동산 기술 회사인 질로우는 2018년에 주택을 매입하고 되팔아 수익을 창출하는 아이바잉^{iBuying} 사업에 진출했다. 질로우는 자체 개발한 머신러닝 기반 제스트메이트^{Zestimate} 알고리즘이 자사의 인기 웹사이트 방문 트래픽을 끌어올리는 기능을 활용하기 위해 새로운 사업에 활용할 가치가 있다고 믿었다. 블룸버그^{Bloomberg}의 보도에 따르면, 질로우는 처음 주택 구매를 시작할 때 해당 도메인 전문가를 고용해 알고리즘이 생성한 가격을 검증했다. 먼저 지역 부동산 중개인이 부동산 가격을 책정했다. 이 가격은 제스티메이트에 사용되었고, 최종 전문가 팀이 각 가격을 검증한 후에 가격을 정했다.

블룸버그의 보도[56]에 따르면, 질로우는 '매물을 더 빨리 내놓기 위해' 도메인 전문가 팀을 단계적으로 폐지하고, 더 순수한 알고리즘 접근방식의 속도와 규모를 선호하기 시작했다. 2021년 초에 제스티메이트가 빠르게 팽창하는 부동산 시장에 적응하지 못하자 질로우가 제스트메이트 가격 제안의 매력을 높이는 데 개입했다고 알려졌다. 이에 따라 질로우는 분기마다 거의 1만 채의 주택을 매입하기 시작했다. 더 많이 되팔수록 더 많은 직원과 더 많은 리모델링 계약자가 필요함을 의미하지만, 블룸버그의 표현대로 질로우의 인력은 그 속도를 따라잡을 수 없었다. 직원을 45% 증원하고 계약자를 대규모로 영입했음에도 아이바잉 시스템은 수익을 내지 못했다. 팬데믹 시기의 인력 부족과 공급 문제, 과열된 주택 시장, 대규모 대출 처리와 관련된 복

---

56 https://www.bloomberg.com/news/articles/2021-11-08/zillow-z-home-flipping-experiment-doomed-by-tech-algorithms

잡도 등이 복합적으로 작용해 아이바잉 프로젝트가 감당하기에는 너무 많은 부담이 되었다.

결국 질로우는 2021년 10월에 연말까지 가격 제안을 중단한다고 발표했다. 빠른 성장에 대한 질로우의 욕구와 인력 및 공급 부족으로 인해 엄청난 주택 재고를 정리해야 했기 때문이다. 재고 문제를 해결하려면 대부분의 주택을 손해를 감수하고 팔 수밖에 없었다. 결국 질로우는 11월 2일에 5억 달러 이상의 재고를 감가상각$^{write-down}$한다고 발표했다. 질로우의 자동 주택매매 사업은 그렇게 끝났다.

1.6.1 파급 효과

질로우는 사업 실패로 막대한 금전적 손실을 보았으며, 회사 전체 직원의 4분의 1에 해당하는 약 2천 명의 직원을 해고한다고 발표했다. 2021년 6월 질로우의 주가는 주당 약 120달러에 거래되었다. 거의 1년이 지난 시점인 이 책을 쓰는 현재, 질로우의 주가는 약 40달러이며 300억 달러 이상의 주식 가치가 사라졌다. 물론 전체 주가 하락의 원인이 아이바잉 사건이라고 할 수는 없지만, 이 사건은 확실히 주가에 영향을 미쳤다. 질로우 아이바잉의 몰락은 여러 가지 원인이 얽힌 결과였지만, 2020년 발생한 팬데믹과 뒤이은 주택 시장 변화는 직접 연관이 있다. 다음 절에서는 1장에서 거버넌스와 위험관리에 관해 배운 내용을 질로우의 실패 사례에 어떻게 적용할지 알아본다.

1.6.2 경험으로 얻은 교훈

이 장에서는 질로우 아이바잉 사태에 관해 무엇을 배울 수 있을까? 공개 보고서에 따르면, 중요도가 높은 알고리즘의 인적 검토를 소홀히 한 질로우의 의사결정이 전체 사건에 영향을 미친 것으로 보인다. 또한 질로우가 금융 위험을 충분히 고려했는지, 적절한 거버넌스 구조가 마련되었는지, 아이바잉 손실이 인공지능 사고로 더 잘 처리될 수 있었는지에 관해서도 의문이 든다. 질로우와 관련한 이러한 질문 중 많은 부분의 답을 알 수 없으므로, 여러분이 각자의 조직에 적용할 수 있는 통찰력에 중점을 둔다.

교훈 1: 도메인 전문가와 함께 검증한다.

1장에서는 책임 있는 머신러닝 개발에 필요한 조직의 핵심 역량으로 다양하고 경험이 풍부한 팀의 중요성을 강조했다. 의심할 여지 없이 질로우는 세계적인 부동산 시장 전문가를 내외부에서 활용할 수 있었다. 하지만 속도와 자동화를 위해, 즉 '빠르게 움직이면서 문제를 해결'하거나 '제품 출시 속도product speed'를 높이려고 질로우는 주택 매입 프로세스에서 전문가를 단계적으로 배제하고 제스티메이트 알고리즘을 사용하기로 결정했다. 2022년 5월 블룸버그의 후속 보도[57]에 따르면, "질로우는 이 프로세스에 정통한 사람들의 말을 따라 부동산 가격 전문가들에게 알고리즘에 관한 의문을 제기하지 말라"고 지시했다. 이 선택은 특히 팬데믹 때문에 급변하는 부동산 시장에서 질로우에 치명적일 수 있다. 흔히 인공지능의 성능이 대단하다고 광고하지만, 인공지능은 아직 사람보다 똑똑하지 않다. 머신러닝으로 고위험 의사결정을 내릴 때는 전문가가 참여해야 한다.

교훈 2: 장애 유형을 예측한다.

2020년의 코로나바이러스 팬데믹은 많은 영역과 시장에서 패러다임을 바꿨다. 일반적으로 미래는 과거와 비슷할 것이라고 가정하는 머신러닝 모델은 많은 업종에서 제대로 작동하지 않았을 가능성이 크다. 질로우와 같은 기업이 곧 팬데믹이 닥칠 것이라고 예견하기를 기대해서는 안 된다. 하지만 앞에서 설명했듯이, 머신러닝 시스템의 장애 유형을 철저하게 조사하는 일은 고위험 환경에서 머신러닝 시스템의 중요한 역량이 된다. 질로우의 모델 거버넌스 프레임워크의 자세한 내용을 알 수는 없지만, 질로우 아이바잉의 몰락은 '향후 2년 동안 리모델링 비용이 두 배 증가하면 어떻게 될까?'나 '6개월 동안 주택 가격을 2% 이상 비싸게 지불하면 사업 비용은 얼마나 될까?'와 같은 어려운 질문을 효과적으로 하는 것이 중요함을 보여준다. 이러한 고위험 시스템은 이사회의 감독 아래 발생 가능한 모든 장애 유형을 열거하고 문서로 남겨 모든 고위 의사결정권자에게 실제 재무 위험을 명확히 알려야 한다. 조직에서는 머신러닝을 잘못 사용했을 때 발생하는 비용과, 고위 경영진이 이러한 비용을 기꺼이 감내할 수 있는지 알아야 한다. 질로우의 고위 경영진이 아이바잉의 재무 위험을 정확히 파악했는지는 알 수 없다. 지금 우리가 알 수 있는 것은 질로우가 큰 위험을 감수했으며 그 결과는 좋지 않았다는 사실이다.

교훈 3: 거버넌스가 중요하다.

질로우의 CEO는 위험을 감수하는 성향으로 유명하며, 큰 베팅에서 성공한 전력이 있다. 하지만 모든 베팅에서 항상 이길 수만은 없다. 그렇기 때문에 특히 고위험 시나리오에서 자동화된 의사결정을 수행할 때 위험을 관리하고 통제해야 한다. SR 11-7에는 "검증의 엄격함과 정교함은 은행의 전반적인 모델 사용에 비례해야 한다"고 명시되어 있다. 질로우가 은행은 아니지만, 블룸버그의 2022년 5월 분석에 따르면 질로우는 '온라인 광고 판매에서 헤지 펀드와 대규모 건설 사업 운영으로의 전환을 시도하고 있었다'고 한다. 질로우는 알고리즘의 중요도를 높였지만, 알고리즘에 관한 거버넌스는 크게 높이지 않은 것으로 보인다. 앞서 언급한 바와 같이, 공개된 보고서 대부분은 질로우가 아이바잉 프로그램의 인적 감독을 줄였을 뿐 감독을 강화하지는 않았다고 지적했다. 주요 소비자 금융 조직에서는 CEO와 CTO가 이끄는 비즈니스 및 기술 부서와 독립적으로 운영되는 별도의 위험관리 부서가 있는데, 모델이 생산 단계로 넘어가는 것을 막을 수 있는 조직적 위상과 적절한 예산, 인력을 갖추고 이사회에 직접 보고한다. 이러한 조직 구조가 의도한 대로 작

---

57 https://www.bloomberg.com/news/features/2022-05-05/zillow-home-flipping-app-was-big-idea-gone-wrong

동한다면 머신러닝 모델에 관해 더 객관적이고 위험에 기반한 의사결정을 내릴 수 있으며, 비즈니스 및 기술 리더가 자체 시스템의 위험을 평가할 때 발생하는 이해 상충과 확증 편향을 피할 수 있다. 질로우에 독립적인 모델 거버넌스 기능이 있었는지는 알 수 없지만, 이는 요즘 소비자 금융을 제외하고는 매우 드문 일이다. 하지만 어떤 위험관리나 감독 기능도 손실이 엄청나게 커지기 전에 아이바잉 프로그램을 중단시킬 수 없었다는 점은 확실하다. 기술자 한 명이 대응하기는 어렵지만, 조직이 머신러닝 시스템에 독립적인 감사를 적용하는 방법은 실행 가능한 위험완화 관행이다.

교훈 4: 인공지능 사고는 대규모로 발생한다.

질로우의 아이바잉 사례는 웃을 일이 아니다. 금전적으로 손실이 발생했고, 수천 명의 직원이 해고되거나 사직했다. 이 사고는 약 300억 달러 규모의 인공지능 사고로 보인다. 사고대응의 관점에서 보면 시스템 장애에 대비하고, 시스템 장애를 모니터링하며, 격리와 근절, 복구에 필요한 문서를 남기고 훈련된 계획을 마련해야 한다. 공개된 보고서에 따르면 질로우는 아이바잉 문제를 인지하고 있었지만, 기업 문화는 장애에 대비하기보다는 큰 성공을 거두는 데 더 중점을 두었던 것으로 보인다. 재정적 손실의 규모를 감안할 때 질로우의 격리 노력이 더 효과적이었을 수 있다. 질로우는 2021년 11월에 약 5억 달러의 감가상각을 선언함으로써 가장 심각한 문제를 근절할 수 있었다. 질로우의 경영진은 복구를 위해 새로운 부동산 슈퍼앱super app[58]을 계획하고 있었지만, 이 책을 쓰는 시점에 주가 회복은 아직 멀었고 투자자들은 많이 지친 분위기다. 복잡한 시스템에서는 장애가 발생할 수밖에 없다. 머신러닝에 투자할 때는 더 체계적인 사고처리 접근방식이 조직을 구할 수 있을지도 모른다.

이 책의 핵심은 질로우의 아이바잉 실패 사례에서 얻을 수 있는 마지막이자 가장 중요한 교훈이다. 새로운 기술에는 항상 위험이 따른다. 초기 자동차는 위험했다. 비행기는 자주 추락했다. 머신러닝 시스템은 차별 관행을 지속하고, 보안 및 프라이버시 위험을 초래하며, 예기치 못한 방식으로 작동할 수 있다. 머신러닝 기술과 다른 신기술의 근본적인 차이점은 이러한 시스템이 빠르게 대규모 의사결정을 내릴 수 있다는 점이다. 질로우는 제스티메이트 알고리즘에 따라 하루에 수백 채의 주택을 구매할 수 있었다. 그 결과로 5억 달러를 감가상각했으며 질로우의 주가는 크게 하락했으며 수천 개의 일자리가 사라졌다. 이러한 대규모의 급격한 실패 현상은 관심 대상에 따라 더 직접적이고 심각하게 영향을 미칠 수 있다. 예를 들면, 자본이나 사회복지 프로그램, 장기이식 대상자 선정 등을 다룰 때 더 직접적으로 큰 영향을 미칠 수 있다.

---

58 하나의 앱에서 다양한 서비스를 제공하는 모바일 또는 웹 애플리케이션. 메신저, 결제, 쇼핑, 금융, 게임, 음식 배달, 뉴스 등 일상생활에 필요한 여러 서비스를 하나의 앱으로 통합하여 사용자 편의성을 높이는 것이 목표다.

1.7 참고 자료

읽을거리

- 인공지능에 관한 ISO 표준[59]
- NIST 인공지능 위험관리 프레임워크[60]
- SR 11-7 모델 위험관리 지침[61]

---

59 *https://www.iso.org/committee/6794475.html*
60 *https://www.nist.gov/itl/ai-risk-management-framework*
61 *https://www.federalreserve.gov/supervisionreg/srletters/sr1107a1.pdf*

## CHAPTER 2

해석 및 설명 가능한 머신러닝

과학자들은 수백 년 동안 관측한 패턴에 관해 더 많이 배울 수 있도록 데이터에 모델을 맞춰^{fit} 왔다. 설명 가능한 머신러닝 모델^{explainable machine learning model}과 머신러닝 모델에 관한 사후 설명^{post-hoc explanation}은 이러한 오랜 역사적 관행에서 점진적이지만 중요한 진전을 보여준다. 머신러닝 모델은 기존 선형모형^{linear model}보다 비선형이면서 희미하고 상호작용하는 신호를 더 쉽게 학습하므로, 설명 가능한 머신러닝 모델과 사후 설명 기법을 사용하는 사람은 이제 데이터에 있는 비선형이면서 희미하고 상호작용하는 신호를 더 쉽게 학습할 수 있게 되었다.

이 장에서는 주요 설명 가능한 모델링과 사후 설명 기법을 다루기 전에, 해석과 설명에 관한 중요한 아이디어를 살펴본다. 또한 사후 설명 기법의 문제점도 알아본다. 이는 설명 가능한 모델과 사후 설명 기법을 **함께** 사용해서 극복할 수 있다. 그런 다음 설명 가능한 모델과 사후 설명 적용 사례(예: 모델 기록문서 및 잘못된 결정에 대처하는 실행 가능한 대응책)를 살펴보며 인공지능 시스템에 대한 책임감을 높일 방법을 알아본다. 설명 가능하며 문서로 잘 기록된 모델이 책임감 없는 결정을 내려 전국적인 인공지능 사고를 초래한 영국의 이른바 'A-레벨^{Advanced-Level} 시험 스캔들'[1] 사례를 소개하며 이 장을 마무리한다. 설명 가능한 모델과 사후 설명은 6장과 7장에서도 다루며, 두 개의 코드 예제와 함께 자세히 살펴본다.

---

1 GCE(The General Certificate of Education)에서 개발한 영국 및 영연방의 고등학교 제도, 줄여서 A레벨(A Level)이라고 한다. 영국을 포함한 영연방 국가들의 대입 제도로, 영국의 수능이라고 할 수 있으며 대체로 2년 과정이다(출처: 나무위키). https://namu.wiki/w/Advanced%20Level

NIST의 인공지능 위험관리 프레임워크 교차표

장/절	NIST의 인공지능 위험관리 프레임워크 하위 범주
2.1 해석 가능성 및 설명 가능성에 관한 중요 아이디어	GOVERN 1.1, GOVERN 1.2, GOVERN 1.4, GOVERN 1.5, GOVERN 3.2, GOVERN 4.1, GOVERN 5.1, GOVERN 6.1, MAP 2.3, MAP 3.1, MAP 4, MEASURE 1.1, MEASURE 2.1, MEASURE 2.8, MEASURE 2.9, MEASURE 3.3
2.2 설명 가능한 모델	GOVERN 1.1, GOVERN 1.2, GOVERN 6.1, MAP 2.3, MAP 3.1, MEASURE 2.8, MEASURE 2.9, MANAGE 1.2, MANAGE 1.3
2.3 사후 설명	GOVERN 1.1, GOVERN 1.2, GOVERN 1.5, GOVERN 5.1, GOVERN 6.1, MAP 2.3, MAP 3.1, MEASURE 2.8, MEASURE 2.9, MANAGE 1.2, MANAGE 1.3

- 적용 가능한 인공지능 신뢰성에 포함되는 특성: 타당성 및 신뢰성, 보안, 편향관리, 안전성 및 복원력, 투명성 및 책임감, 설명 가능성 및 해석 가능성
- 참고
  - '설명 가능한 인공지능의 네 가지 원칙'[2]
  - '인공지능의 설명 가능성 및 해석 가능성의 심리 기초'[3]
  - 전체 교차표[4](공식 자료는 아님)

2.1 해석 및 설명 가능성에 관한 중요 아이디어

설명 가능한 모델을 훈련하고 사후 설명을 생성하는 기법을 알아보기 전에 수학과 코드 이면에 숨겨진 큰 아이디어를 설명해야 한다. 먼저 투명성은 신뢰와 같지 않다는 점을 확인해야 한다. 우리는 이해할 수 없는 것을 믿을 수도 있고, 믿을 수 없는 것을 이해할 수도 있다. 간단히 말하자면 투명성은 이해할 수 있게 하지만, 이해와 신뢰는 다르다. 실제로 잘못 구축된 머신러닝 시스템에 관한 이해도가 높아지면 오히려 신뢰성은 떨어질 수 있다.

---

2 *https://nvlpubs.nist.gov/nistpubs/ir/2021/NIST.IR.8312.pdf*
3 *https://nvlpubs.nist.gov/nistpubs/ir/2021/NIST.IR.8367.pdf*
4 *https://oreil.ly/61TXd*

NIST는 타당성^{validity}, 신뢰성^{reliability}, 안전성^{safety}, 보안^{security}, 복원력^{resiliency}, 투명성^{transparency}, 책임감^{accountability}, 설명 가능성^{explainability}, 해석 가능성^{interpretability}, 편향관리$^{bias\ management}$, 강화된 프라이버시$^{enhanced\ privacy}$ 등 다양한 특성을 사용해 인공지능의 신뢰성^{trustworthiness}을 정의한다. 투명성은 다른 바람직한 신뢰성 특성을 더 쉽게 달성하고 더 쉽게 디버깅할 수 있도록 한다. 하지만 운영자는 이러한 추가 거버넌스 단계를 수행해야 한다. 실제로 신뢰성은 테스트와 모니터링, 이의 제기 프로세스로 달성되는 경우가 많다(1장과 3장 참고). 설명 가능한 머신러닝 모델과 사후 설명을 활용해 투명성을 높이면, 기존 선형모형을 신뢰할 수 있도록 하는 데 도움이 되는 진단^{diagnostic}과 디버깅이 쉬워져야 한다. 또한 정확하고 투명한 머신러닝 모델을 통해, 지금까지 소비자별 설명과 일반적인 문서화 요구사항 때문에 수십 년 동안 선형모형에 의존해 온 규제 대상 애플리케이션에 이제는 변화가 일어날 가능성이 있다는 의미이기도 하다.

> **CAUTION** 해석 가능하거나 설명 가능하거나 투명하다고 해서 모델이 우수하거나 신뢰할 수 있는 것은 아니다. 하지만 해석 가능하고 설명 가능하고 투명해야만 정보에 근거해 모델이 좋은지 또는 믿을 수 있는지를 파악할 수 있다.

규정된 이의 제기 및 재정의 프로세스로 잘못된 머신러닝 기반 의사결정의 주체를 구제하는 것은 설명 가능한 모델과 사후 설명의 신뢰성을 높이는 가장 중요한 방법일 수 있다. 자동화된 의사결정에 논리적으로 이의를 제기하는 능력을 **실행 가능한 구제 조치**라고도 한다. 소비자, 구직자, 환자, 수감자, 학생 등이 설명할 수 없는 자동화된 의사결정에 이의를 제기하기란 매우 어렵다. 논리적인 이의 제기 프로세스의 첫 번째 단계는, 설명 가능한 머신러닝 모델과 사후 설명 기법을 통해 머신러닝 기반의 자동화된 의사결정 방법을 의사결정 주체가 이해하는 것이다. 사용자가 입력 데이터나 의사결정 논리가 잘못되었음을 입증할 수 있다면, 머신러닝 시스템의 운영자는 초기의 잘못된 의사결정을 재정의해야 한다.

> **NOTE** 자동화된 의사결정에 이의를 제기하고 재정의하는 메커니즘은 항상 고위험 머신러닝 시스템과 함께 배포해야 한다.

해석 가능성과 설명 가능성을 구분하는 일도 중요하다. 획기적인 연구인 「인공지능의 설명 가능성과 해석 가능성의 심리 기초」[5]에서 NIST의 연구원들은 사람 인지$^{human\ cognition}$에 관해 널리 받아들여지는 개념을 사용하여 해석 가능성과 설명 가능성을 구별했다. NIST의 연구진에 따르면 해석 가능성과 설명 가능성의 개념은 비슷하지만 똑같지는 않으며 정의는 다음과 같다.

해석

자극을 맥락화하고 사람의 배경지식을 활용하는 고수준의 의미 있는 정신적 표현이다. 해석 가능한 모델은 사용자에게 데이터 입력이나 모델 출력이 **맥락상** 무엇을 의미하는지에 관한 설명을 제공해야 한다.

설명

복잡한 프로세스를 설명하는 저수준의 상세한 정신적 표현이다. 머신러닝 설명은 특정 모델의 메커니즘이나 출력이 **도출된** 방법에 관한 설명이다.

> **NOTE** 해석 가능성은 설명 가능성보다 도달해야 할 기준이 훨씬 더 높다. 해석 가능성을 달성한다는 말은 머신러닝 메커니즘이나 결과를 맥락에 맞추는 것을 의미하며, 이는 모델이나 사후 설명만으로는 달성할 수 없다. 해석 가능성은 일반적으로 명확하게 작성된 설명이나 설득력 있는 시각화^{visualization}나 대화식 그래픽 사용자 인터페이스를 활용해 달성할 수 있다. 해석 가능성을 키우려면 일반적으로 해당 분야의 전문가와 사용자 상호작용 및 경험 전문가뿐만 아니라 다른 분야의 전문가와 협력해야 한다.

이제 머신러닝 모델을 해석 가능하거나 설명 가능한 모델로 만드는 데 필요한 몇 가지 요소를 세부적으로 살펴보자. 입력 데이터가 엉망이면 모델의 투명성을 확보하기는 매우 어렵다. 여기서부터 그 설명을 시작한다. 입력 데이터와 투명성을 고려할 때 생각해볼 내용은 다음과 같다.

설명 가능한 특성 공학

투명성을 목표로 한다면 너무 복잡한 특성 공학은 피해야 한다. 오토인코더^{autoencoder}나 주성분$^{principal\ component}$, 고차원 상호작용$^{high-degree\ interaction}$으로 얻은 심층 특성$^{deep\ feature}$은 테스트 데이터에 관한 모델 성능을 높일 수는 있겠지만, 이러한 특성을 다른 설명 가능한 모델에 입력하더라도 설명하기는 어려울 수 있다.

---

5 *https://nvlpubs.nist.gov/nistpubs/ir/2021/NIST.IR.8367.pdf*

의미 있는 특성

어떤 모델 함수의 입력으로 특성을 사용한다는 것은 해당 특성이 함수의 출력, 즉 모델의 예측과 관련이 있다고 가정한다는 것이다. 테스트 데이터의 성능을 높인다는 이유로 무의미하거나 느슨하게 관련 특성을 사용하면 모델을 설명하는 방식에 관한 기본 가정을 위반하게 된다. 예를 들어, 다른 특성과 함께 눈동자 색을 사용해 신용부도credit default를 예측한다면 모델은 어떤 수렴 기준에 따라 학습될 가능성이 크며 눈동자 색의 섀플리 가법 설명SHAP, Shapley additive explanation 값을 계산할 수 있다. 그러나 눈동자 색은 이 맥락에서 실제로 타당성이 없으며 신용부도와 인과 관계도 없다. 눈동자 색이 근본적인 구조적 편향에 관한 프록시proxy 역할을 할 수 있지만, 눈동자 색이 신용부도를 설명한다는 주장은 잘못된 것이다. 모델 및 관련 설명의 타당성을 높이려면 상식적인 접근방식, 더 나아가 인과 관계 발견적 접근방식을 사용해야 한다.

단조 특성

단조성monotonicity은 설명 가능성에 도움이 된다. 가능하면 목표변수target variable와 관계가 단조로운 특성을 사용한다. 필요하다면 데이터 비닝binning[6]과 같은 특성 공학 기법을 적용해 단조성을 유도한다.

설명 가능성과 해석 가능성의 목적에 맞게 데이터를 사용할 수 있다면 입력의 가법 독립성additive independence of inputs과 제약조건constraint, 선형성linearity 및 평활도smoothness, 프로토타입prototype, 희박성sparsity, 요약summarization과 같은 개념을 사용해 모델을 가능한 한 투명하게 만들 수 있다.

입력의 가법성

투명성을 높이려면 머신러닝 모델에서 입력을 분리하거나 상호작용을 소규모 그룹으로 제한하는 일이 매우 중요하다. 기존 머신러닝 모델은 입력특성input feature을 결합하고 재조합하여 해독할 수 없는 고차원 상호작용의 얽힘을 만드는 것으로 악명 높다. 이와 대조적으로 기존 선형모형은 입력을 독립적인 가법 방식additive fashion으로 처리한다. 선형모형의 출력 결정은 일반적으로 학습된 모델 매개변수와 입력특성값의 단순선형 결합이다. 물론 기존 선형모형은 기존의 불투명한 머신러닝 모델보다 성능 품질이 눈에 띄게 떨어지는 경우가 많다.

성능 품질을 개선하는 방법으로 일반화가법모형GAM, generalized additive model이 등장했다. 일반화가법모형은 입력특성을 독립적으로 유지하면서 투명성을 확보하며, 각 특성의 작동을 임의로 복잡하게 모델링할 수 있어 성능 품질을 획기적으로 개선한다. 다음 절에서는 일반화가법모형의 후속 모델인 GA2M과 설명 가능한 부스팅 머신EBM, Explainable Boosting Machine을 알아본다. 이 모델들은 모두 입력을 독립적으로 유지하고 개별 입력을 처리하는 복잡한 방식을 시각화하게 해준다. 결국, 사용자는 입력이 서로 어떻게 영향을 미치는지 파악할 필요가 없으며, 출력 결정은 학습된 모델 매개변수와 데이터 입력값에 적용된 일부 함수의 선형

---

6 옮긴이_ 데이터에서 관측값을 동일 간격의 구간으로 나누는 것을 말한다.

결합이므로 높은 투명성을 유지한다.

제약조건

기존의 설명할 수 없는 머신러닝 모델은 유연성이 뛰어나다는 평가를 받는다. 이 모델은 학습 데이터의 거의 모든 신호생성함수signal-generating function를 모델링할 수 있다. 그러나 투명성 측면에서는 관측된 반응함수observed response function의 모든 부분을 모델링하는 방법이 일반적으로 바람직하지 않다. 이러한 모델링은 과대적합overfitting 때문에 보이지 않는 데이터에 대한 성능에도 좋지 않음이 밝혀졌다. 때로는 훈련 데이터에서 관측한 것이 잡음일 수도 있고 심지어는 아주 오래된 잘못된 데이터일 수도 있다. 따라서 나쁜 데이터에 과대적합하는 대신, 모델이 잡음이 아닌 인과 관계 개념causal concept을 따르도록 함으로써 투명성을 높이고 성능에 도움이 되는 제약조건을 적용하는 것이 좋다.

머신러닝 모델을 훈련할 때 여러 가지 제약조건을 적용할 수 있지만, 매우 유용하고 널리 사용하는 제약조건으로는 희박성과 단조성, 상호작용이 있다. (일반적으로 매개변수나 규칙의 수를 줄여서 모델의 성능을 개선하는 방식인) L1 정칙화L1 regularization[7]로 구현되는 희박성 제약조건은 관리하기 쉬운 입력 매개변수의 수와 내부 학습 메커니즘에 중점을 둔다. 양의 단조제약조건positive monotonic constraint은 모델의 입력이 증가하면 출력은 절대 감소하지 않음을 의미한다. 음의 단조제약조건negative monotonic constraint은 모델의 입력이 증가하면 출력은 절대 증가하지 않음을 의미한다. 상호작용 제약조건은 머신러닝 모델의 내부 메커니즘이 너무 많은 다양한 특성을 결합하고 재조합할 수 없도록 한다. 이러한 제약조건은 모델 결과의 오류error와 편향의 원인이 되는 강건하지 않은 입력과 임의의 비선형성, 고차원 상호작용에 초점을 맞추는 대신, 모델이 해석 가능하고 설명 가능한 인과 관계 현상을 학습하도록 하는 데 사용할 수 있다.

선형성 및 평활도

선형함수linear function(일차함수라고도 함)는 기본적으로 단조이며 하나의 숫자 계수로 설명할 수 있다. 평활함수smooth function(매끄러운 함수라고도 함)는 미분 가능하므로 어느 곳에서나 도함수derivative function나 미분값으로 요약할 수 있다. 기본적으로 선형함수와 평활함수가 더 잘 작동하고 일반적으로 요약하기 쉽다. 반면, 제약이 없고 임의적인 머신러닝 함수는 사람의 이해를 거스르는 방식으로 이리저리 튀거나 사람이 이해하기에 너무 복잡하므로 이해를 돕는 데 필요한 요약이 거의 불가능하다.

프로토타입

프로토타입은 이전에 볼 수 없던 다른 데이터에 대한 모델 출력을 설명하는 데 사용할 수 있는, 잘 이해된 데이터 포인트(행)나 중요 특징(열)을 의미한다. 프로토타입은 머신러닝의 여러 곳에서 찾아볼 수 있으며 수십 년 동안 모델 결정을 설명하고 해석하는 데 사용해 왔다. 가장 가까운 이웃을 사용해 k-최근접이웃k-NN, k-nearest neighbor을 설명하거나 무게중심centroid의 위치를 기반으로 군집cluster을 프로파일링하는 것을 프로

---

7 옮긴이_ 정칙화란 최적화나 통계 분야에서 사용하는 용어로, 모델의 복잡성을 제한하거나 일반화 성능을 향상하는 수학적 기법이다. 정칙화의 주된 목표는 과대적합을 방지하는 것으로, 모델의 복잡성을 제어하고 제한하는 방식으로 작동한다.

토타입이라고 생각하면 된다. 프로토타입은 조건법적 서술^{counterfactual}[8]을 설명하는 데도 중요한 역할을 한다. 프로토타입은 일반적으로 복잡하고 불투명한 컴퓨터 비전$^{computer\ vision}$ 분야에도 딥러닝과 비슷한 방식[9]으로 도입되었다.

희박성

머신러닝은 이제 수조 개의 매개변수[10]로 훈련할 수 있다. 그러나 인간 운영자가 이러한 매개변수 중 수십 개가 넘는 매개변수를 기반으로 추론할 수 있는지는 논란의 여지가 있다. 최신 머신러닝 모델에 포함된 정보의 양은 투명하게 요약되어야 한다. 일반적으로 머신러닝 모델의 계수나 규칙이 적을수록 정보의 양은 더 성겨지고 설명하기 쉬워진다.

요약

요약은 변수 중요도 측정$^{variable\ importance\ measure}$과 대리 모델$^{surrogate\ model}$, 기타 사후 머신러닝 접근방식을 포함해 다양한 형태를 취할 수 있다. 시각화는 머신러닝 모델에 관한 요약 정보를 전달하는 가장 일반적인 수단이며, 정보를 압축하는 근사법은 요약의 아킬레스건$^{Achilles'\ heel}$[11]이다. 일반적으로 가법과 선형, 평활, 희박 모델은 요약하기 쉬우며, 이때 사후 설명 프로세스가 더 잘 작동할 가능성이 크다.

머신러닝으로 투명성을 확보하려면 설명하기 어려운 대중적이고 보편화된 접근방식보다 약간의 노력이 더 필요하다. 그렇다고 걱정할 필요는 없다. 최근 발표된 논문「본질적으로 해석 가능한 머신러닝 모델 설계」[12]와 InterpretML[13], H2O[14], PiML[15]과 같은 소프트웨어 패키지는 투명한 모델을 훈련하고 설명하는 데 유용한 프레임워크를 제공한다. 이 장의 나머지 부분에서는 인공지능 시스템을 설계할 때 고려할 수 있는 가장 효과적인 기술적 접근방식과 공통된 문제점을 집중적으로 알아본다.

----

8 옮긴이_ 어떤 문장의 첫 절이 사실과 정반대인 것을 서술하는 방식의 표현법으로, '만약 내가 알았다면 어떠했을 것이다'라는 형태로 가정한다. 현실에서 일어나지 않은 일을 가정하므로 가설적인 성격이 있다.

9 This Looks Like That: Deep Learning for Interpretable Image Recognition(NeurIPS 2019).
https://www.youtube.com/watch?v=k3IQnRsl9U4&ab_channel=ChaofanChen

10 https://www.microsoft.com/en-us/research/blog/zero-infinity-and-deepspeed-unlocking-unprecedented-model-scale-for-deep-learning-training/

11 https://en.wikipedia.org/wiki/Achilles%27_heel

12 https://arxiv.org/pdf/2111.01743.pdf

13 https://github.com/interpretml/interpret

14 https://github.com/h2oai/h2o-3

15 https://github.com/SelfExplainML/PiML-Toolbox

2.2 설명 가능한 모델

수십 년 동안 많은 머신러닝 연구자와 실무자는 더 복잡한 모델이 더 정확하다는 논리적인 가정 아래 노력해 왔다. 하지만 저명한 교수인 신시아 루딘Cynthia Rudin은 논문 「고위험 의사결정에 대한 블랙박스 머신러닝 모델 설명을 중단하고, 대신 해석 가능한 모델을 사용하라」[16]에서 '정확성과 해석 가능성 간에 반드시 상충관계가 있다는 것은 잘못된 생각'이라고 지적했다. 이 장의 뒷부분에서 설명 가능한 모델과 사후 설명과 관련된 내용을 자세히 알아보겠다. 지금은 정확하고 설명 가능한 모델이라는 강력한 아이디어에 집중한다. 정확하고 설명 가능한 모델은 머신러닝을 통한 사람의 학습 능력과 실행 가능한 자원 및 규정 준수, 향상된 보안, 그리고 부정확성 및 편향이 포함된 다양한 문제를 해결하는 능력 향상과 함께 매우 정확한 의사결정의 잠재력을 제공한다. 이러한 매력적인 특성 덕분에 설명 가능한 머신러닝 모델은 일반적으로 실무자와 소비자 모두에게 득이 된다.

이제 가장 인기 있는 몇몇 유형의 설명 가능한 머신러닝 모델을 살펴보자. 먼저 벌점회귀penalized regression와 일반화가법모형, GA2M 및 설명 가능한 부스팅 머신이 포함된 큰 부류의 가법모형부터 알아본다. 또한 의사결정나무decision tree와 제약나무앙상블contrained tree ensemble, 그리고 기타 여러 가지 옵션을 살펴본 후 사후 설명 기법으로 넘어간다.

2.2.1 가법모형

설명 가능한 머신러닝 모델 중 가장 널리 사용되는 유형은 기존 선형모형에 기반한 모델인 벌점회귀모형과 일반화가법모형, GA2M(또는 설명 가능한 부스팅 머신)이다. 이러한 기법은 기존 모델링 접근방식을 보강하는 최신 방법을 사용하며 이에 따라 성능이 눈에 띄게 개선되기도 한다. 또한 입력특성을 독립적이고 가법 방식으로 처리하거나 상호작용 항interaction term을 최소화해 해석 가능성을 키운다. 또한 간단한 시각화 기법을 사용하여 해석 가능성을 높인다

벌점회귀

설명 가능한 모델에 관한 설명은 벌점회귀로 시작한다. 벌점회귀는 19세기의 전형적인 회귀 접근방식을 21세기에 맞게 업데이트한 것이다. 이러한 유형의 모델은 일반적으로 기존 선형

---

16 *https://arxiv.org/pdf/1811.10154.pdf*

모형과 같이 전역적으로 설명 가능한 결과를 갖는 선형 단조반응함수를 만들지만, 예측 성능이 향상되는 경우가 많다. 벌점회귀모형은 많은 가정을 기반으로 모델 매개변수를 찾는 정규 방정식이나 표준방정식normal equation[17] 접근방식을 피하고, 더 정교한 제약과 반복 최적화 절차를 사용해 상관관계correlation와 특성 선택, 이상값 처리treatment of outlier를 하는 동시에 검증 데이터validation data를 사용해 더 좋은 모델을 자동으로 선택한다.

[그림 2-1]은 벌점회귀모형이 80회 이상의 훈련을 반복하면서 6개의 입력특성에 대한 최적 계수optimal coefficient를 학습하는 방법을 보여준다. 최적화 절차optimization procedure가 진행되면 모든 매개변숫값은 작은 값부터 시작하지만, 절차가 반복됨에 따라 수렴하는 것을 볼 수 있다. 이는 일반적으로 입력특성에 큰 벌점을 적용해 훈련 절차training procedure를 시작하기 때문이다. 일반적으로 훈련을 진행하면서 모델에 입력하는 입력의 수를 줄이거나, 모델의 매개변수를 인위적으로 작게 유지하거나, 이 둘을 다 적용하면 이러한 벌점은 감소한다(벌점회귀계수가 '축소되었다shrunken'라는 표현을 사용하기도 한다). 반복할 때마다 모델에 더 많은 특성이 입력되거나 계숫값이 커지거나 변경되면 현재 모델에 검증 데이터를 적용한다. 훈련은 미리 정의된 반복 횟수까지 또는 검증 데이터에서 성능이 더는 개선되지 않을 때까지 계속된다.

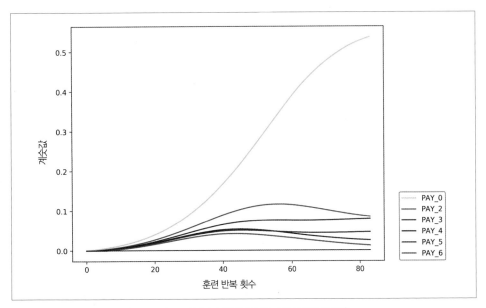

그림 2-1 탄성망 회귀모형elasticnet regression model에서 선택한 특성에 대한 정칙화 경로[18]

---

17 https://mathworld.wolfram.com/NormalEquation.html
18 컬러 이미지는 부록 507쪽 참조(원본 그림: https://oreil.ly/dR7Ty).

검증 기반 조기정지 절차[validation-based early stopping procedure] 외에도 벌점회귀는 이상값과 특성 선택, 상관 입력[correlated input], 비선형성[nonlinearity]을 해결하려고 각각 반복재가중최소제곱[IRLS, Iteratively Reweighted Least Squares] 기법과 L1 및 L2 매개변수 노름[norm][19]에 대한 두 가지 유형의 벌점, 연결함수[link function]을 사용한다.

IRLS

IRLS는 이상값의 영향을 최소화하는 데 잘 정립된 절차다. 기존 회귀처럼 시작하지만, IRLS 절차는 첫 번째 반복 후에 입력 데이터에서 큰 오차를 유발하는 행을 확인한다. 그런 다음 모델의 계수를 적합하는 후속 반복에서 해당 행의 가중값[weight]을 줄인다. IRLS는 모델의 매개변수가 안정된 값으로 수렴할 때까지 이 적합 및 가중값을 줄이는 절차를 계속한다.

L1 노름 벌점

라쏘(최소절대축소및선택연산자)[LASSO, Least Absolute Shrinkage and Selection Operator]라고도 하는 L1 벌점은 모델 매개변수 절댓값의 합을 최소로 유지한다. 이 벌점은 필요 없는 회귀 매개변수를 0으로 만들고, 회귀 모형에 대해 작고 대표적인 특성의 부분집합을 선택하는 효과가 있다. 동시에 이전의 특성 선택 단계에서 발생할 수 있는 잠재적인 다중비교 문제를 방지할 수 있다. 잠재적으로 상관관계가 있는 많은 입력특성이 단계적 특성 선택을 실패하게 만드는 상황에서, L1 벌점만 사용하면 성능 품질이 향상하는 것으로 알려졌다.

L2 노름 벌점

리지[ridge] 또는 티호노프[Tikhonov] 회귀라고도 하는 L2 벌점은 모델 매개변수 제곱의 합을 최소화한다. L2 노름 벌점은 모델의 매개변수에 상관관계가 있는 경우 모델 매개변수를 안정시킨다. L1 노름 벌점과 달리 L2 노름 벌점은 특성을 선택하지 않는다. 대신 모델의 모든 매개변수를 기존 솔루션보다 작게 유지해 각 특성이 전체 모델에 미치는 영향을 제한한다. 매개변수의 개수가 작을수록 한 개의 특성이 모델을 지배하거나 상관관계 때문에 모델 훈련 중에 이상한 작동이 발생하는 일을 방지할 수 있다.

연결함수

연결함수를 사용하면 선형모형이 훈련 데이터의 일반 분포를 처리할 수 있다. 예를 들어, 두 개의 이산 결과를 갖는 입력 데이터에 로지스틱 회귀[logistic regression]를 적합하는 데 로짓[logit][20] 연결함수를 사용할 수 있다. 일반적이면서 유용한 다른 연결함수로는 가산 데이터[count data][21]에 대한 푸아송[Poisson] 연결함수와 감마분

---

19 옮긴이_ 벡터의 크기를 측정하는 방법으로 벡터의 길이나 강도, 크기 등을 나타낸다.
20 옮긴이_ 로짓은 로지스틱 함수의 역함수로 확률변수 p에 대한 로그오즈비(log odds ratio) $p / (1 - p)$에 자연로그를 취한 값이다.
21 옮긴이_ 셀 수 있는 데이터를 의미하며 0 이상의 정숫값으로 된 데이터다.

포 출력에 대한 역연결함수inverse link function가 있다. 배포 가능한 모델을 훈련하려면 로지스틱 회귀를 위한 이항분포binomial distribution 및 로짓 연결함수와 같이 결과를 해당 분포 패밀리와 연결함수에 일치시켜야 한다. 벌점회귀 패키지를 제외한 많은 머신러닝 모델과 라이브러리는 훈련 데이터의 기본 가정을 처리하는 데 필요한 연결함수와 분포 패밀리를 지원하지 않는다.

최신 벌점회귀 기법은 일반적으로 다음 내용을 결합해 만들어진다.

- 일반화 개선을 위한 검증 기반 조기정지
- 이상값 처리를 위한 IRLS
- 특성 선택 목적의 L1 벌점
- 강건성robustness을 위한 L2 벌점
- 다양한 목표target나 오차분포error distribution를 위한 연결함수

벌점회귀에 관한 자세한 내용은 『통계학으로 배우는 머신러닝』(에이콘출판사, 2020)[22]을 참고하되, 여기서는 벌점회귀를 언제 사용해야 하는지를 아는 것이 더 중요하다. 벌점회귀는 많은 연구 분야에서 광범위하게 사용하지만, 특성이 많은 비즈니스 데이터셋(심지어는 행보다 특성이 더 많은 데이터셋)과 상관변수가 많은 데이터셋에 특히 적합하다. 벌점회귀모형은 기존 선형모형의 기본적인 해석 가능성도 유지하므로 상관관계가 있는 특성이 많거나 최대 투명성이 필요한 경우에 고려해볼 수 있다. 또한 벌점회귀 기법이 항상 회귀 매개변수에 대한 신뢰구간confidence interval이나 t-통계량, p-값을 만들어내지 않는다는 점도 중요하다. 이러한 유형의 측도measure는 일반적으로 부트스트랩bootstrap[23]을 통해서만 사용할 수 있으며 이때 추가 컴퓨팅 시간이 필요할 수도 있다. R 패키지의 탄성망elasticnet[24]과 glmnet[25]은 라쏘 및 탄성망 회귀 기법을 만든 개발자가 유지관리하며, H2O 일반화선형모형GLM, Generalized Linear Model[26]은 원본 소프트웨어의 구현을 매우 비슷하게 따르지만 훨씬 더 향상된 확장성을 제공한다.

---

22 원서는 https://hastie.su.domains/ElemStatLearn/printings/ESLII_print12_toc.pdf에서 다운로드할 수 있다.

23 옮긴이_ 부트스트랩은 표본 데이터에서 표본을 무작위로 복원 추출하는 방법이다.

24 https://cran.r-project.org/web/packages/elasticnet/

25 https://cran.r-project.org/web/packages/glmnet/index.html

26 https://docs.h2o.ai/h2o/latest-stable/h2o-docs/data-science/glm.html

벌점회귀모형의 더 새로운 변형은 초희박선형정수모형[SLIM, super-sparse linear integer model][27]이다. 초희박선형정수모형은 정교한 최적화 루틴을 사용하며, 평가에 필요한 단순 연산만 수행하는 정확한 모델 생성을 목표로 한다. 초희박선형정수모형은 의료계와 같은 고위험 환경에서 일하는 사람이 정신적으로 평가할 수 있는 선형모형을 훈련하려고 고안되었다. 해석 가능성이 가장 크고, 현장 작업자가 결과를 빠르게 평가해야 하는 애플리케이션에 직면하게 된다면 초희박선형정수모형을 고려할 수 있다. 반면에 설명할 수 없는 많은 머신러닝 기법에 필적하면서 더 나은 예측 성능을 원하면서도 높은 수준의 해석 가능성을 원한다면 다음으로 다룰 일반화가법모형을 고려할 수 있다.

일반화가법모형

일반화가법모형(GAM)은 선형모형을 일반화한 것으로, 각 입력에 대한 계수 대신 계수와 함수를 각 모델의 입력에 맞출 수 있다. 이러한 방식으로 모델을 훈련하면 각 입력 변수를 개별적이지만 비선형 방식으로 처리할 수 있다. 각 입력을 개별적으로 처리하면 해석 가능성을 키우고, 비선형성을 허용하면 성능 품질을 높일 수 있다. 전통적으로 일반화가법모형은 비선형 형상함수[nonlinear shape function]를 각 입력에 적합하는 데 스플라인[spline]을 사용했으며 일반화가법모형 구현 대부분은 적합된 형상함수의 그래프를 쉽게 그릴 수 있다. 규정이나 내부 문서 요구사항에 따라 형상함수를 예측모델에 직접 사용해 성능을 높일 수 있다. 그렇지 않은 경우, 일부 적합된 형상함수를 눈으로 확인해보고 더 설명하기 쉬운 다항식함수나 로그함수, 삼각함수, 입력특성의 단순함수[simple function]로 바꿔 예측 품질을 높일 수 있다. 일반화가법모형의 최근 변형은 신경가법모형[NAM, neural additive model][28]과 GAMI-Net[29]이다. 이 모델은 인공신경망을 사용해 형상함수를 적합한다. 다음 절에서 설명 가능한 부스팅 머신을 설명할 때 머신러닝으로 형상함수를 추정하는 주제를 계속 다룰 것이다. 루딘 교수의 연구진[Rudin Group]은 최근 단조계단함수[monotonic step function]를 형상함수로 사용해 해석 가능성을 극대화하는 일반화가법모형의 변형[30]을 제시했다.

....

27 *https://github.com/ustunb/slim-python*
  옮긴이_ sparse는 공간적, 시간적, 질적인 측면에서 드물거나 적음을 의미한다. 대한수학회에서는 '틈이 많다'는 의미의 '성긴(예: 성긴 행렬(sparse matrix))'이나 '드물고 옅다'는 질적인 의미인 '희박'이라는 용어를 사용하며, 통계학회에서는 '드물고 적다'는 양적인 의미로 '희소'라는 용어를 사용한다. 모두 '드물다'라는 의미가 있지만, 약간의 차이가 있어 이 책에서는 통계학회 용어를 기준으로 표기하되 문맥에 따라 '성긴', '희박', '희소'라는 용어를 혼용해 사용한다.

28 *https://arxiv.org/pdf/2004.13912.pdf*

29 *https://arxiv.org/pdf/2003.07132.pdf*

30 *https://arxiv.org/pdf/2202.11389.pdf*

현실이나 인간의 직관에 더 잘 맞도록 모델의 일부를 변경하는 기능을 **모델 편집**model editing이라고 한다. 편집 가능성editability은 설명 가능한 많은 모델의 또 다른 중요한 측면이다. 모델은 잘못되거나 편향된 훈련 데이터로부터 잘못되거나 편향된 개념을 학습할 때가 많다. 설명 가능한 모델을 사용하면 사용자는 버그를 발견하고 편집할 수 있다. 일반화가법모형 계열의 모델은 특히 모델 편집을 쉽게 할 수 있는데, 이러한 기능은 이 강력한 모델링 접근방식의 또 다른 장점이다. 일반화가법모형에 관한 자세한 내용은 『통계학으로 배우는 머신러닝』을 참고한다. 일반화가법모형을 사용해보려면 R의 gam[31] 패키지나 좀 더 실험적인 H2O[32]와 pyGAM[33] 구현을 참고한다.

GA2M 및 설명 가능한 부스팅 머신

GA2M과 설명 가능한 부스팅 머신은 일반화가법모형을 복잡하지 않으면서도 실질적으로 개선한 모델이다. 먼저 GA2M을 알아보자. GA2M에서 '2'는 모델의 입력으로 소수의 쌍별 상호작용pairwise interaction을 고려함을 의미한다. 일반화가법모형에서 소수의 상호작용 항을 포함하도록 선택하면 해석 가능성을 유지하면서 성능을 높일 수 있다. 상호작용 항은 일반화가법모형에 일반적으로 사용되는 표준 2차원 입력특성 그래프에 등고선contour으로 그릴 수 있다. 이미 GA2M의 중요한 변형인 설명 가능한 부스팅 머신에 익숙한 독자도 있을 것이다. 설명 가능한 부스팅 머신에서 각 입력특성에 대한 형상함수는 부스팅을 사용해 반복적으로 훈련된다. 이러한 반응함수는 스플라인이나 의사결정나무, 또는 의사결정나무 자체의 부스팅 앙상블일 수도 있다. 부스팅을 사용해 가법모형을 훈련하면 일반적인 일반화가법모형 후진적합backfitting 방법을 사용할 때보다 더 정확한 최종 모델을 얻을 수 있다.

이러한 발전 덕분에 GA2M과 설명 가능한 부스팅 머신은 이제 표 형식 데이터에 대한 성능 품

---

31 https://cran.r-project.org/web/packages/gam/

32 https://docs.h2o.ai/h2o/latest-stable/h2o-docs/data-science/gam.html

33 https://github.com/dswah/pyGAM

질에서 설명할 수 없는 머신러닝 모델에 필적하거나 이를 능가하며, 해석 가능성 및 모델 편집이라는 분명한 이점도 제공한다. 다음 프로젝트가 정형 데이터를 다룬다면 마이크로소프트 연구소의 InterpretML[34] 패키지를 활용해 설명 가능한 부스팅 머신을 사용해보길 바란다. 가법 모형에 관한 설명은 설명 가능한 부스팅 머신으로 마무리한다. 다음으로 통계와 데이터 마이닝, 그리고 머신러닝 전반에서 성공적으로 사용하며 품질이 높고 해석 가능성이 큰 또 다른 모델인 의사결정나무를 살펴본다.

2.2.2 의사결정나무

의사결정나무는 널리 사용하는 또 다른 유형의 예측모델이다. 앙상블 모델이 아닌 단일나무single tree로 사용하는 경우, 훈련 데이터로부터 해석 가능성이 큰 순서도flowchart를 학습해 선형 모형보다 더 나은 예측 성능을 보여준다. 앙상블 모델로 사용하면 랜덤 포레스트random forest나 그레이디언트 부스팅 머신GBM, Gradient Boosting Machine과 마찬가지로 해석 가능성은 떨어지지만 예측 성능은 더 좋아진다. 다음 절에서는 일정 수준의 설명 가능성을 유지할 수 있는 단일나무모형과 제약의사결정나무 앙상블을 알아본다.

단일 의사결정나무

기술적으로 의사결정나무는 각 내부 노드(마디)node가 각 입력특성에 해당하는 유향 그래프directed graph다. 각 자식 노드child node에는 자식 노드로 향하는 그래프의 변edge이 있으며, 자식 노드는 가장 높은 목표 순도target purity 또는 향상된 예측 품질을 생성하는 입력특성의 값을 나타낸다. 각 종점 노드terminal node나 잎 노드leaf node는 뿌리root부터 잎까지의 경로path로 표현되는 입력특성의 값이 주어졌을 때 목표특성target feature의 값을 나타낸다. 이러한 경로는 간단한 if-then 규칙으로 시각화하거나 설명할 수 있다.

쉽게 말해서 의사결정나무는 [그림 2-2]와 같은 데이터 기반 순서도data-derived flowchart다. 의사결정나무는 정형 데이터에서 해석 가능한 모델을 훈련하는 데 좋다. 불리언과 같은 'if-then' 논리를 사용해 입력 변수와 목표변수 간의 관계를 이해하는 것이 목표일 때 유용하다. 또한 훈련 데이터에서 상호작용을 찾는 데도 유용하다. 특히 나무의 꼭대기 근처에 있는 부모-자식 관계

---

34 *https://github.com/interpretml/interpret*

는 모델링 대상 변수에 영향을 미치는 특성간 상호작용feature interaction을 찾는 데도 도움이 되며, 이를 통해 가법모형의 예측 정확도를 높이는 상호작용 항으로 사용할 수 있다. 더 간단한 가법 모형에 비해 가장 큰 장점은 문잣값character value과 결측값missing value, 표준화되지 않은 데이터, 정규화되지 않은 데이터를 직접 학습할 수 있다는 점이다. 오늘날과 같은 빅데이터 시대에 의사결정나무를 사용하면 최소한의 데이터 전처리로 모델을 만들 수 있으므로 머신러닝 모델에서 발생하는 인적 오류의 추가 원인을 제거하는 데 도움이 된다.

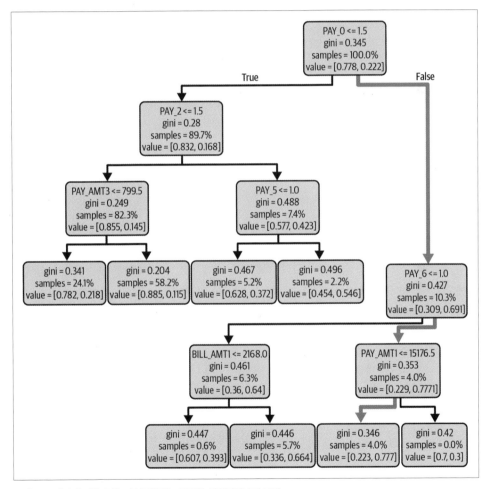

그림 2-2 데이터 기반 흐름도를 구성하는 간단한 의사결정나무 모델

이토록 장점이 많은 의사결정나무를 사용하면 안 되는 이유는 무엇일까? 우선 의사결정나무는 분기가 얕을 때만 해석이 가능하다. 의사결정나무는 if-then 분기가 5단계를 넘어가면 해석하기 어려워진다. 또한 사운드나 이미지, 비디오, 텍스트와 같은 비정형 데이터에서는 성능이 나빠지는 경향이 있다. 비정형 데이터는 딥러닝과 신경망의 영역이 되었다. 많은 모델과 마찬가지로 의사결정나무도 고도의 조정이 필요하다. 의사결정나무에는 도메인 지식domain knowledge이나 격자탐색grid search, 또는 다른 초매개변수hyperparameter 조정 방법을 사용해 지정해야 하는 초매개변수나 설정setting이 많다. 이러한 방법은 시간이 오래 걸리며, 최악으로는 편향과 과대적합의 원인이 될 수 있다. 또한 단일 의사결정나무는 훈련 데이터나 검증 데이터에 몇 줄의 데이터를 추가한 다음 다시 훈련하면 순서도가 바뀔 수 있다는 점에서 불안정하다고 할 수 있다. 이러한 불안정성instability은 많은 머신러닝 모델의 아킬레스건이다.

의사결정나무는 새로운 분기나 if-then 규칙을 만들 때마다 국소적으로 최적이거나 탐욕적greedy으로 결정한다. 다른 머신러닝 모델은 다른 최적화 전략을 사용하지만 최종 결과는 같다. 이 모델은 데이터셋에 가장 적합한 모델이 아니라 수많은 가능한 옵션 중에서 가장 좋은 모델의 후보일 뿐이다. 주어진 데이터셋에 대해 가능한 모델이 많은 이 문제는 좋은 모델의 다중성the multiplicity of good models과 라쇼몽 효과Rashomon effect[35]라는 두 가지 이름으로 불린다(라쇼몽[36]이라는 이름은 목격자들이 같은 살인사건을 서로 다르게 설명하는 유명한 영화에서 유래했다). 라쇼몽 효과는 과소특정화under-specification[37]라는 또 다른 문제와도 관련이 있는데, 초매개변수 조정hyperparameter tuning과 검증 데이터 기반 모델 선택validation-data-based model selection은 테스트 시나리오에서는 괜찮아 보이지만, 실제로는 실패하는 모델이 만들어지는 것을 의미한다. 의사결정나무에서는 이러한 문제를 어떻게 피할 수 있을까? 주로 우리가 보고 검토할 수 있으며, 배포할 때 논리가 제대로 작동하는지 확인할 수 있는 단일나무를 훈련함으로써 가능하다.

의사결정나무라는 광범위한 주제에는 많은 변형이 있다. 예를 들어, 선형나무모형linear tree model은 의사결정나무의 각 종점 노드에 선형모형을 적합해 표준 의사결정나무에 예측 능력을 추가하면서도 모든 설명 가능성을 그대로 유지한다. 루딘 교수의 연구진은 불안정성과 과소특정화 문제의 대응책으로 최적의 성긴 의사결정나무optimal sparse decision tree[38]를 도입했다. 이 문제의 또

---

35 https://projecteuclid.org/journals/statistical-science/volume-16/issue-3/Statistical-Modeling--The-Two-Cultures-with-comments-and-a/10.1214/ss/1009213726.full

36 https://bit.ly/3rj3d4t

37 https://arxiv.org/pdf/2011.03395.pdf

38 https://github.com/xiyanghu/OSDT

다른 해결책은 인간의 전문 지식에 기반한 수동 제약이다. 다음에 제약 의사결정나무 앙상블을 살펴보겠지만, 표준 의사결정나무를 지원하는 rpart[39]와 같은 패키지를 사용해보길 바란다.

제약 XGBoost 모델

인기 있는 그레이디언트 부스팅gradient boosting 패키지인 XGBoost는 이제 단조제약조건monotonic constraints[40]과 상호작용 제약조건interaction constraints[41]을 모두 지원한다. 앞서 설명한 바와 같이 사용자가 제공한 단조제약조건은 모델 입력과 모델 예측 간의 단조 관계를 더 잘 설명하도록 XGBoost 모델을 강제한다. 상호작용 제약조건은 XGBoost 모델이 끊임없이 특성을 재결합하는 상황을 방지할 수 있다. 이러한 소프트웨어 기능은 일반적으로 과소특정화 문제가 많은 불투명 트리앙상블모형opaque tree ensemble model을, 데이터로 학습할 수 있고 전문 사용자의 인과적 동기에 따른 제약조건을 수용할 수 있는 매우 강건한 모델로 바꿔준다. 도메인 전문가가 인과적 지식을 사용해 모델링된 관계의 방향을 설정하고 상호작용하면 안 되는 입력 특성을 지정할 수 있는 이러한 새로운 훈련 방식은 XGBoost의 확장성과 성능에 대해 검증된 실적과 결합하여 설명 가능한 머신러닝을 고려할 때 간과하기 어려운 선택이 될 수 있다. 그레이디언트 부스팅 머신 은 특성을 중첩된 if-then 규칙으로 계속 결합하므로 설명 가능한 부스팅 머신만큼 직접적으로 해석할 수는 없지만, 제약 XGBoost 모델은 다양한 사후 설명과 시각화 기법을 적용할 수 있다. 이러한 설명 기법을 활용해 실무자는 모델에 주입한 인과 관계 지식을 확인하고 복잡한 앙상블의 내부 작동을 이해할 수 있다.

2.2.3 설명 가능한 머신러닝 모델 생태계

가법 및 트리기반모형 외에도 설명 가능한 머신러닝 모델의 전체 생태계가 있다. 이러한 모델 중 일부는 수십 년 전부터 알려졌고, 일부는 오래된 접근방식을 변형한 것이며, 일부는 완전히 새로운 것이다. 새로운 것이든 오래된 것이든, 이러한 모델들은 설명할 수 없는 머신러닝의 현 상태에 도전하고 있으며 이는 좋은 일이다. 설명 가능한 모델의 여러 옵션에 놀랐을 수도 있지만, 높은 수준의 예측 품질을 달성하면서도 인공지능 시스템의 의사결정 근거를 설명하고, 고

39 *https://cran.r-project.org/web/packages/rpart/rpart.pdf*
40 *https://xgboost.readthedocs.io/en/latest/tutorials/monotonic.html*
41 *https://xgboost.readthedocs.io/en/latest/tutorials/feature_interaction_constraint.html*

객의 비즈니스에 관한 가설을 확인하거나 부정하면서 사용자에게 설명할 수 있을 때 고객이 느끼는 놀라움을 상상해보라. 실제로 설명 가능한 모델에는 많은 옵션이 있으며, 다음 프로젝트에 적합한 모델이 분명히 있을 것이다. 동료나 고객, 비즈니스 파트너에게 불투명한 머신러닝 파이프라인^{ML pipeline}을 맹목적으로 믿어야 한다고 말하는 대신, 설명 가능한 신경망이나 k-최근접이웃, 규칙 기반, 인과 모형, 그래프 모형부터 희박행렬 인수분해^{sparse matrix factorization}까지도 고려해보길 바란다.

인과 모형

인과적 현상^{causal phenomena}이 관심 있는 예측 결과와 증명 가능한 방식으로 연결되는 인과 모형^{casual model}은 흔히 해석 가능성에 관한 최고의 표준으로 간주된다. 모델이 작동하는 방식을 정의하는 차트를 볼 수 있으며 전문 분야나 인과적 추론 기법을 사용해 만들어지므로 대부분 자동으로 해석할 수 있다. 또한 기존의 설명할 수 없는 머신러닝 모델만큼 훈련 데이터의 잡음에 잘 적합되지 않는다. 인과 모형에서 유일하게 어려운 부분은 모델을 훈련하는 데 필요한 데이터나 훈련 과정 자체를 찾는 일이다. 하지만 인과 모형을 훈련하는 방법은 계속 개선 중이며, 실무자는 베이즈 모델^{Bayesian model}용 pyMC3[42]와 인과적 추론용 dowhy[43]와 같은 패키지를 사용해 몇 년 동안 인과 모형을 구축하고 훈련해 왔다. 최근에는 마이크로소프트와 우버^{Uber}가 각각 두 회사의 라이브러리인 EconML[44]과 causalml[45]을 사용하는 실제 사용사례와 함께 인과적 추론용 튜토리얼[46]을 공개했다. 안정적이며 해석 가능한 모델에 관심이 있다면 이 부분을 주의 깊게 살펴보길 바란다. 한때 훈련이 거의 불가능하다고 여겼던 인과 모형이 서서히 주류로 자리를 잡아가고 있다.

설명 가능한 신경망

웰스 파고 은행^{Wells Fargo Bank} 위험관리 팀에서 공개[47]하고 개선[48]한 설명 가능한 신경망^{XNN, explainable neural network}은 설명할 수 없는 모델도 약간의 창의성과 노력만으로 설명할 수 있게 하고, 성능 품질도 높은 수준으로 유지할 수 있음을 입증했다. XNN은 일반화가법모형과 GA2M, 설명 가능한 부스팅 머신과 같은 원리를 사용해 큰 해석 가능성과 높은 예측 성능을 모두 달성했지만, 약간 차이가 있다. 일반화가법모형과 마찬가지로 XNN은 형상함수의 단순가법결합^{simply additive combination}이다. 하지만 XNN은 일반화가법모형에 색인 구조^{indexed structure}를 추가했다. XNN은 **일반화가법색인모델**^{GAIM, generalized additive index model}의

42 https://www.pymc.io/projects/docs/en/stable/learn.html
43 https://github.com/py-why/dowhy
44 https://github.com/py-why/EconML
45 https://github.com/uber/causalml
46 https://causal-machine-learning.github.io/kdd2021-tutorial/
47 https://arxiv.org/pdf/1806.01933.pdf
48 https://arxiv.org/ftp/arxiv/papers/2004/2004.02353.pdf

한 예로, 고차원 상호작용을 학습할 수 있는 아래 투영층lower projection layer에서 일반화가법모형과 비슷한 형상함수가 공급되는 방식이다.

XNN에서 역전파back-propagation를 사용해 최적의 변수 조합(온라인 XNN 그림[49]의 (c) 참고)을 학습하고 하위 네트워크(온라인 XNN 그림의 (b) 참고)를 통해 학습된 형상함수의 입력으로 사용한 다음, 최적 가중값을 가법 방식으로 결합해 네트워크의 출력을 만들어낸다(온라인 XXN 그림의 (a) 참고). 가장 간단하게 설명 가능한 모델은 아니지만, XNN은 확장성을 높이도록 개선되었으며 훈련 데이터에서 중요한 상호작용을 자동으로 식별하고 사후 설명을 사용해 예측을 국소적으로 정확한 특성의 기여도로 세분화할 수 있다. 또 다른 흥미로운 유형의 투명한 신경망은 최신 논문 「신경가법모형: 신경망을 사용한 해석 가능한 모델」[50]에서 제안했다. 신경가법모형(NAM)은 상호작용 항을 찾는 최하위층을 사용하지 않는다는 점을 제외하면 XNN과 비슷하다.

k-최근접이웃

k-최근접이웃(k-NN) 방법은 프로토타입이나 비슷한 데이터 포인트를 사용해 예측한다. 이러한 방식의 추론은 훈련이 필요 없으며, 이러한 간결함이 매력적인 알고리즘이다. k를 3으로 설정하면 새 포인트에 대한 추론은 새 포인트에서 가장 가까운 세 개의 포인트를 찾고, 이 세 포인트의 평균이나 최빈 레이블modal label을 새 포인트의 예측 결과로 사용한다. 이러한 논리는 일상생활에서도 흔히 찾아볼 수 있다. 예를 들어, 주거용 부동산을 감정할 때 집의 평당 가격을 비슷한 집의 평당 평균 가격으로 감정할 때가 많다. '그럴 것 같아', '그런 느낌이야'라고 말할 때, 우리는 아마도 프로토타입 데이터 포인트를 사용해 사물에 관한 것을 추론하고 있을 것이다. 루딘 연구진은 컴퓨터 비전 모델의 작동 방식을 설명하기 어려운 경우가 많다는 문제를 해결하는 데 프로토타입과 비교해 해석한다는 개념을 사용하는 새로운 방법을 고안해 냈다. 이는 '이것이 그것처럼 보인다this-looks-like-that[51]'라는 새로운 유형의 딥러닝 모델로, 어떤 이미지가 특정 범주로 분류된 이유를 프로토타입과의 유사성을 통해 사람이 이해할 수 있도록 설명한다.

규칙 기반 모델

또 다른 오래된 머신러닝 모델링의 유형은 데이터셋에서 예측을 위한 if-then 규칙을 추출하는 것이다. 규칙의 수와 규칙 내 분기 수, 규칙 내 엔티티entity 수에 제약이 있는 한 if-then 규칙의 단순한 불리언 논리는 해석할 수 있다. RuleFit[52]과 skope-rules[53]는 훈련 데이터에서 예측 가능하고 설명 가능한 규칙을 찾는 데 널리 사용하는 기법이다. 규칙 기반 모델도 루딘 연구진의 영역이다. 해석 가능한 고품질 규칙 기반 예측기에 관한 루딘 연구진의 주목할 만한 성과로는 인증 가능한 최적 규칙 목록CORELS, certifiable optimal rule

---

49 _https://resources.oreilly.com/examples/0636920675174/-/raw/master/mlha_XNN.png_

50 _https://arxiv.org/pdf/2004.13912.pdf_

51 _https://github.com/cfchen-duke/ProtoPNet_

52 _https://docs.h2o.ai/h2o/latest-stable/h2o-docs/data-science/rulefit.html_

53 _https://github.com/scikit-learn-contrib/skope-rules_

lists[54]과 확장 가능한 베이즈 규칙 목록scalable Bayesian rule lists[55]이 있다. 이러한 코드와 루딘 연구진의 기타 귀중한 기여물은 공개 코드 페이지[56]에서 확인할 수 있다.

희박행렬분해

큰 데이터 행렬을 두 개의 작은 행렬로 인수분해하는 것은 일반적인 차원축소dimension reduction와 비지도학습 기법이다. 오래된 행렬분해 기법의 대부분은 데이터의 원래 열을 수십 개의 유도특성derived feature에 재분배하므로 이러한 기법의 결과를 설명할 수 없다. 하지만 행렬분해에 L1 벌점을 도입하면 큰 데이터 행렬에서 새로운 특성을 추출할 수 있는데, 데이터 행렬의 원래 열 중 몇 개만이 새로운 특성에 대해 큰 가중값을 갖는다. 예를 들어, 고객 금융 데이터에서 희박주성분분석SPCA, sparse principal components analysis[57]을 사용해 새로운 특성을 추출할 때 새로운 특성은 원래 데이터셋의 부채 대 소득 및 리볼빙 계좌 잔고revolving account balance 특성으로만 구성됨을 발견할 수 있다. 그런 다음, 이 특성이 소비자 부채와 관련이 있다고 추론할 수 있다. 또는 소득과 지불, 지출에 관한 가중값이 높은 다른 특성을 찾으면 해당 특성이 현금 흐름과 관련 있다고 해석할 수 있다. 음이 아닌 행렬분해NMF, Nonnegative Matrix Factorization도 비슷한 결과를 제공하지만, 훈련 데이터에 양의 값만 있다고 가정한다. 항의 개수와 픽셀 강도pixel intensity 같은 비정형 데이터는 이러한 가정을 항상 만족한다. 따라서 음이 아닌 행렬분해는 문서에서 설명 가능한 요약을 찾거나 이미지를 설명 가능한 하위 구성요소의 딕셔너리로 분해하는 데 사용할 수 있다. 희박주성분분석을 사용하든 음이 아닌 행렬분해를 사용하든 간에, 결과로 얻은 특성은 설명 가능한 요약이나 설명 가능한 비교를 위한 원형archetype, 시각화를 위한 축 또는 모델의 특성으로 사용할 수 있다. 그리고 설명 가능한 많은 지도학습 모델이 일반화가법모형의 특별한 예인 것처럼, 수많은 비지도학습 기법도 일반화저계수모델generalized low-rank model의 예인 것으로 밝혀졌다.

설명 가능한 모델의 기초를 살펴봤으니 이제 사후 설명 기법을 알아본다. 하지만 그 전에 설명 가능한 모델과 사후 설명 모델을 함께 사용해도 괜찮다는 점을 기억하자. 설명 가능한 모델은 도메인 지식을 학습 메커니즘에 통합하거나, 훈련 데이터에 내재한 가정이나 제한을 해결하거나, 사람이 이해할 수 있는 기능적 형태를 구축하는 데 자주 사용한다. 사후 설명은 주로 시각화와 요약에 사용한다. 사후 설명은 주로 기존의 불투명한 머신러닝 모델의 투명성을 높이는 측면에서 다뤄지지만, 다음 절에서 소개하듯이 이 애플리케이션에 의문을 제기할 만한 여러 가지 이유가 있다. 설명 가능한 모델과 사후 설명을 함께 사용해 서로를 개선하고 검증하는 방법이 두 기술 모두에 가장 적합한 일반적인 애플리케이션일 수 있다.

---

54 https://corels.cs.ubc.ca/corels/
55 https://arxiv.org/pdf/1602.08610.pdf
56 https://users.cs.duke.edu/~cynthia/code.html
57 https://cran.r-project.org/web/packages/elasticnet/

2.3 사후 설명

먼저 전역global 및 국소local 특성 속성 측도를 설명한 다음, 모델의 작동을 설명하는 대리 모델과 널리 사용하는 그림plot 유형을 알아보고, 비지도학습에 관한 몇 가지 사후 설명 기법을 살펴본다. 또한 사후 설명의 단점도 논의할 텐데, 이는 크게 다음 세 가지로 요약할 수 있다.

- 모델을 이해할 수 없으면 설명도 할 수 없다(말이 안 되는 것을 설명할 수 없다).
- 머신러닝 모델은 너무 복잡해서 정확하게 요약할 수 없다.
- 머신러닝 시스템에 관한 설명 정보를 광범위한 사용자와 이해관계자에게 전달하기 어렵다.

이러한 어려움이 있다 해도 사후 설명은 해석 가능성과 투명성을 위해 필요하다. 매우 투명하다고 여겨지는 로지스틱 회귀와 같은 모델 역시 투명성 관련 규제 의무regulatory obligations를 충족하려면 요약해야 한다. 좋든 나쁘든 우리는 사후 설명과 요약에 매달릴 수 밖에 없다. 따라서 가능한 한 잘 작동하도록 해보자.

> **CAUTION** 많은 모델을 해석 가능하도록 사후 방식으로 요약해야 한다. 그러나 머신러닝 설명이 정확하지 않을 때도 흔하므로, 이를 확인하려면 엄격한 테스트와 설명 가능한 기본 모델과의 비교가 필요하다.

2.3.1 특성 속성 및 중요도

특성 속성은 머신러닝 모델을 설명하는 중요한 측면이다. 특성 속성 기법은 입력특성이 모델의 예측에 얼마나 기여했는지를 전역적으로(전체 데이터셋에 걸쳐서)나 국소적으로(데이터의 한 행이나 몇 행만) 알려준다. 특성 속성값은 일반적으로 양수이거나 음수일 수 있다.

특성 속성 중요도란 각 특성이 모델의 예측에 얼마나 기여하는지를 알려주는 전역 측도global measure를 의미한다. 특성 속성과는 달리 특성 중요돗값은 일반적으로 항상 양수다. 즉, 특성 중요돗값은 특성이 데이터셋에 대해 모델의 전체 작동에 얼마나 크게 기여했는지를 측정한다. 반면에 특성 속성은 특성의 기여도에 관한 더 자세한 정보를 제공한다.

잘 정립된 몇몇 전역 특성 중요도 측정지표global feature importance metric는 국소 측도local measure의 집계에서 나오지 않지만, 오늘날에는 일반적으로 국소 특성 속성을 전역 특성 중요도로 평균화averaging(또는 다른 방법으로 집계)한다. 국소 특성 속성에 관한 새로운 방법부터 설명한 다음 전역 방법을 설명하겠다.

> **NOTE** **전역** 설명은 전체 데이터셋이나 대규모 데이터 샘플에 대한 모델 메커니즘이나 예측을 요약한다. **국소** 설명은 같은 유형의 요약을 수행하지만, 데이터의 더 작은 부분인 한 개 이상의 행이나 셀 데이터에 대해 수행한다.

'특성 중요도'라는 이름은 오해의 소지가 있을 수 있다. 우리는 특정 모형이 중요하다고 생각하는 특성에 대한 근삿값을 구하는 것이다. 예를 들어, 그레이디언트 기반 방법gradient-based method[58]을 사용하는 컴퓨터 비전 보안 시스템이 비디오 프레임의 '중요한' 측면을 감지한다고 생각해보자. 최신 디지털 위장복은 다양한 배경에 녹아들고, 직물과 다른 배경 간의 시각적 그레이디언트visual gradient를 매끄럽게 유지해 감지되지 않도록 특별히 설계되므로, 적절한 훈련과 배포 사양이 없다면 이러한 시스템은 위장복을 입은 사람을 식별하는 데 어려움을 겪을 수 있다. 하지만 보안 애플리케이션에서는 위장복을 입은 사람을 감지하는 것이 매우 중요하다. 이 절의 나머지 부분에서 '특성 중요도'는 모델의 이해와 훈련에 따라 크게 달라진다는 점을 명심해야 한다.

국소 설명 및 특성 속성

일부 애플리케이션에서는 어떤 입력특성이 특정 예측에 영향을 미쳤는지 파악하는 것, 즉 국소 특성 속성을 측정하는 것이 중요하다. [그림 2-3]에서 국소 특성 속성이 실제로 작동하는 방식을 확인할 수 있다.

[그림 2-3]은 신용대출credit lending 예제에서 세 명의 고객에 대한 두 가지 모델의 국소 특성 속성값을 보여준다. 첫 번째 고객은 연체 확률의 10번째 백분위수에 속하므로 신용대출이나 신용카드 등과 같이 제공되는 신용 상품credit product을 받을 가능성이 크다. 두 번째 고객은 50번째 백분위수에 속하므로 제공되는 신용 상품을 받을 가능성이 작다. 세 번째 고객은 연체 확률의 90번째 백분위수에 속하는 고위험 신청자의 예다. 요약되는 두 가지 모델은 벌점일반화선형모형Penalized GLM과 단조제약 그레이디언트 부스팅 머신이다. 두 모델 모두 문제를 해결하는 데 있어 다른 모델보다 이해하기 쉬운 간단한 구조라서 사후 설명에 관해 서두에서 제기한 주의 사

---

58 옮긴이_ 그레이디언트는 이미지의 한 부분에서 다른 부분으로의 밝기 또는 색상의 변화율을 의미하며 이미지의 가장자리를 감지하는 데 사용할 수 있다. 시각적 그레이디언트는 이미지나 비디오의 밝기 또는 색상 변화를 의미하며, 이미지나 비디오에서 객체를 감지하고 추적하고 분류하는 데 사용할 수 있다.

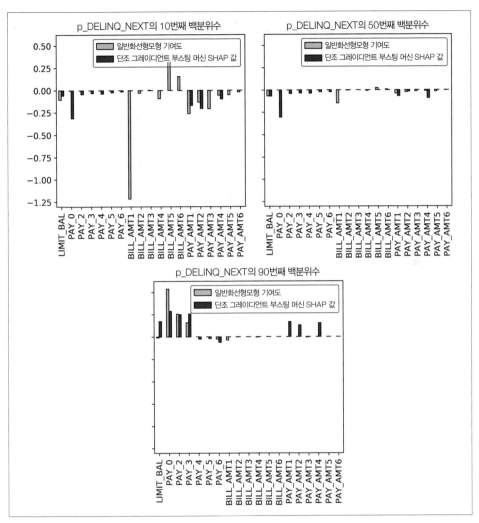

그림 2-3 예측 확률의 10번째, 50번째, 90번째 백분위수에서 세 명의 고객에 대한 두 가지 설명 가능한 모델의 국소 특성 속성[59]

항을 잘 처리했다. 이러한 설명은 신뢰할 수 있어야 하므로 정확하게 요약할 수 있을 정도로 간단해야 한다.

---

59 컬러 이미지는 부록 508쪽 참조(원본 그림: *https://oreil.ly/4Y__H*).

모델의 국소 작동을 어떻게 요약할까? 벌점일반화선형모형에서는 모델 계수에 각 신청자의 입력특성값을 곱한다. 그레이디언트 부스팅 머신에서는 섀플리 가법 설명(SHAP)을 적용한다. 두 국소 특성 속성 기법 모두 가법이며 국소적으로 정확하므로 모델 예측에 합산된다. 두 값은 비슷하지만 같지 않은 오프셋^{offset}, 즉 일반화선형모형 절편^{intercept}이나 섀플리 가법 설명 절편으로부터 측정된다(그림 2-3에 나오지 않는 내용이다). 그리고 두 값은 계산 방법에 따라 오즈비나 예측확률 등 같은 공간에서 나올 수 있다.

그래프의 값은 무엇을 의미할까? 연체 확률의 10번째 백분위수에 해당하는 저위험 신청자의 그래프에서는 가장 최근 청구서 금액인 **BILL_AMT1**이 매우 유리하게 작동해 예측값을 낮춤을 알 수 있다. 같은 고객에 대한 SHAP 값은 조금 다른 이야기를 들려주지만, 그레이디언트 부스팅 머신은 다른 특성 집합으로 학습했다. 섀플리 가법 설명 값은 신청자가 모든 속성에 대해 저위험임을 보여준다. 50번째 백분위수에 해당하는 신청자의 그래프에서는 국소 특성 속성값 대부분이 각각의 절편에 가깝게 유지되는 모습을 볼 수 있으며, 고위험 신청자 그래프에서는 거의 모든 국소 특성 속성값이 양수이므로 예측이 더 높게 나타난다. 두 모델 모두 신청자의 최근 결제 상태(**PAY_0**, **PAY_2**, **PAY_3**)가 위험을 유발한다고 보며, 그레이디언트 부스팅 머신과 섀플리 가법 설명도 결제 금액 정보에 중점을 둔다.

이는 국소 특성 속성의 두 가지 유형일 뿐이며, 앞으로 더 많은 유형을 다룰 예정이다. 하지만 이 작은 예에서 여러분이 궁금해할 수 있는 몇 가지 질문을 먼저 짚고 넘어가고자 한다. 무엇보다도 설명을 만들어내는 작업은 더 많은 정보를 바탕으로 모델의 좋고 나쁨을 판단하는 하는 데 도움이 될 뿐, 해당 작업 자체가 좋은 모델을 만들지는 않는다. 또한 데이터의 같은 행에 대해 두 모델이 서로 다른 설명을 제공하는 것도 드문 일은 아니다. 하지만, 드물지 않다고 해서 반드시 옳다는 뜻은 아니다. 그냥 받아들이고 지나쳐서는 안 된다. [그림 2-3]의 모델은 같은 특성에 대해 작동할 때 적절한 일치도^{agreement}를 보여주는 듯 보이지만, 안타깝게도 이는 사후 설명에 대한 최상의 시나리오이며, 비교적 간단한 모델을 선택하고 일반화선형모형 계수의 부호와 그레이디언트 부스팅 머신의 단조제약조건의 방향이 도메인 전문 지식과 일치하도록 해서 발생한 일이다. 수백 개가 넘는 상관 특성^{correlated feature}에 대해 훈련한 복잡하고 설명할 수 없는 모델에서는 모델 설명 간의 일치도가 더 낮을 가능성이 크므로 위험 신호^{red flag}를 발생해야 한다.

서로 다른 모델이 데이터의 같은 행에 관해 비슷하게 설명해야 하는 것을 **일치성**^{consistency}이라고 한다. 일치성은 고위험 애플리케이션에서 결과에 대한 신뢰성과 여러 중요한 의사결정 시스템 간의 일치도를 높이는 합리적인 목표다.

이미 알아차렸을 수 있지만, 사후 설명은 복잡하고 까다로우므로 이러한 기법을 설명 가능한 모델과 함께 사용해 설명을 확인하거나 그 반대도 수행하도록 하면 좋다. 하지만 여기서는 조건법적 서술, 그레이디언트 기반, 폐색, 프로토타입, 섀플리 가법 설명값(SHAP 값) 등 주요 국소 설명 기법을 간략히 알아보겠다.

조건법적 서술

조건법적 서술 설명^{counterfactual explanation}은 모델 예측 결과를 바꾸려면 입력특성값이 어떻게 되어야 하는지를 알려준다. 입력 변수를 일정 기준만큼 변경했을 때 예측이 크게 바뀔수록 해당 특성은 조건법적 서술 관점에서 특정된 만큼 더 중요해진다. 자세한 내용은 크리스토프 몰나르^{Christoph Molnar}가 쓴 『해석 가능한 머신러닝^{Interpretable Machine Learning}』의 9.3절 '조건법적 서술 설명'[60]을 참고한다. 조건법적 서술 설명을 사용해보려면 마이크로소프트 연구소의 '머신러닝 분류기를 위한 다양한 조건법적 서술 설명'[61]을 확인한다.

그레이디언트 기반 특성 속성

그레이디언트는 복잡한 머신러닝 함수의 모든 작은 부분에 대한 회귀계수^{regression coefficient}라고 생각할 수 있다. 딥러닝에서는 국소 설명에 대한 그레이디언트 기반 접근방식이 일반적이다. 이미지나 텍스트 데이터에 사용하는 경우 그레이디언트는 입력 이미지와 텍스트에 오버레이^{overlay}[62]하여 입력의 어느 부분을 변경해야 모델 출력에서 가장 큰 변화가 발생하는지를 시각적으로 설명할 수 있다. 이 아이디어를 다양하게 변경하면 통합 그레이디언트^{integrated gradients}[63], 계층별 연관성 전파^{layer-wise relevance propagation}[64],

---

60 https://christophm.github.io/interpretable-ml-book/counterfactual.html#counterfactual

61 https://www.microsoft.com/en-us/research/project/dice/

62 옮긴이_영상 위에 메시지 영상을 겹쳐서 보이도록 처리하는 기술.

63 https://github.com/ankurtaly/Integrated-Gradients

64 https://github.com/sebastian-lapuschkin/lrp_toolbox

deeplift[65], Grad-CAM[66]과 같은 개선된 설명을 얻을 수 있다고 한다. 그레이디언트 기반 설명에 관해 잘 정리된 기술적 리뷰는 안코나Ancona 등의 「심층신경망을 위한 그레이디언트 기반 속성 기법의 더 나은 이해를 향해」[67]를 참고한다. 이러한 기법에서 무엇이 잘못될 수 있는지 알아보려면 「중요도 지도에 대한 건전성 검사」[68]를 참고한다. 이 아이디어는 9장에서 딥러닝 모델을 훈련하고 다양한 속성 기법을 비교할 때 다시 살펴본다.

폐색

폐색occlusion은 모델 예측에서 특성을 제거하고 예측 결과의 변화를 추적하는 간단하고 강력한 아이디어다. 변화가 크다는 것은 특성이 중요하다는 의미이고, 변화가 작다는 것은 덜 중요하다는 의미일 수 있다. 폐색은 섀플리 기법 설명, 특성 한 개 제외하기LOFO, leave-one-feature-out, 컴퓨터 비전과 자연어 처리를 비롯한 여러 가지 설명 접근방식의 바탕이 된다. 폐색은 그레이디언트를 사용할 수 없을 때 복잡한 모델에서 설명을 만드는 데 사용할 수 있다. 물론 모델에서 입력을 제거하는 일은 수학적으로 전혀 간단하지 않으며, 특성 제거 결과에서 관련 설명을 만드는 데는 많은 주의가 필요하다. 폐색과 특성 제거 기법에 관한 권위 있는 리뷰는 코버트Covert, 룬드버그Lundberg, 리Lee의 「제거를 통한 설명: 모델 설명을 위한 통합 프레임워크」[69]를 참고한다. 이 리뷰는 폐색과 특성 제거에 다시 연결할 수 있는 25가지 설명 방법을 다룬다.

프로토타입

프로토타입은 대량의 데이터를 잘 나타내는 데이터의 인스턴스instance다. 프로토타입은 요약과 비교를 통해 설명하는 데 쓰인다. 일반적인 프로토타입의 유형은 k-평균 (또는 다른) 군집의 무게중심cluster centroid이다. 이러한 프로토타입은 비슷한 데이터 그룹의 평균 표현이다. 거리와 실제 유사성similarity 측면에서 자체 군집과 다른 군집의 다른 포인트와 비교할 수 있다. 실제 데이터는 매우 이질적인 경우가 많으며, 전체 데이터셋을 잘 나타내는 프로토타입을 찾기 어려울 수 있다. 결함criticisms은 프로토타입으로 잘 표현되지 않는 데이터 포인트다. 프로토타입과 결함은 함께 데이터셋과 머신러닝 모델을 더 잘 이해하게 해주는 요약과 비교 목적으로 활용할 수 있는 포인트 세트를 만든다. 또한 k-NN이나 이와 비슷한 유형의 딥러닝과 같은 여러 유형의 머신러닝 모델은 프로토타입이라는 개념을 기반으로 하므로 전반적인 해석 가능성이 커진다. 프로토타입에 관해 자세히 알아보려면 몰나르의 '프로토타입과 결함' 장[70]을 참고한다.

65 https://github.com/kundajelab/deeplift
66 https://arxiv.org/pdf/1610.02391.pdf
67 https://arxiv.org/abs/1711.06104
68 https://arxiv.org/pdf/1810.03292.pdf
69 https://arxiv.org/pdf/2011.14878.pdf
70 https://christophm.github.io/interpretable-ml-book/proto.html

그 외에도 다양한 국소 설명 기법이 있다. 여러분은 의사결정나무 앙상블에 대해 국소적으로 정확한 가법 속성값을 만드는 treeinterpreter[71]나 eli5[72]에 관해 들어본 적이 있을 것이다. Alethia[73]는 정류선형단위$^{ReLU, Rectified Linear Unit}$ 신경망의 모델 요약과 국소 추론을 제공한다.

다음 절에서는 데이터과학자에게 인기 있으면서 엄격한 유형 중 하나인 섀플리값을 설명한다. 계속 진행하기 전에 SHAP을 포함한 이러한 사후 설명 기법은 마술이 아니라는 점을 한 번 더 강조하겠다. 어떤 특성이 머신러닝 모델 결정에 영향을 미치는지를 이해하는 능력은 놀라운 돌파구이지만, 이러한 기법의 문제점을 지적하는 문헌이 많다. 이러한 기법을 최대한 활용하려면 침착하고 과학적인 사고방식으로 접근해야 한다. 실험을 해보자. 설명 가능한 모델과 시뮬레이션 데이터를 사용해 설명 품질과 타당성을 평가하자. 선택한 설명 기법이 무작위 데이터에 설득력 있는 설명을 제공하는지 살펴보자(제공하지 않아야 좋다). 데이터가 약간 섭동^{perturbation}[74] 되거나 왜곡되었을 때 해당 기법이 안정적인 설명을 제공하는지 알아보자(일반적으로 제공해야 좋다). 인생처럼 머신러닝에서도 완벽한 것은 없으며, 여기에는 국소 사후 설명도 포함된다.

섀플리값

섀플리값은 노벨 경제학상 수상자이자 수학자인 로이드 섀플리$^{Lloyd Shapley}$가 만든 개념이다. 섀플리 가법 설명(SHAP)은 국소 해석 가능한 모델 애그노스틱 설명(LIME), LOFO, treeinterpreter, deeplift 등의 접근방식을 통합[75]해 정확한 국소 특성 중요돗값을 계산하고, 이를 집계하거나 시각화해 일관된 전역 설명을 만들 수 있다. 파이썬 패키지인 SHAP[76]와 다양한 R 패키지 외에도 H2O, LightGBM, XGBoost처럼 널리 사용되는 머신러닝 소프트웨어 프레임워크에서 SHAP을 지원한다.

SHAP은 다른 많은 설명 기법과 마찬가지로 '이 특성이 없을 때 이 행에 대한 모델 예측은 어떻게 될까?'라는 직관적인 질문에서 시작한다. 그렇다면 SHAP이 다른 유형의 국소 설명과 다른 이유는 무엇일까? 정확히 말하자면, 일반적인 머신러닝 모델처럼 복잡한 상호작용이 많은 시스템에서는 관심 특성을 포함하지 않는 모든 가능한 입력 집합의 평균을 사용해 이 간단한 질

---

71 https://github.com/andosa/treeinterpreter
72 https://github.com/TeamHG-Memex/eli5
73 https://github.com/SelfExplainML/Aletheia
74 옮긴이_ 일반적인 상태에 비교적 작은 다른 힘이 작용해 원본 상태를 약간 변화시키는 현상을 의미한다.
75 https://oreil.ly/ilEXW
76 https://github.com/shap/shap

문에 답해야 한다. 이러한 다양한 입력 그룹을 **연합**coalition이라고 한다. 열이 20개인 간단한 데이터셋이라면, 서로 다른 연합에 대해 평균적으로 약 50만 개의 다른 연합에 대한 모델 예측을 고려해야 함을 의미한다. 이제 데이터셋에서 모든 예측에 대해 이러한 특성을 제거dropping하고 평균화 프로세스를 반복하면 SHAP이 대부분의 다른 국소 특성 속성 접근방식보다 더 많은 정보를 고려하는 이유를 알 수 있다.

SHAP에는 여러 종류가 있지만, Kernel SHAP, Deep SHAP, Tree SHAP을 가장 많이 사용한다. 이 중에서 Tree SHAP은 덜 근사적이며, Kernel SHAP과 Deep SHAP은 더 근사적이다. Kernel SHAP은 모든 유형의 모델에 사용할 수 있는 **모델 애그노스틱**model-agnostic[77]이라는 장점이 있다. 이는 연합 게임이론 접근방식과 결합한 '국소 해석 가능한 모델 애그노스틱 설명LIME, local interpretable model-agnostic explanation'과 비슷하다. 그러나 입력이 많아지면, Kernel SHAP은 실행시간runtime을 허용 가능한 수준으로 유지하기 위해 엄격하지 않은 근삿값을 사용해야 한다. 또한 Kernel SHAP은 설명을 계산하는 과정에서 최종 설명값에 큰 영향을 미칠 수 있는 **배경 데이터**background data나 설명 기법에 사용되는 데이터의 사양specification이 필요하다. 또한 Deep SHAP도 근사에 의존하므로 모델과 데이터셋에 따라 계산하기 쉬운 그레이디언트 기반 설명보다 적합하지 않을 수도 있다. 반면에 Tree SHAP은 빠르고 더 정확하다. 하지만 이름에서 알 수 있듯이 트리기반모형에만 적합하다.

> **NOTE** 많은 설명 기법은 '배경 데이터'에 의존하는데, 이는 설명 대상 관측값과 별개로 설명 계산을 지원하는 데 사용하는 데이터다. 예를 들어, SHAP 값을 계산할 때 데이터에서 특성을 제거해 연합을 만든다. 이 연합에 대해 모델을 평가해야 할 때는 배경 데이터에서 표본을 추출sampling해서 결측값을 대체한다. 배경 데이터는 설명에 큰 영향을 미칠 수 있으므로, 설명 기법의 통계적 가정과 충돌하지 않고 설명에 맞는 문맥을 제공하도록 신중하게 선택해야 한다.

데이터과학자가 Tree SHAP을 제대로 사용하지 못하는 주요 원인은 SHAP 자체에 대한 해석과 이 기법의 다양한 매개변수화parameterization에 내재한 가정을 이해하지 못한다는 점이다. 해석을 위해 먼저 SHAP을 평균 모델 예측average model prediction의 오프셋으로 인식하는 것부터 시작한다. SHAP 값은 해당 오프셋을 기준으로 계산된다. SHAP 값이 크면 해당 특성 때문에 모델 예

---

77 애그노스틱은 작동 시스템에 아무런 지식이 없더라도 기능을 수행할 수 있도록 하는 기술이다. 예를 들어, 플랫폼 애그노스틱 소프트웨어 기술은 어떤 운영체제나 프로세서의 조합인지를 몰라도 그와 상관없이 기능을 수행할 수 있는 소프트웨어 기술이다.

측이 평균 예측에서 눈에 띄게 벗어난다는 의미이며, SHAP 값이 작으면 해당 특성 때문에 모델 예측이 평균 예측에서 크게 벗어나지 않는다는 의미다. SHAP에서 실제로 존재하는 것보다 더 많은 정보를 얻으려고 할 때가 많다. SHAP을 사용해 인과관계나 조건법적 서술 논리를 찾기는 불가능하다. SHAP 값은 수많은 연합에 대해 해당 특성이 모델 예측에 기여한 값의 가중평균weighted average이다. SHAP 값은 인과 관계나 조건법적 서술 설명을 제공하지 않으며, 이 값이 의미 있으려면 기본 모델도 의미가 있어야 한다.

> **NOTE** SHAP 값은 특정 입력특성값에 기인한 평균 예측과 모델 결과의 차이로 해석할 수 있다.

또한 Tree SHAP은 사용자에게 절충점trade-off을 요구한다. 각 연합에서 누락된 특성을 채우는 방법(**섭동 방법**perturbation method)에 따라 서로 다른 설명 철학과 서로 다른 단점 중 하나를 선택해야 한다.

배경 데이터가 명시적으로 전달되지 않으면 Tree SHAP의 기본 설정은 트리의 각 경로를 따라 내려간 훈련 예제 수를 사용해 배경 데이터 분포를 근사하는 tree_path_dependent 섭동을 사용한다. 배경 데이터를 Tree SHAP에 전달하면 이 데이터는 interventional 특성 섭동feature perturbation이라고 하는 결측 특성값을 채우기 위해 표본추출된다. 배경 데이터셋을 선택하는 추가 유연성을 사용해 설명에 더 맞출 수 있지만, 적절한 배경 데이터셋을 선택하는 작업은 숙련된 실무자에게도 복잡할 수 있다. 이후 6장에서 적절한 배경 데이터셋을 선택하는 방법과 효과를 자세히 설명한다.

추가 복잡도 외에도 interventional 특성 섭동의 주요 단점은 비현실적인 데이터 인스턴스를 만든다는 것이다. 즉, 특성의 속성을 평가할 때 실제로는 관측되지 않는 수많은 가짜 관측값을 기반으로 평가할 수 있다. 반면에 개입으로 상관 특성에 관한 걱정을 피할 수 있다. 이와 대조적으로 tree_path_dependent 특성 섭동은 상관 특성에 더 민감하지만, 현실적인 데이터 포인트만 고려하려고 한다.

> **CAUTION** 상관관계 및 정보 과부하와 관련된 일반적인 문제 때문에, 좋은 설명을 위해서는 일반적으로 모델링 대상과 직접적인 관계가 있는 더 적은 수의 무상관 특성uncorrelated feature으로 기본 모델을 훈련시켜야 한다. SHAP의 개발자 스콧 룬드버그Scott Lundberg를 비롯한 「모델에 충실할 것인가, 데이터에

이러한 가정과 한계는 Tree SHAP을 사용할 때도 여전히 신중하고 사려 깊게 접근해야 함을 의미한다. 하지만 우리는 일을 더 쉽게 만들 수 있다. 상관관계는 많은 설명 가능한 모델과 사후 설명 기법의 적이며, SHAP도 다르지 않다. 저자들은 심각한 다중공선성^{multicollinearity} 문제가 없는 적당한 개수의 입력특성으로 시작하기를 좋아한다. 운이 좋다면 인과 관계 발견 접근방식을 사용해 이러한 특성을 찾았을 것이다. 그런 다음 도메인 지식을 사용해 XGBoost의 입력특성에 단조제약조건을 적용한다. 일반적인 특성 중요도 목적에는 tree_path_dependent 특성 섭동으로 Tree SHAP을 사용한다. 신용 평가처럼 적절한 맥락이 규제 해설$^{regulatory\ commentary}$로 정의되는 애플리케이션에서는 interventional SHAP 값과 백그라운드 데이터를 사용할 수 있다. 예를 들어, 미국의 신용 거부 관련 설명 생성에 관한 특정 규제 해설에 따르면 '신용 점수가 최소 승인 점수이거나 그보다 약간 높은 신청자들이 획득한 각 요소의 평균 점수보다 신청자의 점수가 가장 낮은 요소를 식별'할 것을 제안[79]한다. 이는 신용 상품을 받을 수 있는 예측 경계^{cutoff} 바로 위에 있는 신청자들로 배경 데이터셋을 구성해야 함을 의미한다.

국소 설명의 중요한 애플리케이션 및 특성 중요도

임무 수행에 필수인 국소 특성 속성값을 사용하는 분야는 규제 요구사항을 충족하는 것일 가능성이 크다. 현재 미국의 주된 요구사항은 **부당한 조치 통지**로 신용 거부를 설명하는 것이다. 소비자에게 부정적인 영향을 미치는 부당한 조치 보고 $^{adverse\ action\ reporting}$ 과정의 핵심 기술 요소는 **사유 코드**$^{reason\ code}$다. 사유 코드는 모델의 입력특성 측면에서 설명되는 모델 예측에 대한 일반 텍스트 설명$^{plain-text\ explanation}$이다. 이는 원시 국소 특성 속성값을, 제품을 거부할 수 있는 사유와 일치시키는 국소 특성 속성을 넘어서는 단계다. 소비자는 음성 예측$^{negative\ prediction}$에 관한 사유 코드를 검토하고, 데이터 입력이나 결정 요소가 명백히 잘못된 경우 규정된 이의 제기 절차를 따라야 한다.

부당한 조치 보고는 실행 가능한 구제 조치$^{actionable\ recourse}$라는 상위 개념의 구체적인 사례로, 투

---

78 *https://arxiv.org/pdf/2006.16234.pdf*
79 *https://oreil.ly/W0VxD*

명한 모델 결정이 사용자가 통제할 수 있는 요소를 기반으로 이루어지며, 모델 사용자가 이의를 제기하면 모델 운영자가 요소를 재정의할 수 있다. 캘리포니아[80]와 워싱턴 DC[81], 유럽연합[82]에서 이미 시행 중이거나 제안된 규정을 비롯해 앞으로 도입할 예정인 많은 규정에서 설명이나 구제 조치에 비슷한 요구사항을 도입할 가능성이 크다. 규제 감독하에 작업하거나 다른 사람들이 관련된 중요한 결정을 내릴 때 올바른 일을 하려면 가능한 한 정확하고, 일관되며, 해석 가능한 설명을 제공해야 한다. 국소 특성 속성이 규정 준수에 필요한 원시 데이터를 만드는 데 매우 편리한 기술 도구가 될 것으로 예상하지만, 다음 절에서 설명하듯이 국소 특성 속성을 설명 가능한 모델 및 다른 유형의 설명과 결합할 때 최상의 설명을 만들 수 있다.

전역 특성 중요도

전역 특성 중요도 방법은 (하나의 데이터나 데이터 행이 아닌) 전체 데이터셋에 대한 복잡한 머신러닝 모델 예측 결과에서 각 입력특성의 전역 기여도를 정량화한다. 전역 특성 중요도 측도는 변수가 학습된 머신러닝 함수를 푸시하는 평균 방향average direction에 관한 통찰력을 제공하기도 하지만, 그렇지 않을 수도 있다. 가장 기본적으로, 전역 특성 중요도는 다른 입력특성과 비교해 응답response과 특성의 관계를 크기로 표현한다. 전역 특성 중요도 측도는 대부분 오래된 접근방식이므로 모델 검증 팀에서 흔히 예상하는 것이다. [그림 2-4]는 두 모델의 전역 특성 중요도를 비교하는 특성 중요도 그림의 예다.

80 *https://oag.ca.gov/privacy/ccpa*

81 *https://oag.dc.gov/sites/default/files/2021-12/DC-Bill-SDAA-FINAL-to-file-.pdf*

82 *https://eur-lex.europa.eu/legal-content/EN/TXT/?uri=CELEX:52021PC0206*

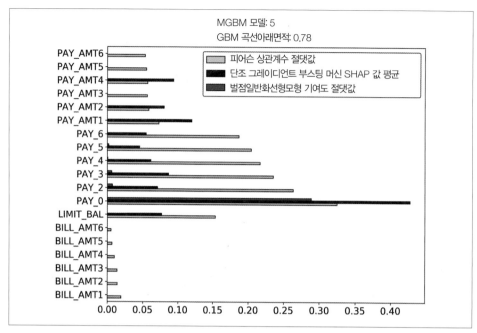

그림 2-4 피어슨 상관관계와 비교한, 설명 가능한 두 모델의 전역 특징 중요도[83]

이러한 그림은 다음과 같은 질문에 답하는 데 도움이 된다.

- 특성 중요도를 순서매김ordering한 것이 다른 순서매김보다 더 합리적인가?
- 이 그림은 모델이 훈련 데이터로 학습했어야 하는 패턴을 반영하는가?
- 모델이 한두 개의 특성에만 지나치게 중점을 두지는 않는가?

전역 특성 중요도는 이러한 기본적인 검사를 하는 간단한 방법이다. [그림 2-4]에서는 특성 중요도와 피어슨 상관계수를 비교해서 어떤 특성이 중요한지를 보여준다. 피어슨 상관계수와 두 모델을 비교한 결과 모두 **PAY_0**을 가장 중요한 특성이라고 결정했음을 알 수 있다. 그러나 일반화선형모형은 거의 모든 의사결정의 중요도를 **PAY_0**에 두지만, 그레이디언트 부스팅 머신은 중요도를 더 큰 입력 집합으로 분산한다. [그림 2-4]의 일반화선형모형처럼 모델이 한 특성에 너무 중점을 두면 가장 중요한 특성의 분포가 변할 경우 새로운 데이터에 대해 모델이 불안정해질 수 있으므로 해당 모델을 대립적adversarial으로 쉽게 조작할 수 있다. [그림 2-4]의 일반화

---

83 컬러 이미지는 부록 509쪽 참조(원본 그림: *https://oreil.ly/C2dF0*).

선형모형은 악의적인 공격자가 특성 **PAY_0**의 값만 조작하면 모델의 예측이 바뀔 것이다.

전역 특성 중요도 측정지표는 다양한 방법으로 계산할 수 있다. 많은 데이터과학자가 의사결정나무를 배울 때 특성 중요도를 처음 접한다. 의사결정나무의 일반적인 특성 중요도 방법은 특정 특성을 기반으로 트리의 모든 분할split에 대한 분할 기준의 변화를 합산하는 것이다. 예를 들어, 의사결정나무(또는 앙상블)를 각 분할의 정보 이득information gain을 최대화하도록 훈련한 경우, 특정 입력특성에 할당된 특성 중요도는 해당 특성이 트리에 사용될 때마다 해당 특성과 관련된 전체 정보 이득이다. 섭동 기반 특성 중요도perturbation-based feature importance는 또 다른 일반적인 유형의 특성 중요도 측정으로, 모델 애그노스틱 기법이므로 거의 모든 유형의 머신러닝 모델에 사용할 수 있다. 섭동 기반 특성 중요도에서는 관심 입력특성을 무작위로 섞어서 예측한다. 관심 특성을 섞기 전과 후의 일부 원래 점수의 차(일반적으로 모델 예측이나 평균제곱오차MSE, Mean Squared Error[84])와 같은 것이 특성 중요도다. 이와 비슷한 또 다른 접근방식은 특성 한 개 제외하기(LOFO)와 공변량 한 개 제외하기LOCO, leave-one-covariate-out 방법이다. LOFO 방법은 특성 없이 재훈련한 뒤 예측하거나 특성을 결측으로 설정하고 예측하는 등, 모델의 훈련이나 예측에서 어떤 식으로든 특성을 제외한다. LOFO 방법은 관심 특성이 있는 모델과 관심 특성이 없는 모델 간의 관련 점수relevant score 차를 LOFO 중요도로 간주한다.

순열permutation과 LOFO는 일반적으로 예측 또는 정확도나 오차 점수의 차를 측정하는 데 사용하지만, 모델과 관련된 거의 모든 것에 대한 특성의 영향을 추정할 수 있다는 장점이 있다. 예를 들어, 공정성 측정지표fairness metric에 대한 순열 기반 기여도나 LOFO 기반 기여도를 계산하면 어떤 특정 특성이 감지된 사회학적 편향에 기여하는지에 관한 통찰을 얻을 수 있다. 이 같은 주제는 오차함수나 보안, 프라이버시 등 모델에 대한 모든 관심 측도에 다시 적용할 수 있다.

> **NOTE** 섭동 특성 중요도와 LOFO 같은 기법을 사용해 모델 예측 외에 다양한 양에 대한 기여도를 측정할 수 있다.

---

84 옮긴이_ 공식 학술용어는 평균제곱오차이지만, '오차제곱의 평균'이라는 용어가 더 이해하기 쉬울 수 있다. 통계학의 많은 용어가 용어표기의 순서에 따라 번역되어 사용되고 있지만, 계산 순서는 반대로 따라간다고 생각하면 의미를 파악하기 쉽다.

이러한 기법은 잘 정립되어서 사용할 수 있는 관련 정보 및 소프트웨어 패키지가 많다. 분할 기반 특성 중요도split-based feature importance에 관한 자세한 설명은 『데이터 마이닝』의 3장[85]을 참고한다. 『통계학으로 배우는 머신러닝』의 10.13.1절에서는 분할 기반 특성 중요도를 다루며, 15.3.2절에서는 랜덤 포레스트 맥락에서 순열 기반 특성 중요도를 간략히 다룬다. R 패키지 vip[86]는 다양한 **변수 중요도 그래프**를 제공하며, 파이썬 패키지 lofo-importance[87]로 LOFO 를 사용해볼 수 있다. 물론 전역 특성 중요도 기법 대부분에는 단점과 약점이 있다. 분할 기반 특성 중요도에는 심각한 일치성 문제가 있으며, 많은 사후 설명 가능한 인공지능XAI, explainable AI 과 마찬가지로 순열 기반 접근방식과 LOFO 접근방식에서는 상관관계 때문에 잘못된 결과가 나올 수 있다. 전역 특성 중요도와 관련한 실격 문제disqualifying issue에 관한 자세한 내용은 논문 「자유변수 중요도는 없다」[88]를 참고한다. 하지만 이 장에서 여러 차례 반복하듯이 상관관계가 없고 논리적 입력의 수가 적절한 제한 모델을 사용하면, 전역 특성 중요도와 관련한 최악의 문제를 피하는 데 도움이 된다.

SHAP도 전역 특성 중요도에서 중요한 역할을 한다. SHAP은 본질적으로 국소 특성 속성 기법이지만, 이를 집계하고 시각화해 전역 특성 중요도 정보를 만들 수 있다. SHAP은 기존 특성 중요도 측도보다 수많은 장점을 제공하며, 그중 '해석'이 매우 중요하다. 분할 기반과 순열, LOFO 특성 중요도에서는 입력특성 중요도의 상대 순서relative ordering와 특성이 실제로 모델 예측에 어떻게 기여하는지에 관한 몇 가지 정성적 개념qualitative notion만 알 수 있을 때가 많다. SHAP 값을 사용하면 데이터셋 전체에서 특성 속성 절댓값의 평균을 계산할 수 있으며, 이 특성 중요도 측도는 개별 관측값에 대한 모델 예측과 명확하면서 정량적 관계quantitative relationship를 가진다. 또한 SHAP은 특성 중요도에 관한 다양한 수준의 세분도granularity를 제공한다. SHAP 을 특성 중요돗값으로 직접 집계할 수 있으며, 이 과정에서 중요한 국소 정보의 평균을 구할 수 있다. SHAP은 가장 국소적 수준(단일 행)에서 전역적 수준까지 모든 곳에서 특성 중요돗값을 조사하는 옵션을 제공한다. 예를 들어, 미국의 주나 성별과 같은 중요 부분important segment에 걸쳐 SHAP을 집계하거나 SHAP 패키지의 다양한 시각화 기능을 사용하면 단일 절댓값 평균보다 더 많은 정보를 제공하고 대표적인 특성 중요도의 관점view을 제공할 수 있다. 순열과 LOFO

85 옮긴이_ 원서는 *https://www-users.cse.umn.edu/~kumar001/dmbook/index.php* 에서 다운로드할 수 있으며, 『데이터 마이닝』(휴먼싸이언스, 2020)으로 번역되었다.

86 *https://github.com/koalaverse/vip*

87 *https://github.com/aerdem4/lofo-importance*

88 *https://arxiv.org/pdf/1905.03151.pdf*

특성 중요도와 마찬가지로 SHAP도 모델 예측 외에 수량의 중요도를 추정하는 데 사용할 수 있다. 모델 오차$^{model\ error}$[89]와 인구통계학적 동등성$^{demographic\ parity}$[90] 같은 공정성 측정지표에 대한 기여도를 추정할 수 있다.

이것으로 특성 중요도에 관한 설명을 마친다. 전역이든 국소든 특성 중요도는 모델을 만들 때 가장 먼저 마주치게 될 사후 XAI 기법일 것이다. 이 절에서 살펴보았듯이, 막대그래프나 SHAP을 실행하는 것이 특성 중요도의 전부가 아니다. 특성 중요도로 최상의 결과를 얻으려면 다양한 접근방식의 장단점을 잘 알아야 한다. 이제 또 다른 흥미로운 설명 접근방식이며 신중한 주의가 필요한 대리 모델을 설명한다.

2.3.2 대리 모델

대리 모델은 복잡한 모델을 단순화한 모델이다. 더 복잡한 모델을 간단하고 해석 가능한 모델로 만들 수 있다면, 대리 모델의 설명 가능한 특징$^{explainable\ characteristic}$을 사용해 복잡한 모델을 설명하거나 요약하거나 묘사하거나 디버깅할 수 있다. 대리 모델은 일반적으로 모델 애그노스틱이다. 대리 모델은 거의 모든 머신러닝 모델에 사용할 수 있다. 대리 모델의 문제점은 대부분 편법적인 기법이라는 것이며, 요약하려는 복잡한 모델을 정확하게 대표한다는 수학적 보장이 거의 없다. 즉, 대리 모델을 사용할 때는 주의를 기울여야 하며, 최소한 요약하려는 복잡한 모델을 정확하고 안정적으로 표현하는지 확인해야 한다. 실제로는 여러 데이터 파티션에서 정확도^{accuracy}와 오류 측도$^{error\ measure}$를 확인하여 더 복잡한 모델의 예측 충실도^{fidelity}가 높은지, 새로운 데이터에서도 높게 유지되는지, 교차검증$^{cross-validation}$ 시에도 안정적인지를 확인해야 하는 경우가 많다. 대리 모델에는 여러 명칭이 있다. 모델 압축$^{model\ compression}$이나 모델 증류$^{model\ distillation}$, 모델 추출$^{model\ extraction}$이라는 용어를 들어봤을 것이다. 이 모든 방식이 대리 모델링 기법이거나 서로 밀접하게 관련된다. 특성 중요도와 마찬가지로 대리 모델에도 다양한 유형이 있다. 다음 절에서는 전역 설명을 만드는 데 일반적으로 사용하는 의사결정나무 모델부터 시작해 국소 설명을 만드는 데 일반적으로 사용하는 LIME과 앵커^{anchor}를 설명한다.

---

89 https://oreil.ly/oYG5d
90 https://oreil.ly/4aHtK

의사결정나무 대리 모델

의사결정나무 대리 모델은 일반적으로 복잡한 모델의 원래 입력과 출력에서 의사결정나무를
훈련해 만든다. 그런 다음 대리 모델에 표시되는 특성 중요도와 추세, 상호작용은 복잡한 모델
의 내부 메커니즘을 나타내는 것으로 가정한다. 간단한 대리 모델이 복잡한 모델을 제대로 대
표한다는 이론적 보장은 없다. 하지만 의사결정나무의 구조상 이러한 대리 모델은 [그림 2-5]

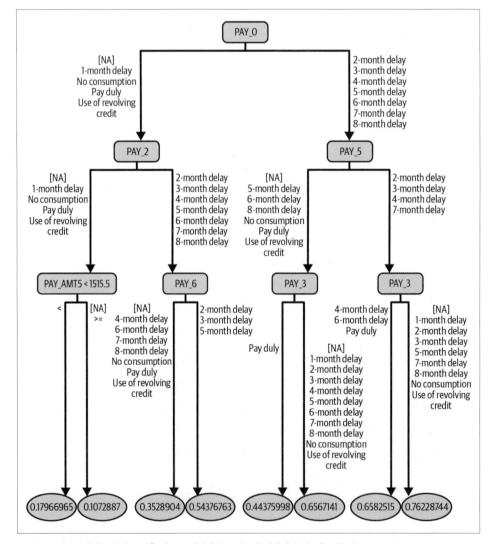

그림 2-5 의사결정나무 대리 모델은 단조 그레이디언트 부스팅 머신의 순서도를 만든다.

와 같이 복잡한 모델의 의사결정 과정을 매우 해석하기 쉬운 순서도로 만들어준다. 「훈련된 네트워크의 나무구조 표현 추출」[91]과 「모델 추출을 통한 해석 가능성」[92]에서 연구했듯이, 의사결정나무 대리 모델을 훈련하는 데는 미리 규정된 방법이 있다.

> **NOTE** 의사결정나무 대리 모델은 복잡한 모델의 순서도를 생성할 때 해석 가능성이 클 수 있다.

실제로는 로그손실^{logloss}[93]이나 제곱근평균제곱오차(RMSE), R^2과 같은 측정지표를 사용해 관심 데이터 파티션에서 복잡한 모델의 예측에 대한 대리나무의 예측 충실도를 측정하고 교차검증을 사용해 이러한 예측의 안정성을 측정하기만 해도 충분하다. 대리 의사결정나무가 복잡한 모델에 높은 충실도를 제공하지 못하는 경우, 설명 가능한 부스팅 머신이나 설명 가능한 신경망(XNN)과 같이 더 정교한 설명 가능한 모델을 대리 모델로 고려할 수 있다.

[그림 2-5]의 대리 모델은 요약하려는 복잡한 그레이디언트 부스팅 머신과 동일한 입력으로 훈련되었지만, 결제 연체$^{\text{payment delinquency}}$를 나타내는 원래 목표$^{\text{original target}}$에 대해 훈련하는 대신 그레이디언트 부스팅 머신의 예측에 대해 훈련되었다. 이 트리를 해석할 때 더 높거나 더 자주 사용되는 특성은 설명된 그레이디언트 부스팅 머신에서 더 중요하게 간주한다. 서로 위아래에 있는 특성은 그레이디언트 부스팅 머신에서 강력한 상호작용을 할 수 있으며, 설명 가능한 부스팅 머신과 부분종속성, 개별조건부기대 간의 비교 등 이 장에서 설명한 다른 기법을 사용해 훈련 데이터나 그레이디언트 부스팅 머신 모델에서 이러한 상호작용의 존재를 확인할 수 있다.

> **NOTE** 의사결정나무 대리 모델은 선형모형이나 LIME에 사용할 상호작용을 찾는 데 활용할 수 있다. 설명 가능한 부스팅 머신 및 부분종속성과 개별조건부기대 간의 차이도 데이터나 모델에서의 상호작용을 찾는 데 사용할 수 있다.

---

91 https://proceedings.neurips.cc/paper/1995/file/45f31d16b1058d586fc3be7207b58053-Paper.pdf

92 https://arxiv.org/pdf/1706.09773.pdf

93 옮긴이_ 로그손실(logarithmic loss)이나 로그가능도손실(log-likelihood loss)이라고도 하며, 분류 문제에서 모델의 성능을 평가하는 데 사용하는 손실함수(loss function)다. 로그손실은 모델이 예측한 확률과 실제 레이블 간의 차이를 측정하는 방법으로, 모델이 특정 클래스에 대한 확률을 얼마나 잘 추정하는지에 따라 값이 결정된다. 손실이 낮을수록 모델의 성능이 더 좋다고 판단한다. N은 표본의 수 y_i가 i번째 표본의 실제 레이블(0 또는 1)이고, $p(y_i)$는 i번째 표본이 클래스 1에 속할 모델의 예측 확률일 때, 로그손실 식은 다음과 같다.

$$\log \text{loss} = -\frac{1}{N}[y_i \log(p(y_i)) + (1 - y_i)\log(1 - p(y_i))]$$

로지스틱 회귀, 의사결정나무, 랜덤 포레스트, 그레이디언트 부스팅 등 다양한 분류 알고리즘이 이 로그손실함수를 최소화하는 방향으로 훈련된다.

나무의 의사결정 경로는 복잡한 그레이디언트 부스팅 머신의 의사결정 방법을 이해하는 데도 사용할 수 있다. [그림 2-5]의 뿌리 노드root node부터 트리의 바닥에 있는 평균 예측까지의 의사결정 경로를 추적해보자. 원래 모델에 따르면 가장 최근 상환repayment(PAY_0)과 두 번째 최근 상환(PAY_2) 상태가 양호하고, 다섯 번째 최근 결제 금액(PAY_AMT5)이 다소 큰 고객은 향후 연체가 발생하지 않을 가능성이 가장 큼을 볼 수 있다. 가장 최근과 다섯 번째 상환 상태가 좋지 않은 고객은 향후 결제 문제가 발생할 가능성이 가장 큰 것으로 보인다(PAY_3 분할은 많은 양의 잡음을 보여주므로 여기서는 해석하지 않는다). 두 경우 모두 그레이디언트 부스팅 머신은 최근과 과거 상환 행동을 모두 고려해 향후 상환에 관해 의사결정을 하는 것으로 보인다. 이러한 예측 행동은 논리적이지만, 가능하면 다른 방법으로 확인해야 한다. 대부분의 대리 모델과 마찬가지로 의사결정나무 대리 모델은 유용하고 해석 가능성이 크지만, 중요한 설명이나 해석 작업에 단독으로 사용해서는 안 된다.

선형모형 및 국소 해석 가능한 모델 애그노스틱 설명

국소 해석 가능한 모델 애그노스틱 설명(LIME)은 초기에 만들어졌으며, 매우 유명하면서도 많은 비판을 받는 사후 설명 기법의 하나다. 이름에서 알 수 있듯이 복잡한 모델의 예측 중 일부 작은 영역의 예측에 선형모형을 적합하는 방식으로, 국소 설명을 만드는 데 가장 많이 사용한다. 이것이 가장 일반적인 사용법이지만, 이는 LIME을 환원주의reductionist[94]로 해석한 것이다.

2016년 논문 「왜 너를 믿어야 하는가? 모든 분류기 예측에 관한 설명」[95]에서 처음 소개했을 때, LIME은 몇 가지 훌륭한 특성이 있는 프레임워크로 제시되었다. 그중 가장 매력적인 특성은 국소 설명을 위한 희박성 요구사항이었다. 모델에 1,000개의 특성이 있고 SHAP을 적용한다면, 설명하려는 각 예측에 대해 1,000개의 SHAP 값을 얻게 된다. SHAP이 데이터와 모델에 대해 완벽하더라도, 예측을 설명하려면 매번 1,000개의 값을 정렬해야 한다. LIME 프레임워크는 만들어진 설명이 성기도록, 즉 설명할 모델에 포함된 모든 특성 대신 국소적으로 중요한 소수의 특성에 집중하도록 요구함으로써 이 문제를 해결한다.

> **NOTE** LIME 값은 LIME 예측값과 특정 입력특성값에 대한 LIME 절편값의 차이로 해석할 수 있다.

---

94 옮긴이_ 복잡한 문제나 현상을 그것의 기본 요소나 단순한 부분으로 분해해 이해하려는 경향이나 접근방식을 말한다. 이러한 접근방식은 복잡한 문제를 해결하거나 이해하기 쉽게 할 수 있지만, 때로는 중요한 세부 사항이나 상호작용, 콘텍스트를 무시하게 할 수 있다.
95 *https://arxiv.org/pdf/1602.04938.pdf*

LIME 프레임워크의 나머지 부분은 해석 가능한 대리 모델을 다른 모델 예측의 가중국소영역^{weighted local region}에 적합하는 것을 명시한다. 이것이 LIME 프레임워크에 관한 더 정확한 설명으로, 국소적으로 가중값을 부여한 해석 가능한 대리 모델에 희박성을 유도하는 벌점을 적용하고, 임의의 더 복잡한 모델의 예측에 적합하는 것이다. 이러한 아이디어는 유용하면서 상당히 합리적이다.

> **CAUTION** 적합통계량^{fit statistic}과 시각화를 활용해 LIME이 기본 반응함수에 잘 적합되는지, 국소 모형 절편^{local model intercept}이 주어진 예측을 주도하는 가장 중요한 현상을 설명하지는 않는지 항상 확인해야 한다.

인기 있는 LIME 구현은 경험이 적은 사용자가 문제를 일으키게 하고 보안 문제를 야기할 수 있다. 소프트웨어 패키지 lime[96]은 표 형식 데이터에서 사용자에게 설명할 행을 선택하도록 요청하고, 지정된 입력 데이터셋을 토대로 상당히 단순한 표본을 만들고, 사용자가 선택한 행에 따라 표본에 가중값을 부여하고, 마지막으로 라쏘 회귀계수를 사용해 사용자가 지정한 행에 관한 설명을 생성한다. 이러한 구현에는 다음과 같이 잠재적인 문제점이 많다.

- 표본추출은 평가 파이프라인^{scoring pipeline} 중간에 데이터를 생성하고 모델을 적합해야 하므로 실시간 설명에 문제가 될 수 있으며, 사용자는 설명을 변경할 수 있는 데이터 오염 공격에 노출될 수 있다.
- 생성된 LIME 표본에는 비현실적인 국소 특성 중요돗값으로 이어질 수 있는 '범위를 벗어난' 데이터가 많이 포함될 수 있다.
- 국소 특성 중요돗값은 국소 일반화선형모형 절편으로부터의 오프셋이며, 이 절편은 때로 가장 중요한 국소 현상을 설명할 수 있다.
- 선택한 예측의 국소 영역에서 극단 비선형성^{extreme nonlinearity}과 고차원 상호작용이 발생하면 LIME은 완전히 실패할 수 있다.

LIME은 거의 모든 유형의 머신러닝 모델에서 성긴 설명^{sparse explanation}을 만드는 데 사용할 수 있으므로, 인내심을 갖고 LIME 프로세스를 잘 살펴본다면 여전히 좋은 도구가 될 수 있다. LIME을 사용해야 한다면, LIME 예측과 더 복잡한 모델 예측의 그래프를 그려보고 RMSE나 R^2 등으로 분석해야 한다. LIME 절편에도 주의해야 하며, LIME 절편이 그 자체로 예측을 설명하지 않는지, 실제 LIME 값이 쓸모없어지는 것은 아닌지 확인해야 한다. LIME의 충실도를

---

96 *https://github.com/marcotcr/lime*

높이려면 이산화된 입력특성과 수동으로 구성한 상호작용에 대해 LIME을 시도해봐야 한다(의사결정나무 대리 모델을 사용해 이러한 상호작용을 추측할 수 있다). 교차검증을 활용해 국소 특정 기여돗값에 대한 표준편차$^{standard\ deviation}$나 신뢰구간을 추정할 수 있다. 그리고 국소 선형 모형의 적합이 안 좋거나 부정확하면 그 자체가 해당 예측 영역에서 극단 비선형성이나 고차원 상호작용을 나타내는 정보로서 작용한다는 점을 명심해야 한다.

앵커 및 규칙

같은 연구진은 (아마도 몇 가지 교훈을 염두에 두고) LIME의 뒤를 이어 또 다른 모델 애그노스틱 국소 사후 설명 기법인 앵커를 발표했다. 앵커는 머신러닝 모델 예측을 설명하기 위해 충실도가 높은 일반 언어 규칙을 만들며, 특히 해당 예측에 가장 중요한 특성을 찾는 데 중점을 둔다. 앵커에 관한 자세한 내용은 「앵커: 고정밀 모델 애그노스틱 설명」[97]과 소프트웨어 패키지 anchor[98]를 참고한다. 앵커는 문서로 정리된 장단점이 있는 규정된 기법이지만, 규칙 기반 모델$^{rule-based\ model}$을 대리 모델로 사용하는 특별한 사례다. 이 장의 앞부분에서 설명했듯이 규칙 기반 모델은 비선형성과 상호작용에 대한 학습 능력이 뛰어나면서도 일반적으로 해석이 가능하다. 앞서 강조한 수많은 규칙 기반 모델을 대리 모델로 평가할 수 있다.

2.3.3 모델 성능 그래프

특성 중요도와 대리 모델 외에도 부분종속성과 개별조건부기대, 누적국소효과$^{ALE,\ accumulated\ local\ effect}$ 그림을 입력특성에 대해 학습한 모델을 설명하는 데 널리 사용한다. 이 절에서는 부분종속성과 개별조건부기대를 살펴보고, 실제로 부분종속성을 개별조건부기대와 함께 사용해야 하는 이유와 부분종속성을 대체하는 더욱 현대적인 방법인 누적국소효과를 설명한다.

부분종속성 및 개별조건부기대

부분종속성 그래프는 한두 개의 관심 입력특성값에 따라 머신러닝 반응함수가 변화하는 추정평균$^{estimated\ average}$ 방식을 보여주며, 다른 모든 입력특성의 효과를 평균화한다. 나중에 다시 설

97 *https://homes.cs.washington.edu/~marcotcr/aaai18.pdf*
98 *https://github.com/marcotcr/anchor*

명할 예정이니, 평균화한다는 점을 기억해두자. 부분종속성 그래프는 복잡한 머신러닝 모델의 비선형성과 비단조성, 양방향 상호작용을 보여주며, 단조제약조건 아래 훈련한 반응함수의 단조성을 검증하는 데 사용할 수 있다. 부분종속성은 『통계학으로 배우는 머신러닝』의 10.13절에서 트리앙상블과 함께 설명한다. 개별조건부기대 그래프는 부분종속성 그래프를 국소적이며 잘 알려지지 않은 새로운 방식으로 변형한 것이다. 이 그래프는 한 특성이 변경될 때 데이터의 단일 행에 대해 모델이 어떻게 작동하는지를 보여준다. 개별조건부기대는 같은 그래프에서 부분종속성과 쌍을 잘 이뤄 부분종속성이 제공하는 더 많은 전역 정보를 보완하기 위해 더 많은 국소 정보를 제공한다. 개별조건부기대 그래프는 「블랙박스 들여다보기: 개별조건부기대 그래프로 통계적 학습 시각화하기」 논문[99]에서 소개했다. 부분종속성과 개별조건부기대를 그려볼 수 있는 소프트웨어 패키지는 많다. 파이썬에는 PDPbox[100]와 PyCEbox[101]가 있으며, R에는 pdp[102]와 ICEbox[103] 패키지가 있다. 이 외에도 많은 모델링 라이브러리가 자체적으로 부분종속성을 지원한다.

개별조건부기대 그래프는 강한 상호작용의 평균화나 상관관계의 존재 때문에 부분종속성의 부정확성을 나타낼 수 있으므로, 부분종속성을 함께 사용해야 한다. 개별조건부기대 곡선이 부분종속성 그래프에서 멀어지면(즉, 다른 방향으로 움직이면) 입력특성 간에 강한 상호작용이 있음을 나타낼 수 있으며, 이는 두 가지를 사용할 때의 또 다른 이점이다. 그런 다음 설명 가능한 부스팅 머신이나 대리 의사결정나무를 사용해 훈련 데이터나 설명 중인 모델에서 상호작용의 존재를 확인할 수 있다. 또 다른 방법은 부분종속성과 개별조건부기대를 관심 특성의 히스토그램과 함께 그리는 것이다. 이렇게 하면 모든 예측 그림을 신뢰할 수 있는지, 훈련 데이터가 뒷받침하는지에 관한 좋은 통찰력을 얻을 수 있다. [그림 2-6]에서는 부분종속성과 개별조건부기대, PAY_0의 히스토그램을 사용해 단조 그레이디언트 부스팅 머신의 작동을 요약한다.

99 *https://arxiv.org/pdf/1309.6392.pdf*

100 *https://github.com/SauceCat/PDPbox*

101 *https://github.com/AustinRochford/PyCEbox*

102 *https://github.com/bgreenwell/pdp*

103 *https://cran.r-project.org/web/packages/ICEbox/index.html*

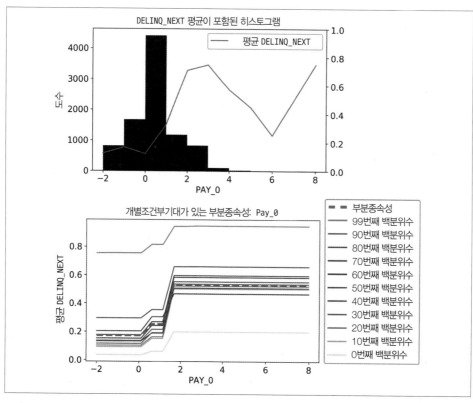

그림 2-6 중요한 입력 변수에 대한 히스토그램이 있는 부분종속성(아래) 및 개별조건부기대 그래프와 단조 그레이디언트 부스팅 머신에 대한 목푯값 평균 그래프(위)[104]

> **CAUTION** 부분종속성은 알려진 여러 가지 약점 때문에 개별조건부기대와 함께 사용해야 하며 두 개를 함께 사용하지 않은 경우에는 부분종속성을 개선한 누적국소효과를 사용해야 한다.

[그림 2-6]의 위쪽에는 **PAY_0**의 히스토그램이 있으며, 가장 최근 결제를 두 달 이상 연체한 고객의 데이터가 많지 않음을 알 수 있다. 아래쪽에는 연체 예측 확률의 십분위수^{decile}에 해당하는 고객에 대한 부분종속성과 개별조건부기대 곡선이 있다. 부분종속성과 개별조건부기대로 **PAY_0**에 대한 제약 그레이디언트 부스팅 머신 반응함수의 단조성을 확인할 수 있다. 높은 값의 **PAY_0**에 대해 학습할 데이터가 많지 않은 경우에도 모델이 합리적으로 작동하는 것으로 보

---

104 컬러 이미지는 부록 510쪽 참조(원본 그림: *https://oreil.ly/zFr70*).

인다. 고객의 가장 최근 결제가 더 늦어질수록 연체 확률은 단조 방식으로 증가하며, 해당 영역에서 분류기를 뒷받침할 데이터가 거의 없더라도 PAY_0의 값이 클수록 연체 확률은 안정적이다. 단조제약조건을 사용할 때마다 학습할 훈련 데이터가 많지 않은 상황에서 머신러닝 모델이 어리석은 행동을 학습하는 일을 방지해준다고 생각할 수 있지만, 이는 사실이 아니다. 단조제약조건은 안전성과 과소특성화 문제를 해결하는 데 도움이 되며, 부분종속성과 개별조건부기대는 이러한 문제가 발생할 경우 이를 발견하는 데 도움이 되지만, 이번에는 운이 좋아 안정적인 결과를 얻은 것이다. 실제로는 모든 모델이 훈련 데이터가 성긴 영역에서 불안정한 작동을 하는지 확인하고 이러한 어려운 데이터 행에 대해 올바르게 예측할 수 있는 전문 모델specialized model이나 인간 작업자를 준비해야 한다.

> **NOTE** 설명 가능한 모델 형상함수나 부분종속성, 개별조건부기대, 누적국소효과 그래프를 히스토그램과 비교하면 소량의 훈련 데이터에만 기반한 예측을 시각적으로 발견할 수 있으므로 모델 결과의 불확실성에 대한 기본적인 정성적 측도를 얻을 수 있다.

누적국소효과 그래프로 넘어가기 전에 한 가지 더 조언하자면, 특성 중요도나 SHAP, LIME, 배경 데이터셋에서 작동하는 다른 모든 설명 기법과 마찬가지로 맥락 문제issues of context를 부분종속성 및 개별조건부기대와 함께 고려해야 한다. 이 두 가지 기법 모두 은밀한 암시적 배경 데이터implicit background data를 사용한다. 부분종속성에서는 그림으로 그려지는 특성의 모든 값이 특정한 값으로 설정된 상태에서 관심 데이터셋은 무엇이 되든 상관없다. 이렇게 하면 상호작용과 상관관계의 패턴이 바뀌며, 다소 생소한 문제이긴 하지만 논문「데이터 오염을 통한 부분종속성 속이기」[105]에서 설명했듯이 데이터 오염 공격에 노출될 수 있다. 개별조건부기대에서 암시적 배경 데이터셋은 관심 특성이 특정한 값으로 설정된 단일 데이터 행이다. 해당 행에서 관측된 나머지 데이터와 함께 너무 비현실적인 개별조건부기대 값이 그려지지 않도록 주의해야 한다.

---

105 *https://arxiv.org/pdf/2105.12837.pdf*

누적국소효과

누적국소효과는 논문「블랙박스 지도학습 모델의 예측변수 효과 시각화하기」[106]에서 소개한 입력특성값에 걸쳐 머신러닝 모델의 작동을 표현하는 새로우면서도 매우 엄밀한 방법이다. 부분종속성 그래프와 마찬가지로 누적국소효과 그래프는 예측과 입력특성값 간 관계의 형상shape, 즉 비선형성이나 비단조성을 보여준다. 누적국소효과 그래프는 훈련 데이터에 강한 상관관계가 있을 때, 부분종속성이 실패한다고 알려진 상황에서 매우 유용하다. 누적국소효과는 부분종속성보다 속도가 빠르다. R에서는 ALEPlot[107]으로, 파이썬에서는 ALEPython[108]으로 그려볼 수 있다.

2.3.4 군집 프로파일링

지금까지는 지도학습 모델을 설명하는 데 중점을 두었지만, 때로는 비지도학습 기법을 사용해야 한다. 특성 추출feature extraction과 군집화clustering는 가장 대표적인 비지도학습 작업이다. 설명 가능한 모델을 다룰 때 희박주성분분석과 음이 아닌 행렬분해 같은 희소 방법sparse method을 사용해 특성 추출을 더 설명 가능하게 하는 방법을 살펴보았다. 그리고 프로파일링이라는 잘 정립된 사후 방법을 적용하면 군집화도 더 투명하게 할 수 있다. 가장 간단한 접근방식은 평균과 중앙값을 사용해 군집의 무게중심을 설명하거나 군집을 기반으로 데이터셋의 프로토타입 멤버prototypical member를 만드는 것이다. 그런 다음 요약과 비교, 비평과 같은 프로토타입과 관련된 개념을 사용하면 군집화 솔루션을 더 잘 이해할 수 있다. 또 다른 기법은 특성 추출, 특히 희소 방법을 적용해 고차원 군집화 솔루션을 2차원이나 3차원으로 투영projection해 그림을 그리는 것이다. 해석 가능한 희소 축에 그림을 그리면 도메인 지식을 사용해 군집 그룹보다 쉽게 이해하고 확인할 수 있다. 특성의 분포를 사용해서 군집을 이해하고 묘사할 수도 있다. 군집 내 특성의 밀도density를 다른 군집의 밀도나 군집의 전체 분포와 비교할 수 있다. 다른 군집이나 전체 훈련 데이터와 비교해 가장 분포가 다른 특성은 군집화 솔루션에서 더 중요하다고 볼 수 있다. 마지막으로, 대리 모델을 적용해 군집을 설명할 수 있다. 군집화 알고리즘에 사용한 입력과 목표로 사용한 군집 레이블을 사용해서 의사결정나무와 같은 해석 가능한 분류기를 군집에 적합하고 대리 모델의 해석 가능 특징을 사용하면 군집화 솔루션에 관한 통찰력을 얻을 수 있다.

....

106 *https://arxiv.org/pdf/1612.08468.pdf*
107 *https://cran.r-project.org/web/packages/ALEPlot/index.html*
108 *https://github.com/blent-ai/ALEPython*

2.4 실무에서 사후 설명의 고질적 문제

주의를 기울이지 않으면 사후 설명이 매우 모호해질 수 있다. 지금까지 이러한 기법의 기술적 단점을 자세히 설명했지만, 실제 고위험 애플리케이션에서 이러한 기법으로 작업할 때는 고려해야 할 사항이 훨씬 더 많다. 다시 한번 정리하자면, 루딘 교수의 논문 「고위험 의사결정에 대한 블랙박스 머신러닝 모델 설명을 중단하고, 대신 해석 가능한 모델을 사용하라」[109]는 불투명한 머신러닝 모델과 고위험 사용에 관한 사후 설명의 주된 비평을 제시했다. 루딘 교수에 따르면, 기존 머신러닝 모델에 관한 설명은 다음과 같다.

- 설명할 수 없는 모델이 설명 가능한 모델보다 더 정확할 것이라는 잘못된 믿음을 전제로 한다.
- 복잡한 모델의 실제 내부 작동에 충분히 충실하지 않다.
- 무의미한 경우가 많다.
- 외부 데이터에 대해 보정하기 어렵다.
- 불필요하게 복잡하다.

이러한 이유로 이 장에서는 모델과 설명이 서로의 프로세스 제어 역할을 할 수 있는 해석 가능한 모델로 사후 설명을 사용하는 것을 권장한다. 이렇게 위험을 인식하는 방식으로 설명을 사용하더라도, 여전히 해결해야 할 심각한 문제가 있다. 이 절에서는 실제로 가장 많이 볼 수 있는 우려 사항을 알아본다.. 설명 가능한 모델과 사후 설명을 함께 사용할 때의 이점을 강조하면서 이 절을 마무리한다. 그러나 투명성 사례에서 알 수 있듯이, 투명성을 기술적 측면에서 대부분 올바르게 처리하더라도 인적 요소$^{human factor}$는 여전히 고위험 머신러닝 애플리케이션의 최종 성공이나 실패에 크게 영향을 준다.

크리스토프 몰나르는 설명을 사용하는 방법을 알려주는 데 그치지 않고, 연구진과 함께 설명의 문제점도 적극적으로 연구했다. 일반적인 설명 접근방식의 문제점에 관한 자세한 내용은 「머신러닝 모델에 대한 모델 애그노스틱 해석 방법의 일반적인 함정」[110]과 이전 연구인 「해석 가능한 머신러닝 방법의 한계」[111]를 모두 참고한다. 다음에는 실제로 가장 많이 발생하는 문제인 확증 편향$^{confirmation bias}$, 맥락, 상관관계 및 국소종속성, 해킹^{hack}, 사람의 해석, 무일치성^{inconsistency}, 설명 충실도$^{explanation fidelity}$를 간략히 소개한다.

---

109 *https://arxiv.org/pdf/1811.10154.pdf*
110 *https://arxiv.org/pdf/2007.04131.pdf*
111 *https://slds-lmu.github.io/iml_methods_limitations*

확증 편향

이 장의 대부분에서 투명성 향상은 좋은 일이라고 설명했다. 물론 머신러닝 모델 이해도가 높아지고 모델의 기능에 개입하는 능력이 높아지지만, 머신러닝 워크플로에 확증 편향이 침투할 틈이 생기기도 한다. 예를 들어, 과거 비슷한 프로젝트에서의 경험을 바탕으로 특정 상호작용이 모델에 나타나야 함을 안다고 가정해 보자. 하지만 해당 상호작용이 설명 가능한 모델이나 사후 설명 결과에 나타나지 않는다면, 훈련 데이터가 편향되어 중요한 상호작용을 놓치고 있는지, 아니면 우리가 편향되었는지 알기란 매우 어렵다. 모델의 메커니즘에 개입해 이러한 상호작용을 반영한다면, 우리 자신의 확증 편향에 빠질 수 있다.

물론 투명성이 완전히 결여되면 모델의 행동을 원하는 대로 조작할 수 있으므로 확증 편향이 만연할 수 있다. 확증 편향을 피할 유일한 방법은 과학적 방법과 투명성, 검증, 재현성^{reproducibility} 등 이미 검증된 과학적 원칙을 따르는 것이다.

맥락

프셰미스와프 비체크^{Przemysław Biecek} 박사와 연구진은 '맥락 없이 설명하지 말라'[112]고 조언한다. 실제로 이 말은 논리적이고 사실적인 배경 데이터를 사용해 설명을 생성하고, 공격자가 배경 데이터를 조작할 수 없도록 해야 한다는 의미이다. 설명에 사용할 믿을 수 있는 배경 데이터가 있더라도 기본 머신러닝 모델이 논리적 맥락에서 잘 작동하는지 확인해야 한다. 이는 상관관계가 없는 입력특성의 적절한 개수를 의미하며, 모든 입력특성은 모델링 대상과 직접적인 관계가 있어야 한다.

상관관계 및 종속성

상관관계는 머신러닝 알고리즘이 훈련하고 정확한 예측을 하는 데 방해가 되지 않을 때가 많지만, 설명과 해석을 매우 어렵게 만든다. 일반적으로 대규모 데이터셋에는 상관관계가 있는 특성이 많다. 상관관계는 독립성 원칙^{principle of independence}에 위배되므로 개별 특성만 봐서는 특성의 의미를 제대로 이해할 수 없다. 많은 설명 기법이 그러하듯이, 어떤 특성을 제거하면 또 다른 상관 특성이 모델에서 그 자리를 대신 차지하여 제거하려는 시도로 얻으려는 효과와 제거 행위가 설명 도구로서 의도했던 의미를 무력화한다. 또한 설명에서는 섭동 특성^{perturbing feature}에 의존하지만, 특성에 상관관계가 있는 경우 하나의 특성만 섭동해 설명을 도출하는 것은 큰 의미가 없다. 더 큰 문제는 머신러닝 모델을 다룰 때, 머신러닝 모델은 열별 기저^{row-by-row basis}에 대해 서로 다른 상관관계와 같은 관계^{correlation-like relationship}를 의미하는 국소종속성을 학습할 수 있다는 점이다. 상관관계가 설명을 어떻게 왜곡하는지, 복잡한 국소종속성이 어떻게 같은 역할을 하는지를 생각하기란 거의 불가능하다.

---

112 https://arxiv.org/pdf/2105.13787.pdf

해킹

배경 데이터를 사용하는 설명 기법은 공격자가 변경할 수 있다. 이러한 기법에는 「LIME 및 SHAP 속이기: 사후 설명 방법에 대한 대립적 공격」[113]에서 살펴본 LIME 및 SHAP과 「데이터 오염을 통한 부분종속성 속이기」[114]에서 살펴본 부분종속성 등이 있다. 지금은 이러한 해킹이 별개의 문제일 수 있지만, 머신러닝 설명에 관한 해킹의 첫 번째 사례가 되기를 바라지는 않는다. 배경 데이터를 만드는 데 사용하는 코드를 안전하게 유지하고, 해당 배경 데이터가 설명 계산 중에 부당하게 조작되지 않도록 해야 한다. 내부 공격자는 훈련 데이터나 배경 데이터에 대한 데이터 오염 공격을 쉽게 일으킬 수 있다. 배경 데이터가 안전하더라도 설명은 여전히 악의적인 방식으로 잘못 해석될 수 있다. **편향세탁**fairwashing[115] 기법은 사회학적으로 편향된 머신러닝 모델에 관한 설명을 공정하게 보이도록 하고 편향을 세탁하려고 설명을 남용하지만, 여전히 모델 사용자에게 실제로 피해를 준다.

인간의 해석

머신러닝은 숙련된 실무자와 연구자에게도 이해하기 어려운 개념일 때가 많다. 하지만 머신러닝 설명의 대상은 업계 전문가뿐만 아니라 훨씬 더 광범위한 분야의 사람들이다. 고위험 머신러닝 애플리케이션은 여러 사람에게 중요한 의사결정을 내리는 경우가 많다. 이들이 고학력자라고 하더라도 부분종속성 및 개별조건부기대 그래프나 SHAP 값의 배열을 이해하리라고 기대할 수는 없다. 고위험 상황에서 올바른 투명성을 확보하려면 심리학자와 도메인 전문가, 설계자, 사용자 상호작용 전문가 등 여러 사람과 협력해야 한다. 그러려면 기술자와 도메인 전문가, 사용자 간에 광범위한 의사소통을 해야 하며, 이에 긴 시간이 소요되고 제품 개선 과정을 반복해야 한다. 이러한 추가 작업을 수행하지 않으면, 기술적 투명성 목표를 달성하더라도 이후 2.6절에서 설명하듯이 실패할 수도 있다.

무일치성

일치성이란 서로 다른 모델이나 데이터 표본에 걸쳐 안정된 설명을 제공하는 것을 의미한다. 일치성은 달성하기 어렵지만 고위험 머신러닝 애플리케이션에서 매우 중요하다. 신용이나 보석 결정과 같은 상황에서 사람들은 여러 가지 자동화된 의사결정과 관련한 설명을 받을 수 있으며, 특히 더 자동화될 미래에는 더욱 그렇게 될 것이다. 같은 결과 결정에 관한 설명이 서로 다른 사유를 제시한다면, 가뜩이나 어려운 상황이 더욱 복잡해질 수 있다. 일치성을 높이려면 설명은 훈련 데이터와 응용 영역에서 일반화할 수 있는 실제 현상에 중점을 둬야 한다. 일치성을 확보하려면 적절한 수의 독립 특성으로 모델을 훈련해야 한다. 또한 모델 자체도 간결해야 한다. 즉, 실제 관계를 따르도록 제약해야 한다. 반대로 상관관계가 있는 입력이 많으며, 복잡하고 과소특정화되고, 해석할 수 없는 모델에서는 일관된 설명이 불가능하다.

---

113 *https://arxiv.org/pdf/1911.02508.pdf*
114 *https://arxiv.org/pdf/2105.12837.pdf*
115 *https://arxiv.org/pdf/1901.09749.pdf*

설명 품질 측정

모델을 훈련하고 결과를 살펴본 다음, 모델이 제대로 작동한다고 가정하고 배포한다고 상상해보자. 이는 나쁜 생각일 수 있다. 하지만 바로 이러한 이유로 사후 설명을 사용한다. 앞에서 제기한 모든 기술적 우려 사항을 고려할 때, 다른 머신러닝 기법과 마찬가지로 설명을 테스트하고 주어진 데이터 출처data source 와 애플리케이션에서도 어떻게 작동하는지 확인해야 한다. 배포하기 전에 모델의 품질을 측정하듯이 설명의 품질도 측정하려고 노력해야 한다. 이러한 측정에 유용한 제안과 상식적인 테스트 기법이 이미 많다. 「자기설명 신경망을 통한 강건한 해석 가능성을 향하여」[116]에서는 설명이 이해 가능한지를 나타내는 명시성explicitness, 설명이 알려진 중요한 요소에 들어맞는지를 나타내는 충실도faithfulness, 설명이 이웃 데이터 포인트에서 일치성이 있는지를 나타내는 안정성stability을 제시했다. 「설명의 (비)충실도와 민감도에 관하여」[117]에서는 논문 제목과 같은 이름의 테스트eponymous test를 제안했다. 이러한 형식적 측정에 관한 제안 외에도, 설명 가능한 모델의 메커니즘과 사후 설명이 서로 설명 가능한 모델과 설명을 모두 사용하는지를 확인할 수 있다. 신뢰할 수 있는 이전 설명이 있다면, 이를 새로운 설명의 충실도 테스트 기준benchmark으로 사용할 수 있다. 또한 데이터나 모델을 약간씩 섭동하는 안전성 테스트는 사후 설명에 큰 변화가 생기도록 해서는 안 된다.

> **CAUTION** 고위험 사용사례에 배포하기 전에 설명을 테스트해야 한다. 설명에 대한 기준값ground truth이 부족하다는 것은 넘기 어려운 장벽이지만, 설명은 해석 가능한 모델 메커니즘과 비교해야 한다. 기준 설명과의 비교, 명시성 및 충실도 측도, 섭동, 최근접이웃과의 비교, 시뮬레이션 데이터 등도 설명 품질을 테스트하는 데 사용할 수 있다.

아무리 복잡한 모델이라도 몇 가지 후처리postprocessing를 적용하면 설명할 수 있다는 매력은 부인할 수 없다. 하지만 방금 살펴본 모든 기술적 문제와 현실적인 문제worldly problem를 고려할 때, 기존 머신러닝 설명이 일종의 허황된 꿈임을 알게 되었기를 바란다. 설명할 수 없는 것을 설명하는 게 불가능하지는 않지만, 오늘날의 기술로는 어렵고, 실제로 투명성을 달성하는 데 필요한 모든 인적 요소를 고려하면 훨씬 더 어려워진다.

---

116 *https://arxiv.org/pdf/1806.07538.pdf*
117 *https://arxiv.org/pdf/1901.09392.pdf*

2.5 설명 가능한 모델과 사후 설명의 결합

이 장의 기술적인 설명을 마무리하면서, 기존 머신러닝 모델을 설명하는 일이 왜 그렇게 어려운지 설명하는 데 도움이 되는 새로운 연구를 소개하고, 설명 가능한 모델과 사후 설명을 결합한 사례를 살펴본다. 최근 발표된 두 편의 논문은 기존 머신러닝 모델의 내재복잡도^{inherent}를 투명성 문제와 연관 짓는다. 첫 번째 논문 「머신러닝 모델의 국소 해석 가능성 평가」[118]는 복잡도를 머신러닝 모델의 결정과 관련된 실행시간 연산 수로 대체하여 연산 수가 늘어날수록 해석 가능성은 줄어듦을 보여준다. 두 번째 논문 「사후 해석 가능성 향상을 위한 함수 분해를 활용한 모델 복잡도 정량화」[119]는 특성의 수와 상호작용 강도, 주된 효과 복잡도를 사용해 머신러닝 모델의 전체 복잡도를 측정하고, 이러한 기준을 최소화하는 모델을 더 안정적으로 해석할 수 있음을 보여준다. 요약하자면, 복잡한 모델은 설명하기 어렵고 단순한 모델은 비교적 설명하기 쉽지만, 확실히 쉽지는 않다. [그림 2-7]은 간단한 모델에 설명을 추가한 예와 어려운 이유를 보여준다.

[그림 2-7]에는 강조 표시된 의사결정 경로와 해당 의사결정 경로를 따르는 데이터의 단일 행에 대한 Tree SHAP 값이 있는 학습된 3단계 의사결정나무가 있다. 이 그림은 단순해 보이지만, 실제로는 머신러닝과 머신러닝 설명의 몇 가지 근본적인 문제를 보여준다. [그림 2-7]이 보여주는 문제를 자세히 살펴보기 전에, 전체 전역 의사결정 메커니즘을 볼 수 있고 모든 모델 예측에 대한 입력특성의 기여도를 숫자로 계산할 수 있는 예측모델을 살펴보자. 이러한 수준의 투명성은 과거에는 선형모형에만 적용되었지만, 이 장에서 다룬 모든 새로운 접근방식을 활용해 훨씬 더 광범위한 종류의 고용량 모델^{high-capacity model}에서 이러한 수준의 투명성을 실현할 수 있게 되었다. 즉, 주의만 기울인다면 데이터에서 더 많은 것을 안정적으로 학습하는 더 정교한 모델로 훈련하고, 그 결과를 해석해서 더 많은 것을 배울 수 있다. 이는 엄청난 혁신이다.

118 *https://arxiv.org/pdf/1902.03501.pdf*
119 *https://arxiv.org/pdf/1904.03867.pdf*

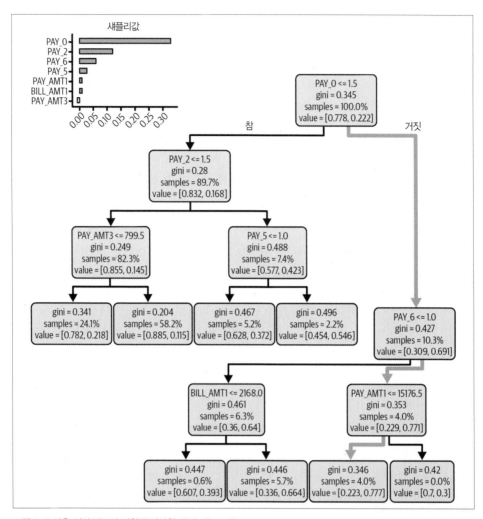

그림 2-7 사후 설명 정보와 결합된 간단한 설명 가능 모델

> **NOTE** 설명 가능한 모델과 사후 설명을 함께 사용하면 서로를 확인하고 머신러닝 모델의 투명성을 최대화할 수 있다.

이제 머신러닝 모델과 사후 XAI를 사용할 때는 이러한 문제가 항상 존재함을 염두에 두고 [그림 2-7]의 문제를 살펴보자(이 간단한 사례에서는 이러한 문제를 살펴보고 생각해 볼 수 있다). 선택된 개인에 대한 의사결정 경로는 PAY_0, PAY_6, PAY_AMT1을 고려함을 알 수 있다. 이제 Tree SHAP 값을 살펴보자. Tree SHAP 값은 PAY_6보다 PAY_2에 더 많은 가중값을 부여하고, PAY_AMT1보다 PAY_5에 더 많은 가중값을 부여하지만, PAY_2와 PAY_5는 의사결정 경로에 포함되지 않는다. 이는 SHAP 계산이 PAY_0, PAY_AMT1, PAY_6에 대해 서로 값이 다른 인위적인 관측값을 고려하고 이러한 관측값이 서로 다른 의사결정 경로를 따르므로 발생한다. 이러한 작동은 tree_path_dependent나 interventional 특성 섭동을 사용했는지와 관계없이 나타난다.

이 현상은 직관적이지 않지만, 근사오차의 결과가 아닌 올바른 현상이다. 다른 패키지나 접근 방식을 사용하면 [그림 2-7]에 강조 표시된 단일 의사결정 경로에 맞는 국소 설명을 생성할 수도 있지만, 그렇게 하면 섀플리값과 SHAP에 수반되는 깊은 이론적 지원을 얻지 못했을 것이다. 적어도 SHAP을 사용하면 설명이 이러한 효과를 나타내는 이유를 알 수 있다. 일반적으로 머신러닝 모델을 설명하는 일은 여러 가지 이유로 매우 어렵다. 고위험 맥락에서 머신러닝 모델을 배포하기 전에 항상 설명을 테스트하고 적용하는 사후 기술을 이해해야 한다.

6장에서 SHAP이 배경 데이터를 사용하고 다양한 설정에 따라 특성 속성을 계산하는 방법을 자세히 설명한다. 고위험 애플리케이션에 SHAP과 같은 특성 속성 기법을 사용하기 전에 이러한 미묘한 차이를 이해해야 한다. 설명의 기술적인 측면만으로도 고려해야 할 사항이 너무 많다. 다음 사례를 보며 설명의 인적 요소 중 몇 가지를 자세히 알아보겠지만, 이 요소는 더 정확하게 파악하기 더 어려울 수 있다.

2.6 사례 연구: 알고리즘 채점

머신러닝 모델에 투명성을 추가하기란 쉽지 않다. 설명 가능한 모델과 사후 설명의 기술적 측면을 제대로 파악하더라도 신중하게 다뤄야 할 인적 요소가 여전히 많다. 영국에서 발생한 이른바 'A-레벨 시험 스캔들'[120]은 고위험 머신러닝 기반 결정에서 인적 요소를 이해하지 못한 대표적인 사례다. 2020년 봄, 영국 전역에 코로나 봉쇄령이 내려지면서 학생과 교사, 정부 관계자는 표준화된 시험을 평소대로 치를 수 없다는 사실을 깨달았다. 국가 표준화 시험의 문제를 해결하는 첫 번째 시도로, 교사들은 대학 입학을 결정하고 다른 중요한 삶의 결과에 영향을

---

120 *https://oreil.ly/s54h0*

미치는 중요한 A-레벨 시험에서 학생의 성적을 추정하도록 요청받았다. 안타깝게도 교사들의 추정값은 지나치게 긍정적이어서 이 점수를 사용하는 것은 과거나 미래의 학생에게 불공평한 수준인 것으로 여겨졌다.

영국 교육표준청Ofqual, Office of Qualifications and Examinations Regulation은 교사의 예측을 조정하는 알고리즘을 구현해서 교사들의 긍정적 편향을 해결하려고 했다. 조정 알고리즘adjustment algorithm의 통계적 방법론은 전문가들이 구현했으며, 학생들이 성적을 받은 후 모델 문서가 공개되었다.[121] 이 알고리즘은 최종 성적의 분포가 전년도 결과와 비슷하도록 설계되었다. 이 알고리즘은 교사의 성적 순위를 유지하되, 학교의 과거 성적을 사용해 성적을 하향 조정했다. 스코틀랜드의 학생들이 먼저 결과를 확인했다. ZDNet에 따르면 스코틀랜드에서는 '35.6%의 성적이 한 등급 하향 조정되었고, 3.3%는 두 등급, 0.2%는 세 등급이 하향 조정되었다.'고 한다.[122]

그 후 몇 달 동안 빈곤한 학교와 지역을 대상으로 한 편견 가능성에 대한 학생들의 항의로 인해 반발이 큰 인공지능 사고가 발생했다. 관계자들은 스코틀랜드에서 문제를 발견했는데도 잉글랜드에서도 같은 절차를 적용했다. 추가로 무료 이의 제기 절차를 도입하고 재시험을 볼 수 있는 권리를 부여했지만, 충분한 조치가 아니었다. 결국 학교의 과거 성적에 따라 개인별 점수를 조정한다는 투명하지만 편향된 개념 때문에 많은 사람이 이를 받아들이기가 어려웠고 대중의 신뢰를 회복할 수 없었다. 마침내 영국 정부는 원래 교사들의 추정값을 사용하기로 했다. 와이어드Wired에서는 '정부는 행정 부담을 대학에 떠넘겼으며, 대학은 수천 건의 지원서를 더 검토해야 했다. 원래 추정값을 사용하더라도 대학은 학생들이 원래 지원했던 것을 모두 다 받아들이기는 불가능하다'라고 했다.[123] 같은 기사에서는 교사들의 과거 학생 성적 평가에 인종 편견racial bias이 있었다는 사실도 지적했다. 정말 엉망진창이었다.

놀랍게도 다른 기관에서도 인생을 바꿀 대학 입학시험에 알고리즘 점수 개념을 도입했다. 국제 바칼로레아IB, International Baccalaureate는 전 세계 중고등학교 학생을 대상으로 고급 교육과정을 제공하는 엘리트 교육 프로그램이다. 2020년 봄, IB는 코로나 때문에 봄철 시험을 취소한 후 급하게 학생 점수 알고리즘을 도입했다.[124] 이 시스템은 학생의 과제 성적과 해당 학교의 과거 졸업생들의 성적을 기준으로 사용했다. 미국 대학들은 과거 성적을 기준으로 IB 학생 입학정원을

---

121 https://oreil.ly/0gM6i
122 https://oreil.ly/h47XJ
123 https://www.wired.co.uk/article/alevel-exam-algorithm
124 https://www.wired.com/story/algorithm-set-students-grades-altered-futures/

정했지만, 미국 대학에 지원하는 학생들의 예상치 못한 나쁜 점수 때문에 입학이 취소될 수도 있었다. 이에 따라 '가을과 그 이후의 계획이 깨지는' 상황이 발생했다. 일부 학생의 알고리즘 점수가 너무 낮아 미국의 명문대학과 모국의 학교에서도 배정받지 못한 경우도 있었다. 더 큰 문제는 Ofqual 알고리즘과는 달리 IB는 알고리즘의 작동 방식을 공개하지 않았고, 이의 제기에 거의 800달러의 비용이 발생했다는 점이다.

IB의 투명성 부족은 제외하더라도, 이 사고에서는 크게 세 가지 문제가 있는 것으로 보인다. 척도scale는 머신러닝에 내재한 위험 요소이며, 이러한 알고리즘이 전 세계의 많은 학생에게 사용되었다. 척도가 크다는 말은 중요성이 크다는 것을 의미하며, 투명성만으로는 신뢰trust와 편향 문제를 해결할 수 없다. 이해는 신뢰가 아니다. Ofqual의 기술보고서와 기타 공개 분석[125]은 이미 많은 학생과 학부모가 이해하기 어려웠다. 그러나 이들이 알게 된 사실은 빈곤 지역의 공립학교 성적이 더 나쁘며, 이 때문에 학생들인 2020년에 두 번 영향을 받았다는 점이다. 한 번은 예년처럼 전반적으로 영향을 받았고, 다른 한 번은 점수가 하향 조정되었을 때 영향을 받았다. 두 번째 요인은 결정의 심각성이다. 대학 입학은 많은 사람의 인생에서 큰 역할을 한다. 결정의 심각성은 그 중요성을 더 높은 수준, 즉 실패가 보장되는 불가능한 수준까지 끌어올릴 수 있다. 머신러닝은 본질적으로 확률적이다. 머신러닝은 틀릴 수 있다. 그리고 이렇게 위험 부담이 크면 대중은 받아들이지 않을 수도 있다.

세 번째 문제는 차별적 영향의 명확한 특성이다. 예를 들어, 아주 작은 학급은 알고리즘으로 점수를 매기지 않았다. 아주 작은 학급이 가장 많은 곳은 어디일까? 바로 사립학교다. 버지Verge의 한 기사에 따르면 '수업료를 내는 사립학교(독립학교independent school라도 함)는 사용된 알고리즘 덕분에 불균형적으로 혜택을 받았다. 이러한 학교는 전년도보다 A 등급 이상의 비율이 4.7% 증가했'고 한다.[126] ZDNet은 '스코틀랜드 전역의 빈곤 지역에서 고등과정을 수강하는 학생들의 합격률은 더 부유한 지역에서 6.9% 감소한 것에 비해 15.2% 감소했'고 보도했다.[127] 우편번호나 과거 학교 성적에 따라 조정하는 방식은 구조적 편향을 낳았으며, 학생과 학부모는 이를 감정적인 수준에서 이해했다. BBC에서 인용한 바와 같이 스코틀랜드의 교육부 장관은 이번 사태 때문에 '젊은이들이 자신의 미래가 능력이 아닌 통계적 모델에 따라 결정되었다고 느끼게 되었다'는 사실을 깨달았다. 이 사고가 우리 자신이나 아이들에게 영향을 미쳤다면 어

---

125 *https://rpubs.com/JeniT/ofqual-algorithm*

126 *https://oreil.ly/eySQu*

127 *https://oreil.ly/7mnEd*

떻게 느꼈을지 생각해봐야 한다. 자동화된 의사결정의 긍정적인 측면에 관한 많은 과대광고에도 불구하고 거의 모든 사람이 자신의 미래가 알고리즘에 따라 결정되기를 바라지 않는다.

이 사고는 처음부터 불가능할 정도로 높은 중요도의 머신러닝 적용 사례였지만, 대중의 신뢰를 높일 방법이 더 있었다. 예를 들어, Ofqual은 학생들에게 적용하기 전에 알고리즘을 공개할 수도 있었다. 또한 알고리즘을 사용하기 전에 알고리즘에 관한 대중의 의견을 들을 수도 있었다. 영국에서 오픈 데이터 옹호 활동을 하는 제니 테니슨 ^{Jeni Tennison}은 '훨씬 더 일찍 이러한 논의를 하고, 알고리즘을 검토하고, 의미를 이해할 수 있었는데도 학생들에게 성적을 부여한 뒤에야 공개했다는 사실은 문제다'라고 지적했다.**128** 여기서 얻을 수 있는 교훈은 기술적 투명성과 폭넓은 사회적 이해는 다르며, 설명 이해를 하더라도, 그 이해가 신뢰를 보장하지 않는다는 점이다. 이 장에서 설명했듯이 기술적 투명성 측면에서 좋은 성과를 거뒀다고 하더라도 사용자나 그 대상이 예상하는 대로 머신러닝 시스템이 작동하도록 보장하려면 여전히 해야 할 일이 많다. 마지막으로, 이 사고는 큰 사고이지만 인공지능 사고의 한 사례일 뿐이다. 지금 당장 사람들에게 피해를 주는 작은 사고들을 간과해서도 안 되며, 앞으로 더 많은 사람이 인공지능 시스템 때문에 피해를 볼 수 있다는 점을 명심해야 한다. 테니슨은 "이 사고가 뉴스에 나온 이유는 전국의 많은 사람에게 영향을 미쳤고, 목소리를 낼 수 있는 사람들에게 영향을 미쳤기 때문이다. 하지만 이렇게 강력한 목소리를 내지 못하는 많은 사람에게 영향을 미치는 자동화된 의사결정도 있다. 예를 들어, 복지 혜택과 관련해 지속해서 진행되는 자동화된 의사결정이 그렇다"고 말했다.

---

128 *https://oreil.ly/4Unct*

2.7 참고 자료

읽을거리

- 머신러닝 해석 가능성 입문[129]
- 본질적으로 해석 가능한 머신러닝 모델 설계하기[130]
- 설명적 모델 분석[131]
- 머신러닝 모델에 대한 모델 애그노스틱 해석 방법의 일반적인 함정[132]
- 해석 가능한 머신러닝[133]
- 해석 가능한 머신러닝 방법의 한계[134]
- 설명 가능한 머신러닝의 예술과 과학에 관하여[135]
- 인공지능에서 설명 가능성과 해석 가능성의 심리적 토대[136]
- 설명을 믿지 말아야 할 때[137]

---

129 *https://oreil.ly/iyz08*

130 *https://arxiv.org/pdf/2111.01743.pdf*

131 *https://ema.drwhy.ai/*

132 *https://arxiv.org/pdf/2007.04131.pdf*

133 *https://christophm.github.io/interpretable-ml-book/*

134 *https://slds-lmu.github.io/iml_methods_limitations/*

135 *https://arxiv.org/pdf/1810.02909.pdf*

136 *https://nvlpubs.nist.gov/nistpubs/ir/2021/NIST.IR.8367.pdf*

137 *https://oreil.ly/90xa6*

## CHAPTER 3

안전성과 성능을 높이는
머신러닝 시스템 디버깅

모델 평가용 테스트 데이터[holdout test data][1]에서의 오차나 정확도는 수십 년 동안 머신러닝 모델을 판단하는 기준이었다. 안타깝게도 머신러닝 모델이 더 광범위하고 더 민감한 애플리케이션에 배포되는 인공지능 시스템에 내장되면서 머신러닝 모델 평가의 표준 접근방식은 부적절한 것으로 밝혀졌다. 예를 들어, 전체 테스트 데이터의 곡선아래면적[AUC, area under the curve]은 편향 및 알고리즘 차별이나 투명성 부족, 프라이버시 침해[privacy harm], 보안 취약성에 관해 거의 알려주지 않는다. 하지만 이러한 문제 때문에 인공지능 시스템을 배포한 후에 장애가 발생하는 경우가 많다. 허용 가능한 실제 성능을 얻으려면 연구 프로토타입용으로 설계된 기존 가상환경에서의 평가[in silico assessment]를 뛰어넘어야 한다. 또한 조직이 1장에서 설명한 적절한 문화적 역량과 프로세스 통제를 신뢰 촉진을 위한 머신러닝 기술과 혼합하고 일치시킬 수 있을 때 안전성과 성능 면에서 최상의 결과를 얻을 수 있다. 이 장에서는 머신러닝 시스템 훈련과 디버깅, 배포에 관한 내용을 살펴보면서 인공지능의 실제 안전성과 성능, 신뢰를 테스트하고 개선하는 다양한 기술적 접근방식을 알아본다. 모델 디버깅용 자세한 코드 예제는 8장과 9장에서 제공한다.

---

1 옮긴이_ holdout은 데이터의 일부를 따로 떼어놓는다는 의미이며, holdout test data는 모델 학습에 사용하지 않고 머신러밍 모델 성능 평가용으로 따로 보관한 검증 데이터를 의미한다. 모델 학습에 사용하지 않으므로 모델의 일반화 능력을 평가하고 과대적합을 방지하는 데 사용할 수 있다.

NIST의 인공지능 위험관리 프레임워크 교차표

장 절	NIST의 인공지능 위험관리 프레임워크 하위 범주
3.1.1 재현성	GOVERN 1.2, GOVERN 1.4, MAP 2.3, MEASURE 1, MEASURE 2.1, MEASURE 2.3
3.1.2 데이터 품질	GOVERN 1.2, MAP 2.3, MAP 4, MEASURE 1.1, MEASURE 2.1
3.1.3의 '벤치마크 및 대체 모델'	GOVERN 1.1, GOVERN 1.2, GOVERN 1.4, MAP 2.3, MEASURE 2.13, MANAGE 2.1
3.1.3의 '보정'	GOVERN 1.2, GOVERN 1.4, MAP 2.3, MEASURE 1, MEASURE 2.1, MEASURE 2.3
3.1.3의 '구인타당성'	GOVERN 1.1, MAP 2.1, MAP 2.3, MAP 3.3
3.1.3의 '가정 및 한계'	GOVERN 1.2, GOVERN 1.4, GOVERN 6.1, MAP 2
3.1.3의 '기본 손실함수'	MAP 2.3, MEASURE 1, MEASURE 2.1, MEASURE 2.3
3.1.3의 '다중비교'	MAP 2.3, MEASURE 1, MEASURE 2.1, MEASURE 2.3
3.1.3의 '안전하고 강건한 머신러닝의 미래'	MAP 2.3, MEASURE 2.6
3.2.1 소프트웨어 테스트	GOVERN 1.1, GOVERN 1.2, GOVERN 4.3, GOVERN 6.1, MAP 2.3, MAP 4, MEASURE 1.3
3.2.2 기존 모델 평가 방법	GOVERN 1.1, GOVERN 1.2, GOVERN 1.4, MAP 2.3, MAP 4, MEASURE 1, MEASURE 2.1, MEASURE 2.3
3.2.3의 '분포 변화'	GOVERN 1.2, GOVERN 1.5, MAP 2.3, MEASURE 1, MEASURE 2.1, MEASURE 2.3, MEASURE 2.4, MANAGE 2.2, MANAGE 2.3, MANAGE 2.4, MANAGE 3, MANAGE 4.1
3.2.30의 '인식의 불확실성 및 데이터 희소성'	MAP 2.3, MEASURE 1, MEASURE 2.1, MEASURE 2.3
3.2.3의 '불안정성'	MAP 2.3, MEASURE 1, MEASURE 2.1, MEASURE 2.3, MEASURE 2.4, MANAGE 2.2, MANAGE 2.3, MANAGE 2.4, MANAGE 3, MANAGE 4.1
3.2.3의 '유출'	MAP 2.3, MEASURE 1, MEASURE 2.1, MEASURE 2.3
3.2.3의 '반복 입력'	MAP 2.3, MEASURE 1, MEASURE 2.1, MEASURE 2.3
3.2.3의 '과대적합'	MAP 2.3, MEASURE 1, MEASURE 2.1, MEASURE 2.3
3.2.3의 '단축학습'	MAP 2.3, MEASURE 1, MEASURE 2.1, MEASURE 2.3
3.2.3의 '과소적합'	MAP 2.3, MEASURE 1, MEASURE 2.1, MEASURE 2.3
3.2.3의 '과소특정화'	MAP 2.3, MEASURE 1, MEASURE 2.1, MEASURE 2.3

장 절	NIST의 인공지능 위험관리 프레임워크 하위 범주
3.2.4 잔차 분석	GOVERN 1.2, MAP 2.3, MAP 3.2, MAP 5.1, MEASURE 1, MEASURE 2.1, MEASURE 2.3
3.2.5 민감도 분석	GOVERN 1.2, MAP 2.3, MAP 3.2, MAP 5.1, MEASURE 1, MEASURE 2.1, MEASURE 2.3
3.2.6 벤치마크 모델	GOVERN 1.1, GOVERN 1.2, GOVERN 1.4, MAP 2.3, MEASURE 2.13, MANAGE 2.1
3.2.7 개선: 버그 수정	GOVERN, MAP, MANAGE
3.3.1 도메인 안전성	GOVERN 1.2, GOVERN 1.7, GOVERN 3, GOVERN 4.1, GOVERN 4.3, GOVERN 5, MAP 1.2, MAP 1.6, MAP 2.3, MAP 3.1, MAP 5, MEASURE 1, MEASURE 2.5, MEASURE 2.6, MEASURE 3, MEASURE 4, MANAGE 1, MANAGE 4.3
3.3.2 모델 모니터링	GOVERN 1.2, GOVERN 1.3, GOVERN 1.4, GOVERN 1.5, MAP 2.3, MAP 3.5, MAP 4, MAP 5.2, MEASURE 1.1, MEASURE 2.4, MEASURE 2.6, MEASURE 2.7, MEASURE 2.8, MEASURE 2.10, MEASURE 2.11, MEASURE 2.12, MEASURE 3.1, MEASURE 3.3, MEASURE 4, MANAGE 2.2, MANAGE 2.3, MANAGE 2.4, MANAGE 3, MANAGE 4

- 적용 가능한 인공지능 신뢰성에 포함되는 특성: 안전성, 보안, 복원력, 타당성 및 신뢰성
- 참고
  - 전체 교차표[2](공식 자료는 아님)

3.1 훈련

머신러닝 알고리즘 훈련에 관한 설명은 재현성부터 시작한다. 재현성이 없으면 어떤 버전의 머신러닝 시스템이 다른 버전보다 더 좋은지 알 수 없다. 데이터와 특성 공학을 간략히 설명하고 모델 사양$^{model specification}$에 관한 핵심 사항을 소개하면서 이 절을 마무리한다.

---

2 https://oreil.ly/61TXd

3.1.1 재현성

재현성이 없다면 모래 위에 집을 짓는 것과 같다. 재현성은 인공지능을 포함한 모든 과학적 노력의 기본이다. 결과를 재현할 수 없다면 일상적인 노력이 머신러닝 시스템을 개선하는지, 심지어 변화시키는지도 알기 어렵다. 재현성은 올바른 구현과 테스트를 보장하는 데 도움이 되며, 일부 고객은 재현성을 요구할 수도 있다. 데이터과학자와 머신러닝 엔지니어가 머신러닝 시스템의 견고하고 재현 가능한 토대를 만드는 데 가장 일반적으로 사용하는 기법은 다음과 같다.

벤치마크 모델

벤치마크 모델benchmark model은 머신러닝 시스템 훈련과 디버깅, 배포에 중요한 안전성 및 성능 도구다. 이 장에서는 벤치마크 모델을 여러 번 설명한다. 모델 훈련과 재현성 맥락에서 항상 재현 가능한 벤치마크 모델을 기반으로 구축해야 한다. 이렇게 하면 재현하지 못하더라도 롤백rollback의 체크포인트checkpoint가 될 수 있으며 실제 진행도 확인할 수 있다. 어제의 벤치마크를 재현하고 그 벤치마크를 뛰어넘는 오늘의 성과도 재현할 수 있다면, 이는 실제적이고 측정할 수 있는 진전이라고 할 수 있다. 변경 전에도 시스템 성능 측정지표가 들쭉날쭉하고 변경 후에도 여전히 들쭉날쭉하다면 변경 사항이 도움이 되었는지 해가 되었는지 알 수 없다.

하드웨어

머신러닝 시스템은 그래픽 처리 장치GPU, graphic processing unit와 다른 특별한 시스템 구성요소를 사용해 하드웨어 가속을 활용하는 경우가 많으므로 재현성을 유지하는 데 있어 하드웨어도 중요한 역할을 한다. 가능하면 시스템 개발과 테스트, 배포 전반에 걸쳐 하드웨어를 최대한 비슷하게 유지한다.

환경

머신러닝 시스템은 항상 시스템 하드웨어와 시스템 소프트웨어, 데이터 및 머신러닝 소프트웨어 스택으로 지정된 특정 컴퓨팅 환경에서 작동한다. 이러한 환경 중 어느 하나라도 바뀌면 머신러닝 결과를 재현하는 데 영향을 미칠 수 있다. 다행히 데이터과학 실무에서는 소프트웨어 환경을 보존하는 파이썬 가상환경과 도커 컨테이너container 같은 도구를 널리 사용한다. 도미노Domino[3], 기간툼gigantum[4], 텐서플로TensorFlow TFX[5], 쿠브플로Kubeflow[6]와 같은 전문 환경관리 소프트웨어를 사용하면 컴퓨팅 환경을 훨씬 더 광범위하게 통제할 수 있다.

---

3 *https://domino.ai/*

4 *https://github.com/gigantum*

5 *https://www.tensorflow.org/tfx?hl=ko*

6 *https://www.kubeflow.org/docs/components/pipelines/v1/introduction/*

메타데이터

데이터에 관한 데이터는 재현성의 필수 요소다. 메타데이터metadata는 데이터셋과 전처리 단계preprocessing step, 데이터 및 모델 검증 결과, 사람의 승인sign-off, 배포 세부 정보deployment detail 등 모델과 관련한 모든 아티팩트artifact[7]를 추적할 수 있다. 이를 사용해 데이터셋이나 모델의 특정 버전으로 롤백할 수 있으며, 인공지능 사고에 관한 자세한 디버깅 및 포렌식 조사에도 활용할 수 있다. 메타데이터 추적에 관한 유용한 오픈소스 도구의 예는 텐서플로 머신러닝 메타데이터[8]를 참고한다.

무작위 초깃값

데이터과학자와 엔지니어가 특정 코드 블록에 설정하는 무작위 초깃값random seed은 머신러닝 재현성의 핵심이다. 안타깝게도 무작위 초깃값은 언어별 또는 패키지별 지침과 함께 제공되는 경우가 많다. 초깃값은 서로 다른 소프트웨어에서 학습하는 데 시간을 더 걸리게 할 수 있지만, 신중한 테스트와 함께 사용하면 무작위 초깃값은 복잡하고 정교한 머신러닝 시스템의 구성요소building block를 재현 가능하게 해준다. 이는 전반적인 재현성의 전제조건이다.

버전 관리

코드의 작은 변경으로도 머신러닝 결과가 크게 달라질 수 있다. 재현성을 유지하려면 전문적인 버전 관리 도구를 사용해 코드의 변경 사항과 종속성을 추적해야 한다. 깃Git과 깃허브GitHub는 무료이며 널리 사용하는 도구지만, 다른 옵션도 많다. 또한 파키덤Pachydenm[9]과 DVC[10] 같은 버전 관리 도구를 사용하면 데이터 버전도 관리할 수 있어 데이터 자원의 변경을 추적할 수 있다.

약간의 실험이 필요할 수도 있지만, 이러한 접근방식과 기법을 조합하면 머신러닝 시스템에서 일정 수준의 재현성을 보장할 수 있다. 이러한 기본적인 안전성과 성능 통제를 할 수 있다면, 이제는 데이터 품질과 특성 공학과 같은 다른 기준 요소를 고려해야 해야 한다.

> **NOTE** 벤치마크와 이상 탐지anomaly detection, 모니터링과 같은 여러 주제는 모델 디버깅과 머신러닝 안전성에서 널리 사용하며, 이 장 여러 곳에서 다룬다.

---

7 옮긴이_ 어떤 작업이나 프로세스 과정에서 생성되거나 사용되는 중요한 물질적이거나 비물질적인 물체나 요소를 가리키는 용어로, 사용자가 디바이스의 운영체제나 응용프로그램을 사용할 때 자동으로 생성되는 기록이나 흔적을 의미한다(출처: 정보통신용어사전).

8 https://www.tensorflow.org/tfx/guide/mlmd?hl=ko

9 https://www.pachyderm.com/

10 https://dvc.org/

3.1.2 데이터 품질

머신러닝과 머신러닝 시스템에 관한 대부분의 책은 데이터 품질과 특성 공학을 다룬다. 이 절에서는 이 방대한 실무 영역에서의 안전성과 성능 관점에서 매우 중요한 몇 가지 측면을 설명한다. 무엇보다도 개발 데이터의 편향과 중첩특성confounding feature, 불완전성incompleteness, 잡음은 모델의 중요한 가정을 이루고 모델의 한계를 정의한다. 데이터셋의 크기와 형상 같은 다른 기본적인 사항도 중요한 고려 사항이다. 머신러닝 알고리즘에는 데이터가 필요하다. 작은 데이터와 광범위하고 희박한 데이터 모두 테스트 데이터에서는 시스템 성능을 정상으로 보이게 하지만, 실제 현상과 무관한 시나리오를 만들어내므로 실제 환경에서는 치명적인 성능 장애가 발생할 수 있다. 데이터가 적으면 과소적합underfitting이나 과소특정화, 과대적합 등의 근본적인 성능 문제를 감지하기 어려울 수 있다. 데이터가 희박하면 특정 입력값에서 과대신뢰예측overconfidence prediction을 할 수 있다. 희박성 문제로 머신러닝 알고리즘이 훈련 중에 특정 데이터를 보지 못한 경우, 머신러닝 알고리즘 대부분은 해당 범위의 예측이 거의 아무것에도 근거하지 않는다는 경고 없이 해당 범위의 값을 예측한다. 이 장의 사례를 미리 설명하자면, 자율주행차가 안전하게 주행하려면 학습해야 하는 예시 상황의 전체 공간을 채울 훈련용 비디오는 전 세계를 통틀어도 충분하지 않다. 예를 들어, 야간에 자전거를 타고 도로를 횡단하는 사람은 대부분의 사람이 인지할 위험 상황이지만, 이러한 상황에 관해 레이블링된 비디오 영상이 많지 않다. 따라서 훈련 데이터의 희박성 때문에 딥러닝 시스템이 이러한 상황을 처리하는 능력이 저하될 가능성이 크다.

데이터 품질이 좋지 않으면 정보가 왜곡되거나 얽혀entangle 과대적합이 발생하거나 머신러닝 데이터 및 모델 파이프라인에 문제가 발생하는 등 여러 가지 데이터 문제가 발생하여 안전성에 대한 우려가 생길 수 있다. 이 장에서 **얽힘**은 훈련 데이터의 특성이나 엔티티, 현상이 목표와 더 직접적인 관계가 있는 다른 정보를 대리proxy하는 것(예: 객체 인식object recognition에서 허스키Husky를 대리하는 눈snow)을 의미한다. 과대적합은 훈련 데이터의 잡음에 관한 기억과 그 결과에 따른 낙관적인 오차추정값error estimate을 의미하며 파이프라인 문제는 데이터 준비와 모델링 구성요소를 하나의 예측 생성 실행파일로 결합할 때 발생하는 문제다. [표 3-1]은 표준 머신러닝 데이터 대부분에 적용할 수 있으며, 안전성과 성능 문제에 영향을 미치는 일반적인 데이터 품질 문제를 식별하는 데 도움이 된다.

표 3-1 일반적인 데이터 품질 문제와 증상, 제안된 해결 방법(조지 워싱턴 대학교 DNSC 6314(머신러닝 I) 수업 노트에서 허가를 받아 수정함)

문제	일반적인 증상	가능한 해결 방법
편향된 데이터: 데이터셋이 관심 현상에 관한 정보를 포함하지만, 해당 정보가 일관되고 체계적으로 잘못된 경우(자세한 내용은 4장 참고).	편향된 모델과 편향되거나 위험하거나 부정확한 결과. 과거 사회적 편향과 차별의 반복.	도메인 전문가 및 이해관계자와 상의한다. 과학적 방법과 실험설계DOE, design of experiment[11] 접근방식을 적용한다(데이터를 더 구한다. 더 좋은 데이터를 구한다).
문자character **데이터**: 특정 열이나 특성, 인스턴스가 숫잣값 대신 문자의 문자열string로 표현된 경우.	정보 손실. 편향된 모델 및 편향되거나 위험하거나 부정확한 결과. 참기 어려운 긴 훈련 시간.	다양한 숫자 인코딩 접근방식(예: 레이블 인코딩, 대상 또는 특성 인코딩). 적절한 알고리즘(예: 트리기반모형, 나이브 베이즈 분류naive Bayes)을 선택한다.
데이터 유출data leakage: 검증 또는 테스트 파티션의 정보가 학습 데이터로 유출된 경우.	신뢰할 수 없거나 위험한 영역 외 예측out-of-domain prediction. 과대적합 모델 및 부정확한 결과. 가상환경에서의 지나치게 낙관적인 성능 추정값.	데이터 거버넌스. 훈련의 모든 날짜가 검증 및 테스트보다 빠르도록 한다. 여러 파티션에 동일한 식별자가 발생하지 않도록 한다. 특성 공학을 신중하게 적용한다. 파티션을 만들기 전이 아니라 후에 특성 공학을 적용한다.
지저분한 데이터dirty data: 이 표에 나오는 모든 문제의 조합. 실제 데이터셋에서 매우 흔하게 발생한다.	정보 손실. 편향된 모델과 편향되고 부정확한 결과. 긴 훈련 시간. 불안정하고 신뢰할 수 없는 매개변수 추정값 및 규칙 생성. 신뢰할 수 없거나 위험한 영역 외 예측.	해결 방법 전략을 조합한다.
차별 특성 척도disparate feature scale: 나이나 소득과 같은 특성이 서로 다른 척도로 기록된 경우.	신뢰할 수 없는 매개변수 추정값과 편향된 모델, 편향되고 부정확한 결과.	표준화. 적절한 알고리즘(예: 트리기반모형)을 선택한다.
중복 데이터: 의도보다 많이 발생한 행이나 인스턴스나 개체.	훈련 중에 동일한 개체에 의도치 않게 가중값이 과도하게 부여되어 발생한 편향된 결과. 편향된 모델과 편향되고 부정확한 결과.	도메인 전문가와 상의하여 신중하게 데이터를 정제한다.
얽힘: 훈련 데이터의 특성이나 개체, 현상이 대상과 더 직접적인 관계가 있는 다른 정보를 대리하는 경우(예: 객체 인식에서 허스키를 대리하는 눈).	신뢰할 수 없거나 위험한 영역 외 예측. 단축학습.	과학적 방법과 DOE 접근방식을 적용한다. 해석 가능한 모델과 사후 설명을 적용한다. 도메인 내 테스트in-domain test.
가짜fake**이거나 오염된 데이터**poisoned data: 인공 모델의 결과를 유도하려고훈련 데이터에 반영하거나 조작한 데이터나 특성, 현상, 개체.	신뢰할 수 없거나 위험한 영역 외 예측. 편향된 모델과 편향되고 부정확한 결과.	데이터 거버넌스. 데이터 보안. 강력한 머신러닝 접근방식을 적용한다.

---

11 https://en.wikipedia.org/wiki/Design_of_experiments

문제	일반적인 증상	가능한 해결 방법
원소의 개수가 많은high cardinality **범주형 특성**categorical feature: 같은 속성attribute의 여러 범주 수준을 나타내는 우편번호나 제품 식별자와 같은 특성.	과대적합 모델과 부정확한 결과. 긴 계산 시간. 신뢰할 수 없거나 위험한 영역 외 예측.	대상 또는 특성 인코딩 변형, 수준별 평균(또는 이와 비슷한 중앙값, BLUP). 이산화. 임베딩 접근방식(예: 개체 임베딩 신경망, 인수분해 머신).
불균형한 대상: 하나의 대상 클래스나 값이 다른 클래스나 값보다 훨씬 더 많은 경우.	단일 클래스 모델 예측. 편향된 모델 예측.	비례적 과대표본추출oversampling 또는 과소표본추출undersampling. 역사전확률inverse prior probability 가중값 부여. 혼합 모델(예: 영팽창회귀zero-inflated regression 방법). 예측 또는 의사결정 분계점의 사후 조정.
불완전한 데이터incomplete data: 데이터셋이 관심 현상에 관한 정보를 인코딩하지 않은 경우. 수집되지 않은 정보가 모델 결과를 혼란스럽게 만드는 경우.	쓸모없는 모델. 무의미하거나 위험한 결과.	도메인 전문가 및 이해관계자와 상의한다. 과학적 방법과 접근방식을 적용한다(데이터를 더 구한다. 더 좋은 데이터를 구한다).
결측값: 특정 행이나 인스턴스에 정보가 누락된 경우.	정보 손실. 편향된 모델과 편향되고 부정확한 결과.	대치imputation. 이산화(즉, 비닝). 적절한 알고리즘(예: 트리기반모형, 나이브 베이즈 분류)을 선택한다.
잡음: 모델링에 필요한 명확한 신호를 인코딩하지 못하는 데이터. 입력값과 목푯값이 다른 데이터.	신뢰할 수 없거나 위험한 영역 외 예측. 훈련 중 좋지 않은 성능	도메인 전문가 및 이해관계자와 상의한다. 과학적 방법과 접근방식을 적용한다(데이터를 더 구한다. 더 좋은 데이터를 구한다).
비정규화 데이터nonnormalized data: 동일한 개체에 대한 값이 다른 방식으로 표현된 데이터.	신뢰할 수 없거나 위험한 영역 외 예측. 긴 훈련 시간. 신뢰할 수 없는 매개변수 추정값과 규칙 생성.	도메인 전문가와 상의하여 신중하게 데이터를 정제한다.
이상값outlier: 이상하거나 다른 데이터와 다른 데이터의 행이나 인스턴스.	편향된 모델과 편향되고 부정확한 결과. 신뢰할 수 없는 매개변수 추정값과 규칙 생성. 신뢰할 수 없는 영역 외 예측.	이산화(즉, 비닝). 원저화Winsorizing. 강건한 손실함수robust loss function(예: 후버Huber 손실함수).
희박 데이터sparse data: 0 또는 결측값이 많은 데이터. 관심 현상에 대한 정보를 충분하게 인코딩하지 않은 데이터.	긴 훈련 시간. 정보 부족이나 차원의 저주curse of dimensionality. 모델의 잘못된 특성화misspecification으로 인한 무의미하거나 위험한 결과.	특성추출 또는 행렬분해 접근방식. 적절한 데이터 표현(예: COO, CSR). 훈련 데이터의 희박 영역에서 학습된 비논리적 모델 동작을 보완하기 위한 비즈니스 규칙, 모델 주장model assertion 및 제약조건을 적용한다.
강력한 다중공선성(상관관계): 특성이 서로에 대해 강한 선형종속성linear dependency이 있는 경우.	불안정한 매개변수 추정값과 불안정한 규칙 생성. 위험하거나 불안정한 예측.	특성 선택. 특성추출. L2 정칙화regularization.

문제	일반적인 증상	가능한 해결 방법
인식할 수 없는 시간 및 날짜 형식: 데이터 처리 또는 모델링 소프트웨어에 의해 부적절하게 인코딩된 시간 및 날짜 형식이 많을 경우.	신뢰할 수 없거나 위험한 영역 외 예측. 신뢰할 수 없는 매개변수 추정값과 규칙 생성. 과대적합 모델과 부정확한 결과. 가상환경에서의 지나치게 낙관적인 성능 추정값	도메인 전문가와 상의하여 신중하게 데이터를 정제한다.
광범위한 데이터: 행이나 인스턴스, 이미지, 문서보다 더 많은 열이나 특성, 픽셀, 토큰이 포함된 데이터(P ≫ N).	긴 훈련 시간. 차원의 저주, 모델의 잘못된 특성화에 따른 무의미하거나 위험한 결과.	특성 선택, 특성추출, L1 정칙화, N ≫ P를 가정하지 않는 모델.

데이터에 문제가 발생하면 고위험 애플리케이션에서 모델 성능을 신뢰할 수 없거나 위험해질 경우가 많다. 데이터 품질 문제는 특성 공학을 사용해 해결할 수 있다고 생각할 수도 있다. 하지만 특성 공학은 이를 수행하는 데 사용하는 사고[thought]와 코드만큼만 효과적이다. 특성 공학을 매우 신중하게 수행하지 않으면 더 많은 버그와 복잡도가 늘어날 가능성이 크다. 머신러닝 파이프라인에서 특성 공학과 관련해 발생하는 일반적인 문제는 다음과 같다.

- 데이터 정제[data cleaning]와 전처리, 그리고 추론 패키지 간의 API나 버전이 일치하지 않는 경우
- 추론 중에 모든 데이터 정제와 변환[transformation] 단계를 적용하지 못하는 경우
- 추론 중에 과대표본추출이나 과소표본추출을 재조정[readjust]하지 못하는 경우
- 훈련 중에 볼 수 없었던 값을 추론 중에 우아하고 안전하게 처리할 수 없는 경우

당연히 데이터 준비[data preparation]와 특성 공학, 관련 파이프라인에서도 다른 문제가 발생할 수 있으며, 특히 머신러닝 알고리즘이 훈련에 사용할 수 있는 데이터 유형이 다양해지면서 더 많은 문제가 발생할 수 있다. 이러한 문제를 감지하고 해결하는 도구도 데이터과학 툴킷[toolkit][12]의 중요한 부분이다. 파이썬 판다스[Pandas]의 ydata-profiling 도구[13]는 여러 가지 기본적인 데이터 품질 문제를 감지하는 데 도움이 시각적 보조도구다. R에서는 마테우시 스타니악[Mateusz Staniak]과 프셰미스와프 비체크가 「자동화된 탐색적 데이터 분석을 위한 R 패키지 환경」[14]에서 설명했듯이 다양한 패키지를 사용할 수 있다.

---

12 옮긴이_ 새로운 소프트웨어를 개발할 때 사용하기 위해 모아 놓은 도구 모음 프로그램. 대개 상용 라이브러리와 그것을 효율적으로 이용하기 위한 보조 프로그램을 포함한다. 그래픽 프로그램을 만들기 위한 그래픽 라이브러리도 툴키트에 해당한다(출처: 정보통신용어사전).

13 *https://github.com/ydataai/ydata-profiling*

14 *https://arxiv.org/pdf/1904.02101.pdf*

3.1.3 실제 결과를 위한 모델 사양

데이터 준비와 특성 공학 파이프라인을 강화했다면, 이제 머신러닝 모델 사양에 관해 생각해 볼 차례다. 실제 성능과 안전성에 관한 고려 사항은 머신러닝 경연대회에서 최고의 성능을 추구하는 것과는 전혀 다른 문제다. 검증 및 테스트 오차를 측정하는 일도 여전히 중요하지만, 데이터와 상식적인 실제 현상을 정확하게 표현하는 더 큰 문제가 가장 우선시된다. 이 절에서는 안전성과 성능을 보장하는 모델 사양을 알아보기 위해 벤치마크 및 대체 모델alternative model과 보정calibration, 구인타당성construct validity, 가정 및 한계limitation, 적절한 손실함수proper loss function, 다중 비교 방지avoiding multiple comparisons의 중요성을 살펴보고 강건한 머신러닝과 머신러닝의 안전성 및 신뢰성이라는 새로운 분야도 간략히 설명한다.

벤치마크 및 대체 모델

머신러닝 모델 작업은 동료 검토를 받은peer-reviewed 훈련 알고리즘으로 시작하는 것이 가장 좋으며, 해당 알고리즘과 관련된 모든 벤치마크를 복제하는 것이 이상적이다. 학술적 알고리즘이 복잡한 비즈니스 문제의 모든 요구를 충족하는 경우가 많지 않지만, 널리 알려진 알고리즘과 벤치마크로 시작하면 훈련 알고리즘이 올바르게 구현되는지를 확인할 수 있다. 이렇게 올바르게 구현되었음을 확인하고 나면, 주어진 문제의 특정 문제를 해결하기 위해 복잡한 알고리즘을 변형tweak하는 것을 고려해야 한다.

벤치마크와 비교하는 방법 외에 다양한 대체 알고리즘을 평가하는 접근방식도 안전성과 성능 결과를 개선할 수 있는 또 다른 모범사례다. 다양한 알고리즘을 훈련하고 여러 옵션 중에서 최종 배포용으로 가장 좋은 것을 신중하게 선택하는 연습을 하면 평가할 모델의 수를 늘릴 수 있으며, 사용자는 모델 간의 차이점을 이해할 수 있으므로 더 높은 품질의 모델을 만들 수 있다. 또한 대체 모델을 평가하는 접근방식은 광범위한 미국의 차별금지nondiscrimination 및 과실책임의 원칙negligence standards을 준수하는 데 중요하다. 일반적으로 이러한 기준은 배포 전에 다양한 기술적 옵션을 평가하고 소비자 보호와 비즈니스 요구 사이에 적절한 균형이 이루어졌다는 증거를 요구한다.

보정

복잡한 머신러닝 파이프라인의 끝에 0과 1 사이의 숫자가 나온다고 하더라도 이 값이 확률이 되지는 않는다. 대부분의 머신러닝 분류기가 출력하는 보정되지 않은 확률은 일반적으로 후처리를 해야지만 실제로 확률로서 의미가 있다. 일반적으로 파이프라인이 0.5를 출력하면 해당 이벤트가 실제로 기록된 과거 데이터에서 비슷한 개체의 약 50%에서 발생했음을 보장하는 데 척도화 프로세스^{scaling process} 등의 모델을 사용한다. 사이킷런[15]은 머신러닝 분류기 보정에 도움이 되는 몇 가지 기본적인 진단 및 함수를 제공한다. 보정 문제는 모델의 출력 분포가 알려진 결과의 분포와 일치하지 않을 때 회귀모형에도 영향을 미칠 수 있다. 예를 들어, 보험에서 많은 숫자의 양^{numeric quantities}은 정규분포가 아니다. 감마^{gamma}나 트위디^{Tweedie} 계열 분포에서의 손실함수 대신 기본 제곱손실함수^{default squared loss function}를 사용하면 알려진 기본 데이터 생성 프로세스에서 나온 값에 대한 분포를 따르지 않는 예측 결과가 나올 수 있다. 보정을 어떻게 생각하든, 근본적인 문제는 영향을 받은 머신러닝 모델의 예측이 실제와는 다르다는 점이다. 이런 식으로는 좋은 예측과 결정을 할 수 없다. 확률을 과거 결과의 비율에 맞추고 회귀모형의 예측이 모델링된 데이터 생성 프로세스의 분포와 같아지도록 해야 한다.

구인타당성

구인타당성은 사회과학(특히, 심리측정 및 테스트)에서 유래한 개념이다. 구인타당성이란 테스트 결과가 의도한 구성을 나타낸다고 믿을 만한 합리적인 과학적 근거가 있음을 의미한다. 다시 말해, 표준화 시험^{standardized test}의 문항과 점수가 대학에서의 수학능력이나 회사에서의 업무 수행 능력을 예측할 수 있다는 과학적 근거가 있는가? 머신러닝 책에서 왜 구인타당성을 언급할까? 그 이유는 머신러닝 모델을 오늘날 심리측정 테스트와 같은 목적으로 사용하는 경우가 많으며, 필자들의 생각에 머신러닝 모델은 구인타당성이 부족한 경우가 많기 때문이다. 더 심각한 것은 훈련 데이터나 실제 영역의 기본 구조와 일치하지 않는 머신러닝 알고리즘은 심각한 사고를 유발할 수 있다는 점이다.

머신러닝 모델과 선형모형 중 하나를 선택해야 하는 경우, 많은 사람은 기본적으로 머신러닝 모델을 사용한다. 모델링 문제에서 머신러닝 알고리즘을 선택한다는 것은 본질적으로 입력특성에서 고도의 상호작용과 비선형성이 현상을 예측하는 중요한 요인이라는 기본적인 가정을 토대로 한다. 반대로 선형모형을 선택한다는 것은 상호작용과 비선형성을 암묵적으로 대단치 않게 생각한다는 것이다. 이러한 특성이 좋은 예측에 중요한 요소라면 선형모형에 명시적으로 지정해야 한다. 어느 경우든 모델링 알고리즘이 훈련 데이터에서나 실제로 주효과^{main effect}와 상

---

15 https://scikit-learn.org/stable/modules/calibration.html

관관계 및 국소종속성, 상호작용, 비선형성, 군집, 이상값, 계층구조^{hierarchy}를 어떻게 처리하는지 파악하고 이러한 메커니즘을 테스트하는 것이 중요하다. 배포 후 최적의 안전성과 성능을 얻으려면 시간이나 지리적 위치, 다양한 유형의 네트워크에서 개체 간 연결에 대한 종속성도 머신러닝 모델에 반영해야 한다. 이러한 현실과의 명확한 연결이 없으면 머신러닝 모델은 구인타당성이 부족하고 실제 환경에서 좋은 성능을 보여주지 못할 가능성이 크다. 특성 공학과 제약조건, 손실함수, 모델 아키텍처, 그리고 다른 메커니즘을 모두 사용해 모델을 작업의 목적에 맞출 수 있다.

가정 및 한계

편향과 얽힘, 불완전성, 잡음, 범위, 희소성, 기타 훈련 데이터의 기본 특성은 모델의 가정과 한계를 정의한다. 앞서 설명했듯이 모델링 알고리즘과 아키텍처에도 가정과 제한이 있다. 예를 들어, 트리기반모형은 일반적으로 훈련 데이터의 범위를 넘어서는 추정 방법인 외삽법^{extrapolation}을 사용하지 않는다. 머신러닝 알고리즘의 초매개변수도 숨겨진 가정 때문에 안전성과 성능 문제를 일으킬 수 있다. 초매개변수는 도메인 지식을 기반으로 선택하거나 격자탐색이나 베이즈 최적화$^{Bayesian\ optimization}$와 같은 기술적 접근방식을 활용해 선택할 수 있다. 핵심은 기본값을 사용하지 않고 시스템적으로 설정값을 선택하되 다중비교 문제로 우리 자신을 속이지 않는 것이다. 훈련 데이터에서의 행과 특성 간의 오차독립성을 테스트하거나 모델의 잔차를 그리고 강한 패턴을 찾는 것은 몇 가지 기본 가정이 해결되었는지를 확인하는 일반적이고 검증된 방법이다. 데이터와 모델의 가정 및 한계를 피할 수는 없을 것이다. 따라서 해결되지 않았거나 의심되는 가정과 한계를 모델 문서에 기록하고 사용자가 모델을 사용할 때 위반할 수 있는 가정과 한계를 이해하도록 해야 한다. 이러한 사용은 처방약을 부적절한 방법으로 사용하는 것과 마찬가지로 범위를 벗어난 사용이거나 비공식 사용이라고 할 수 있다. 참고로 구인타당성은 모델의 한계와 가정에 초점을 맞춘 모델 문서와 위험관리 프레임워크와 관련된다. 감독 전문가는 실무자가 모델에 대한 가설^{hypothesis}을 서면으로 작성하고 모델이 가정이 아닌 유효한 구성으로 뒷받침되는지 확인하도록 한다.

기본 손실함수

많은 학습 알고리즘에 명시되지 않은 또 다른 가정은 제곱 손실함수와 관련이 있다. 많은 머신러닝 알고리즘은 기본적으로 제곱 손실함수를 사용한다. 대부분 제곱 손실함수는 관측값에 걸처 가법additive이며 선형도함수linear derivative를 가지므로 다른 무엇보다 수학적 편의를 위한 것이다. autograd[16]와 같은 최신 도구를 사용하면 이러한 편의성은 점점 더 필요 없어진다. 따라서 선택한 손실함수를 문제의 영역과 일치시켜야 한다.

다중비교

머신러닝에서 모델 선택은 다양한 입력특성과 모델 초매개변수, 확률 경계 분계점probability cutoff threshold과 같은 다른 모델의 값을 설정하는 일을 의미한다. 단계별 특성 선택이나 격자탐색, 또는 같은 검증 데이터셋이나 모델 평가용 데이터셋에 여러 가지 설정을 해보는 방법을 사용하는 경우가 많다. 통계학자들은 이를 **다중비교** 문제라고 부르며, 더 많이 비교해볼수록 검증이나 모델 평가용 데이터셋에서 우연히 좋은 설정을 발견할 가능성이 더 커진다고 지적할 수 있다. 하지만 이는 같은 모델 평가용 데이터를 너무 많이 재사용하고 해당 데이터셋에서 잘 작동하는 특성이나 초매개변수, 또는 다른 설정을 선택해 나중에 실제 성능이 떨어지는 과대적합의 한 유형이다. 따라서 특성이나 초매개변수, 또는 다른 설정을 더 일반화하도록 검증이나 모델 평가용 데이터를 수정하거나, 재표본추출하는 재사용 가능한 모델 평가용 접근방식reusable holdout approach[17]을 사용하면 좋다.

안전하고 강건한 머신러닝의 미래

강건한 머신러닝robust ML[18]이라는 새로운 분야에서는 안정성과 보안 특성이 개선된 새로운 알고리즘을 개발하고 있다. 여러 연구자는 최적 희박 의사결정나무[19]와 같이 최적성optimality을 보장하는 새로운 알고리즘을 만들고 있다. 또한 연구자들은 머신러닝의 안전성과 신뢰성에 관한 좋은 학습자료[20]도 제공한다. 현재 이러한 접근방식에는 사용자 정의 구현과 추가 작업이 필요하지만, 이러한 고급 안전성과 성능을 곧 널리 사용할 수 있기를 바란다.

---

16 `https://github.com/HIPS/autograd`

17 `https://blog.research.google/2015/08/the-reusable-holdout-preserving.html`

18 `https://www.robust-ml.org/`

19 `https://arxiv.org/pdf/1904.12847.pdf`

20 `https://oreil.ly/wC5M1`

3.2 모델 디버깅

모델을 적절하게 지정하고^{specify} 훈련했다면, 기술적 안전성과 성능 보증 프로세스의 다음 단계는 테스트와 디버깅이다. 과거에는 이러한 평가를 모델 평가용 데이터에서 품질과 오차율^{error rate}에 중점을 두었다. 머신러닝 모델이 공개용 머신러닝 시스템에 통합되고 공개적으로 보고되는 인공지능 사고 건수가 급격히 늘어남에 따라 더 엄격한 검증이 필요함이 분명해졌다. 이러한 요구를 충족하기 위해 모델 디버깅^{model debugging}[21]이라는 새로운 분야가 등장했다. 모델 디버깅은 머신러닝 모델을 추상적인 수학이 아니라 코드처럼 취급한다. 모델 디버깅은 다양한 테스트 방법을 적용해 머신러닝 모델과 머신러닝 시스템 파이프라인에서 소프트웨어 결함^{software flaw}과 논리적 오류, 부정확성, 보안 취약점을 찾는다. 물론 이러한 버그를 발견하면 반드시 수정해야 한다. 이 절에서는 기본적인 모델 디버깅 접근방식과 기존 모델 디버깅 접근방식을 차례로 살펴본 다음, 찾으려는 일반적인 버그에 관해 간략히 설명하고, 버그 수정^{bug remediation} 방법에 관한 설명으로 마무리한다.

> **NOTE** 설명 가능한 머신러닝 모델 외에도 PiML 오픈소스 패키지[22]에는 정형 데이터로 훈련한 머신러닝 모델용 디버깅 도구 세트가 포함되므로, 주어진 사용사례에 정확히 맞지 않더라도 모델 디버깅에 관한 자세한 정보를 얻을 수 있다.

3.2.1 소프트웨어 테스트

머신러닝 모델 훈련 작업의 최종 목표로 멋진 수치와 인상적인 표를 고려하지 않는다면 기본적인 소프트웨어 테스트가 더 중요해진다. 머신러닝 시스템을 배포하면, 해당 시스템은 다양한 환경에서 정확하게 작동해야 한다. 머신러닝 시스템과 관련된 다른 무엇보다도 소프트웨어를 작동하게 만드는 것은 엄밀한 과학이다. 잘 알려진 소프트웨어 테스트 모범사례가 많으며, 자동화할 수 있을 때가 많다. 업무수행에 필수인 머신러닝 시스템은 적어도 다음과 같은 테스트를 거쳐야 한다.

---

21 *https://debug-ml-iclr2019.github.io/*

22 *https://github.com/SelfExplainML/PiML-Toolbox*

단위 테스트

모든 함수나 메서드, 서브루틴, 기타 코드 블록은 예상대로 정확하고 재현 가능하도록 관련 테스트를 수행해야 한다. 단위 테스트unit testing는 머신러닝 시스템의 구성요소를 견고하게 만든다.

통합 테스트

모든 API와 인터페이스는 모듈이나 계층tier, 기타 하위시스템subsystem 간의 적절한 통신을 보장하도록 테스트해야 한다. 머신러닝 시스템에서 대표적인 장애는 백엔드backend 코드를 변경한 후에 API가 일치하지 않는 것이다. 통합 테스트integration testing로 이 문제를 포함한 통합 문제를 찾도록 한다.

기능 테스트

머신러닝 시스템 사용자 인터페이스와 엔드포인트에 기능 테스트functional testing를 수행해서 배포 후에 예상대로 작동하는지 확인해야 한다.

카오스 테스트

머신러닝 시스템이 복잡하고 예상치 못한 실제 시나리오에 직면했을 때 혼란스럽고chaotic 대립적인 조건에서 테스트하면 더 좋은 결과를 얻을 수 있다. 머신러닝 시스템이 장애를 일으키는 모든 방법을 예측하기 어려우므로 카오스 테스트chaos testing로 광범위한 장애 모드를 조사하면 소위 '알려지지 않은 미지수unknown unknowns'에 대비하는 데 도움이 된다.

품질을 개선하려면 다음 두 가지 머신러닝 전용 테스트를 추가해야 한다.

무작위 공격

무작위 공격random attack은 머신러닝을 카오스 테스트하는 방법 중 하나다. 무작위 공격은 소프트웨어 문제와 수학 문제 모두를 찾으려고 머신러닝 모델에 대량의 무작위 데이터random data를 적용한다. 현실 세계는 혼란스러으므로 머신러닝 시스템은 준비되지 않은 데이터를 접하게 된다. 무작위 공격 테스트로 이러한 상황과 관련된 결함이나 사고를 줄일 수 있다.

벤치마킹

벤치마크를 사용하면 시간 경과에 따른 시스템 개선 사항을 추적할 수 있다. 머신러닝 시스템은 매우 복잡할 수 있는데, 엔지니어가 오늘 변경한 세 줄의 코드가 전체 시스템의 성능에 미치는 영향을 어떻게 알 수 있을까? 시스템 성능을 재현할 수 있고 변경 전후로 벤치마킹을 할 수 있다면 이러한 질문에 쉽게 답할 수 있다.

머신러닝은 소프트웨어다. 따라서 기존 엔터프라이즈 소프트웨어 자산에 수행하는 모든 테스트도 중요한 머신러닝 시스템에 수행해야 한다. 모델 디버깅을 어디서부터 시작해야 할지 모른다면 무작위 공격부터 시작하는 것이 좋다. 무작위 데이터 때문에 발생하는 수학적인 버그나 소프트웨어 버그에 충격을 받을 수도 있다. 조직의 지속적 통합[CI, continuous integration]/지속적 개발[CD, continuous development] 파이프라인에 벤치마크를 추가할 수 있다면 머신러닝 시스템의 안전성과 성능을 보장하는 또 다른 큰 도약이 될 수 있다.

> **NOTE** 무작위 공격은 모델 디버깅을 시작하는 가장 쉽고 효과적인 방법일 것이다. 디버깅이 부담스럽게 느껴지거나 어디서부터 시작해야 할지 모르겠다면 무작위 공격부터 시작해보자.

3.2.2 기존 모델 평가 방법

머신러닝 시스템의 코드가 예상대로 작동한다는 확신이 들면 머신러닝 알고리즘의 수학을 테스트하는 데 더 쉽게 집중할 수 있다. 표준 성능 측정지표[standard performance metrics]를 살펴보는 것도 중요하다. 하지만 이는 검증 및 디버깅 프로세스의 끝이 아니라 시작에 불과하다. 측정지표의 소수점 단위까지의 정확한 값도 중요하지만, 안전성과 성능의 관점에서는 머신러닝 경연대회에서 순위를 매기는 데 필요한 수준의 정확도만큼은 중요하지 않다. 해당 분야에서의 성능을 고려하면 평가 통계량의 정확한 수치보다는 가상환경에서의 성능을 실제 성능에 맞추는 것이 더 중요하다.

가능하면 논리적으로 해석할 수 있으면서 실제적 분계점이나 통계적 분계점이 있는 평가 통계량[assessment statistics]을 사용하는 것이 좋다. 예를 들어, 제곱근평균제곱오차[RMSE, root mean square error]는 다양한 유형의 예측 문제에서 계산할 수 있는 통계량이며 결정적으로 대상의 단위로 해석할 수 있다. 분류 작업에서 곡선아래면적은 최소 0.5에서 최고 1.0 사이에 있다. 이러한 평가 측도[assessment measure]를 사용하면 머신러닝 모델의 성능을 상식적으로 해석하고 품질을 결정하는 데 널리 받아들여지는 분계점과 비교할 수 있다. 또한 둘 이상의 측도를 사용하고 데이터의 중요한 부분 외에 훈련과 검증, 테스트 데이터 파티션 전반에서 성능 계량을 분석하는 것이 중요하다. 훈련 데이터에서 구간[segment][23] 간의 성능을 비교할 때는 이러한 모든 부분이 거의 동등한

---

23 옮긴이_ 데이터를 공통 속성이나 특징으로 모아 놓은 것을 말한다.

고품질 성능을 보여주는 것이 중요하다. 하나의 큰 고객 그룹에 대한 성능이 뛰어나고 다른 모든 고객에 대한 성능이 나쁘더라도 RMSE와 같은 평균average 평가 통계량값은 좋게 보일 수 있다. 하지만, 불만이 많은 고객 때문에 브랜드 이미지가 실추된다면 이는 좋은 결과로 이어지지 않을 것이다. 구간에 따라 달라지는 성능은 과소특정화의 신호일 수도 있으며, 이는 뒤에서 자세히 살펴볼 심각한 머신러닝 버그라고 할 수 있다. 일반적으로 과소적합과 과대적합을 확인하기 위해서도 훈련과 검증, 테스트 데이터셋에서 성능을 분석한다. 모델 성능과 마찬가지로 전체 데이터 파티션이나 구간에서 과대적합과 과소적합을 찾을 수도 있다. 기존 모델 평가와 관련된 또 다른 실용적인 고려 사항은 확률 차단 분계점을 선택하는 것이다. 분류를 위한 머신러닝 모델 대부분은 이산 결정discrete decision이 아닌 숫자 확률을 출력한다. 실제 의사결정과 관련된 확률 차단값을 선택하는 방법은 다양하다. 정교한 평가 측도를 최대화해야 한다는 유혹이 항상 있지만, 실제 영향을 고려하는 것도 좋은 생각이다. 예를 들어, 연체 확률 모델의 분계점이 원래 0.15로 설정되어서 연체 확률이 0.15 미만인 사람은 모두 대출이 승인되고 분계점 이상인 사람은 대출이 거부된다고 해보자. 다음과 같은 질문을 생각해보자.

- 이 분계점에서 금전적 기대수익은 얼마인가? 금융 위험은 무엇인가?
- 이 분계점에서 대출받을 수 있는 사람은 몇 명인가?
- 그중 여성은 몇 명인가? 소수 그룹의 구성원은 몇 명인가?

확률 차단 분계점 외부에서는 도메인 내 성능을 추정하는 것이 좋은데, 이는 우리가 정말로 중요하게 생각하는 것이기 때문이다. 평가 측도도 좋지만, 중요한 것은 돈을 버는 것과 잃는 것 또는 사람의 생명을 구하는 것과 빼앗는 것이다. 분류 문제에서 혼동행렬confusion matrix의 각 칸이나 회귀 문제에서 각 잔차 단위residual unit에 돈이나 다른 값을 할당해 실제 가치를 이해할 수 있다. 빈 종이에 계산을 해본다. 우리 모델이 돈을 벌까? 아니면 잃을까? 이러한 가치평가valuation 핵심을 이해하면 다양한 모델의 결과에 대한 가치 수준을 머신러닝의 손실함수에 직접 통합하고 실제 배포에 가장 적합한 모델을 최적화할 수 있다.

오차 및 정확도 측정지표는 머신러닝에서 항상 중요할 것이다. 하지만 배포된 머신러닝 시스템에 머신러닝 알고리즘이 사용되면 수치와 비교는 논문 발표나 데이터과학 경진대회에서보다 덜 중요한 문제가 된다. 따라서 기존 평가 측도를 계속 사용하되 이를 도메인 내 안전성과 성능에 적용한다.

3.2.3 일반적인 머신러닝 버그

재현성 부족과 데이터 품질 문제, 적절한 모델 사양, 소프트웨어 버그, 기존 평가 방법을 설명했다. 하지만 복잡한 머신러닝 시스템에서는 여전히 더 많은 문제가 발생할 수 있다. 머신러닝의 수학과 관련해 몇 가지 새로운 문제와 널리 알려진 함정이 있다. 이 절에서는 분포 변화distribution shift와 인식의 불확실성epistemic uncertainty, 약점weak spot, 불안정성, 유출leakage, 반복 입력looped input, 과대적합, 단축학습, 과소적합, 과소특정화 등의 버그를 설명한다.

신뢰성, 강건성, 복원력 관련 어휘

NIST 인공지능 위험관리 프레임워크에서 **복원력**은 **보안**과 동의어이며, **강건성**과 **신뢰성**은 어느 정도 동의어로 사용된다. 전통적으로, 그리고 ISO/IEC TS 5723:2022[24]에 따르면 신뢰성은 '주어진 조건에서 주어진 시간 간격 동안 장애 없이 필요한 대로 작동하는 항목의 능력'과 관련이 있다. 머신러닝과 통계학에서 신뢰성은 흔히 성능의 불확실성과 관련이 있으며 신뢰구간이나 관리한계control limit, 공형예측conformal prediction 기법으로 측정할 수 있다. ISO/IEC TS 5723:2022에서는 강건성을 일반화와 연관해서 '다양한 상황에서 항목의 성능 수준을 유지할 수 있는 능력'으로 정의한다. 머신러닝과 통계학에서는 공변량 섭동(또는 **분포 변화**) 하에서 모델의 강건성을 테스트할 수 있다. 또한 강건성은 공격자가 대립예제와 데이터 오염으로 모델을 조작하는 것을 방지하는 연구 또는 강건한 머신러닝[25]과 관련이 있다.

이 책에 설명한 많은 버그 때문에 강건성과 신뢰성이 부족할 수 있다. 이 장에서는 강건성과 신뢰성 부족과 관련된 문제를 설명할 때 **불안정성**과 **분포 변화**와 같은 용어와 관련 머신러닝 어휘(예: **데이터 유출, 인식의 불확실성, 과소특정화**)를 사용한다. 머신러닝 시스템의 보안은 5장에서 설명한다.

분포 변화

서로 다른 훈련 데이터 파티션 간의 기본 데이터 이동과 모델 배포 후 기본 데이터 이동은 머신러닝 시스템에서 흔히 발생하는 장애 모드다. 새로운 경쟁자가 시장에 진입하든 전 세계적인 유행병이 발생하든지 간에 세상은 역동적이다. 안타깝게도 오늘날 대부분의 머신러닝 시스템은 정적 스냅숏의 훈련 데이터에서 패턴을 학습하고 새로운 데이터에 이 패턴을 적용한다. 새

---

24 https://www.iso.org/standard/81608.html
25 https://www.robust-ml.org/

로운 데이터는 모델 평가용 검증 파티션이거나 테스트 파티션일 때도 있다. 때로는 실시간 평가production scoring[26] 대기열queue에 있는 라이브 데이터일 수도 있다. 어느 경우든 입력특성의 분포 변화는 반드시 찾아내서 해결해야 하는 심각한 버그다.

> **CAUTION** 적응형학습adaptive learning이나 온라인학습online learning, 강화학습reinforcement learning 기반이거나 사람의 개입을 최소화해 스스로 업데이트하는 시스템은 심각한 대립적 조작adversarial manipulation과 오차 전파, 피드백 루프feedback loop, 신뢰성, 강건성 위험에 노출될 수 있다. 이러한 시스템은 최신 기술을 대표할 수 있지만, 고수준의 위험관리가 필요하다.

머신러닝 모델을 훈련할 때는 모집단 안정성 지수PSI, population stability index나 콜모고로프-스미르노프 검정KS test, Kolmogorov-Smirnov test, t-검정 등 적절한 측도를 사용해 훈련 데이터셋이나 교차검증 데이터셋, 검증 데이터셋 또는 테스트 데이터셋 간의 분포 변화에 주의해야 한다. 특성이 훈련 파티션마다 다른 분포를 따른다면 해당 특성을 버리거나 강력하게 정칙화regularization해야 한다. 디버깅 중에 수행해야 할 또 다른 분포 변화 테스트는 잠재적인 배포 조건에 대한 분포 변화를 시뮬레이션하고 성능이 좋지 못한 행에 특히 중점을 두고 모델의 품질을 다시 측정하는 것이다. 경기 침체기에 모델이 어떻게 작동할지 걱정이 된다면 분포 변화 시뮬레이션을 사용해 연체율 증가, 현금흐름 감소, 높은 신용잔액을 시뮬레이션한 다음, 모델의 성능을 확인할 수 있다. 또한 배포 후 변화를 쉽게 감지하도록 훈련 데이터의 분포에 관한 정보를 기록하는 것이 중요하다.

인식의 불확실성 및 데이터 희소성

인식의 불확실성은 지식이 부족해서 발생하는 불안정성과 오차를 고급스럽게 표현한 말이다. 머신러닝에서 모델은 전통적으로 훈련 데이터에서 지식을 습득한다. 대규모의 다차원 훈련 데이터 일부가 희박하다면 해당 영역에서 모델의 불확실성이 높을 가능성이 크다. 이론적이고 억지스러운 이야기일까? 그렇지 않다. 기본적인 신용대출 모델을 생각해보자. 이미 신용카드가 있으면서 신용카드 대금을 납부하는 사람들에 관한 데이터는 많지만, 신용카드가 없는 사람(과거 신용카드 데이터가 없음)이나 대금을 납부하지 않는 사람(대다수는 요금을 납부함)에 관한

---

26 옮긴이_ 머신러닝 모델을 사용해 실시간 데이터나 대량 데이터를 처리해 예측하는 과정을 의미한다.

데이터는 부족한 경향이 있다. 신용점수가 높으면서 대금을 납부하는 사람의 신용카드를 연장하기는 쉽다. 하지만 신용기록이 부족하거나 평탄치 않은 사람들에 관한 의사결정은 어렵다. 정말로 알아야 할 사람들에 관한 데이터가 부족하면 심각한 인식의 불확실성 문제가 발생할 수 있다. 수백만 명의 고객 중 소수의 고객만이 최근 4~5개월 정도 연체했다면, 머신러닝 모델은 이러한 고객을 처리하는 최선의 방법을 거의 배우지 못한다.

이러한 현상은 3.2.3절의 '과소특정화'에서 설명하며, 여기서 예제 모델은 최근 결제를 두 달 이상 연체한 고객에게 있어서는 무의미하다. 성능이 좋지 않아 불안정할 가능성이 있는 이 영역을 **취약점**weak point이라고 한다. 집계 오차aggregation error나 성능 측도만으로는 이러한 약점을 찾기 어렵다. 이는 훈련 데이터나 모델 평가용 데이터에서 구간별로 모델을 신중하게 테스트해야 하는 여러 이유 중 하나일 뿐이다. 또한 2장에서 부분종속성과 히스토그램을 포함한 개별조건부기대 그래프를 함께 사용한 이유이기도 하다. 이러한 그림에서 훈련 데이터가 모델 작동을 지지하는지를 확인할 수 있다. 인식의 불확실성과 약점을 초래하는 데이터의 희박 영역을 식별한 후에는 일반적으로 도메인 경험을 기반으로 논리적으로 작동하도록 모델의 형태를 제약하거나 비즈니스 규칙으로 모델을 보강하거나 희박 영역에 속하는 사례를 인간 작업자가 결정할 수 있도록 하는 등 사람의 지식에 의존해야 한다.

불안정성

머신러닝 모델은 훈련 과정이나 라이브 데이터에 대한 예측을 수행할 때 불안정하거나 강건성 및 신뢰성이 부족할 수 있다. 훈련에서의 불안정성은 주로 적은 훈련 데이터나 훈련 데이터에서의 희박한 영역, 훈련 데이터에서 상관관계가 높은 특성, 또는 심층 단일 의사결정나무deep single decision tree와 같이 분산이 큰 모델 형태high-variance model form와 관련이 있다. 교차검증은 훈련에서의 불안정성을 감지하는 대표적인 도구다. 모델이 교차검증 폴드fold에서 눈에 띄게 차이 나는 오차나 정확도 속성을 드러낸다면 불안정성 문제가 있다는 것이다. 훈련 불안정성은 더 좋은 데이터와 의사결정나무 앙상블과 같이 분산이 낮은 모델 형태로 해결할 수 있는 경우가 많다. 누적국소효과나 개별조건부기대 그래프로 훈련 데이터에서의 희박한 영역에서 예측 불안정성을 확인할 수 있으며, 예측에서의 불안정성은 민감도 분석sensitivity analysis(섭동, 시뮬레이션, 스트레스 테스트, 대립예제 탐색adversarial example search)을 사용해 분석할 수 있다.

이러한 기법을 사용해 응답표면response surface이나 의사결정 경계를 조사할 때 예측이 급격하게 바뀌거나, 누적국소효과나 개별조건부기대 곡선이 특성값의 좁은 범위나 큰 범위에서 들쑥날쑥하다면 불안정성 문제가 있는 것이다. 이러한 불안정성은 제약조건과 정칙화로 해결할 수 있는 경우가 많다. 이 문제를 실제로 해결하는 방법은 8장의 코드 예제를 참고한다.

유출

훈련과 검증, 테스트 데이터 파티션 간의 정보 유출은 검증 및 테스트 파티션의 정보가 훈련 파티션으로 유출되어 지나치게 낙관적인 오차와 정확도 측정 결과가 나올 때 발생한다. 유출은 다음과 같이 다양한 이유로 발생할 수 있다.

특성 공학

대치나 주성분분석과 같은 일부 특성 공학 기법을 잘못 사용하면 검증 및 테스트 데이터의 정보로 훈련 데이터가 오염될 수 있다. 이러한 유출을 방지하려면 훈련 데이터 파티션 전체에서 특성 공학을 균일하게, 그러나 파티션별로 수행해야 한다. 그렇지 않으면 대치에 사용되는 평균과 최빈값 같은 정보를 훈련 데이터에서 계산하고 검증 및 테스트 데이터에 적용하되 그 반대로는 하지 않도록 해야 한다.

잘못된 임시 데이터 처리

과거를 예측하는 데 과거를 사용해서는 안 된다. 대부분의 데이터는 시계열 데이터time-series data처럼 명시적이든 다른 암시적인 관계이든 간에 어느 정도 시간과 연관이 있다. 유출의 원인은 무작위 표본추출random sampling로 이러한 관계를 제대로 다루지 못하거나 관계를 깨뜨리는 것이다. 시간이 중요한 역할을 하는 데이터를 다룬다면 모델 검증 체계model validation scheme를 구성할 때 시간을 사용해야 한다. 가장 기본적인 규칙은 가장 초기 데이터는 훈련 파티션에 두고, 이후 데이터는 시간에 따라 검증 및 테스트 파티션으로 구분해야 한다는 것이다. 시계열 예측의 모범사례에 관한 확실한 (그리고 무료인) 자료는 『예측: 원칙과 실습』[27]이다.

---

27 https://otexts.com/fpp2/

여러 개의 동일한 개체

같은 사람이나 금융 또는 컴퓨팅 트랜잭션 transaction, 또는 기타 모델링된 개체가 여러 훈련 데이터 파티션에 있는 경우가 있다. 이 경우 머신러닝 모델이 이러한 개별 데이터의 특성을 기억한 다음, 해당 개별 패턴을 새로운 데이터의 다른 개체에 적용하지 않도록 주의해야 한다.

실제 성능을 정직하게 추정하도록 시간을 인식하는 time-aware 모델 평가용 데이터셋을 그대로 유지하면 이러한 여러 유출 버그를 잡는 데 도움이 된다. 이러한 모델 평가용 데이터셋에서의 오차나 정확도가 모델 개발에 사용된 파티션에서의 오차나 정확도보다 훨씬 안 좋다면 유출 문제가 있을 수 있다. 스태킹 stacking[28]이나 게이트 gate[29], 밴디트 bandit[30]를 포함하는 더 복잡한 모델링 체계는 유출을 방지하고 감지하기가 더 어려울 수 있다. 그러나 학습이나 모델 선택에 사용한 데이터로 실제 성능 평가를 하면 안 된다는 기본 경험법칙은 여전히 적용된다. 스태킹이나 게이트, 밴디트를 사용한다는 것은 실제 품질을 정확하기 추측하려고 이러한 복잡한 모델의 여러 단계에 더 많은 모델 평가용 데이터가 필요함을 의미한다. 데이터 검증 체계에 관한 세심한 기록문서와 배포 시 모델 모니터링 같은 더 일반적인 통제도 모든 머신러닝 시스템에 필요하다.

반복 입력

머신러닝 시스템이 더 광범위한 디지털화 활동 digitalization effort에 통합되거나 더 큰 의사결정 지원 활동의 일부로 구현됨에 따라 여러 데이터 기반 시스템 data-driven system이 상호작용하는 경우가 많다. 이럴 때는 오차 전파와 피드백 루프 버그가 발생할 수 있다. 오차 전파는 한 시스템의 작은 오류가 다른 시스템의 오류를 유발하거나 더 큰 오류를 만들어 낼 때 발생한다. 피드백 루프는 머신러닝 시스템이 제대로 작동하다가 장애를 일으킬 수 있는 방식이다. 피드백 루프는 머신러닝 시스템이 환경에 영향을 미치고, 그 영향이 다시 시스템의 훈련 데이터에 통합될 때 발생한다. 피드백 루프의 예로는 예측 치안 predictive policing이 특정 지역의 과도한 치안으로 이어지거나 채용 알고리즘이 정확하지만 다양성이 없는 후보자를 지속해서 추천해 채용의 다양성 문제를 심화하는 경우가 있다. 디버깅 작업으로 오차 전파나 피드백 루프를 감지할 수 있도록 시

---

28 옮긴이_ 여러 모델의 예측을 결합해 최종 예측을 하는 방법으로 각 모델 서로 다른 데이터셋이나 알고리즘, 초매개변수 설정을 사용해 훈련된 경우에 사용한다.

29 옮긴이_ 여러 모델의 예측을 결합하지만 각 모델이 예측에 기여하는 정보를 제어하는 제어기를 사용한다. 일반적으로 각 모델에 서로 다른 강약점이 있는 경우에 사용한다.

30 옮긴이_ 여러 모델의 예측을 결합하지만 여러 모델 중에서 가장 좋은 모델을 선택해 사용한다. 주로 온라인학습 환경에서 사용한다.

스템 간의 종속성을 문서로 기록하고 배포한 모델을 모니터링해야 한다.

과대적합

과대적합은 복잡한 머신러닝 알고리즘이 훈련 데이터에서 너무 많은 특정 정보를 기억하지만, 배포 후 유용할 만큼 일반화할 개념을 충분히 학습하지 못할 때 발생한다. 과대적합은 분산이 큰 모델이나 현재 데이터보다 너무 복잡한 모델에서 발생하는 경우가 많다. 과대적합은 일반적으로 훈련 데이터에서는 좋은 성능을 보이지만, 검증 데이터 파티션과 교차검증 데이터 파티션, 테스트 데이터 파티션에서는 그렇지 못한 성능을 보여준다. 과대적합은 흔한 문제이므로 여러 가지 해결 방법이 있지만, 해결 방법 대부분은 선택한 모델의 분산을 줄이는 것이다. 이러한 해결 방법의 예는 다음과 같다.

앙상블 모델

특히 부트스트랩 집계bootstrap aggregation(배깅bagging)와 그레이디언트 부스팅과 같은 앙상블 기법은 분산이 큰 단일 모델의 오차를 줄인다고 알려졌다. 따라서 과대적합이 발생하면 이러한 앙상블 접근방식 중 하나를 시도해보는 것이 좋다. 한 모델에서 여러 모델로 전환하면 과대적합과 불안정성을 줄일 수 있지만, 해석 가능성이 줄어들 수 있다는 점도 명심해야 한다.

아키텍처 복잡도 줄이기

신경망에는 은닉층hidden layer이나 은닉 단위hidden unit가 너무 많을 수 있다. 앙상블 모델에는 기본 학습기base learner가 너무 많을 수 있다. 과대적합이 발생한다고 판단되면 모델의 아키텍처 복잡도architecture complex를 줄여보도록 한다.

정칙화

정칙화는 머신러닝 모델에서 학습한 규칙이나 매개변수의 강도strength나 복잡도, 수를 줄이는 여러 가지 정교한 수학적 접근방식을 말한다. 실제로 많은 유형의 머신러닝 모델은 정칙화에 유용한 여러 옵션을 내장하므로 이를 사용하면 과대적합의 가능성을 줄일 수 있다.

더 간단한 가설 모델 계열

일부 머신러닝 모델은 처음부터 다른 모델보다 복잡할 수 있다. 신경망이나 그레이디언트 부스팅 머신이 너무 과대적합되었다고 생각되면 덜 복잡한 의사결정나무나 선형모형을 시도해 봐도 좋다.

과대적합은 전통적으로 머신러닝의 약점으로 여겨진다. 과대적합은 매우 자주 발생하는 버그이지만, 안전성과 성능 관점에서 고려해야 할 여러 가지 기술적 위험 중 하나에 불과하다. 유출과 마찬가지로 머신러닝 시스템이 점점 복잡해짐에 따라 과대적합도 감지하기 어려워졌다. 배포하기 전에는 항상 실제 성능을 추정할 수 있는 모델 평가용 데이터셋을 사용해야 한다. 또한 검증 체계를 문서로 남기고, 모델 모니터링 및 라이브 데이터에서의 모델 A/B 테스트와 같은 더 일반적인 통제를 적용해서 과대적합을 방지해야 한다.

단축학습

단축학습은 복잡한 머신러닝 시스템이 한 가지 주제(예: 폐 영상$^{lung\ scan}$에서의 이상징후 또는 면접 결과)를 학습할 때 일어난다고들 생각한다. 하지만, 실제로는 기계식별번호$^{machine\ identification\ number}$나 줌^{Zoom} 화상통화 배경과 같이 더 단순한 관련 개념을 학습할 때 일어난다. 단축학습은 훈련 데이터에 얽힌 개념$^{entangled\ concept}$이 있거나 구인타당성이 부족할 때, 그리고 가정과 한계를 적절히 고려하고 문서로 남기지 못했을 때 발생하는 경향이 있다. 예를 들어, 고양이 사진을 분류하는 모델을 훈련할 때 데이터셋에 고양이 사진 대부분이 집 안에 있는 경우 모델은 '집'이라는 단서를 보고 고양이라고 예측하는 단축학습에 빠질 수 있다. 이렇게 되면 실제 환경에서는 집 밖에 있는 고양이 사진을 제대로 분류할 수 없다. 우리는 설명 가능한 모델과 설명 가능한 인공지능 기술을 사용해 모델의 결정에 학습 메커니즘이 어떻게 영향을 미치는지 이해하고, 머신러닝 시스템이 과학적으로 유효한 결정을 내리는 방법을 이해해야 한다.

과소적합

누가 데이터셋의 통계를 알려주면, 해당 통계가 얼마나 많은 데이터에서 나왔는지, 데이터가 신뢰할 수 있을 만큼 충분히 높은 품질인지 궁금할 것이다. 그리고 고려해야 할 통계가 수백만, 수십억, 심지어 수조 개에 이른다고 하면 어떨까? 이 모든 통계가 의미 있다고 주장하려면 많은 데이터가 있어야 한다. 평균 등의 통계와 마찬가지로 머신러닝 모델의 각 매개변수나 규칙은 데이터에서 학습된다. 대규모 머신러닝 모델은 수백만, 수십억 또는 수조 개의 학습 메커니즘을 의미 있게 만들도록 충분히 많은 데이터를 학습해야 한다. 과소적합은 복잡한 머신러닝 알고리즘이 충분히 많은 훈련 데이터나 제약조건 또는 다른 입력 정보를 사용하지 않고 훈련 데이터에서 일반화할 수 있는 몇 가지 개념만 학습하지만, 배포되었을 때 유용할 수 있는 세부 정보를 학습하지 못했을 때 발생한다. 훈련 데이터와 검증 데이터 모두에서 성능이 좋지 않으면 과소적합으로 진단할 수 있다. 과소적합의 또 다른 증거는 모델의 잔차에 무작위 잡음random noise보다 더 많은 구조structure가 있는 경우다. 과소적합은 모델이 감지하지 못한 데이터에 의미 있는 패턴이 있다는 것이며, 모델 디버깅 시 잔차를 조사해봐야 하는 또 다른 이유이기도 하다. 모델의 복잡도를 높이거나 가급적이면 더 많은 훈련 데이터를 사용해 과소적합을 완화할 수 있다. 새로운 특성이나 모델 매개변수 분포에 적용할 수 있는 베이즈 사전분포, 다양한 유형의 아키텍처, 최적화 제약조건과 같은 방법을 사용해 더 많은 입력 정보를 제공할 수도 있다.

과소특정화

최근 40명의 연구자가 「과소특정화로 인한 최신 머신러닝의 신뢰성 문제」[31]라는 논문을 발표했다. 이 논문은 수십 년 동안 존재해 온 문제에 **과소특정화**underspecification라는 이름을 붙였다. 과소특정화는 다양한 좋은 모델multiplicity of good models이라는 머신러닝의 핵심 개념에서 나왔으며, 라쇼몽 효과라고도 한다. 주어진 데이터셋에 대해 정확한 머신러닝 모델이 많이 있다. 얼마나 많을까? 대부분 사람 기술자가 이해할 수 있는 수보다 훨씬 많다. 훈련 중에 시도한 많은 모델 중에서 좋은 모델을 선택하려고 검증 데이터를 사용하지만, 검증 기반 모델 선택validation-based model selection은 배포에 가장 적합한 모델이나 서비스 가능한 모델을 선택했다고 보장할 만큼 강력한 통제 수단은 아니다. 어떤 데이터셋에 대해 훈련 데이터와 수많은 잠재적 가설 모델 기반인 좋은 머신러닝 모델이 전부 100만 개가 있다고 해보자. 검증 데이터를 기준으로 모델의 수를 100개로 줄일 수 있다. 이 간단한 시나리오에서도 배포에 적합한 모델을 선택할 확률은 1/100에 불과하다. 이 확률을 어떻게 높일까? 도메인 지식을 머신러닝 모델에 반영하면 확률을 높일 수 있다. 검증 기반 모델 선택과 도메인 정보 제약조건domain-informed constraint을 결합하면 주어진 작업에 적합한 모델을 선택할 가능성이 더 커진다.

다행히도 과소특정화를 테스트하는 일은 비교적 간단할 수 있다. 과소특정화의 주요 증상 중 하나는 도메인domain이나 데이터, 모델의 구조와 관련이 없는 계산 초매개변수computational hyperparameter에 의존하는 모델 성능이다. 모델의 성능이 무작위 초깃값이나 스레드thread 및 GPU의 수, 기타 계산 설정에 따라 달라진다면 모델이 과소특정화일 가능성이 크다. 과소특정화에 관한 또 다른 테스트 결과는 [그림 3-1]과 같다.

----

31 https://arxiv.org/pdf/2011.03395.pdf

Metrics for PAY_0

PAY_0	Prevalence	Accuracy	True Positive Rate	Precision	Specificity	Negative Predicted Value	False Positive Rate	False Discovery Rate	False Negative Rate	False Omissions Rate
-2	0.124	0.864	0.099	0.333	0.972	0.884	0.028	0.667	0.901	0.116
-1	0.168	0.816	0.206	0.406	0.939	0.854	0.061	0.594	0.794	0.146
0	0.121	0.867	0.107	0.341	0.972	0.888	0.028	0.659	0.893	0.112
1	0.325	0.491	0.903	0.381	0.292	0.862	0.708	0.619	0.097	0.138
2	0.709	0.709	1	0.709	0	0.5	1	0.291	0	0.5
3	0.748	0.748	1	0.748	0	0.5	1	0.252	0	0.5
4	0.571	0.571	1	0.571	0	0.5	1	0.429	0	0.5
5	0.444	0.444	1	0.444	0	0.5	1	0.556	0	0.5
6	0.25	0.25	1	0.25	0	0.5	1	0.75	0	0.5
7	0.5	0.5	1	0.5	0	0.5	1	0.5	0	0.5
8	0.75	0.75	1	0.75	0	0.5	1	0.25	0	0.5

Metrics for SEX

SEX	Prevalence	Accuracy	True Positive Rate	Precision	Specificity	Negative Predicted Value	False Positive Rate	False Discovery Rate	False Negative Rate	False Omissions Rate
Male	0.235	0.782	0.626	0.531	0.83	0.879	0.17	0.469	0.374	0.121
Female	0.209	0.797	0.552	0.514	0.862	0.879	0.138	0.486	0.448	0.121

그림 3-1 주요 구간의 정확도와 오차를 분석하는 것은 편향과 과소특정화 등 심각한 머신러닝 버그를 감지하는 중요한 디버깅 방법이다.[32]

32 컬러 이미지는 부록 511쪽 참조(원본 그림: https://oreil.ly/URzZG).

[그림 3-1]은 예제 훈련 데이터와 모델의 중요한 구간에 관한 몇 가지 오차와 정확도 측도를 보여준다. 여기서 중요한 특성인 PAY_0의 높은 값으로 정의된 구간의 성능에서 눈에 띄는 변화는 해당 훈련 데이터 영역의 데이터 희소성 때문에 발생할 수 있는 잠재적인 과소특정화 문제를 나타낸다(SEX로 정의된 구간에서의 성능이 더 균형을 이루어 편향 테스트 관점에서는 좋은 신호이지만, 편향 문제를 파악하기 위한 유일한 테스트는 아니다). 과소특정화를 해결하려면 실제 지식을 머신러닝 알고리즘에 적용해야 한다. 이러한 도메인 정보 기반의 메커니즘에는 그래프 연결graph connection이나 단조제약조건, 상호작용 제약조건, 베타 제약조건, 아키텍처 제약조건 등이 있다.

> **NOTE** 이 책에서 설명하는 거의 모든 버그는 데이터의 특정 구간에서 다른 구간보다 더 큰 영향을 미칠 수 있다. 최적의 성능 얻으려면 훈련과 검증, 테스트나 모델 평가용 데이터의 여러 구간에서 약점(성능 품질)과 과대적합, 과소적합, 불안정성, 분포 변화 등의 문제를 테스트하는 일이 중요하다.

이 절에서 설명하는 머신러닝의 각 버그는 실제 안전성과 성능에 영향을 미친다. 이러한 버그의 공통된 주제는 시간이 지남에 따라 시스템을 배포했을 때의 예상과 다르게 작동한다는 것이다. 예측할 수 없는 성능은 예기치 않은 장애와 인공지능 사고로 이어진다. 여기서 설명한 잠재적 버그와 버그 감지 방법에 관한 지식을 활용해 검증 및 테스트 성능의 추정값이 배포된 성능과 관련이 있는지 확인하면 실제 사고를 예방하는 데 큰 도움이 될 것이다. 이제 소프트웨어와 기존 평가 및 머신러닝 수학 측면에서 어떤 버그를 찾아야 하는지 알았으니 다음에는 잔차 분석residual analysis과 민감도 분석, 벤치마크 모델, 기타 테스트 및 모니터링 접근방식을 사용해 이러한 버그를 찾는 방법을 알아본다.

3.2.4 잔차 분석

잔차 분석은 머신러닝 모델과 머신러닝 시스템에서 매우 효과적일 수 있는 또 다른 전통적인 평가 방법이다. 가장 기본적인 수준에서 잔차 분석은 실수로부터 학습하는 것을 의미한다. 이는 조직의 머신러닝 시스템뿐만 아니라 삶에 있어서도 중요한 일이다. 또한 잔차 분석은 검증된 모델 진단 기법이다. 이 절에서는 이 확립된 방법을 머신러닝에 적용하기 위해 한 가지 예와 일반적으로 적용되는 세 가지 잔차 분석 기법을 사용한다.

다음 절에서는 편향 테스트에 사용한 성비(SEX)와 같은 데이터셋의 인구통계학적 특성을 살펴본다. 이 장에서는 일반적인 예측모델링 예로 신용대출 문제를 다루며 적용할 수 있는 공정한 대출은 고려하지 않는다. 머신러닝의 편향관리에 관련된 자세한 내용과 일부 법 및 규제 관련 내용은 4장과 10장을 참고한다.

잔차 분석 및 시각화

전체 및 구간별 잔차를 그림으로 그리고 다양한 문제에 뚜렷한 패턴이 있는지 살펴보는 것이 오래된 모델 진단 기법이다. 머신러닝 알고리즘에 약간의 창의력과 노력으로 잔차 분석을 적용하면 큰 도움이 된다. 전체 데이터셋에서의 잔차를 그림으로 그려보기만 해도 큰 수치의 오차를 유발하는 이상행$^{outlying\ row}$을 발견하거나 오차의 전반적인 추세를 분석하는 데 도움이 될 수 있다. 그러나 잔차값과 그림을 특성 및 수준별로 세분화하면 더 많은 정보를 얻을 수 있다. 특성이 많거나 범주 수준$^{categorical\ level}$이 많은 특성이 있는 경우에도 예외는 아니다. 가장 중요한 특성과 가장 일반적인 수준에서 시작하면 된다. 모델의 가정을 위반하는 잔차에서 강력한 패턴을 찾는다. 많은 유형의 잔차는 무작위로 분포되어 있어야 하며, 이는 모델이 더 이상 줄일 수 없는 잡음을 제외하고 데이터에서 중요한 정보를 모두 학습했음을 나타낸다. 특성 및 수준별로 세분화한 잔차에서 강력한 패턴이나 기타 이상^{anomaly}을 발견하면 먼저 이러한 오차가 데이터에서 비롯되었는지 확인하고, 그렇지 않은 경우 설명 가능한 인공지능 기법을 사용해 모델의 문제를 추적할 수 있다. 잔차 분석은 중요한 선형회귀모형에서 표준 관행$^{standard\ practice}$으로 간주한다. 머신러닝 모델은 고위험과 장애가 발생하기 쉬우므로 더 많은 잔차 분석이 필요하다.

잔차 모델링

해석 가능한 모델을 사용해 잔차를 모델링하면 머신러닝 시스템에서 발생할 수 있는 실수를 자세히 알아볼 수 있다. [그림 3-2]는 신용카드 대금 결제를 하지 못한 고객과 관련된 더 복잡한 모델의 잔차에 대해 얕은 단일 의사결정나무를 훈련시킨 결과를 보여준다.

이 의사결정나무는 더 복잡한 모델이 어떻게 잘못되었는지를 설명하는 규칙을 인코딩한다. 예를 들어, 신용카드 대금을 결제하지 못했지만 우량 고객으로 보이는 경우 모델은 가장 큰 잔차를 생성하는 모습을 볼 수 있다. 이번 달 결제 상태(PAY_0)가 0.5 미만이고, 전 달 결제 금액(PAY_AMT2)이 2,802.50 이상이며, 3개월 전 결제 상태(PAY_4)가 1 미만이고, 신용한도credit limit가 256,602 이상인 경우, 로그손실의 잔차 평균은 2.71임을 알 수 있다. 이는 전체 성능을 떨어뜨리는 큰 오차율로, 이미 선호도가 높은 인구통계 그룹에서 너무 많은 위음성false negative이 발생할 경우 편향 문제를 유발할 수 있다.

트리의 또 다른 흥미로운 용도는 모델 예측에 대한 실시간 비즈니스 규칙인 모델 주장model assertion을 만드는 것으로, 잘못된 결정이 발생하면 경고하는 데 사용할 수 있다는 점이다. 때에 따라 주장은 단순히 잘못된 결정이 내려질 가능성이 있음을 모델 모니터에 경고하기도 하지만, 수정 조치(예: 특정 데이터 행을 더 전문화된 모델이나 사람 사례 작업자human case worker에게 전달)를 포함할 수도 있다.

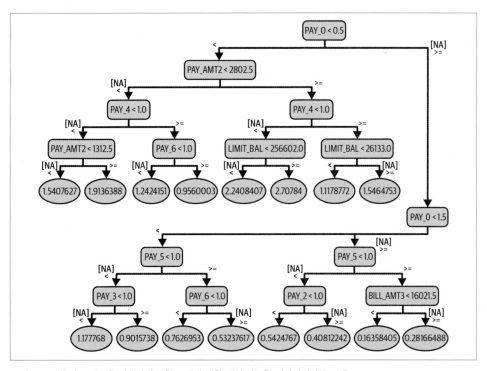

그림 3-2 신용카드 대금을 결제하지 못한 고객에 대한 해석 가능한 의사결정나무 모델

잔차에 대한 국소 기여도

잔차의 그림을 그리고 모델링하는 것은 숙련된 실무자에게 널리 알려진 오래된 기법이다. 최근 획기적인 발전 덕분에 모델 오차에 대한 섀플리값을 정확하게 계산할 수 있게 되었다. 즉, 모든 데이터셋에서 모든 특성이나 행에 대해 어떤 특성이 모델의 예측을 유도하고 어떤 특성이 모델의 오차를 유발하는지 알 수 있게 되었다. 이러한 발전이 실제로 머신러닝에 어떤 의미가 있는지는 아직 모르지만, 그 가능성은 확실히 흥미롭다. 이 새로운 섀플리값 기법의 한 가지 분명한 응용 사례는 [그림 3-3]에서와 같이 예측의 특성 중요도와 잔차의 특성 중요도를 비교하는 것이다.

[그림 3-3]은 예측에 대한 특성 중요도(위)와 모델의 오차에 대한 특성 중요도(아래)를 보여준다. PAY_0이 예측과 오차에서 모두 가장 크며, 이 모델이 일반적으로 PAY_0에 너무 많이 의존하고 있다는 것을 확인할 수 있다. 또한 PAY_2와 PAY_3은 예측에 대한 기여도보다는 오차에 대한 기여도가 더 높음을 알 수 있다. 따라서 이러한 특성을 제거drop하거나 대체replace하거나 손상corrupt시키는 실험을 해 볼 만하다고 판단된다. [그림 3-3]은 전체 검증 데이터셋에서 logloss에 대한 섀플리 기여도를 집계해 만든 그림이다. 그러나 이러한 수치는 특성별 및 행별로 계산된다. 또한 이러한 분석을 데이터의 구간이나 인구통계 그룹에 적용하면 모델에서 다양한 부모집단subpopulation에 대해 강건하지 않은 특성nonrobust feature을 감지하고 수정할 만한 가능성을 발견할 수 있다.

> **CAUTION** [그림 3-3]과 같이 하나의 특성 중요도가 다른 모든 특성의 중요도를 크게 압도한다면, 실제 신뢰성과 보안에 나쁜 영향을 미친다. 이 중요한 해당 특성의 분포가 변하면 모델의 성능이 떨어질 수 있다. 해커가 해당 특성의 값을 수정하는 방법을 찾으면 예측을 쉽게 조작할 수 있다. 하나의 특성이 모델을 지배하는 경우 머신러닝 모델 대신 해당 특성과 관련된 비즈니스 규칙이 필요할 수 있다.

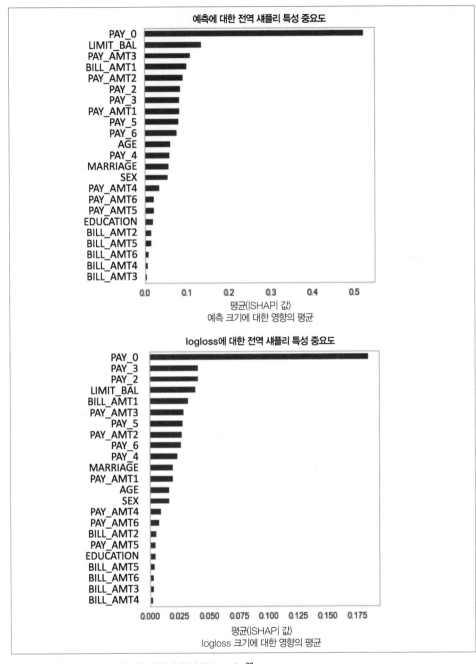

그림 3-3 예측과 모델 오차에 대한 섀플리 특성 중요도 비교[33]

----

33 원본 그림: *https://oreil.ly/k6nDo*

이것으로 머신러닝의 잔차 분석에 관한 간략한 설명을 마치도록 한다. 물론 머신러닝 모델의 오차를 연구하는 다른 방법도 있다. 다른 방법을 선호한다면 그 방법을 이용하면 된다! 중요한 것은 모든 고위험 머신러닝 시스템에 잔차 분석을 수행하는 것이다. 다음 절에서 설명할 민감도 분석과 함께 잔차 분석은 머신러닝 모델 디버깅의 필수 도구이다.

3.2.5 민감도 분석

선형모형과 달리 머신러닝 모델은 새로운 데이터를 명시적으로 테스트하지 않으면 새로운 데이터에 대해 어떻게 외삽extrapolate[34]하거나 성능을 내는지 이해하기 매우 어렵다. 이것이 바로 민감도 분석의 단순하면서도 강력한 아이디어다. 흥미로운 시나리오를 위한 데이터를 찾거나 시뮬레이션한 다음, 해당 데이터에서 모델이 어떻게 작동하는지 확인한다. 기본적인 민감도 분석을 수행하지 않으면 이러한 시나리오에서 머신러닝 시스템이 어떻게 작동하는지 알 수 없다. 물론 마이크로소프트 연구소의 InterpretML[35] 라이브러리와 같이 정형화되고 더 효율적인 민감도 분석 방법도 있다. 민감도 분석에 유용한 옵션이자 더 고급 모델 디버깅 기법은 무작위 공격(3.2.1절 참고)이다. 스트레스 테스트stress test와 시각화, 대립예제 탐색과 같은 다른 많은 접근방식도 민감도 분석에 유용한 표준화된 방법을 제공한다.

스트레스 테스트

스트레스 테스트는 경기침체기나 유행병과 같이 현실적으로 안 좋은 시나리오를 나타내는 데이터를 시뮬레이션하고 머신러닝 모델과 다운스트림 비즈니스downstream business[36] 프로세스가 안 좋은 상황의 스트레스를 견딜 수 있는지를 확인하는 것이다.

시각화

누적국소효과accumulated local effects와 개별조건부기대, 부분종속곡선partial dependence curve과 같은 시각화는 입력특성의 다양한 실젯값이나 시뮬레이션값에 대한 머신러닝 알고리즘의 성능을 관찰할 수 있도록 정형화된 방법으로 널리 알려졌다. 이러한 그림을 사용하면 모델 성능의 약점을 초래하는 데이터의 희박성 영역을 파악할 수도 있다.

---

34 옮긴이_ 훈련 데이터의 범위를 벗어나는 새로운 데이터에 대해 예측하는 것을 의미한다.
35 *https://github.com/interpretml/interpret*
36 옮긴이_ 원자재를 최종 제품으로 가공하거나 최종 제품을 소비자에게 판매하는 비즈니스를 뜻한다.

대립예제 탐색

대립예제는 머신러닝 모델이 뜻밖의 반응을 보이는 데이터 행이다. 딥러닝 접근방식을 사용해 비정형 데이터의 대립예제를 만들 수 있으며, 개별조건부기대와 유전 알고리즘genetic algorithm을 사용하면 정형 데이터의 대립예제를 만들 수 있다. 대립예제(그리고 예제 탐색)는 배포되면 사고를 일으킬 수 있는 머신러닝 반응 함수나 의사결정 경계의 불안정한 국소영역을 찾는 좋은 방법이다. [그림 3-4]에서 볼 수 있듯이, 대립예제 탐색은 모델을 꼼꼼히 테스트하는 좋은 방법이다.

공형 접근방식

모델 예측에 대한 경험적 경계empirical bound를 계산하려는 공형 접근방식conformal approach[37]은 모델 출력에서 기대할 수 있는 상한upper limit과 하한lower limit을 설정함으로써 모델의 신뢰성을 이해하는 데 도움이 된다.

섭동 테스트

검증 데이터나 테스트 데이터, 모델 평가용 데이터를 무작위로 변경해 다양한 유형의 잡음과 변화를 시뮬레이션한 다음, 머신러닝의 성능을 다시 측정하는 방법도 모델 강건성의 일반적인 경계를 설정하는 데 도움이 된다. 이러한 종류의 섭동 테스트를 사용해 모델을 망가뜨릴 수 있는 잡음이나 변화의 양을 이해하고 문서로 남길 수 있다. 한 가지 명심해야 할 것은 성능이 떨어지는 행은 섭동 테스트에서 평균적인 행보다 성능을 더 빨리 떨어뜨리는 경우가 많다는 점이다. 성능이 좋지 않은 행을 주의 깊게 관찰하고 전체 모델의 성능을 떨어뜨리는지, 언제 떨어뜨리는지를 파악해야 한다.

[그림 3-4]는 먼저 예측에 큰 변화가 있는 개별조건부기대 곡선을 찾아서 만들어졌다. 개별조건부기대 곡선에 해당하는 데이터 행을 초깃값seed으로 사용하고, 해당 행에서 가장 중요한 네 가지 특성의 값을 수천 번 바꿔가면서 예측하면 [그림 3-4]와 같은 그림을 만들 수 있다. 대립예제 탐색의 첫 번째 결과는 개별조건부기대 곡선 기반의 이 휴리스틱 방법heuristic technique[38]을 사용해 모델에서 원하는 거의 모든 응답을 유발하는 대립예제를 만들 수 있다는 것이다. 우리는 매우 낮은 예측값 및 매우 높은 예측값과 이 예측값 사이에 있는 모든 값을 안정적으로 산출하는 행을 발견했다. 이 모델을 예측 API를 통해 사용할 수 있다면 우리는 이 모델을 마음대로 다룰 수 있다.

---

37 *https://www.stat.cmu.edu/~ryantibs/papers/weightedcp.pdf*

38 옮긴이_ 최적화 문제나 의사결정 문제를 해결하는 과정에서 빠르고 효율적인 결과를 얻으려고 사용하는 과학적인 방법이 아닌, 경험적인 방법에서 나온 일반적인 수단이나 방법을 의미한다. 최적의 해결책을 보장하지는 않지만, 복잡하거나 시간이 오래 걸리는 문제에서 좋은 해결책을 빠르게 찾을 수 있다.

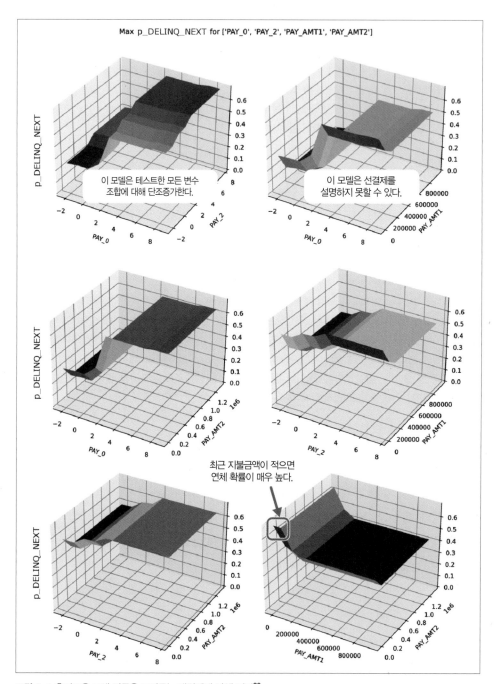

그림 3-4 흥미로운 모델 작동을 보여주는 대립예제 탐색 결과[39]

---

39 컬러 이미지는 부록 512쪽 참조(원본 그림: *https://oreil.ly/_vTJW*).

이러한 모든 대립예제를 찾는 과정에서 모델에 관한 몇 가지 사실도 알 수 있었다. 첫째, 이 모델은 일반적으로 단조일 가능성이 크며, 대립예제 탐색에서 시뮬레이션한 모든 행에 대해 확실히 단조증가한다. 둘째, 이 모델은 결제 금액이 극도로 많은 사람이 연체할 것이라고 예측한다. 또한 전달 결제 대금이 100만 달러이고, 신용한도를 초과한 경우에도 해당 사용자가 대금 결제를 두 달 동안 연체하면 연체로 예측한다. 이는 선결제^{prepayment} 관련 문제를 일으킬 수 있다. 수백만 달러를 선결제했지만, 대금 결제를 두 달 동안 하지 못한 사람이 연체할 것이라고 결정해야 할까? 그럴 수도 있겠지만, 이 모델처럼 빠르게 자동으로 결정해야 할 사안은 아닐 것이다. 셋째, 진짜 대립예제 공격 경로를 찾은 것 같다. 전달 결제 금액이 적으면 연체 확률이 놀라울 정도로 급격히 증가한다. 해커가 이 모델에서 높은 연체 예측 확률을 높이고 싶으면 PAY_AMT1과 PAY_AMT2의 값을 낮게 설정하기만 하면 된다.

잔차 분석에서 설명했듯이 다른 민감도 분석 기법을 고려해봐도 좋다. 다만 머신러닝 모델에 어떤 형태로든 현실적인 시뮬레이션 테스트를 적용해야 한다. 이 장의 사례 연구에서는 머신러닝 시스템을 배포하기 전에 현실적인 시뮬레이션 테스트를 수행하지 않아 발생한 최악의 결과를 소개한다. 이것으로 민감도 분석에 관한 간략한 설명을 마친다. 자세한 내용은 케빈 머피$^{Kevin Murphy}$의 『확률론적 머신러닝: 고급 주제』[40]의 19장을 참고한다. 다음 절에서는 다른 맥락에서의 벤치마크 모델을 설명한다. 이는 오랫동안 검증된 또 다른 상식적인 모델 디버깅 접근 방식이다.

3.2.6 벤치마크 모델

벤치마크 모델은 이 장에서 여러 번 언급했다. 벤치마크 모델은 머신러닝 생애주기^{lifecycle} 전반에 걸쳐 사용하는 매우 중요한 안전성 및 성능 도구이다. 이 절에서는 모델 디버깅 맥락에서 벤치마크 모델을 설명하고 다른 중요한 용도도 요약한다.

> **NOTE** 가능하면 머신러닝 모델의 성능을 선형모형이나 일반화선형모형 성능 벤치마크와 비교한다. 선형모형이 머신러닝 모델을 능가하는 경우, 선형모형을 사용한다.

---

[40] *https://probml.github.io/pml-book/book2.html*

디버깅에 벤치마크 모델을 사용하는 첫 번째 방법은 벤치마크와 해당 머신러닝 시스템의 성능을 비교하는 것이다. 머신러닝 시스템의 성능이 간단한 벤치마크를 능가하지 못한다면(이럴 때가 많을 수 있다), 다시 설계 단계로 돌아가야 한다. 시스템이 초기 기준 테스트 initial baseline test를 통과했다고 가정하면, 벤치마크 모델을 비교 도구로 사용해 머신러닝 시스템의 메커니즘을 조사하고 버그를 찾을 수 있다. 예를 들어, 데이터과학자는 '내 벤치마크는 어떤 예측이 맞고, 내 머신러닝 시스템은 어떤 예측이 틀릴까?'라고 질문할 수 있다. 벤치마크를 잘 이해한다면, 이해한 이유도 명확해야 하며, 이러한 이해를 바탕으로 머신러닝 시스템이 잘하지 못하는 부분에 관한 단서도 얻을 수 있다. 벤치마크는 다음과 같이 재현성과 모델 모니터링 목적으로도 사용할 수 있다.

재현성 벤치마크

복잡한 머신러닝 시스템을 변경하기 전에는 성능 향상이나 하락을 측정할 수 있는 재현 가능한 벤치마크를 확보해야 한다. 재현 가능한 벤치마크 모델은 이러한 측정 작업에 이상적인 도구다. 이런 모델을 자동화된 테스트를 위한 CI/CD 프로세스에 통합하면, 새로운 시스템 변경 사항을 기존 벤치마크와 비교해 재현성 테스트 과정을 더 효율적으로 진행할 수 있다.

디버깅 벤치마크

복잡한 머신러닝 모델 메커니즘과 예측을 신뢰할 수 있고, 잘 이해하는 벤치마크 모델의 메커니즘 및 예측과 비교하면 머신러닝의 버그를 효과적으로 발견할 수 있다.

벤치마크 모니터링

신뢰할 수 있는 벤치마크 모델과 복잡한 머신러닝 시스템 간의 실시간 예측을 비교하면 심각한 머신러닝 버그를 실시간으로 포착할 수 있다. 신뢰할 수 있는 벤치마크 모델과 복잡한 머신러닝 시스템이 같은 새 데이터 인스턴스에서 눈에 띄게 다른 예측을 한다면, 머신러닝 해킹이나 데이터 변동, 심지어는 편향 및 알고리즘 차별의 징후일 수 있다. 이럴 때는 머신러닝 시스템 예측 대신 벤치마크 예측을 사용하거나 사람 분석가가 머신러닝 시스템 예측이 유효한지 판단할 때까지 예측을 보류할 수도 있다.

> **NOTE** 디버깅 기법은 믿을 수 없는 통계적 또는 머신러닝 접근방식일 때가 많으며, 디버깅 기법 자체를 디버깅해야 할 수도 있음을 명심해야 한다.

벤치마크를 효율적으로 설정하면, 세 가지 작업 모두에 같은 모델을 사용할 수도 있다. 작업을 시작하기 전에 벤치마크를 실행해 개선할 수 있는 성능 기준을 설정하고 디버깅 및 모델 모니터링을 위한 비교에 같은 모델을 사용할 수 있다. 새 버전의 시스템 성능이 재현 가능한 방식으로 이전 버전의 성능을 능가하는 경우, 시스템의 핵심에 있는 머신러닝 모델이 새로운 벤치마크가 될 수 있다. 조직에서 이러한 워크플로를 구축할 수 있다면, 벤치마킹과 반복으로 머신러닝의 안전성과 성능을 높일 수 있다.

3.2.7 개선: 버그 수정

디버깅의 마지막 단계는 버그 수정이다. 이전 절에서는 테스트 전략과 주의해야 할 버그, 몇 가지 구체적인 수정 방안을 설명했다. 이 절에서는 일반적인 버그 수정 접근방식을 간략하게 설명하고 예제 디버깅 시나리오에서 이를 적용하는 방법을 설명한다. 머신러닝 모델 디버깅 중에 고려해야 할 일반적인 전략은 다음과 같다.

이상 탐지

일반적으로 이상한 입력과 출력은 머신러닝 시스템에 좋지 않다. 이는 실시간 보안이나 편향, 안전성 및 성능 문제를 나타내는 증거일 수 있다. 머신러닝 시스템의 데이터 큐와 예측에서 이상을 모니터링하고, 이상 발생을 기록하고, 필요한 경우 이해관계자에게 이상을 알릴 수 있다.

> **NOTE** 볼 수 없었던 데이터 큐에서 이상을 감지하는 데는 여러 가지 규칙 기반 기법과 통계 기법, 머신러닝 기법을 사용할 수 있다. 여기에는 데이터 무결성 제약조건data integrity constraint, 신뢰한계confidence limit, 관리한계, 오토인코더, 고립숲isolation forest 등의 방법을 사용할 수 있다.

실험설계 및 데이터 증강

일반적으로 더 좋은 데이터를 수집하면 대부분의 머신러닝 버그를 해결할 수 있다. 또한 데이터 수집은 시행착오를 거칠 필요도 없으며, 데이터과학자가 훈련 데이터를 선택할 때 다른 조직의 프로세스 부산물 데이터에 의존할 필요도 없다. 데이터 실무자는 모델 훈련에 적합한 종류와 양의 데이터를 수집하는 것을 보장하는 데 실험설계라는 과학적 방법론을 사용해 왔다. 데이터과학자가 실험설계를 사용하지 않는 가장 큰 이유는 '빅' 데이터의 전지전능함 및 지나치게 촉박한 배포 일정과 관련된 오만함이다. 안타깝게도 이러한 이유는 실험설계를 무시해야 할 과학적인 이유가 아니다.

모델 주장

모델 주장은 학습된 머신러닝 모델 논리의 단점을 수정하는 머신러닝 모델의 예측에 적용하는 비즈니스 규칙이다. 예측모델을 개선하는 데 비즈니스 규칙을 사용하는 것은 전통적인 기법이다. 예측 가능한 머신러닝 모델 장애를 수정하는 데 적용할 수 있는 간단한 논리적 규칙이 있다면, 주저하지 말고 이를 구현해야 한다. 예측 분석 분야의 최고 실무자와 조직은 수십 년 동안 이 기법을 사용해 왔다.

모델 편집

머신러닝 모델은 소프트웨어이므로, 발견된 모든 버그를 수정할 때 소프트웨어 아티팩트를 편집할 수 있다. GA2M이나 설명 가능한 부스팅 머신(EBM)과 같은 특정 모델은 모델 디버깅을 목적으로 편집 가능하도록 설계되었다. 다른 유형의 모델은 편집에 더 많은 창의력이 필요할 수도 있다. 어느 쪽이든 편집은 훈련 데이터에서의 성능을 악화할 수 있으므로 도메인 고려 사항domain consideration에 따라 정당화해야 한다. 머신러닝 모델은 오차가 적어지는 쪽으로 최적화된다. 도메인 내 성능을 개선하려고 고도로 최적화된 구조를 편집하면 기존 평가 통계가 더 나빠질 수 있다. 그래도 괜찮다. 우리는 가상환경에서의 테스트 오차보다 실제 안전성과 강건성, 신뢰성에 더 많은 신경을 쓴다.

모델 관리 및 모니터링

머신러닝 모델과 이 모델을 수용하는 머신러닝 시스템은 자원이 허용하는 범위 내에서 모니터링해야 하는 동적 개체dynamic entity다. 업무수행에 필수인 모든 머신러닝 시스템은 문서로 잘 기록하고, 목록으로 관리해야 하며, 보안과 편향, 안전성, 성능 문제를 실시간으로 모니터링해야 한다. 문제가 발생하기 시작하면 이해관계자에게 신속하게 알려야 한다. 모델 모니터링은 3.3절 '배포'에서 자세히 설명한다.

단조 및 상호작용 제약조건

많은 머신러닝 버그는 편향되고 부정확한 훈련 데이터로 학습해 머신러닝 모델이 지나치게 유연하고 현실과 동떨어져 있어서 발생한다. 현실 세계의 지식으로 모델을 제약하는 것은 여러 유형의 머신러닝 버그에 대한 일반적인 해결책이다. XGBoost와 같이 널리 사용하는 도구의 단조 및 상호작용 제약조건은 머신러닝 실무자가 논리적인 도메인 지식을 복잡한 머신러닝 모델에 적용하는 데 도움이 된다.

잡음 주입 및 강력한 정칙화

많은 머신러닝 알고리즘에는 정칙화 옵션이 제공된다. 하지만 머신러닝 모델이 특정 특성을 지나치게 강조하는 경우, 더 강력한 정칙화 또는 외부 정칙화를 적용해야 할 수 있다. L0 정칙화를 사용해 모델의 규칙 또는 매개변수의 수를 직접 제한할 수 있으며, 필요한 경우 수동으로 잡음을 반영해 과도하게 중요한 특정 특성의 신호를 손상시켜 이러한 특성의 중요성을 낮출 수 있다.

과학적 방법

데이터과학자와 머신러닝 엔지니어, 관리자, 비즈니스 파트너 사이의 확증 편향 때문에 가상환경의 테스트 데이터 평가의 가정과 한계에 근거하여 제대로 완성되지 않은 데모를 제품으로 출시할 때가 많다. 과학적 방법을 따라 실제 결과에 관한 가설을 기록하고 설계된 실험으로 해당 가설을 객관적으로 평가할 수 있다면 실제로 성공할 가능성이 더 커진다. 머신러닝에 과학적 방법을 사용하는 것에 관한 자세한 내용은 12장을 참고한다.

> **CAUTION** 일반적으로 머신러닝은 공학 분야라기보다는 경험적 과학에 더 가깝다. 우리는 아직 머신러닝이 언제 제대로 작동하는지 알지 못하며, 실제로 배포했을 때 장애가 발생할 수 있는 상황을 모두 파악하지 못하고 있다. 이는 과학적 방법을 적용하고 확증편향과 같은 문제를 피해야 실제로 좋은 결과를 얻을 수 있음을 의미한다. 단순히 정확한 소프트웨어와 플랫폼을 사용하고 공학 모범사례engineering best practice를 따른다고 해서 모델이 제대로 작동한다는 보장은 없다.

모델 디버깅과 예제 데이터 및 모델에 관한 자세한 내용은 3.5절 '참고 자료'를 참고한다. 지금까지 모델 디버깅에 관해 많은 것을 배웠으니 이제 배포된 머신러닝 시스템의 안전성과 성능에 주목해야 한다.

3.3 배포

버그를 발견하고 수정한 후에는 실제 의사결정을 할 수 있도록 머신러닝 시스템을 배포해야 한다. 머신러닝 시스템은 대부분의 기존 소프트웨어 시스템보다 훨씬 더 동적이다. 시스템 운영자가 시스템의 코드나 설정을 변경하지 않더라도 결과는 바뀔 수 있다. 일단 배포된 머신러닝 시스템은 도메인 내 안전성과 성능을 확인하고 모니터링해야 하며 운영자가 신속하게 시스템을 종료할 수 있어야 한다. 이 절에서는 머신러닝 시스템을 배포한 후에 안전성과 성능을 향상하는 방법인 도메인 안전성domain safety과 모델 모니터링, 킬 스위치kill switch를 설명한다.

3.3.1 도메인 안전성

도메인 안전성은 현실에서의 안전성을 의미한다. 이는 표준 모델 평가나 향상된 모델 디버깅과는 매우 다르다. 실무자가 현실에서 안전성 목표를 달성하려면 어떻게 해야 할까? A/B 테스트와 챔피언—도전자 방법론^{champion challenger methodology}을 사용하면 실시간 운영환경에서 어느 정도 테스트할 수 있다. 예측 가능한 사고를 열거하고, 이러한 잠재적 사고를 해결하는 데 사용할 통제를 구현하고, 현실적이거나 스트레스가 많은 조건에서 이러한 통제를 테스트하는 등의 프로세스 통제도 견고한 실제 성능을 달성하는 데 중요하다. 카오스 테스트와 무작위 공격, 수동 예측 제한^{manual prediction limit}을 머신러닝 시스템의 출력에 적용해서 예측할 수 없는 사고를 보완한다. 사고를 예측할 수 있는 경우와 예측할 수 없는 경우로 나누고 두 가지 경우 모두에 대해 몇 가지 세부 사항을 고려한다.

예측 가능한 실제 사고

강건한 도메인 내 테스트의 첫 번째 단계는 라이브 데이터 스트림이나 다른 현실적인 조건에서 모델을 서로 비교 테스트하는 A/B 테스트나 챔피언-도전자 방법론을 사용하는 것이다. 이러한 다소 표준적인 관행 외에도 도메인 전문가와 가능한 사고에 관해 생각할 수 있도록 자원을 투자해야 한다. 예를 들어, 신용대출에서 일반적인 장애 모드에는 편향 및 알고리즘 차별과 투명성 부족, 경기 침체기 동안의 성능 저하 등이 있다. 자율주행차에서 실수나 고의로 피해를 줄 방법은 무수히 많다. 잠재적 사고가 기록되면 가능성이 크거나 심각한 잠재적 사고에 안전성 통제를 채택할 수 있다. 신용대출에서는 모델의 편향을 테스트하고 부당한 조치 통지로 소비자에게 설명을 제공하고, 모델을 모니터링해서 모델 붕괴를 신속하게 포착해야 한다. 3.4절 '사례 연구: 자율주행차 사망 사고'에서 알 수 있듯이, 자율주행차에서도 아직 배워야 할 점이 많다. 애플리케이션에 상관없이 안전성 통제를 테스트해야 하며 이러한 테스트는 도메인 전문가와 협력해 현실적으로 수행해야 한다. 사람의 안전과 관련해서는 데이터과학자가 실행하는 시뮬레이션만으로는 충분하지 않다. 애플리케이션 분야의 안전성을 깊이 이해하는 사람들과 협력해 실제로 안전성 통제를 테스트하고 강화해야 한다.

예측 불가능한 실제 사고

머신러닝 시스템과 환경 간의 상호작용은 복잡하며 예기치 않은 일이 발생할 수 있다. 고위험 머신러닝 시스템에서는 예측할 수 없는 사고가 발생할 수 있다는 점을 인정해야 한다. 카오스 테스트와 무작위 공격을 사용해 사고가 발생하기 전에 이러한 잠재적인 상황을 미리 포착할 수 있다. 중요한 머신러닝 시스템은 이상한 카오스 사용사례로 테스트하고 대량의 무작위 입력 데이터에 노출해야 한다. 이러한 테스트에는 긴 시간과 많은 자원이 필요하지만, 소위 '알려지지 않은 미지수'를 테스트하는 몇 안 되는 도구이다. 어떤 테스트 체계도 모든 문제를 포착할 수 없으므로 시스템에 상식적인 예측을 적용하는 것이 이상적이다. 예를 들어, 사람의 감독 없이 거액의 대출이나 이자율이 제시되어서는 안 된다. 사람의 개입 없이 자율주행차가 매우 빠른 속도로 주행하도록 해서는 안 된다. 아직 일부 행동은 순수하게 자동으로 수행해서는 안 되며 예측 제한은 이러한 통제를 구현하는 한 가지 방법이다.

도메인 안전성의 또 다른 핵심 측면은 문제가 발생하는지를 파악하는 것이다. 때로는 결함이 유해한 사고로 발전하기 전에 포착할 수 있다. 문제를 빨리 포착하려면 머신러닝 시스템을 모니터링해야 한다. 사고를 감지하면 사고대응 계획이나 킬 스위치를 활성화해야 한다.

안전한 머신러닝 시스템의 특징

머신러닝 시스템이 물리적인 세계와 안전한 방식으로 상호작용하도록 보장하는 데 도움이 되는 중요한 몇 가지 단계는 다음과 같다.

과거에 실패한 설계 피하기

사람이나 환경에 유해한 머신러닝 시스템을 다시 구현해서는 안 되며, 실패 사례를 연구해 향후 관련 시스템의 안전성 조건을 개선해야 한다.

사고대응 계획

운영자는 안전사고safety incident가 발생했을 때 어떻게 해야 하는지를 알아야 한다.

도메인 내 테스트

데이터과학자의 테스트 데이터 평가와 시뮬레이션, 디버깅만으로는 안전성을 충분히 보장할 수 없다. 도메인 전문가와 안전성 전문가가 현실적인 실제 조건에서 시스템을 테스트해야 한다.

킬 스위치

모니터링 결과에서 위험한 조건을 발견하면 시스템을 원격으로 신속하게 종료할 수 있어야 한다.

수동 예측 제한

시스템 작동 제한은 적절한 경우 운영자가 설정해야 한다.

실시간 모니터링

시스템이 위험한 상태에 진입하면 사람에게 경고해야 하며 킬 스위치나 이중화 기능을 신속하게 (또는 자동으로) 실행해야 한다.

이중화

안전이나 임무 수행에 필수인 활동을 수행하는 시스템은 사고가 발생하거나 모니터링 결과 시스템이 위험한 상태에 진입하는 경우를 대비해 이중화 기능을 준비해야 한다.

3.3.2 모델 모니터링

이 장에서 여러 번 언급했지만, 중요한 머신러닝 시스템은 배포 후에 반드시 모니터링해야 한다. 이 절에서는 모델 모니터링의 기술적 측면을 알아본다. 모델 붕괴와 강건성 및 개념 변동 버그concept drift bug의 기초를 간략히 설명하고, 변동을 감지하고 해결하는 방법과 모니터링에서 여러 핵심성과지표KPI, key performance indicator를 측정하는 것의 중요성을 알아보며, 그 외 주목할 만한 모델 모니터링 개념 몇 가지도 살펴본다.

모델 붕괴 및 개념 변동

머신러닝 시스템에 들어오는 데이터는 그 이름이 무엇이든 간에 시스템이 학습했던 데이터와 달라질 가능성이 크다. 시간이 지남에 따라 입력값의 분포가 바뀌는 것을 **데이터 변동**이라고 한다. 예측하려는 대상의 통계적 특성도 변동할 수 있는데, 이를 특별히 **개념 변동**이라고 한다. 코로나19의 위기는 이러한 현상을 잘 보여주는 역사적인 예다. 유행병이 절정에 달했을 때, 고객의 조심스러운 행동 때문에 연체 및 신용연체의 분포에 전반적인 변화가 있었을 가능성이 크다. 이러한 변화는 견디기 힘든 고통스러운 일이며, 머신러닝 시스템의 정확도에 큰 타격을 줄 수 있다. 때로는 머신러닝 모델을 허가받지 않은 용도로 사용(OLU)함으로써 자체적으로 개념 변동 문제를 일으킬 수 있다는 점에 유의해야 한다.

NOTE 입력 데이터와 예측 모두에 변동이 발생할 수 있다. 두 가지 변동을 모두 모니터링할 수 있으며, 이 두 유형은 직접적으로 연관이 있을 수 있고 없을 수도 있다. 심각한 입력 변동 없이 성능이 떨어지면 이는 실제로 개념 변동 때문일 수 있다.

변동 감지 및 대응

변동을 감지하는 가장 좋은 접근방식은 입력 데이터와 예측 모두에 대해 라이브 데이터의 통계적 속성을 모니터링하는 것이다. 통계적 속성을 모니터링하는 메커니즘이 마련되면, 중요한 변동이 발생했을 때 이해관계자에게 경보나 알람을 보낼 수 있다. 변동 감지를 시작하는 가장 쉬운 방법은 입력을 테스트하는 것이다. 때로는 참 데이터 레이블true data label, 즉 머신러닝 시스템 예측과 관련된 실제 결괏값을 오랫동안 알 수 없는 경우가 있기 때문이다. 반면, 입력 데이터의 값은 머신러닝 시스템이 예측이나 출력을 해야 할 때마다 바로 사용할 수 있다. 따라서 현재 입력 데이터의 속성이 훈련 데이터의 속성과 다르게 바뀌었다면 문제가 발생했을 가능성이 크다. 현재 데이터 품질과 훈련 데이터의 품질을 비교하는 데 필요한 정보를 바로 사용할 수 없으므로 머신러닝 시스템의 출력에 변동이 있는지 관찰하기가 어려울 수 있다. 예를 들어 대출 연체와 온라인 광고를 생각해 보면, 연체는 온라인 광고 클릭과 같은 속도로 발생하지 않는다. 예측을 모니터링하는 기본 아이디어는 실시간으로 예측을 관찰하고 잠재적으로 이상값을 포착하기 위해 통계검정과 관리한계, 규칙 또는 머신러닝 알고리즘 등의 방법론을 사용해 변동과 이상을 찾는 것이다. 그리고 알려진 결과를 사용할 수 있게 되면 모델 붕괴를 테스트하고 지속적인 편향관리를 빠르게 자주 수행해야 한다.

불가피한 변동과 모델 붕괴를 해결하는 널리 알려진 전략은 다음과 같다.

- 일정량의 새로운 데이터가 포함된 확장 훈련 데이터로 머신러닝 시스템을 새로 고친다refresh.
- 머신러닝 시스템을 주기적으로 새로 고치거나 재훈련한다.
- 변동을 감지하면 머신러닝 시스템을 새로 고치거나 재훈련한다.

머신러닝 시스템을 초기 훈련할 때와 마찬가지로, 운영 중인 머신러닝 모델을 재훈련할 때는 이 장과 이 책의 다른 곳에서 설명하는 위험완화 기법을 적용해야 한다.

여러 핵심성과지표 모니터링

모델 모니터링에 관한 설명은 대부분 주요 핵심성과지표(KPI)로서 모델의 정확도에 초점을 맞춘다. 하지만, 편향과 보안 취약점, 프라이버시 침해 등도 모니터링의 대상이 될 수 있다. 훈련 시와 같은 편향 테스트를 새로운 결과가 나올 때 적용해 볼 수 있다. 5장과 11장에서 설명하는 다양한 전략을 사용해 시스템 보안이나 프라이버시를 침해하는 악의적 활동을 감지할 수 있다. 측정해야 하는 가장 중요한 핵심성과지표는 머신러닝 시스템의 실제 영향일 것이다. 머신러닝 시스템이 의도한 결과(예: 비용절감, 수익증대, 인명구조)와 실젯값을 측정하면 조직에 중요한 통찰력을 제공할 수 있다. 실제 비즈니스 가치를 추정하는 첫 번째 단계로 분류 문제에서 혼동 행렬의 칸과 회귀 문제에서의 잔차 단위에 통화 가치 등의 값을 할당한다. 비즈니스 가치 추정에 관한 기본 예는 8장을 참고한다.

범위를 벗어난 값

훈련 데이터는 머신러닝 시스템이 배포된 후 만날 모든 데이터를 포함할 수 없다. 대부분의 머신러닝 알고리즘과 예측 함수는 범위를 벗어난 값을 제대로 처리하지 못하며, 애플리케이션 소프트웨어나 시스템 운영자에 알리지 않고 단순히 평균 예측average prediction을 하거나 충돌crash할 수 있다. 머신러닝 시스템 운영자는 훈련 중에 보지 못한 큰 수치나 드문 범줏값, 결측값과 같은 데이터를 처리할 구체적인 방안을 마련해서 머신러닝 시스템이 정상적으로 작동하게 해야 한다. 또한 사용자가 범위를 벗어난 값을 만났을 때 이를 경고해야 한다.

이상 탐지 및 벤치마크 모델

이 절에서 모델 모니터링에 관한 기술적인 설명은 이상 탐지 및 벤치마크 모델로 마무리한다. 이러한 주제는 이 장에서 여러 번 다루었으므로 여기서는 모니터링 맥락에서 간략히 설명한다.

이상 탐지

머신러닝 시스템에서 이상한 입력값이나 출력값은 안전성 문제나 보안 및 프라이버시의 취약점을 나타낼 수 있다. 통계와 머신러닝, 비즈니스 규칙을 사용해 입력과 출력 모두에서, 그리고 전체 머신러닝 시스템에서 이상 행동을 모니터링할 수 있다. 감지된 모든 이상을 기록해 이해관계자에게 보고하고, 필요하면 더 과감한 조치를 취할 수 있도록 준비해야 한다.

벤치마크 모델

모델 모니터링의 일부로 간단한 벤치마크 모델과 머신러닝 시스템 예측을 비교하면 안정성이나 공정성, 보안 이상$^{security\ anomaly}$을 거의 실시간으로 포착할 수 있다. 벤치마크 모델은 더 안정적이어야 하고 최소한의 변별력이 있는지 확인하기 쉬워야 하며, 해킹하기 어려워야 한다. 새로운 데이터를 평가할 때 매우 투명한 벤치마크 모델과 더 복잡한 머신러닝 시스템을 함께 사용한 다음, 머신러닝 시스템의 예측을 실시간으로 신뢰할 수 있는 벤치마크 예측과 비교한다. 머신러닝 시스템과 벤치마크 간의 차이가 합리적인 분계점을 벗어났다면 벤치마크 모델의 예측을 출력하거나 데이터의 행을 전송해서 추가 검토한다.

새로운 데이터에서 범위를 벗어난 값이나 실망스러운 핵심성과지표, 변동, 이상 등의 실시간 문제에서 인공지능 사고가 실제로 발생한다. 모니터링에서 이러한 문제를 감지하면 시스템을 꺼야 한다. 다음 절에서는 이 문제, 즉 머신러닝 시스템의 킬 스위치를 설명한다.

킬 스위치

킬 스위치는 단일 스위치나 스크립트가 아니라 가능한 범위 내에서 머신러닝 시스템을 *끄는* 역할을 하는 일련의 비즈니스 및 기술적 프로세스다. 킬 스위치를 작동시키기 전에 고려해야 할 일이 많다. 머신러닝 시스템의 출력은 다운스트림 비즈니스로 연결될 때가 많으며, 때로는 다른 머신러닝 시스템으로 연결된다. 이러한 시스템과 비즈니스 프로세스는 신용심사^{credit} ^{underwriting}나 이커머스 결제 확인에 사용하는 머신러닝 시스템과 같이 업무수행에 필수인 시스템일 수 있다. 머신러닝 시스템을 끄려면 올바른 기술적 노하우와 인력이 필요할 뿐만 아니라 광범위한 조직의 프로세스 내에서 해당 시스템이 차지하는 위치도 이해해야 한다. 심각한 결함이 있는 머신러닝 시스템을 꺼야 하는지를 인공지능 사고 발생 시에 결정하면 너무 늦어 바람직하지 않다. 따라서 킬 프로세스와 킬 스위치를 머신러닝 시스템 문서와 인공지능 사고대응 계획(1장 참고)에 추가하는 것이 좋다. 이렇게 하면 머신러닝 시스템을 종료해야 할 시기가 왔을 때 조직은 정보에 근거해 신속한 결정을 내릴 수 있다. 머신러닝 시스템의 킬 스위치를 작동해야 하는 상황이 발생하지 않기를 바라지만, 안타깝게도 최근 몇 년 동안 인공지능 사고가 더욱 빈번하게 발생하고 있다. 위험완화를 위해 문화적 역량 및 비즈니스 프로세스와 함께 기술적 완화 조치도 적용하면 머신러닝 시스템의 성능도 향상한다. 이러한 통제를 적용하지 않으면 안 좋은 일이 발생할 수 있다.

3.4 사례 연구: 자율주행차 사망 사고

2018년 3월 18일 밤, 일레인 허츠버그^{Elaine Herzberg}는 애리조나^{Arizona}주 템피^{Tempe}시의 넓은 교차로에서 자전거를 타고 길을 건너고 있었다. 매우 주목받은 인공지능 사고가 된 이 사건에서 그녀는 약 64km/h로 주행하던 우버의 자율주행 시험 차량에 치여 사망했다. 미국 연방 교통안전위원회^{NTSB, National Transportation Safety Board}에 따르면 긴급상황에서 차량을 통제해야 하는 테스트 차량 운전자가 스마트폰에 정신이 팔렸다고 한다. 자율주행 머신러닝 시스템도 허츠버그를 구하지 못했다. 시스템은 충돌 1.2초 전에 그녀를 식별했지만, 이 시점에는 치명적인 충돌을 막을 수가 없었다

3.4.1 여파

자율주행차는 현재 사람이 운전하는 차보다 안전 측면에서 이점을 제공할 것으로 여겨진다. 자율주행차와 관련한 사망사고는 드물지만, 머신러닝 기반 자율주행은 아직 더 안전한 도로를 만들겠다는 원래의 약속을 지키지 못하고 있다. NTSB의 보고서에 따르면 우버의 '시스템 설계에는 무단횡단 보행자에 대한 고려가 반영되지 않았다'고 한다. 또한 보고서는 우버의 느슨한 위험평가와 미숙한 안전 문화도 비판했다. 또한 우버의 한 직원은 템피 사고 발생 며칠 전에 지난 18개월 동안 37건의 충돌사고와 테스트 차량 운전자에게 흔히 발생하는 문제에 관해 심각한 우려를 제기한 바 있다. 템피 사고의 결과로 우버의 자율주행차량 테스트는 다른 4개 도시에서 중단되었으며, 미국과 캐나다 전역의 지방정부는 자율주행차량 테스트의 안전 프로토콜을 재

검토하기 시작했다. 해당 운전자는 과실치사 혐의로 기소되었다. 우버는 형사책임을 면했지만, 사망자의 유족과 금전적으로 합의했다. 템피시와 애리조나주 역시 허츠버그의 가족에게서 각각 천만 달러의 손해배상 소송을 당했다.

3.4.2 미비한 법률 체계

미국의 법률 체계^{legal system}에는 실제 인공지능 사고에 대한 준비가 미흡해서 직원과 소비자, 일반 대중이 우리 주변에서 작동하는 머신러닝 시스템의 고유한 위험에서 보호받지 못할 가능성이 크다. EU 의회는 향후 머신러닝 사고 발생 시 대기업이 책임을 회피하지 못하도록 머신러닝 시스템에 대한 책임제도^{liability regime}를 마련했다. 미국에서는 연방 인공지능 제품 안전규제^{federal AI product safety regulations} 계획은 아직 초기 단계이다. 규제가 마련되기 전까지 개별 인공지능 안전사고 사례는 인공지능 사고 처리에 대한 교육과 경험이 거의 없는 하급법원에서 결정할 가능성이 크며, 이에 따라 빅테크나 기타 머신러닝 시스템 운영자는 복잡한 머신러닝 시스템과 관련된 사고에 휘말린 개인을 상대로 비대칭적인 법적 자원^{asymmetric legal resource}을 투입할 수 있다. 기업 및 머신러닝 시스템 운영자에게도 이러한 법적인 공백 상태는 좋지 않다. 규제의 부재는 많은 자원과 전문성이 있는 사람들에게 유리한 것처럼 보이지만, 위험관리와 인공지능 사고의 결과 예측을 더 어렵게 만든다. 그럼에도 많은 데이터과학자와 고액 연봉을 받는 전문가 및 경영진이 연루된 이 초기 인공지능 사고의 형사책임을 자율주행차량의 안전 운전자^{safety driver}에게만 전가했다는 사실은, 미래에 가혹하게 비난받을지도 모른다.

3.4.3 경험으로 얻은 교훈

지금까지 각 장에서 배운 교훈을 이 사례에 어떻게 적용할 수 있을까?

교훈 1: 문화가 중요하다.

성숙한 안전 문화는 광범위한 위험 통제로 안전을 설계 및 구현 작업의 최전선으로 끌어올리고 프로세스와 기술이 놓친 사각지대를 찾아낸다. 지난 세대의 삶을 변화시킨 항공우주와 원자력 발전 같은 상업 기술에서 배웠듯이, 우버의 안전 문화가 더 성숙했다면 (특히 사고 발생 며칠 전에 직원이 심각한 문제를 제기했기에) 이 사고를 예방할 수 있었을 것이다.

교훈 2: 예측 가능한 장애 모드를 완화한다.

NTSB는 우버의 소프트웨어가 무단횡단 보행자를 특별히 고려하지 않았다고 결론을 내렸다. 하지만 이는 운전을 해본 사람이라면 누구나 쉽게 예측할 수 있는 문제이며, 모든 자율주행차는 이에 대비해야 한다. 머신러닝 시스템은 일반적으로 엔지니어가 준비하지 않는 한 사고를 대비하지 않는다. 이 사고는 이러한 준비를 미리 하지 않았을 때 어떤 일이 일어나는지를 보여준다.

교훈 3: 운영 환경에서 머신러닝 시스템을 테스트한다.

충돌 사고 후 우버는 자율주행차 프로그램을 중단하고 재설정했다. 개선 후 시뮬레이션을 해서 새로운 소프트웨어는 충돌 4초 전에 제동을 시작함을 보여주었다. 왜 2018년 3월 사고 전에는 무단횡단하는 보행자라는 쉽게 예측할 수 있는 현실을 같은 환경의 시뮬레이션으로 테스트하지 않았을까? 대중은 전혀 알 수 없을 것이다. 하지만 장애 모드를 열거하고 현실적인 시나리오에서 테스트하면 조직이 이러한 질문에 답해야 하는 상황을 예방할 수 있다.

여기서 얻을 수 있는 잠재적인 추가 교훈은 우버의 사고뿐만 아니라 머신러닝 시스템에 대한 악의적인 해킹과 머신러닝 시스템을 사용한 폭력 같은 악용도 고려해야 한다는 것이다. 테러리스트가 자동차를 치명적인 무기로 사용한 전례가 있으므로 이는 이미 알려진 장애 모드이다. 자율주행차와 보조주행driving assistance 기능에서 해킹과 폭력적인 결과를 방지하는 예방 조치를 취해야 한다. 사고든 악의적인 공격이든 인공지능 사고는 분명히 사람을 더 죽일 것이다. 정부와 관련 조직이 머신러닝 안전을 진지하게 받아들여 앞으로는 이러한 암울한 사고를 최소화하기를 바란다.

3.5 참고 자료

읽을거리
- 딥러닝 버그 특성에 대한 종합적인 연구[41]
- 머신러닝 모델 디버깅[42]
- 모델 디버깅을 위한 실제 전략[43]

----

41 *https://arxiv.org/pdf/1906.01388.pdf*
42 *https://debug-ml-iclr2019.github.io/*
43 *https://towardsdatascience.com/strategies-for-model-debugging-aa822f1097ce*

## CHAPTER 4

머신러닝 편향관리

머신러닝 시스템에서 편향의 악영향 관리는 데이터와 코드, 모델보다 더 넓은 범위에서 이루어져야 한다. 데이터과학자가 모델의 우수성을 평가하는 주된 방법인 모델의 평균 성능 품질은 모델이 실제 편향의 피해를 유발하는지와는 거의 관련이 없다. 완벽하게 정확한 모델도 편향의 피해를 유발할 수 있다. 더 심각한 문제는 모든 머신러닝 시스템에는 어느 정도 편향이 있으며, 편향 사고[bias incident]는 매우 흔한 인공지능 사고이며(그림 4-1 참고), 비즈니스 프로세스에서 편향은 자주 법적인 책임을 수반하며, 머신러닝 모델의 편향은 실제 사람들에게 피해를 준다는 점이다.

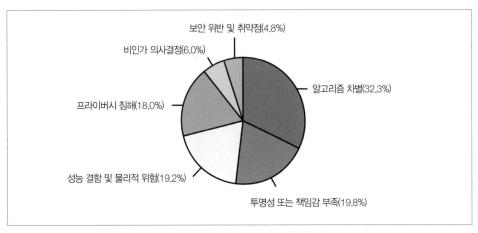

그림 4-1 다양한 유형의 인공지능 사고 빈도. 1988년부터 2021년 2월 1일 사이에 공개적으로 보고된 169건의 사고에 대한 정성적 분석을 기반으로 함(그림 제공: BNH.AI)

이 장에서는 실무 기술자로서 최선을 다해 사회기술적 관점에서 편향을 탐지하고 완화하는 접근방식을 알아본다. 즉, 머신러닝 시스템의 편향이 광범위한 사회적 맥락에서 어떤 방식으로 존재하는지 살펴본다. 왜 이런 노력이 필요할까? **모든** 머신러닝 시스템은 사회기술적 시스템이기 때문이다. 처음에는 이 말이 믿기 어려울지도 모르지만, 한 가지 예를 통해 살펴보자. 다른 자동화된 센서를 사용해서 애플리케이션의 센서 장애를 예측하는 모델을 생각해보자. 이 모델은 사람이 훈련했거나 이 모델이 필요하다고 사람이 결정했을 가능성이 크다. 또한 이 모델의 결과는 새로운 센서를 주문하는 데 사용할 수 있으며, 이는 제조공장의 직원이나 고장난 센서를 수리하거나 교체하는 직원의 고용에 영향을 미칠 수 있다. 마지막으로 예지정비 모형preventative maintenance model이 제대로 작동하지 않으면 시스템과 상호작용하는 사람이 피해를 볼 수 있다. 순전히 기술적으로 보이는 모든 예를 생각해보면, 머신러닝과 같은 의사결정 기술은 어떤 식으로든 사람과 상호작용해야 함이 분명하다.

이는 머신러닝 시스템의 편향 문제에 완전히 기술적인 해결책이 없음을 의미한다. 편향 테스트와 편향 교정에 관한 코드는 10장을 참고한다. 하지만, 지금 바로 코드를 확인하기를 권하지 않는다. 편향이 무엇인지, 편향을 어떻게 생산적인 방식으로 생각하는지에 관한 중요한 정보를 놓치게 될 것이다. 이 장에서는 여러 권위 있는 출처를 토대로 편향을 정의하고, 우리가 만드는 머신러닝 시스템이나 사용자가 해석하는 결과에 영향을 미칠 수 있는 우리 자신의 인지 편향cognitive bias을 인식하는 방법을 설명한다. 그런 다음 인공지능 편향성 사고에서 누가 어떤 피해를 보는지를 간략히 알아본다. 이후 머신러닝 시스템의 편향을 테스트하는 방법을 살펴보고 기술적 접근방식과 사회기술적 접근방식을 모두 사용해 편향을 완화하는 방법을 알아본다. 마지막으로 트위터 이미지 자르기 알고리즘image-cropping algorithm 사례를 설명하면서 이 장을 마무리한다.

> **NOTE** 편향관리의 일부분은 모델의 특정 아키텍처에 맞게 조정되어야 하지만, 편향관리의 상당 부분은 모델에 구애받지 않는다. 이 장의 많은 아이디어, 특히 NIST SP1270 편향 지침bias guidance과 트위터 편향 바운티Twitter Bias Bounty에서 나온 아이디어는 챗GPTChatGPT나 RoBERTa 언어 모델과 같이 다양하고 정교한 인공지능 시스템에 적용할 수 있다. 이를 확인하려면 IQT Lab의 RoBERTa 감사[1]를 참고한다.

----

1 https://oreil.ly/3hs_6

NIST의 인공지능 위험관리 프레임워크 교차표

장 절	NIST의 인공지능 위험관리 프레임워크 하위 범주
4.1.1 구조적 편향	MAP 1.6, MAP 2.3, MEASURE 2.11
4.1.2 통계적 편향	MAP 2.3, MEASURE 2.6, MEASURE 2.11
4.1.3 인적 편향 및 데이터과학 문화	GOVERN 3.2, MAP 1.1, MAP 2.3, MEASURE 2.11
4.2 미국의 머신러닝 편향에 대한 법적 개념	GOVERN 1.1, GOVERN 1.2, GOVERN 1.4, GOVERN 2.2, GOVERN 4.1, MAP 1.1, MAP 1.2, MEASURE 2.11
4.3 머신러닝 시스템의 편향을 경험하는 경향이 있는 사람	GOVERN 1.2, GOVERN 1.4, GOVERN 5, MAP 1.1, MAP 1.2, MAP 1.6, MAP 2.2, MAP 3, MAP 5, MEASURE 1.3, MEASURE 4, MANAGE 2, MANAGE 4
4.4 사람들이 경험하는 피해	GOVERN 1.2, GOVERN 1.4, GOVERN 5, MAP 1.1, MAP 1.2, MAP 1.6, MAP 2.2, MAP 3, MAP 5, MEASURE 1.3, MEASURE 4, MANAGE 1.4, MANAGE 2, MANAGE 4
4.5.1 데이터 테스트	MEASURE 1.1, MEASURE 2.1
4.5.2 기존 접근방식: 동치결과 테스트	GOVERN 1.1, GOVERN 1.2, GOVERN 1.4, GOVERN 4.3, GOVERN 6.1, MAP 2.3, MAP 4, MEASURE 1, MEASURE 2.1, MEASURE 2.6, MEASURE 2.11, MEASURE 4.2
4.5.3 새로운 사고방식: 동등한 성능 품질을 위한 테스트	GOVERN 1.2, GOVERN 1.4, GOVERN 4.3, GOVERN 6.1, MAP 2.3, MAP 4, MEASURE 1, MEASURE 2.1, MEASURE 2.6, MEASURE 2.11, MEASURE 4.2
4.5.4 미래 전망: 광범위한 머신러닝 생태계를 위한 테스트	GOVERN 1.2, GOVERN 1.4, GOVERN 4.3, GOVERN 6.1, MAP 2.3, MAP 4, MEASURE 1, MEASURE 2.1, MEASURE 2.6, MEASURE 2.11, MEASURE 4.2, MANAGE 3.2
4.6.1 편향 완화를 위한 기술적 요소	MAP 2.3, MANAGE
4.6.2 과학적 방법과 실험설계	MAP 1.1, MAP 2.3
4.6.4 편향 완화의 인적 요소	GOVERN 2.1, GOVERN 3, MAP 1.1, MAP 1.6, MAP 2.2, MAP 2.3, MEASURE 3.2, MEASURE 3.3, MANAGE 1, MANAGE 2.1, MANAGE 2.2, MANAGE 3, MANAGE 4.2, MANAGE 4.3

- Applicable AI trustworthiness characteristics include: Managed Bias, Transparent and Accountable, Valid and Reliable[2]
- 참고
  - Applicable AI trustworthiness characteristics include: Managed Bias, Transparent and Accountable, Valid and Reliable
  - 전체 교차표[3](공식 자료는 아님)

4.1 ISO 및 NIST의 편향 정의

ISO는 「통계학: 어휘 및 기호 제1부」[4]에서 편향을 '참고값이 참값에서 벗어난 정도'로 정의한다. 이는 편향의 일반적인 개념이지만, 편향은 복잡하고 이질적인 현상이다. 하지만 모든 경우에 있어서 편향은 참값으로부터의 체계적 편차systematic deviation를 의미한다. 의사결정 작업에서 편향은 다양한 형태로 나타난다. 예를 들어, 피부색을 이유로 고용을 거부하는 것은 실질적으로나 윤리적으로나 잘못된 일이다. 먼저 떠오르는 아이디어가 옳다는 생각은 사실 잘못되었다. 또한 불완전하고 대표성이 없는 데이터로 머신러닝 모델을 훈련하는 것도 실질적으로나 윤리적으로나 잘못된 일이다. NIST의 최근 연구인 「인공지능의 편향 식별 및 관리 표준」(SP1270)[5]에서는 편향의 대상을 구조적 편향systemic bias[6]과 통계적 편향statistical bias, 인적 편향human bias으로 구분한다.

4.1.1 구조적 편향

머신러닝에서의 편향은 주로 구조적 편향을 의미한다. 이러한 편향은 역사적, 사회적, 제도적 편향으로, 안타깝게도 우리 삶에 너무 깊숙이 박혀서 기본적으로 머신러닝 훈련 데이터와 설계

---

2 *https://oreil.ly/8kpf5*
3 *https://oreil.ly/61TXd*
4 *https://www.iso.org/standard/40145.html*
5 *https://nvlpubs.nist.gov/nistpubs/SpecialPublications/NIST.SP.1270.pdf*
6 옮긴이_ 사회 구조와 제도에 내재한 편향으로 특정 집단에 불리한 결과를 만들어 낸다. 예를 들어, 여성의 임금 격차는 여성에 대한 사회적 편향의 결과로 볼 수 있다. 여성은 남성과 동일한 직무를 수행하더라도 임금을 적게 받는 경우가 많은데, 이는 여성에 대한 차별적 고용 관행이나 임금 결정 과정에 내재한 편향 등이 원인으로 작용한다. 교육, 고용, 의료, 법률 등 사회 전반에 걸쳐 다양한 방식으로 나타날 수 있어 특정 집단에 불리한 결과를 초래해 사회적 불평등을 심화시키는 원인이 될 수 있으므로 이를 해결하려고 노력해야 한다.

를 선택할 때 나타난다. 머신러닝 모델에서 구조적 편향의 일반적인 결과는 인구통계학적 정보를 시스템 메커니즘에 통합하는 것이다. 이러한 통합은 언어모델[LMs, language models]이 특정 인구통계학적 집단을 대상으로 다른 목적으로 유해하고 공격적인 콘텐츠를 생성하도록 변경되는 것[7]처럼 명백하고 명시적일 수 있다. 하지만 실제로는 인구통계학적 정보를 의사결정 프로세스에 통합하는 일은 대체로 의도치 않게 암시적으로 이루어지는 경향이 있다. 예를 들어, 여성보다 남성의 이력서를 더 높은 급여의 직무 설명에 대응시키거나 특정 사용자그룹(예: 신체장애가 있는 사용자)이 시스템과 적절하게 상호작용하지 못하도록 하는 설계상 문제 때문에 인구통계학적 집단 간에 결과 비율[outcomes rate]이나 특정 결과가 더 많이 나타나는 결과 유병률[outcome prevalence]이 발생할 수 있다.

4.1.2 통계적 편향

통계적 편향은 머신러닝 시스템의 사양에서 사람이 저지르는 실수나 개념 변동과 같이 머신러닝 모델에 영향을 미치고 사람이 완화하기 어려운 돌발적인 현상으로 생각할 수 있다. 다른 일반적인 통계적 편향의 유형으로는 대표성이 없는 훈련 데이터나 오차 전파 및 피드백 루프가 있다. 머신러닝 모델에서 통계적 편향을 나타내는 한 가지 잠재적 지표는 인구통계학적 집단과 같이 데이터의 여러 단면 간의 차등성능 품질[differential performance quality]이다. 머신러닝 모델에 대한 차등 타당성은 특정 유형의 편향으로 인적 편향을 설명하는 결과 비율이나 결과 유병률과는 다소 차이가 있다. 실제로 인구통계학적 집단 내에서 모델 성능을 최대화하는 것과 양성 결과[positive outcome] 비율을 유지하는 것에 관한 문서[8]가 있다. 또한 통계적 편향은 새로운 데이터의 개념 변동 때문에 시스템의 의사결정이 옳을 때보다 잘못될 때가 더 많거나, 피드백 루프나 오차 전파 때문에 짧은 시간 동안 나쁜 예측을 더 많이 하게 되는 것처럼 심각한 인공지능 사고로 이어질 수 있다.

4.1.3 인적 편향 및 데이터과학 문화

머신러닝 시스템을 설계, 구현, 유지하는 개인과 팀 모두에게 영향을 미치는 여러 가지 인적 편

---

7 https://www.youtube.com/watch?v=efPrtcLdcdM&ab_channel=YannicKilcher

8 https://drops.dagstuhl.de/opus/volltexte/2017/8156/pdf/LIPIcs-ITCS-2017-43.pdf

향이나 인지 편향이 있다. 인적 편향의 전체 목록은 NIST SP1270 지침 문서를 참고한다. 데이터과학자와 머신러닝 시스템 사용자 모두에 큰 영향을 미치는 인적 편향은 다음과 같다.

앵커링

특정 참고점reference point, 즉 **앵커**가 사람의 의사결정에 과도한 영향을 미치는 경우다. 최신 딥러닝 모델의 벤치마크가 오랫동안 0.4 AUC에 머물렀는데 누군가 0.403 AUC를 달성했다고 해보자. 0.003이라는 수치가 별 의미가 없다고 생각할 수 있지만, 실제로는 0.003이라는 적은 차이라도 큰 향상일 수 있으므로 0.4라는 숫자에 고정anchor되어서는 안 된다.

가용성 휴리스틱

사람들은 의사결정 과정에서 쉽고 빠르게 떠오르는 것을 과대평가하는 경향이 있다. 다시 말해, **기억하기 쉬운 것을 옳다고 혼동**할 때가 많다.

확증 편향

사람들이 자신의 기존 신념과 일치하거나 이를 확인할 수 있는 정보를 선호하는 인지 편향이다. 확증 편향은 머신러닝 모델이 실제로는 생각보다 성능이 좋지 않지만, 실제보다 더 잘 작동한다고 생각하게 할 때 머신러닝 시스템에서 큰 문제가 된다.

더닝 크루거 효과Dunning-Kruger effect

특정 도메인이나 작업에서 능력이 낮은 사람이 자기 능력을 과대평가하는 경향이 있다. 이는 `import sklearn`을 하고 `model.fit()`을 실행할 수 있다는 이유만으로 자신이 어떤 도메인의 전문가라고 생각할 때 발생한다.

재정지원 편향funding bias

프로젝트의 재정지원 기관 또는 재정지원자를 지원하거나 만족시키는 결과를 강조하거나 홍보하는 편향이다. 우리는 상사를 기쁘게 하고, 투자자를 기쁘게 하고, 자신의 급여를 높이는 일을 한다. 실제 과학은 편향된 재정적 이해관계에 따라 그 발전이 왜곡되지 않도록 방지책이 필요하다.

집단사고

집단에 속한 사람들이 집단에 순응하거나 집단과 의견을 달리하기를 두려워해서 최적이 아닌 결정을 내리는 경향이 있다. 자신이 옳다고 확신하는 경우에도 팀의 의견에 반대하기 어렵다.

맥나마라McNamara의 오류

쉽게 측정할 수 없는 정성적 정보나 데이터 포인트를 무시하고 정량적 정보만을 바탕으로 의사결정을 해야 한다는 믿음이다.

기술 우월주의

기술이 항상 해결책이라는 믿음이다.

이러한 모든 편향은 부적절하고 지나치게 낙관적인 설계 선택으로 이어질 수 있으며, 결과적으로 시스템을 배포하면 성능이 떨어져 궁극적으로 시스템 사용자나 운영자에게 피해를 줄 수 있다. 발생할 수 있는 피해와 이러한 문제를 해결하려면 어떻게 해야 하는지 곧 살펴볼 예정이다. 지금은 이 장의 주제이기도 한 상식적인 완화 방법을 자세히 알아본다. 다양한 관점에서 문제를 바라보지 않고서는 편향을 제대로 다룰 수 없다. 머신러닝에서 편향에 대처하는 첫 번째 단계는 시스템에 관한 중요한 결정을 할 때 다양한 이해관계자 집단을 회의실이나 화상회의에 참여시키는 것이다. 편향된 머신러닝 모델이 해를 끼칠 수 있는 사각지대를 해소하려면 시스템 설계와 구현, 유지 결정을 할 때 다양한 유형의 관점이 필요하다. 즉, 장애인을 포함한 다양한 인구통계학적 관점에서 의견을 수렴해야 한다. 또한 사회과학자, 변호사, 도메인 전문가와 같은 사람도 필요하다. 또한 **디지털 격차**digital divide도 고려해야 한다. 놀랍게도 여전히 많은 인구가 아직 원활한 인터넷 연결과 최신 컴퓨터, 이 책과 같은 정보에 접근할 수 없다. 사용자에 대한 결론을 도출할 때는 사용자 통계에 포함되지 않은 인구가 상당히 많다는 점을 기억해야 한다. 잠재적 사용자를 제외하는 것은 머신러닝 생명주기에서 시스템 설계와 편향 테스트, 그리고 기타 중요한 시점에서 편향과 피해를 유발하는 큰 원인이 된다. 오늘날 머신러닝에서 성공하려면 해결하려는 실제 문제와 설계, 데이터, 그리고 테스트에서 누락될 수 있는 잠재적 사용자를 잘 이해하는 사람의 참여가 여전히 필요하다.

4.2 미국의 머신러닝 편향에 대한 법적 개념

우리는 편향에 관한 많은 중요한 법적 개념을 알아야 한다. 또한, 법체계는 매우 복잡하고 상황에 따라 달라진다는 점도 알아야 한다. 몇 가지 정의를 아는 것만으로는 이러한 문제에 관한 실제 전문성을 갖추지는 못한다. 데이터과학자로서 법적 문제에서 더닝 크루거 효과가 발생하지 않도록 해야 한다. 이러한 전제하에 기본적인 개요를 살펴보도록 한다.

> **CAUTION** 머신러닝 모델의 편향에 관해 궁금한 점이 있거나 우려가 있다면 지금 바로 법무 팀에 문의해야 한다. 정보경제information economy에서 머신러닝의 편견bias[9]을 다루는 일은 매우 어렵고 심각한 문제이다. 데이터과학자가 편향 위험을 적절히 해결하려면 변호사의 도움이 필요하다.

미국은 대중에게 영향을 미치는 의사결정 과정에서의 편견을 수십 년간 규제해 왔다. 미국의 초기 법률과 규정의 주요 초점은 고용과 관련된 문제였다. 보호대상 집단과 차별적 대우, 차별적 영향과 같은 개념은 이제 소비자 금융 및 주택 분야의 법률로까지 광범위하게 확산했으며, 심지어 오늘날 채용에 사용하는 인공지능에 대한 뉴욕시의 감사 요건과 같은 새로운 지방법에서도 인용한다. 유럽연합에서 차별금지에 관한 내용은 기본권 헌장Charter of Fundamental Rights, 유럽인권조약European Convention on Human Rights, 유럽연합의 기능에 관한 조약Treaty on the Functioning of the EU에서 다루며, 우리에게 매우 중요한 제안된 유럽연합의 인공지능 법의 측면에서도 다룬다. 이러한 법률과 규정을 요약할 수는 없지만, 데이터과학자의 일상 업무에 가장 직접적으로 적용할 수 있다고 생각하는 정의는 다음과 같다. 이러한 정의는 민권법, 공정주택법, 고용평등기회위원회EEOC, Equal Employment Opportunity Commission 규정, 신용기회평등법, 미국 장애인법 등의 법률에서 도출했다. 법에 따라 보호되는 특성과 이러한 법이 보호하려는 대상에 관한 법적 개념을 다루는 정의는 다음과 같다.

보호대상 집단

미국에서는 많은 법률과 규정에서 인종과 성별sex(또는 때에 따라 젠더gender), 나이, 종교, 출신국가, 장애 상태 등을 이유로 차별을 금지하고 있다. 공정주택법에서는 인종과 피부색, 종교, 출신 국가, 성별, 가족 상태, 장애를 토대로 하는 의사결정을 금하고 있다. 미국 외의 규정의 예로 유럽연합의 GDPR에서는 미국의 보호대상 집단protected groups과 비슷하게 인종이나 출신민족과 정치적 의견 등의 범주에 관한 개인 데이터personal data의 사용을 금지한다. 이는 기존 편견 테스트가 보호대상 집단과 **대조군**control group(또는 **기준군**reference group)이라고 하는 보호대상이 아닌 집단에 대한 결과를 비교하는 이유 중 하나다.

차별대우

차별대우disparate treatment란 많은 산업에서 불법으로 간주하는 특정 유형의 차별이다. 차별대우란 인종이

---

9   옮긴이_ 통계학이나 머신러닝에서는 일반적으로 bias를 편향이라고 하지만 이 절에서는 문맥에 맞춰 편향과 편견으로 옮겨 적었다.

나 성별과 같은 보호대상 특성에 따라 비슷한 상황에 있는 개인을 덜 유리하게 대우하는 결정을 의미한다. 고용이나 주택, 신용 신청과 관련된 작업을 하는 데이터과학자에게, 이는 머신러닝 모델에서 인구통계학적 데이터를 사용할 때 매우 조심해야 함을 의미하며, 편견을 해결하는 기술에서도 마찬가지다. 인구 통계학적 데이터가 어떤 모델의 입력으로 사용되면, 인구통계학적 특성 때문에 누군가에 대한 결정이 달라질 수 있으며, 때로는 차별대우가 발생할 수 있다.

> **CAUTION** 차별대우와 더 일반적인 체계적 편견에 관한 우려 때문에 우리는 일반적으로 인구통계학적 마커demographic markers[10]를 머신러닝 모델의 직접적인 입력으로 사용하지 않는다. 보수적으로 인구통계학적 마커는 대부분의 시나리오에서 모델의 입력으로 사용해서는 안 되며, 편향 테스트나 모니터링 목적으로만 사용해야 한다.

차별 영향

차별 영향disparate impact은 법적으로 문제가 될 수 있는 또 다른 차별이다. 이는 기본적으로 인구통계학적 집단 간의 다른 **결과 비율**outcome rate이나 유병률에 관한 것이다. 차별 영향은 공식적으로는 중립적으로 보이는 정책이나 관행이 보호대상 집단에 불균형적으로 해를 끼치는 결과로 정의된다. 데이터과학자에 있어 차별 영향은 인구통계학적 데이터를 입력으로 사용하지 않고, 인구통계학적 데이터와 상관관계가 있는 것을 입력으로 사용할 때 발생하는 경향이 있다. 예를 들어, 신용점수는 연체를 꽤 정확하게 예측하는 지표이므로 소비자 대출용 예측모델에 사용하는 데 유효하다고 간주하는 경우가 많다. 하지만, 신용점수는 인종과 상관관계가 있어 일부 소수 집단은 평균적으로 신용점수가 낮다. 모델에 신용점수를 사용하면, 특성 소수 집단이 양성 결과를 얻는 비율이 낮아지는 경향이 있으며, 이는 차별 영향의 일반적인 예다. 이는 미국의 여러 주에서 일부 보험관련 의사결정에 신용점수 사용을 제한하기 시작한 이유이기도 하다.

차등 타당성

차등 타당성은 고용 분야에서 가끔 등장하는 개념이다. 차별 영향이 보통 인구통계학적 집단 간의 다른 결과 비율에 관한 것이라면, 차등 타당성은 집단 간의 다른 **성능 품질**performance quality에 관한 것이다. 이는 고용 테스트employment test에서 어떤 집단이 다른 집단보다 더 나은 직무 수행 능력 지표를 나타낼 때 발생한다. 차등 타당성이 중요한 이유는 법적 구조legal construct가 아닌 수학적 이론이 거의 모든 머신러닝 모델을 일반화하기 때문이다. 대표성이 없는 훈련 데이터를 사용해 어떤 집단이 다른 집단보다 더 나은 성능을 보이는 모델을 만드는 것이 일반적이며 최근 많은 편향 테스트 접근방식은 이러한 유형의 편견에 초점을 맞춘다.

---

10 개인이나 집단의 특정 인구통계학적 특성을 나타내는 데이터. 이러한 마커는 나이, 성별, 인종, 종교, 국적, 소득 수준, 학력 등 다양한 정보를 포함할 수 있다. 이 정보는 데이터 분석이나 모델링에서 특히 중요한 역할을 할 수 있으며, 특히 편향을 검증하거나 미화하는 분석에서 자주 사용한다. 예를 들어, 어떤 의료 모델이 특정 인종에서 더 낮은 정확도를 보인다면, 이는 인구통계학적 마커(여기서는 인종)를 통해 파악할 수 있다. (출처: 챗GPT)

배제

배제screen out는 머신러닝 시스템의 사회기술적 특성을 강조하고 모델의 점수를 테스트하고 균형을 맞추는 일만으로는 편향 문제를 해결하기에는 충분치 않음을 증명하는 매우 중요한 유형의 차별이다. 배제는 시력이 나쁜 사람이나 소근육 운동에 어려움이 있는 사람이 고용 평가에 참여할 수 없을 때 발생하며, 기본적으로 채용이나 승진에서 배제된다. 배제는 심각한 문제로 고용평등기회위원회와 노동부Department of Labor는 이 분야에서 머신러닝을 사용하는 것에 주의를 기울이고 있다.[11] 배제는 수학적 편향 테스트나 편향 개선으로 해결할 수는 없으며, 일반적으로 설계자가 시스템 설계 단계에서 장애인이 최종 제품의 인터페이스를 사용할 수 있도록 보장하는 방식으로 해결할 수 있다. 또한 배제는 머신러닝 시스템을 구축할 때 변호사 및 장애인의 관점이 필요한 이유를 강조한다. 이러한 관점이 없으면 머신러닝 시스템을 구축할 때 장애인을 간과하기 쉬우며, 이 때문에 때때로 법적인 책임을 지게 될 수 있다.

이것으로 편향의 일반적인 정의에 관한 설명을 마친다. 지금까지 살펴보았듯이 편향은 사람과 과학, 법적 문제가 모두 뒤섞인 복잡하고 다면적인 주제다. 뒤에서 편향 테스트를 설명할 때 편향의 수학적 정의를 소개한다. 다음으로 머신러닝 시스템의 편향과 관련 피해를 간략히 설명한다.

4.3 머신러닝 시스템의 편향을 경험하는 경향이 있는 사람

모든 인구통계학적 집단은 머신러닝 시스템과 상호작용할 때 편견과 관련 피해를 경험할 수 있지만, 역사적으로 특정 집단이 편견과 피해를 더 많이 경험할 가능성이 큼을 알 수 있다. 실제로 기록된 과거 데이터에서 패턴만 학습하고 반복하는 지도학습의 특성상 고령자와 장애인, 이민자, 유색인종, 여성, 성정체성을 따르지 않는 사람들이 머신러닝 시스템의 편견을 더 많이 경험하는 경향이 있다. 다시 말해, 이러한 모든 차별이 데이터에 기록되고 머신러닝 모델 훈련에 사용되므로 현실 세상이나 디지털 세상에서 차별을 경험하는 사람들은 머신러닝 시스템을 사용할 때도 차별을 경험하게 될 가능성이 크다. 이 절에 나열한 집단은 다양한 법률에 따른 보호 대상인 경우가 많지만, 항상 그렇지는 않다. 이러한 그룹은 두 인구통계학적 집단 간의 점수나 결과의 통계적 균등statistical parity에 관한 편향 테스트에서 비교군comparison group이 되는 경우가 많다.

---

[11] *https://oreil.ly/c0y9i*

많은 사람이 여러 보호대상 집단이나 소외 집단에 속한다. 교차성^{intersectionality}이라는 중요한 개념은 사회적 피해가 여러 보호대상 집단에 속한 사람들에게 집중되며, 편향은 단일 집단 차원에서 소외 집단에 영향을 미치는 것으로만 분석해서는 안 된다는 점을 알려준다.[12] 예를 들어, 인공지능 윤리 연구자들은 최근 상업용 얼굴인식 시스템의 성정체성 분류 정확도^{gender classification accuracy}에 상당한 차이가 있으며, 특히 피부색이 어두운 여성을 제대로 분류하지 못한다는 사실을 밝혀냈다.[13] 마지막으로 이러한 집단을 정의하기 전에 맥나마라 오류를 생각해 보는 것도 중요하다. 미묘한 차이가 있는 사람을 이렇게 단순하게 분류하는 것이 과연 옳은 일일까? 아마도 그렇지 않을 것이며, 이러한 범주는 데이터베이스에서 이진 마커 열로 쉽게 표현되므로 사람을 이렇게 단순한 집단에 할당하는 것도 편견과 잠재적 피해의 원인이 될 가능성이 크다. 머신러닝 시스템의 편향을 관리할 때는 주의해야 할 점이 많으므로, 이러한 점을 염두에 두고 편향과 차별의 대상이 되기 쉽고 기존 편향 테스트에서 비교 집단으로 자주 사용되는 단순화된 인구통계학적 집단을 정의한다.

나이

일반적으로 40세 이상의 중장년층은 온라인 콘텐츠에서 차별을 경험할 가능성이 더 크다. 고용이나 주거, 소비자 금융과 같은 전통적인 애플리케이션에서 연령 제한이 더 높을 수 있다. 그러나 미국 정부가 65세 이상 고령층에게 제공하는 건강보험제도인 메디케어^{Medicare}에 가입했거나 평생 모은 금융 자산이 있는 고령자라면 다른 시나리오에서는 선호하는 집단에 속할 수 있다.

장애

신체적이거나 정신적, 정서적 장애가 있는 사람들은 머신러닝 시스템의 편견을 경험할 가능성이 매우 크다. 법적 구조는 그렇지 않을지라도 배제라는 개념은 고용 이외의 영역에서도 일반화될 수 있다. 머신러닝 시스템을 설계하는 과정에서 장애인을 간과할 때가 많으며, 수학적 편향 테스트나 개선을 하더라도 이를 해결하는 쉽지 않다.

이민 신분 또는 출신 국가

귀화한 시민을 포함해 자신이 태어나지 않은 나라에서 이민 신분^{immigration status}으로 거주하는 사람들은 심각한 편견 문제에 직면하는 것으로 알려졌다.

---

12 https://philpapers.org/rec/CREDTI
13 https://oreil.ly/DMu8o

언어

특히 머신러닝 시스템의 중요한 영역인 온라인 콘텐츠에서 영어가 아닌 다른 언어를 사용하거나 라틴계 문자 이외의 문자를 사용하는 사람은 머신러닝 시스템의 편견을 경험할 가능성이 더 클 수 있다.

인종 및 민족

백인 이외의 인종과 민족, 그리고 둘 이상의 인종으로 분류되는 사람들은 머신러닝 시스템과 상호작용할 때 편견과 피해를 마주칠 수 있다. 특히 컴퓨터 비전 작업에서 기존 인종이나 민족 레이블보다 피부색 척도를 선호하는 사람들도 있다. 피츠패트릭 척도Fitzpatrick scale[14]는 피부색 척도의 한 예다.

성별 및 성정체성

성별과 생물학적 성과 성정체성이 일치하는 시스젠더 남성cisgender men을 제외한 성정체성은 머신러닝 시스템에서 편견과 피해를 경험할 가능성이 더 크다. 온라인 콘텐츠에서 여성은 호의적인 대우를 받을 때가 많지만, 그 방식은 해로울 수 있다. 남성 시선 현상male gaze phenomenon이라고 하는 이 현상은 미디어가 여성을 대상화objectification하거나 예속subjugation하거나 성적으로 묘사sexualization하는 콘텐츠를 지향하므로, 이러한 미디어가 소셜미디어 피드에서 홍보되는 등 긍정적인 대우를 받을 수 있다.

교차 집단

앞서 언급한 둘 이상의 집단에 속하는 사람은 두 집단에 속한 사람들을 단순히 합쳐 놓은 것보다 더 큰 편견이나 피해를 경험할 수 있다. 이 장에서 설명하는 모든 편향 테스트와 완화 단계에서는 교차 집단을 고려해야 한다.

물론 머신러닝 모델에서 편견을 경험할 수 있는 집단은 이들뿐만이 아니며, 동기가 무엇이든 사람을 집단으로 묶는 것은 문제가 될 수 있다. 하지만, 편향을 해결하려면 어디서부터 시작해야 하는지 알아야 하므로 여기서 제시한 목록이 시작하는 데 도움이 되길 바란다. 머신러닝의 편향을 어디서부터 해결해야 할지 알았으니, 이제 주의해야 할 일반적인 피해를 알아보자.

4.4 사람들이 경험하는 피해

일반적으로 큰 피해 유형은 온라인이나 디지털 콘텐츠에서 발생한다. 이러한 피해는 매우 빈번하게 발생하며, 너무 자주 일어나서 인지하지 못할 수도 있다. 일반적인 피해를 강조하기 위

---

14 https://en.wikipedia.org/wiki/Fitzpatrick_scale

해 다음과 같은 목록을 제시하며, 다음에 이러한 피해를 봤을 때 더 잘 인식할 수 있도록 예도 제공한다. 이러한 피해는 컴퓨터 비전에서 발생하는 피해 사례를 설명하는 아바게일 리 블랭크 Abagayle Lee Blank의 「컴퓨터 비전 머신러닝과 미래 지향적 윤리」[15]에서 제시한 사례와 매우 비슷하다.

혐오

혐오denigration는 적극적으로 비하derogatory하거나 모욕적인 콘텐츠를 생성하는 것이다(예: 테이[16]나 이루다[17]와 같은 챗봇이 만들어 낸 콘텐츠).

삭제

삭제erasure는 지배적인 사회 패러다임이나 소외 집단이 겪은 과거 피해에 이의를 제기하는 콘텐츠를 삭제하는 것이다(예: 인종차별을 논의하거나 백인 우월주의white supremacy를 언급하는 콘텐츠 금지)[18].

묵시적 규범 설정

묵시적 규범 설정exnomination은 특정한 개념이나 집단(예: 백인, 남성, 이성애heterosexuality)을 중심적이거나 '기본'이라고 가정하는 행위다[19](예: 온라인 검색에서 'CEO'에 대한 첫 번째 여성 결과가 바비 인형임)[20].

오인식

오인식misrecognition은 사람의 신원을 잘못 인식하거나 사람의 인간성을 인식하지 못하는 것이다(예: 자동 이미지 태깅에서 흑인을 오인함)[21].

고정관념

고정관념stereotyping은 특정 집단의 모든 구성원에 특성을 부여하는 경향이다(예: 언어 모델이 자동으로 무슬림을 폭력과 연관시킴)[22].

---

15 https://digitalcommons.spu.edu/honorsprojects/107/
16 https://en.wikipedia.org/wiki/Tay_(chatbot)
17 https://oreil.ly/nRzs1
18 https://oreil.ly/FZdDB
19 옮긴이_ 이러한 가정은 그러한 특성이 있는 사람들을 '보편적'이나 '표준'으로 취급하게 되며, 이러한 집단에 속하지 않은 다른 인구통계학적 집단에 관한 편견이나 차별을 촉발할 수 있다. 예를 들어, 인공지능이 얼굴인식에서 흑인을 제대로 인식하지 못한다면, 이는 흑인이 주류 사회에서 소외집단으로 인식되어 흑인의 존재가 무시되는 것이라고 볼 수 있다. 다른 예로는, 대부분의 영화나 드라마에서 주인공이나 중요한 캐릭터가 주로 백인이거나 이성애자인 경우, 이는 백인이나 이성애자가 '보편적'이거나 '표준'인 것처럼 표현하는 것이다.
20 https://www.bbc.com/news/newsbeat-32332603
21 https://www.bbc.com/news/technology-33347866
22 https://www.nature.com/articles/s42256-021-00359-2

과소대표

과소대표underrepresentation는 모든 결과물에서 인구통계학적 집단을 공정하거나 적절하게 대표하지 못하는 것이다(예: 모든 의사는 백인 남성이며 모든 간호사는 백인 여성이라고 생각하는 생성 모델)[23].

때로는 이러한 피해가 온라인이나 디지털 공간에 국한해 영향을 미치지만, 디지털 생활이 우리 삶의 다른 부분과 더 많이 겹치기 시작하면서 현실 세계로까지 피해가 확산하고 있다. 의료나 고용, 교육 등 고위험 영역에서 사용하는 머신러닝 시스템은 사람이 필요한 자원에 접근하지 못하도록 거부함으로써 직접적인 피해를 줄 수 있다. 머신러닝 시스템으로 인한 가장 명백한 실제 피해 유형은 다음과 같다.

경제적 피해

머신러닝 시스템이 특정 활동의 경제적 기회나 가치를 떨어뜨리는 경우(예: 남성에게 여성보다 더 좋은 일자리를 더 많이 보여주는 경우)[24].

물리적 피해

머신러닝 시스템이 사람을 다치게 하거나 사망에 이르게 하는 경우(예: 사람이 자율주행 자동화를 과신하는 경우)[25].

정신적 피해

머신러닝 시스템이 정신적 또는 정서적 고통을 유발하는 경우(예: 어린이에게 충격적인 콘텐츠를 제공하는 경우)[26].

평판 피해

머신러닝 시스템이 개인이나 조직의 평판을 깎아내리는 경우(예: 차별 의혹이 있는 소비자 신용 상품을 출시해 조직의 평판이 손상되는 경우)[27].

---

23 *https://futurism.com/dall-e-mini-racist*
24 *https://oreil.ly/BT-cI*
25 *https://oreil.ly/BxH5Y*
26 *https://oreil.ly/pQRYE*
27 *https://oreil.ly/Wbvq5*

안타깝게도 머신러닝 시스템의 사용자나 대상은 이상한 방식으로 나타나는 추가 피해나 피해의 조합을 경험할 수 있다. 사용자가 여기서 설명한 피해 또는 다른 유형의 피해를 경험하고 있지는 않은지 확인하는 것이 머신러닝 시스템의 편향을 추적하는 직접적인 방법 중 하나임을 기억해야 한다. 이어서 다음 절에서는 다양한 유형의 편향 테스트를 자세히 알아보도록 한다. 사실 가장 기본적인 의미에서 어떤 점수가 반드시 결함이 있는 수학적 테스트를 통과했는지보다는 사람들이 피해를 경험하는지가 훨씬 더 중요하다. 시스템을 설계할 때는 이러한 피해를 고려하고, 사용자가 피해를 경험하지 않도록 사용자와 대화하고, 피해를 완화하려고 노력해야 한다.

4.5 편향 테스트

머신러닝 시스템이 사람에게 해를 끼칠 가능성이 있다면 편향을 테스트해야 한다. 이 절의 목표는 여러분이 이 중요한 위험관리 작업을 시작할 수 있도록 머신러닝 모델의 편향을 테스트하는 일반적인 접근방식을 소개하는 것이다. 테스트는 간단하지도 결정적이지도 않다. 성능 테스트와 마찬가지로 테스트 데이터에서는 괜찮아 보이는 시스템도 배포한 후에 장애가 발생하거나 피해를 줄 수 있다. 또는 테스트와 배포 시에는 편향이 거의 없다가도 시간이 지나면서 편향되거나 유해한 예측을 할 수도 있다. 또한 많은 테스트와 효과크기$^{effect\ size}$ 측정 방법에는 알려진 결함이 있으며 서로 충돌할 수도 있다. 이러한 문제에 관한 좋은 설명은 프린스턴 대학교의 아빈드 나레이야난$^{Arvind\ Narayanan}$ 교수의 머신러닝의 공정성과 책임감, 투명성에 관한 ACM 콘퍼런스에서의 강연 '21가지 공정성 정의와 그에 따른 정치'[28] 유튜브 동영상을 참고한다. 모든 편향 측정지표를 한 번에 최소화할 수 없는 이유에 관한 자세한 수학적 분석은 「공정한 위험점수의 결정에 내재된 절충점」[29]을 참고한다. 이러한 주의 사항을 염두에 두고, 최신 편향 테스트 접근방식을 살펴본다.

4.5.1 데이터 테스트

이 절에서는 편향 테스트 시 훈련 데이터에 필요한 것과 모델을 훈련하기 전에 해당 데이터의 편향을 테스트하는 방법을 알아본다. 머신러닝 모델은 데이터를 활용해 훈련되지만, 완벽하거

---

28 *https://oreil.ly/4QnqM*
29 *https://drops.dagstuhl.de/opus/volltexte/2017/8156/pdf/LIPIcs-ITCS-2017-43.pdf*

나 편향이 없는 데이터는 없다. 훈련 데이터에 체계적인 편향이 나타나면, 이 편향은 모델의 출력에도 나타날 가능성이 크다. 따라서 훈련 데이터에서 편향 테스트를 시작하는 것이 합리적이다. 하지만 그렇게 하려면 데이터의 특정 열을 사용할 수 있다고 가정해야 한다. 최소한 데이터의 각 행에 대해 인구통계학적 마커, 알려진 결과(y, 종속변수dependent variable, 목표특성target feature 등)가 필요하며, 나중에 모델 결과, 회귀모형에는 예측, 분류모델에는 의사결정 및 신뢰점수나 사후확률posterior probability이 필요하다. 인구통계학적 마커가 필요하지 않은 테스트 접근방식도 있지만, 일반적인 접근방식 대부분은 이러한 데이터가 필요하다. 이러한 데이터가 없다면 테스트는 훨씬 더 어렵겠지만, 인구통계학적 마커 레이블을 추론하는 몇 가지 방법도 알아보도록 한다.

> **NOTE** 우리 모델과 데이터는 완벽하지 않으므로 편향 테스트에서 완벽을 추구하면 오히려 장애물이 될 수 있다. 데이터는 절대 완벽할 수 없으며 완벽한 테스트를 찾을 수도 없다. 테스트를 올바르게 수행하는 것이 중요하지만, 실제로 편향을 완화하려면 더 광범위한 머신러닝 관리 및 거버넌스 프로세스의 한 부분이 되어야 한다.

인구통계학적 마커를 파악하거나 추론해야 하는 이유는 머신러닝에서 편향을 처리할 때 파이프라인 끝에 단순히 다른 파이썬 패키지를 추가하는 것이 아니라 설계를 전체적으로 고려해야 하기 때문이다. 인구통계학적 마커와 개인수준의 데이터는 프라이버시 관점에서도 매우 민감하며 때로는 데이터 프라이버시 이유로 조직이 이러한 정보를 수집하지 않을 수 있다. 데이터 프라이버시와 차별금지법 간의 상호작용은 매우 복잡하지만, 데이터 프라이버시 의무가 차별금지 의무보다 우선시되는 경우는 많지 않을 것이다. 하지만 데이터과학자로서 이러한 질문에 스스로 답할 수 없다. 데이터 프라이버시와 차별금지 요구사항 간의 상충을 해결하는 일은 변호사와 규정 준수 전문가의 몫이다. 이러한 복잡한 법적 고려 사항은 머신러닝의 편향을 해결하는 데 다양한 이해관계자의 참여가 필요한 이유를 보여준다.

> **CAUTION** 고용이나 소비자 금융 등 차별대우가 금지된 분야에서 편향을 완화하려는 의도가 있더라도 보호대상 계급의 회원 정보를 기반으로 데이터를 변경하기 전에 법무 팀에 확인해야 한다

이제 편향 테스트가 얼마나 어렵고 복잡한 작업인지 깨닫기 시작했을 것이다. 이러한 복잡한 문제를 처리하는 일은 기술자만의 책임은 아니며, 머신러닝 시스템의 편향을 해결하려면 이를

인식하고 더 많은 팀과 협력해야 한다. 이제 데이터를 준비하고 데이터의 편향을 테스트하는 기술자의 역할을 알아본다. 필요한 데이터가 있다면 대표성representativeness과 결과 분포distribution of outcomes, 프록시proxy라는 세 가지 주요 문제를 살펴봐야 한다.

대표성

여기서 실행해야 할 기본 검사는 훈련 데이터의 각 인구통계학적 그룹에 대한 행의 비율을 계산하는 것이다. 이는 훈련 데이터에서 행의 수가 적은 집단에 대해서는 모델이 학습하기 어려울 것이라는 생각에 근거를 둔다. 일반적으로 훈련 데이터에서 다양한 인구통계학적 집단의 비율은 모델이 배포될 모집단을 반영해야 한다. 그렇지 않다면 더 많은 대표 데이터를 수집해야 한다. 더 좋은 대표성을 확보하려면 데이터셋을 재표본추출하거나 가중값을 재조정할 수도 있다. 그러나 고용이나 소비자 금융 등 차별대우가 금지된 분야에서 일한다면 보호대상 계급의 회원 정보를 기반으로 데이터를 변경하기 전에 법무 팀에 확인해야 한다. (뒤에서 설명할) 차등 타당성 문제가 발생한다면 집단 간 표현을 더 크게 하거나 같아지도록 훈련 데이터의 균형을 재조정해야 할 수도 있다. 여러 계급 간의 균형을 맞추면 집단에 대한 예측 품질을 높일 수 있지만, 양성 결과의 불균형 분포에는 도움이 되지 않거나 오히려 더 나빠질 수도 있다.

결과 분포

모델이 일부 집단이 양성 결과를 다른 집단보다 더 많이 받는다고 학습하면 차별적인 영향을 미칠 수 있으므로 결과(y 변숫값)가 인구통계학적 집단에서 어떻게 분포되는지 알아야 한다. 각 인구통계학적 집단에 대한 y의 이변량분포bivariate distribution를 계산해야 한다. 집단 간의 결과에 불균형이 발생하면 특정 법적 유의사항을 고려해 훈련 데이터를 재표본추출하거나 가중값을 조정해야 할 수 있다. 이 모델의 편향 위험이 심각함을 알게 될 가능성이 크며, 결과를 테스트할 때는 특별한 주의를 기울이고 어떤 식으로 해결해야 할지 계획을 세워야 한다.

프록시

대부분의 비즈니스 머신러닝 애플리케이션에서는 인구통계학적 마커로 모델을 훈련해서는 안 된다. 하지만 인구통계학적 마커를 직접 사용하지 않더라도 이름이나 주소, 학력, 얼굴 이미지와 같은 정보는 많은 인구통계학적 정보를 인코딩할 수 있다. 다른 유형의 정보를 인구통계학적 마커를 대신할 수 있다. 프록시를 찾는 한 가지 방법은 각 입력 열을 기반으로 대립 모델adversarial model을 만들어 해당 모델이 모든 인구통계학적 마커를 예측할 수 있는지 확인하는 것이다. 인구통계학적 마커를 예측할 수 있다면, 이러한 프록시는 훈련 데이터에서 제거해야 한다. 프록시는 훈련 데이터에 더 숨겨져 있을 수도 있다. 이러한 잠재 프록시latent proxy를 테스트하는 표준 기술은 없지만, 직접 프록시direct proxy에 관해 설명한 것과 같은 대립 모델링 기법을 적용할 수 있다. 이 경우 특성 자체를 사용하는 대신 프록시 역할을 할 수 있을 것으로 추정되는 특성들을 조합해 새로운 특성을 만들어engineered interactions of features 사용할 수 있다. 또한 전담 법무 팀이나 규정 준수 이해관계자가 프록시 차별 위험proxy discrimination risk을 염두에 두고 모델의 모든 입력특성을 검토하도록 하는 것이 좋다. 프록시를 제거할 수 없거나 잠재 프록시의 존재가 의심될 때는 시스템 결과의 편향 테스트 결과에 주의를 기울여야 하며, 편향 완화 프로세스의 뒷부분에서 개선 조치를 취할 수 있도록 준비해야 한다.

훈련 데이터의 대표성과 결과 분포, 프록시에 관해 앞에서 설명한 테스트와 검사는 모델 결과에 대한 테스트와 마찬가지로 모두 인구통계학적 집단 마커의 존재 여부에 의존한다. 이러한 인구통계학적 레이블이 없을 때 한 가지 허용되는 접근방식은 인구통계학적 집단 마커를 추정하는 방법이다. 베이즈 개선 성 지오코딩[BISG, Bayesian improved surname geocoding][30] 접근방식은 이름과 우편번호 데이터로 인종과 민족을 추론한다. 안타깝지만 미국은 여전히 분리된 사회라서 우편번호와 이름만으로도 인종과 민족을 90% 이상의 정확도로 예측할 수 있다. 이러한 접근방식은 랜드 연구소[RAND Corporation]와 소비자금융보호국[CFPB, Consumer Financial Protection Bureau]에서 개발했으며, 금융소비자에 대한 편향 테스트의 신뢰성은 매우 높은 편이다. 소비자금융보호국은 깃허브에 BISG용 코드를 공개했다. 필요하다면 비슷한 접근방식을 사용해 이름이나 사회보장번호, 생년월일로 성별을 추론할 수 있다.

4.5.2 기존 접근방식: 동치결과 테스트

데이터에 편향이 있는지 평가하고, 편향 테스트를 수행하는 데 필요한 정보를 확보하고, 모델을 훈련하고 나면, 모델의 결과에도 편향이 발생하는지 테스트해야 한다. 편향 테스트에 관한 설명은 몇 가지 확립된 기존 테스트를 소개하며 시작한다. 이러한 테스트는 법률이나 규정, 법률 해석에서 선례가 있는 경우가 많으며, 인구통계학적 집단 간 결과 차이의 평균에 초점을 맞추는 경향이 있다. 기존 편향 테스트 지침에 관한 좋은 자료는 미국 연방계약준수프로그램사무국[Office of Federal Contract Compliance Programs][31]의 채용선택절차 테스트[testing employment selection procedure] 절을 참고한다. 이러한 테스트에서는 객관식 채용 시험의 점수를 분석하든, 최첨단 인공지능 기반 추천 시스템의 숫자 점수를 분석하든 큰 문제가 되지 않는다.

> **NOTE** 이 절의 테스트는 모든 인구통계학적 집단에 대해 등확률[equal probability]이나 유리한 예측 결과를 생성하는 모델, 즉 **통계적 균등**이라는 개념에 맞춰 설계되었다.

[30] https://oreil.ly/cJn-M
[31] https://www.dol.gov/agencies/ofccp/faqs/employee-selection-procedures

[표 4-1]은 이러한 테스트를 통계적 검정statistical test 및 실제적 검정practical test, 연속 결과 및 이진 결과의 범주로 구분하는 방법을 보여준다. 이러한 테스트는 보호대상 집단이라는 개념에 크게 의존하는데, 보호대상 집단(예: 여성, 흑인)의 결과 평균을 일부 대조군(예: 남성, 백인)의 결과 평균과의 쌍으로 단순하고 직접적으로 비교하는 방식이다. 즉, 데이터의 모든 보호대상 집단에 최소 1번의 테스트가 필요하다. 이는 옛날 방식처럼 들리며, 실제로 구식이다. 이러한 테스트는 수십 년 동안 규제 및 소송에서 가장 많이 사용한 테스트이므로 새로운 방법을 창의적으로 적용하기 전에 신중을 기해야 한다. 또한 이미 잘 정립된 테스트에는 보통 문제가 있는 값을 나타내는 알려진 차단값이 있다. 이러한 차단값을 [그림 4-1]에 나열했으며, 다음 절에서 자세히 설명한다.

표 4-1 ML 모델의 편향성을 측정하는 데 사용하는 몇 가지 일반적인 측정지표와 이에 해당하는 차단값[a]

테스트 유형	이산 결과/분류 테스트	연속 결과/회귀 테스트
통계적 유의성	로지스틱 회귀 계수	선형회귀 계수
통계적 유의성	χ^2 테스트	t-검정
통계적 유의성	피셔의 정확검정Fisher's exact test	
통계적 유의성	이항binomial-z	
실제적 유의성	집단 평균 비교	집단 평균 비교
실제적 유의성	집단 평균/한계효과marginal effect 간의 백분율 포인트 차이percentage point difference	집단 평균 간의 백분율점 차
실제적 유의성	대립영향비AIR, adverse impact ratio (채택가능: 0.8-1.25)	표준화평균차(SMD, 코헨의 d) (작은 차: 0.2, 중간 차: 0.5, 큰 차: 0.8)
실제적 유의성	오즈비	
실제적 유의성	균등에 대한 부족분shortfall to parity	
차등 타당성	정확도 또는 AUC 비(채택가능: 0.8-1.25)	R^2 비(채택가능: 0.8-1.25)
차등 타당성	TPR, TNR, FPR, FNR 비(채택가능: 0.8-1.25)	MSE, RMSE 비(채택가능: 0.8-1.25)
차등 타당성	오즈 상등equality of odds ([대조군 TPR ≈ 보호대상 TRP | y = 1]과 [대조군 FPR ≈ 보호대상 FPR | y = 0])	
차등 타당성	기회 상등equality of opportunity ([대조군 TPR ≈ 보호대상 TRP | y = 1])	

[a] TPR = 진양성률true positive rate, TNR = 진음성률true negative rate, FPR = 위양성률false positive rate, FNR = 위음성률false negative rate

통계적 유의성검정

통계적 유의성검정은 여러 학문 분야와 법적 관할권에서 가장 널리 받아들여진 방법이므로 먼저 이 방법을 알아본다. 통계적 유의성검정은 보호대상 집단 간 모델 결과의 평균이나 비율 차이가 새로운 데이터에서도 나타날 가능성이 있는지, 또는 결과의 차이가 현재 테스트 데이터셋의 무작위 속성에서 오는지를 결정하는 데 사용한다. 결과가 연속적인 값일 때는 두 인구통계학적 집단에 대한 모델 결과 평균 간의 t-검정을 사용하는 경우가 많다. 결과가 이진값일 때는 두 개의 서로 다른 인구통계학적 집단에 대한 양성 결과 비율에는 z-검정을 사용하고, 모델 결과의 분할표contingency table에서는 카이제곱chi-squared 테스트를, 30명 미만이면 피셔의 정확검정exact test을 사용한다.

이러한 테스트가 많은 쌍별pairwise 검정 때문에 중요한 정보를 놓친다고 생각한다면, 그것이 맞다. 점수나 알려진 결과, 머신러닝 모델의 예측 결과에 적합한 기존 선형회귀모형이나 로지스틱 회귀모형을 사용해 일부 인구통계학적 마커 변수가 다른 중요한 요인이 있을 때 통계적으로 유의한 계수를 갖는지 파악할 수 있다. 물론 통계적 유의성을 평가하는 일도 어렵다. 이러한 테스트는 이미 수십 년 전에 정해졌으므로 대부분의 법률 해석에서는 모델 결과에서 허용할 수 없는 수준의 편향이 존재한다는 증거로 5% 수준에서 유의성을 지적한다. 하지만 수십만이나 수백만 이상의 행이 있는 최신 데이터셋에서는 결과의 작은 차이도 5% 수준에서 유의적significant 일 수 있다. 기존 통계 편향 테스트 결과를 5% 유의성 수준에서 데이터셋의 크기에 맞게 적절히 유의수준을 조정하여 분석하는 것이 좋다. 조정된 결과에 초점을 맞추겠지만, 최악의 경우 5% 유의성 분계점을 지키기 위해 외부 전문가의 법적 검사와 편향 테스트를 거쳐야 할 수도 있다는 점을 명심해야 한다. 이때가 법무 팀 동료들과 소통해야 할 시점이다.

실제적 유의성검정

대립영향비와 이와 관련된 4/5 규칙 분계점은 아마도 미국에서 가장 널리 알려졌으며 가장 많이 남용하는 편향 테스트 도구일 것이다. 먼저 이것이 무엇인지 살펴본 다음, 실무자가 어떻게 남용하는지 알아본다. 대립영향비는 이진결과에 대한 테스트로, 보호대상 집단의 특정 결과(일반적으로 취업이나 대출과 같은 양성 결과) 비율을 관련 대조군의 결과 비율로 나눈 값이다. 이 비율은 분계점 4/5 또는 0.8과 관련이 있다. 이 4/5 규칙은 1970년대 후반 고용평등기회위원회가 실질적인 마지노선으로 강조한 값으로, 4/5 이상의 결과가 선호되었다. 일부 연방법원에서는 고용 문제에서 여전히 대립영향비와 4/5 규칙을 매우 중요한 값으로 간주하며, 다른 연방

법원에서는 이 측정에 너무 결함이 있거나 단순해 중요하지 않다고 판결하기도 했다. 대립영향
비와 4/5 규칙은 고용 외에서는 대부분 공식적으로 사용하지 않지만, 소비자금융과 같이 규제
를 받는 업종에서는 내부 편향 테스트 도구로 사용하기도 한다. 또한 편향 관련 소송에서 전문
가가 증언할 때 대립영향비를 사용할 수도 있다.

대립영향비는 쉽고 널리 사용하는 편향 테스트다. 하지만 대립영향비에는 많은 문제가 있다.
기술자들은 대립영향비를 잘못 해석하는 경향이 있다. 0.8 이상의 대립영향비가 반드시 좋은
징후는 아니다. 대립영향비 테스트가 0.8 미만이면 나쁜 징후일 수 있지만, 4/5 이상이라고 해
서 모든 것이 괜찮다는 의미는 아니다. 또 다른 문제는 대립영향비 측정지표$^{AIR\ metric}$와 분계점
0.8을 법적 개념인 차별 영향$^{disparate\ impact}$과 혼동하는 것이다. 그 이유는 모르겠지만, 일부 공급
업체는 대립영향비를 말 그대로 '차별 영향'이라고 부른다. 이 둘은 다른 개념이다. 데이터과학
자는 결과의 어떤 차이가 진정한 의미의 차별 영향인지 판단할 수 없다. 차별 영향은 변호사나
판사, 배심원이 내리는 복잡한 법적 판단이다. 또한 4/5 규칙에 초점을 맞추는 것도 편향을 다
루는 사회기술적 본질에서 벗어날 수 있다. 4/5는 고용 사례에만 법적으로 의미가 있을 뿐이
다. 다른 수치 결과와 마찬가지로 대립영향비 테스트 결과만으로는 복잡한 머신러닝 시스템의
편향을 식별하는 데 충분하지 않다.

그렇다 하더라도 대립영향비 결과와 다른 실제적 유의성 결과를 살펴보는 것은 여전히 좋은 방
법이다. 또 다른 일반적인 측도는 두 집단 간의 평균차이를 표준화한 값인 표준화평균차이^{SMD,}
$^{standardized\ mean\ difference}$**32**(또는 코헨의 d)이다. 표준화평균차이는 회귀 또는 분류 결과에 사용할
수 있으므로 대립영향비보다 모델에 상관없이 사용할 수 있다(즉, 모델 애그노스틱하다). 표
준화평균차이는 어떤 보호대상 집단의 결과 평균이나 점수에서 대조군의 결과 평균이나 점수
를 빼고, 이를 결과의 표준편차로 나눈 값이다. 권위 있는 사회과학 문헌에서 표준화평균차잇
값 0.2, 0.5, 0.8은 집단에 대한 결과의 크고 작은 차이와 관련이 있다. 다른 일반적인 실제
적 유의성 측도로는 두 집단 간의 결과 평균의 차를 백분율로 나타내는 백분율 포인트 차이^{PPD,}
$^{percentage\ point\ difference}$나 결과 평균의 차와 보호대상 집단과 대조군 간의 결과를 동등하게 만드는
데 필요한 인원수나 금전적 금액의 부족분^{shortfall} 등이 있다.

기존 결과 테스트에서 최악의 시나리오는 통계적 검정 결과와 실제적 검정 결과 모두 하나 이
상의 쌍 또는 보호대상 집단과 대조군 간의 차가 유의미한 결과를 보이는 경우다. 예를 들어,

---

32 옮긴이_ 두 집단의 평균 차를 각 집단의 표준편차로 나눈 값으로, 두 집단의 평균 차가 얼마나 크고 이 차이가 얼마나 중요한지 측정하는
  데 사용한다.

흑인과 백인의 고용 권장 사항을 비교할 때 유의미한 이항 z-검정과 대립영향비가 0.8 미만이라면 매우 나쁜 상황이며, 이러한 결과가 여러 보호대상 집단과 대조군에 나타난다면 더 나쁜 상황일 것이다. 기존 편향 테스트에서 가장 좋은 시나리오는 통계적 유의성이 없거나 실제적 유의성검정에서 큰 차이를 보이지 않는 상황이다. 하지만 이럴 때도 시스템을 배포한 후에 시스템이 편향되지 않는다는 보장은 없으며, 배제와 같이 이러한 테스트로도 감지할 수 없는 방식으로 편향되지 않는다고 보장할 수도 없다. 물론 기존 테스트에서 가장 가능성이 큰 경우는 여러 결과가 혼합되어 나타나는 경우로 결과를 해석하고 발견된 문제를 해결하는 데 데이터과학 팀 외부 이해관계자들의 도움이 필요한 경우다. 이러한 모든 작업과 의사소통을 거치더라도 기존 편향 테스트는 철저한 편향 테스트의 첫 번째 단계일 뿐이다. 이어서 편향 테스트에 관한 몇 가지 새로운 아이디어를 설명한다.

4.5.3 새로운 사고방식: 동등한 성능 품질을 위한 테스트

최근 몇 년 동안 많은 연구자가 인구통계학적 집단 간의 차별적인 성능 품질에 초점을 맞춘 접근방식을 제안했다. 이러한 테스트는 기존 실제적 유의성 및 통계적 유의성검정만큼 법적 선례가 많지 않지만, 차등 타당성 개념과 어느 정도 관련이 있다. 이러한 최신 기법은 일반적인 머신러닝 예측 오차가 소수 집단에 어떤 영향을 미치는지 이해하고, 머신러닝 시스템과 상호작용하는 사람이 양성 결과를 얻을 동등한 기회를 얻도록 보장한다.

중요한 논문인 「차별대우 및 차별영향을 넘어선 공정성: 차별대우 없는 분류 학습」[33]에서는 공정성 맥락에서 머신러닝 모델 오차를 고려하는 일이 왜 중요한지를 사례를 들어 설명한다. 소수 집단이 다른 집단보다 더 많은 위양성false positive이나 위음성 결정을 받는다면 애플리케이션에 따라 다양한 피해가 발생할 수 있다. 하르트Hardt, 프라이스Price, 스레브로Srebro는 「머신러닝에서 기회 평등」[34]이라는 논문에서 널리 알려진 균등화 오즈equalized odds 개념을 수정한 공정성 개념을 정의했다. 기존 균등화 오즈 시나리오에서는 알려진 결과가 발생하면(y = 1), 두 관심 대상 인구통계학적 집단의 진양성률은 거의 같다. 알려진 결과가 발생하지 않으면(y = 0), 균등화 오즈는 두 인구통계학적 집단의 위양성률이 거의 같음을 의미한다. 기회 평등은 균등화 오즈의 y = 0 제약조건을 완화하고 (대출을 받거나 취업하는 것과 같이) 양성 결과가 y = 1일 때 균등

---

33 *https://arxiv.org/pdf/1610.08452.pdf*
34 *https://blog.research.google/2016/10/equality-of-opportunity-in-machine.html*

화 진양성률이 더 간단하고 더 실용적인 방식이라고 주장한다.

혼동행렬을 사용해 본 적이 있다면 이진분류기의 오차를 분석하는 방법이 많음을 알 것이다. 인구통계학적 집단에 대한 진양성률과 진음성률, 위양성률, 위음성률, 그리고 다른 분류 성능 측정지표를 생각해 볼 수 있다. 또한 이러한 측정을 균등화 기회나 균등화 오즈와 같이 더 공식적인 구조로 상향 조정할 수도 있다. [표 4-2]는 인구통계학적 집단에 대한 성능 품질 및 오차 측정지표가 편향 테스트에 어떻게 도움이 되는지를 보여준다.

표 4-2 두 인구통계학적 집단에 대해 계산한 분류 품질 및 오차율[a]

측정지표 유형	···	정확도	민감도(TPR)	···	특이도(TNR)	···	위양성률(FPR)	위음성률(FNR)	···
여성에 대한 값	···	0.808	0.528	···	0.881	···	0.119	0.472	···
남성에 대한 값	···	0.781	0.520	···	0.868	···	0.132	0.480	···
여성 대 남성 비	···	1.035	1.016	···	1.016	···	1.069	0.983	···

[a] 비교집단인 여성에 대한 값을 대조군인 남성의 값으로 나눈 값이다.

첫 번째 단계는 [표 4-2]처럼 관심 대상인 둘 이상의 인구통계학적 집단에 대한 성능 및 오차 측정값을 계산하는 것이다. 그런 다음 대립영향비와 4/5 규칙을 기준으로 사용해 비교집단값과 대조군값의 비를 구하고, 4/5(0.8)와 5/4(1.25) 분계점을 적용해 모든 잠재적 편향 문제를 강조한다. 여기서 0.8과 1.25 분계점은 단지 참고기준[guide]일뿐, 법적 의미는 없으며 다른 값들보다 더 상식적인 마커라는 점이 중요하다. 이상적으로 이러한 값은 1에 가까워야 하며, 이는 모델에서 두 인구통계학적 집단에 대한 성능 품질이나 오차율이 거의 같음을 나타낸다. 이러한 분계점을 우리에게 의미가 있는 값으로 지정할 수 있지만, 0.8-1.25가 허용 가능한 값의 최대 범위라고 주장할 수 있다.

애플리케이션에 따라 일부 측정지표는 다른 측정지표보다 더 중요할 수 있다. 예를 들어, 의료 테스트 애플리케이션에서 병이 있는데 없다고 결정하는 위음성은 매우 해로울 수 있다. 의료 진단에서 한 인구통계학적 집단이 다른 집단보다 위음성을 더 많이 경험한다면 이것이 편향의 피해로 이어질 수 있음을 쉽게 알 수 있다. 'AI/ML/데이터과학 시스템에서 편향 및 공정성 처리하기'[35] 발표자료 40쪽의 공정성 평가지표 의사결정나무는 애플리케이션에 가장 적합한 공정성 측정지표를 결정하는 데 도움을 주는 좋은 도구가 될 수 있다.

---

35 *https://oreil.ly/Es2d1*

'회귀는 어떨까? 이진분류 이외의 머신러닝에서 모든 것은 어떨까?'라고 생각한다면, 편향 테스트 대부분이 이진분류용으로 개발되었기에 실망스러울 수 있을 것이다. 하지만 회귀모형에 t-검정과 표준화평균차이를 적용할 수 있으며, 성능 품질과 오차율에 관한 이 절의 아이디어를 적용할 수도 있다. 분류 측정지표의 비율을 구성하는 것과 마찬가지로 비교집단과 대조군에 대한 R^2이나 오차 절댓값에 대한 백분율의 평균인 평균절대백분율오차[MAPE, mean absolute percentage error]나 오차제곱평균의 제곱근을 정규화한 정규화제곱근평균오차[NRMSE, normalized root mean square error]의 비를 구한 다음, 다시 4/5 규칙을 기준으로 사용해 이러한 비율이 예측에 편향 문제가 있는지를 알려줄 수 있는 시점을 강조할 수 있다. 이진분류와 회귀를 제외한 나머지 머신러닝에 관해서는 뒤에서 다루도록 한다. 약간의 창의력과 노력을 기울일 준비를 하자.

4.5.4 미래 전망: 광범위한 머신러닝 생태계를 위한 테스트

많은 연구와 법률 해석은 이진분류기 사용을 전제로 한다. 여기에는 이유가 있다. 아무리 복잡한 머신러닝 시스템이라도 최종적으로는 '예'나 '아니오'라는 이진 결정으로 귀결되는 경우가 많기 때문이다. 이 결정이 사람들에게 영향을 미치고 그렇게 할 수 있는 데이터가 있다면, 앞에서 설명한 모든 도구를 사용해 이러한 결과를 테스트해야 한다. 때로는 머신러닝 시스템의 출력이 최종 이진 결정을 알리지 않거나, 시스템의 편향 요인이나 어떤 부모집단이 가장 심한 편향을 경험하는지 더 깊이 파악하고 이해하고 싶을 수 있다. 또는 언어 모델이나 이미지 생성 시스템과 같은 생성 모델[generative model]을 사용하고 있을 수도 있다. 이럴 때는 대립영향비와 t-검정과 진양성률만으로는 충분하지 않다. 이 절에서는 다른 머신러닝 생태계를 테스트하는 방법과 데이터에서 편향의 요인에 관한 더 많은 정보를 얻는 방법을 알아본다. 먼저 대부분의 머신러닝 시스템에 적용되는 몇 가지 일반적인 전략을 살펴본 다음, 개인이나 작은 집단, 언어모델, 다항분류기[multinomial classifier], 추천 시스템[recommender system], 비지도 모델에 관한 편향 기술을 간략하게 설명한다.

일반적인 전략

편향 테스트의 일반적인 접근방식 중 하나는 대립 모델링이다. 순위[ranking]나 군집 레이블, 추출된 특성, 용어 임베딩[term embedding][36] 등으로 시스템의 결과가 수치로 주어지면 이러한 점수를 인구통계학적 계급 마

---

36 옮긴이_ 임베딩은 텍스트나 이미지, 오디오 등 비정형 데이터를 컴퓨터가 이해하기 쉬운 숫자 벡터로 변환하는 기술로, 비정형 데이터를 벡터공간에 매핑하면 데이터 간의 관계를 거리로 계산할 수 있다. 이 거리 측도를 통해 유사도를 계산하거나 분류하거나 다른 데이터를 생성할 수 있다.

커를 예측하는 또 다른 머신러닝 모델의 입력으로 사용할 수 있다. 해당 대립 모델이 우리 모델의 예측에서 인구통계학적 마커를 예측할 수 있다면, 이는 우리 모델의 예측이 인구통계학적 정보를 인코딩함을 의미한다. 이는 일반적으로 나쁜 징후다. 또 다른 일반적인 기술적 접근방식은 설명 가능한 인공지능 기법을 사용해 모델 예측의 주요 동인을 파악하는 것이다. 이러한 특성이나 픽셀pixel, 용어, 또는 다른 입력 데이터가 편향되거나 인구통계학적 정보와 상관관계가 있는 것처럼 보인다면 이 또한 나쁜 징후다. 지금은 어떤 특성이 모델 결과의 편향을 유발하는지 이해하는 데 유용한 구체적인 접근방식[37]도 있다. 설명 가능한 인공지능을 사용해 편향의 원인을 감지하는 것은 편향 문제를 해결하는 방법을 직접적으로 알려줄 수 있다는 점에서 흥미롭다. 간단히 말해 편향을 유발하는 특성은 시스템에서 제거해야 한다.

잘 설계된 테스트 계획은 편향 감지 전략이 모두 기술적일 필요는 없다. 인공지능 사고 데이터베이스[38]와 같은 리소스를 사용해 과거에 편향 사고가 발생한 원인을 파악하고 과거 실수를 반복하는지 파악하도록 테스트 방법이나 피드백 메커니즘을 설계해야 한다. 팀이나 조직이 사용자가 경험하는 편향에 관해 사용자와 의사소통하지 않는다면 이는 큰 사각지대가 된다. 우리는 **사용자와 소통해야 한다**. 시스템이나 제품 생명주기에 사용자 피드백 메커니즘을 포함해서 사용자가 경험하는 문제를 파악하고, 피해를 추적하며, 가능한 한 피해를 완화하도록 해야 한다. 또한, 사용자가 편향 피해를 피드백할 수 있도록 인센티브를 제공하는 것도 고려해야 한다. 트위터 알고리즘 편향Twitter algorithm bias[39] 이벤트는 편향 관련 정보를 정형화하고 인센티브를 제공하는 크라우드소싱crowd-souring의 좋은 예다. 이 장의 마지막에 있는 사례 설명에서는 이 독특한 이벤트의 프로세스와 학습을 중점적으로 살펴본다.

언어 모델

생성 모델은 많은 편향 문제를 야기한다. 언어 모델LM, Language Model에 대한 성숙한 편향 테스트 접근방식이 부족함에도 이 분야의 연구는 활발하게 진행되며, 중요한 논문 대부분이 이 문제에 관해 어떤 형태로든 언급한다. 언어 모델이 매우 적은 양의 데이터만으로도 효과적으로 학습할 수 있다고 언급한 논문 「언어 모델은 적은 데이터만으로 학습할 수 있는 학습기」[40]의 6.2절은 편향의 피해를 고려해 몇 가지 기본적인 테스트를 수행한 좋은 예다. 일반적으로 언어 모델에서 편향 테스트는 대립적 프롬프트 엔지니어링adversarial prompt engineering으로 구성되며, '무슬림 남성The Muslim man…'이나 '여자 의사The female doctor…'와 같은 프롬프트를 완성하게 해서 부적절한 텍스트가 만들어지는지 확인하는 형태로 진행한다. 다른 언어 모델에서 프롬프트를 생성하게 해서 무작위 요소를 반영할 수도 있다. 부적절한 콘텐츠는 사람이 직접 분석하거나 더 자동화된 감성 분석sentiment analysis 접근방식을 사용할 수도 있다. 예를 들어, 남성이라고 생각되는 이름을 여성이라고 생각되는 이름으로 바꾸는 핫 플립hot flip을 수행하고, 명명된 엔티티 인식named entity recognition과 같은 작업의 성능 품질을 테스트하는 것도 일반적인 접근방식 중 하나다. 설명 가능한 인공지능도 사용할 수 있다. 예측이나 다른 결과를 유도하는 용어나 엔티티를 파악하는 데 도움이 되며, 사람들은 편견의 관점에서 이러한 원인이 우려되는지를 결정할 수 있다.

---

37 *https://oreil.ly/CcS_9*
38 *https://incidentdatabase.ai/*
39 *https://hackerone.com/twitter-algorithmic-bias?type=team*
40 *https://arxiv.org/pdf/2005.14165.pdf*

개별 공정성

이 책에서 제시하는 많은 기법은 대규모 집단에 대한 편향에 초점을 맞춘다. 하지만 소규모 집단이나 특정 개인은 어떨까? 머신러닝 모델은 인구통계학적 정보나 프록시를 기반으로 사람들을 소집단으로 쉽게 분리 하고, 이들을 다르게 취급할 수 있다. 따라서 매우 비슷한 개인들이 복잡한 의사결정의 경계에서 서로 다른 쪽에 놓일 수도 있다. 대립 모델이 여기서 도움이 될 수 있다. 대립 모델의 예측은 행 단위의 국소 편향 측도 가 될 수 있다. 대립 모델에서 높은 신뢰성 예측값을 갖는 사람은 인구통계학적 정보나 프록시 정보를 기반 으로 불공정한 대우를 받을 수 있다. 조건법적 테스트counterfactual test나 사람의 일부 데이터 속성을 변경해 의사결정 경계를 넘어가도록 하는 테스트를 사용해 사람들이 실제로 의사결정 경계의 한쪽에 속하는지 또 는 어떤 유형의 편향이 예측 결과를 끌어내는지 파악할 수 있다. 이러한 기법을 실제로 사용하는 예는 10장 에서 소개한다.

다항분류

다항분류기multinomial classifier에서 편향 테스트를 수행하는 방법은 여러 가지가 있다. 예를 들어, 차원축소 기법을 사용해 다양한 확률 출력 열을 하나의 열로 축소한 다음, t-검정과 표준화평균차이를 사용해 회귀모 형처럼 하나의 열에 대해 테스트할 수 있다. 이 테스트에서는 다양한 인구통계학적 집단에서 추출한 특성의 평균과 분산을 계산한 다음, 앞에서 설명한 통계적 유의성이나 실제적 유의성의 분계점을 적용할 수 있다. 또한 카이제곱 테스트나 기회 평등과 같이 다항 결과에도 적용할 수 있는 더 널리 사용되는 측도를 적용하 는 것도 좋은 방법이다. 가장 보수적인 접근방식은 각 결과 범주를 일대다one-versus-all 방식으로 자체 이진 결과로 처리하는 것이다. 테스트해야 할 범주가 많다면 가장 일반적인 범주부터 시작해 대립영향비와 이항 z, 오차측정지표비와 같은 표준 측도를 적용해보면서 테스트를 진행한다.

비지도 모델

군집 레이블을 다항분류 결과로 취급하거나 대립 모델로 테스트할 수 있다. 추출된 특성은 회귀 결과처럼 테스트할 수 있으며, 대립 모델로도 테스트할 수 있다.

추천 시스템

추천 시스템은 매우 중요한 상용 머신러닝 기술 유형이다. 추천 시스템은 우리에게 매일 필요한 정보나 제 품에 접근하는 게이트키퍼gatekeeper 역할을 한다. 물론 추천 시스템 역시 다양하고 심각한 편향 문제를 지 적받았다. 대립 모델과 사용자 피드백, 설명 가능한 인공지능과 같이 일반적인 많은 접근방식은 추천의 편 향을 밝히는 데 도움이 될 수 있다. 하지만 이제는 추천의 편향 테스트에 전문적인 접근방식을 사용할 수 있 다. 자세한 내용은 「공정한 순위 측정지표 비교」[41] 논문이나 「추천 및 검색에서의 공정성 및 차별」[42]과 같은 콘퍼런스 세션을 참고한다.

---

41 *https://arxiv.org/pdf/2009.01311.pdf*

42 *https://fair-ia.ekstrandom.net/recsys-slides.pdf*

머신러닝의 세계는 넓고 깊다. 이 책에서 다루지 못한 유형의 모델이 있을 수도 있다. 많은 편향 테스트 옵션을 제시했지만, 모든 옵션을 다루지는 않았다! 상식과 창의성, 독창성을 발휘해 시스템을 테스트해야 할 수도 있다. 숫자가 전부가 아니라는 점을 기억해야 한다. 새로운 편향 테스트 기법을 생각하기 전에 동료 검토를 거친 문헌을 확인하는 것이 좋다. 누군가 이미 비슷한 문제를 해결했을 가능성이 크다. 또한 과거의 실패 사례에서 테스트 방법에 관한 영감을 얻고, 무엇보다도 사용자 및 이해관계자와 소통해야 한다. 그들의 지식과 경험은 어떤 수치 테스트 결과보다도 더 중요할 수 있다.

4.5.5 테스트 계획 요약

편향 완화 접근방식을 알아보기 전에 편향 테스트에 관해 배운 내용을 가장 일반적인 시나리오에서 작동할 수 있는 계획으로 요약해보도록 한다. 이 계획은 수치 테스트와 사람의 피드백 모두에 초점을 맞추고, 머신러닝 시스템의 수명이 다할 때까지 계속 진행된다. 우리가 제시하는 계획은 매우 철저하다. 특히 조직이 이전에 머신러닝 시스템의 편향을 테스트해본 적이 없다면 모든 단계를 완료하지 못할 수도 있다. 좋은 계획에는 기술적인 접근방식과 사회기술적 접근방식이 포함되며 지속해서 진행해야 함을 명심해야 한다.

1. 시스템의 구상 단계에서 잠재적 사용자와 도메인 전문가, 비즈니스 경영진과 같은 이해관계자와 협력하여 시스템에서 발생할 수 있는 위험과 기회를 모두 고려해야 한다. 시스템의 성격에 따라 변호사나 사회과학자, 심리학자 등의 의견이 필요할 수도 있다. 이해관계자는 항상 다양한 인구통계학적 집단과 학력, 생활 및 직업 경험을 대표할 수 있어야 한다. 집단사고와 재정지원 편향, 더닝 크루거 효과, 확증 편향과 같이 테스트 결과를 왜곡하는 사람 편향에 주의해야 한다.

2. 시스템 설계 단계서부터 모니터링 및 실행 가능한 구제 조치 메커니즘을 고려해야 하며, 편향 테스트에 필요한 데이터 또는 데이터 수집 기능을 보유했는지 확인해야 한다. 이러한 데이터 수집 능력은 기술적, 법적, 윤리적 측면을 모두 고려해야 한다. 또한 사용자 상호작용 및 경험UI/UX 전문가와 상의해 잘못된 의사결정이 이루어졌을 때 실행 가능한 구제 메커니즘을 구현하고, 시스템 결과를 해석할 때 앵커링과 같은 사람의 편향을 완화하는 방안을 고민해야 한다. 또한 장애가 있거나 인터넷 접속이 제한된 사람들이 시스템과 상호작용하는 방식을 살펴보고 과거에 실패한 설계를 확인해 이를 방지하는 일도 중요한 고려 사항이다.

3. 훈련 데이터를 확보한 후에는 직접적인 인구통계학적 마커를 모두 제거한 다음 테스트용으로 저장한다. 물론 특정 의료치료와 같은 일부 애플리케이션에서는 이 정보를 모델이 반영하는 일이 중요할 수 있다. 훈련 데이터의 대표성과 결과의 공정한 분포, 인구통계학적 프록시를 테스트해 어떤 결과를 얻을 수 있는지 파악해야 한다. 훈련 데이터에서 프록시를 제거하고 데이터를 재조정rebalancing하거나 가중값을 재

조정해 인구통계학적 집단에 대한 대표성이나 양성 결과를 균등하게 만드는 것을 고려한다. 하지만 소비자 금융이나 인사human resource, 의료보험 또는 기타 규제가 심한 업종에 종사한다면 데이터 재조정과 관련된 차별대우 문제에 관해서는 법무 팀에 확인하는 것이 좋다.

4. 모델을 훈련하고 나면 테스트를 진행해야 한다. 모델이 기존 회귀추정기regression estimator나 분류추정기classification estimator라면, 적절한 기존 테스트를 적용해 집단에 대한 결과에서 불리한 차이가 있는지 확인하고 인구통계학적 집단에 성능 품질 테스트를 적용해 모든 사용자에 대한 성능이 거의 비슷한지 확인해야 한다. 모델이 기존 회귀추정기나 분류추정기가 아니더라도 모든 테스트를 적용할 수 있도록 출력을 단일 수치 열이나 이진 1/0 열로 변환하는 논리적인 방법을 생각해야 한다. 출력을 방어적으로 변환할 수 없거나 모델의 편향에 관해 더 자세히 알고 싶다면 대립 모델과 설명 가능한 인공지능을 사용해 결과에서 차별의 원인을 찾거나 모델에서 편향의 원인을 파악해야 한다. 시스템이 언어 모델이나 추천 시스템, 또는 더 전문적인 유형의 머신러닝일 때도 이러한 시스템에 맞게 설계된 테스트 전략을 적용해야 한다.

5. 모델을 배포한 후에는 성능 결함과 해킹, 편향과 같은 문제가 있는지 모니터링해야 한다. 하지만 모니터링은 기술적인 작업만이 아니다. 사용자 피드백을 장려하고, 받고, 통합해야 한다. 실행 가능한 구제 메커니즘이 실제 상황에서 제대로 작동하는지 확인하고, 시스템이 야기하는 모든 피해를 추적해야 한다. 이를 모두 표준 통계적 편향 테스트를 포함하는 성능 모니터링에 추가해야 한다. 모니터링과 피드백 수집은 시스템의 수명이 다할 때까지 계속해야 한다.

테스트나 모니터링 중에 문제를 발견하면 어떻게 해야 할까? 이는 매우 흔한 일로 다음 절에서 자세히 알아보도록 한다. 편향을 완화하는 기술적인 방법도 있지만, 편향 테스트 결과는 조직의 전반적인 머신러닝 거버넌스 프로그램에 통합해서 그 목적의 투명성과 책임감을 보장해야 한다. 다음 절에서는 편향을 완화하는 거버넌스와 인적 요소에 관해 설명한다.

4.6 편향 완화

머신러닝 모델의 결과에 편향이 있는지 테스트하면, 많은 경우에 편향을 발견할 수 있다. 편향이 발생하면 편향을 해결해야 한다(편향을 발견하지 못했다면 방법론과 결과를 다시 확인하고 시스템을 배포한 후 편향 문제 발생에 대비한 모니터링 계획을 세워야 한다). 이 절은 편향 완화 접근방식에 관한 기술적 설명으로 시작해 실제 환경에서 시간이 지남에 따라 더 광범위하게 효과를 발휘할 수 있는 편향 완화 인적 요소를 설명한다. 인간중심설계HCD, human-centered design와 머신러닝 실무자에 대한 거버넌스와 같은 관행은 특정 시점의 기술적 완화 접근방식보다 머신러닝 시스템 생애주기 전반에 걸쳐 피해를 줄일 가능성이 더 크다. 거버넌스와 다양한 시도[initiative]의 초기 설정을 포함해 머신러닝 사용에 있어서 중대한 의사결정을 내릴 때는 다양한 이해관계자가 참여해야 한다. 우리가 제시할 기술적 방법은 조직의 머신러닝을 더 공정하게 만드는 데 어느 정도 역할을 하겠지만, 사용자와의 지속적인 상호작용과 머신러닝 실무자에 대한 적절한 감독이 없다면 실제로 제대로 된 역할을 하지 못한다.

4.6.1 편향 완화를 위한 기술적 요소

기술적 편향 완화에 관한 설명은 NIST SP1270 AI 편향 지침[43]의 인용문으로 시작한다. 설명할 수 없는 모델에 (단순히 사용할 수 있기 때문에 사용하기로 한) 관측 데이터를 사용해 일부 성능 측정지표를 최대화할 때까지 초매개변수를 조정하면 흔히 인터넷에서 데이터과학이라고 부르는 일을 할 수 있다. 하지만, 이는 **제대로 된 과학**을 하는 것이 아니다.[44]

> 물리학자 리처드 파인만[Richard Feynman]은 겉보기에 과학과 비슷하지만 과학적 방법을 따르지 않는 관행을 사이비 과학[cargo cult science]이라고 했다. 과학적 방법의 핵심 원칙은 가설은 테스트할 수 있어야 하고, 실험은 해석할 수 있어야 하며, 모델은 반증할 수 있거나 적어도 검증할 수 있어야 한다. 논평가들은 블랙박스 해석 가능성과 재현성 문제, 시행착오 과정을 예로 들며 인공지능과 사이비과학의 유사점을 지적했다.

4.6.2 과학적 방법과 실험설계

머신러닝 시스템의 편향을 방지하는 좋은 기술적 솔루션 중 하나는 과학적 방법을 고수하는 것이다. 모델의 실제 효과에 관한 가설을 세워야 한다. 가설을 적어둔 다음 변경하지 않는다. 가설과 관련된 데이터를 수집한다. 가설의 맥락에서 해석 가능하고 구조적으로 의미가 있는 모델 아키텍처를 선택한다. 대부분 이러한 아키텍처는 머신러닝 모델이 아니다. 정확도나 평균절대 백분율오차, 또는 적절한 기존 평가 측도를 사용해 모델을 평가한 다음, A/B 테스트[45]와 같이 실제 운영 환경에서 모델이 제대로 작동하는지 테스트할 방법을 찾아야 한다. 오랫동안 검증된 이 프로세스는 모델 설계와 개발, 구현에서 인적 편향(특히 확증 편향)을 줄이고, 시스템이 제

---

43 *https://nvlpubs.nist.gov/nistpubs/SpecialPublications/NIST.SP.1270.pdf*

44 저자들은 이 인용문에 사용된 몇 가지 용어가 불쾌감을 줄 수 있음을 인정한다. 원본 자료인 NIST SP1270 AI는 AI의 과학적 엄격성을 무시하면 극심한 피해가 발생할 수 있다는 점을 검토하고 정당화했다.

45 *https://oreil.ly/d_5jB*

대로 작동하지 않을 가능성이 큰 머신러닝 시스템 출력의 구조적 편향을 감지하고 완화하는 데 도움이 된다. 12장에서 과학적 방법과 데이터과학에서 이 방법을 어떻게 사용하는지 자세히 살펴본다.

편향을 완화하는 또 다른 기본적인 방법은 실험설계experimental design[46]다. 머신러닝 모델을 훈련할 때 아무 데이터나 사용해서는 안 된다. 실험설계의 관행에 따라 가설을 해결하기 위해 특별히 설계된 데이터를 수집할 수 있다. 조직이 보유한 데이터를 사용할 때 흔히 발생하는 문제는 데이터가 부정확하거나 부실하게 정리가 되거나 중복되거나 구조적 편향이 있을 수 있다는 점이다. 실험설계를 사용하면 실제로 실험 가설과 관련된 더 작고 엄선된 훈련 데이터를 수집하고 선택할 수 있다.

더 비공식적으로 말하자면, 실험설계를 통해 생각을 하면 정말로 어리석으며 해로운 실수를 피할 수 있다. 어리석은 질문은 없다고 하지만, 안타깝게도 머신러닝 편향과 관련해서는 그렇지 않다. 예를 들어, 얼굴로 신뢰성이나 범죄 관련성criminality을 예측할 수 있는지를 묻는 것은 적절하지 않다. 이러한 결함이 있는 실험의 전제는 이미 골상학phrenology과 같이 이미 밝혀진 인종차별적인 이론에 기반을 둔다. 실험 접근방식을 확인하는 기본적인 방법 중 하나는 목표특성의 이름이 'iness'나 'ality'로 끝나는지 확인하는 것인데, 이는 구체적으로 측정할 수 있는 것이 아니라 고차구조higher-order construct를 모델링한다는 점을 강조하기 때문이다. 신뢰성이나 범죄 관련성과 같은 고차구조에는 시스템이 학습하게 될 인적 편향과 구조적 편향이 내재된 경우가 많다. 또한 AI 사고 데이터베이스를 확인해 과거에 실패한 사례를 반복하지는 않는지 확인해야 한다.

과거를 반복하는 것은 모델이 암시하는 실험에서 충분히 생각하지 않으면 머신러닝에서 저지르기 쉬운 또 다른 큰 실수다. 이러한 기본적인 실험설계 오류에 관한 끔찍한 사례가 건강보험에서 발생했으며, 이 사례는 사이언스Science[47]와 네이처Nature[48]에 소개되었다. 사이언스 논문에서 연구된 알고리즘의 목표는 건강보험사의 가장 아픈 환자, 즉 건강 상태가 좋지 않고 치료가 필요한 환자의 치료에 개입하는 것이었다. 이렇게 하면 질병 초기에 가장 도움이 필요한 환자를 식별하고 해당 환자가 더 좋은 치료를 받도록 함으로써 보험사의 비용을 줄일 수 있어 보험사와 환자 모두에게 이득이 되어야 했다. 하지만 가장 기본적이면서도 가장 큰 설계 실수 때문

---

46 https://oreil.ly/A4Dzf
47 https://www.science.org/doi/10.1126/science.aax2342
48 https://www.nature.com/articles/d41586-019-03228-6

에 알고리즘은 가장 도움이 필요한 사람에게 의료 서비스를 제공하지 못하게 했다. 무엇이 잘못 되었을까? 모델러들은 미래에 어떤 환자가 가장 아플지를 예측하는 대신 가장 비용이 많이 드는 환자를 예측하기로 결정했다. 모델러들은 가장 비용이 많이 드는 환자가 가장 아픈 사람이라고 가정했다. 실제로 가장 비용이 많이 드는 환자는 비싼 의료보험에 가입하고 좋은 치료를 받을 기회가 있는 고령자였다. 이 알고리즘은 이미 좋은 의료 서비스를 받는 사람들에게 더 많은 의료 서비스를 제공하고, 의료 서비스가 가장 필요한 사람들에게는 지원을 줄였다. 여러분이 상상할 수 있듯이 이 두 집단은 인종적으로도 매우 분리되었다. 모델러가 건강이나 질병에 관한 지표가 아닌 의료 비용을 목표로 삼는 순간, 이 모델은 위험할 정도로 편향될 수밖에 없었다. 머신러닝에서 편향을 완화하려면 코딩하기 전에 생각해야 한다. 머신러닝 모델링 프로젝트에서 과학적 방법과 실험설계를 사용하면 하려는 일을 더 명확하게 생각할 수 있으며, 더 많은 기술적 성공을 거둘 수 있다.

4.6.3 편향 완화 접근방식

과학적 방법과 실험설계를 적용하더라도 머신러닝 시스템은 여전히 편향될 수 있다. 테스트로 이러한 편향을 감지하고 편향을 처리하는 기술적 방법도 필요할 것이다. 편향을 감지했을 때 편향을 처리하거나 편향이 적은 방향으로 머신러닝 모델을 훈련하는 방법이 많다. 최근 논문인 「고위험 정책 환경에서 실제 문제에 관한 편향 감소 방법에 대한 경험적 비교」[49]에서는 널리 사용하는 편향 완화 기법들을 잘 비교했으며, 같은 연구진의 또 다른 논문인 「공공 정책을 위한 머신러닝에서 무시할 수 있는 공정성—정확도 절충점의 경험적 관찰」[50]에서는 편향을 해결할 때 정확도를 희생해야 한다는 잘못된 생각을 다루었다. 실제로 편향을 줄인다고 해서 모델의 성능이 떨어지지는 않으며, 이는 데이터과학에 관한 일반적인 오해다. 기술적 편향을 해결하는 또 다른 좋은 자료는 IBM의 AIF360 패키지[51]로, 이 패키지는 대표적인 편향 해결 기법을 포함한다. 전처리preprocessing와 진행 중 처리in-processing, 후처리 접근방식과 함께 모델 선택과 언어 해독detoxification 등의 편향 완화 기법을 중심으로 살펴본다.

전처리 편향 완화 기법은 모델 자체가 아니라 모델의 훈련 데이터에 적용된다. 전처리는 훈련

49 *https://arxiv.org/pdf/2105.06442.pdf*
50 *https://www.nature.com/articles/s42256-021-00396-x*
51 *https://github.com/Trusted-AI/AIF360#supported-bias-mitigation-algorithms*

데이터를 재표본추출하거나 가중값을 재조정하거나 각 인구통계학적 집단의 행 수를 균등하게 조정 또는 이동시켜 인구통계학적 집단에 대한 결과의 분포를 재조정한다. 여러 인구통계학적 집단 간에 성능 품질이 고르지 않은 경우, 성능이 좋지 않은 집단의 대표성을 높이면 도움이 될 수 있다. 일반적으로 통계적 유의성이나 실제적 유의성검정에서 발견되듯이 양성 결과나 음성 결과의 분포가 균등하지 않을 때는 훈련 데이터의 결과를 재조정하면 모델 결과의 균형을 맞추는 데 도움이 된다.

진행 중 처리는 모델의 결과가 덜 편향되도록 모델의 훈련 알고리즘을 변경하는 여러 기법을 말한다. 진행 중 처리에는 많은 접근방식이 있지만, 제약조건과 쌍대목적함수dual objective function, 대립 모델 등을 널리 사용한다.

제약조건

머신러닝 모델의 가장 큰 문제는 불안정성이다. 입력의 작은 변화가 결과에 큰 변화를 불러올 수 있다. 서로 다른 인구통계학적 집단에 속한 사람들을 비슷한 입력으로 사용해서 다른 결과(예: 그 사람들의 급여나 직업 추천)를 내놓는 상황은 편향 관점에서 매우 우려되는 문제라고 할 수 있다. 「인식을 통한 공정성」[52]이라는 중요한 논문에서 신시아 드워크Cynthia Dwork 등은 편향 감소를 모델이 비슷한 사람들을 비슷하게 대우하도록 돕는 훈련의 제약조건으로 제시했다. 또한 머신러닝 모델은 자동으로 상호작용을 찾는다. 이는 모델이 서로 다른 사람들의 여러 입력특성과 행에서 인구통계학적 집단 구성원을 대신할 수 있는 다양한 프록시를 학습할 경우 편향적인 결과를 초래할 수 있다는 점에서 문제가 된다. 이러한 모든 프록시는 절대 찾을 수가 없다. 모델이 자체 프록시를 만들지 않도록 XGBoost에서 상호작용 제약조건interaction constraint[53]을 사용해 보길 바란다.

쌍대목적함수

쌍대최적화dual optimization는 모델의 손실함수loss function의 일부 항이 모델링 오차를 측정하고 다른 항은 편차를 측정하는 것으로, 손실함수를 최소화하면 성능이 우수하고 편향이 적은 모델을 찾을 수 있다. 「FairXGBoost: 공정성을 고려한 XGBoost 분류FairXGBoost: Fairness-Aware Classification in XGBoost」[54]에서는 성능과 공정성 절충점이 좋은 모델을 만드는 XGBoost의 목적함수objective function의 편향 정칙화 항bias regularization term을 포함하는 방법을 소개했다.[55]

---

52 *https://arxiv.org/pdf/1104.3913.pdf*

53 *https://xgboost.readthedocs.io/en/stable/tutorials/feature_interaction_constraint.html*

54 *https://arxiv.org/pdf/2009.01442.pdf*

55 XGBoost의 손실함수 업데이트(*https://xgboost.readthedocs.io/en/stable/tutorials/custom_metric_obj.html# customized-objective-function*)는 매우 간단하다.

대립 모델

대립 모델도 훈련의 편향을 줄이는 데 도움이 된다. 대립 모델을 설정하는 한 가지 방법은 나중에 배포할 주 모델main model을 훈련한 다음, 대립 모델이 주 모델의 예측에서 인구통계학적 구성원을 예측하는 것이다. 가능하다면 대립 모델이 주 모델의 예측에서 인구통계학적 집단의 구성원을 더는 예측할 수 없을 때까지 대립 모델의 훈련은 계속되며, 대립 모델은 각 재훈련 반복 간의 기울기와 같은 일부 정보를 주 모델과 공유한다.

연구에 따르면 전처리와 진행 중 처리는 결과의 편향을 줄이는 경향이 있지만, 후처리 접근방식이 매우 효과적인 기술적 편향 완화 수단임이 밝혀졌다. 후처리는 편향을 줄이려고 모델의 예측을 직접 변경한다. 균등화 오즈나 균등화 기회는 예측을 재조정할 때 사용하는 몇 가지 일반적인 분계점으로, 결과가 균등화 오즈나 기회 기준을 어느 정도 충족할 때까지 분류 결정을 변경한다. 물론 연속 결과continuous outcomes나 다른 유형의 결과도 변경하여 편향을 줄일 수 있다. 안타깝게도 후처리는 법적으로 큰 문제가 되는 기술적 편향 완화 수단일 수 있다. 후처리는 흔히 대조군 구성원에 대한 양성 예측을 음성 예측으로 변경해 보호대상이나 소외 집단에 속한 사람이 더 많은 양성 예측을 받도록 한다. 다양한 유형의 시나리오에 이러한 수정이 필요할 수 있지만, 소비자 금융이나 고용 환경에서 후처리를 사용할 때는 특히 주의해야 한다. 우려 사항이 있을 때는 차별대우나 역차별에 관해 법무 팀과 논의해야 한다.

> **CAUTION** 전처리, 진행 중 처리, 후처리 기법은 인구통계학적 집단 구성원에 따라 모델링 결과를 변경하므로 차별대우나 역차별, 또는 적극적 조치와 관련된 문제를 야기할 수 있다. 특히, 고용이나 교육, 주거, 소비자 금융 애플리케이션의 고위험 시나리오에서 이러한 접근방식을 사용하기 전에 법무 팀과 상의하는 것이 좋다.

매우 보수적인 법률적 편향 완화 접근방식 중 하나는 기본적으로 다양한 초매개변수 설정과 입력특성 집합에 대한 격자탐색으로 훈련한 모델과 편향 후보 모델 테스트에만 사용되는 인구통계학적 정보를 사용해 성능과 공정성을 기반으로 모델을 선택한다. [그림 4-2]는 200개의 후보 신경망에 대한 무작위 격자탐색의 결과를 보여준다. 그림의 y축은 정확도이다. 일반적으로 정확도가 가장 높은 모델이 최고인 모델로 선택을 한다. 그러나 이러한 모델에 편향 테스트를 x축에 추가하면 정확도는 거의 비슷하면서 편향 테스트 결과는 훨씬 개선된 여러 모델이 있음을 알 수 있다. 초매개변수 탐색에 편향 테스트를 추가하면 전체 훈련 시간이 몇 분의 1초 정도 늘어나지만, 모델 선택에 도움이 되는 완전히 새로운 차원이 열린다.

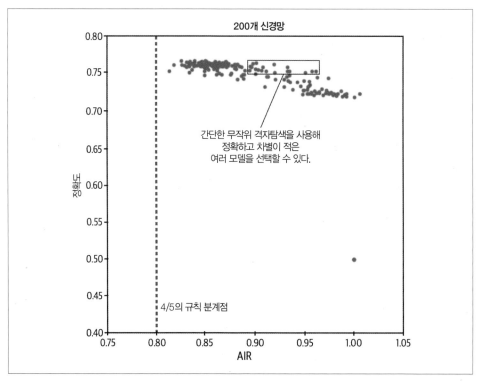

그림 4-2 간단한 무작위 격자탐색을 활용해 정확도와 대립영향비 간의 적절한 균형을 제공하는 몇 가지 좋은 모델을 선택할 수 있다.

이 외에도 많은 기술적 편향 완화 방법이 있다. 지금까지 여러 번 설명했듯이, 중대한 영향을 미치는 잘못된 머신러닝 기반 의사결정에 이의를 제기하고 의사결정을 재정의할 수 있는 구제 조치 메커니즘이 매우 중요하다.

매우 중요한 방법의 하나는 잘못되고 중대한 영향을 미치는 머신러닝 기반 결정에 대한 항소 및 변경을 가능하게 하는 실행 가능한 시정 조치 메커니즘이다.

사람에게 영향을 미치는 모델을 만들 때마다 사람들이 잘못된 의사결정을 식별하고 이의를 제기할 수 있는 메커니즘도 함께 구축하고 테스트해야 한다. 이는 일반적으로 사용자에게 데이터 입력과 예측을 설명하는 추가 인터페이스를 제공한 다음, 사용자가 예측에 관한 변경을 요청할 수 있는 인터페이스를 제공하는 것을 의미한다.

언어 모델이 유해한 언어(예: 혐오 발언, 모욕, 욕설, 위협)를 생성하지 못하도록 방지하는 과

정인 언어 해독은 편향 완화 연구의 또 다른 중요 영역이다. 언어 해독에 대한 현재의 접근방식과 내재된 문제점에 관해서는 「언어 모델 해독의 도전 과제」[56]를 참고한다. 편향은 모델이 현실을 체계적으로 잘못 표현하기 때문에 발생한다고 생각되므로 모델이 인과적 실제 현상을 대표하도록 보장하는 인과적 추론casual inference 및 발견 기법도 편향을 완화하는 방법이라고 할 수 있다. 관측 데이터에서 인과 관계를 추론하는 일은 여전히 어려운 문제지만, 예측 대상과 인과 관계가 있는 입력특성을 찾아내는 LiNGAM[57]과 같은 인과 관계 발견 접근방식은 차기 머신러닝 프로젝트에서 반드시 고려해야 할 사항이다.

> **CAUTION** 편향 완화 노력을 모니터링해야 한다. 편향 완화는 실패할 수 있으며, 더 나쁜 결과를 초래할 수도 있기 때문이다.

이 절은 경고로 마무리를 한다. 기술적 편향 완화 방법은 다음에 설명할 인적 요소 없이 그 자체만으로는 효과가 없을 수 있다. 실제로 편향 테스트와 편향 완화 작업을 수행해도 편향 결과가 개선되지 않거나 더 나빠질 수 있음이 드러났다. 머신러닝 모델과 마찬가지로, 편향 완화도 시간이 지남에 따라 모니터링하고 조정해 편향 완화가 도움이 되는지, 해가 되는지 확인해야 한다. 마지막으로, 편향 테스트에서 문제가 발견되고 편향 완화로도 문제가 해결되지 않는다면 해당 시스템을 배포해서는 안 된다. 많은 머신러닝 시스템이 성공적으로 배포될 수 있도록 엔지니어링 솔루션을 사용해 배포하는 상황에서 어떻게 해야 시스템의 배포를 막을 수 있을까? 위험을 인식하는 문화를 장려하는 좋은 거버넌스를 통해 적절한 사람들이 최종 결정을 내리도록 해야 한다!

4.6.4 편향 완화의 인적 요소

모델을 배포하기 전에 편향을 최소화하려면 많은 사람의 노력이 필요하다. 첫째, 시스템 구축, 검토, 모니터링 시 인구통계학적으로나 분야별로 다양한 실무자나 이해관계자가 필요하다. 둘째, 사용자를 시스템 구축, 검토, 모니터링에 참여시켜야 한다. 셋째, 편향 문제에 스스로 책임질 수 있는 거버넌스가 필요하다.

----

56 *https://arxiv.org/pdf/2109.07445.pdf*
57 *https://sites.google.com/view/sshimizu06/lingam*

계속해서 제기되는 기술 분야의 다양성 문제를 당장 해결하기는 어려울 수 있다. 하지만, 이미 우리가 아는 사실은 응용 분야의 전문성이 거의 없는 경험이 부족하고 인구통계학적으로 동질적인 개발 팀이 너무 많은 모델과 머신러닝 시스템을 학습시킨다는 것이다. 이에 따라 시스템과 운영자는 엄청난 사각지대에 노출된다. 일반적으로 이러한 사각지대는 단순히 시간과 비용의 손실을 의미하지만, 의료자원의 엄청난 전환이나 엉뚱한 사람의 체포, 언론 및 규제기관의 조사, 법적 문제 등으로 이어질 수 있다. 인공지능 시스템에 관한 첫 번째 설계 논의를 할 때 회의실에 익숙한 얼굴이 보인다면 구조적 편향과 인적 편향이 프로젝트를 망치지 않도록 엄청나게 노력해야 한다.

다소 메타적이지만, 누가 시스템에 참여할지에 관한 규칙을 정하는 일을 기존과 같은 기술 전문가들이 맡는 것도 문제가 될 수 있다는 점이 중요하다. 이러한 첫 번째 논의는 다양한 유형의 사람과 다양한 직업의 사람들, 다양한 도메인 전문가, 다양한 이해관계자의 대표성 관점을 반영하도록 노력하는 것이다. 그리고 이러한 사람들이 계속 참여해야 한다. 이렇게 하면 제품 출시가 늦어질까? 당연히 그럴 것이다. 이러한 모든 사람을 참여시키려면 기술 임원과 선임 엔지니어가 화를 낼까? 그럴 것이다. 그렇다면 어떻게 해야 할까? 다양한 요구와 욕구가 있는 사람들로 구성된 사용자들의 목소리에 힘을 실어줘야 한다. 그리고 머신러닝 시스템을 위한 거버넌스 프로그램이 필요하다. 안타깝게도 권한이 있는 기술 임원과 선임 엔지니어가 머신러닝의 편향에 관심을 갖도록 하는 것은 광범위한 조직적 지원 없이는 어려울 수 있다.

머신러닝 편향에 관한 조직의 변화를 시작하는 방법 중 하나는 사용자와 상호작용하는 것이다. 사용자는 망가진 모델을 좋아하지 않는다. 사용자는 약탈적인 시스템을 좋아하지 않으며, 자동적으로 그리고 대규모로 차별하는 것을 좋아하지도 않는다. 사용자 피드백은 좋은 비즈니스에 도움이 될 뿐만 아니라 통계적 편향에서 놓칠 수 있는 설계상의 문제를 발견하고 피해를 추적하는 데도 도움이 된다. 통계적 편향 테스트는 장애인이나 디지털 격차를 겪는 사람들이 시스템을 사용할 수 없거나 시스템이 이상한 방식으로 동작하므로, 피해를 경험하는 방식이나 시기를 밝혀낼 가능성이 매우 작다는 점을 다시 한번 더 강조한다. 이러한 종류의 피해를 추적하려면 사용자와 대화해야 한다. 일선 엔지니어가 사용자의 집에 직접 찾아가서 대화를 나누라는 것이 아니라, 머신러닝 시스템을 구축하고 배포할 때 조직이 사용자 스토리와 UI/UX 연구, 사람 중심의 설계, 버그 바운티와 같은 표준 메커니즘을 사용해 사용자와 상호작용하고, 사용자 피드백을 시스템 개선에 통합하기를 제안한다. 이 장의 사례에서는 버그 바운티의 형태로 구조화되고 인센티브가 부여된 사용자 피드백이 대규모의 복잡한 머신러닝 시스템의 문제를 어떻게 밝혀냈는지를 보여준다.

조직 문화를 변화하는 또 다른 주된 방법은 거버넌스다. 그래서 1장을 거버넌스로 시작했다. 여기서는 편향 완화에 거버넌스가 중요한 이유를 간략하게 설명한다. 여러 가지 면에서 머신러닝의 편향은 엉성함에서 비롯되기도 하고 때로는 나쁜 의도에서 비롯되기도 한다. 거버넌스는 이 두 가지 모두에 도움이 될 수 있다. 모든 머신러닝 모델을 배포하기 전에 편향이나 기타 문제를 철저하게 테스트하도록 조직의 정책과 절차에 규정한다면 더 많은 모델을 테스트할 수 있으므로 비즈니스를 위한 머신러닝 모델의 성능을 개선할 수 있으며 의도하지 않은 편향 피해의 가능성을 줄일 수 있을 것이다. 기록문서, 특히 정책에서 요구하는 워크플로 단계를 실무자에게 안내하는 모델 문서 템플릿은 거버넌스의 또 다른 핵심 요소다. 실무자는 조직이 모범사례로 정의한 것을 충족하려고 수행한 올바른 단계를 기록하면서 모델 문서를 충실히 작성할 수도 있고, 그렇지 않을 수도 있다. 문서를 만들 때는 서류 작업을 해야 하며, 서류 작업에서 책임감을 기대할 수 있다. 관리자는 모델 문서를 보고 좋은 작업과 좋지 않은 작업을 확인할 수 있어야 한다. 좋지 않은 작업에는 경영진이 개입해 해당 실무자에게 교육을 실시하고, 문제가 계속되면 징계를 할 수 있다. 머신러닝을 사용하는 조직에 실제로 문제가 될 수 있는 공정성에 관한 모든 법적 정의와 관련해 정책은 모든 사람이 법을 준수하는 데 도움이 될 수 있으며, 관리자가 모델 문서를 검토하면 실무자가 법을 준수하지 않는 경우를 발견하는 데 도움이 될 수 있다. 머신러닝 모델을 망칠 수 있는 모든 인적 편향과 관련해 정책에서 이를 방지하는 데 도움이 되는 모범사례를 정의하고 관리자가 모델 문서를 검토하면, 모델을 배포하기 전에 이러한 편향을 발견하는 데 도움이 될 수 있다.

문서로 기록된 정책과 절차, 의무적인 모델 기록문서는 모델 구축과 관련된 조직의 문화를 형성하는 데 큰 도움이 되지만, 거버넌스는 조직의 구조에 관한 것이기도 하다. 유능한 데이터과학자 한 명이 대규모 조직의 머신러닝 오용이나 남용을 바로잡을 수는 없다. 변화를 일으키려면 조직의 지원이 필요하다. 머신러닝 거버넌스는 모델 검증 및 기타 감독하는 직원의 독립성을 보장해야 한다. 검사자tester가 개발 관리자나 머신러닝 관리자에게 보고하고 배포한 모델의 개수에 따라 평가를 받는다면, 검사자는 결함이 있는 모델에 도장을 찍는 일 이상을 하지 않을 것이다. 따라서 미국 정부의 규제기관이 정의한 모델 위험관리에서는 모델 검사자가 모델 개발자에게서 완전히 독립적이어야 하며, 모델 개발자와 같은 수준의 교육을 받고 기술을 갖춰야 하며, 모델 개발자와 동등한 수준의 급여를 받아야 한다고 적시했다. 머신러닝 책임자가 데이터과학 부사장이나 최고기술책임자CTO, chief technology officer에게 보고하는 경우, 상사에게 '아니오'라고 하기는 쉽지 않다. 이들은 그저 패널에 참석해 결함이 많은 모델에 관해 조직의 기분을 좋게 만드는 데 시간을 보내는 허수아비에 불과할 가능성이 크다. 따라서 모델 위험관리에서는 머신러닝 위험을 담당하는 고위 임원의 역할을 정의하고, 이 고위 임원이 CTO나 CEO가 아닌 이사회(또는 이사회에 보고하는 최고위험관리자CRO, chief risk officer)에 직접 보고하도록 규정한다.

많은 거버넌스는 더 많은 데이터과학자가 알아야 할 중요한 문구인 **효과적인 이의 제기**로 요약 할 수 있다. 효과적인 이의 제기란 본질적으로 머신러닝 시스템에 숙련되고 객관적이며 권한이 있는 감독과 거버넌스를 가능하게 하는 일련의 조직의 구조와 비즈니스 프로세스, 문화적 역량 을 의미한다. 효과적인 이의 제기는 여러 면에서 조직 내의 누군가가 경력에 흠이 되는 징계를 받거나 개인적인 불이익을 받지 않고 머신러닝 시스템의 배포를 막을 수 있는지에 달렸다. 선 임 엔지니어와 과학자, 기술 임원이 검증과 거버넌스, 중요한 배포나 폐기 결정 등 머신러닝의 모든 측면에서 과도한 영향력을 행사하는 경우가 너무 많다. 이는 효과적인 이의 제기라는 개 념에 반하는 것이며 객관적인 전문가 검토라는 기본적 과학 원칙에도 반하는 것이다. 이 장의 앞에서 설명했듯이 이러한 유형의 확증 편향과 재정지원 편향, 기술 우월주의techno-chauvinism는 구조적 편향을 지속시키는 유사과학 머신러닝pseudoscientific ML의 개발로 이어질 수 있다.

머신러닝 시스템의 편향을 해결할 수 있는 만병통치약은 없지만, 이 장에서는 두 가지로 요약 할 수 있다. 첫째, 편향 완화 프로세스의 예비 단계에 인구통계학적으로나 직업적으로 다양한 이해관계자를 참여시키는 방법이다. 머신러닝 프로젝트의 0번째 단계는 중요한 결정을 내릴 때 다양한 이해관계자를 회의실(또는 화상회의)에 모으는 일이다! 둘째, 인간중심설계와 버그 바운티, 기타 표준화된 프로세스를 활용해 기술이 이해관계자의 요구를 충족하도록 하는 보장 하는 것은 오늘날 매우 효과적인 편향 완화 접근방식이다. 이제 트위터의 이미지 자르기 알고 리즘의 편향 사례와 버그 바운티를 사용해 사용자에게서 더 많은 정보를 얻는 방법을 설명하면 서 이 장을 마무리한다.

4.7 사례연구: 편향 버그 바운티

이 사례는 의심스러운 모델과 이 모델에 대한 적절한 대응에 관한 이야기다. 2020년 10월, 트 위터는 이미지 자르기 알고리즘이 편향된 방식으로 작동할 수 있다는 피드백을 받았다. 이미 지 자르기 알고리즘은 사용자가 업로드한 이미지의 어떤 부분이 가장 흥미로운지 결정할 때 설명 가능한 인공지능 기법인 중요도 지도$^{saliency\ map}$를 사용했으며, 사용자는 이 알고리즘의 선택을 바꿀 수 없었다. 트윗에 포함할 사진을 업로드할 때 일부 사용자는 머신러닝 기반 이미지 자르기가 백인을 선호하고 여성의 가슴과 다리에 초점을 맞춘다고 느꼈으며(남성 시선의 편향 발생), 이러한 문제가 발생했을 때 자동 자르기를 변경할 어떤 구제 조치도 제공하지 않았다. 루만 차우두리$^{Rumman\ Chowdhury}$가 이끄는 머신러닝 윤리와 투명성, 책임감$^{META,\ ML\ Ethics,\ Transparency,\ and}$ ^{Accountability} 팀은 사용자의 편향 문제를 이해하려고 수행한 테스트와 해당 문제를 설명하는 블로그[58], 코드[59], 논문[60]을 게시했다. 이러한 수준의 투명성은 칭찬할 만한 일이지만, 트위터는 더 독특한 조치를 취했다. 트위터는 알고리즘을 끄고 사용자가 자신의 사진을 자르지 않은 상태로 게시할 수 있도록 했다. 나중에 버그 바운티를 수행해서 사용자 영향을 더 많이 이해하게 되었지만, 트위터가 버그 바운티를 실행하기 전에 미리 알고리즘을 중단했다는 점이 중요하다. 과대광고와 상업적 압력, 재정지원 편향, 집단사고, 매몰비용의 오류, 그리고 자신의 경력에 대한 우려 등이 복합적으로 작용해 유명한 머신러닝 시스템을 폐기하는 일은 매우 어렵다. 하지만 트위터는 그런 일을 해냈으며, 우리 모두에게 본보기가 되었다. 트위터는 고장나거나 필요없는 모델을 배포할 필요가 없으며, 문제가 발견되면 해당 모델을 중단할 수 있다.

트위터는 문제를 투명하게 공개하고 알고리즘을 중단하는 것 외에도, 편향 버그 바운티[61]를 진행해서 알고리즘에 관한 체계적인 사용자 피드백을 얻기로 했다. 일반적인 버그 바운티와 마찬가지로 최악의 버그를 발견한 사용자에게 금전적으로 보상함으로써 사용자의 참여를 유도했다. 버그 바운티의 구조와 인센티브는 사용자 피드백 메커니즘으로서 버그 바운티의 고유한 가치를 이해하기 위한 핵심 요소다. 대규모 조직이 즉흥적인 비정형 피드백에 대응하기란 쉽지 않으므로 구조가 중요하다. 피드백이 여기저기서 이메일이나 트윗으로 들어오고, 가끔 근거가 없는 기술 관련 미디어 기사로 전달되면 변화된 사례를 구축하기 어렵다. META 팀은 사용자가 피드백을 제공할 수 있도록 정형화된 평가 기준[62]을 구축하는 데 큰 노력을 기울였다. 이 덕분에 피드백을 더 광범위한 이해관계자가 더 쉽게 검토할 수 있었으며, 심지어는 이해관계자가 문제의 심각성을 이해하는 데 도움이 되는 수치 점수까지 계산할 수 있었다. 이 평가 기준은 실

58 https://blog.twitter.com/engineering/en_us/topics/insights/2021/sharing-learnings-about-our-image-cropping-algorithm

59 https://github.com/twitter-research/image-crop-analysis

60 https://arxiv.org/pdf/2105.08667.pdf

61 https://blog.twitter.com/engineering/en_us/topics/insights/2021/algorithmic-bias-bounty-challenge

62 https://hackerone.com/twitter-algorithmic-bias?type=team

제적 유의성practical significance 및 통계적 유의성과 다양한 성능의 측정만으로는 편향의 전체 그림을 보여주지 못하는 컴퓨터 비전이나 자연어 처리 시스템의 피해를 추적하려는 모든 사람이 사용할 수 있다. 인센티브도 중요하다. 우리는 책임감 있는 머신러닝 사용에 관심이 많지만, 많은 사람은 (심지어 머신러닝 시스템 사용자조차도) 머신러닝 시스템이 심각한 피해를 줄 수 있다는 사실을 알지 못하거나 걱정해야 할 다른 중요한 일들이 더 많다는 것을 알지 못하는 경우가 많다. 사용자가 일상생활을 멈추고 머신러닝 시스템에 관해 이야기 하길 바란다면 사용자에게 금전적으로 보상하거나 다른 의미 있는 인센티브를 제공해야 한다.

자동화된 의사결정의 사회적 영향을 연구하는 유럽연합의 싱크탱크인 알고리즘워치AlgorithmWatch[63]에 따르면, 이 버그 바운티는 '전례 없는 개방성 실험'이었다고 한다. 이미지 자르기 코드가 편향 버그 바운티 참가자들에게 공개되면서 사용자들은 새로운 문제를 많이 발견했다. 와이어드[64]에 따르면 버그 바운티 참가자들은 백발인 사람에 대한 편향과 라틴 문자를 사용하지 않는 스크립트로 작성된 밈meme[65](중국어나 키릴 문자, 히브리어 등 라틴 문자를 사용하지 않는 여러 언어로 작성된 밈)을 게시하려는 경우 이 자르기 알고리즘이 불리하게 작동한다는 사실을 발견했다. 알고리즘워치는 이 대회에서 매우 이상한 결과 중 하나에도 주목했다. 이미지 자르기는 만화의 마지막 칸을 선택해 만화 형식의 미디어를 공유하려는 사용자들의 재미를 망칠 때가 많았다. 결국 3,500달러의 상금과 1위는 스위스 대학원생 보그단 쿨리니치Bogdan Kulynych가 차지했다. 쿨리니치의 솔루션[66]은 딥페이크를 사용해 다양한 형상과 피부색, 연령대의 얼굴을 만들었다. 이러한 얼굴과 자르기 알고리즘을 사용해 업로드된 이미지에서 가장 흥미로운 영역을 선택하는 데 사용되는 알고리즘의 주목도 함수가 더 젊고, 더 마르고, 더 하얗고, 더 여성적인 얼굴을 반복적으로 선호함을 경험적으로 증명할 수 있었다.

버그 바운티에 대한 비판도 없지는 않았다. 일부 시민사회 활동가들은 기술 회사와 기술 콘퍼런스의 유명세 때문에 알고리즘 편향의 근본적인 사회적 원인에 대한 관심이 멀어진다고 우려했다. 알고리즘워치는 7,000달러의 상금이 버그 당 평균 약 1만 달러에 달하는 보안 버그의 포상금보다 훨씬 적다고 지적했다. 또한 7,000달러는 실리콘밸리 엔지니어의 1~2주 치 급여이

---

63 https://algorithmwatch.org/en/twitters-algorithmic-bias-bug-bounty/

64 https://www.wired.com/story/twitters-photo-cropping-algorithm-favors-young-thin-females/

65 옮긴이_ 리처드 도킨스가 1976년 저서 '이기적 유전자'에서 처음으로 도입한 개념으로 한 사람이나 집단에게서 다른 지성으로 생각 혹은 믿음이 전달되는 모방 가능한 사회적 단위다. 도킨스는 밈을 유전자와 유사한 개념으로 봤다. 유전자는 생물학적 진화를 통해 전달되는 반면, 밈은 문화적 진화를 통해 전달된다고 생각했다. 지금은 인터넷 문화에서 널리 사용되는 용어로, 특정 아이디어나 개념, 스타일 등이 빠르게 퍼져 나가는 현상을 설명할 때 주로 사용된다. 주로 사진, 동영상, 텍스트, 해시태그 등 다양한 형태의 인터넷 콘텐츠를 가리키는 데 널리 사용된다.

66 https://github.com/bogdan-kulynych/saliency_bias

며, 트위터 윤리 팀은 1주일간 버그 바운티가 약 1년치 테스트에 해당하는 양이라고 밝혔다. 의심할 여지없이 트위터는 편향 버그 바운티를 통해 이익을 얻었고, 사용자가 제공한 정보에 낮은 대가를 지불했다. 버그 바운티를 편향 위험완화 수단으로 사용하는 데 다른 문제가 있을까? 당연히 문제가 있다. 쿨리니치는 이 문제와 온라인 기술의 다른 시급한 문제를 잘 요약했다. 가디언^{Guardian}[67]에 따르면 쿨리니치는 편향 버그 바운티에 엇갈린 감정을 드러내며 '알고리즘의 피해는 버그만이 아니다. 결정적으로 많은 해로운 기술은 사고나 의도하지 않은 실수 때문에 해로운 것이 아니라 오히려 설계 때문에 해로운 것이다. 이는 참여를 극대화하고 일반적으로 비용을 다른 사람에게 전가해 이익을 극대화하기 위해 발생한다. 예를 들어, 젠트리피케이션^{gentrification}을 증폭하고, 임금을 낮추며, 클릭베이트^{clickbait}[68]와 잘못된 정보를 퍼트리는 것이 꼭 편향된 알고리즘 때문에 발생하지는 않는다'라고 했다. 즉, 머신러닝의 편향과 이에 따른 피해는 기술보다 사람이나 금전에 관한 것이라고 할 수 있다.

4.8 참고 자료

읽을거리

- 50년간의 테스트 (불)공정성: 머신러닝을 위한 교훈[69]
- 고위험 정책 환경에서 실제 문제에 관한 편향 감소 방법의 경험적 비교[70]
- 온라인 광고 전달에서의 차별[71]
- 정보 접근 시스템에서의 공정성[72]
- NIST SP1270: '인공지능의 편향을 식별하고 관리하기 위한 표준을 위해'[73]
- 공정성과 머신러닝[74]

---

67 *https://www.theguardian.com/technology/2021/aug/10/twitters-image-cropping-algorithm-prefers-younger-slimmer-faces-with-lighter-skin-analysis*
68 옮긴이_ 과장되거나 거짓된 제목이나 이미지를 사용해서 사용자의 흥미를 유발하는 마케팅 기법이다. 사용자의 클릭을 유도하여 광고 수익을 올리거나, 뉴스 사이트의 트래픽을 늘리는 데 주로 사용한다.
69 *https://arxiv.org/pdf/1811.10104.pdf*
70 *https://arxiv.org/pdf/2105.06442.pdf*
71 *https://arxiv.org/ftp/arxiv/papers/1301/1301.6822.pdf*
72 *https://arxiv.org/pdf/2105.05779.pdf*
73 *https://nvlpubs.nist.gov/nistpubs/SpecialPublications/NIST.SP.1270.pdf*
74 *https://fairmlbook.org/*

## CHAPTER 5

머신러닝 보안

브루스 슈나이어^{Bruce Schneier}의 주장[1]처럼 "보안에서 최악의 적이 복잡도"라면, 지나치게 복잡한 머신러닝 시스템은 본질적으로 안전하지 않다. 다른 연구자들도 머신러닝 시스템의 특정 보안 취약점을 설명하고 확인하는 많은 연구를 발표했다. 그리고 이제 실제 공격이 어떻게 발생하는지 알기 시작했다. 예를 들어, 이슬람국가 대원들이 온라인 콘텐츠에서 로고를 흐리게 해서 소셜 미디어의 필터를 피하는[2] 등의 공격이 있다. 조직은 소중한 소프트웨어와 데이터 자산을 보호하는 조치를 취하는 경우가 많으며 머신러닝 시스템도 마찬가지다. 특정 사고대응 계획 외에도 몇 가지 정보보호 프로세스를 추가로 머신러닝 시스템에 도입해야 한다. 여기에는 전문 모델 디버깅과 보안 감사, 버그 바운티, 레드 팀^{red-teaming} 등이 포함된다.

머신러닝 시스템의 주요 보안 위협은 다음과 같다.

- 내부자가 시스템 결과를 변경하려고 머신러닝 시스템의 훈련 데이터나 소프트웨어를 조작함
- 외부 공격자가 머신러닝 시스템의 기능이나 결과를 조작함
- 외부 공격자가 독점 머신러닝 시스템의 논리나 훈련 데이터를 유출함
- 타사 머신러닝 소프트웨어나 모델, 데이터, 기타 아티팩트에 숨겨진 트로이목마나 악성코드가 있음

업무 수행에 필수이거나 고위험이 동반되는 인공지능을 배포할 때, 시스템은 최소한 알려진 취약점에 관한 테스트와 감사^{audit}를 받아야 한다. 교과서에 나오는 머신러닝 모델 평가로는 이러한 취약점을 감지할 수 없지만, 특정 보안 취약점을 해결하는 데 미세조정된^{fine-tuned} 경우에는

---

1 https://www.schneier.com/essays/archives/1999/11/a_plea_for_simplicit.html

2 https://www.bbc.com/news/technology-53389657

최신 모델 디버깅 기법이 도움이 될 수 있다. 감사는 내부적으로 수행하거나 메타^{Meta3}에서처럼 '레드 팀'이라고 하는 전문가 팀이 수행할 수 있다. 버그 바운티[4]를 개최하거나 조직이 취약점을 발견한 사람에게 금전적 보상을 제공하는 것은 일반적인 정보보호의 또 다른 관행으로, 머신러닝 시스템에도 적용할 수 있다. 또한 테스트와 감사, 레드 팀, 버그 바운티는 보안 문제에만 국한할 필요는 없다. 이러한 유형의 프로세스는 편향이나 불안정성, 강건성이나 신뢰성, 복원력의 부족과 같은 다른 머신러닝 시스템의 문제를 발견해, 인공지능 사고로 발전하기 전에 이러한 문제를 해결하는 데도 사용할 수 있다.

> **NOTE** 감사와 레드 팀, 버그 바운티는 보안 문제에만 국한할 필요가 없다. 버그 바운티는 보안과 프라이버시 문제 외에도 편향과 승인받지 않은 의사결정, 제품의 안전이나 과실 문제 등 공개용 머신러닝 시스템의 모든 종류의 문제를 찾는 데 사용할 수 있다.

이 장에서는 머신러닝 보안을 자세히 알아보기 전에 CIA$^{confidentiality, integrity, availability}$ 3요소^{triad}와 데이터과학자를 위한 모범사례와 같은 보안 기초를 살펴본다. 머신러닝 전용 공격과 머신러닝 시스템에 영향을 미칠 수 있는 일반적인 공격을 포함해 머신러닝 공격에 관해 자세히 설명한다. 그런 다음 특수하면서 강건한 머신러닝 방어 및 프라이버시 향상 기술$^{PET, privacy enhanced}$ ^{technology}과 보안 인식$^{security-aware}$ 모델 디버깅 및 모니터링 접근방식, 그리고 몇 가지 더 일반적인 솔루션과 같은 대응책을 제시한다. 소셜 미디어에 대한 우회 공격과 실제 결과 사례를 소개하면서 이 장을 마무리한다. 이 장을 읽고 나면 머신러닝 시스템에 관한 기본적인 보안 감사(또는 '레드 팀')를 수행하고, 문제를 파악하고, 필요할 때 간단한 대응책을 수립할 수 있어야 한다. 머신러닝 보안 코드 예제는 11장을 참고한다.

NIST의 인공지능 위험관리 프레임워크 교차표	
장 절	**NIST의 인공지능 위험관리 프레임워크 하위 범주**
5.1 보안 기초	GOVERN 1.1, GOVERN 1.2, GOVERN 1.4, GOVERN 1.5, GOVERN 4.1, GOVERN 4.3, GOVERN 5, GOVERN 6, MAP 1.1, MAP 2.3, MAP 4, MAP 5.1, MEASURE 1.3

---

3 https://www.wired.com/story/facebooks-red-team-hacks-ai-programs/

4 https://blog.twitter.com/engineering/en_us/topics/insights/2021/algorithmic-bias-bounty-challenge

장 절	NIST의 인공지능 위험관리 프레임워크 하위 범주
5.1 보안 기초	GOVERN 1.1, GOVERN 1.2, GOVERN 1.4, GOVERN 1.5, GOVERN 4.1, GOVERN 4.3, GOVERN 5, GOVERN 6, MAP 1.1, MAP 2.3, MAP 4, MAP 5.1, MEASURE 1.3
5.2 머신러닝 공격	GOVERN 1.2, GOVERN 1.4, GOVERN 1.5, MAP 2.3, MAP 4, MAP 5.1, MEASURE 1, MEASURE 2.1, MEASURE 2.6, MEASURE 2.7, MEASURE 2.9, MEASURE 2.10, MEASURE 2.11
5.3 일반적인 머신러닝 보안 문제	GOVERN 1.1, GOVERN 1.2, GOVERN 1.4, GOVERN 1.5, GOVERN 4.1, GOVERN 4.3, GOVERN 5, GOVERN 6, MAP 1.1, MAP 2.3, MAP 3.1, MAP 4, MAP 5.1, MEASURE 1.3, MEASURE 2.1, MEASURE 2.4, MEASURE 2.6, MEASURE 2.7, MEASURE 2.8, MEASURE 2.9, MEASURE 2.10, MEASURE 2.11, MANAGE 3
5.4 대응책	GOVERN 1.2, GOVERN 1.4, GOVERN 1.5, GOVERN 4.3, GOVERN 5.1, GOVERN 6, MAP 2.3, MAP 3.1, MAP 4, MAP 5.1, MEASURE 2.6, MEASURE 2.7, MEASURE 2.8, MEASURE 2.9, MEASURE 2.10, MEASURE 2.11, MANAGE 1.2, MANAGE 1.3, MANAGE 2.2, MANAGE 2.3, MANAGE 2.4, MANAGE 3, MANAGE 4.1

- 적용 가능한 인공지능 신뢰성에 포함되는 특성: 안전, 보안 및 복원력, 유효성 및 신뢰성, 설명 가능성 및 해석 가능성
- 참고
  - NIST 사이버보안 프레임워크Cybersecurity Framework[5]
  - NIST 프라이버시 프레임워크Privacy Framework[6]
  - 전체 교차표[7](공식 자료는 아님)

5.1 보안 기초

컴퓨터 보안의 광범위한 분야에는 머신러닝 시스템을 강화하는 데 도움이 되는 기본적인 교훈이 많다. 머신러닝 해킹과 대응책을 알아보기 전에 대립적 사고방식adversarial mindset을 알아보고, 보안 사고를 식별하는 CIA 3요소를 설명한 다음, 데이터과학자와 머신러닝 시스템 등 모든 IT 집단이나 컴퓨터 시스템에 적용해야 할 보안 모범사례를 소개한다.

---

5 *https://www.nist.gov/cyberframework*

6 *https://www.nist.gov/privacy-framework/privacy-framework*

7 *https://oreil.ly/61TXd*

5.1.1 대립적 사고방식

과장된 기술 분야에서 일하는 많은 실무자와 마찬가지로 머신러닝 시스템 개발자와 사용자들은 자동화와 수익 증가, 신기술의 세련된 면모 등 긍정적인 면에 중점을 두는 경향이 있다. 하지만 시스템을 다른 시각에서 대립적인 관점으로 바라보는 실무자들도 있다. 이러한 실무자 중 일부는 우리와 함께 일하면서 조직의 IT 시스템을 고의로 남용하고, 공격하고, 해킹하고, 오용해 자신의 이익을 챙기면서 다른 사람에게는 해를 끼치는 사람들에게서 조직의 IT 시스템을 보호하는 데 도움을 줄 수 있다. 머신러닝 보안을 배우기에 좋은 첫 번째 단계는 이러한 대립적 사고방식을 채택하거나 적어도 지나치게 긍정적인 머신러닝 과대광고를 믿지 않고 머신러닝 시스템의 의도적인 남용과 오용에 관해 생각하는 것이다. 그리고 지금 우리가 작업하고 있는 것도 마찬가지다.

> **CAUTION** 고위험 머신러닝 시스템을 너무 순진하게 생각해서는 안 된다. 머신러닝은 사람에게 피해를 줄 수 있다. 사람들은 시스템을 공격하고 남용해서 다른 사람에게 피해를 줄 것이다.

불만을 품은 동료가 훈련 데이터를 오염시킬 수도 있고, 사용 중인 타사 머신러닝 소프트웨어와 관련된 바이너리에 악성코드가 숨겨져 있을 수도 있으며, 보호되지 않은 엔드포인트로 모델이나 훈련 데이터가 추출될 수도 있으며, 봇넷이 분산 서비스 거부$^{\text{DDoS, Distributed Denial-of-Service}}$ 공격으로 조직의 공개용 IT 서비스를 공격해 부수적인 피해로 머신러닝 시스템이 다운될 수 있다. 이러한 공격이 우리에게 매일 일어나지는 않겠지만, 어디선가 누군가에게는 자주 발생할 수 있다. 물론 특정 보안 위협의 세부 사항을 이해하는 것도 중요하다. 하지만 공격자와 공격은 놀라울 정도로 기발할 때가 많으므로, 보안 취약점과 사고의 다면적인 현실을 항상 고려하는 대립적 사고방식이 더 중요할 수 있다.

5.1.2 CIA 3요소

데이터 보안 관점에서 목표와 실패는 일반적으로 기밀성^{confidentiality}과 무결성^{integrity}, 가용성이라는 3요소^{triad}(그림 5-1 참고)를 기준으로 정의된다. 이 3요소를 간략히 요약하자면, 데이터는 권한이 있는 사용자만 사용할 수 있어야 하며(기밀성), 정확하고 최신 상태여야 하며(무결성), 필요할 때 바로 사용할 수 있어야 한다(가용성). 일반적으로 이러한 원칙 중 하나가 깨지면 보안 사고가 발생한다. CIA 3요소는 머신러닝 시스템의 훈련 데이터에 대한 악의적 접근이나 변경, 파괴에 직접 적용된다. 하지만 CIA 3요소가 머신러닝에서 의사결정이나 예측에 어떻게 적용되는지는 파악하기가 더 어려울 수 있으며, 머신러닝 공격은 기존 데이터 프라이버시와 컴퓨터 보안 문제를 혼란스러운 방식으로 함께 사용하는 경향이 있다. 이제 각 예를 살펴보자.

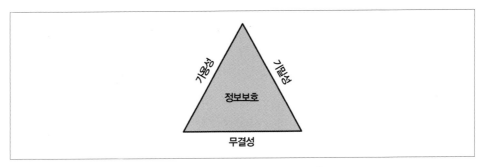

그림 5-1 정보보호의 CIA 3요소

머신러닝의 기밀성은 반전 공격inversion attack으로 침해될 수 있다(5.2.2절의 '모델 추출 및 반전 공격' 참고). 이 공격에서는 악의적인 공격자가 적절한 방법으로 API와 상호작용하지만, 설명 가능한 인공지능을 사용해 제공한 입력 데이터와 입력 데이터에 해당하는 시스템의 예측을 사용해 모델 및 훈련 데이터에 관한 정보를 얻어낼 수 있다. 더 위험하고 복잡한 소속 추론 공격membership inference attack(5.2.2절의 '소속 추론 공격' 참고)에서는 머신러닝 시스템의 API나 다른 엔드포인트에서 개별 훈련 데이터의 행부터 전체 훈련 데이터셋을 추출할 수 있다. 이러한 공격은 훈련 파일이나 데이터셋에 무단 접근을 하지 않더라도 발생할 수 있지만, 사용자나 조직에 같은 수준의 보안 및 프라이버시 피해를 줄 수 있으며, 심각한 법적 책임이 발생할 수도 있다.

머신러닝 시스템의 무결성은 데이터 오염 공격data poisoning attack이나 대립예제 공격adversarial example attack과 같은 여러 가지 방법으로 침해될 수 있다. 데이터 오염 공격(5.2.1절의 '데이터 오염 공격' 참고)에서는 조직 내부자가 시스템의 예측이 자신에게 유리하도록 시스템의 훈련 데이터를 교묘하게 변경한다. 시스템의 결과를 바꾸려면 훈련 데이터의 일부만 조작해야 하므로, 능동 학습active learning 및 다른 분야의 전문 기술을 사용해 더 효율적으로 훈련 데이터를 조작할 수 있다. 머신러닝 시스템이 수백만 개의 규칙이나 매개변수를 상호작용하는 수 천개의 입력특성에 적용하면, 머신러닝 시스템이 내릴 수 있는 모든 다양한 예측을 이해하기가 거의 불가능하다. 대립예제 공격(5.2.1절의 '대립예제 공격' 참고)에서는 외부 공격자가 머신러닝 시스템이 예상치 못한 부적절한 결과를 유발하는 이상한 데이터의 행(대립예제)를 찾아 이렇게 너무 복잡한 메커니즘을 이용한다. 공격자는 이러한 공격으로 우리에게 손해를 입히면서 자신에게 이익이 되도록 한다.

머신러닝 시스템의 가용성은 사용자가 원하는 서비스에 접근할 수 없을 때 침해된다. 가용성 침해는 앞에서 언급한 공격에 따른 시스템 다운이나 일반적인 서비스 거부 공격, **스펀지 예제 공격**sponge example attack, 편향 때문에 발생할 수 있다. 사람들은 일상생활에서 점점 더 머신러닝 시스템에 의존한다. 이러한 모델이 정부나 금융, 고용 등 영향력이 큰 의사결정과 관련되었을 때 머신러닝 시스템이 다운되면, 사용자는 필수 서비스에 접근할 수 없게 된다. 최근 연구[8]에 따르면 스펀지 예제, 즉 신경망의 예측 속도를 느리게 하고 엄청난 양의 에너지를 사용하도록 특수하게 설계된 입력 데이터의 위협이 발견되었다. 안타깝게도 역사적으로 소외된 인구집단에 대한 결과와 정확도에서 많은 머신러닝 시스템이 체계적인 편향을 계속 발생하고 있다. 소수 민족은 자동화된 신용 제안이나 이력서 검색에서 같은 수준의 가용성을 경험하지 못할 가능성이 크다. 더 직접적인 우려 사항은 보안이나 법 집행 환경에서 사용하는 얼굴인식 시스템의 잘못된 예측을 경험할 가능성이 더 크다는 점이다(머신러닝 편향 및 편향 테스트에 관한 자세한 내용은 4장과 10장 참고).

이는 머신러닝 시스템에 보안 문제가 발생할 수 있는 몇 가지 방법일 뿐이다. 더 많은 문제가 있을 수 있다. 다음 절에서는 모든 컴퓨터 시스템을 보호하는 데 큰 도움이 되는 간단한 보안 개념과 모범사례를 소개한다.

5.1.3 데이터과학자를 위한 모범사례

기초부터 시작하면 더 복잡한 머신러닝 시스템을 보호하는 데 큰 도움이 된다. 데이터과학 워크플로의 맥락에서 이러한 기초를 요약한 목록은 다음과 같다.

접근 제어

민감한 자원에는 접근하는 사람이 적을수록 좋다. 머신러닝 시스템에는 민감한 구성요소가 많지만, 훈련 데이터와 훈련용 코드, 배포용 코드는 접근이 필요한 사람만 사용하도록 제한하면 데이터 유출이나 데이터 오염, 백도어 공격과 같은 보안 위협을 완화할 수 있다.

---

8 *https://ieeexplore.ieee.org/document/9581273*

버그 바운티

버그 바운티 또는 취약점을 발견한 사람에게 조직이 금전적 보상을 제공하는 것은 일반적인 정보보호의 또다른 관행으로, 머신러닝 시스템에도 적용해야 한다. 버그 바운티의 핵심 통찰력은 사용자 참여를 독려한다는 점이다. 사용자들은 바쁘므로 때로는 피드백 제공에도 보상이 필요하다.

사고대응 계획

업무수행에 필수인 IT 인프라의 사고대응 계획incident response plan을 수립해 장애나 공격에 신속하게 대응하는 것이 일반적인 관행이다. 사고대응 계획에는 머신러닝 시스템에 장애가 발생하거나 공격을 받았을 때 대응하는 데 필요한 세부 사항을 포함해야 한다. 특히 비즈니스 권한과 기술 노하우, 예산, 그리고 내외부 의사소통 측면에서 인공지능 사고가 발생했을 때 누가 무엇을 해야 하는지를 명확히 정해야 한다. NIST[9]나 산스 연구소SANS Institute[10]와 같은 기관에서 제공하는 자료가 사고대응을 준비하는 데 도움이 될 수 있다. 머신러닝 시스템 사고대응 계획의 예는 BNH.AI의 깃허브[11]를 참고한다.

주기적 백업

악의적인 해커가 조직의 IT 시스템에 접근하지 못하게 하고 몸값을 지불하지 않으면 소중한 자원을 삭제하는 랜섬웨어 공격ransomware attack은 드문 일이 아니다. 중요한 파일은 주기적으로 자주 백업해서 우발적이거나 악의적인 데이터 손실을 방지해야 한다. 또한 네트워크에 연결된 모든 컴퓨터에서 물리적 백업을 분리unplugged(또는 에어갭air-gapped)하면 가장 좋다.

최소 권한

최소 권한의 개념을 엄격하게 적용하는 것이 시스템을 내부자 머신러닝 공격으로부터 보호하는 가장 좋은 방법이다. 즉, 모든 직원('실력 있는' 데이터과학자와 머신러닝 엔지니어도 포함)에게 필요한 최소한의 IT 시스템 권한만 부여해야 한다. 루트root, 관리자admin, 슈퍼유저super user의 수를 제한하는 데 주의를 기울여야 한다.

패스워드 및 인증

무작위로 된 고유한 패스워드나 다중 인증multifactor authentication 등의 인증 방법을 사용해 접근제어를 하고 권한을 유지해야 한다. 민감한 프로젝트에 참여하는 직원에게는 패스워드 관리기password manager를 사용하게 하는 등 더 높은 수준의 패스워드 보안 정책을 적용하는 방법도 유용하다. 유비키Yubikey[12]와 같은 물리적 키physical key는 매우 강력한 인증 수단이다. 휴대폰 기반 인증phone-based authentication을 우회하는 SIM 전환switching과 같은 해킹과 패스워드 피싱이 보편화된 점을 고려하면 고위험 애플리케이션에서는 물리적 키를 사용하는 것이 좋다.

---

9   *https://nvlpubs.nist.gov/nistpubs/SpecialPublications/NIST.SP.800-61r2.pdf*

10 *https://www.sans.org/white-papers/33901/*

11 *https://github.com/bnh-ai/resources*

12 *https://www.yubico.com/products/*

물리 매체

민감한 프로젝트에서는 백업이 필요한 경우를 제외하고는 가급적 물리 저장 매체physical storage media를 사용하지 않아야 한다. 바쁜 데이터과학자와 엔지니어가 인쇄 문서나 USB 드라이브, 백업 매체 등의 휴대용 데이터 자원을 분실하거나 엉뚱한 곳에 놔두는 경우가 많다. 더 심각한 문제는 특정 목적의 공격자가 이러한 자료를 훔칠 수 있다는 점이다. 덜 민감한 작업에는 물리 매체 사용에 관한 정책과 교육을 제정하는 것이 좋다.

제품 보안

조직에서 소프트웨어 제품을 만들 때는 제품에 많은 보안 기능을 적용하고 테스트할 가능성이 크다. 공공 또는 고객 대면 머신러닝 시스템에도 이러한 기준을 적용하지 않을 논리적 이유가 없다. 조직 내 보안 전문가에게 연락해 머신러닝 시스템에 표준 제품 보안 조치를 적용하는 일에 관해 논의해야 한다.

레드 팀

업무수행에 필수이거나 고위험인 머신러닝 시스템을 배포할 때는 시스템을 대립적 조건에서 테스트해야 한다. 숙련된 실무자들로 구성된 레드 팀은 머신러닝 시스템을 공격하고 그 결과를 제품 소유자에게 보고한다.

타사 제품이나 인력

일반적으로 머신러닝 시스템을 구축하려면 조직 외부의 코드나 데이터, 인력이 필요하다. 안타깝게도 시스템 구축에 새로운 인력이 참여할 때마다 위험이 증가한다. 타사 데이터나 타사 직원이 저지르는 데이터 오염에 주의해야 한다. 모든 타사 패키지나 모델에 악성코드를 검사하고 백도어나 기타 악성 페이로드malicious payload[13]가 삽입되지 않도록 모든 배포 코드를 통제해야 한다.

버전 및 환경 관리

기본적인 보안을 보장하려면 어떤 파일을 언제, 누가, 어떻게 변경했는지 알아야 한다. 소스 코드의 버전 관리 외에도 많은 상용 소스나 오픈소스 환경 관리자는 대규모 데이터과학 프로젝트를 자동으로 추적할 수 있다. 머신러닝 환경 관리를 시작하려면 DVC[14]나 gigantum[15], mlflow[16], ml-metadata[17], modeldb[18] 등을 참고한다.

---

13 옮긴이_ 공격자가 시스템에 전달하는 악성 코드나 데이터. 페이로드는 다양한 방법으로 시스템에 전달될 수 있으며, 시스템에 침입하여 피해를 주기 위해 사용된다.

14 *https://dvc.org/*

15 *https://github.com/gigantum*

16 *https://mlflow.org/*

17 *https://github.com/google/ml-metadata*

18 *https://github.com/VertaAI/modeldb*

데이터과학자에게는 다음 절에서 설명할 머신러닝 보안이 여기서 설명한 일반적인 전술tactic보다 더 흥미로울 것이다. 그러나 여기서 고려하는 보안 조치는 매우 간단하며, 이를 따르지 않으면 당혹스럽거나 비용이 많이 드는 침해breach나 해킹 외에도 조직에 법적 책임이 발생할 수 있다. 아직 논란의 여지가 있고 다소 모호하지만, 미국 연방거래위원회[19] 및 기타 규제 기관에서 시행하는 보안 표준을 위반하면 감사와 집행 조치를 받을 수 있다.

머신러닝 시스템의 보안을 강화하려면 많은 작업이 필요하지만, 기본을 제대로 따르지 않으면 하위 시스템과 종속성이 있는 더 복잡한 머신러닝 시스템을 구축할 때 큰 문제가 발생할 수 있다.

5.2 머신러닝 공격

다양한 머신러닝 소프트웨어 아티팩트나 머신러닝 예측 API, 기타 인공지능 시스템의 엔드포인트는 이제 사이버 공격과 내부자 공격의 벡터vector[20]가 되고 있다. 머신러닝 시스템이 공격을 받으면 해당 시스템은 더 이상 우리의 시스템이 아니게 되며, 데이터과학 팀이 다른 위험을 완화하려고 수행한 모든 노력을 무력화할 수 있다. 또한 공격자에게는 일반적으로 정확도와 편향, 프라이버시, 신뢰성, 강건성, 복원력, 허가받지 않은 의사결정과 관련된 자신만의 목표가 있다. 이러한 공격을 방어하는 첫 번째 단계는 공격을 이해하는 것이다. 다음 절에서는 널리 알려진 머신러닝 공격을 간략히 소개한다.

> **NOTE** 머신러닝 시스템에 대한 공격과 취약점 대부분은 고전 머신러닝 알고리즘의 불투명하고 지나치게 복잡한 특성에서 기인한다. 시스템이 너무 복잡해서 운영자가 이해하지 못하면 공격자는 운영자가 시스템에 어떤 일이 발생하는지 모르게 시스템을 조작할 수 있다.

5.2.1 무결성 공격: 조작된 머신러닝 출력

머신러닝 공격에 관한 설명은 머신러닝 모델의 무결성에 대한 공격, 즉 시스템의 출력을 변경하는 공격부터 시작한다. 가장 널리 알려진 공격 유형인 대립예제 공격을 먼저 살펴본 후, 백도

---

19 https://www.ftc.gov/business-guidance/privacy-security/data-security
20 공격 벡터(attack vector)는 공격자가 시스템에 침입하는 데 사용하는 경로나 방법이다. 공격자는 다양한 방법으로 시스템에 침입할 수 있는데, 공격 벡터의 예로는 취약점이나 사회공학, 피싱, 랜섬웨어, DDoS 등이 있다.

어 공격과 데이터 오염 공격, 사칭 및 우회 공격을 알아본다. 이러한 공격은 공격자가 (1) 원하는 머신러닝 결과를 얻거나 (2) 제삼자의 정당한 결과를 거부하도록 하는 두 가지 주요 방법으로 사용할 수 있다.

대립예제 공격

시스템의 출력을 변경하려는 공격자는 예측 API에 대한 시행착오[trial and error](즉, '탐색[exploration]' 또는 '민감도 분석')나 반전 공격(5.2.2절의 '모델 추출 및 반전 공격' 참고), 사회공학[social engineering]을 통해 원하는 머신러닝 모델의 예측 결과를 받거나 다른 사람의 결과를 변경하는 방법을 알 수 있다. 이러한 목적으로 특별하게 데이터의 행을 조작하는 공격을 대립예제 공격이라고 한다. 공격자는 대립예제 공격을 사용해 대출을 받거나, 낮은 보험료를 내거나, 범죄 위험 점수를 기반으로 재판 전 구속을 피할 수 있다. [그림 5-2]는 가상의 공격자가 신용대출 모델에 이상한 데이터의 행을 사용해 대립예제 공격을 수행하는 모습을 보여준다.

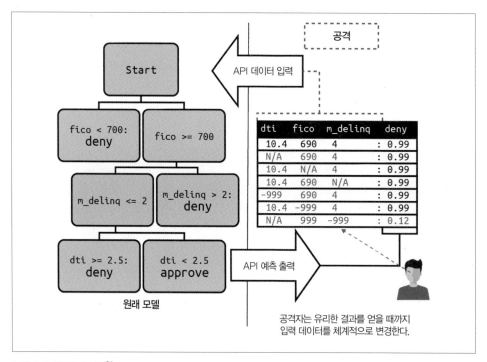

그림 5-2 대립예제 공격[21]

....

21 원본 그림: https://oreil.ly/04ycs

백도어 공격

직원이나 컨설턴트, 하청업체, 악의적인 외부 공격자가 실시간 예측을 수행하는 모델의 제품 코드에 접근할 수 있는 시나리오를 생각해보자. 공격자는 해당 코드를 변경해 정상적이지 않은 입력 변수의 값이나 예상치 못한 조합을 인식하도록 해 원하는 예측 결과를 만들어 낼 수 있다. [그림 5-3]과 같이 공격자는 실제 나이와 음의 근무 연수(yoj) 조합을 인식하는 악성 코드를 모델의 실시간 평가 엔진production scoring engine에 삽입해 자신이나 동료에게 부적절한 양성 예측positive prediction만들어 낼 수 있다. 공격자는 특정 집단에 대해 양성 결과를 만들어내지 못하도록 모델의 평가 코드에 인위적인 규칙을 삽입해서 제삼자의 결과를 변경할 수 있다.

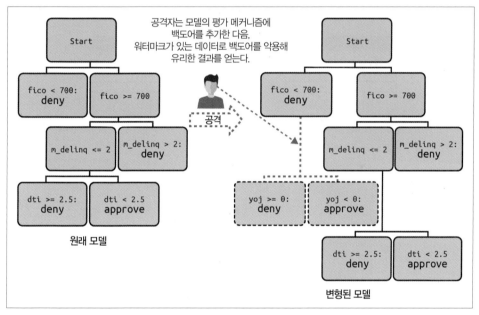

그림 5-3 백도어 공격[22]

데이터 오염 공격

데이터 오염은 누군가가 훈련 데이터를 체계적으로 변경해 모델의 예측을 조작하는 것을 말한다. 데이터를 오염시키려면 공격자는 훈련 데이터의 일부나 전체에 접근할 수 있어야 한다. 많은 회사에서는 다양한 직원이나 컨설턴트, 하청업체 직원들에게 이러한 권한이 있지만, 감독은

---

22 원본 그림: *https://oreil.ly/04ycs*

거의 이루어지지 않는다. 또한 악의적인 외부 공격자가 훈련 데이터의 일부나 전체 데이터에 접근해 데이터를 오염시킬 수도 있다. 매우 직접적인 데이터 오염 공격은 훈련 데이터셋의 레이블을 변경하는 것이다. [그림 5-4]에서는 공격자가 훈련 데이터의 레이블을 약간 변경해 해당 유형의 신용 기록이 있는 사람들이 신용 상품을 받지 못하도록 한다. 또한 악의적인 공격자는 데이터를 오염시켜 특정 집단을 의도적으로 차별하도록 모델을 학습시켜 해당 집단이 정당하게 받아야 하는 대출 금액이나 큰 할인, 낮은 보험료를 받지 못하게 할 수 있다.

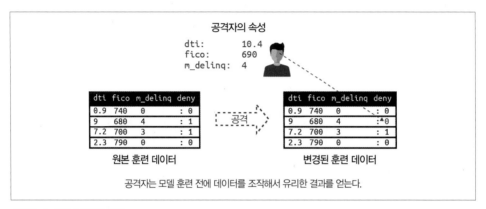

그림 5-4 데이터 오염 공격[23]

간단하게는 데이터 오염을 데이터셋의 기존 행의 값을 변경하는 것으로 생각할 수 있다. 하지만 데이터 오염은 데이터셋과 머신러닝 모델에 해가 없는 것처럼 보이거나 필요 없는 열을 추가하는 방식으로도 수행할 수 있다. 이러한 열의 값이 변경되면 모델 예측도 변경될 수 있다. 이는 설명할 수 없는 머신러닝 모델에 대량의 열을 입력하면 안 되는 이유 중 하나이다.

사칭 및 우회 공격

공격자는 시행착오나 모델 반전 공격(5.2.2절의 '모델 추출 및 반전 공격' 참고), 사회공학을 사용해 머신러닝 시스템에서 공격자가 원하는 예측 결과를 받는 개인의 유형을 알아낼 수 있다. 그런 다음 공격자는 이러한 입력이나 개인을 사칭해 원하는 예측 결과를 받거나 원하지 않는 결과를 피할 수 있다. 이러한 사칭과 우회 공격은 머신러닝 모델의 관점에 볼 때 신원 도용identity theft과 같다. 또한 대립예제 공격(5.2.1절의 '대립예제 공격' 참고)과도 비슷하다.

....

23 원본 그림: *https://oreil.ly/04ycs*

대립예제 공격과 마찬가지로 사칭 공격은 모델에 입력되는 데이터의 값을 인위적으로 변경한다. 대립예제 공격은 무작위적으로 보이는 입력값의 조합을 사용해 모델을 속이지만, 사칭은 모델링된 다른 엔티티(예: 고객, 직원, 금융거래, 환자, 제품)와 관련된 정보를 사용해 해당 유형의 엔티티와 관련된 모델의 예측을 받는 것을 의미한다. 그리고 우회는 데이터를 변경해 불리한 예측을 피하는 것을 의미한다.

[그림 5-5]에서 공격자는 모델의 신용 상품 부여와 관련한 특성을 배워서 자신의 정보를 위조해 신용 상품을 받는다. 공격자는 자신의 전략을 다른 사람과 공유해 회사에 큰 손실을 입힐 수 있다. 공상과학 소설처럼 들릴지 모르지만, 실제로 이런 공격이 발생했다. 얼굴인식 결제 및 보안 시스템[24]에서 이와 밀접하게 관련된 우회 공격이 발생했으며, 5.5절 '사례 연구: 실제 우회 공격'에서 문서로 정리된 몇 가지 머신러닝 보안 시스템 우회 사례를 설명한다.

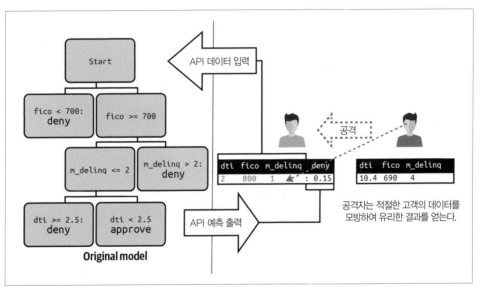

그림 5-5 사칭 공격[25]

24 https://www.engadget.com/2019-12-16-facial-recognition-fooled-masks.html
25 원본 그림: https://oreil.ly/04ycs

머신러닝 설명에 대한 공격

'스캐폴딩scaffolding[26]' 공격(「LIME 및 SHAP 속이기: 사후 설명 방법에 대한 대립 공격」[27] 참고)으로 공격자는 국소적으로 해석 가능한 모델에 상관없이 동작하는 설명과 섀플리 가법 설명과 같은 설명을 조작할 수 있다. 또 다른 일반적인 사후 설명 기법인 부분종속성에 대한 공격도 최근에 발표되었다(「데이터 오염을 통한 부분 종속성 속이기」[28] 참고). 설명에 대한 공격은 파이프라인에서 다른 해킹을 찾기 어렵게 만들거나 편향된 모델을 공정하게 보이도록 하는 편향세탁[29] 등 머신러닝 시스템에 관한 운영자와 소비자의 인식을 바꾸는 데 사용할 수 있다. 이러한 공격은 머신러닝 파이프라인과 인공지능 시스템이 더 복잡해짐에 따라 악의적인 공격자가 훈련 데이터부터 사후 설명에 이르기까지 시스템의 다양한 부분을 살펴보고 출력을 변경할 수 있음을 명확하게 보여준다.

5.2.2 기밀성 공격: 정보 추출

적절한 대응책이 없다면 악의적인 공격자는 모델과 데이터에 관한 민감한 정보에 접근할 수 있다. 모델 추출 및 반전 공격은 해커가 우리 모델을 다시 구성한 다음, 복사한 모델에서 정보를 추출하는 것을 말한다. 악의적인 공격자는 소속 추론 공격을 사용해 훈련 데이터에 어떤 데이터 행이 있는지 알 수 있으며, 심지어 훈련 데이터를 재구성할 수도 있다. 보호되지 않은 머신러닝 시스템의 예측 API나 다른 시스템의 엔드포인트에 접근할 수만 있다면, 두 공격 모두 가능하다.

> **NOTE** 모델 추출과 모델 반전, 소속 추론 등의 머신러닝 공격은 모두 오래되고 더 일반적인 지식재산권 및 보안 문제인 **역공학**reverse engineering의 새로운 접근방식으로 생각할 수 있다. 기밀성 공격과 기타 머신러닝 공격은 잠재적으로 민감한 모델과 데이터를 역공학하고 재구성하는 데 사용할 수 있다.

모델 추출 및 반전 공격

반전(그림 5-6 참고)은 기본적으로 정보를 모델에 입력하는 일반적인 사용 패턴과는 반대로

---

26 무대의 높은 곳에서 일할 수 있도록 설치하는 임시 가설물. 재료 운반이나 작업원의 통로 및 작업을 위한 발판이 된다(출처: 국립국어원).

27 *https://dl.acm.org/doi/10.1145/3375627.3375830*

28 *https://arxiv.org/pdf/2105.12837.pdf*

29 *https://arxiv.org/pdf/1901.09749.pdf*

모델에서 허가받지 않는 정보를 빼내는 것을 의미한다. 공격자가 모델 API나 다른 엔드포인트(웹사이트나 앱 등)에서 많은 예측을 얻을 수 있다면, 공격자는 자신의 입력과 우리 시스템의 예측 간에 대리 모델을 훈련할 수 있다. 이렇게 추출한 대리 모델은 공격자가 얻은 예측을 만들어 내는 데 사용한 입력과 해당 예측 자체로 훈련된다. 공격자가 얻을 수 있는 예측의 수에 따라 대리 모델은 우리 모델을 꽤 정확하게 시뮬레이션할 수 있다. 하지만 안타깝게도 대리 모델이 만들어지면 다음과 같은 몇 가지 큰 문제가 발생할 수 있다.

- 모델은 사실상 훈련 데이터의 압축 버전이다. 공격자는 대리 모델을 사용해 잠재적으로 민감한 훈련 데이터에 관한 정보를 얻을 수 있다.
- 모델은 귀중한 지적 재산이다. 공격자는 이제 우리 모델 사본의 접근 권한을 판매해 우리의 투자 수익률을 줄어들게 할 수 있다.
- 공격자는 이제 우리 모델에 대한 사칭이나 대립예제, 소속 추론 등의 공격을 계획할 수 있는 샌드박스를 보유하게 된다.

프로퍼블리카ProPublica가 독점적인 범죄 위험평가 도구인 컴퍼스COMPAS[30]로 유명해졌듯이, 이러한 대리 모델은 우리의 예측과 어느 정도 일치하는 외부 데이터를 사용해 훈련할 수 있다.

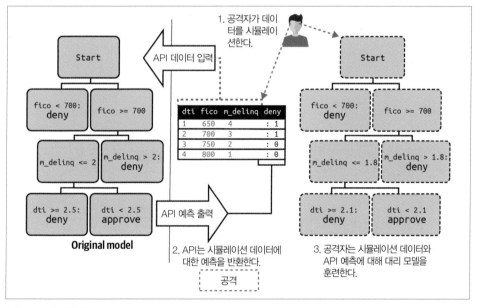

그림 5-6 반전 공격[31]

---

30 https://www.propublica.org/article/how-we-analyzed-the-compas-recidivism-algorithm

31 원본 그림: https://oreil.ly/04ycs

소속 추론 공격

모델 추출로 시작해 대리 모델을 사용해 수행되는 공격에서 악의적인 공격자는 특정 사람이나 제품이 모델의 훈련 데이터에 있는지를 알 수 있다. 소속 추론 공격이라고 하는 이 해킹은 두 계층의 모델을 사용한다(그림 5-7 참고). 먼저 공격자는 공개 예측 API나 다른 엔드포인트에 데이터를 전달하고, 전달한 데이터와 예측에 대해 대리 모델을 한 개 이상 훈련한다. 대리 모델이 우리 모델을 복제하도록 훈련한 다음, 공격자는 첫 번째 대리 모델을 훈련하는 데 사용한 데이터와 사용하지 않은 데이터를 구분하는 두 번째 계층의 분류기를 훈련한다. 공격자가 이 두 번째 모델을 사용해 우리 모델을 공격하면, 이 두 번째 모델은 데이터의 특정 행이 훈련 데이터에 있는지를 확실한 지표로 알려준다.

모델 및 데이터가 파산이나 질병과 같은 바람직하지 않은 결과나 높은 소득이나 순자산과 같이 바람직한 결과와 관련이 있는 경우, 훈련 데이터셋의 소속은 민감할 수 있다. 또한, 인종이나 성별, 나이와 이러한 특성에 대한 바람직하지 않은 결과 간의 명확한 관계와 같이 단일 행과 모델의 목표 사이의 관계를 공격자가 쉽게 일반화할 수 있다면, 이러한 공격은 전체 인구 집단의 프라이버시를 침해할 수 있다. 두려운 것은 소속 추론 공격을 최대한 활용해서 악의적인 공격자가 보호되지 않은 공개 예측 API나 다른 모델의 엔드포인트에만 접근할 수 있다면 민감하거나 가치 있는 훈련 데이터셋의 상당 부분을 역공학할 수 있다는 점이다.

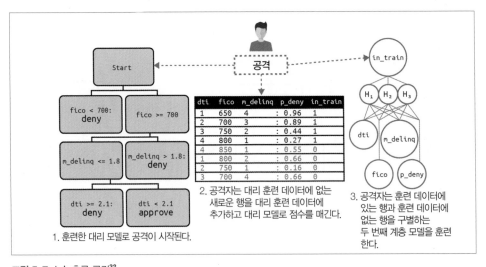

그림 5-7 소속 추론 공격[32]

....

32 원본 그림: *https://oreil.ly/04ycs*

앞서 설명한 공격은 널리 알려진 공격 유형의 일부일 뿐이며, 더 많은 머신러닝 해킹 유형이 존재하고 새로운 공격이 빠르게 등장할 수 있음을 명심해야 한다. 따라서 머신러닝 시스템을 보호하는 데 사용할 수 있는 대응책을 알아보기 전에 더 광범위한 위협 환경을 파악하는 데 도움이 되는 몇 가지 일반적인 문제를 살펴보도록 한다.

5.3 일반적인 머신러닝 보안 문제

이 책의 공통 주제 중 하나는 머신러닝 시스템이 근본적으로 소프트웨어 시스템이며, 상식적인 소프트웨어 모범사례를 머신러닝 시스템에 적용하는 방법이 좋은 생각이라는 것이다. 보안에도 같은 원칙이 적용된다. 소프트웨어 시스템과 서비스로서 머신러닝 시스템은 일반 소프트웨어 시스템과 비슷한 장애 유형이 있으며, 같은 공격을 받는다. 다른 일반적인 문제는 무엇일까? 인공지능 기술의 의도적인 남용과 가용성 공격, 트로이 목마 및 악성코드malware, 중간자 공격main-in-the-middle attack, 불필요하게 복잡하며 설명할 수 없는 시스템, 분산 컴퓨팅distributed computing 문제 등이 있다.

머신러닝의 남용

거의 모든 도구는 무기가 될 수 있으며, 머신러닝 모델과 인공지능 시스템도 다양한 방식으로 남용될 수 있다. 먼저 딥페이크deepfake부터 살펴보자. 딥페이크는 딥러닝의 응용으로, 제대로 사용하면 오디오와 비디오 조각을 매끄럽게 합성해 실감 나는 새로운 미디어를 만들 수 있다. 최근 스타워즈 영화에서 몇몇 배우를 되살리는 데 딥페이크를 사용했지만, 사람들을 해치고 협박하는 데도 사용할 수 있다. 또한 BBC[33] 등의 뉴스 매체에 따르면 성인용 동영상에 피해자의 얼굴을 합성한 비동의 포르노nonconsensual pornography가 매우 흔한 사용사례라고 한다. 또한 딥페이크는 공격자가 CEO의 목소리를 사용해 해커의 계좌로 돈을 이체하도록 지시[34]하는 등 금융 범죄에도 사용되었다. 알고리즘 차별도 인공지능 남용의 일반적인 사례다. '편향세탁' 공격에서는 편향된 모델의 차별을 숨기려고 사후 설명을 변경한다. 그리고 얼굴인식은 인종 프로파일링[35]에 직접 사용할 수 있다. 여기서는 머신러닝 시스템이 남용될 만한 몇 가지 사례만 다루었지만, 이 중요한 주제에 관한 더 자세한 내용은 「인공지능을 활용한 미래 범죄」[36]를 참고한다.

---

33 https://www.bbc.com/news/technology-54584127

34 https://gizmodo.com/bank-robbers-in-the-middle-east-reportedly-cloned-someo-1847863805

35 https://www.cnbc.com/2020/12/09/chinas-huawei-tested-ai-software-that-could-identify-uighurs-report.html

36 https://crimesciencejournal.biomedcentral.com/articles/10.1186/s40163-020-00123-8

일반적인 가용성 공격

머신러닝 시스템은 다른 공개용 서비스와 마찬가지로 일반적인 서비스 거부DoS, Denial-of-Service 공격의 희생양이 될 수 있다. 공개용 머신러닝 시스템이 조직에 중요한 시스템이라면 방화벽과 필터, 역방향 도메인 네임 시스템 조회reverse domain name server system lookup[37] 등의 대응책을 도입해 서비스 거부 공격 시 가용성을 높여야 한다. 안타깝게도 우리는 머신러닝 시스템의 또 다른 가용성 장애인 알고리즘 차별에 따른 장애도 고려해야 한다. 내부 장애나 대립 공격 때문에 알고리즘 차별이 심각하게 발생하면 많은 사용자가 머신러닝 시스템을 사용할 수 없게 될 가능성이 크다. 훈련 중이나 시스템의 배포 생애주기 동안 편향을 테스트해야 한다.

트로이 목마 및 악성코드

연구개발 환경에서의 머신러닝은 다양한 오픈소스 패키지로 구성된 생태계에 의존한다. 이러한 패키지 중 일부에는 많은 기여자와 사용자가 있다. 반면에 소수의 연구나 실무자에게만 의미가 있는 매우 특정한 패키지도 있다. 많은 패키지는 소프트웨어 엔지니어링이나 보안이 아니라 수학이나 알고리즘에 주안점을 둔 뛰어난 통계학자나 머신러닝 연구자들이 유지관리한다. 머신러닝 파이프라인이 수십 또는 수백 개의 외부 패키지에 종속된 경우가 많으며, 이 중 하나를 해킹해 공격 페이로드를 숨길 수 있다. 대규모 바이너리 데이터 저장소와 사전훈련된 머신러닝 모델pretrained ML model이 포함된 타사 패키지는 이러한 문제에 특히 취약하다. 가능하면 머신러닝 시스템과 관련된 모든 소프트웨어 아티팩트에 악성코드와 트로이 목마를 검사해야 한다.

중간자 공격

많은 머신러닝 시스템의 예측과 의사결정이 인터넷이나 조직의 네트워크로 전송되므로, 악의적인 공격자가 전송 과정 중에 데이터를 조작할 수 있다. 가능하면 암호화encryption나 인증서certificate, 상호인증mutual authentication 등의 대응책을 사용해 네트워크로 전달되는 머신러닝 시스템 결과의 무결성을 보장해야 한다.

설명할 수 없는 머신러닝

최근 해석 가능한 모델과 모델 설명의 발전으로 정확하고 투명한 모델을 사용할 수 있게 되었지만, 여전히 많은 머신러닝 워크플로가 설명할 수 없는 모델을 중심으로 이루어진다. 이러한 모델은 상용 머신러닝 워크플로에서 필요 없는 복잡도를 야기하는 일반적인 유형이다. 헌신적이며 동기가 부여된 공격자는 시간이 지남에 따라 지나치게 복잡하고 설명할 수 없는 머신러닝 모델에 관해 우리보다 더 많이 배울 수 있다. 특히 이직이 잦은 오늘날의 데이터과학 구직 시장에서 이러한 지식의 불균형은 앞에서 설명한 공격이나 아직 알려지지 않은 다른 유형의 공격을 수행하는 데 악용될 수 있다.

---

37 옮긴이_ 인터넷 주소를 사용하여 도메인 이름을 알아내는 방법 (출처: 정보통신용어사전)

분산 컴퓨팅

좋든 싫든 우리는 빅데이터 시대에 살고 있다. 현재 많은 조직에서 분산 데이터 처리와 머신러닝 시스템을 사용한다. 분산 컴퓨팅은 악의적인 내외부 공격자에게 광범위한 공격 표면attack surface을 제공할 수 있다. 데이터는 대규모 분산 데이터 저장소나 처리 시스템의 하나 또는 몇 개의 작업자 노드worker node에서만 오염될 수 있다. 백도어는 대규모 앙상블의 한 모델에만 코딩될 수도 있다. 따라서 실무는 하나의 단순한 데이터셋이나 모델을 디버깅하지 말고 대규모 컴퓨팅 군집에 분산된 데이터나 모델을 검사해야 한다.

다시 걱정되기 시작하는가? 조금만 참아라. 다음 절에서는 머신러닝 시스템에 대한 기밀성과 무결성, 가용성 공격의 대응책을 설명한다.

5.4 대응책

우리는 많은 대응책을 사용할 수 있으며, 1장에서 설명한 거버넌스 프로세스와 버그 바운티, 보안 감사, 레드 팀을 함께 사용하면 더 효과적일 수 있다. 또한 대립 머신러닝과 강건한 머신러닝이라는 새로운 분야가 생겨나면서 이러한 주제에 관한 학문적 연구가 활발히 진행되고 있다. 이 절에서는 보안을 모델 디버깅과 모델 모니터링, 프라이버시 강화 기술, 강건한 머신러닝, 그리고 몇 가지 일반적인 접근방식을 포함해 머신러닝 시스템을 더 안전하게 만드는 데 사용하는 몇 가지 방어 조치를 간략하게 설명한다.

5.4.1 보안을 강화하는 모델 디버깅

머신러닝 모델은 출시 전에 보안 취약점을 테스트할 수 있으며, 테스트해야 한다. 이 테스트의 목표는 기본적으로 자체 머신러닝 시스템을 공격해 보안 수준을 파악하고 발견된 취약점을 보완하는 것이다. 다양한 유형의 머신러닝 모델에 대한 몇 가지 일반적인 보안 디버깅 기법으로는 대립예제 탐색과 민감도 분석, 내부자 공격 및 모델 추출 공격에 대한 감사, 판별 테스트가 있다.

대립예제 탐색 및 민감도 분석

대립적 사고방식으로 민감도 분석을 수행하거나, 더 나아가 자체적으로 대립예제 공격을 수행하는 것은 시스템이 가장 간단하고 일반적인 유형의 머신러닝 무결성 공격에 취약한지를 확인하는 좋은 방법이다. 이러한 윤리적 해킹의 목적은 시스템의 출력 예측에 큰 변동을 일으킬 만한 특성값 또는 특성값의 조합을 이해하는 것이다. 딥러닝 분야에서 작업한다면 CleverHans[38]나 Foolbox[39]와 같은 패키지를 사용하면 테스트에 도움이 될 수 있다. 정형 데이터로 작업한다면 기존 민감도 분석이 시스템의 불안정성을 확인하는 데 도움이 될 수 있다. 또한 유전 학습genetic learning을 사용해 자체적으로 대립예제를 진화시키거나 개별조건부기대 기반의 휴리스틱 방법heuristic method[40]을 사용해 대립예제를 찾을 수 있다. 이러한 대립예제로 머신러닝 시스템에서 불안정성을 발견하면 교차검증이나 정칙화를 사용해 모델을 더 안정적으로 훈련하거나, 강건한 머신러닝 기법을 적용하거나, 실시간으로 발견된 대립예제를 명시적으로 모니터링해야 한다. 또한 이 정보를 나중에 유용하게 사용할 수 있도록 시스템의 사고대응 계획과 연결해야 한다.

내부자 데이터 오염에 대한 감사

데이터 오염 공격이 발생했을 때는 시스템 내부자(직원, 하청업체, 컨설턴트 등)가 범인일 가능성이 크다. 내부자 데이터 오염을 어떻게 추적할까? 먼저 시스템을 사용하는 내부자를 개인별로 점수를 매긴다. 양성 결과를 받은 내부자는 공격자이거나 공격자를 알고 있을 수 있다. 영리한 공격자는 훈련 데이터를 최소한으로 변경해서 양성 결과를 얻을 것이므로 잔차 분석을 사용해 예상보다 큰 잔차가 있는 결과를 찾을 수 있다. 이는 훈련 데이터가 변경되지 않았다면 머신러닝 모델이 해당 개인에 대해 음성 결과를 낼 수 있었음을 의미한다. 데이터 및 환경 관리를 철저히 하면 누가, 무엇을, 언제와 같은 모든 데이터 변경 사항을 충분한 메타데이터로 추적할 수 있으므로 내부자 데이터 오염의 강력한 대응책이 될 수 있다. 또한 「머신러닝의 보안」[41]에서 제안한 부정적 영향 거부RONI, Reject on Negative Impact 기법을 사용해 시스템의 훈련 데이터에서 잠재적으로 변경된 행을 제거할 수 있다.

편향 테스트

의도적이든 아니든 어떤 편향 때문에 발생하는 서비스 거부 공격은 일종의 가용성 공격이다. 실제로 이미 발생한 적이 있다. 2016년 트위터 사용자들은 테이 챗봇 서비스를 신나치 포르노

---

38 *https://github.com/cleverhans-lab/cleverhans*
39 *https://github.com/bethgelab/foolbox*
40 *https://towardsdatascience.com/strategies-for-model-debugging-aa822f1097ce*
41 *https://link.springer.com/content/pdf/10.1007/s10994-010-5188-5.pdf*

에 관심이 있는 사용자들만 매력적으로 느끼도록 오염시켰다. 이러한 유형의 공격은 고용, 대출, 의료 등 좀 더 심각한 상황에서도 발생할 수 있다. 공격자가 데이터 오염, 모델 백도어 또는 다른 공격 유형을 사용하여 특정 고객 집단이 서비스를 이용할 수 없게 할 수 있다. 이는 훈련 중이나 정기적인 모델 모니터링의 일부 과정으로 편향 테스트를 수행하고 발견된 차별을 수행해야 하는 여러 이유 중 하나다. 차별을 감지하고 수정하는 데 도움이 되는 훌륭한 오픈소스 도구로는 Aequitas[42], Themis[43], AI Fairness 360[44] 등이 있다.

윤리적 해킹: 모델 추출 공격

모델 추출 공격은 그 자체로도 해롭지만, 소속 추론 공격의 첫 번째 단계이기도 하다. 시스템이 이러한 기밀성 공격에 취약한지 확인하려면 자체적으로 모델 추출 공격을 수행해야 한다. 입력 데이터와 시스템 출력에 대한 대리 모델을 훈련할 수 있는 어떤 API나 모델 엔드포인트를 발견하면, 이 엔드포인트에서 견고한 인증을 사용해 비정상적인 요청을 통제해야 한다. 이 엔드포인트에서 이미 모델 추출 공격이 발생했을 수 있으므로 추출된 대리 모델을 다음과 같이 분석해야 한다.

- 다양한 대리 모델의 정확도 범위는 어느 정도인가? 머신러닝 시스템에 관한 지식을 얻는 데 대리 모델을 실제로 어느 정도까지 사용할 수 있는지 알아야 한다.
- 대리 모델이 어떤 유형의 데이터 추세trend를 학습할 수 있는가? 선형모형의 계수로 표현되는 선형 추세는 어떤가? 아니면 대리 의사결정나무에서 모집단의 부분군population subgroup에 대한 요약은 어떤가?
- 대리 의사결정나무에서 어떤 규칙을 배울 수 있는가? 예를 들어, 유리한 예측을 받을 수 있는 개인을 안정적으로 사칭하는 방법은 무엇인가? 아니면 효과적인 대립예제를 구성하는 방법은 무엇인가?

시스템 엔드포인트 중 하나에서 대리 모델을 정확하게 훈련하고 앞의 질문 중 일부에 답할 수 있다고 판단되면 다음 단계를 수행해야 한다. 먼저 직접 소속 추론 공격을 수행해서 2단계 공격이 가능한지 확인해야 한다. 또한 이 윤리적 해킹 분석과 관련된 모든 정보를 기록하고 시스템의 사고대응 계획에 연결해야 한다. 사고 대응자incident responder는 나중에 이 정보를 유용하게 사용할 수 있으며, 공격이 발생했다는 강력한 증거가 있다면 침해로 보고해야 할 수도 있다.

머신러닝 시스템의 보안 취약점 디버깅은 향후 비용과 시간, 마음 고생을 줄여주는 중요한 작업이며, 시스템이 안전하게 유지되도록 감시하는 일도 중요하다. 이제 보안을 위한 모델 모니터링에 관해 알아보도록 한다.

----

42 https://github.com/dssg/aequitas
43 https://github.com/LASER-UMASS/Themis
44 https://github.com/Trusted-AI/AIF360

5.4.2 보안을 강화하는 모델 모니터링

해커가 머신러닝 모델을 조작하거나 추출하게 되면 그 모델은 더 이상 우리의 것이 아니다. 모델을 공격으로부터 방어하려면 보안을 염두에 두고 모델을 훈련하고 디버깅해야 하며, 모델을 실제로 운영할 때도 모델을 면밀히 모니터링해야 한다. 보안을 강화하는 모니터링은 알고리즘 차별과 입력 데이터 대기열에서의 이상, 예측에서의 이상, 높은 사용량에 초점을 맞추어야 한다. 모니터링 대상과 방법에 관한 몇 가지 조언은 다음과 같다.

편향 모니터링

앞에서 설명한 대로 편향 테스트는 모델 훈련 중에 수행해야 한다. 하지만 의도하지 않은 결과와 악의적인 해킹 등 여러 가지 이유로 배포 후에도 판별 테스트를 수행해야 한다. 배포 후에 편향을 발견하면 이를 조사하고 수정해야 한다. 이렇게 하면 훈련 중에 공정했던 모델이 생산 환경에서도 공정성을 계속 유지할 수 있다.

입력 이상

모델 메커니즘에서 백도어를 활성화하는 데 사용할 수 있는 비현실적인 데이터 조합을 모델 평가 대기열에 허용해서는 안 된다. 오토인코더나 고립숲과 같은 이상 탐지 머신러닝 기법은 일반적으로 문제가 있는 입력 데이터를 추적하는 데 도움이 된다. 또한 상식적인 데이터 무결성 제약조건을 사용하면 문제가 있는 데이터가 모델에 도달하기 전에 해당 데이터를 포착할 수 있다. 이러한 비현실적인 데이터의 예로는 40세인 사람의 근무 기간이 50년인 경우가 있다. 가능하다면 무작위 데이터나 훈련 데이터, 중복 데이터의 모니터링도 고려해야 한다. 무작위 데이터는 모델 추출과 반전 공격에서 자주 사용한다. 따라서 팀이 모델에서 무작위 데이터 배치batch를 발견할 수 있는지와 그 시기를 파악하는 데 도움이 되는 경고나 통제 기능을 구현한다. 훈련이나 검증, 테스트에 사용한 데이터와 매우 비슷하거나 같은 데이터 행의 실시간 점수를 기록하고 조사해야 하는데, 이러한 데이터는 소속 추론 공격을 나타낼 수 있기 때문이다. 마지막으로 실시간 평가 대기열에 중복 데이터가 있다면 우회 공격이나 사칭 공격의 징후일 수 있으므로 주의해야 한다.

출력 이상

출력 이상은 대립예제 공격의 징후일 수 있다. 새로운 데이터에 점수를 매기는 경우 머신러닝 모델의 예측을 신뢰할 수 있는 투명한 벤치마크 모델이나 신뢰할 수 있는 데이터 출처와 파이프라인에서 훈련한 벤치마크 모델과 비교한다. 더 복잡하고 불투명한 머신러닝 모델과 해석 가능하거나 신뢰할 수 있는 모델 간의 차이가 너무 크면 보수적인 모델의 예측으로 돌아가거나 데이터의 행을 전송해서 수작업으로 처리한다. 이동신뢰구간moving confidence interval과 비슷한 통계적 관리한계statistical control limit를 사용해 비정상 출력을 모니터링할 수 있다.

메타 모니터링

특정 기간의 예측 횟수나 전달 시간^{latency}, CPU, 메모리, 디스크 부하, 동시 사용자 수 등 기본적인 운영 통계를 모니터링하면서 시스템이 정상적으로 작동하는지 확인한다. 전체 머신러닝의 운영 통계로 오토인코더 기반 이상 탐지 메타모델을 훈련한 다음, 이 메타모델을 사용해 이상을 모니터링할 수 있다. 시스템 운영에 이상이 있으면 일반적으로 머신러닝 시스템에 문제가 있음을 알려줄 수 있다.

공격 모니터링은 머신러닝 해킹에 대응하는 사전 예방 조치 중 하나다. 하지만, 아직 설명해야 할 몇 가지 대응책이 더 있다. 다음 절에서는 프라이버시 강화 기술에 관해 알아본다.

5.4.3 프라이버시 강화 기술

프라이버시 보호 머신러닝$^{privacy-preserving\ ML}$은 머신러닝 훈련 데이터의 기밀성에 직접 영향을 미치는 하위 연구 분야다. 머신러닝 및 머신러닝 운영^{MLOPs} 커뮤니티에서 이제 막 주목받기 시작했지만, 프라이버시 강화 기술$^{PETs,\ privacy-enhancing\ technologies}$은 데이터와 모델을 보호하는 데 도움이 될 수 있다. 이 새로운 분야에서 가장 유망하고 실용적인 기술로는 연합 학습$^{federated\ learning}$과 차등 프라이버시$^{differential\ privacy}$가 있다.

연합 학습

연합 학습은 원시 데이터$^{raw\ data}$를 교환하지 않고 로컬 데이터$^{local\ data}$ 표본을 보유한 여러 분산^{decentralized} 장치나 서버에서 머신러닝 모델을 훈련하는 접근방식이다. 이러한 접근방식은 모든 데이터셋이 단일 서버에 업로드되는 전통적인 중앙^{centralized} 머신러닝 기법과는 다르다. 연합 학습의 가장 큰 장점은 여러 당사자 간에 데이터를 공유하지 않고도 머신러닝 모델을 만들 수 있다는 것이다. 연합 학습에서는 로컬 데이터 표본으로 로컬 모델을 훈련하고 서버나 에지 장치$^{edge\ device}$가 매개변수를 교환해 전체 모델$^{global\ model}$을 만든 다음, 모든 서버나 에지 장치가 이 전체 모델을 공유하므로 데이터를 공유하지 않는다. 안전한 집계 과정을 사용한다고 가정하면, 연합 학습은 근본적인 데이터 프라이버시와 데이터 보호 문제를 해결하는 데 도움이 된다. 여러 오픈소스 중에서 PySyft[45]나 FATE[46]를 살펴보면 조직(또는 파트너 조직)에서 연합 학습을 구현하는 방법을 배울 수 있다.

---

45 `https://github.com/OpenMined/PySyft`
46 `https://github.com/FederatedAI/FATE`

차등 프라이버시

차등 프라이버시는 특정 개인의 정보를 공개하지 않으면서 데이터셋의 집단의 패턴을 설명하는 방식으로 데이터셋 관련 정보를 공유하는 시스템이다. 머신러닝 도구에서는 특수한 유형의 차등적 비공개 학습 알고리즘differentially private learning algorithm을 사용하는 경우가 많다. 따라서 모델 추출이나 모델 반전, 소속 추론 공격을 할 때 훈련 데이터나 훈련된 머신러닝 모델에서 민감한 정보를 추출하기가 더 어려워진다. 실제로 개인의 정보를 모델 훈련에 사용했는지를 외부 관측자가 알 수 없을 때 머신러닝 모델을 차등적 비공개differentially private라고 한다. 다음과 같은 고품질 오픈소스를 사용할 수 있다.

- 구글의 Differential Privacy[47]
- IBM의 Diffprivlib[48]
- 텐서플로의 Privacy[49]

차등 프라이버시를 사용하는 많은 머신러닝 접근방식은 차등적 비공개 확률적 경사하강법DP-SGD, differentially private stochastic gradient descent을 사용한다. DP-SGD는 각 훈련 반복마다 SGD로 결정된 경사에 정형 잡음structured noise을 반영한다. 일반적으로 DP-SGD 및 관련 기법은 머신러닝 모델이 훈련 데이터의 특정 정보를 너무 많이 기억하지 않도록 한다. 이러한 기법은 머신러닝 알고리즘이 특정 개인에게 집중하는 것을 막으므로 일반화 성능과 공정성을 높일 수 있다.

프라이버시 강화 기법 관련 주제의 제목에서 기밀 컴퓨팅confidential computing이나 동형암호homomorphic encryption를 보았을 수도 있다. 이 주제 역시 주목해야 할 유망한 연구 및 기술 방향이다. 또한 주목해야 할 또 다른 머신러닝 연구의 하위 분야는 강건한 머신러닝으로 대립예제 공격과 데이터 오염, 대립적 머신러닝 시스템의 조작에 대응하는 데 도움이 된다.

데이터과학자가 프라이버시에 관해 더 알아야 할 사항

미국에서도 데이터에 관한 규제가 강화되고 있다. 규제 외에도 데이터에 관한 부주의는 사용자나 조직, 일반 대중에게 해를 끼칠 수 있다. 데이터과학자로서 우리는 데이터 프라이버시 기본 사항을 알아야 한다.

---

47 *https://github.com/google/differential-privacy*
48 *https://github.com/IBM/differential-privacy-library*
49 *https://github.com/tensorflow/privacy*

규정 및 정책

우리는 일부 데이터 프라이버시 규정이나 조직의 프라이버시 정책에 따라 운영하고 있을 가능성이 크다. 따라서 우리의 의무가 무엇인지에 관한 기본적인 내용을 알고 이를 준수하려고 노력해야 한다. 미국에서는 의료와 교육 데이터를 민감하게 생각하지만, 많은 다국적 조직이 준수해야 하는 유럽연합의 GDPR은 거의 모든 유형의 소비자 데이터consumer data를 다루며, 미국 주에서는 많은 새로운 데이터 프라이버시 법을 제정하고 있다.

동의

완벽하지는 않지만, 많은 데이터 프라이버시 규정은 **동의**consent라는 개념, 즉 소비자가 특정 애플리케이션에서 자신의 데이터를 사용하는 데 적극적으로 동의한다는 개념에 의존한다. 법적으로나 윤리적인 관점 모두에서 모델을 훈련하는 데 사용할 데이터 사용에 대한 동의가 있는지 확인하는 것이 좋다.

기타 법적 사용 근거

GDPR에 따라 운영하면서 머신러닝에 필요한 많은 소비자 데이터를 사용하려면 법적 근거legal basis가 필요하다. 동의가 법적 근거가 되기는 하지만, 계약상 의무contractual obligation나 정부 업무, 의료 응급상황 등에 따라 법적 근거가 다른 경우도 있다.

익명화

개인식별정보PII, personal identification information로 작업하는 방법은 그리 바람직하지 않다. **직접 식별자**direct identifier라고도 하는 주민등록번호나 전화번호, 이메일 주소와 같은 데이터는 악의적인 공격자가 비공개 정보나 민감한 데이터를 특정한 사람과 연결하는 데 사용할 수 있다. **간접 식별자**indirect identifier라고 하는 나이나 인종, 성별과 같은 인구통계학적 정보의 조합도 해당 정보를 개인과 연결하는 데 사용할 수 있다. 일반적으로 이러한 데이터는 프라이버시 및 편향의 이유로 모델 훈련에 사용하기 전에 제거하거나 마스킹하거나 해시 처리하거나 익명화해야 한다.

생체인식 데이터

디지털 이미지나 동영상, 지문, 음성, 홍채 스캔, 유전체 데이터 등의 생체인식 정보를 인코딩하는 데이터에는 일반적으로 추가 보안 및 데이터 프라이버시 통제가 필요하다.

보유 제한 또는 요구사항

법률 및 조직의 프라이버시 정책에 따라 보유 제한retention limit(즉 데이터를 의무적으로 삭제하기 전에 저장할 수 있는 기간)을 정할 수 있다. 이 기간은 상황에 따라 다르며, 필자들은 보유 제한이 2주인 곳을 본 적이 있다! 또한 데이터를 저장하고 비공개로 안전하게 보관해야 하는 기간을 강제하는 법적 또는 조직의 보유 요구사항을 다뤄야 할 수도 있으며, 데이터를 몇 년 동안 안전하게 보관해야 할 수도 있다.

삭제 및 수정 요청

많은 법률과 정책에 따라 소비자는 데이터 업데이트나 수정, 완전한 삭제를 요구할 수 있으며, 이는 잠재적으로 머신러닝 훈련 데이터에 영향을 미칠 수 있다.

설명

많은 데이터 프라이버시법도 소비자에게 영향을 미치는 데이터의 자동 처리에 관한 설명 요건을 도입하는 것으로 보인다. 아직 모호하며 확실하게 결정된 부분이 많지 않지만, 이는 앞으로 더 많은 머신러닝 결정에 관한 사항을 소비자에게 설명해야 함을 의미할 수 있다.

> **개입 가능성**
>
> 설명과 마찬가지로 많은 새로운 법률도 개입 가능성에 대한 요구사항을 도입하는 것으로 보인다. 이는 실행 가능한 구상권의 항소^{appeal} 및 재정의^{override} 개념과 비슷하다.
>
> **편향**
>
> 데이터 프라이버시법 및 정책에서 머신러닝 모델의 예측과 같은 데이터 처리 결과의 편향을 다루는 경우는 드물지 않다. 이러한 요구사항은 모호하고 고수준일 때도 있다. 때로는 더 구체적이거나 이미 확립된 차별금지법$^{nondiscrimination\ law}$을 준수해야 한다.

이와 같은 모든 문제는 머신러닝 워크플로에 심각한 영향을 미칠 수 있다. 보유 제한이나 삭제 요청, 수정 요청, 개입 가능성 요구사항을 처리할 계획을 세워야 할 수도 있다. 예를 들어, 만료된 데이터나 소비자가 삭제를 요청한 데이터로 훈련한 모델을 폐기하고 삭제해야 할까? 아직 아무도 확신할 수는 없지만, 불가능한 일도 아니다. 데이터 프라이버시 의무$^{data\ privacy\ obligation}$에 관한 교육을 받은 적이 없거나 데이터 프라이버시 주제에 관한 질문이나 우려가 있는 경우에는 관리자나 법무 부서에 문의하는 것이 좋다.

5.4.4 강건한 머신러닝

강건한 머신러닝은 대립예제 공격에 대응하려고 개발한 많은 최첨단 머신러닝 알고리즘을 말하며, 어느 정도는 데이터 오염에도 대응할 수 있다. 많은 연구자가 컴퓨터 비전 시스템의 입력 데이터에서 사소하거나 보이지 않는 변경 때문에 출력 예측이 크게 바뀔 수 있다는 사실을 밝혀낸 후 강건한 머신러닝에 관한 연구는 탄력을 받기 시작했다. 모델 결과의 이러한 변동은 모든 영역에서 문제가 될 수 있지만, 의료 영상이나 반자율주행차량을 고려할 때는 매우 위험할 수 있다. 강건한 머신러닝 모델은 모델 결과의 안정성을 강화하는 데 도움이 되며, 중요한 공정성(즉, 비슷한 개인을 비슷하게 처리함)에 도움이 된다. 머신러닝 훈련 데이터나 라이브 데이터에서 비슷한 개인은 데이터의 유클리드 공간에서 서로 가까운 거리에 있다. 강건한 머신러닝 기법은 개별 데이터를 중심으로 초구^{hypersphere}를 설정하고, 초구 내부의 다른 비슷한 데이터에 대해 비슷한 예측을 하는 경우가 많다. 악의적인 공격자나 과대적합, 과소적합 등 원인에 상관없이 강건한 머신러닝 접근방식은 예상치 못한 위험으로부터 조직을 보호하는 데 도움이 된다. 'Robust ML' 사이트[50]에는 흥미로운 논문과 코드가 있으며 매사추세츠 공과대학교^{Massachusetts}

---

50 *https://www.robust-ml.org/*

Institute of Technology의 Madry Lab은 강건한 머신러닝을 위한 완전한 파이썬 패키지[51]를 공개했다.

5.4.5 일반적인 대응책

인증과 트래픽 조절throttling[52], 워터마킹watermarking 등 몇 가지 유형의 머신러닝 공격을 방어할 수 있는 일반적인 대응책이 많다. 해석 가능한 모델과 모델 관리, 모델 모니터링과 같은 많은 대응책은 머신러닝 시스템에서 일반적인 모범사례이기도 하다. 이 장의 사례 연구에 앞서 마지막으로 머신러닝 시스템 공격에 대응하는 중요하고 일반적인 방법을 간략히 설명한다.

인증

고위험 머신러닝 시스템에서는 가능하면 익명 사용을 허용하지 않는다사용자가 자신의 신원과 인가authorization, 시스템을 사용할 권한permission을 증명하도록 강제하는 인증(예: 로그인 자격증명login credential, 다중 인증)은 모델 API와 익명의 악의적인 공격자 간에 장벽을 설정한다.

해석 가능하고 공정한 비공개 모델

이제 단조 그레이디언트 부스팅 머신M-GBM, Monotonic GMB이나 확장 가능한 베이즈 규칙 목록[53], 설명 가능한 신경망[54]과 같은 모델링 기법을 사용해 정확도와 해석 가능성을 제공할 수 있다. 이렇게 정확하고 해석 가능한 모델은 기존의 설명할 수 없는 모델보다 문서로 정리하기도 쉽고 디버깅도 더 쉽다. LFRLearning Fair Representations[55]이나 DP-SGD[56]와 같은 새로운 유형의 공정한 비공개 모델링 기법도 관측되거나 사회공학적으로 대립예제 공격으로 조작되거나 사칭하는 데 사용될 수 있는 겉으로 드러나는 인구통계학적 특성을 무시하도록 학습할 수도 있다. 해석 가능성이나 공정성, 프라이버시를 위해 강화된 이러한 모델은 남용되는 설명할 수 없는 모델보다 디버깅이 더 쉽고, 개별 엔티티의 특성 변화에 더 강건하며, 더 안전하다.

모델 기록 문서

모델 기록 문서는 은행에서 수십 년 동안 사용해 온 위험완화 전략이다. 이를 통해 시간이 지나면서 모델을 소유한 팀이 바뀔 때마다 복잡한 모델링 시스템의 지식을 전달할 수 있으며, 모델 검증자와 감사자가 모델

---

51 `https://github.com/MadryLab/robustness`
52 옮긴이_ 시스템의 사용량을 제한해서 시스템의 성능이나 안정성을 보호하는 기술. 참고로 'no throttling'은 망 중립성 정책 중의 하나로 트래픽 조절 금지를 의미한다.
53 `http://proceedings.mlr.press/v70/yang17h/yang17h.pdf`
54 `https://arxiv.org/pdf/1806.01933.pdf`
55 `http://proceedings.mlr.press/v28/zemel13.pdf`
56 `https://arxiv.org/pdf/1607.00133.pdf`

을 효율적으로 분석할 수 있도록 지식을 표준화할 수 있다. 모델 기록 문서는 이해관계자의 연락처 정보부터 알고리즘의 사양에 이르기까지 다양한 세부 정보를 포함하며, 머신러닝 시스템을 누가, 언제, 어디서, 무엇을, 어떻게 사용했는지도 다뤄야 한다. 또한 모델 기록 문서에는 머신러닝 시스템의 알려진 취약점이나 보안 문제를 자연스럽게 기록할 수 있으므로 미래의 유지관리자^{maintainer}나 시스템과 상호작용하는 다른 운영자는 감독 및 보안 자원을 효율적으로 할당할 수 있다. 사고대응 계획도 모델 기록 문서에 연결해야 한다 (표본 문서 템플릿은 2장 참고).

모델 관리

모델 관리는 일반적으로 기록 문서와 같은 프로세스 통제와 모델 모니터링 및 모델 인벤토리과 같은 기술 통제의 조합을 의미한다. 배포한 머신러닝 시스템의 정확한 수와 관련 코드, 데이터, 기록 문서, 사고대응 계획과 관련해 정형화된 목록이 조직에 있어야 하며, 배포한 모든 모델을 모니터링해야 한다. 이러한 관행이 있으면 문제가 발생했을 때 이를 더 쉽게 파악하고 신속하게 처리할 수 있다(머신러닝 모델 위험관리는 1장 참고).

트래픽 조절

모델 모니터링 시스템에서 대립예제나 중복, 무작위 또는 훈련 데이터와 같이 높은 사용량이나 기타 이상이 발견되면 예측 API나 기타 시스템의 엔드포인트의 트래픽 조절을 고려해야 한다. 트래픽 조절은 단일 사용자의 많은 빠른 예측 수를 제한하거나, 모든 사용자의 예측 전달 시간을 인위적으로 늘리거나, 모델이나 데이터 추출 공격 및 대립예제 공격을 수행하는 공격자의 속도를 늦추는 다른 방법을 의미할 수도 있다.

워터마킹

워터마킹은 데이터나 예측에 눈에 띄지 않는 마커를 추가해서 데이터나 모델의 도용을 막는 것을 의미한다. 데이터나 예측에 이미지의 실제 워터마크 또는 정형 데이터의 감시 마커^{sentinel marker}와 같이 식별 가능한 특성이 있다면, 도난이 발생하더라도 도난당한 자산을 사용하기 어렵게 할 수 있으며 사법기관이나 다른 조사자들이 식별하는 데 도움이 된다.

이전 절에서 설명한 몇 가지 구체적인 대응책과 함께 이러한 일반적인 방어 및 모범사례를 적용하면 머신러닝 시스템에 높은 수준의 보안을 제공할 수 있다. 보안의 기본 사항과 머신러닝 공격, 이러한 공격에 대응하는 다양한 방법을 살펴보았으므로 조직의 IT 보안 전문가와 협력해서 인공지능 레드 팀을 구성하는 데 필요한 지식을 갖추었다. 이제 몇 가지 실제 인공지능 보안 사고를 살펴보면서 인공지능 레드 팀의 어려운 작업을 수행하는 데 필요한 몇 가지 동기를 얻고 오늘날 매우 흔한 머신러닝 보안 문제에 관한 통찰력을 얻어보자.

5.5 사례 연구: 실제 우회 공격

최근 몇 년 동안 물리적 보안과 온라인 보안에 사용되는 머신러닝 시스템은 우회 공격을 받아왔다. 이 사례에서는 페이스북 필터를 우회해 허위 정보 및 테러리스트의 선전을 확산하는 데 사용된 우회 공격과, 실제 결제 및 물리적 보안 시스템에 대한 우회 공격을 소개한다.

5.5.1 우회 공격

코로나19 유행병이 본격화되고 2020년 미국 대통령 선거 운동이 한창일 때, 이 두 주제와 관련한 허위 정보를 유포하던 사람들은 페이스북의 수동 및 자동 콘텐츠 필터링의 약점을 이용했다. NPR의 「약간의 변경만으로 코로나19 및 선거 관련 가짜 뉴스, 페이스북의 사실 확인 시스템 우회 가능」[57] 기사에서 해당 내용을 확인할 수 있다. 페이스북은 수십억 명의 사용자가 제기하는 주장의 사실확인을 하는 데 로이터Reuters와 APAssociated Press통신과 같은 뉴스 기관을 이용하지만, 특별히 사람이 식별한 허위 정보 게시물을 적발하는 데 인공지능 기반 콘텐츠 필터링도 사용한다. 안타깝게도 다른 배경이나 폰트를 사용하거나, 이미지를 자르거나, 이미지 대신 단어로 밈을 설명하는 등 약간의 변경만으로도 악의적인 공격자는 페이스북의 머신러닝 기반 콘텐츠 필터를 우회할 수 있었다. 페이스북은 이에 대응하려고 게시물 배포를 제한하거나, 게시물이나 그룹을 추천하지 못하도록 하거나, 수익을 내지 못하게 하는 등 많은 제재를 시행한다. 그러나 아바즈Avaaz에 따르면 페이스북의 머신러닝 기반 콘텐츠 필터는 사실확인을 한 사람이 신고한 정보가 포함된 허위 정보 게시물의 약 42%는 걸러내지 못한다[58]고 한다. 아바즈는 레이블링되지 않은 허위 정보 게시물 738개의 표본을 조사한 결과 약 1억 4,200만 건의 조회수와 560만 건의 사용자 상호작용이 발생했다고 추정했다.

최근 사건들은 온라인 허위 정보와 보안 위협이 현실 세계로 확산할 수 있음을 보여준다. 2020년 미국 대통령 선거와 코로나19 유행병에 관한 허위 정보는 2021년 1월 6일에 발생한 미국 국회의사당 폭동 사건의 주된 원인으로 여겨진다. 이보다 더 충격적인 우회 공격으로, BBC는 ISIS 요원들이 페이스북 콘텐츠 필터를 계속 우회하고 있다고 보도했다.[59] 로고를 흐리게 하거

---

57 https://www.npr.org/2020/10/09/921791419/tiny-changes-let-false-claims-about-covid-19-voting-evade-facebook-fact-checks

58 https://secure.avaaz.org/campaign/en/facebook_fact_check_failure/

59 https://www.bbc.com/news/technology-53389657

나 주류 뉴스 콘텐츠에 자신들의 동영상을 끼워 넣거나, 이상한 구두점을 사용하는 등 ISIS 조직원이나 관련자들은 선전과 폭발물 제조 방법부터 우회 공격 방법까지 페이스북에 게시하여 폭력적이거나 불안감을 조성하거나 혐오감을 일으키는 콘텐츠에 수만 건의 조회수를 기록했다. 인공지능 기반 필터를 우회하는 공격이 주된 원인임은 분명하지만, 페이스북의 아랍어 콘텐츠를 확인하는 사람이 적다는 점도 문제다. 이러한 콘텐츠는 과격화radicalization와 실제 폭력의 원인이 될 수 있는 위험한 콘텐츠다. 물리적 우회 공격도 가까운 미래에는 문제가 될 것이다. 최근 연구자들은 일부 인공지능 기반 물리적 보안 시스템이 우회 공격의 쉬운 표적이 될 수 있다는 사실을 밝혀냈다.[60] 연구자들은 시스템 운영자의 허가를 받아 실제와 같은 3차원 마스크를 사용해 알리페이Alipay와 위챗WeChat 결제 시스템에서 안면 인식 보안 검사를 우회했다. 더 심각한 사례로는 연구자들이 아이폰 화면의 다른 사람 사진을 사용해 암스테르담Amsterdam의 스키폴Schiphol 공항에서 비행기에 탑승하는 데 성공한 것이다.

5.5.2 경험으로 얻은 교훈

악의적인 공격자들이 온라인 안전장치를 우회해 위험한 콘텐츠를 게시하고, 물리적 보안 시스템을 우회해 금전적 거래를 하고, 비행기로 여행하는 사례를 종합해보면 머신러닝 보안을 심각하게 받아들이지 않는 세상은 무섭다는 생각도 든다. 이 장에서 배운 교훈을 어떻게 적용해야 이러한 우회 공격을 예방할 수 있을까? 첫 번째 교훈은 강건한 머신러닝과 관련이 있다. 고위험 보안 애플리케이션에서 사용하는 머신러닝 시스템은 온라인이나 실제 환경에 상관없이 정상적인 시스템 입력의 작은 변화에도 속아서는 안 된다. 강건한 머신러닝과 관련 기술은 로고를 흐릿하게 하거나 구두점을 바꾸는 것과 같이 단순한 우회 기법이 효과적인 우회 수단이 되지 않는 수준까지 발전해야 한다. 또 다른 교훈은 이 장의 앞부분에서 언급한 대립적 사고방식이다. 이러한 인공지능 기반 보안 시스템의 보안 위험에 관해 진지하게 고민해 본 사람이라면 마스크나 다른 이미지만으로도 간단히 우회할 수 있음을 깨달았을 것이다. 다행히도 일부 조직은 대립 시나리오에 대한 대응책을 마련하고 있는 것으로 드러났다. 더 좋은 안면인식 보안 시스템은 식별 대상의 생동감을 보장하는 기법을 사용한다. 또한 더 좋은 안면인식 시스템일수록 모든 사용자의 가용성을 높이고 오류율을 최소화하는 판별 테스트를 사용한다.

실제 우회 공격에서 배울 수 있는 또 다른 중요한 교훈은 일반적으로 기술, 특히 머신러닝의 책

---

60 https://www.engadget.com/2019-12-16-facial-recognition-fooled-masks.html

임감 있는 사용과 관련이 있다. 소셜미디어는 물리적인 국경을 넘어 확산했으며, 그 복잡도는 현재 많은 국가가 효과적으로 규제할 수 있는 능력을 넘어섰다. 정부의 규제가 부족한 상황에서 사용자들은 소셜미디어 기업이 스스로를 규제하길 바라고 있다. 소셜 네트워크는 기술 기업이므로 시스템을 통제하는 데 인공지능 기반 콘텐츠 필터와 같은 더 많은 기술에 의존한다. 하지만 이러한 통제 기능이 실제로 작동하지 않는다면 어떻게 될까? 기술과 머신러닝이 사람의 삶에서 차지하는 비중이 더 커짐에 따라 설계와 구현, 배포에 있어서 엄격함과 책임감이 부족하다면 그 영향은 점점 더 커질 것이다. 보안이나 기타 고위험 애플리케이션에서 사용할 기술을 설계하는 사람들은 특히 오늘날의 머신러닝 기능을 현실적으로 파악하고 적절한 실제 성능을 보장하는 프로세스와 기술 통제를 적용해야 할 책임이 있다.

5.6 참고 자료

읽을거리

- 「머신러닝의 보안 및 프라이버시에 관한 해커의 지도」[61]
- 「BIML 상호작용 머신러닝 위험 프레임워크」[62]
- FTC의 「보안부터 시작하기」[63] 지침
- 인공지능 시스템의 대립위협 환경[64]
- NIST 컴퓨터 보안 리소스 센터[65]
- NIST 비식별화 도구[66]

---

61 *https://arxiv.org/pdf/1811.01134.pdf*
62 *https://berryvilleiml.com/interactive/*
63 *https://www.ftc.gov/system/files/documents/plain-language/pdf0205-startwithsecurity.pdf*
64 *https://github.com/mitre/advmlthreatmatrix*
65 *https://csrc.nist.gov/*
66 *https://www.nist.gov/itl/applied-cybersecurity/privacy-engineering/collaboration-space/focus-areas/de-id/tools*

인공지능 위험관리 실행하기

PART **2**

## CHAPTER 6

설명 가능한 부스팅 머신과
XGBoost 설명

이 장에서는 소비자 금융과 관련된 상호작용 예제[1]를 통해 설명 가능한 모델과 사후 설명을 알아본다. 또한 2장에서 설명 가능한 부스팅 머신, 단조제약 XGBoost^monotonically constrained XGBoost 모델, 사후 설명 기법을 사용해 설명한 접근방식을 적용한다. 먼저 가법, 제약조건, 부분종속성 및 개별조건부기대, 섀플리 가법 설명^SHAP, 모델 기록 문서의 개념을 다시 살펴본다.

그런 다음 신용심사 문제를 살펴보면서 벌점회귀부터 일반화가법모형, 설명 가능한 부스팅 머신을 만드는 과정을 살펴본다. 간단한 모델부터 더 복잡한 모델을 사용해 작업하면서, 가법모형을 사용해 거의 완전한 설명을 유지하면서 비선형성 및 상호작용을 연체 확률 분류기에 도입하는 것과 관련해 명시적이고 의도적인 절충점을 문서에 기록으로 남긴다.

> **NOTE** 2장에서 언급했듯이 **해석**은 자극을 맥락에 맞추고 사람의 배경지식을 활용하는 고수준의 의미 있는 정신적 표현이지만, **설명**은 복잡한 과정을 설명하는 저수준의 상세한 정신적 표현이다. 해석은 설명보다 훨씬 더 높은 수준의 작업으로 기술적 접근방식만으로는 달성할 수 없다.

이어서 복잡한 특성의 상호작용을 허용하지만 인과적 지식에 기반한 단조제약조건으로 복잡도를 통제하는 연체 예측에 대한 두 번째 접근방식을 살펴본다. 단조제약 그레이디언트 부스팅 머신은 그 자체로는 설명할 수 없으므로 강건한 사후 설명 기법을 함께 사용해 설명 가능성

---

1 https://github.com/ml-for-high-risk-apps-book/Machine-Learning-for-High-Risk-Applications-Book

을 개선한다. 마지막으로 널리 사용되는 섀플리값 방법의 장단점을 설명하면서 이 장을 마무리
한다.

6.1 개념 복습: 머신러닝 투명성

기술적인 예제를 살펴보기 전에 2장의 핵심 개념 몇 가지를 다시 살펴보자. 첫 번째 예제에서
는 일반화가법모형 모델 계열의 장점을 강조할 것이므로 상호작용이 높은 모델과 비교하면서
가법성을 설명한다. 두 번째 예제에서는 XGBoost에 비공식 인과 관계 접근방식을 효과적으
로 사용하는 데 단조제약조건을 사용하므로 인과 관계와 제약조건 간의 연관성을 간략하게 설
명한다. 또한 부분종속성과 개별조건부기대를 사용해 입력특성에 대한 다양한 접근방식을 비
교하고 평가할 것이므로 이런 사후 설명의 장단점을 간략히 살펴보고 모델 기록 문서의 중요성
도 다시 살펴본다.

6.1.1 가법성 대 상호작용

설명할 수 없는 머신러닝의 가장 큰 특징은 입력특성 간에 매우 높은 상호작용을 생성한다는
점이다. 많은 특성의 값을 동시에 결합하는 이런 능력 덕분에 입력특성을 독립적으로 고려하는
기존 선형모형이나 가법모형보다 머신러닝 모델의 예측 능력이 뛰어나다고 여겨진다. 그러나
설명할 수 없는 모델은 신용심사 데이터와 같은 정형 데이터에 대해서는 더 정확하지 않으며[2],
설명할 수 없는 모델의 모든 상호작용은 사람들이 이해하기 매우 어려운 것으로 밝혀졌다. 더
욱이 고차원 상호작용은 불안정성을 초래하는데, 한 개 또는 몇 개의 특성에서의 작은 변화가
다른 특성과 상호작용해 모델 결과를 크게 바꿀 수 있기 때문이다. 그리고 고차원 상호작용은
과적합도 야기한다. 이는 오늘 관련 있는 17개 방향의 상호작용이 내일도 여전히 관련이 있을
것이라는 보장이 없기 때문이다.

머신러닝의 또 다른 중요한 특징은 훈련 데이터의 비선형 현상을 자동으로 학습하는 능력이다.
상호작용에서 비선형성을 분리할 수 있다면 완전하지는 않더라도 어느 정도 설명 가능성을 크

---

2 *https://github.com/interpretml/interpret#introducing-the-explainable-boosting-machine-ebm*

게 유지하면서 예측 품질을 크게 높일 수 있다. 이것이 바로 일반화가법모형의 특별한 능력이다. 그리고 설명 가능한 부스팅 머신은 더 많은 양방향 상호작용을 가법 방식으로 도입해 더 좋은 성능을 얻을 수 있다. 이 장의 뒷부분에서 설명하는 일반화가법모형 계열 예제(6.2절 '일반화가법모형 계열의 설명 가능한 모델' 참고)는 간단한 가법선형모형 기준으로 시작한 다음, 일반화가법모형에 비선형성을 도입하고, 마지막으로 설명 가능한 부스팅 머신에 이해할 수 있는 양방향 상호작용을 도입해서 이런 절충점의 구체적 교훈을 제공한다. 복잡도가 더 높을수록 더 좋다고 가정하는 대신 비선형성과 상호작용을 신중하게 도입하면 모델링 접근방식을 정당화하고, 실제 성능 문제에 연결하며, 특성의 행위에 관한 흥미로운 그래프를 많이 그릴 수 있다. 이런 정당성과 그래프는 이어서 자세히 설명할 모델 기록 문서의 좋은 자료이기도 하다.

> **NOTE** 일반적으로 일반화선형모형, 일반화가법모형, GA2M, 설명 가능한 부스팅 머신, 가법색인모델AIM, additive index model의 변형을 포함하는 모델 계열은 몇 년 동안 통계 문헌에서 다뤄져왔다. 이런 유형의 모델링을 함수분산분석fANOVA, functional analysis of variance 프레임워크라고도 한다.

6.1.2 제약조건이 있는 인과 관계 분석

인과 관계 발견과 추론은 예측모델링predictive modeling의 중요한 미래의 목표다. 왜 그럴까? 머신러닝으로 상관관계를 만드는 것은 모래 위에 건물을 짓는 것과 같기 때문이다. 실제로 상관관계는 계속 변화하며 허구이거나 잘못되었을 수 있다. 머신러닝 모델에 기록된 복잡한 상관관계의 스냅샷 대신 인과 관계를 기반으로 모델을 만들 수 있다면 과적합과 데이터 변동, 사회적 편향 위험을 크게 줄일 수 있다. 현재 인과 관계 방법은 대부분의 조직에서 구현하기 다소 어려우므로 단조제약조건 예제(6.3.1절 '제약 및 비제약 XGBoost' 참고)는 머신러닝 모델에 인과 관계를 넣을 때 취할 수 있는 간단하고 쉬운 단계를 강조한다. 머리를 쓰거나 간단하지만 강건한 실험을 해서 실제 세상의 인과 관계 방향성을 이해할 수 있다면, 단조제약조건을 사용해 XGBoost 모델에 방향성을 적용할 수 있다. 예를 들어, 연체 횟수가 늘어나는 현상이 향후 연체의 지표임을 안다면, 단조제약조건을 사용해 XGBoost 분류기가 높은 연체 횟수에 대해 높은 연체 확률을 만들어 내도록 할 수 있다. 제약조건을 사용하면 가상환경에서의 테스트 데이터 성능이 향상하지 않을 수도 있지만, 제약조건은 실제 세상의 불안정성과 과적합, 사회적 편향 위험을 완화하고 실제 성능을 높일 가능성이 크다.

6.1.3 부분종속성 및 개별조건부기대

부분종속성은 일부 입력특성의 값에 대한 모델의 예상 평균 동작estimated average behavior을 설명하는 매우 직관적인 사후 설명 방법이다. 안타깝게도 이 방법은 부정확할 수 있다. 입력특성 간에 상관관계나 상호작용이 있을 때 모델의 동작을 정확하게 표현하지 못할 수 있으며 악의적으로 변경[3]될 수도 있다. 하지만 모델에서 특성의 평균 동작을 이해하는 일은 매우 중요하므로 부분종속성 결점을 해결하는 많은 기법이 개발되었다. 특히 누적국소효과[4]는 부분종속성을 가장 직접적으로 대체하는 기법으로, 부분종속성의 단점을 해결할 목적으로 특별하게 설계되었다. ALEPlot[5]이나 ALEPython[6]과 같은 패키지를 사용해 누적국소효과를 확인해 볼 수 있다.

다음 예제에서는 모델의 특성 동작을 제대로 이해하기 위해 부분종속성에서 파생된 것을 많이 사용한다. 「블랙박스 들여다보기: 개별조건부기대 그래프로 통계적 학습 시각화하기」[7]에서 처음 소개한 개별조건부기대는 단일 개체에 대한 모델의 국소 동작을 부분종속성과 함께 그래프로 그린다. 이를 사용해 추정평균 동작을 국소 동작의 설명과 비교할 수 있다. 또한 부분종속성 곡선과 개별조건부기대 곡선의 방향이 다를 경우, 부분종속성을 신뢰할 수 있는지 또는 입력 변수의 상관관계나 상호작용의 영향을 받는지를 스스로 결정할 수 있다. 물론 개별조건부기대에도 문제가 있다. 개별조건부기대의 가장 일반적인 문제는 비현실적인 데이터값을 고려하는 것으로, 개별조건부기대를 해석할 때는 고려 중인 원래 데이터 행의 값과 가장 비슷한 입력특성의 값에 가장 많은 정신적 가중값을 부여하는 것이 중요하다.

이를 모두 예제를 통해 알아보자. [그림 6–1]의 아래 그림에서 벌점 로지스틱 회귀모형과 입력특성 PAY_0(고객의 가장 최근 청구서의 상환 상태)에 관한 부분종속성과 개별조건부기대를 확인할 수 있다. PAY_0의 값이 클수록 상환이 더 늦어짐을 나타낸다. 개별조건부기대 곡선은 예측확률의 십분위수에 해당하는 개인에 대해 만들어진다.

고객이 최근 상환을 연체하지 않았거나 연체 확률이 낮은 경우에 연체했을 때 높은 연체 확률로 부드럽게 증가하는 모습을 확인할 수 있다. 이는 맥락상 상황에 맞다. 합리적인 기댓값과 도메인 지식과도 일치한다. 또한 개별조건부기대와 부분종속성의 방향은 서로 다르지 않고 매우 밀접하게 연관되어 있다는 점에 유의한다. 선형모형에서는 항상 이렇지만, 부분종속성은 이 모

---

3   https://arxiv.org/pdf/2105.12837.pdf
4   https://arxiv.org/pdf/1612.08468.pdf
5   https://cran.r-project.org/web/packages/ALEPlot/index.html
6   https://github.com/blent-ai/ALEPython
7   https://arxiv.org/pdf/1309.6392.pdf

델과 데이터셋에 대해 신뢰할 수 있음을 보여준다.

[그림 6-1]의 위 그림에서는 모델이 훈련 데이터에서 강건한 신호를 학습하는지를 알 수 있다. 먼저 히스토그램이 눈에 띈다. 이 히스토그램을 사용해 모델 예측의 안정성 문제를 확인할 수 있다. 머신러닝 모델은 일반적으로 데이터에서 학습하므로 훈련 데이터에서 `PAY_0` > 1인 경우처럼 데이터가 많지 않다면 머신러닝 모델은 많은 것을 학습할 수 없으므로 해당 데이터 영역에서의 예측은 (의미가 없지는 않겠지만) 불안정할 것이다. 일부 다른 패키지는 부분종속성이나 형상함수 그래프에서 같은 목적으로 오차 막대$^{error\ bar}$를 사용한다. 이것도 좋다. 두 가지 시각화 기법 모두 머신러닝 모델이 불안정하고 비합리적인 의사결정을 할 가능성이 있는 데이터의 영역에 사용자의 시선을 집중하게 해준다.

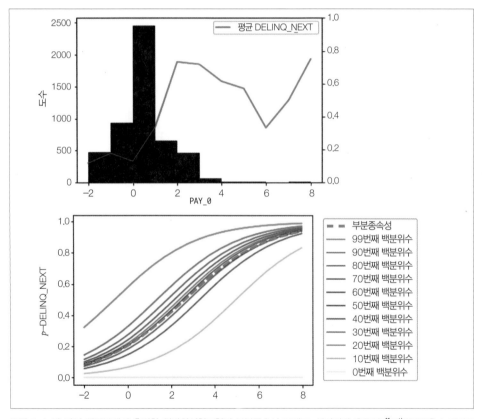

그림 6-1 이 장의 뒷부분에서 훈련할 일반화선형모형의 부분종속성 그래프. 신뢰성과 유효성^{effectiveness}을 높이려고 개별조건부기대와 히스토그램, 조건부평균을 통합함[8]

....

8 컬러 이미지는 부록 513쪽 참조(원본 그림: `https://oreil.ly/7vLOU`).

여기서 우리는 모델이 훈련 데이터를 잘 표현하는지 결정하려고 하며, [그림 6-1]의 위 그림에서 데이터 희박성과 예측 신뢰성 문제를 파악할 수도 있다. 이 그래프에서는 히스토그램이 가장 먼저 눈에 들어온다. 이 히스토그램을 사용해 모델 예측의 신뢰성 문제를 찾는다. 히스토그램 위에 선이 겹쳐 있다. 이 선은 해당 히스토그램 구간에 대한 대상의 조건부평균$^{conditional mean}$이다. 모델이 데이터를 제대로 학습했다면 아래 그림의 부분종속성과 개별조건부기대는 위 그림의 조건부평균의 선과 거의 일치해야 한다. 희박성은 모델의 동작이 대상의 조건부평균과 일치하는지 판단할 때 염두에 둬야 할 중요한 주의 사항이기도 하다. [그림 6-1]의 위 그림에서 가장 최근 청구서를 6개월 연체한 시점인 PAY_0 = 6에서 조건부평균이 급격히 감소하는 모습을 볼 수 있다. 하지만 이런 하락을 뒷받침하는 데이터는 없다. 히스토그램의 해당 구간은 기본적으로 비어 있으며, 이 하락은 아마도 관련이 없는 잡음일 가능성이 크다. 다행히 잘 작동하는 로지스틱 회귀모형은 이런 잡음을 무시하고 PAY_0이 증가함에 따라 연체 확률을 단조증가하게 한다. 같은 데이터에 더 복잡한 모델을 사용하려면 모델이 데이터가 뒷받침되지 않는 관련 없는 잡음을 기억하는 대신 인과 관계를 따르도록 단조제약조건을 적용해야 한다.

저명한 설명 가능성 연구자인 프셰미스와프 비체크는 "맥락을 고려하지 않고 설명해서는 안 된다!"라고 했다. 즉, 부분종속성과 개별조건부기대를 산출하는 데 사용하는 데이터셋(일반적으로 검증이나 테스트, 또는 기타 흥미로운 모델 평가용 표본)의 상관관계나 상호작용, 보안을 고려해야 함을 의미한다. 이런 데이터셋이 훈련 데이터의 상관관계 및 상호작용과 일치하지 않거나 표본이 의도적으로 변경되었다면 훈련에서와 다른 결과를 얻을 수 있다. 이럴 때는 여러 가지 의문을 제기할 수 있다. 훈련에서 부분종속성은 정확했는가? 모델이 실제로 새로운 데이터에서 다르게 작동하거나 이 표본의 새로운 상관관계 및 상호작용 때문에 부분종속성을 덜 신뢰하게 되었는가?

이런 이유로 부분종속성을 개별조건부기대와 결합한다. 개별조건부기대는 국소 설명 기법으로 상관관계와 상호작용에서 전역 변화에 덜 민감하다. 부분종속성 때문에 무언가 이상한 점이 보이면, 먼저 부분종속성이 개별조건부기대 곡선의 국소 동작을 따르는지를 확인한다. 개별조건부기대 곡선을 따르지 않는다면 분포나 상관관계, 상호작용, 보안 문제가 부분종속성을 변경하는지를 조사하는 것이 좋다.

6.1.4 섀플리값

SHAP은 이론적 지원이 많은 (적어도 머신러닝 기준으로) 국소 특성의 속성값을 산출하는 방법이다. SHAP 값은 특정 행에 대한 특성값이 모델 예측을 평균 예측에서 얼마나 멀어지게 했는지를 알려준다. SHAP은 어떻게 이를 수행할까? 해당 행의 예측에서 특성을 반복해 '제거'하고 제거된 다른 특성과 결합하는 방식으로 수행한다. 특성을 제거하고 모델 예측의 차를 측정함으로써 각 특성이 각 예측에 어떤 영향을 미치는지 파악할 수 있다.

> **NOTE** 섀플리값은 경제학과 게임 이론에서 차용한 사후 설명 기법으로, 모델 예측을 각 입력특성의 기여도로 분해한다.

SHAP은 **배경**background 데이터셋 또는 제거된 특성을 대체하는 무작위 표본을 추출하는 특정 데이터셋을 사용할 수 있으므로, 설명해야 할 데이터셋과 배경 데이터셋 모두에서 맥락[9]을 고려해야 한다. 부분종속성 및 개별조건부기대의 정의 때문에 이런 기법에는 매우 단순한 배경 데이터셋을 사용하며, 아예 배경 데이터셋으로 생각하지 않을 수도 있다. 기본적으로 곡선을 만들려면 전체 특성(부분종속성)이나 행(개별조건부기대)의 값을 해당 특성의 알려진 값으로 대체하면 된다. 섀플리값의 경우, (1) 어떤 관측값을 설명할지(예: 단일 행 설명, 완전히 새로운 데이터 표본 전체 설명), (2) 섀플리값을 계산할 때 어떤 배경 데이터셋을 사용할지(예: 배경 데이터셋 미사용, 무작위 배경 데이터 사용, 맥락이나 인과 관계 문제를 해결하려고 고도로 가공한 배경 데이터 사용)를 선택할 수 있다.

설명하는 데이터셋의 상관관계와 상호작용, 보안을 고려하면서 배경 선택이 적절한지, 설명이 판단될 맥락에서 의미가 있는지도 따져봐야 한다. 설명이 답하려는 질문에 따라 섀플리값 설명에 적합한 배경 데이터셋을 선택하는 방법은 이 장의 뒷부분에서 자세히 설명한다. 실제로 이 복잡한 분석은 흔히 몇 가지 다른 데이터셋에 관한 설명을 계산하고 결과가 중요하고 안정적인지 확인하는 일로 요약할 수 있다. 섀플리 기반 설명을 계산한다는 말은 사용된 배경 데이터셋과 이 데이터셋을 선택한 이유를 문서로 남기는 일을 의미하기도 한다.

---

9 *https://arxiv.org/pdf/2105.13787.pdf*

6.1.5 모델 기록 문서

모델 기록 문서는 대규모 조직에서 책임에 대한 물리적 표현이다. 우리가 만든 모델에 관한 문서를 만들 때 우리 이름이 해당 문서에 남는다는 점을 알면 더 신중하게 설계하고 구현하게 될 것이다. 현명한 선택을 하지 않거나, 잘못된 선택을 기록으로 남기거나, 기록 문서가 명백히 누락되거나 정확하지 않다면, 잘못된 모델을 만들었다는 결과로 남을 것이다. 모델 기록 문서는 유지관리와 사고대응에도 중요하다. 다음 빅데이터과학 작업으로 넘어가면서 이전 모델이 오래되어 문제를 일으키기 시작할 때, 기록 문서는 새로운 실무자가 모델의 작동 방식과 향후 반복 작업에서 모델을 유지관리하는 방법과 문제를 해결하는 방법을 이해하는 데 도움이 된다.

현재 모델 기록 문서에 관한 몇 가지 표준은 다음과 같다.

- 구글이 제공하는 예제 모델 카드[10]를 포함하는 모델 카드[11]
- 심층 모델 위험관리 문서. 미국 통화감독국의 2021 모델 위험관리 지침[12] 참고
- 유럽연합 인공지능법 문서 서식[13]. 문서document 2, 부록appendix IV 참고

이런 모든 템플릿은 머신러닝의 선도적인 상업적 사용자 및 개발자나 매우 엄격한 정부기관에서 제공한다. 지금까지 모델 기록 문서 작성을 기피했더라도 머신러닝의 중요한 애플리케이션에 대한 규제가 시행된다면 상황은 달라질 것이다. 투명성 향상은 모델 기록 문서의 또 다른 목표이자 이점이므로 이런 모든 템플릿은 설명 가능한 모델과 사후 설명에도 도움이 된다. 머신러닝 모델의 투명성을 통해 절충점을 이해한 다음, 정당화하고, 설계하고, 구현할 수 있다. 설명 가능한 모델이나 사후 설명 결과가 합리적으로 보이고 관측된 결과를 정당화하는 상식적인 몇 문장을 만들 수 있다면, 이것이 바로 이 장에서 추구하는 것이다. 이와 반대로 설명할 수 없는 모델을 사용하고, 모델의 동작에 영향을 주는 절충점에 관해 어떻게 설계하고 구현했는지 이해할 수 없다면 기록 문서의 정당성은 더 나빠질 것이며, 우리와 우리의 모델은 불쾌한 외부 조사를 받을 수 있다.

---

10 *https://modelcards.withgoogle.com/model-reports*

11 *https://arxiv.org/pdf/1810.03993.pdf*

12 *https://www.occ.treas.gov/publications-and-resources/publications/comptrollers-handbook/files/model-risk-management/index-model-risk-management.html*

13 *https://eur-lex.europa.eu/legal-content/EN/TXT/PDF/?uri=CELEX:52021PC0206&from=EN*

6.2 일반화가법모형 계열의 설명 가능한 모델

이 절에서는 선형가법 벌점회귀모형으로 기준 모델을 설정한 다음, 이 기준 모델을 비선형을 허용하지만, 독립적이고, 가법적이며, 설명 가능한 방법을 제공하는 일반화가법모형과 비교한다. 그런 다음 일반화선형모형과 일반화가법모형을 소수의 양방향 상호작용을 하는 설명 가능한 부스팅 머신과 비교한다. 모든 모델이 가법독립함수 형태additive independent functional form로 구성되며, 의미 있는 상호작용을 적게 사용하므로 모든 모델을 잘 설명할 수 있다. 비선형성과 상호작용을 도입할 때 가법성을 사용하면 명확하고 정당한 선택을 할 수 있다.

> **NOTE** 일반화선형모형에서 일반화가법모형과 설명 가능한 부스팅 머신으로 진행하는 것은 일반화할 수 있는 워크플로로, (일반화가법모형을 사용해) 비선형성과 (설명 가능한 부스팅 머신을 사용해) 상호작용을 도입하는 것에 관한 설명 가능하고 경험적으로 신중한 결정을 할 수 있다.

6.2.1 알파 및 람다 탐색을 사용하는 탄성망 벌점일반화선형모형

이름에서 알 수 있듯이, 일반화선형모형은 일반 선형회귀의 개념을 확장하고 표준선형회귀standard linear regression에 사용하는 가우스 오차분포 외에 지수 계열에 속하는 오차분포에 대해서도 일반화한다. 일반화선형모형의 또 다른 중요한 구성요소는 응답의 예상값을 선형 구성요소에 연결하는 연결함수다. 이 연결함수는 모든 단조미분가능함수monotonic differentiable function가 될 수 있으므로 일반화선형모형은 선형분포, (현재의 예제처럼) 이항분포, 푸아송 분포 등 다양한 훈련 데이터 결괏값의 분포를 처리할 수 있다. 일반화선형모형에 벌점을 매긴다는 정교한 제약조건과 반복적인 최적화 방법을 사용해 상관관계와 특성 선택, 이상값을 처리함을 의미한다. 이를 모두 종합하면 예측력이 좋고 설명 가능성이 높은 강건한 모델링 기법이 만들어진다.

탄성망elastic net[14]은 L1(라쏘)[15] 회귀와 L2(리지)[16] 회귀의 장점을 하나의 모델로 결합한 널리 사용되는 정칙화 기법이다. L1 정칙화는 특성 선택을 가능하게 해 훈련된 모델에서 희박성과 높은 설명 가능성을 제공하는 반면, L2 정칙화는 예측기 간의 상관관계를 효과적으로 처리할 수

---

14 *https://oreil.ly/K7_R0*
15 *https://oreil.ly/BqHjO*
16 *https://oreil.ly/ORzCT*

있다. 반복재가중최소제곱은 이상값을 처리하려고 탄성망과 함께 사용하는 경우가 많다.

벌점일반화선형모형을 훈련하면 다음 두 가지 유용한 벤치마킹 목적을 달성할 수 있다.

- 일반화선형모형에는 비선형성과 특성 상호작용이 없으므로 특성 가설, 즉 비선형성과 상호작용이 실제로 더 좋은 모델을 만들어내는지에 관한 완벽한 벤치마크 역할을 할 수 있다. 이 내용은 다음 절에서 설명한다.
- 일반화선형모형은 L1 정칙화를 통해 선택된 특성을 기반으로 초기 특성을 선택하는 출발점 역할도 한다.

이 장의 첫 번째 예제에서는 분산 방식으로 작동하고 대규모 데이터셋에 맞게 잘 확장되는 H2O 일반화선형모형GLM 알고리즘[17]을 사용해 탄성망 벌점 로지스틱 회귀를 훈련한다. H2O 일반화선형모형에서 정칙화 매개변수는 alpha와 lambda로 표기한다. alpha는 L1과 L2 벌점 간의 정칙화 분포를 지정하고 lambda는 정칙화 강도를 나타낸다. H2O GLM에서 최적 정칙화 설정값을 찾을 때 권장하는 방법은 격자탐색이다. H2O는 데카르트 탐색Cartesian search과 임의 탐색randomsearch이라는 두 가지 유형의 탐색 방법을 제공한다. 데카르트 탐색은 사용자가 제공한 가능한 값들로 구성된 격자에서 지정된 모델 초매개변수의 모든 조합을 시도하는 완전탐색exhaustive search이다. 반면에 무작위 격자탐색은 주어진 가능한 값이 집합에서 정지기준stopping criterion에 따라 모델 매개변수의 집합을 무작위로 표본추출한다. 기본적으로 H2O는 데카르트 탐색을 사용하며, 적은 개수의 alpha 값을 탐색하는 데도 긴 시간이 걸리지 않으므로 이 책의 사용사례에서도 데카르트 탐색을 사용한다.

> **CAUTION** 격자탐색을 수행할 때마다 암묵적으로 과대적합과 다중 비교와 관련된 문제가 발생한다. 가능하다면 격자탐색에 부트스트랩이나 재사용 가능한 홀드아웃holdout 메서드를 사용하는 것이 좋다.

다음 코드는 alpha 값에 대한 모델 초매개변수의 격자를 정의하면서 시작한다. 여기서 중요한 것은 L2 벌점의 안정화 기능stabilizing functionality과 L1 벌점의 특성 선택 기능을 유지하려면 alpha 값이 0이나 1이 되면 안 된다는 점이다. alpha 값이 0이면 L2 벌점만 사용하고, 1이면 L1 벌점만 사용하기 때문이다. H2O 일반화선형모형 구현은 사용하기 편리한 lambda_search 옵션을 제공한다. 이 옵션을 True로 설정하면, lambda_max(모델에 특성이 없음)부터 lambda_min(모델에 특성이 많음)까지 다양한 lambda 값을 탐색할 수 있다. alpha와 lambda 값은 검증 기반 조기 정지early stopping 기준에 따라 선택된다. 즉, 일반화선형모형은 과대적합을 제한하는 수단으

---

17 https://docs.h2o.ai/h2o/latest-stable/h2o-docs/data-science/glm.html

로 검증 집합에서 유의미한 개선이 없을 때 모델 적합^{model fitting}은 자동으로 정지된다.

```
def glm_grid(x, y, training_frame, validation_frame, seed_, weight=None):

    # 일반화선형모형 격자 매개변수 설정
    alpha_opts = [0.01, 0.25, 0.5, 0.99] # alpha 값 몇 개는 항상 있어야 함
    hyper_parameters = {'alpha': alpha_opts}

    # 격자탐색 초기화
    glm_grid = H2OGridSearch(
        H2OGeneralizedLinearEstimator(family="binomial",
                                      lambda_search=True,
                                      seed=seed_),
        hyper_params=hyper_parameters)

    # 격자탐색으로 훈련
    glm_grid.train(y=y,
                   x=x,
                   training_frame=training_frame,
                   validation_frame=validation_frame,
                   weights_column=weight,
                   seed=seed_)

    # 격자탐색으로 가장 좋은 모델을 선택
    best_model = glm_grid.get_grid()[0]
    del glm_grid

    return best_model
```

이 함수를 사용해 alpha에 대한 데카르트 탐색을 실행하고 H2O가 최적의 lambda 값을 탐색한 결과, 가장 좋은 일반화선형모형은 검증 데이터셋에 대해 0.73의 AUC 점수를 기록했다. 격자탐색 후, 6개의 PAY_* 상환 상태 특성이 생긴다.

> **NOTE** 0.73이라는 AUC 점수는 모델이 무작위로 추출한 양의 행을 무작위로 추출한 음의 행보다 더 높은 출력 확률로 적절하게 순위를 매길 확률이 73%임을 의미한다.

모델이 다양한 특성을 처리하는 방법을 이해하기 위해 관심이 있는 특성을 개별조건부기대 그래프와 함께 부분종속성 그래프를 그린다. 또한 목표 열^{target column} DELINQ_NEXT의 평균값과 특

성의 히스토그램을 함께 표시한다. 이로써 모델이 작동하는지, 데이터의 희박성 문제 때문에 의미 없는 예측이 발생하는지를 파악할 수 있다.

[그림 6-1]을 다시 살펴보자. PAY_0 특성은 가장 가파른 부분종속성과 개별조건부기대 곡선을 가지므로 가장 중요한 입력특성임을 알 수 있다. 부분종속성과 개별조건부기대 그래프가 조화를 이룬다. 즉, 서로 방향이 다르지 않으므로 부분종속성을 신뢰할 수 있다는 의미다. 또한 연체 예측 확률과 PAY_0 결제 연체 기간 사이에는 단조증가 관계가 있다. 즉, 결제 연체 기간이 늘어날수록 고객의 연체 확률도 커진다는 의미다. 이는 신용카드 결제의 작동 방식에 관한 우리의 직관과도 일치한다.

이제 [그림 6-1]의 위 그림에 있는 히스토그램을 살펴보자. 결제가 연체된 고객의 경우 일부 명백한 데이터 희박성 문제가 있다. 예를 들어, PAY_0 > 1인 영역에는 훈련 데이터가 거의 없거나 아예 없다. 또한 평균 DELINQ_NEXT 값은 이 영역에서 비선형 패턴을 보인다. 이런 영역에서 만들어진 예측은 신뢰성이 당연히 떨어진다. 결국 이와 같은 표준 머신러닝 모델은 추가로 도메인 지식을 제공하지 않는 한 데이터에서만 학습하게 된다. 하지만 좋은 소식은 벌점일반화선형모형의 로지스틱 형태가 PAY_* = 6 근방의 조건부평균 DELINQ_NEXT의 낮은 신뢰성 하락에 영향을 받지 않을 뿐만 아니라, 희박한 훈련 데이터의 이런 영역에서 잡음에 과대적합되는 일도 방지한다는 점이다. 이 모델은 다른 PAY_* 특성도 비슷하게 처리하지만, 더 평평한 로지스틱 곡선을 만들어 낸다. 모든 경우에서 연체 확률은 예상대로 결제 연체 기간이 늘어남에 따라 단조증가한다. 다른 부분종속성과 개별조건부기대 그래프는 이 장의 코드에서 확인할 수 있다.

이제 우리에게는 강건하고 설명 가능한 기준 모델이 생겼다. 이 모델의 동작은 매우 합리적이며 해석하기 쉬워, 이 모델보다 좋아지기 어려울 수도 있다. 검증 데이터에 대한 AUC 점수 0.73은 좋은 것이 아니지만, 일단 배포하고 나면 신뢰할 수 있는 오랜 시간 동안 검증된 인과 관계에 부합하는 방식으로 작동하는 설명 가능한 모델을 갖는다는 것은 위험완화 목적에 있어서 매우 중요하다. 또한 검증 데이터와 테스트 데이터에 대한 평가점수가 더 복잡한 머신러닝 모델에서는 오해의 소지가 있을 수 있다는 점을 기억해야 한다. 정적 검증 데이터나 테스트 데이터에 대해 높은 AUC 점수를 얻을 수 있지만, 이 점수는 운영 영역에서 더 이상 존재하지 않는 일부 특성 현상에 대한 과대적합 때문일 수도 있다. 다음 절에서는 먼저 일반화가법모형으로 몇 가지 비선형성을 알아본 다음, 설명 가능한 부스팅 머신으로 특성 상호작용과 비선형성을 살펴본다. 그런 다음 실제 성능을 염두에 두고 설명 가능성과 성능 품질에 관해 모델을 평가한다. 우리는 정직한 실험과 더 높은 복잡도가 정당한지에 관해 신중한 선택을 하도록 노력해야 한다.

6.2.2 일반화가법모형

선형모형은 해석 가능성이 크지만, 실제 데이터셋에 일반적으로 존재하는 비선형성을 정확하게 포착하지 못한다. 이런 이유로 일반화가법모형을 사용한다. 1980년대 후반에 저명한 통계학자 트레버 헤이스티Trevor Hastie와 롭 팁시라니Rob Tibshirani가 스탠퍼드 대학교에서 처음 개발한 일반화가법모형[18]은 각 입력특성의 비선형 관계를 개별 스플라인 형상함수individual spline shape function로 모델링하고 이를 모두 더해 최종 모델을 만든다. 일반화가법모형을 스플라인 형상함수의 가법 조합additive combination으로 생각할 수 있다. 일반화가법모형의 중요한 아이디어는 모든 특성을 매우 복잡한 방식으로 처리하지만, 이를 가법적이고 독립적인 방식으로 처리한다는 점이다. 이 덕분에 설명 가능성을 유지할 수 있을 뿐만 아니라 편집과 디버깅도 비교적 쉽게 할 수 있다.

일반화가법모형을 구현하려면, R에서는 gam[19]과 mgcv[20]와 같은 패키지를 사용할 수 있지만, 파이썬에서는 H2O의 일반화가법모형 구현[21]과 같이 대부분의 패키지가 실험 단계에 있어 선택이 제한적이다. 또 다른 대안인 pyGAM[22]은 R의 mgcv 패키지에서 영감을 얻은 것으로 정확도와 강건성, 속도의 좋은 조합을 제공하며 scikit과 비슷한 API를 제공한다.

이전 절에서 사용한 것과 같은 신용카드 데이터셋에 pyGAM을 사용해 일반화가법모형을 훈련한다. 구체적으로 다음 코드와 같이 pyGAM의 **LogisticGAM** 클래스를 이용해 로지스틱 모델을 구현한다. 최적의 모델을 얻기 위해 조정할 수 있는 세 가지 중요한 매개변수는 스플라인 개수, 정칙화 벌점의 강도인 **lam**, 모델에 사전지식prior knowledge을 반영하는 제약조건이다. pyGAM은 평활smoothing 매개변수를 자동으로 탐색하는 내장 격자탐색 메서드를 제공한다.

```
from pygam import LogisticGAM
gam = LogisticGAM(max_iter=100, n_splines=30)
gam.gridsearch(train[features].values, train[target], lam=np.logspace(-3, 3, 15))
```

---

18 *https://hastie.su.domains/Papers/gam.pdf*
19 *https://cran.r-project.org/web/packages/gam/*
20 *https://cran.r-project.org/web/packages/mgcv/*
21 *https://docs.h2o.ai/h2o/latest-stable/h2o-docs/data-science/gam.html*
22 *https://github.com/dswah/pyGAM*

이 코드는 최대 100번 반복 학습할 수 있는 LogisticGAM 모델을 인스턴스화한다. n_splines 매개변수는 스플라인 항의 개수 또는 각 입력특성을 적합하는 데 사용하는 함수의 복잡도를 지정한다. 일반적으로 스플라인 항이 많을수록 스플라인 형상함수도 더 복잡해진다. lam은 벌점회귀의 lambda와 어느 정도 비슷하며, 앞의 코드는 여러 값을 탐색해 lam에 정의된 대로 최적의 정칙화 강도를 찾는다. 여기서는 constraints 매개변수를 사용하지 않는다. constraints를 사용하면 사용자는 사전지식을 인코딩하기 위한 제약조건의 목록을 지정할 수 있다. 사용할 수 있는 제약조건으로는 단조증가나 단조감소 평활, 오목 또는 볼록 평활이다. 이 장의 뒷부분에서 이와 비슷한 제약조건을 사용하지만, 제약조건을 사용하지 않는 것이 일반화가법모형에 어떤 의미가 있는지 살펴보는 것은 큰 도움이 된다.

이 예제에서 의도적으로 대답하려는 질문은 '비선형성이 모델이 정말 도움이 되는가 아니면 잡음만 과대적합하는가?'이다. 오늘날 많은 데이터과학 실무자는 복잡도가 높을수록 모델이 더 좋다고 생각하지만, 여기서는 일반화가법모형을 사용해 비선형성의 도입이 모델의 품질과 해석 가능성 측면에서 모델을 실제로 개선하는지를 알아보는 실험을 한다.

모델을 훈련한 후 검증 AUC를 계산한 결과 점수는 0.75로, 벌점일반화선형모형과 비교하면 한 단계 더 높게 나타났다. 일반화가법모형의 AUC가 높아진 것은 비선형성의 도입 때문일 수 있다. 그러나 여기서 한 가지 주의할 점은 AUC가 높다고 해서 항상 모델이 더 좋다는 뜻은 아니며, 이 예가 이를 증명하는 대표적인 사례다. 앞 절에서 일반화선형모형이 가장 최근 상환 상태인 PAY_0 특성을 처리하는 방식을 분석하는 데 약간의 시간을 할애했으며, 그 결과는 상당히 좋았다. 이제 일반화가법모형이 같은 PAY_0 특성을 어떻게 처리하는지 살펴보자(그림 6-2 참고).

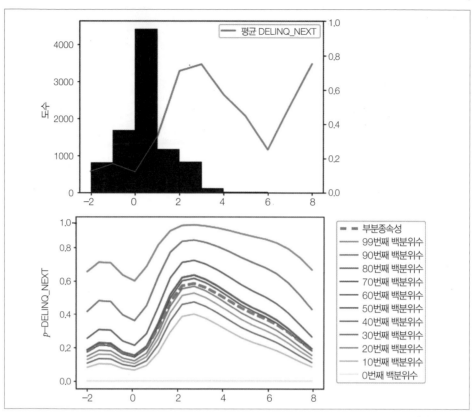

그림 6-2 PAY_0에 대한 신뢰성과 유효성을 높이기 위해 개별조건부기대와 히스토그램, 조건부평균을 통합한 예제 일반화가법모형의 부분종속성 그래프[23]

[그림 6-2]는 일반화가법모형이 그린 부분종속성 및 개별조건부기대 그래프에 약간 이상한 점이 분명히 있음을 보여준다. 결제 연체 기간이 늘어날수록 고객의 연체 확률이 감소하는 모습을 확인할 수 있다. 이는 분명 이치에 맞지 않는다. 많은 사람이 몇 달 동안 연체했다고 하더라도 바로 결제할 가능성은 크지 않다. [그림 6-3]과 같이 PAY_4와 PAY_6에도 똑같은 이상한 동작이 발생한다. PAY_4의 연체 확률은 연체 기간이 늘어날수록 감소하는 것으로 보이며, PAY_6의 연체 확률은 평균 예측값 근처에서 잡음이 많이 발생하는 것으로 보인다. 이렇게 모델링된 두 가지 행동은 모두 상식에서 어긋나며, [그림 6-3]의 오른쪽에 표시된 조건부평균 행동을 제대로 모델링하지 못한다.

....

23 컬러 이미지는 부록 514쪽 참조(원본 그림: *https://oreil.ly/KT-fl*).

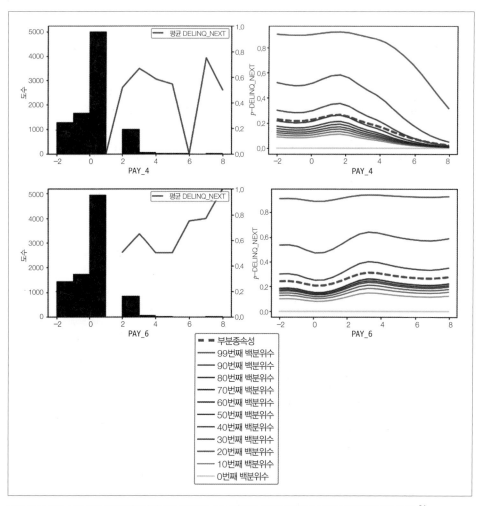

그림 6-3 PAY_4 및 PAY_6에 대한 개별조건부기대와 히스토그램, 조건부평균을 통합한 부분종속성 그래프[24]

결론적으로 검증 AUC 점수가 더 높지만, 이 모델은 확실히 배포하고 싶지 않은 모델이다. [그림 6-2]에서 알 수 있듯이, 일반화가법모형은 훈련 데이터의 잡음에 과대적합되었거나, `PAY_*` = 6 근방에서 조건부평균 `DELINQ_NEXT`의 낮은 신뢰성 하락에 속았거나, `PAY_0 > 1` 영역에서의 데이터 희박성 때문에 평균 예측값으로 되돌아가고 있다.

그렇다면 어떻게 해결해야 하고, 어떻게 이런 모델을 사용해야 할까? 이럴 때 일반화가법모형

---

24 컬러 이미지는 부록 515쪽 참조(원본 그림: *https://oreil.ly/m4yK6*).

이 도움이 된다. 여기서 일반화가법모형이 보여주는 동작은 고용량 비선형모형에서 관측되는 일반적인 문제이다. 그러나 다른 많은 머신러닝 모델과 달리 일반화가법모형은 이런 불일치를 강조할 뿐만 아니라 상식적인 모델 편집으로 이를 디버깅하는 방법도 제공한다. 좀 더 쉽게 설명하자면, 도메인 전문가와 일반화가법모형의 결과를 논의하고, 이들이 PAY_2, PAY_3, PAY_5에 대해 더 그럴듯한 일반화가법모형 스플라인에 동의한다면, 이를 모델에 반영해 모델 성능을 높일 수 있다. 명백히 문제가 있는 PAY_0, PAY_4, PAY_6의 스플라인은 더 합리적인 스플라인으로 대체할 수 있다. 대체의 한 가지 옵션은 다음 식과 같이 로지스틱 회귀모형에서 학습된 동작을 사용하는 것이다.

$$\hat{p} = \beta_0 + \frac{1}{1 + \exp(-\beta_{PAY_0, GLM} PAY_0)} + \beta_{PAY_2, GAM} g(PAY_2) + \beta_{PAY_3, GAM} g(PAY_3)$$
$$+ \frac{1}{1 + \exp(-\beta_{PAY_4, GLM} PAY_4)} + \beta_{PAY_5, GAM} g(PAY_5) + \frac{1}{1 + \exp(-\beta_{PAY_6, GLM} PAY_6)} + \cdots$$

위 식에서 β_0는 절편 항이고 각 g는 일반화가법모형의 스플라인 함수를 나타낸다. 모델 편집은 무한히 유연하다. 정의역의 특정 영역에서만 학습된 스플라인을 대체하거나 도메인 전문가가 원하는 대로 형상함수를 편집할 수 있다.

편집 가능성editability은 예측모델에 매우 유용한 기능이지만 주의해서 사용해야 한다. 앞의 식에 따라 사용자정의 모델custom model을 편집하려면 평소보다 더 많은 스트레스 테스트stress test를 거쳐야 한다. 계수들이 함께 학습되지 않아 서로를 잘 반영하지 못할 수 있기 때문이다. 또한 경계 문제boundary problem가 있을 수도 있다. 편집된 모델은 예측값으로 쉽게 1 이상이거나 0 이하의 값을 결과로 낼 수 있다. 또 다른 더 좋은 디버깅 전략은 pyGAM이 제공하는 제약조건 기능을 사용하는 것이다. 양의 단조제약조건을 사용하면 PAY_0, PAY_4, PAY_6의 스플라인 문제를 해결하는 데 도움이 된다.

예제 일반화가법모형을 편집하든 제약조건을 사용해 다시 훈련하든, 검증 데이터와 테스트 데이터에서의 성능 품질이 낮아질 가능성이 크다. 하지만 신뢰할 수 있는 실제 성능을 가장 중요하게 고려한다면 평가용 데이터셋에서의 성능이 중요하지 않을 때도 있다. 모델 편집이라는 것이 이상하게 들릴지도 모르겠지만, 앞의 모델은 말이 된다. 더 이상한 것은 수십 년 동안의 인과적 규범에 명백하게 모순되는 몇 줄의 심한 잡음 훈련 데이터로만으로도 행동이 정당화되는 모델을 배포하는 것이다. 우리는 비제약 일반화가법모형이 학습한 말도 안 되는 스플라인보다 훨씬 더 치명적인 장애를 초래할 가능성이 훨씬 작다고 주장할 수 있다.

이는 기존 모델 평가가 현재 최고의 모델을 선택하는 데 있어 오해를 불러올 수 있는 많은 시나리오 중 하나일 뿐이다. 일반화가법모형의 예에서 볼 수 있듯이 비선형성이 더 좋은 모델을 만든다고 가정할 수는 없다. 더욱이 일반화가법모형을 사용하면 비선형성이 더 좋다는 암묵적 가설을 테스트할 수 있다. 일반화가법모형으로 모델을 만들고, 결과를 해석 및 분석한 다음, 모델을 편집하거나 감지된 모든 문제를 디버깅할 수 있다. 일반화가법모형은 모델이 학습한 내용을 파악하고, 올바른 결과를 유지하며, 잘못된 결과를 편집 및 수정해 위험한 모델을 배포하지 않도록 도와준다.

6.2.3 GA2M 및 설명 가능한 부스팅 머신

상호작용하는 특성 쌍의 작은 그룹을 기준 일반화가법모형에 추가해 만들어진 모델을 GA2M, 즉 양방향 상호작용 일반화가법모형generalized additive model with two-way interaction이라고 한다. 2장에서 설명한 대로 이런 쌍별 상호작용을 기준 일반화가법모형에 추가하면 설명 가능성을 유지하면서도 모델의 성능을 크게 향상하는 것으로 밝혀졌다. 또한 일반화가법모형과 같이 GA2M도 쉽게 편집할 수 있다.

설명 가능한 부스팅 머신[25]은 마이크로소프트 연구소에서 GA2M을 신속하게 구현한 것이다. 설명 가능한 부스팅 머신의 형상함수는 부스팅으로 반복 훈련되므로, 설명 가능한 부스팅 머신 훈련을 랜덤 포레스트와 XGBoost와 같이 설명할 수 없는 트리기반모형에 필적하는 정확도를 유지하면서도 더 강건하게 만들 수 있다. 설명 가능한 부스팅 머신은 설명 가능한 모델을 훈련하고 다른 시스템을 설명하는 더 광범위한 머신러닝 툴키트인 InterpretML[26] 오픈소스 패키지에 포함되어 있다.

계속 신용카드 예제를 이용해 다음 결제에서 연체 가능성이 큰 고객을 예측하는 데 설명 가능한 부스팅 머신을 훈련한다. 설명 가능한 부스팅 머신은 검증 AUC 점수가 0.78이며, 이는 기존 일반화가법모형 및 일반화선형모형과 비교했을 때 가장 높은 점수다. 정확도가 높아진 이유는 비선형성과 상호작용이 도입되었기 때문일 가능성이 크다. 설명 가능한 부스팅 머신과 GA2M은 설명하기도 쉽다. 기존 일반화가법모형과 마찬가지로 개별 특성의 형상함수와 해당 특성의 모델 동작 및 데이터 분포를 설명하는 히스토그램을 각각 그릴 수 있다. 상호작용 항은 등고선 그래프contour plot로 그릴 수 있으며, 이 그래프도 이해하기 쉽다. [그림 6-4]와 같이 설명

---

25 https://github.com/interpretml/interpret#introducing-the-explainable-boosting-machine-ebm
26 https://github.com/interpretml/interpret

가능한 부스팅 머신이 LIMIT_BAL, PAY_0, PAY_2 특성을 처리하는 방법을 조금 더 자세히 살펴보도록 한다.

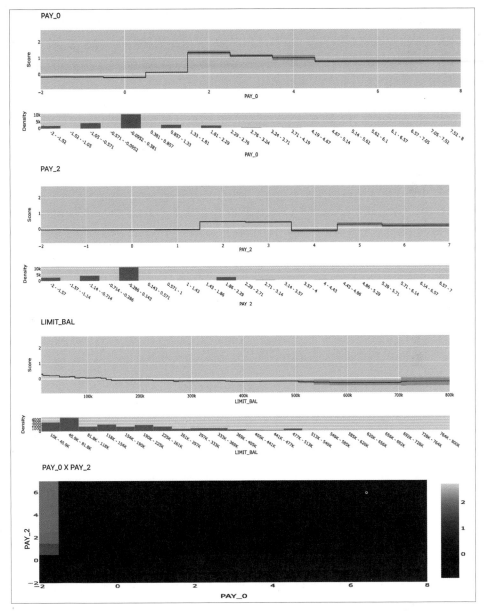

그림 6-4 설명 가능한 부스팅 머신에서 세 가지 중요한 입력특성과 히스토그램이 있는 상호작용 특성[27]

---

27 컬러 이미지는 부록 516쪽 참조(원본 그림: *https://oreil.ly/l9lTU*).

[그림 6-4]에는 LIMIT_BAL, PAY_0, PAY_2에 대한 세 가지 기준 형상함수 그래프와 PAY_0 x PAY_2 상호작용에 대한 등고선 그래프가 있다. 조금 더 복잡한 등고선 그래프를 포함한 이런 그래프를 활용해 사람은 모델의 동작을 확인하고, 필요한 경우 모델을 편집할 수 있다. 신용한 도의 증가는 연체 확률의 감소와 상관관계가 있을 것으로 예상하므로 LIMIT_BAL의 동작은 합리적으로 보인다. 적어도 훈련 데이터에서 LIMIT_BAL의 높은 범위까지는 이런 현상을 관측할 수 있다. 70만 달러 이상에서는 형상함수가 다시 위쪽으로 올라가는데, 이는 이 영역에서 훈련 데이터의 희박성과 관련이 있을 가능성이 크다. 설명 가능한 부스팅 머신은 PAY_0을 일반화가법모형보다 더 논리적으로 처리한다. 설명 가능한 부스팅 머신에서 PAY_0 > 1일 때 연체 확률 PAY_0이 높아지며, 비현실적인 값으로 떨어지지는 않지만 감소한다. 다시 말하지만, 이는 훈련 데이터 특정 영역의 희박성과 관련이 있을 수 있다. PAY_2에는 다소 잡음이 있는 것으로 보인다. 또한 상호작용 항은 일부 개별 PAY_* 특성에 대해 일반화가법모형에서 관측한 것과 같이 비현실적인 동작을 보인다. 연체 기간이 늘어나면 모델의 출력이 크게 증가하는 작은 값의 PAY_0와 큰 값의 PAY_2를 제외하고는 연체 확률이 낮아진다. 일반화가법모형과 마찬가지로 설명 가능한 부스팅 머신도 훈련 데이터의 잡음과 희박성에 따라 몇 가지 이상한 동작을 일으키는 것 같다. 이것이 AUC 점수가 더 높은 이유일 수도 있는데, 특정 사례에서 이 데이터셋에 대해 특정한 잡음을 모델링하기 때문이다. 적어도 이상한 동작은 명백히 드러나므로 이 모델은 모델 편집에 적합한 후보가 될 수 있다. 다음 절에서 설명하는 단조제약조건도 여기서는 도움이 될 수 있지만, 아직은 설명 가능한 부스팅 머신 해석에 사용할 수는 없다.

[그림 6-4]에는 설명 가능한 부스팅 머신의 특성은 아니지만 다시 살펴볼 필요가 있는 매우 중요한 두 가지 측면이 있다. 바로 형상함수 주변의 음영 영역과 형상함수 아래의 히스토그램이다. 이 두 가지 특성은 모두 사용자가 모델의 신뢰성 수준을 결정하는 데 도움이 된다. 히스토그램의 특정 영역에서 사용할 수 있는 학습 데이터가 거의 없거나 음영 처리된 오차 막대가 특정 훈련 데이터 정의역에서 함수의 분산이 큰 경우, 함수의 일부분에서 신뢰성이 낮아져 모델 편집을 고려해야 할 수 있다. LIMIT_BAL이 70만 달러가 넘는 영역에서 형상함수는 훈련 데이터의 희박성과 예측에서 큰 분산을 모두 보여주는 예이다. 머신러닝 모델을 훈련하고, 설명하고, 디버깅할 때 이 두 가지 문제가 함께 발생하는 경우가 많다.

설명 가능한 부스팅 머신으로 작업할 때 약간 까다로운 또 다른 측면은 자체 시각화plotting 요구 사항 정보에 접근하는 것이다. 설명 가능한 부스팅 머신은 기본적으로 훌륭한 대화형 시각화 기능을 제공하지만, 특히 다른 모델과 비교할 목적으로 사용자정의 그래프나 데이터 구조를 만들어야 할 때가 많다. 그러려면 설명 가능한 부스팅 머신의 _internal_obj JSON 구조와 상호작용해야 하는 경우가 여러 번 있었다. 예를 들어 특성의 중요돗값[feature importance value]에 접근하는 경우를 생각해보자.

```
ebm_global = ebm.explain_global(name='EBM')
feature_names = ebm_global._internal_obj['overall']['names']
feature_importances = ebm_global._internal_obj['overall']['scores']
bm_variable_importance = pd.DataFrame(zip(feature_names, feature_importances),
                            columns=['feature_names',
                                     'feature_importance'])
```

우리가 접근할 수 있는 해석[interpret] 버전에서 직접 조작할 수 있는 특성 중요도를 추출할 때 (설명 가능한 부스팅 머신의 기본 시각화 기능을 사용하지 않고) explain_global()을 사용해 전역 설명을 계산한 다음, 반환된 객체에 있는 JSON에서 특성의 이름과 중요도 점수[importance score]를 추출해야 했다. 그런 다음 이 정보를 사용해 판다스 DataFrame을 만들었다.[28] 이 DataFrame에서는 시각화나 선택[selecting], 조작[manipulating]과 같은 대부분의 기본적인 연산을 쉽게 할 수 있다.

이것으로 첫 번째 예제를 마무리한다. 이 절에서는 벤치마크용 일반화선형모형을 소개하고, 일반화가법모형으로 의도적으로 비선형성을 도입하고, GA2M과 설명 가능한 부스팅 머신으로 상호작용을 도입해 모델을 더 복잡하게 만들었다. 그러나 일반화선형모형과 일반화가법모형, 설명 가능한 부스팅 머신의 가법 특성 덕분에 설명 가능성과 가상환경의 성능 품질을 유지할 수 있었을 뿐만 아니라 서로 비교하고 결합해 실제 배포에 가장 적합한 모델을 만들 수 있는 편집 가능한 모델의 집합을 만들었다. 다음 절에서는 이 주제를 계속 이어가면서 XGBoost를 사용해 제약조건과 사후 설명을 자세히 알아본다.

6.3 제약조건과 사후 설명이 있는 XGBoost

이 예에서는 두 개의 XGBoost 분류기 모델(단조제약조건 있는 모델과 없는 모델)을 훈련하고 비교한다. 제약조건이 있는 모델이 없는 모델보다 더 강건하며 정확도도 떨어지지 않음을 확

---

28 이런 불편함은 현재 버전의 패키지에서는 해결되었다. 자세한 내용은 공식 문서(*https://interpret.ml/docs/ebm-internals-regression.html*)를 참고한다.

인한다. 그런 다음 의사결정나무 대리 모델과 부분종속성 및 개별조건부기대, SHAP 값이라는 세 가지 강력한 사후 설명 방법을 살펴본다. 마지막으로 SHAP 값 계산과 배경 데이터셋에 관한 기술적 설명으로 마무리하며, 여러분이 사용 중인 애플리케이션에 적합한 사양을 선택하는 지침을 제공한다.

6.3.1 제약 및 비제약 XGBoost

XGBoost[29]는 대규모 정형 데이터셋의 예측 작업에 널리 사용하는 모델 아키텍처다. 그렇다면 XGBoost 모델이란 무엇일까? XGBoost가 만들어내는 모델은 **약한 학습기**weak learner의 앙상블이다. 즉, XGBoost는 차례로 여러 개의 작은 모델을 만든 다음, 작은 모델의 예측을 합산해 최종 예측을 한다. 일반적으로 첫 번째 모델을 데이터에 적합하고, 각 후속 모델은 이전 모델의 잔차를 예측해 잔차의 오차를 수정한다.[30] 이 절에서는 XGBoost를 사용해 얕은 의사결정나무shallow decision tree의 앙상블을 훈련한다. 여기서는 이진분류 문제를 다루지만, XGBoost는 회귀나 다중분류, 생존 시간survival time 등과 같은 문제를 모델링하는 데 사용할 수도 있다.

XGBoost를 널리 사용하는 이유 중 하나는 일반적으로 본 적이 없는 데이터에서도 잘 일반화하는 강건한 모델을 만들 수 있기 때문이다. 그렇다고 해서 모델 개발자가 방심해서는 안 된다. XGBoost의 강점을 실현할 수 있도록 합리적인 초매개변수와 조기 정지와 같은 기법을 사용해야 한다. XGBoost에는 모델에 단조제약조건을 적용할 수 있다는 장점도 있다. 이런 제약조건은 특정 특성과 모델 출력 간의 관계 방향을 고정한다. '특성 X_1이 증가하면 모델 출력은 감소할 수 없다'라는 명제가 이런 제약조건의 예다. 요컨대 이런 제약조건을 사용해 도메인 지식을 적용해서 모델을 더 강건하게 만들 수 있다. XGBoost 모델을 훈련하는 몇 가지 코드를 살펴보자.

```
params = {
    'objective': 'binary:logistic',
    'eval_metric': 'auc',
    'eta': 0.05,
    'subsample': 0.75, 'colsample_bytree': 0.8,
    'max_depth': 5,
```

---

29 *https://github.com/dmlc/xgboost*

30 그레이디언트 부스팅에 관한 자세한 내용은 『통계학으로 배우는 머신러닝』 10장을 참고한다.

```
        'base_score': base_score,
        'seed': seed
}

watchlist = [(dtrain, 'train'), (dvalid, 'eval')]

model_unconstrained = xgb.train(params,
                                dtrain,
                                num_boost_round=200,
                                evals=watchlist,
                                early_stopping_rounds=10,
                                verbose_eval=True)
```

먼저 params 딕셔너리의 값을 살펴보자. 매개변수 eta는 모델의 **학습률**[learning rate]이다. 그레이디언트 부스팅에서 앙상블에 추가한 각 트리는 경사하강[gradient descent] 단계와 비슷하다. eta 값이 클수록 추가되는 각 트리는 모델에 더 큰 영향을 미친다. eta 값이 작을수록 부스팅 열에서 개별 의사결정나무의 가중값은 더 작아진다. eta = 1.0이면 모델의 최종 예측은 가중값을 적용하지 않은 개별 의사결정나무 출력의 합이 되며, 모델은 거의 확실하게 훈련 데이터에 과대적합하게 될 것이다. XGBoost나 다른 그레이디언트 부스팅 모델을 훈련할 때는 학습률을 적절(예: 0.001에서 0.3 사이)하게 설정해야 한다.

> **NOTE** XGBoost는 모델에서 입력특성이 서로에게 영향을 미치는 방식을 통제하는 상호작용 제약조건[31]도 제공한다. 이는 머신러닝 모델에 도메인 지식을 간단하게 반영하는 또 다른 방법이다. 상호작용 제약조건은 이름이나 나이, 우편번호의 조합과 같이 성별이나 인종에 관해 알려진 프록시 상호작용을 제거해 편향을 완화하는 데 매우 도움이 될 수 있다.

매개변수 subsample와 colsample_bytree도 과대적합을 방지한다. 두 매개변수 모두 각 개별 의사결정나무가 전체 훈련 데이터셋을 보지 못하도록 한다. 이 경우 각 트리는 훈련 데이터의 무작위 75% 행(subsample = 0.75)과 훈련 데이터의 무작위 80% 열(colsample_bytree = 0.8)만 보게 된다. 그리고 최종 모델의 크기를 결정하는 몇 개의 매개변수가 있다. max_depth 는 모델에 있는 트리의 깊이[depth]다. 깊이가 깊은 트리는 얕은 트리보다 더 많은 특성 상호작용을 포함하고 더 복잡한 반응함수[response function]를 만든다. 일반적으로 XGBoost 및 기타 그레이

---

31 https://xgboost.readthedocs.io/en/stable/tutorials/feature_interaction_constraint.html

디언트 부스팅 머신 모델을 훈련할 때는 트리를 얕게 만드는 것이 좋다. 결국 이런 모델의 강점은 약한 학습기의 앙상블이라는 데서 비롯되기 때문이다. 물론 초매개변수를 선택하는 격자탐색이나 정형화된 방법이 이런 값을 선택하는 데 더 좋지만, 이는 이 장의 핵심이 아니다.

마지막으로 위의 코드 스니펫^{snippet}에서는 검증 기반 조기 정지$^{validation-based\ early\ stopping}$[32]를 사용해 모델을 훈련한다. 데이터셋(이 예에서는 두 개의 데이터셋)를 매개변수 evals에 넣고, early_stopping_rounds를 지정해 모델을 훈련한다. 그렇다면 지금 여기서 어떤 일이 벌어지는 걸까? 훈련 시퀀스의 각 라운드에서 지금까지 훈련된 의사결정나무 모음은 evals의 watchlist 데이터셋에 대해 평가된다. early_stopping_rounds 라운드에서 평가 측정지표 (여기서는 AUC 점수)가 개선되지 않으면 훈련을 중단한다. 조기 정지를 지정하지 않으면 훈련은 num_boost_round개의 트리가 만들어질 때까지 진행된다. 그레이디언트 부스팅 머신 모델을 훈련할 때는 거의 항상 조기 정지를 사용해야 한다.

> **CAUTION** 여러 데이터셋을 evals에 전달하면 조기 정지기준을 충족 여부를 판단하는 데 리스트의 가장 **마지막** 데이터셋만 사용한다. 게다가 최종 모델에는 트리가 너무 많아질 것이다. 모델을 사용해 예측할 때마다 매개변수 iteration_range를 사용해 사용할 트리의 수를 지정해야 한다. 자세한 내용은 공식 문서[33]를 참고한다.

앞으로 살펴보겠지만, **비제약** XGBoost는 훈련 데이터에서 임의 패턴을 기반으로 개발 관측에 확률을 자유롭게 할당할 수 있다. 훈련 데이터로부터 배울 수 있는 것 외에도 우리의 지식과 도메인 전문가의 도움을 받아 더 좋은 결과를 얻을 수 있다.

예를 들어, 신용카드 결제를 점점 더 자주 연체하는 사람은 다음 결제에도 연체할 가능성이 거의 확실하게 커짐을 안다. 즉, 데이터셋의 모든 PAY_* 특성에서 특성값이 증가하면 모델의 출력도 증가해야 하고, 그 반대도 마찬가지다. XGBoost 단조제약조건을 사용하면 정확하게 그렇게 할 수 있다. 데이터셋의 각 특성에 대해 해당 특성이 모델 출력과 양의 관계나 음의 관계, 또는 단조 관계를 갖도록 지정할 수 있다.

우리 데이터셋에는 19개의 특성이 있으며, 기본 인과 관계를 활용해 각 특성에 대한 연체 위험

---

[32] https://xgboost.readthedocs.io/en/stable/python/python_intro.html#early-stopping
[33] https://xgboost.readthedocs.io/en/stable/python/python_intro.html#prediction

을 추론할 수 있다. 데이터셋의 특성이 수백 개라면 어떨까? 강건하고 제약이 있는 모델을 훈련하고 싶지만, 특정 특성과 목표 간의 단조 인과 관계 연결이 있는지 확신할 수 없다. 단조제약조건을 도출하는 대안(또는 보완) 방법으로는 스피어만 상관관계^{Spearman correlation}가 있다. 다음 코드에서는 각 특성과 목표 간의 쌍별 스피어만 상관관계를 조사하는 함수를 구현한다. 스피어만 계수가 사용자 지정 분계점보다 크면 해당 특성은 목표와 단조 관계를 갖는 것으로 가정한다. 함수는 값 −1, 0, 1 값을 포함하는 튜플^{tuple}을 반환하며, 이는 단조제약조건을 지정할 때 XGBoost가 예상하는 입력 형식과 정확히 일치한다.

```python
def get_monotone_constraints(data, target, corr_threshold):
    corr = pd.Series(data.corr(method='spearman')[target]).drop(target)
    monotone_constraints = tuple(np.where(corr < -corr_threshold, -1,
                                          np.where(corr > corr_threshold, 1, 0)))
    return monotone_constraints
```

> **NOTE** 그레이디언트 부스팅 머신은 제약조건이 있더라도 비선형모형이므로 기본 피어슨 상관관계가 아닌 스피어만 상관관계를 사용한다. XGBoost 단조제약조건은 **선형성**이 아닌 **단조성**을 부과한다. 스피어만 상관관계는 정확하게 단조 관계의 강도를 측정하지만, 피어슨 상관관계는 선형 상관관계를 측정한다.

[그림 6-5]는 목표변수에 대한 각 특성의 스피어만 상관관계를 보여준다. 수직선은 분계점 0.1을 나타낸다. 이 데이터 기반 접근방식은 PAY_* 특성에 단조제약조건을 부과하도록 제안한다. 여기서는 분계점 0.1을 실제적 유의성의 비공식적인 마커로 사용한다. 스피어만 상관관계가 0.1보다 작은 입력특성에는 제약조건을 적용하지 않을 수도 있다. 결제 및 신용한도가 늘어나면 연체 확률은 줄어들어야 한다. 연체가 늘어나면 연체 확률도 늘어나야 한다. 이런 데이터 기반 접근방식의 결과도 상식을 반영한다. 이는 인과 관계 도메인 지식을 모델에 반영하려는 것이므로 제약조건을 만들 때 가장 중요한 고려사항이다.

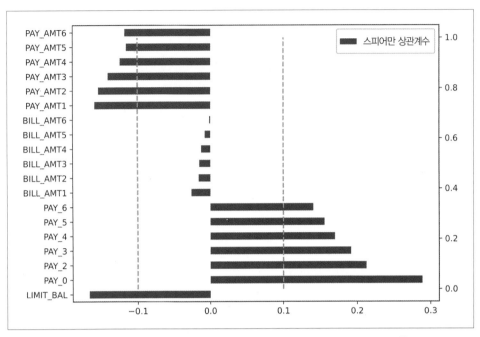

그림 6-5 목표 DELINQ_NEXT와 각 특성 간의 스피어만 상관관계로 수직선은 분계점 0.1을 나타낸다.[34]

다음으로 [그림 6-5]의 분석에 따라 제안된 제약조건을 사용해 제약 모델을 훈련한다. 제약 모델과 비제약 모델의 결과를 비교해 몇 가지 관측을 해보자. 코드 예제[35]에서 verbose_eval=True로 설정한 xgb.train()의 출력을 살펴보면, 비제약 모델이 훈련 데이터셋에서 AUC 점수가 더 높지만(0.829 대 0.814), 검증 데이터셋에서는 제약 모델과 성능이 동등함(0.785 대 0.785)을 확인할 수 있다. 이는 제약 모델이 비제약 모델보다 덜 과대적합되었다는 뜻으로, 정확히 같은 초매개변수 집합을 사용하면 제약 모델이 데이터의 진정한 신호를 더 많이 파악함을 의미한다. 분석 결과에서 알 수 있듯이 제약 모델이 실제 환경에서 더 좋은 성능(그리고 더 높은 안정성)을 기대할 수 있는 다른 이유도 있다.

마지막으로 [그림 6-6]에서 두 모델의 특성 중요도를 살펴보자. 여러 방법으로 XGBoost 모델에 대한 특성 중요돗값을 계산할 수 있다. 여기서는 앙상블 분할의 평균포함$^{average\ coverage}$을 알아본다. 분할의 포함은 분할을 통과하는 훈련 표본의 수다. 이것이 특성 중요도를 계산하는 전통적인 방법이다. 이 방법은 SHAP 기법과 같이 이론적인보장은 없다.

---

34 원본 그림: *https://oreil.ly/qolIs*

35 *https://oreil.ly/BN3dS*

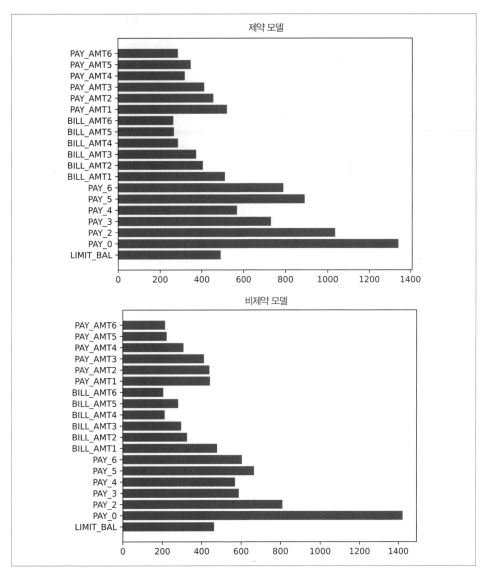

그림 6-6 평균포함으로 측정한 제약 모델과 비제약 모델의 특성 중요돗값[36]

제약 모델이 전체 입력특성 집합에 특성 중요도를 더 고르게 분산함을 알 수 있다. 비제약 모델은 PAY_0 특성에 불균형한 비중을 특성 중요도에 부여한다. 이는 제약 모델을 배포했을 때 더

----

36 원본 그림: *https://oreil.ly/MAs3a*

강건하다는 증거가 된다. 모델이 모든 의사결정 역량을 하나의 특성에만 집중한다면 새로운 데이터를 추가했을 때 해당 특성의 분포 변동 때문에 모델에 문제가 발생하게 될 것이다. 하나의 특성에만 너무 종속되는 상황도 보안 위험이 될 수 있다. 악의적인 공격자가 모델의 작동 방식을 이해하고 이를 이용하기가 더 쉬워지기 때문이다.

> **CAUTION** 특성 중요돗값이 몇 개의 특성에만 집중되면 모델은 배포 후에 안정되지 않을 뿐만 아니라 안전하지 않을 가능성이 크다. 우리 모델은 단일 차원에 대한 데이터 분포 변동에 지나치게 민감할 수 있으며, 악의적인 공격자는 한 특성의 값만 조작하더라도 모델의 결과를 바꿀 수 있다. 머신러닝 모델이 한두 개의 특성에만 초점을 맞춘다면 더 간단한 모델이나 비즈니스 규칙으로 대체하는 것이 좋다.

6.3.2 부분종속성 및 개별조건부기대로 모델 동작 설명하기

PAY_0에 대한 부분종속성 및 개별조건부기대 그래프를 함께 살펴보면서 제약 및 비제약 XGBoost 모델을 계속 비교한다. 앞 절에서 목표변수의 조건부평균이 훈련 데이터가 희박한 PAY_0 = 6 주변에서 가짜로 하락$^{spurious\ dip}$[37]하는 이유를 설명했다. 이제 두 개의 XGBoost 모델이 이런 데이터 부족을 어떻게 처리하는지 살펴보자.

[그림 6-7]에서 비제약 모델이 PAY_0와 DELINQ_NEXT 간의 가짜 관계$^{spurious\ relationship}$에 약간 과대적합함을 확인할 수 있다. 반면에 제약 모델은 결제가 늦어질수록 연체 위험이 낮아지지 않는다는 상식적인 관계를 따르도록 강제된다. 이는 제약 모델에서 PAY_0에 대해 단조증가하는 부분종속성 및 개별조건부기대 그래프에 반영된다.

> **NOTE** 개별조건부기대를 사용하는 데 있어서 한 가지 어려움은 어떤 데이터를 먼저 그릴지 선택하는 것이다. 개별조건부기대 시각화를 시작하는 좋은 방법은 예측 결과의 십분위수에서 하나 또는 여러 행을 선택하는 것이다. 이렇게 하면 국소 행동에 관한 대략적인 그림을 얻을 수 있으며, 필요하면 이를 바탕으로 더 자세히 살펴볼 수 있다.

또한 이 두 모델 모두 PAY_0 값의 범위에 걸쳐 출력에 큰 변화가 있음을 알 수 있다. 즉, 부분종속성 및 개별조건부기대 그래프 모두 PAY_0가 −2에서 8까지 변할 때 수직적으로 많은 변화가

---

37 옮긴이_ 훈련 데이터의 잡음 때문에 발생하는 모델의 예측 결과에서 나타나는 하락을 의미한다.

있음을 알 수 있다. 모델의 출력은 이 특성의 값에 매우 민감한데, 이는 [그림 6-6]에서 PAY_0
의 특성 중요도가 매우 높은 이유다. 모델이 매우 중요하다고 말하는 특성에 대해 이런 종류의
값 변화를 관측하지 못한다면 더 많은 디버깅이 필요할 수 있을 보여준다.

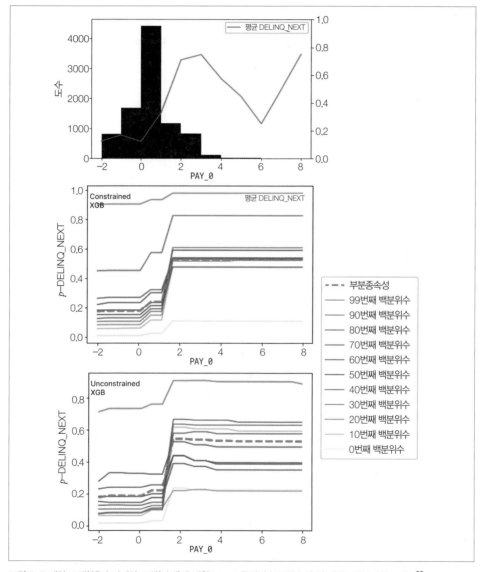

그림 6-7 제약 모델(위)과 비제약 모델(아래)에 대한 PAY_0 특성의 부분종속성 및 개별조건부기대 그래프[38]

----

38 컬러 이미지는 부록 517쪽 참조(원본 그림: *https://oreil.ly/ulxRP*).

부분종속성 및 개별조건부기대 그래프에서는 모델에서 특성의 상호작용이 있는 위치를 파악할 수도 있다. 비제약 모델의 **LIMIT_BAL**에 대한 부분종속성 및 개별조건부기대 그래프는 [그림 6-8]에서 인할 수 있다.

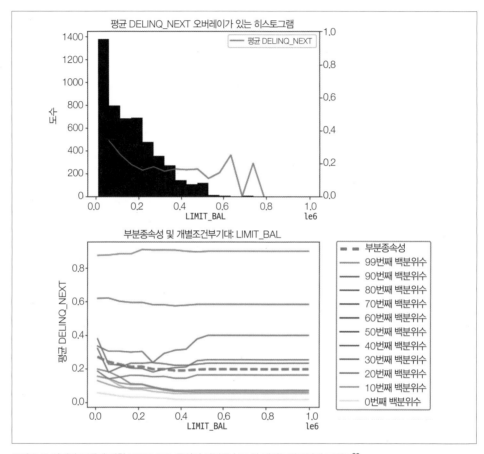

그림 6-8 비제약 모델에 대한 LIMIT_BAL 특성의 부분종속도 및 개별조건부기대 그래프[39]

6.1.3절 '부분종속성 및 개별조건부기대'에서 설명한 대로 부분종속성 및 개별조건부기대 곡선이 여기처럼 서로 다른 방향으로 움직인다면, 데이터와 모델에 상관관계나 상호작용이 있음을 의미한다. 또한 설명 가능한 부스팅 머신 훈련[40]을 다시 살펴보면 설명 가능한 부스팅 머신이

---

39 컬러 이미지는 부록 518쪽 참조(원본 그림: *https://oreil.ly/D-CeU*).
40 *https://github.com/ml-for-high-risk-apps-book/Machine-Learning-for-High-Risk-Applications-Book/blob/main/code/Chapter-6/GLM%2CGAM_and_EBM_code_example.ipynb*

식별한 두 가지 중요한 상호작용이 LIMIT_BAL x BILL_AMT2와 LIMIT_BAL x BILL_AMT1임을 알 수 있다. 비제약 XGBoost 모델도 이런 상호작용을 잘 포착한 것 같다. 설명 가능한 부스팅 머신과 달리 XGBoost 모델은 다양한 고차원 특성 상호작용으로 가득 차 있다. 하지만 부분종 속성 및 개별조건부기대를 양방향 상호작용을 학습하는 설명 가능한 부스팅 머신의 능력과 결합하면 XGBoost 모델의 일부 상호작용을 이해하는 데도 도움이 될 수 있다. 머신러닝 모델에서 복잡한 특성 상호작용을 이해하는 데 도움이 되는 또 다른 도구는 다음 절에서 설명할 대리 의사결정나무다.

6.3.3 설명 기법으로서의 의사결정나무 대리 모델

지금까지 수행한 분석으로 비제약 XGBoost 모델은 제약 XGBoost 모델보다 성능이 더 좋지 않음을 알 수 있었다. 지금까지 살펴본 부분종속성과 개별조건부기대 그래프는 제약 모델을 합리적인 실제 관계에 연결함으로써 훈련 데이터에서 가짜 관계를 포착하지 않도록 하는 데 성공했음을 보여준다. 제약 모델이 다른 대안 모델보다 논리적으로 우월해 보이므로, 다음 절에서는 이 모델에만 집중한다.

먼저 사후 설명 기법인 의사결정나무 대리 모델을 사용해 모델의 동작을 계속 알아본다. **대리 모델**은 더 복잡한 모델의 동작을 모방하는 단순한 모델이다. 여기서는 하나의 얕은 의사결정나무를 사용해 약 100개의 트리가 있는 제약 XGBoost 모델을 모방한다. 의사결정나무는 데이터 기반 순서도^{data-driven flowchart}이므로 의사결정나무 대리 모델을 순서도로 보고 더 복잡한 그레이디언트 부스팅 머신이 어떻게 동작하는지 간단한 용어로 설명할 수 있다. 이것이 바로 의사결정나무 대리 모델이 강력한 설명 기법인 이유다. 우리는 sklearn의 Decision TreeRegressor 구현을 사용해 대리 모델을 훈련한다.

```
surrogate_model_params = {'max_depth': 4,
                          'random_state': seed}
surrogate_model = DecisionTreeRegressor(**surrogate_model_params)
                .fit(train[features], model_constrained.predict(dtrain))
```

> **NOTE** 대리 모델링은 **모델 압축**이나 **모델 추출**이라고도 한다.

설명하려는 모델의 출력을 목표로 하는 회귀모형을 훈련한다는 점에 유의한다. 즉, 대리 모델은 단순한 분류모델을 만드는 것이 아니라, 더 큰 모델의 동작을 모방하는 데 전적으로 초점을 맞춘다. 또한 깊이가 4인 의사결정나무를 훈련한다. 이보다 더 깊으면 대리 모델 자체에서 발생하는 일을 설명하기 어려울 수 있다.

> **CAUTION** 대리 모델이 항상 잘 작동하지는 않는다. 대리 모델의 성능 품질과 안정성 특성이 양호한지 항상 확인해야 한다. 여기서는 간단한 대리 모델링 접근방식을 제시한다. 대리 모델 접근방식과 그 충실도에 어떤 보장을 할 수 있는지는 「모델 추출을 통해 블랙박스 모델 해석하기」[41], 「훈련한 네트워크의 트리구조 표현 추출하기」[42], 「해석 가능성의 대가」[43]에서 자세히 알아볼 수 있다.

대리 모델을 검토하기 전에 먼저 대리 모델을 신뢰할 수 있는지를 살펴봐야 한다. 의사결정나무 대리 모델은 강력한 기법이지만, 수학적으로 보장되지 않는 경우가 많다. 대리 모델의 품질을 평가하는 간단한 방법 중 하나는 교차검증 폴드에 대해 정확도 측정지표를 계산하는 것이다. 검증 데이터셋이 아니라 왜 교차검증 데이터셋에 대해 계산해야 할까? 단일 의사결정나무 모델에는 훈련 데이터셋의 변화에 대한 민감도 문제가 있으므로 여러 모델 평가용 폴드에서 정확도를 계산해 대리 모델을 신뢰할 수 있을 만큼 정확하고 안정적인지 확인해야 한다.

```
from sklearn.model_selection import KFold
from sklearn.metrics import r2_score

cross_validator = KFold(n_splits=5)
cv_error = []
for train_index, test_index in cross_validator.split(train):
    train_k = train.iloc[train_index]
    test_k = train.iloc[test_index]

    dtrain_k = xgb.DMatrix(train_k[features],
                           label=train_k[target])
    dtest_k = xgb.DMatrix(test_k[features],
                          label=test_k[target])
```

---

41 *https://arxiv.org/pdf/1705.08504.pdf*

42 *https://oreil.ly/BQnI7*

43 *https://arxiv.org/pdf/1907.03419.pdf*

```
    surrogate_model = DecisionTreeRegressor(**surrogate_model_params)
    surrogate_model = surrogate_model.fit(train_k[features],
                                          model_constrained.predict(dtrain_k))
    r2 = r2_score(y_true=model_constrained.predict(dtest_k),
                  y_pred=surrogate_model.predict(test_k[features]))
    cv_error += [r2]

for i, r2 in enumerate(cv_error):
    print(f"R2 value for fold {i}: {np.round(r2, 3)}")
print(f"\nStandard deviation of errors: {np.round(np.std(cv_error), 5)}")
R2 value for fold 0: 0.895
R2 value for fold 1: 0.899
R2 value for fold 2: 0.914
R2 value for fold 3: 0.891
R2 value for fold 4: 0.896

Standard deviation of errors: 0.00796
```

이 결과는 좋아 보인다. 대리 모델은 모든 교차검증 폴드에서 거의 변동 없이 높은 정확도를 보인다. 의사결정나무가 합리적인 대리 모델이라는 확신을 어느 정도 가지고 대리 모델의 그래프를 그려보자(그림 6-9 참고).

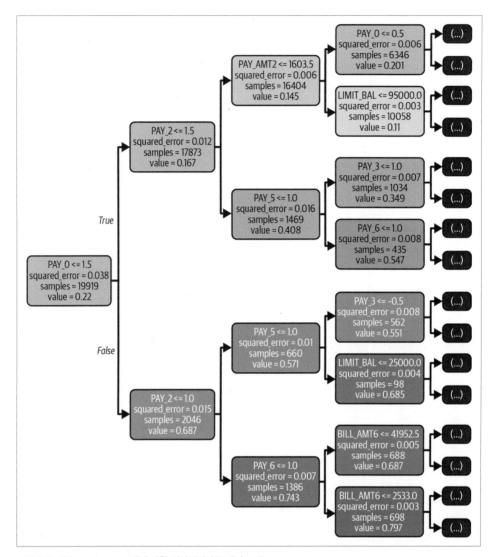

그림 6-9 제약 XGBoost 모델에 대한 의사결정나무 대리 모델

[그림 6-9]에서 대리 모델이 **PAY_0** 특성에서 제일 먼저 분할됨을 알 수 있다. 즉, 제약 XGBoost 모델의 동작을 최적으로 모방하려고 대리 모델이 가장 먼저 하는 일은 관측값을 **PAY_0** ≤ 1.5인 그룹과 **PAY_0** > 1.5인 그룹으로 분리하는 것이다. 대리 모델에서 각 특성의 분할 깊이를 보면 특성 중요도를 대략적으로 추정할 수 있으므로, 이 결과는 특성 중요도 분석과 일치한다. 좋은 징조다.

우리의 대리 모델은 매우 간단하므로 전문적인 용어나 수학 기호 없이 일반 사람이 이해할 수 있는 언어로도 많은 관측을 할 수 있다. 예를 들어, 위험이 가장 높은 관측과 가장 낮은 관측의 경로를 추적해 대리 모델이 이 특성을 어떻게 처리하는지 설명할 수 있다.

- **위험이 가장 낮은 관측값은 다음 의사결정 경로를 AND 조건으로 따른다.**
  - 2005년 9월 제때 상환하거나 1개월 연체(PAY_0 ≤ 1.5)
  - 2005년 8월 제때 상환하거나 1개월 연체(PAY_2 ≤ 1.5)
  - 2005년 8월 상환 상태가 1,603.5달러 이상(PAY_AMT2 > \$1,603.5)

  이 규칙은 최근 결제를 제때 하고 결제 금액이 큰 고객에 초점을 맞추며, 타당하다.

- **위험이 가장 높은 관측값은 다음 의사결정 경로를 AND 조건으로 따른다.**
  - 2005년 9월 상환 상태가 1개월 이상 연체 (PAY_0 > 1.5)
  - 2005년 8월 상환 상태가 1개월 이상 연체(PAY_2 > 1)
  - 2005년 4월 상환 상태가 1개월 이상 연체(PAY_6 > 1)

  이 규칙은 시간 경과에 따른 불리한 상환 상태를 고려하며, 이 또한 논리적이다.

이는 상환 상태와 상환 금액을 고려한 설명이다. 승인 결정을 내릴 때 더 복잡한 그레이디언트 부스팅 머신 모델은 더 최근 상태와 금액 정보에 초점을 맞추는 것으로 보이며, 거부 결정을 내릴 때 그레이디언트 부스팅 머신 모델은 아마도 시간의 경과에 따른 상환 상태 패턴을 찾을 것이다.

마지막으로 의사결정나무 경로에서 어떤 특성이 다른 특성 뒤에 나올 때마다 해당 특성이 그레이디언트 부스팅 머신에서 상호작용하고 있을 가능성이 큼을 알 수 있다. 대리 모델을 검토해 XGBoost 모델이 학습한 주요 특성 상호작용을 쉽게 식별할 수 있다. 흥미롭게도, 설명 가능한 부스팅 머신[44] 또한 PAY_0 x PAY_2 및 PAY_0 x PAY_AMT2와 같은 일부 상호작용을 포착했음을 알 수 있다. 이런 모든 도구(설명 가능한 부스팅 머신, 부분종속성 및 개별조건부기대, 대리 의사결정나무)를 사용하면, 데이터에 무엇이 있는지 그리고 모델의 행동에서 무엇을 기대할 수 있는지에 관한 확실한 그림을 얻을 수 있다. 이는 설명할 수 없는 단일 모델을 훈련하고 몇 가지 테스트 데이터 평가 측정지표를 확인하는 일과는 매우 다르다. 이런 모델이 어떻게 작동하는지 배우기 시작했으므로 실제 성능에 관해 사람이 판단할 수 있다.

---

44 *https://oreil.ly/1R_hN*

또한, 이런 상호작용에 관한 정보를 사용해 학습된 상호작용을 입력특성에 포함해서 벌점 로지스틱 회귀와 같은 선형모형의 성능을 높일 수 있다. 위험이 가장 높은 애플리케이션에 가장 보수적인 모델 형태를 고수하려면 일반화선형모형을 사용해 중요한 상호작용에 관한 이 정보를 통해 성능 품질을 향상할 수 있다. 의사결정나무 대리 모델을 사용해 XGBoost 모델에 관한 모든 종류의 간단하고 설명 가능한 관측을 할 수 있다. 그리고 이 과정에서 모델 기록 문서 및 기타 위험관리 목록에 유용한 정보를 많이 수집했다.

6.3.4 섀플리값 설명

이 장을 마무리하기 전에 마지막으로 설명할 사후 설명 도구는 섀플리값이다. 2.3.1절의 '국소 설명 및 특성 속성'에서 섀플리값을 국소 특성 속성 기법으로 사용할 수 있다고 했다. 실제로 섀플리값은 특성 속성 및 중요도 계산에 가장 적합한 선택이라는 것이 수학적으로 보장된다. 워싱턴 대학교와 마이크로소프트 연구소의 스콧 룬드버그가 이끄는 연구 및 오픈소스 커뮤니티는 SHAP 값을 산출하고 시각화하는 여러 도구를 개발했다. 이런 도구는 SHAP 파이썬 패키지에 포함되며, 이 절에서 사용한다.

국소 특성 속성 기법은 각 관측값에 대한 각 특성에 값을 할당해 해당 특성이 관측의 예측값에 얼마나 기여했는지를 정량화한다. 이 절에서는 SHAP 값과 SHAP 패키지를 사용해 모델의 동작을 설명하는 방법을 알아본다. 이 장의 마지막 절에서는 섀플리값 기반 설명의 몇 가지 미묘한 점과 실무자에게 발생할 수 있는 함정을 살펴본다.

단조 XGBoost 모델에 관한 SHAP 값을 산출하는 몇 가지 코드를 살펴본다.

```
explainer = shap.TreeExplainer(model=model_constrained,
                               data=None,
                               model_output='raw',
                               feature_perturbation='tree_path_dependent')
shap_values = explainer(train[features])
```

여기서는 SHAP 패키지의 TreeExplainer 클래스를 사용한다. 이 클래스는 XGBoost, Light GBM, CatBoost와 대부분의 트리 기반 사이킷런 모델에 대한 SHAP을 산출할 수 있다. TreeExplainer는 스콧 룬드버그의 논문 「트리모형 앙상블에 대한 일관되고 개별화된 특성 속성」[45]과 「트리모형을 위한 설명 가능한 AI를 통한 국소 설명부터 전역 이해까지」[46]를 참고한다. 이 논문들은 SHAP 패키지를 성공으로 이끈 계산 혁신의 좋은 예다. 트리 기반이 아닌 모델에 대한 SHAP 값을 산출해야 하는 경우, 표 형식tabular과 텍스트, 이미지 데이터에 관한 다양한 예제가 있는 SHAP 패키지 문서[47]를 참고한다.

> **NOTE** 트리 기반이 아니거나 신경망 기반이 아닌 모델을 설명해야 하는 경우, 프로토타입과 비교해 사실에 반하는 설명을 비교하는 것을 잊어서는 안 된다. 이런 강력한 설명 개념은 국소 해석 가능한 모델 애그노스틱 설명LIME, local interpretable Model-agnostic explanations이나 커널 SHAP과 같은 범용 모델에 상관없이 동작하는 접근방식보다 더 효과적일 수 있다.

먼저 [그림 6-10]의 PAY_0 특성과 관련된 SHAP 값을 살펴보자.

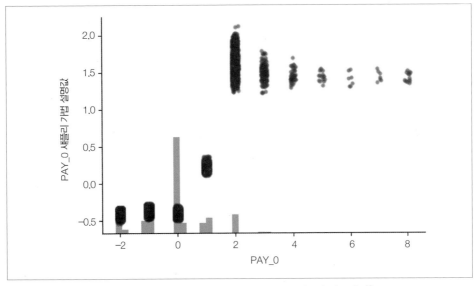

그림 6-10 특성값 각 구간의 SHAP 값 분포를 보여주는 PAY_0 특성에 대한 종속성 그래프[48]

---

45 *https://arxiv.org/pdf/1802.03888.pdf*

46 *https://www.nature.com/articles/s42256-019-0138-9*

47 *https://shap.readthedocs.io/en/latest/tabular_examples.html*

48 원본 그림: *https://oreil.ly/hF4eJ*

[그림 6-10]의 각 점은 PAY_0 특성에 한 관측의 SHAP 값이나 모델 예측 기여도를 나타내며, x 좌표는 PAY_0 특성값으로 주어진다. 산점도^{scatter plot}는 부분종속성 및 개별조건부기대 그래프와 마찬가지로 데이터셋의 특성값 히스토그램 위에 그려진다. 실제로 이 산점도를 PAY_0에 대한 부분종속성 및 개별조건부기대 그래프와 직접 비교할 수 있다. SHAP 산점도에서 PAY_0 값의 각 구간^{bucket}에 대한 특성 속성값의 전체 범위를 확인할 수 있다. PAY_0 = 2 구간의 범위가 가장 넓음을 알 수 있다. PAY_0 = 2의 일부 관측값은 다른 관측값에 비해 약 절반 정도의 벌점을 받는다. 이 SHAP 산점도는 SHAP 패키지에 포함된 많은 요약 그래프 중 하나다. 더 자세한 내용은 공식 문서의 예제⁴⁹와 이 장의 주피터^{Jupyter} 노트북 예제를 참고한다.

2장에서 살펴봤듯이, SHAP 절댓값의 평균을 구해 전반적인 특성 중요도를 측정할 수 있다. 특성 중요돗값의 표준 가로막대도표 대신 SHAP 그래프 기능을 사용해 국소 설명의 집계^{aggregation}로 특성 중요도를 명시적으로 살펴볼 수 있다.

```
shap.plots.beeswarm(shap_values.abs, color="shap_red", max_display=len(features))
```

[그림 6-11]은 특성 중요도에 관한 흥미로운 관점을 제공한다. 일부 특성(예: PAY_0, PAY_AMT1)에는 SHAP 극단값^{extreme value}을 나태는 몇 개의 점이 있지만, 다른 특성(예: LIMIT_BAL, PAY_AMT3)에는 SHAP 절댓값이 다소 높은 개별 관측값이 많으므로 특성 중요도가 높음을 알 수 있다. 다시 말해 국소 설명으로 고빈도^{high-frequency} 저강도^{low-magnitude} 효과와 저빈도^{low-frequency} 고강도^{high-magnitude} 효과를 구별할 수 있다. 이것이 중요한 이유는 이런 저빈도 고강도 효과는 모델의 영향을 받는 실제 사람들을 나타내기 때문이다.

---

49 https://shap.readthedocs.io/en/latest/api_examples.html#plots

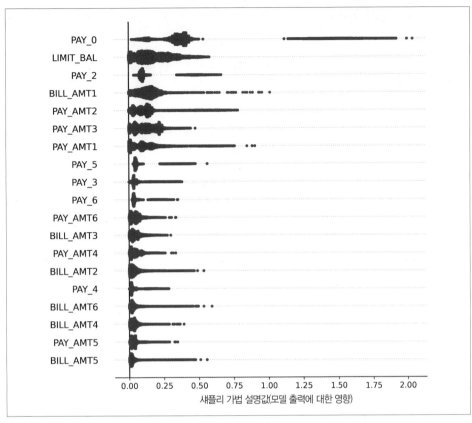

그림 6-11 개별 관측 SHAP 절댓값의 집계로 나타낸 특성 중요도[50]

섀플리값 기반 설명은 강력한 이론적 토대와 이를 중심으로 구축된 강건한 도구 집합 덕분에 널리 채택되었다. 이런 수치는 관측별로 계산할 수 있으므로 적절하게 사용하고 충실도와 안정성을 테스트하고 제약 모델과 함께 사용한다면 부당한 조치 통보나 기타 거부 보고서를 만드는 데 사용할 수 있다. 코드 예제[51]를 살펴보고, 몇 가지 논문과 문서를 읽고, 모델의 SHAP 값을 산출해 보길 바란다. 하지만 다음 절에서는 모든 SHAP 계산의 이면에 있는 가정과 한계를 알아본다.

---

50 원본 그림: *https://oreil.ly/cjUiE*

51 *https://github.com/ml-for-high-risk-apps-book/Machine-Learning-for-High-Risk-Applications-Book*

6.3.5 섀플리값의 문제

2장(특히 2.3.1절의 '섀플리값')에서 섀플리값 계산의 기초가 되는 **배경 데이터셋**에 관한 개념을 소개했다. 어떤 예측에 영향을 미치는 특성을 이해하려고 할 때 SHAP은 훈련 데이터나 테스트 데이터의 특성값을 배경 데이터에서 무작위로 추출한 값으로 대체하고, 어떤 특성은 일반 데이터를 사용하고, 어떤 특성은 배경 데이터를 사용하는 등 많은 섭동을 사용해 두 가지 다른 데이터셋의 예측을 여러 번 비교한다. 배경 데이터셋을 생각하는 유용한 방법은 다음과 같다. 관측에 대한 SHAP 값을 계산할 때 '왜 이런 관측에서 다른 예측이 아닌 이 예측을 얻었을까?'라는 질문에 답하는 것이다. 관측을 비교하는 '다른 예측'은 배경 데이터 또는 **기준분포**reference distribution의 선택에 따라 결정된다.

다음 코드에서는 같은 관측에 대해 두 개의 SHAP 값 집합을 만드는데, 한쪽에는 기준분포를 지정하지 않고 다른 쪽에는 지정한다.

```
explainer_tpd = shap.TreeExplainer(model=model_constrained,
                                   feature_perturbation='tree_path_dependent')
shap_values_tpd = explainer_tpd(train[features])

train['pred'] = model_constrained.predict(dtrain)
approved_applicants = train.loc[train['pred'] < 0.1]
explainer_approved = shap.TreeExplainer(model=model_constrained,
                                        data=approved_applicants[features],
                                        model_output='raw',
                                        feature_perturbation='interventional')

shap_values_approved = explainer_approved(train[features])
```

feature_perturbation='tree_path_dependent'로 설정하면 기준분포를 정의하지 않는다. 대신 SHAP은 훈련한 그레이디언트 부스팅 머신 모델 트리에서 수집한 정보를 사용해 자체 배경 데이터를 암시적으로 정의한다. 이는 훈련 데이터를 배경 데이터로 사용하는 것과 비슷하지만 완전히 똑같지는 않다.

다음으로 explainer를 feature_perturbation='interventional'로 정의하고 연체 확률이 10% 미만인 훈련 표본으로 구성된 기준분포를 전달한다. 기준분포가 각 관측을 비교하는 대상이라면 이 두 집합의 SHAP 값은 의미상으로 다를 것이라고 예상할 수 있다. 결국, '이 관측에서 훈련 데이터의 평균 예측이 아닌 이 예측을 얻었을까?'라는 질문과 '왜 이 관측에서 승인된 신청자에게 주어진 예측이 아닌 이 예측을 얻었을까?'라는 질문은 아주 다르다. 2장에서 설명했듯이, 후자의 질문이 부당한 조치 통보에 대한 미국 규제 해설에 더 부합한다. 이는 베이셱[Beicek] 교수의 "맥락 없이 설명하지 말라!"는 말이 의미하는 바를 보여주는 예라고 할 수 있다.

일부에서는 tree_path_dependent 특성 섭동이 데이터에 충실[true to the data]하다고 하지만, 이는 단지 이 한 모델의 행동 이상의 값을 보여준다. 「특성이 종속적일 때 개별 예측 설명하기: 섀플리값에 대한 더 정확한 근사법」[52]에서 볼 수 있듯이 이는 참이 아닐 수도 있다. 데이터의 특성 속성에 충실하려면 데이터의 전체 결합확률분포[joint probability distribution]를 알아야 하는데, 이는 모델에서 트리의 경로 구조[path structure]를 살펴보기만 해서는 해결할 수 없는 매우 도전적인 기술적 문제다. interventional 특성 섭동을 사용하고 SHAP 값이 모델에 충실하며 모델 외부로 일반화되지 않는다는 점을 아는 것이 중요하다. 다른 선택의 여지가 없을 때만 tree_path_dependent 특성 섭동을 사용하기를 권장한다. 이를 사용하는 주된 이유는 배경 데이터셋에 접근할 수 없어 모델에서 추론해야 하는 경우다. 훈련 데이터에 접근할 수 있다면, 이를 SHAP 설명기[explainer]에 명시적으로 전달하고 interventional 특성 섭동을 사용한다.

> **CAUTION** 이 책을 쓰는 시점의 모범사례에 따르면, interventional 특성 섭동을 사용하고 모델 외부로 일반화되지 않는다는 점을 알면 더 좋다. 다른 선택의 여지가 없을 때만 tree_path_dependent 특성 섭동을 사용한다.

[그림 6-12]를 보며 이 모든 것이 중요한 이유를 알아보자. [그림 6-12]에서는 같은 관측에 대한 두 SHAP 값의 집합을 보여준다. 하나는 기준분포가 없고 feature_perturbation='tree_path_dependent'으로 계산된 값이며, 다른 하나는 승인된 신청자의 기준[reference]과 feature_perturbation='interventional'으로 계산된 값이다. 먼저 일부 관측에서는 두 가지 다른 유형의 SHAP 설명에 따라 SHAP 값에 큰 차이가 있음을 알 수 있다.

---

52 *https://oreil.ly/3PBGX*

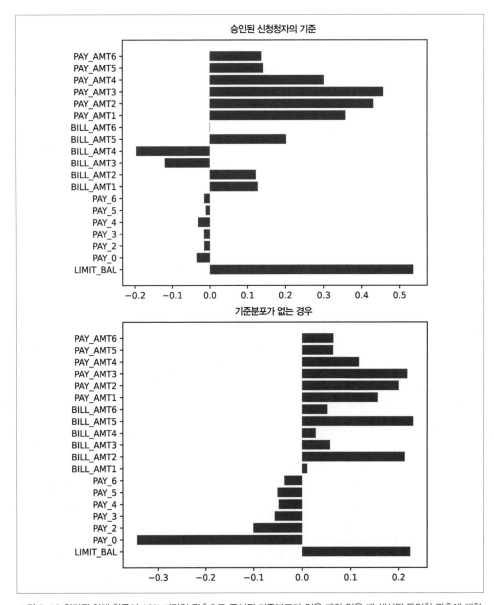

그림 6-12 할당된 연체 확률이 10% 미만인 관측으로 구성된 기준분포가 있을 때와 없을 때 생성된 동일한 관측에 대한 SHAP 값[53]

---

53 *https://oreil.ly/jN3lj*

이 두 가지 설명에 근거해 부당한 조치 통지를 발송되었다고 가정해보자. 기준분포가 없는 경우 연체 확률이 더 높아지는 데 기여한 상위 4개의 특성은 PAY_0, LIMIT_BAL, BILL_AMT5, PAY_AMT3이다. 하지만 맥락에 맞는 기준분포를 지정하면 이 상위 4개의 특성은 PAY_AMT1, PAY_AMT2, PAY_AMT3, LIMIT_BAL이 된다. 신용대출 맥락에서 모델의 의사결정에 항소할 수 있는 능력인 구상권이 신뢰trust와 책임 있는 배포에 있어서 중요한 부분인 경우 어떤 설명이 맞을까? 이는 개입적 특성 섭동interventional feature perturbation에 기반한 설명일 가능성이 크며, 배경 데이터에 승인된 신청자를 사용하므로 규제 요구사항 측면에서도 더 논리적으로 구성된다.

그러나 이런 개입적 설명은 모델에 고유하므로 향후 같은 모델을 사용해 신청자의 점수를 매길 경우에만 신청자에게 정확한 사유 코드를 제공한다. 머신러닝 파이프라인의 일부 모델별 메커니즘 때문에 (특히 동일한 대출기관에서) 비슷한 신용 상품에 서로 다른 부당한 조치 통보를 받는다면 신청자는 의문을 제기할 수 있다. 일부의 주장처럼 트리의 경로에 종속된 설명tree-path-dependent explanation이 여러 모델에 걸쳐 더 일관될 수 있다는 것이 불가능하지는 않다. 하지만 이는 또 다른 어려운 문제를 강조하게 된다. 경로 종속형path-dependent과 개입형interventional SHAP 값 모두 특정 의사결정에 사용하지 않은 특성을 기반으로 설명을 제공할 수 있다. 이는 부당한 조치 통보와 실행 가능한 구상권에 있어 큰 문제다. 하지만 여전히 SHAP을 사용할 때는 개입적 설명을 사용하되, 그 단점을 인정하고 테스트하는 것이 좋다.

특성 섭동 및 배경 데이터와 관련된 모든 세부 사항을 제대로 파악하더라도 머신러닝의 설명에는 근본적인 한계가 있다는 점을 명심해야 한다. 거부된 신청자는 향후 신용 승인을 받기 위해 신용정보credit profile를 바꾸는 방법을 알고 싶어 하는데, 이것이 바로 승인된 신청자의 기준분포로 구성된 질문이다. 그러나 의미 있고 상황에 맞는 기준분포를 사용해야 할 때도 주의를 기울여야 한다. '향후 좋은 결과를 얻으려면 (내 신용정보에서) 무엇을 바꿔야 하는가?'라는 구상권 질문은 근본적으로 **인과 관계**에 관한 질문지만, 우리는 인과 모형casual model을 사용하지 않는다. SHAP 패키지를 만든 스콧 룬드버그는 "인과적 통찰력을 얻기 위해 예측모델을 해석할 때는 주의해야 한다"[54]라고 했다. 그리고 계속해서 다음과 같은 말을 했다.

> XGBoost와 같은 예측 머신러닝 모델은 SHAP과 같은 해석 가능성 도구와 함께 사용할 때 더 강력해진다. 이런 도구는 입력특성과 예측 결과 간의 가장 유익한 관계를 식별해 모델이 수행하는 작업을 설명하고, 이해관계자의 동의를 얻고, 잠재적인 문제를 진단하는 데 도움이 된다. 이런 분석

---

54 *https://oreil.ly/mME7V* (옮긴이_ 지금은 연결되지 않는 URL입니다.)

에서 한 단계 더 나아가 의사결정자가 향후 결과를 변경하려면 어떤 특성을 조작해야 하는지를 해석 도구가 식별할 수도 있다고 가정하고 싶을 수도 있다. 하지만 이런 정책 선택을 안내하는 데 예측모델을 사용하면 오해의 소지가 있을 때가 많다.

수학적 보장과 사용 편의성에도 불구하고 섀플리값 기반 설명은 요술 지팡이가 아니라 모델을 설명하는 도구상자의 또 다른 설명 가능성 도구일 뿐이다. 진정한 해석 가능성을 달성하려면 사후 설명 가능성 기법을 본질적으로 설명 가능한 모델 아키텍처(예: 일반화선형모형, 일반화가법모형, 엄격한 제약 XGBoost)와 결합해야 한다. 그리고 겸손한 자세로 머신러닝은 상관관계에 관한 것이지 인과 관계에 관한 것이 아님을 기억해야 한다.

6.3.6 더 나은 정보에 근거한 모델 선택

우리가 만든 5개 모델이 PAY_0 특성을 각각 어떻게 처리하는지 비교해보며 이 장을 마무리한다. PAY_0는 상환 상태를 나타내며, 값이 더 커질수록 상환이 더 지체됨을 의미한다. 당연히 값이 커질수록 연체 위험이 더 높아진다. 그러나 우리가 사용한 훈련 데이터는 이 특성의 큰 값에서 희박하므로 한 달 이상 지연된 관측은 몇 개 밖에 없다. 이를 염두에 두고 [그림 6-13]과 같이 이 특성에 대한 5개 모델의 부분종속성 및 개별조건부기대 그래프를 비교해보자. 그리고 '10억 달러 규모의 대출 포트폴리오에서 이 모델 중 어떤 모델을 가장 신뢰할 수 있을까?'라고 자문해봐야 한다.

우리 모델 중 일반화가법모형, 설명 가능한 부스팅 머신, 제약 XGBoost 3개는 특성 공간의 희소 영역에서 목표의 평균값이 가짜로 감소하는 것에 대한 응답을 보여준다. 일반화선형모형과 제약 XGBoost 모델은 이 현상을 무시해야 했다. 일반화가법모형과 설명 가능한 부스팅 머신은 가법모형이므로 부분종속성 및 개별조건부기대 그래프는 이 특성을 제대로 처리함을 알 수 있다. 비제약 XGBoost 모델은 특성 상호작용이 너무 많아서 확신할 수 없다. 부분종속성은 개별조건부기대와 일치하므로 모델의 실제 동작을 나타내는 좋은 지표가 될 수 있다. 벌점 일반화선형모형과 제약 XGBoost 모델 중 하나를 선택해야 한다고 말할 수 있다. 어떤 모델이 최선의 선택일까? 이런 설명 가능한 모델과 사후 설명기$^{post\ hoc\ explainer}$를 사용하면 기존 불투명한 머신러닝 워크플로보다 훨씬 더 신중한 선택을 할 수 있다. 이것이 바로 가장 중요한 부분이다. 순수한 성능만으로 모델을 선택한다면 가장 중요한 특성을 다소 어리석은 방식으로 처리하는 모델을 선택하게 된다.

실제 설명 가능성에 대한 이런 심층적인 분석에서 얻을 수 있는 결론은 다음과 같다. 첫째, 특성과 목표 간의 관계 중 진정으로 의미가 있는 관계와 잡음이 무엇인지 파악해야 한다. 둘째, 모델의 동작을 설명할 수 있어야 하고 실제로 설명해야 한다면, 본질적으로 설명 가능한 모델 아키텍처를 선택해야 한다. 이렇게 하면 모델과 설명기가 서로를 재확인할 수 있다. 셋째, 제약조건을 활용해 모델이 현실을 따르도록 해야 한다. 사람은 여전히 컴퓨터보다 똑똑하다! 마지막으로, 부분종속성 및 개별조건부기대 그래프와 대리 모델, SHAP 값과 같은 사후 설명 가능성 기법을 사용해 학습된 모델을 검토해야 한다. 이런 방식으로 작업하면 잠재적으로 편향되고 부정확한 훈련 데이터에 단순히 과대적합하는 것이 아니라 정보에 따라 합리적인 모델을 선택할 수 있다.

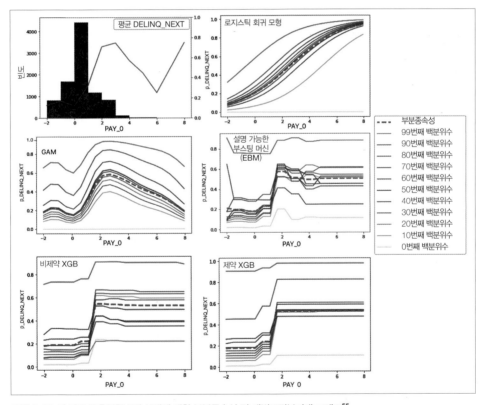

그림 6-13 이 장에서 훈련한 5개 모델에 대한 부분종속성 및 개별조건부기대 그래프[55]

---

[55] 컬러 이미지는 부록 519쪽 참조(원본 그림: *https://oreil.ly/3X2X4*).

6.4 참고 자료

읽을거리

- 『통계학으로 배우는 머신러닝』 3장, 4장, 9장, 10장

코드 예제

- Machine-Learning-for-High-Risk-Applications-Book[56]

설명 가능한 모델링 도구

- arules[57]

- CausalML[58]

- elasticnet[59]

- gam[60]

- glmnet[61]

- H2O-3[62]

- imodels[63]

- InterpretML[64]

- PiML[65]

- quantreg[66]

- rpart[67]

- RuleFit[68]

- Rudin Group code[69]

---

56 *https://github.com/ml-for-high-risk-apps-book/Machine-Learning-for-High-Risk-Applications-Book*

57 *https://cran.r-project.org/web/packages/arules/index.html*

58 *https://github.com/uber/causalml*

59 *https://cran.r-project.org/web/packages/elasticnet/index.html*

60 *https://cran.r-project.org/web/packages/gam/index.html*

61 *https://cran.r-project.org/web/packages/glmnet/index.html*

62 *https://github.com/h2oai/h2o-3*

63 *https://github.com/csinva/imodels*

64 *https://github.com/interpretml/interpret*

65 *https://github.com/SelfExplainML/PiML-Toolbox*

66 *https://cran.r-project.org/web/packages/quantreg/index.html*

67 *https://cran.r-project.org/web/packages/rpart/index.html*

68 *https://jerryfriedman.su.domains/R_RuleFit.html*

69 *https://users.cs.duke.edu/~cynthia/code.html*

- sklearn-expertsys[70]

- skope-rules[71]

- tensorflow/lattice[72]

사후 설명 도구

- ALEPlot[73]

- Alibi[74]

- anchor[75]

- DiCE[76]

- H2O-3[77]

- ICEbox[78]

- iml[79]

- InterpretML[80]

- lime[81]

- Model Oriented[82]

- PiML[83]

- pdp[84]

- shapFlex[85]

- vip[86]

----

70 *https://github.com/tmadl/sklearn-expertsys*

71 *https://github.com/scikit-learn-contrib/skope-rules*

72 *https://github.com/tensorflow/lattice*

73 *https://cran.r-project.org/web/packages/ALEPlot/index.html*

74 *https://github.com/SeldonIO/alibi*

75 *https://github.com/marcotcr/anchor*

76 *https://github.com/interpretml/DiCE*

77 *https://github.com/h2oai/h2o-3*

78 *https://cran.r-project.org/web/packages/ICEbox/index.html*

79 *https://cran.r-project.org/web/packages/iml/index.html*

80 *https://github.com/interpretml/interpret*

81 *https://github.com/marcotcr/lime*

82 *https://github.com/ModelOriented*

83 *https://github.com/SelfExplainML/PiML-Toolbox*

84 *https://cran.r-project.org/web/packages/pdp/index.html*

85 *https://github.com/nredell/shapFlex*

86 *https://cran.r-project.org/web/packages/vip/index.html*

## CHAPTER 7

파이토치 이미지 분류기

6장에서는 설명 가능한 모델과 표 형식 데이터로 훈련한 모델에 관한 사후 설명에 중점을 두었다. 이 장에서는 비정형 데이터, 특히 이미지 데이터로 훈련한 딥러닝 모델의 맥락에서 동일한 개념을 설명한다. 이 장의 코드 예제는 온라인[1]에서 확인할 수 있으며, 2장의 설명 가능한 모델과 사후 설명의 개념을 소개한다.

이 장은 기술 예제로 가상의 사용사례를 소개하며 시작한다. 그런 다음 6장과 비슷한 방식으로 진행한다. 먼저 (섭동을 중심으로) 심층신경망에 대한 설명 가능한 모델과 특성 속성 기법과 그레이디언트 기반 설명 방법의 개념을 복습한다. 또한 설명 가능성 기법이 모델 디버깅에 어떤 정보를 제공하는지 설명하면서 6장의 내용을 이어간다(이 주제는 8장과 9장에서 더 자세히 설명한다).

다음으로 본질적으로 설명 가능한 모델에 관해 더 자세히 알아본다. 여러분이 직접 설명 가능한 모델을 만들 수 있기를 바라며 해당 모델에 관한 절을 작성했다. 현재로서는 진정으로 설명 가능한 결과를 얻는 최선의 방법이기 때문이다. 설명 가능한 컴퓨터 비전의 유망한 방향인 ProtoPNet 디지털 유방조영술$^{digital\ mammography}$[2]과 같은 프로토타입 기반 이미지 분류 모델을 소개한다. 그런 다음 사후 설명 기법을 설명한다. (일반적 유형의 섭동인) 폐색[3]과 입력^{input} ×

---

1   https://github.com/ml-for-high-risk-apps-book/Machine-Learning-for-High-Risk-Applications-Book/tree/main/code/Chapter-7%20%26%209

2   https://www.nature.com/articles/s42256-021-00423-x

3   옮긴이_ 센서를 사용해 영상 정보를 획득할 때, 물체가 다른 물체에 가리거나 센서를 가리는 등 물체나 장면에 빛이 일부 또는 전부 차단되는 것 또는 그로 인한 효과(출처: 정보통신용어사전).

기울기^{gradient}, 누적 기울기$^{integrated\ gradient}$, 계층별 연관성 전파라는 네 가지 방법을 자세히 알아본다. 가상의 폐렴 엑스레이 사용사례를 사용해 이런 방법이 보여주는 다양한 속성을 보여주고, 그 과정에서 몇 가지 중요한 구현 세부 사항을 강조한다.

> **NOTE** 2장에서 **해석**은 자극을 맥락에 맞추고 사람의 배경지식을 활용하는 고수준의 의미 있는 정신적 표현이며, **설명**은 복잡한 프로세스를 설명하기 위한 저수준의 상세한 정신적 표현이라고 했다. 해석은 설명보다 훨씬 더 높은 수준의 기준이며, 기술적 접근만으로는 달성할 수 없다.

사후 설명이 얼마나 좋은지 어떻게 알 수 있을까? 이 문제를 해결하기 위해 설명 평가에 관한 연구도 함께 소개한다. 「중요도 지도에 대한 건전성 검사」[4]에서 처음 설명한 실험을 살펴보며 많은 사후 설명 기법이 반드시 모델에 관해 많은 것을 알려주지 않음을 보여줄 것이다!

이 장은 경험으로 배운 교훈으로 마무리한다. 이 장에서는 모델 설명이 필요한 고위험 애플리케이션에서 표준 딥러닝 솔루션을 구현할 때 주의해야 할 점을 소개한다. 사후 설명은 구현하기 어려우며, 해석하기 어렵고, 때로는 전혀 의미가 없다. 또한, 다양한 설명 기법이 존재하므로 모델이 어떻게 작동해야 한다는 우리의 사전 신념을 확인하는 방법을 선택할 위험이 있다(4장과 12장의 확증편향 설명 참고). 설명할 수 없는 모델보다 더 나쁜 것은 설명할 수 없는 모델과 확증편향으로 뒷받침된 잘못된 모델 설명이 결합된 경우다.

7.1 흉부 엑스레이 분류 설명

폐렴 이미지 분류기 모델의 실제 예제를 사용한다. 진단을 돕기 위해 모델 예측과 설명을 전문가(예: 의사)에게 전달하는 가상의 사용사례를 사용한다. [그림 7-1]은 **설명 엔진**$^{explanation\ engine}$과 함께 모델을 사용해서 전문가가 폐렴 진단을 돕는 방법을 보여준다.

사후 설명은 소비자 신용의 맥락에서 허용된 사용 이력이 있다. 의료 영상 해석을 돕는 모델 설명의 사용은 이런 이력을 공유하지 않는다. 또한, 「의료분야에서 설명 가능한 인공지능에 관한

----

4 https://arxiv.org/abs/1810.03292

현재의 접근방식은 잘못된 희망[5]이나 「의사는 절대 그것을 받아들이지 않을 것이다!」[6]와 같이 중요한 연구들은 기상의 사례와 마찬가지로 사후 기법 및 사용사례를 비판적으로 다룬다. 사용 사례가 정당하고 신중하게 개발된 머신러닝 시스템이더라도 표본 외 데이터에서는 성능이 떨어질 수 있다. 배포 후 제대로 작동하지 않는 훈련 데이터의 상관관계를 포착하는 모델의 예는 논문 「환자 및 의료 변수를 혼동하는 딥러닝 고관절 골절 예측」[7]을 참고한다. 이 장에서 소개하는 사례와 다소 비슷하지만 실제 결과 분석이 추가된 사용사례는 논문 「뇌내출혈 감지를 위한 딥러닝 알고리즘의 진단 정확도 및 장애 유형」[8]을 참고한다. 몇 가지 사후 사례를 살펴보고 이 장을 마무리하면서 이런 모든 문제를 자세히 설명한다.

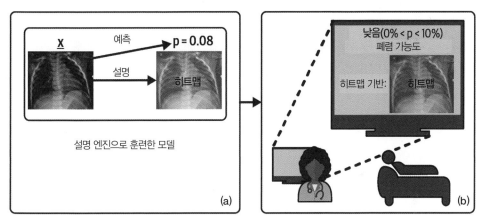

그림 7-1 이 장 전체에 걸쳐 사용하는 가상의 사용사례. 모델과 사후 설명 엔진(a)은 예측과 설명을 사람이 읽을 수 있는 대시보드에 전달한다. 대시보드의 정보는 의사의 폐렴 진단을 지원하는 데 사용한다(b).

7.2 개념 복습: 설명 가능한 모델과 사후 설명 기법

이 절에서는 이 장의 기본 아이디어를 설명한다. 먼저 코드로 다루지 않는 설명 가능한 모델부터 살펴본다. 그런 다음 이 장의 사후 설명 절에서 모델에 몇 가지 기법을 시연하고 이 분야의 더 많은 기법을 알아본다. 이런 기법은 크게 (딥러닝에서는 흔히 **폐색**이라고 하는) 섭동 기반

5 https://www.thelancet.com/journals/landig/article/PIIS2589-7500(21)00208-9/fulltext

6 https://arxiv.org/abs/1711.08037

7 https://www.nature.com/articles/s41746-019-0105-1

8 https://www.sciencedirect.com/science/article/abs/pii/S1546144021002271

방법과 기울기 기반 방법의 두 가지로 분류할 수 있으며, 다음으로 두 방법의 차이점을 설명한다. 또한 이런 기법을 모델 디버깅 및 아키텍처 선택 문제에 어떻게 적용할 수 있는지를 중점적으로 살펴본다.

7.2.1 설명 가능한 모델 개요

2장에서 설명 가능한 모델은 본질적으로 설명 가능한 구조나 특성, 결과를 가진다고 설명했다. 또한 설명 가능한 모델은 다양한 스펙트럼으로 존재한다. 어떤 모델은 최종 사용자에게 직접 설명할 수 있지만, 어떤 모델은 고도로 숙련된 데이터과학자에게만 의미가 있다. 설명 가능한 딥러닝 모델은 설명 가능성 스펙트럼에서 확실히 더 복잡한 편에 속하지만, 여전히 매우 중요하다고 생각한다. 다른 많은 연구자도 지적했듯이, 딥러닝에서 사후 설명은 매우 신중해야 한다. 설명 가능한 모델이 있다면 의심스러운 사후 설명 기법을 사용하지 않고도 모델을 직접 이해할 수 있으며, 사후 설명 결과를 모델의 설명 가능한 메커니즘과 비교해 모델과 설명을 테스트하고 검증할 수 있다.

7.2.2 폐색 방법

폐색 방법은 특성을 섭동이나 제거, 마스킹한 다음, 그 결과에 따른 모델의 출력 변화를 검사하는 아이디어가 기반이다. 컴퓨터 비전에서 이는 흔히 픽셀의 패치patch를 가리키는 것을 의미한다. 「제거로 설명하기: 모델 설명을 위한 통합 프레임워크」[9]에서 설명한 대로, 다양한 설명 기법은 이 특성 폐색 개념에서 근원을 찾을 수 있다.

폐색 기반 기법은 기울기를 사용할 수 없거나 설명하려는 모델이 머신러닝이나 비즈니스 규칙, 휴리스틱 방법, 또는 기타 미분할 수 없는 구성요소를 포함한 복잡한 의사결정 파이프라인인 경우에 유용할 수 있다. 폐색 기반 방법은 모두 같은 문제를 해결해야 한다. 대부분의 모델에서 특성을 제거하고 모델 예측을 할 수는 없다. 다시 말해, 특성 x1, x2, x3에 대해 훈련된 모델이라면 단순히 x1, x2의 값만 전달해서는 모델이 예측을 할 것이라고 기대해서는 안 된다. x3에 어떤 값을 전달해야 한다. 이 세부 사항은 다양한 폐색 기반 방법의 핵심이다.

---

9 *https://arxiv.org/pdf/2011.14878.pdf*

7.2.3 기울기 기반 방법

2장에서 설명한 대로 매개변수에 대한 모델 결과의 기울기를 사용해 국소 설명을 구성할 수 있다. 이는 회귀계수 해석의 이면에 있는 아이디어를 일반화한 것이다. 기울기는 복잡한 함수, 즉 머신러닝 모델에 대한 국소 선형 근사에 불과하다. 대부분의 딥러닝 아키텍처는 기울기 기반 최적화기gradient-based optimizer로 훈련하도록 설계되었으므로 우리는 거의 항상 딥러닝 모델의 일부 기울기에 접근할 수 있으며, 최신 딥러닝 도구를 사용하면 기울기를 쉽게 평가할 수 있다. 이것이 바로 딥러닝에서 기울기 기반 설명 기법을 널리 사용하는 이유 중 하나다. 그러나 기울기를 사용할 수 없는 트리기반모형이나 복잡한 파이프라인에서는 폐색을 사용해야 한다.

이 범주의 설명은 근본적으로 '어떤 특성을 변경해야만 모델의 출력에 가장 큰 변화가 발생할까?'라는 질문을 던진다. 연구원들은 이 주제에 다양한 변형을 개발해 미묘하게 다른 유형의 설명을 만들어 냈다. 9장의 뒷부분에서 이런 기법의 세부 사항을 다루며, 입력 × 기울기, 누적 기울기, 계층별 연관성 전파를 알아본다.

7.2.4 설명 가능한 인공지능을 이용한 모델 디버깅

6장에서는 부분종속성과 개별조건부기대 그래프 같은 모델 설명 기법을 사용해 훈련 데이터에 있는 가짜 잡음에 대한 민감도와 같이 바람직하지 않은 모델 동작을 알아내는 방법을 알아봤다. 설명은 딥러닝 모델에서도 같은 목적으로 사용할 수 있으며, 이는 현재까지 딥러닝에서 설명 가능한 인공지능XAI, explainable artificial intelligence의 가장 큰 목적일 수 있다. 딥러닝 설명 가능성 기법의 능력이 모델을 디버깅하고 개선하는 데 도움이 될 수 있다는 점은 저명한 연구자들이 여러 차례 언급했다. 가장 유명한 예는 '꿈'을 대중화시킨 고전 구글 블로그 게시물[10]일 것이다. 저자들은 「콘볼루션 네트워크 심층 분석: 이미지 분류 모델 및 중요도 지도 시각화하기」[11]의 기법을 사용해 덤벨의 개념을 보여달라고 요청해 모델을 디버깅한다.

> 덤벨이 분명히 있기는 하지만, 덤벨을 들어 올리는 근육질의 역도 선수가 없다면 덤벨의 그림이 완전하지 않은 것처럼 보인다. 여기서 네트워크는 덤벨의 본질을 완전히 파악하지 못했다. 어쩌면 손에 들고 있지 않은 덤벨은 본 적이 없을지도 모른다. 시각화는 이런 훈련 실수를 바로잡는 데 도움이 될 수 있다.

---

10 https://blog.research.google/2015/06/inceptionism-going-deeper-into-neural.html
11 https://arxiv.org/abs/1312.6034

딥러닝 문헌에서 디버깅 도구로 설명하는 몇 가지 예는 다음과 같다.

- 「심층망의 상위계층 특성 시각화하기」[12]
- 「콘볼루션 네트워크 시각화 및 이해하기」[13]
- 「역콘볼루션 네트워크」[14]

이런 자료를 여러분에게 소개하는 이유는 두 가지다. 첫째, 이 장에서 살펴볼 인기 있는 딥러닝 설명 기법이 항상 효과가 있는 것은 아니지만, 이 논문들에서 소개하는 기법 중 일부는 확실히 확인해 볼 가치가 있다. 둘째, 설명 기법이 우리를 제대로 이해시키지 못할 수 있지만, 여전히 모델의 문제를 암시할 수 있다. 이 장을 읽으면서 이에 대해 생각해 보길 바란다. 9장에서는 딥러닝 모델 디버깅에 벤치마킹과 민감도 분석, 잔차 분석을 적용하는 방법을 자세히 알아본다.

7.3 설명 가능한 모델

설명 가능한 모델은 현재 딥러닝에서 설명 가능한 결과를 얻는 최선의 방법이므로 이 장의 기술적인 부분은 딥러닝 애플리케이션을 위한 설명 가능한 모델을 설명하면서 시작한다. 하지만 아직 사용하기는 쉽지 않다. 실제로 애플리케이션에 적용할 수 있는 설명 가능한 딥러닝 모델이 거의 없다. 6장에서 설명한 단조 XGBoost와 일반화선형모형, 일반화가법모형 등 설명 가능한 아키텍처를 다양하게 선택할 수 있었던 것과는 대조적이다. 그렇다면 어떤 차이가 있을까? 왜 준비된 설명 가능한 딥러닝 모델이 거의 없을까? 한 가지 문제는 정형 데이터에 대한 설명 가능한 모델은 1800년대 가우스Gauss의 연구로 거슬러 올라가지만, 딥러닝은 그렇지 않다는 점이다. 그리고 아직 더 많은 문제가 있다.

비정형 데이터에서 딥러닝 모델을 훈련할 때는 실제로 모델이 두 가지 기능을 수행하도록 요구한다. 첫 번째 기능은 잠재공간 표현latent space representation을 만드는 특성 추출 또는 (일반적으로) 낮은 차원의 입력공간lower-dimensional input space에서 데이터의 적절한 표현을 학습하는 것이다. 두 번째 기능은 이 잠재공간 표현을 사용해 예측해야 한다. 이를 6장에서 분석한 표 형식 데이터와 비교해 보길 바란다. 표 형식 데이터에서는 일반적으로 훈련 데이터의 '올바른' 표현은 일

---

12 *https://oreil.ly/vIG4Y*
13 *https://oreil.ly/aEkYG*
14 *https://oreil.ly/NmiDE*

반적으로 훈련 데이터에 있다고 가정한다. 특히 작업을 올바르게 수행하고 목표와 알려진 인과 관계가 있는 무상관 특성의 합리적인 집합reasonable set을 선택했다면 더욱 그렇다. 이런 차이(학습된 특성과 이미 제공된 특성) 때문에 설명 가능한 딥러닝 모델을 개발하기 어려우며 기성품 구현을 구하기도 어렵다.

오늘날 **존재하는** 설명 가능한 딥러닝 아키텍처의 공통점은 이런 특성 학습에 직접 개입한다는 점이다. 설명 가능한 모델은 특성공학의 부담을 모델에서 모델 개발자에게 넘길 때가 많다. 이런 부담 증가는 축복이자 저주이다. 한편으로는 설명 가능한 모델보다 이런 모델의 훈련에 더 많은 일이 필요함을 의미한다. 또한 이런 아키텍처는 더 높은 품질의 데이터 요구할 수 있으며, 때로는 전문적으로 주석이 달린 데이터annotated data를 요구할 수도 있다. 이는 사람이 모델링 프로세스에 처음부터 끝까지 깊이 관여한다는 것을 의미한다. 이미 이런 아키텍처에서 요구하는 수준의 주의를 기울여 모델을 설계해야 하므로 이는 나쁘지 않다. 6장에서 살펴본 바와 같이 모델에 더 많은 도메인 전문성을 인코딩할수록 실제 세상에서 작동하는 모델 능력의 신뢰도를 더 높일 수 있다.

다음 절에서는 이미지 분류 문제에 중점을 두면서 설명 가능한 딥러닝 모델을 위한 다양한 아키텍처를 설명한다. 특히 진정한 턴키true turnkey[15] 방식의 설명 가능한 이미지 분류를 위한 가장 가능성이 있는 경로를 제공하는 프로토타입 기반 아키텍처의 최신 개발에도 특별한 주의를 기울인다.

7.3.1 ProtoPNet과 변형

2019년 논문 「이것이 그것처럼 보인다: 해석 가능한 이미지 인식을 위한 딥러닝」[16]에서 신시아 루딘 교수가 이끄는 듀크 대학교Duke 연구 팀은 설명 가능한 이미지 분류를 위한 새롭고 유망한 아키텍처를 소개했다. 이 새로운 모델은 ProtoNet이라고 하며 프로토타입 개념 기반이다.

2장에서 프로토타입은 그 큰 관측 집단을 대표하는 데이터 포인트라고 설명했다. k-평균 군집화에서 관측이 특정 군집으로 분류되는 이유를 설명한다고 가정해보자. 관측값을 군집의 무게중심과 나란히 놓고 '이 관측값이 해당 군집의 중심처럼 보인다'라고 말할 수 있다. ProtoNet

---

15 옮긴이_ 전원을 켜면 바로 제품을 사용할 수 있는 상태로 완성하여 고객에게 인도하는 방식을 의미한다.
16 https://arxiv.org/abs/1806.10574

은 정확히 이런 유형의 설명을 만든다. 또한, ProtoNet의 설명은 모델이 실제로 예측하는 방식에 충실하다. 그렇다면 이 모델은 어떻게 작동할까?

먼저, ProtoNet은 각 클래스에 대한 프로토타입의 **패치**patch를 식별한다. 이런 패치는 어떤 클래스를 다른 클래스와 구별하는 기본 속성fundamental property을 식별한다. 그런 다음 예측을 위해 모델은 입력 이미지에서 특정 클래스의 프로토타입과 비슷한 패치를 찾는다. 각 프로토타입의 결과 유사도 점수similarity score를 합산해 입력이 각 클래스에 속할 확률을 구한다. 최종 결과는 가법(각 예측은 프로토타입 이미지 부분에 대한 유사도 점수의 합)이면서 희박한(클래스마다 프로토타입이 몇 개 밖에 없음) 모델이다. 무엇보다도 각 예측은 바로 충실한 설명이 함께 제공된다.

> **NOTE** ProtoNet은 이 장에서 다루지 않은 광범위한 설명 가능한 심층신경망의 부분 수준 주목모델 part-level attention model 개념을 기반으로 만들어졌다. 이런 모델과 ProtoPNet의 차이점은 충실도다. ProtopNet은 실제로 각 이미지의 특정 패치patch와 특정 클래스 프로토타입의 유사도 점수를 합산하는 방식으로 예측을 수행한다. 다른 부분 수준 주목모델은 이런 보장을 하지 않는다.

2019년에 발표된 이후, 이 유망한 설명 가능한 이미지 분류를 다른 연구자들이 받아들였다. 클래스 간의 프로토타입을 공유해 프로토타입의 개수를 줄이는 ProtoPShare[17]가 있다. 프로토타입 특성에 대해 설명 가능한 의사결정나무를 만드는 ProtoTree[18]도 있다. 이 아키텍처를 사용하면 모델은 사람의 추론 방식을 더 명확하게 모방할 수 있다. 마지막으로 김은지 등은 「XProtoNet: 전역 설명과 국소 설명을 통한 흉부 엑스레이 분석」[19]에서 ProtoPNet과 매우 비슷한 아키텍처를 사용해 흉부 엑스레이를 분석했다.

7.3.2 다른 설명 가능한 딥러닝 모델

「자기 설명 신경망을 통한 강건한 해석 가능성을 향하여」[20]에서 저자 데이비드 알바레즈-멜리스David Alvarez-Melis와 토미 S. 야콜라Tommi S. Jaakkola는 자기 설명 신경망SENN, self-explaining neural networks

---

17 https://oreil.ly/ph04I
18 https://arxiv.org/abs/2012.02046
19 https://arxiv.org/abs/2103.10663
20 https://arxiv.org/abs/1806.07538

을 소개했다. 앞에서 설명한 바와 같이 비정형 데이터로 설명 가능한 모델을 만들 때 한 가지 어려운 점은 모델에 데이터의 잠재공간 표현을 만들고 예측하도록 요청하는 것이다. 자기 설명 신경망은 원시 특성$^{raw\ feature}$ 대신 **해석 가능한 기저 개념**$^{interpretable\ basis\ concept}$을 도입해 이런 어려운 문제를 해결한다. 이런 기저 개념은 도메인 전문가가 설계하면 이상적이지만, 모델 훈련의 일부로 학습하거나 훈련 데이터의 대표 관측에서 가져올 수도 있다. 이 논문에서 알바레즈-멜리스와 야콜라는 오토인코더를 사용해 해석 가능한 기저 개념을 만들고, 개념을 최대로 표현하는 프로토타입 관측을 제공해 학습한 개념이 설명 가능한지 확인한다.

> **NOTE** 오토인코더는 단일 모델링 목표에 대해 예측하지 않고 훈련 데이터에서 특성을 추출하는 데 사용하는 신경망 유형이다. 오토인코더는 데이터 시각화와 이상 탐지에도 유용하다.

지금까지는 주로 컴퓨터 비전 모델 기술에 중점을 두었다. 현재 강화학습[21]과 시각적 추론$^{visual\ reasoning}$[22], 표 형식 데이터[23], 시계열 예측[24]에 사용하는 심층신경망을 위한 설명 가능한 모델이 개발되었다.

7.4 파이토치 이미지 분류기 훈련 및 설명

이 사용사례에서는 이미지 분류기 훈련 방법을 간략히 소개한다. 그리고 폐색, 입력 × 기울기, 누적 기울기, 계층별 연관성 전파라는 네 가지 기법을 사용해 설명을 만드는 방법을 알아본다.

7.4.1 훈련 데이터

먼저 [그림 7-1]의 가상 사용사례와 일치하는 흉부 엑스레이 이미지를 진단하는 이미지 분류기를 만들어야 한다. 훈련에 사용할 데이터셋은 케글[25]에서 구할 수 있으며, 이 데이터셋은 폐

---

21 https://arxiv.org/abs/1809.06061
22 https://arxiv.org/abs/1811.10830
23 https://blog.tensorflow.org/2020/02/tensorflow-lattice-flexible-controlled-and-interpretable-ML.html
24 https://arxiv.org/abs/1905.10437
25 https://www.kaggle.com/datasets/paultimothymooney/chest-xray-pneumonia

렴과 정상 범주로 나눈 환자 5,863명의 엑스레이 이미지로 구성된다. [그림 7-2]는 훈련 데이터에서 무작위로 추출한 엑스레이 표본이다.

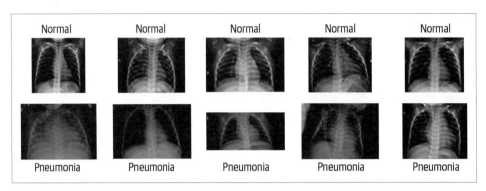

그림 7-2 케글 흉부 엑스레이 데이터에서 무작위로 추출한 훈련 데이터 표본. 폐렴이 있는 흉부 엑스레이가 정상 엑스레이보다 더 흐리게 보인다.

먼저 우리는 의사나 방사선 전문의가 아니므로 이 모델을 진정으로 검증할 의학적 지식이 없다는 점을 인정해야 한다. 필자가 알기로는 폐렴 환자의 이미지는 감염된 부분이 흐릿하게 보여야 한다. 세균성 폐렴^bacterial pneumonia^과 바이러스성 폐렴^viral pneumonia^은 시각적 특징이 다르다. 다음 절의 목표는 이런 흐린 영역에 집중해 설명 가능한 인공지능 방법이 이미지가 폐렴으로 분류되는 이유와 정상으로 분류되는 이유를 이해하는 데 도움이 되도록 하는 것이다(실망할 준비를 하는 것이 좋다). 데이터셋을 자세히 알아보려면 케글 페이지와 관련 논문인 「이미지 기반 딥러닝으로 의료 진단 및 치료 가능한 질병 식별하기」[26]를 참고한다.

> **CAUTION** 머신러닝을 사용하는 고위험 애플리케이션 영역에서 작업할 때는 모델을 훈련하고 검증하는 데 도움이 되는 전문 지식이 필요하다. 도메인 전문가의 조언을 받지 않으면 고위험 사용사례에 유해하면서 말도 안 되는 모델이 배포될 수도 있다.

케글[27]의 데이터셋 대부분과 마찬가지로 데이터를 큐레이팅하는 데 어려운 작업이 많았다. 품질이 떨어지는 스캔 이미지를 제거하고 레이블이 올바르다는 점도 확인했다. 하지만 많은 의료

---

26 *https://www.cell.com/cell/fulltext/S0092-8674(18)30154-5*
27 *https://www.kaggle.com/*

애플리케이션의 데이터셋과 마찬가지로, 이 데이터에도 클래스 불균형 문제가 있었다. 정상 이미지는 1,342장이고 폐렴 이미지는 3,876장이다. 또 다른 우려 사항의 원인은 주어진 검증 데이터셋의 이미지가 거의 없다는 점이다. 검증 데이터셋은 폐렴 이미지 9장과 정상 이미지 9장으로만 구성된다. 이는 모델을 제대로 검증하기에는 충분하지 않으므로 모델을 훈련하기 전에 이 문제를 포함한 문제들을 해결해야 한다.

7.4.2 데이터셋 불균형 문제 해결하기

훈련 데이터의 폐렴 엑스레이 이미지 개수는 정상 이미지의 약 3배다. 이런 데이터셋으로 훈련한 모델은 다수 클래스$^{majority\ class}$에 과대적합할 수 있다. 클래스 불균형 문제는 여러 가지 방법으로 해결할 수 있다.

- 소수 클래스 과대표본추출
- 다수 클래스 과소표본추출
- 다수 클래스와 소수 클래스의 가중값을 다르게 적용하도록 손실함수 수정

이런 기법과 클래스 불균형 문제의 악영향은 「콘볼루션 신경망의 클래스 불균형 문제에 관한 체계적 고찰」[28]에서 잘 요약했다. 이 예제에서는 정상 이미지를 과대표본추출해 클래스 불균형을 균등하게 맞춘다.

7.4.3 데이터 증식 및 이미지 자르기

파이토치^{PyTorch}[29]는 오픈소스 머신러닝 프레임워크이며, torchvision[30]은 컴퓨터 비전 연구와 실험을 지원하려고 만든 파이토치용 라이브러리다. 이 라이브러리는 널리 사용하는 일부 데이터셋과 사전 학습된 모델 아키텍처$^{pre-trained\ model\ architecture}$, 컴퓨터 비전 작업을 위한 일부 이미지 변환$^{image\ transformation}$ 기능을 포함한다. 먼저 훈련 이미지셋 일부를 검증 세트로 옮겨 검증 데이터셋의 비율을 늘린다. 그런 다음, torchvision의 이미지 변환 기능을 사용해 훈련 세트의 클래스 불균형을 처리한다. 다음 코드 스니펫에서는 이미지를 같은 크기로 조정한 후, 다양

---

28 *https://oreil.ly/Gp-OY*

29 *https://pytorch.org/*

30 *https://pytorch.org/vision/stable/index.html#module-torchvision*

한 변환을 적용해 데이터의 수를 늘리고 모델의 강건성을 높이는 데 훈련 예를 도입한다. get_augmented_data 함수는 RandomRotation 와 RandomAffine 변환을 사용해 새롭게 변경된 이미지를 만들고, 다양한 변환 기법을 사용해 이미지의 형식을 지정^{format}하고 정규화^{normalize}한다.

```python
TRAIN_DIR = 'chest_xray_preprocessed/train'
IMAGE_SIZE = 224 # 변환 시 적용할 이미지의 크기
BATCH_SIZE = 32
NUM_WORKERS = 4 # 데이터 준비에 사용할 병렬 프로세스의 수

def get_augmented_data():

    sample1 = ImageFolder(TRAIN_DIR,
                    transform =\
                    transforms.Compose([transforms.Resize((224,224)),
                            transforms.RandomRotation(10),
                            transforms.RandomGrayscale(),
                            transforms.RandomAffine(
                                translate=(0.05,0.05),
                                degrees=0),
                            transforms.ToTensor(),
                            transforms.Normalize(
                                [0.485, 0.456, 0.406],
                                [0.229, 0.224, 0.225]),
                            ]))
    ...

    return train_dataset
```

데이터 증식$^{data\ augmentation}$의 기본 아이디어는 더 많은 이미지를 만드는 것이므로 결과를 확인해보자.

```python
# 새 데이터셋 크기 확인
print(f'정상 이미지l: {normal}장\n폐렴 이미지: {pneumonia}장')

정상 이미지: 3516장
폐렴 이미지: 3758장
```

[그림 7-3]은 회전^{rotation}과 변환^{translation}을 사용해 만든 합성 훈련 표본을 보여준다.

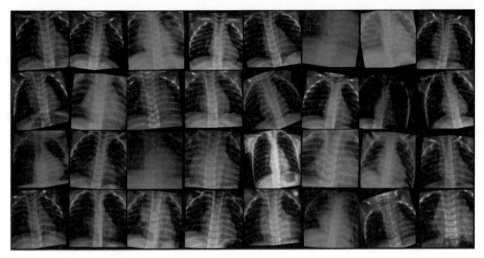

그림 7-3 회전과 변환을 사용해 만든 합성 훈련 이미지 표본

괜찮아 보인다. 클래스 불균형과 데이터 증식을 처리했으므로 이제 모델 훈련을 진행한다.

> **CAUTION** 데이터 증식 과정에서 비현실적인 훈련 표본이 만들어지지 않게 해야 한다. 보강된 흉부 엑스레이는 색척도color scale, 확대/축소zoom 등에서 차이가 있다. 그러나 장기는 양측 비대칭(왼쪽과 오른쪽이 동일하지 않음)이므로 세로축을 기준으로 이미지를 뒤집어서는 안 된다. 배포 후에도 이 모델은 환자의 심장이 오른쪽에 있는 흉부 엑스레이를 볼 일이 없으므로 좌우가 바뀐 이미지로 훈련해서는 안 된다.

데이터셋에 사용한 또 다른 전처리 기법은 이미지 자르기다. 훈련 데이터셋의 일부 이미지를 자르면서 폐 영역만 강조했다(그림 7-4 참고). 자르기는 흉부 엑스레이 이미지에 있는 주석 등의 표시를 제거하고 모델이 이미지에서 관심 영역에만 집중하도록 만드는 데 도움이 된다. 이 이미지는 나중에 훈련 단계에서 네트워크를 미세조정하는 데 사용할 수 있도록 별도의 데이터셋으로 저장한다.

> **CAUTION** 수백 장의 이미지를 수작업으로 잘라내는 작업을 거치고 나서야 훈련 데이터에 같은 환자의 엑스레이 이미지가 여러 장 포함된다는 사실을 알았다. 결과적으로 검증 데이터에 이미지를 추가할 때 훈련 데이터나 검증 데이터 중 하나에만 같은 환자가 있도록 해야 했다. 이 세부 사항은 데이터 유출의 좋은 예로, 데이터를 제대로 파악하는 일이 얼마나 중요한지를 알려준다.

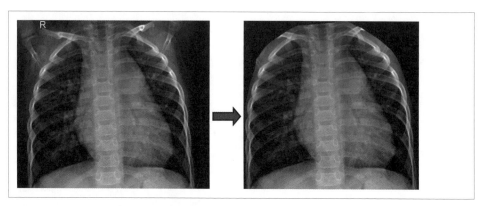

그림 7-4 자르기 전과 후의 흉부 엑스레이 이미지

7.4.4 모델 훈련

콘볼루션 신경망^{CNN, Convolution Neural Network}[31]은 의료 영상 분야에서 널리 사용하는 아키텍처다. 이미지 분류 CNN의 예로는 ResNets[32], DenseNets[33], EfficientNets[34]이 있다. CNN을 처음부터 훈련하려면 데이터와 계산 측면에서 모두 비용이 많이 든다. 따라서 일반적으로 널리 사용하는 기법은 ImageNet[35]과 같은 대규모 이미지 데이터셋으로 사전훈련한 모델을 사용한 다음, 해당 네트워크를 다른 작업의 출발점으로 재사용하는 것이다.

이 기법의 핵심 아이디어는 CNN의 하위계층이 가장자리^{edge}와 모서리^{corner} 같이 광범위하게 적용할 수 있는 표현을 학습해 다양한 작업에 일반화할 수 있다는 점이다. CNN 계층을 우리 작업에 사용할 때 이런 CNN 계층을 **사전훈련**^{pretraining}되었다고 한다. 반면에 상위계층은 더 고수준의 특정 작업에 특화된 특성을 포착한다. 결과적으로 이런 계층의 출력은 사용사례에 적합하지 않을 수 있다. 따라서 하위계층에서 학습한 특성을 고정하고 상위계층을 재훈련^{retrain}하는 단계를 **미세조정**^{fine-tuning}이라고 한다. 사전훈련과 미세조정을 함께 사용하는 방법은 **전이학습**^{transfer learning}[36]의 한 형태로, 한 영역에서 머신러닝 모델이 학습한 지식을 다른 도메인에서 활용한다.

31 https://cs231n.github.io/convolutional-networks/

32 https://arxiv.org/abs/1512.03385

33 https://arxiv.org/abs/1608.06993

34 https://arxiv.org/abs/1905.11946

35 https://www.image-net.org/

36 https://cs231n.github.io/transfer-learning/

먼저 ImageNet 데이터셋으로 훈련한 DenseNet-121[37]아키텍처를 사용한다. DenseNet 모델은 네트워크를 통해 정보와 기울기의 흐름을 개선[38]하여 분류기의 성능과 일반화를 이상적으로 향상하므로 엑스레이 이미지 분류에 특히 높은 성능을 발휘하는 것으로 밝혀졌다.

> **CAUTION** EvilModel[39]을 잊어서는 안 된다. 악성코드는 사전훈련된 신경망을 통해 전달될 수 있음이 드러났다. 이런 악성코드는 성능에 영향을 미치지 않고 백신 소프트웨어를 속일 수도 있다(또는 우리가 모델의 아티팩트 검사를 잊어버릴 수도 있다). 5장의 교훈은 인터넷에서 다운로드한 사전훈련 모델조차도 당연하게 여겨서는 안 된다는 점이다.

전이학습을 수행할 때 중요한 질문은 사전훈련 모델의 모든 계층을 재훈련할지 아니면 일부 계층만 다시 훈련할지다. 이에 대한 답은 데이터셋의 구성에 달렸다. 새 데이터셋이 충분히 큰가? 모델이 사전훈련한 데이터셋이 새 데이터셋과 비슷한가? 우리 데이터셋은 작고 원래 데이터셋과 많이 다르므로 상위계층뿐만 아니라 하위계층까지 모두 재훈련하는 편이 합리적이다. 하위계층은 상위계층보다 일반적인 특성을 학습하므로 조금 더 데이터셋에 특화된 특성을 많이 학습하기 때문이다. 여기서 계층을 재훈련한다는 말은 처음부터 무작위 가중값으로 훈련을 시작한다는 뜻이 아니라, 사전훈련 가중값pretrained weight을 시작점으로 삼아 여기서부터 계속 진행한다는 의미다.

다음 코드에서는 사전훈련 모델의 모든 계층을 해제하고 마지막 계층을 자체 선형분류기로 대체한다. 이 데이터셋에서는 이 설정이 테스트 데이터에서 가장 좋은 성능을 보였다. 또한 몇 개의 계층만 해제하는 실험을 해봤지만, 첫 번째 설정보다 좋은 성능을 보이지 않았다.

```python
classes = ['Normal', 'Pneumonia']
model = torchvision.models.densenet121(pretrained=True)

# 모든 '특성' 층에 대한 훈련 해제
for param in model.parameters():
    param.requires_grad = True

# 새 층은 자동으로 requires_grad = True가 추가된다.
```

----

37 *https://arxiv.org/abs/1608.06993*
38 *https://arxiv.org/abs/1711.05225*
39 *https://arxiv.org/abs/2107.08590*

```
in_features = model.classifier.in_features
model.classifier = nn.Linear(in_features, len(classes))
```

마지막으로 폐에 초점을 맞추려고 수작업으로 잘라낸 이미지만 사용해 모델을 한 번 더 미세조정했다. 두 번의 미세조정 과정은 다음과 같이 진행했다.

1. 사전훈련 DenseNet-121 모델을 가져온다.
2. 자르지 않은 이미지를 사용하는 보강 데이터셋으로 모델을 훈련한다.
3. 모델의 초기 계층을 고정하고 잘라낸 이미지로 훈련을 계속한다.

이 두 번의 미세조정 과정의 아이디어는 사전훈련 모델이 학습한 특성과 우리 도메인에 특화된 데이터셋의 특성을 활용하는 것이다. 마지막으로, 최종 훈련 과정에서 잘라낸 이미지를 사용하면 폐 외부의 엑스레이 아티팩트와 같이 볼 수 없었던 데이터unseen data에 일반화되는 특성을 사용하는 모델의 위험을 완화할 수 있다.

7.4.5 평가 및 측정지표

모델의 성능은 검증 데이터셋으로 평가한다. [표 7-1]과 [표 7-2]는 보이지 않는 테스트 데이터셋에 관한 몇 가지 성능 측정지표를 보여준다. 이 성능 측정은 모델이 제대로 일반화되는지를 이해하는 데 필수적이다.

표 7-1 테스트 데이터셋에서 폐렴 분류기 모델의 성능을 보여주는 혼동행렬

	정상으로 예측	폐렴으로 예측
실제 정상	199	35
실제 폐렴	11	379

표 7-2 테스트 데이터셋에 대한 추가 성능 측정지표

	유병률	정밀도	재현율	F1
정상	234	0.95	0.85	0.9
폐렴	390	0.92	0.97	0.94

여기서는 성능이 좋아 보이지만, 가상환경 검증과 테스트 측정이 어떻게 오해를 불러일으키는지는 9장에서 확인해보자. 이제 모델의 예측을 설명한다.

7.4.6 Captum을 사용해 사후 설명 만들기

이 절에서는 몇 가지 사후 설명 기법을 자세히 설명하고 폐렴 이미지 분류기에 적용하는 방법을 알아본다. 생성되는 설명은 모두 개별 관측, 즉 환자에의 단일 엑스레이 이미지에 적용된다는 점에서 **국소적**이다. 또한 모든 설명은 히트맵 형태로, 각 픽셀의 색color은 최종 분류를 할 때 해당 픽셀의 유의성에 비례하도록 되어 있다. 다음 절에서는 이런 방법이 해당 목표를 달성하는지를 비판적인 시각으로 살펴보겠지만, 이 절에서는 먼저 다양한 기법에서 어떤 출력을 기대할 수 있는지를 간략히 알아본다.

다양한 기법을 구현하는 데 Captum[40]을 사용한다. Captum은 파이토치 기반으로 만들어진 모델 설명 라이브러리로, 바로 사용할 수 있는 많은 모델을 지원한다. 다양한 파이토치 모델에서 잘 작동하는 다양한 설명 알고리즘을 지원한다.

폐색

폐색[41]은 섭동 기반 방법perturbation-based method으로, 모델에서 특정 입력특성을 제거하고 제거 전후의 모델 예측 능력의 차이를 평가하는 간단한 아이디어로 작동한다. 차이가 크다는 말은 특성이 중요함을 의미하며, 그 반대도 마찬가지다. 폐색은 입력 이미지의 특정 부분을 대체하고 모델의 출력에 미치는 영향을 조사하는 작업을 포함한다. 일반적으로 미리 정의된 크기의 사각형 창을 미리 정의된 보폭stride만큼 이동하는 형태로 구현하는 경우가 많다. 그런 다음 창은 각 위치에서 기준값baseline value(일반적으로 0)으로 대체되어 회색 패치gray patch가 만들어진다. 이 회색 패치를 이미지 주변으로 이동하면서 이미지의 일부를 가리고 모델이 변경된 데이터를 얼마나 신뢰할 수 있는지 또는 정확하게 예측하는지 확인한다.

Captum 공식 문서[42]에는 폐색 구현에 관한 설명이 있으며, 다음 코드와 같이 이를 단일 입력 이미지에 대한 흉부 엑스레이 사례 연구에 적용한다. 폐색 창의 크기와 보폭의 크기를 각각 15 × 15와 8로 지정하는 방법도 확인할 수 있다.

```
import captum, Occlusion
from captum.attr import visualization as viz occlusion = Occlusion(model)
```

---

40 *https://captum.ai/*
41 *https://arxiv.org/abs/1311.2901*
42 *https://captum.ai/api/occlusion.html*

```
attributions_occ = occlusion.attribute(input,
                                        target=pred_label_idx,
                                        strides=(3, 8, 8),
                                        sliding_window_shapes=(3,15, 15),
                                        baselines=0)
```

[그림 7-5]는 폐렴 테스트 데이터셋의 이미지에 대한 속성을 보여주며, 모델은 이 이미지를 폐렴으로 정확히 분류했다.

결과는 좋아 보인다. 모델은 양쪽 폐의 상부 영역에서 높은 불투명도를 포착한 것으로 보인다. 이는 전문 해석자에게 모델 분류의 설명에 대한 신뢰를 줄 수 있다. 하지만 어두운 영역이 크고 세부 정보가 부족해 폐색 창과 보폭 길이를 작게 하면 세부 정보가 더 많이 드러날 수 있음을 보여준다. (이런 설명 초매개변수를 조정하는 경로를 따르면 모델이 작동하는 방식에 관한 기존 믿음을 확인하는 설명을 생성하는 값만 선택하는 위험에 처할 수 있어 우리는 다른 설정을 시도해보는 일을 망설였다.)

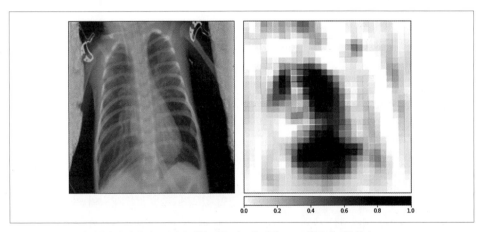

그림 7-5 테스트 데이터셋의 폐렴 엑스레이에 대한 폐색 히트맵. 폐렴으로 정확하게 예측했다.

이런 조정 문제 외에도, 설명에 따르면 모델이 흉부 영역 밖의 몇몇 픽셀에도 신경을 쓴다는 점을 알 수 있다. 이것이 과대적합이나 훈련 데이터와 테스트 데이터 간의 데이터 유출이나 단축학습shortcut learning[43]을 암시하는 모델의 문제일까? 아니면 설명 기법 자체의 아티팩트일까? 궁금할 수밖에 없다. 기울기 기반 방법이 더 명확한 정보를 제공하는지 살펴보자.

---

43 *https://arxiv.org/pdf/2004.07780.pdf*

단축학습은 복잡한 모델에서 흔히 발생하는 문제이며 실제 결과를 망칠 수 있다. 이는 머신러닝 작업에서 모델이 실제 예측 목표보다 더 쉬운 것을 학습할 때 발생하며, 훈련 중에 자기 자신을 속이는 것과 같다. 이미지를 통한 의료 진단은 경험이 풍부한 의사에게도 힘든 작업이 될 수 있으므로 머신러닝 시스템은 종종 훈련 데이터에서 손실함수를 최적화하는 데 도움이 되는 쉬운 길^{shortcut}을 찾는다. 학습한 쉬운 길을 실제 진단 시나리오에서 사용할 수 없다면 이런 모델은 실패한다. 의료 이미지의 단축학습에 관한 자세한 내용은 「흉부 엑스레이에 적용된 딥러닝: 활용 및 단축학습 방지」[44]를 참고한다. 이 심각한 문제를 일반적인 맥락에서 알아보려면 「심층신경망의 단축학습」[45]를 참고한다.

입력 × 기울기

첫 번째로 살펴볼 기울기 기반 방법은 입력 × 기울기 기법이다. 이름에서 알 수 있듯이 입력 × 기울기 기법은 입력의 예측 기울기에 입력값 자체를 곱한 값과 동일한 국소 특성 속성$^{local feature attribution}$을 만든다. 왜 그럴까? 선형모형을 생각해보자. 기울기와 입력값의 곱은 특성값에 특성의 계수를 곱한 것과 같은 국소 특성 속성으로, 이는 특정 예측에 대한 특성의 기여도에 해당한다.

이번에는 Captum을 사용해 입력 × 기울기 기법으로 같은 테스트 데이터셋 이미지에 대해 히트맵을 만든다. [그림 7-6]은 분류에 대한 양성 증거$^{positive evidence}$를 보여준다.

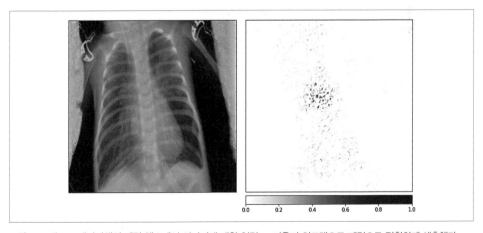

그림 7-6 테스트 데이터셋의 폐렴 엑스레이 이미지에 대한 입력 × 기울기 히트맵으로 폐렴으로 정확하게 예측했다.

---

44 *http://proceedings.mlr.press/v126/jabbour20a/jabbour20a.pdf*

45 *https://arxiv.org/pdf/2004.07780.pdf*

이 출력을 어떻게 해석할 수 있을까? 폐색과 마찬가지로 이미지를 자세히 살펴보면 무언가 의미 있는 부분이 있다고 주장할 수 있다. 특히 히트맵에는 폐 부분에 높은 증거의 어두운 패치가 있으며, 이는 왼쪽 흉부 엑스레이에서 높은 불투명한 영역에 해당하는 것으로 보인다. 이는 폐렴 분류기에서 기대할 수 있는 희망적인 동작이다. 하지만 설명 기법은 환자의 척추 부분에 폐렴의 높은 증거 영역이 포함된다는 것을 보여준다. 이는 앞에서 제기했던 것과 같은 의문을 남긴다. 이는 모델이 잘못된 방향, 즉 쉬운 길에 초점을 맞춘다는 의미일까? 그렇다면 모델 디버깅에 유용한 결과가 될 수 있다. 반면에 설명 기법 자체가 직관적이지 않은 결과의 원인인지는 아직 알 수가 없다.

누적 기울기

누적 기울기[46]는 이론적으로 어느 정도 보장이 되는 첫 번째 기법이다. 특히 신뢰도가 높은 일부 예측은 기울기가 0에 가까워지는 경향이 있으므로 기울기만으로는 속을 수가 있다. 확률이 높은 결과에서는 입력특성 때문에 활성화 함수$^{activation\ function}$가 높은 값에 도달해 기울기가 포화 상태^{saturated}가 되고, 평평^{flat}해지고, 0에 가까워지는 경우가 종종 있다. 이는 기울기만 보면 의사결정에 가장 중요한 활성화 함수 중 일부가 나타나지 않을 수 있음을 의미한다.

누적 기울기는 가능한 모든 입력 픽셀에서 강도^{intensity}의 값을 점진적으로 증가시키면서 모델의 예측 변화량을 누적하여 각 픽셀의 기여도를 측정해 이 문제를 해결한다. 특히 누적 기울기는 '기준 입력 픽셀의 강둣값에서 더 큰 입력 픽셀 강둣값으로 경로를 이동할 때 기울기는 어떻게 변하는가?'라고 묻는다. 최종 특성 속성은 모델의 예측 함수로서 픽셀값의 이 매끄러운 경로$^{smooth\ path}$를 따라 구한 기울기의 근사 적분$^{approximate\ integral}$이다.

누적 기울기는 민감도 및 구현 불변성$^{implementation\ invariance}$ 공리를 충족한다. 민감도란 입력 이미지와 기준 이미지가 하나의 특성에서만 차이가 있고 서로 다른 모델 출력을 반환하는 경우, 누적 기울기는 해당 특성에 대해 0이 아닌 속성을 반환한다는 것을 의미한다. 구현 불변성은 내부 구조가 다른 두 모델이 모든 입력에 같은 출력을 반환하는 경우 누적 기울기가 반환하는 모든 입력 속성이 같다는 것을 의미한다. 구현 불변성은 2장의 **일치성**을 설명하는 또 다른 방법이다. 이 주제에 관한 자세한 내용은 텐서플로의 누적 기울기 문서[47]를 참고한다.

....

46 https://arxiv.org/abs/1703.01365
47 https://www.tensorflow.org/tutorials/interpretability/integrated_gradients?hl=ko

[그림 7-7]은 앞에서 사용했던 것과 같은 폐렴 이미지에 대한 이 속성 기법의 출력을 보여준다. 입력 × 기울기의 출력과 마찬가지로 이미지에는 잡음이 많고 해석하기 어렵다. 이 방법은 입력 이미지의 **가장자리**를 포착하는 것처럼 보인다. 엑스레이 기계 표시와 겨드랑이 외에도 히트맵에서 환자 갈비뼈의 윤곽이 희미하게 보인다. 이는 모델이 갈비뼈를 무시하고 그 주변을 폐로 보기 때문일까? 이런 출력은 더 많은 의문을 제기하는 것처럼 보인다. 이 장의 뒷부분에서 몇 가지 실험을 살펴보며 이런 설명 결과를 평가한다. 지금은 네 번째이자 마지막 기법이며 또 다른 기울기 기반 방법인 계층별 연관성 전파를 알아본다.

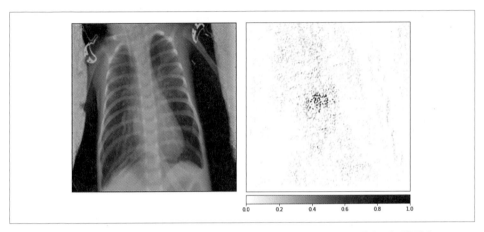

그림 7-7 테스트 데이터셋의 폐렴 엑스레이 이미지에 대한 누적 기울기 히트맵. 폐렴으로 올바르게 예측했다.

계층별 연관성 전파

계층별 연관성 전파(LRP)[48]는 실제로 특성과 출력 간의 **연관성**을 측정하는 방법이다. 일반적으로 연관성은 입력특성과 모델 출력 간의 연결 강도를 의미하며 입력특성을 변경하지 않고도 측정할 수 있다. 연관성의 다른 개념을 선택하면 다양한 설명을 얻을 수 있다. 계층별 연관성 전파에 관한 자세한 내용은 사메크[Samek] 등이 저술한 『Explainable AI』(Springer, 2019)의 '계층별 연관성 전파: 개요' 장[49]을 참고한다. 이 책에서 다양한 연관성 규칙과 적용 시점에 관한 포괄적인 내용을 확인할 수 있다. 또한 설명 가능한 인공지능 데모 대시보드[Explainable AI Demos dashboard][50]를 사용하면 다양한 계층별 연관성 전파 규칙을 사용해 설명이 포함된 결과를 얻을 수

48 https://github.com/sebastian-lapuschkin/lrp_toolbox
49 https://link.springer.com/chapter/10.1007/978-3-030-28954-6_10
50 https://lrpserver.hhi.fraunhofer.de/image-classification

있다.

계층별 연관성 전파 기법의 장점은 설명이 국소적으로 정확하다는 것이다. 연관성 점수는 모델의 출력과 같다. 이런 점에서 섀플리값과 비슷하다. [그림 7-8]에서 테스트 이미지에 대한 계층별 연관성 전파의 설명을 살펴보자. 안타깝게도 사람이 검증할 수 있는 설명을 만들어 내기에는 아직 부족한 부분이 많다.

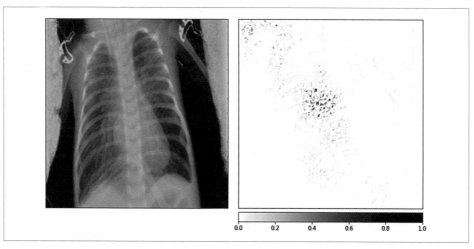

그림 7-8 테스트 데이터셋의 폐렴 엑스레이 이미지에 대한 계층별 연관성 전파 히트맵. 폐렴으로 올바르게 예측했다.

다른 기법과 마찬가지로 계층별 연관성 전파 기법도 오른쪽 폐에서 불투명도가 높은 이 영역을 포착했지만, 폐 이외의 영역에도 높은 속성 점수를 부여했다.

7.4.7 모델 설명 평가하기

앞 절에서는 딥러닝 모델에 대한 설명 속성 기법을 겉핥기식으로 살펴봤다. 이런 기법은 점점 더 많아지고 있다. 이 절에서는 '모델의 설명이 좋은지 어떻게 알 수 있을까?'라는 중요한 질문에 답하고, 실험을 통해 사후 설명 기법이 콘볼루션 신경망(CNN) 모델에 관해 얼마나 많은 정보를 제공하는지 살펴본다.

데이비드 알바레즈-멜리스와 토미 S. 야콜라는 2018년 두 편의 논문 「해석 가능성 방법의 강건성에 관하여」[51]와 「자기 설명 신경망을 이용한 강건한 해석 가능성을 향하여」[52]에서 설명을 평가하는 방법을 잘 설명했다. 두 번째 논문에서 두 사람은 설명이 공유해야 하는 세 가지 바람직한 속성[property]을 소개했다.

- 명시성/이해도[intelligibility]: 설명은 이해할 수 있어야 한다.
- 충실도: 설명은 참 중요도[true importance]를 나타낼 수 있어야 한다.
- 안정성/강건성: 설명은 입력의 작은 변화에 민감하지 않아야 한다.

이 장에서 살펴본 히트맵은 분명히 첫 번째 요건을 충족하지 못한다. 우선 이런 기법의 출력에는 잡음이 많고 다소 혼란스럽다. 더 중요한 것은 우리가 살펴본 모든 기법이 환자 몸 밖의 무의미한 영역까지 가리키는 것처럼 보인다.

이런 히트맵은 결과가 우리의 직관과 완벽하게 일치하더라도 모델이 분류를 위한 긍정적인 증거나 부정적인 증거를 **어디에서**[where] 찾고 있는지를 보여줄 뿐, 모델이 제공된 정보를 바탕으로 **어떻게**[how] 결정을 내리는지에 관한 근거를 제공하지 않는다. 이는 프로토타입이나 기저 개념은 **어디에서**, 일차결합[linear combination]은 **어떻게**라는 두 가지를 모두 제공하는 SENN이나 ProtoPNet과 같이 설명 가능한 모델과는 대조적이다. **어떻게**는 좋은 설명의 중요한 요소다.

> **NOTE** 고위험 애플리케이션에서 설명 방법을 항상 테스트해야 한다. 이상적으로는 사후 설명과 설명 가능한 기본 모델 메커니즘을 비교해야 한다. 더 표준적인 딥러닝 접근방식에는 다음과 같은 방법을 사용할 수 있다.
>
> - 도메인 전문가 및 사용자 연구를 통한 이해도 테스트
> - 중요하다고 여겨지는 특성 제거나 최근접이웃 접근방식, 레이블 섞기를 통한 충실도 테스트
> - 입력특성의 섭동을 통한 강건성 테스트
>
> 「자기 설명 신경망을 이용한 강건한 해석 가능성을 향하여」[53]와 「심층신경망이 학습한 내용 시각화 평가하기」[54]를 참고한다.

51 *https://arxiv.org/abs/1806.08049*
52 *https://arxiv.org/abs/1806.07538*
53 *https://arxiv.org/abs/1806.07538*
54 *https://arxiv.org/abs/1509.06321*

충실도는 일반적으로 중요하다고 생각되는 특성을 모호하게 하거나 제거하고, 그 결과에 따른 분류기 결과의 변화를 계산해 설명값 자체의 강건성을 측정하는 방식으로 테스트한다. 알바레즈-멜리스와 야콜라는 다양한 기법과 데이터셋에 걸쳐 설명의 충실도가 광범위하게 변화하고, 섀플리 가법 설명과 일부 다른 설명은 성능이 상당히 낮다는 것을 보였다. 또한 비슷한 입력 관측은 설명이 비슷해야 한다는 최근접이웃 접근방식을 사용해 충실도를 측정할 수 있다. 다음 절에서는 다른 접근방식을 사용해 우리 설명의 충실도를 살펴보도록 한다.

알바레즈-멜리스와 야콜라는 입력 이미지를 약간씩 변화시키면서 그 결과에 따른 설명 결과의 변화를 측정하는 방식으로 강건성(또는 안정성)을 조사했다. 이들은 정량적 측정지표^{quantitative} $_{metric}$를 사용해 여러 데이터셋에서 사후 설명 방법을 비교했다. 연구에 따르면 사후 기법 대부분은 입력의 작은 변화에도 불안정한 것으로 드러났다. 특히 국소 해석 가능한 모델 애그노스틱 설명(LIME)의 성능이 떨어졌으며, 연구한 기법 중에서 누적 기울기 및 폐색 방법이 가장 강건한 것으로 드러났다. 이해도와 충실도, 강건성 등 모든 평가 항목에서 자기 설명 신경망과 같은 설명 가능한 모델이 사후 기법보다 우수한 성능을 보였다.

7.4.8 사후 설명의 강건성

이 절에서는 논문 「중요도 지도에 대한 건전성 검사」[55]에서 발견된 심각한 불충실도 결과를 (부분적으로) 재현한다. 이 논문에서 저자들은 '이런 사후 설명 방법으로 생성된 결과가 실제로 모델에 어떤 정보를 전달하는가?'라는 질문에 관심을 가졌다. 이 실험에서 알 수 있듯이, 때때로 결과는 단호하게 '아니오'다.

실험을 하면서 무작위 레이블이 있는 이미지로 넌센스 모델$^{nonsense\ model}$을 훈련했다. [그림 7-9]에서 이미지 레이블이 무작위로 섞인 데이터셋으로 훈련한 새로운 모델의 높은 훈련 손실과 낮은 정확도 곡선을 볼 수 있다. 이 실험에서는 클래스 불균형을 처리하는 데이터 증식을 수행하지 않았다. 이는 검증 데이터에서의 정확도가 0.5보다 큰 값으로 수렴하는 이유를 설명한다. 즉, 모델이 다수 클래스(폐렴)에 편향되었다.

이제 넌센스 레이블$^{nonsense\ label}$로 훈련한 모델을 갖게 되었다. 새로운 모델이 생성한 예측은 (가중값이 부여된) 동전 던지기보다 더 좋을 수는 없다. 원래의 설명이 의미가 있으려면, **이런** 설

---

55 *https://arxiv.org/abs/1810.03292*

명이 같은 신호를 포착하지 않기를 바라야 한다. [그림 7-10], [그림 7-11], [그림 7-12]는 무작위로 섞인 데이터로 훈련한 모델이 테스트 세트 이미지에 대해 각각 입력 × 기울기, 누적 기울기, 폐색으로 생성한 설명을 보여준다.

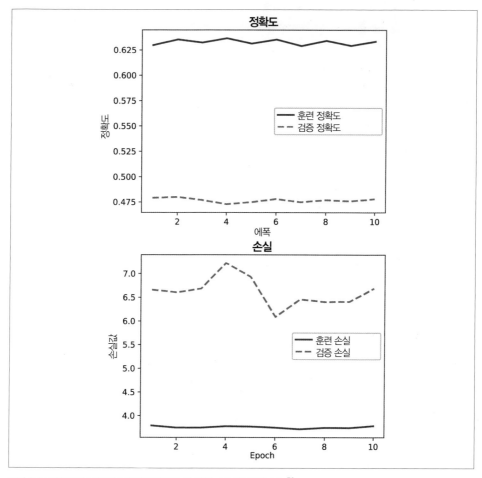

그림 7-9 레이블이 무작위로 섞인 데이터로 훈련하는 동안의 모델 성능[56]

....

56 원본 그림: *https://oreil.ly/-uCIY*

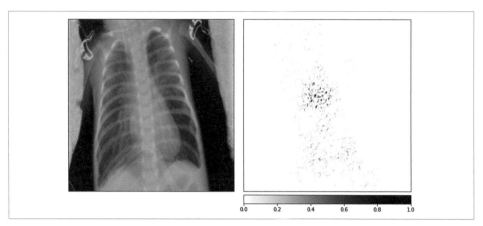

그림 7-10 클래스 레이블을 무작위로 섞은 데이터에 대한 입력×기울기 히트맵

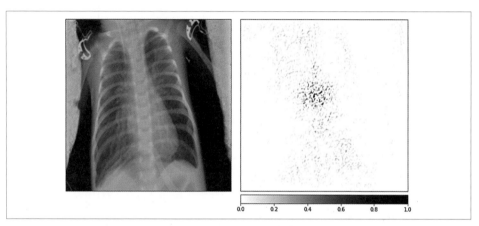

그림 7-11 클래스 레이블을 무작위로 섞은 데이터에 대한 누적 기울기 히트맵

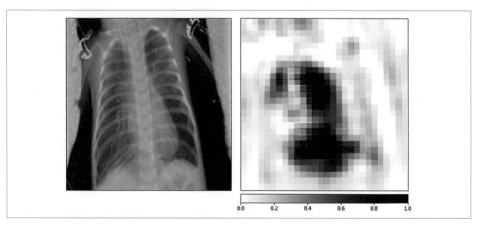

그림 7-12 클래스 레이블을 무작위로 데이터에 대한 폐색 히트맵

우리 생각으로는 이 결과는 앞 절의 결과와 놀라울 정도로 비슷하다. 모든 이미지에서 이 기법들은 환자의 척추와 몸통의 경계와 같이 이미지에서 관련이 없는 영역을 다시 한번 더 강조해 표시했다. 이보다 더 심각한 것은 속성 지도attribution map가 폐 내부에서도 이전 결과와 매우 비슷하다는 점이다. 이 기법들은 환자 갈비뼈의 윤곽선과 불투명도가 높은 부위를 포착했다. 앞에서는 이를 폐염증lung inflammation의 특정 영역을 기반으로 모델이 폐렴을 예측한다고 해석했다. 그러나 이 실험은 이런 방법이 의미 있는 신호가 전혀 없는 상태에서 훈련한 모델도 같은 설명을 제공할 수 있음을 보여준다. 우리의 설명이 무엇에 충실한 것일까? 확신할 수 없다.

입력 이미지에 무작위 잡음을 추가하는 간단한 실험을 수행해서 설명의 강건성을 더 자세히 살펴본다. torchvision의 사용자 정의 변환custom transformation을 사용하면 이 작업을 쉽게 할 수 있다. 그런 다음 이런 입력에 대한 설명을 살펴보고 이전 설명과 비교한다. 잡음 성분을 추가하기 전과 후에 이미지의 예측 클래스가 동일하게 유지되도록 잡음의 양을 조절한다.

우리가 정말로 이해하고 싶은 것은 결과 설명이 무작위 잡음을 추가해도 강건한지다. 간단히 말해 이는 혼합된 결과다. [그림 7-13], [그림 7-14], [그림 7-15]를 참고한다. 새로운 속성 지도는 원래 모델이 생성한 지도와 크게 다르지만, 폐 내부의 불투명도가 높은 영역에 초점을 맞추는 점은 유지되는 것으로 보인다.

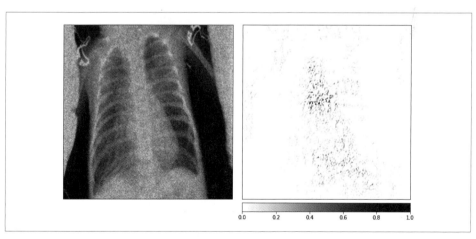

그림 7-13 무작위 잡음을 추가한 후 입력 × 기울기 히트맵

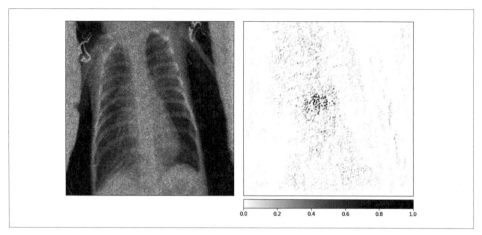

그림 7-14 무작위 잡음을 추가한 후 누적 기울기 히트맵

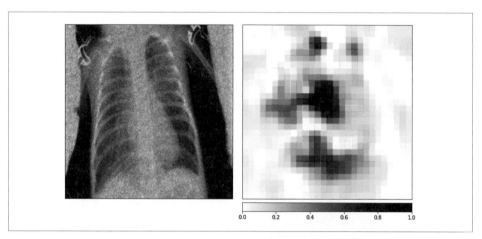

그림 7-15 무작위 잡음을 추가한 후 폐색 히트맵

예를 들어 [그림 7-15]의 폐색 히트맵을 살펴보자. 앞서 폐색 기법이 폐 내부의 불투명도가 높은 영역을 포착한 점이 고무적이라고 했다. 무작위 잡음을 추가한 후에도 여전히 폐의 왼쪽 상단과 오른쪽 상단에 초점이 맞춰진다. 하지만 추가된 잡음으로 인해 폐색 출력은 목 근처 영역에도 더 많은 증거를 제공한다. 기울기 기반 기법의 출력도 비슷하게 교란되었지만, 여전히 오른쪽 폐의 중앙을 강조한다.

「중요도 지도에 대한 건전성 검사」[57]의 저자들은 이 실험에서 볼 수 있는 결과에 대한 가능한 설명으로 속성 기법이 **가장자리 감지**edge detection를 효과적으로 수행한다고 지적했다. 즉, 모델 훈련과 아키텍처에 상관없이 이런 속성 기법은 입력 이미지에서 급격한 변화를 보이는 가장자리를 감지할 수 있다. 이는 우리가 관찰한 갈비뼈 윤곽 강조와 몸통 경계 영역 강조를 설명한다. 명확하지 않은 경우 **가장자리 감지는 모델 설명이 아니며, 딥러닝을 사용하지 않고도 쉽게 할 수 있다.**

7.5 결론

사후 설명은 설명하기 어려울 때가 많고 때로는 무의미하다. 더 큰 문제는 설명 기법이 다양하기 때문에 주의하지 않으면 확증편향에 빠져 모델이 어떻게 작동해야 하는지에 관한 선입관을 확인하는 설명만 선택하게 된다는 점이다. 딥러닝 맥락에서 설명 가능한 모델을 만드는 일이 매우 어렵다는 점에 공감한다. 하지만 이 장에서는 사후 설명이 이해라는 위험한 **환상**을 제공할 수 있으므로 고위험 의사결정을 설명하는 데 항상 적합하지 않다는 점을 보여주었다.

고위험 애플리케이션에서 딥러닝 모델을 설명할 때 사후 기법에만 의존하지 않는 편이 좋다. 이런 기법은 모델 디버깅 도구로 유용할 뿐이다. 이 주제는 9장에서 더 자세히 설명한다. 대신, 충실하고 강건하며 이해하기 쉬운 설명이 필요할 때는 **설명 가능한 모델**을 사용해야 한다. 필요하다면 사후 설명 시각화를 사용해 더 강건한 모델 기반 설명 가능성을 구축할 수 있으며, 사후 시각화를 기본 모델 메커니즘과 비교해 확인할 수 있다.

이미지 분류 등의 작업을 위한 설명 가능한 딥러닝 모델 분야의 전망은 희망적이다. ProtoPNet과 같은 프로토타입 기반 사례-추론 모델과 SENN과 같은 희소 가법 심층 모델sparse additive deep model은 설명 가능한 딥러닝으로 발전할 수 있는 길을 제시했다. 그러나 설명 가능한 모델은 아직 딥러닝 애플리케이션에 바로 사용할 수는 없다. 따라서 데이터와 모델링 전문 지식에 대한 요구가 더 커지는 경우가 많다. 여러분은 이를 버그가 아닌 특성으로 생각해야 한다. 인공지능 시스템을 개발하려면 전문적으로 큐레이션된 고품질 데이터가 필요하다. 모델은 문제에 특화problem-specific되어야 하며 도메인 지식을 최대한 인코딩해야 한다.

---

57 _https://arxiv.org/pdf/1810.03292.pdf_

필자들은 「의료 분야에서 설명 가능한 인공지능에 관한 현재의 접근방식은 잘못된 희망」[58] 저자들의 다음과 같은 의견에 동의한다.

적절한 설명 가능성 기법이 없는 경우, 설명 가능성과 관련된 목표를 달성하는 더 직접적인 수단으로 인공지능 모델에 엄격한 내부 및 외부 검증을 하기를 권장한다.

8장과 9장에서는 6장과 7장에서 설명한 기법을 바탕으로 모델 디버깅이라는 더 광범위한 문제를 다룬다.

7.6 참고 자료

코드 예제

- Machine-Learning-for-High-Risk-Applications-Book[59]

딥러닝 도구의 투명성

- AllenNLP 번역[60]
- Aletheia[61]
- Captum[62]
- CleverHans[63]
- DeepExplain[64]
- deeplift[65]
- Deep Visualization Toolbox[66]

---

58 https://www.thelancet.com/journals/landig/article/PIIS2589-7500(21)00208-9/fulltext
59 https://github.com/ml-for-high-risk-apps-book/Machine-Learning-for-High-Risk-Applications-Book
60 https://allenai.github.io/allennlp-website/interpret
61 https://github.com/SelfExplainML/Aletheia
62 https://captum.ai/
63 https://github.com/cleverhans-lab/cleverhans
64 https://github.com/marcoancona/DeepExplain
65 https://github.com/kundajelab/deeplift
66 https://github.com/yosinski/deep-visualization-toolbox

- Foolbox[67]

- L2X[68]

- TensorFlow Lattice[69]

- The LRP Toolbox for Artificial Neural Networks[70]

- TensorFlow Model Analysis[71]

- ProtoPNet[72]

- Interpretability Beyond Feature Attribution: Quantitative Testing with Concept Activation Vectors (TCAV)[73]

---

67 *https://github.com/bethgelab/foolbox*

68 *https://github.com/Jianbo-Lab/L2X*

69 *https://github.com/tensorflow/lattice*

70 *https://github.com/sebastian-lapuschkin/lrp_toolbox*

71 *https://github.com/tensorflow/model-analysis*

72 *https://github.com/cfchen-duke/ProtoPNet*

73 *https://github.com/tensorflow/tcav*

## CHAPTER 8

XGBoost 모델 선택 및 디버깅

데이터과학자가 모델의 실제 성능을 측정하는 방식은 대게 부적절하다. 구글 등 주요 머신러닝 연구 기관의 연구원 40명이 작성한 「과소특정화에 따른 최신 머신러닝의 신뢰성 문제」[1]에 따르면, "머신러닝 모델은 실제 영역에 배포하면 예상치 못한 안 좋은 동작을 보이는 경우가 많다"고 한다. 근본적인 문제는 배포 시나리오가 아주 복잡하고 위험도가 높더라도 연구 논문을 작성하듯이 성능을 측정한다는 점이다. 정확도나 곡선아래면적 같은 테스트 데이터 측정은 공정성이나 프라이버시, 보안, 안정성에 관해 많은 것을 알려주지 않는다. 정적 테스트[static test]에서 예측 품질이나 오류에 대한 이런 간단한 측정은 위험관리에 충분한 정보를 제공하지 못한다. 이런 측정은 실제 성능과 상관관계가 있을 뿐이며 배포 시 좋은 성능을 보장하지도 않는다. 간단히 말해, 머신러닝 적용 사례의 주된 목적은 실제 환경에서 올바른 의사결정을 내리는 것이므로 가상환경에서의 테스트 데이터 성능보다 실제 환경에서의 성능과 위험관리에 더 많은 관심을 가져야 한다.

이 장에서는 기존 모델 평가를 뛰어넘어 일반화를 더 잘하는 모델을 선택하고, 모델을 한계까지 밀어붙여 숨겨진 문제와 장애 유형을 찾아내는 몇 가지 방법을 소개한다. 개념 복습으로 시작해 개선된 모델 선택 프로세스를 제시한 다음, 실제 스트레스를 잘 시뮬레이션하는 모델 디버깅 연습과 잔차 분석을 사용해 모델의 오류를 발견하는 민감도 분석과 테스트를 알아본다. 모델 디버깅의 가장 중요한 목표는 실제 환경에서 모델 성능의 신뢰를 높이는 것이지만, 그 과

---

1 https://arxiv.org/pdf/2011.03395.pdf

정에서 모델의 투명도를 높일 수 있다. 코드는 온라인[2]에서 확인할 수 있다. 3장에서는 모델 디버깅을 광범위하게 다루었는데, 9장에서는 이미지와 비정형 데이터 디버깅을 다룬다.

8.1 개념 복습: 머신러닝 디버깅

눈치챘는지 모르겠지만, 우리는 가상환경에서의 성능보다 실제 환경에서의 성능에 더 신경을 쓴다. 사용자에게는 실제 환경에서의 성능이 중요하지 가상환경에서의 성능이 중요하지는 않다. 이 핵심 원칙을 염두에 두고 모델 선택과 민감도 분석 테스트, 잔차 분석, 모델 개선remediating(즉, 수정fixing)을 설명한다.

8.1.1 모델 선택

전통적으로 우리는 특성을 고르고, 초매개변수를 선택하는 방식으로 모델을 선택한다. 우리는 단계적 회귀stepwise regression나 특성 중요도 측정, L1 정칙화와 같은 접근방식을 사용해 가장 좋은 특성 집합을 찾으려고 노력한다. 또한 격자탐색을 사용해 머신러닝 모델에 가장 적합한 초매개변수 설정을 찾을 때가 많다. 2장에서는 선형모형 벤치마크로 시작해 비선형성과 상호작용을 모델에 도입한 다음, 사람의 판단을 사용해 가장 적합한 모델을 선택하는 아주 신중한 접근방식을 사용했다. 이 장에서는 소규모 데이터셋에서 초매개변수 선택을 위한 무작위 격자탐색이 특히 문제가 될 수 있다는 점을 살펴보고, 이를 「KDDknowledge discovery in database-Cup 2004: 결과 및 분석」[3]에서 영감을 얻은 매우 정교한 교차검증 순위 절차cross-validated ranking procedure와 비교해보면 더 문제가 된다는 점을 알아본다. 실제 환경에서의 성능을 추정하는 좋은 방법을 알아보고 여러 검증 폴드와 여러 가지 기존 평가 측정지표에 따른 모델의 성능 순위를 비교해서 더 좋은 모델을 선택한다. 또한 중요 고려 사항인 모델의 비즈니스 가치를 추정하는 방법도 알아본다. 비즈니스 세계에서 손해를 보는 모델을 배포하고 싶어 하는 사람은 아무도 없다!

---

2 https://github.com/ml-for-high-risk-apps-book/Machine-Learning-for-High-Risk-Applications-Book/tree/main/code/Chapter-8

3 https://www.cs.cornell.edu/people/tj/publications/caruana_etal_04a.pdf

8.1.2 민감도 분석

머신러닝 모델은 복잡한 방식으로 외삽하는 경향이 있으므로 다양한 형식의 데이터에서 명시적으로 테스트하지 않는 한 볼 수 없었던 데이터에서 모델이 어떤 성능을 보일지 알 수 없다. 이것이 바로 우리가 민감도 분석으로 하려는 것이다. 크게 보면 민감도 분석은 모델이 다양한 데이터에서 안정적으로 작동하는지를 보여준다. 민감도 분석은 모델에 강건성 문제가 있는지 (즉, 데이터 변동에 따른 성능에 문제가 있는지)를 보여줄 수 있다. 또한 모델에 신뢰성이나 복원력 문제가 있는지(즉, 어떤 유형의 입력 때문에 모델이 예상치 못하거나 부적절한 방식으로 작동하는지)를 보여줄 수 있다. 민감도 분석은 여러 가지 정형화된 접근방식으로 할 수 있다. 자세한 내용은 PiML[4]이나 SALIB[5] 관련 자료를 참고한다.

이 장에서는 실무자에게 매우 직접적으로 유용할 수 있는 두 가지 민감도 방법인 스트레스 테스트와 대립예제 탐색을 중점적으로 살펴본다. 스트레스 테스트는 강건성 테스트에 가깝지만, 대립예제 탐색은 신뢰성과 복원력 문제를 탐색한다.

스트레스 테스트

스트레스 테스트는 예측 가능한 스트레스 상황에서 모델을 테스트하는 전역 섭동 접근방식이다. 스트레스 테스트를 할 때는 검증 데이터를 변경해 경기 침체 상황recession condition을 시뮬레이션해서 이런 예측 가능한 어려운 상황에서도 모델이 강건한지 확인한다. 이 아이디어는 예측 가능한 상황에서 모델을 강건하게 만들거나 적어도 경기 침체기 등의 도메인 변화domain shift가 발생했을 때 모델을 유지관리하는 사람이 예상할 수 있는 성능 저하를 문서로 기록하기 위한 것이다.[6] 단일 모델에는 훨씬 덜 엄격한 분석을 하겠지만, 예측 가능한 개념이나 경기 침체기와 같은 데이터 변동 상황에서 모델이 어떻게 작동할 것인지 테스트해 가장 가능성이 큰 유형의 장애에 대비한다는 아이디어는 같다.

대립예제 탐색

대립예제 탐색은 모델의 안정성과 잠재적 보안 취약점(즉, 복원력 문제)의 국소적, 논리적 결함을 발견하는 데 도움이 되는 국소 섭동 접근방식이다. 대립예제는 복잡한 머신러닝 모델에서 이상한 응답을 만들어 내는 데이터 행이 될 수 있다. 이런 행을 직접 만들 수 있는 경우도 있지만, 보통은 찾아내야 한다. 이 장에서는 데이터의 특정 행에서 중요한 특성의 값을 섭동하거나 바꾸고 이런 변경이 모델의 성능에 어떤 영향을 미

---

4 `https://github.com/SelfExplainML/PiML-Toolbox`

5 `https://github.com/SALib/SALib`

6 미국의 대형 은행들은 매년 연방준비제도이사회(FRB)의 자본계획심사(CCAR, Comprehensive Capital Analysis and Review) (`https://www.federalreserve.gov/supervisionreg/ccar.htm`)라는 프로세스에 따라 모델에 거의 완전한 스트레스 테스트를 수행한다.

치는지 확인하면서 대립예제를 찾는다. 탐색 자체와 우리가 찾는 개별 대립예제 모두 유용하다. 탐색은 흥미로운 여러 입력값에 걸쳐 모델의 성능을 보여주는 응답표면을 만들고, 때로는 모델 성능의 논리적 결함을 드러내기도 한다. 우리가 발견한 이상한 응답을 발생시키는 개별 행individual row은 문서로 기록해 보안 담당 동료에게 공유하면 모델을 모니터링해서 알려진 대립예제를 탐지할 수 있다.

딥러닝에서 데이터과학자는 기울기 정보와 생성적 대립 신경망GAN, generative adversarial network을 사용해 대립예제를 만든다. 정형 데이터로 작업한다면 「표 형식 데이터에 대한 대립 공격: 이상금융거래탐지 및 불균형 데이터」[7]의 설명과 같이 개별조건부기대 기반의 휴리스틱 방법이나 유전 알고리즘과 같은 다른 방법을 사용해야 한다. 8.3.4절 '대립예제 탐색'에서는 대립예제를 찾고, 문제에 대한 모델의 응답표면을 탐색하기 위해 휴리스틱 방법을 사용한다.

이 장에서 다루지 않는 가장 중요한 방법은 무작위 공격으로, 단순히 모델이나 API를 **많은** 무작위 데이터에 노출해서 어떤 종류의 문제가 발생하는지 확인하는 방법이다. 민감도 분석을 어떻게 해야 할지 모른다면 무작위 공격을 먼저 시도해보는 편이 좋다. 그런 다음, PiML과 SALIB, 그리고 다음 절에서 소개하는 방법을 시도한다. 민감도 분석을 구현하는 방법과는 상관없이, 핵심은 발견한 문제에 조치를 취하는 것이다. 일반적으로 민감도 문제를 해결하는 데 주로 데이터 증식과 비즈니스 규칙, 정칙화, 제약조건, 모니터링을 사용한다.

8.1.3 잔차 분석

잔차 분석은 모델 디버깅의 주된 방법이다. 잔차 분석은 테스트 및 디버깅 목적으로 훈련 데이터나 레이블링된 다른 데이터에서 발생한 모델링 실수를 주의 깊게 살펴보는 것이다. 기존 선형모형의 잔차 분석에 익숙하더라도, 이를 머신러닝 모델에도 적용할 수 있어야 한다. 기본 아이디어는 선형모형과 같다. 좋은 모델에는 대부분 무작위 오차가 있다. 머신러닝 모델의 오차를 조사할 때 강한 패턴이 나타난다면, 이는 모델을 만들 때 무언가를 잊었거나 실수했을 가능성이 크다. 그렇다면 머리를 써서 문제를 해결해야 한다. 이 장에서는 잔차 그래프residual plot, 구간별 잔차 분석segmented residual analysis, 모델링 잔차라는 세 가지 주요 잔차 분석 접근방식을 살펴본다.

---

7 https://ceur-ws.org/Vol-2808/Paper_4.pdf

잔차 그래프

전체 모델에 대한 잔차 그래프를 살펴본 다음, 특성과 수준별로 그림을 세분화한다. 여기서 다음과 같은 질문에 답하려고 한다: 어떤 행이 가장 큰 오차를 발생시키는가? 잔차 그래프에서 강한 패턴을 확인할 수 있는가? 특정 입력특성이나 특성의 수준 level에 따라 패턴을 분리할 수 있을까? 그런 다음 발견한 문제를 해결하는 방법을 생각해본다.

구간별 오차 분석

훈련 데이터나 테스트 데이터의 주요 구간에서 모델이 어떻게 작동하는지 확인하지 않은 상태에서 모델을 배포해서는 안 된다. 이를 무시하고 배포하면 역사적으로 소외된 인구통계학적 집단에서 성능이 떨어질 때 전체 모델 성능과 알고리즘적 차별 모두에 심각한 문제가 발생할 수 있다. 이 장에서는 성능 측면에 초점을 맞추고 인구통계학적 구간을 제외한 다른 유형의 구간을 살펴본다. 이렇게 하는 이유는 전체 데이터셋에 대해 일반적으로 사용되는 평균 평가 측정지표가 작지만 중요한 부모집단에서의 낮은 성능을 가릴 수 있기 때문이다. 훈련 데이터의 희박성으로 인해 일부 구간에서의 성능도 무작위로 나타날 수 있다. 구간별 오차 분석은 과소특정화라는 끔직한 문제에 대한 가상환경에서의 테스트로도 제안되었다. 작은 구간에서의 낮은 성능과 훈련 데이터의 희박 영역에서의 무작위 성능, 과소특정화 등의 모든 문제는 모델을 배포하고 나면 불쾌한 놀라움과 심각한 문제로 이어질 수 있다.

PiML에서 구현된 구간별 오차 분석의 멋진 확장 중 하나는 구간에 대한 과대적합을 조사하는 것이다. 이렇게 하면 실제 환경 모델에 영향을 미칠 수 있는 추가 문제를 살펴볼 수 있다.

잔차 모델링

잔차의 패턴을 학습하는 또 다른 방법은 잔차를 모델링하는 것이다. 직관적으로 해석 가능한 모델을 다른 모델의 잔차에 적합할 수 있다면, 이는 거의 정의에 따라 잔차에 강한 패턴이 있음을 의미한다(그리고 잔차에 강한 패턴이 있다는 말은 일반적으로 모델링 과정에서 실수를 했다는 의미다). 게다가, 잔차를 모델링한다는 것은 잔차를 줄일 수 있다는 의미다. 잔차에 적합하려는 모델을 통해 발견한 실수를 수정하는 방법도 알 수 있다. 예를 들어, 의사결정나무를 모델의 잔차에 적합해 본다. 그런 다음, 해당 트리의 규칙을 살펴본다. 이는 의사결정나무가 모델이 자주 틀리는 것을 설명하는 규칙이기 때문이다. 이런 규칙을 이해함으로써 해당 규칙이 강조하는 문제를 해결한다.

민감도 분석과 마찬가지로 머신러닝의 잔차 분석을 수행하는 중요한 방법을 하나의 장에서 모두 다룰 수는 없다. 주목할 만한 접근방식 중 일부는 모델 손실에 대한 섀플리값 기여도와 같이 강건하지 않은 특성을 발견하는 방법을 포함하지는 않는다. 머신러닝 잔차 분석의 광범위한 개요는 3장을 참고한다.

8.1.4 개선

문제를 발견하면 해결해야 한다. 나쁜 소식은 머신러닝의 많은 문제가 낮은 품질의 편향된 데이터 사용과 확증편향으로 발생한다는 점이다. 대부분의 프로젝트에서 이 문제를 해결하려면 두 가지 어려운 문제를 해결해야 한다: (1) 실험설계를 최소한 어느 정도 고려하면서 더 좋은 데이터를 수집하고, (2) 과학적 방법을 제대로 준수해 원점으로 돌아가 실험을 재정의해 모델링 워크플로에서 인적 편향, 통계적 편향, 구조적 편향을 최소화하는 것이다.

워크플로에서 심각한 데이터나 방법론, 편향 문제를 해결하고 나면, 이 장에서처럼 모델에 몇 가지 기술적 해결책을 시도해볼 수 있다. 예를 들면, 단조제약조건이나 상호작용 제약조건, 정칙화를 모델에 적용해 모델을 안정화하고, 더 논리적이고 해석 가능하게 만들고, 실제 환경에서의 성능을 개선할 수 있다. **모델 주장**이라고도 하는 비즈니스 규칙이나 수동 예측 제한을 적용해 예측 가능한 잘못된 결과를 수정할 수 있다. 비즈니스 규칙과 모델 주장은 평가 엔진에 코드를 추가해서 잘못되었다고 생각하는 예측을 바꾸는 것을 의미한다. 문제가 있는 모델링 메커니즘이나 예측을 수정할 때 모델의 수식이나 생산 코드를 편집할 수 있으며, 배포한 모델을 관리 및 모니터링 하는 방식으로 모델을 추적해 이상을 신속하게 발견할 수 있다.

이 장의 모델에서는 주로 단조제약조건으로 모델 결과에 대한 가설을 표현하고 다음 절에서 설명하듯이 엄격하게 모델을 선택함으로써 과학적 방법을 충실히 따르고자 했다. 민감도 분석과 잔차 분석을 모두 적용해서 모델의 버그를 찾은 다음, 8.5절 '선택한 모델 개선하기'에서 이런 버그를 수정하는 데 최선을 다한다.

8.2 더 좋은 XGBoost 모델 선택하기

기술적으로 디버깅은 아니지만, 안정성이 높고 일반화할 수 있으며 가치 있는 모델을 선택하는 방식으로 디버깅 연습을 시작하도록 한다. 이를 수행하면서 격자탐색에만 의존하지 않고, 2004년에 KDD-Cup에서 사용한 카루아나[Caruana] 등의 「교차검층 순위 접근방식」[8]에서 영감을 받은 방법으로 모델을 선택한다. 또한 그 결과를 표준 무작위 격자탐색과 비교해 이 절에서 설명하는 교차검증 순위 절차와 격자탐색의 차이를 알아본다. 그런 다음 민감도 분석으로 넘어가

---

8 https://www.cs.cornell.edu/people/tj/publications/caruana_etal_04a.pdf

기 전에 모델의 비즈니스 가치에 관한 기본적인 추정을 수행해서 비용을 낭비하고 있지는 않은지 확인한다.

> **NOTE** 리처드 파인만은 과학자로서 자신과 타인을 속이지 않도록 '일종의 한걸음 물러서는 자세'를 취하는 것이 우리의 책임이라고 했다. 지금 설명하는 모델 선택 접근방식이 지나치다고 생각된다면 우리가 최선의 모델을 찾기 위해 꼼꼼하게 살펴본다고 생각하길 바란다.

모델 선택 프로세스를 시작하면서 가장 먼저 해야 할 일은 검증 데이터를 5개의 폴드로 분할하는 것이다. 그런 다음 각 폴드에 적용할 5개의 관련 성능 측정지표를 선택한다. 이런 측정지표는 여러 분계점에 걸쳐 순위 기능$^{ranking\ capability}$을 측정하는 곡선아래면적과 하나의 분계점에서 정확성^{correctness}을 측정하는 정확도^{accuracy} 등 성능의 다양한 측면을 측정해야 한다. 여기서는 최대 정확도와 AUC, 최대 F1 통계, 로그손실, 그리고 평균제곱오차 등 5가지 측정지표를 사용한다. 선택 프로세스의 첫 번째 단계는 각 폴드에서 이런 다양한 통계의 각 값을 계산하는 것이다. 다음 코드 스니펫은 바로 이런 작업을 수행한다.

```python
eval_frame = pd.DataFrame() # 점수 순위를 저장하기 위한 데이터프레임 초기화
metric_list = ['acc', 'auc', 'f1', 'logloss', 'mse'] # 평가에 사용할 측정지표

# 행 단위로 eval 프레임을 만든다.
for fold in sorted(scores_frame['fold'].unique()): # fold에 대해 반복한다
    for metric_name in metric_list: # 측정지표에 대해 반복한다.

        # 각 행의 값을 저장하기 위해 row_dict 초기화한다.
        row_dict = {'fold': fold, 'metric': metric_name}

        # fold에 대해 알려진 y 값 캐시
        fold_y = scores_frame.loc[scores_frame['fold'] == fold, target]

        # 첫 번째 열은 scores를 위한 것이 아니다.
        for col_name in scores_frame.columns[2:]:

        # fold 점수 캐시
        fold_scores = scores_frame.loc[
            scores_frame['fold'] == fold, col_name]

        # fold에 대한 평가 측정지표를 합리적인 정밀도로 계산한다.
```

```
        if metric_name == 'acc':
            row_dict[col_name] = np.round(
                max_acc(fold_y, fold_scores), ROUND)
        if metric_name == 'auc':
            row_dict[col_name] = np.round(
                roc_auc_score(fold_y, fold_scores), ROUND)

        if metric_name == 'f1':
            row_dict[col_name] = np.round(
                max_f1(fold_y, fold_scores), ROUND)

        if metric_name == 'logloss':
            row_dict[col_name] = np.round(
                log_loss(fold_y, fold_scores), ROUND)

        if metric_name == 'mse':
            row_dict[col_name] = np.round(
                mean_squared_error(fold_y, fold_scores), ROUND)

    # eval_frame에 행의 값 추가
    eval_frame = eval_frame.append(row_dict, ignore_index=True)
```

폴드마다 각 모델의 성능 측정지표를 얻고 나면 선택 절차의 두 번째 단계로 이동해 각 폴드와 각 측정에 대한 각 모델의 성능 순위를 매긴다. 다음 코드는 순위를 계산한다. 여기서는 50개의 서로 다른 XGBoost 모델을 5개의 폴드에서 5개의 성능 측정지표를 사용해 테스트한다. 각 폴드와 측정지표에서 현재 측정지표에 따라 1위부터 50위까지 모델의 순위를 매기고 동점을 허용한다. 각 폴드와 측정지표에서 가장 낮은 평균 순위의 모델을 실제 환경 사용에 가장 좋은 모델로 간주한다. 50명의 학생들이 한 과목이 아니라 다섯 과목의 시험을 본다고 생각하면 된다. 그리고 (특정 점수 이상의 성적을 받은 모든 학생을 합격시키는 것이 아니라) 가장 많은 과목에서 다른 학생들보다 우수한 성적을 받은 학생에게만 주목한다. 물론 교사로서는 이렇게 하면 안 되겠지만, 다행히도 머신러닝 모델을 선택할 때는 매우 선별적인 태도를 취해도 괜찮다.

```
# 순위 정보를 저장할 임시 데이터프레임을 초기화한다.
rank_names = [name + '_rank' for name in eval_frame.columns
              if name not in ['fold', 'metric']]
rank_frame = pd.DataFrame(columns=rank_names)

# 열을 재정렬한다.
eval_frame = eval_frame[['fold', 'metric'] +
```

```
                    [name for name in sorted(eval_frame.columns)
                        if name not in ['fold', 'metric']]]

    # 행별로 점수 순위를 매긴다.
    for i in range(0, eval_frame.shape[0]):

        # 측정지표를 기준으로 행에 대한 순위를 가져온다.
        metric_name = eval_frame.loc[i, 'metric']
        if metric_name in ['logloss', 'mse']:
            ranks = eval_frame.iloc[i, 2:].rank().values
        else:
            ranks = eval_frame.iloc[i, 2:].rank(ascending=False).values

        # 단일 행 데이터프레임을 만들고 rank_frame에 추가한다.
        row_frame = pd.DataFrame(ranks.reshape(1, ranks.shape[0]),
                            columns=rank_names)
        rank_frame = rank_frame.append(row_frame, ignore_index=True)

        # 단일 행 데이터프레임을 삭제한다.
        del row_frame

    eval_frame = pd.concat([eval_frame, rank_frame], axis=1)
```

성능 점수를 반올림하기 때문에 동점이 발생한다. 예를 들어 두 모델의 곡선아래면적이 0.88811과 0.88839라면 동점이 된다. AUC의 마지막 소수점은 실제 환경에서의 성능과 관련이 없을 가능성이 크며, 점수가 같은 두 모델은 해당 폴드와 측정지표에서 순위가 같으므로, 이 접근방식은 동점을 잘 처리한다. 많은 측정지표와 점수를 사용하고, 이들 모두에서 평균 순위를 취하므로 결국에는 가장 좋은 모델을 선택하는 데 이런 동점은 크게 중요하지 않다. 여기서는 50개의 모델 각각에 25개의 서로 다른 순위, 즉 각각 5개의 측정지표와 5개의 폴드에 대해 순위를 매긴다. 최고의 모델은 여러 폴드 및 측정지표 조합에서 1위와 2위를 차지했지만, 가장 나쁜 성능의 폴드와 측정지표에서는 동점인 26.5점을 얻었다. 결국 여러 측정지표와 폴드에서 가장 낮은 순위를 기록한 가장 좋은 모델의 평균 순위는 10.38이었다.

비교를 위해 이 순위 선정 절차를 상위 50개 모델에 적용하고 표준 무작위 격자탐색으로 모델의 순위를 매겼다. 격자탐색에서는 검증 데이터에서 가장 낮은 로그손실을 사용해 모델의 순위를 매겼다. 격자탐색 순위를 교차검증 순위와 비교해 보면 차이가 크게 나는 것을 알 수 있다 (표 8-1 참고).

표 8-1 로그손실과 더 심도 있는 교차검증 모델 선택 접근방식에 따라 순위를 매긴 무작위 격자탐색에서 상위 10개 모델의 전체 순위

격자탐색 순위	교차검증 순위
Model 0	Model 2
Model 1	Model 5
Model 2	Model 1
Model 3	Model 4
Model 4	Model 12
Model 5	Model 0
Model 6	Model 21
Model 7	Model 48
Model 8	Model 30
Model 9	Model 29
Model 10	Model 17

[표 8-1]에서 왼쪽은 격자탐색 순위, 오른쪽은 교차검증 접근방식 순위다. 표에서 첫 번째 행은 격자탐색에서 세 번째로 좋은 모델인 **Model 2**(모델 번호는 0부터 시작함)가 교차검증 순위에서 가장 좋은 모델임을 보여준다. 두 개의 모델 선택 프로세스의 피어슨 상관관계는 0.35로, 양의 상관관계가 약간 있다. 즉, 격자탐색에서 도출된 가장 좋은 모델이 더 심도 있는 선택 접근방식으로 선택된 가장 좋은 모델이 아닐 수도 있다. 실제로 한 흥미로운 비공식 연구에서는 이와 비슷한 기법을 사용해 소규모 데이터셋을 사용한 데이터과학 경진대회에서 안정성 문제stability problem[9]를 밝혀낸 바 있다. 이런 선택 접근방식은 머신러닝 모델 선택 연습의 과학적 무결성을 높이기 위해 '한걸음 물러서는' 좋은 방법이다. 우리가 정확히 어떻게 했는지 살펴보려면 이 장의 코드 예제[10]를 참고한다.

모델 선택에 있어서 또 다른 중요한 고려 사항은 비즈니스 가치다. 모델을 만들려면 비용이 든다. 급여와 의료보험, 퇴직금, 간식, 커피, 컴퓨터, 사무실 공간, 냉난방비 등도 절대 저렴하지 않다. 모델이 성공한다는 말은 시스템을 훈련하고 테스트하고 배포하는 데 사용한 자원을 회수하는 것까지 의미하는 경우가 많다. 모델의 가치를 실제로 이해하려면 비즈니스 가치를 실시

---

9 *https://github.com/szilard/dscomp-winstab*

10 *https://github.com/ml-for-high-risk-apps-book/Machine-Learning-for-High-Risk-Applications-Book/tree/main/code/Chapter-8*

간으로 모니터링하고 측정[11]해야 하지만, 배포하기 전에 비즈니스 가치를 추정하는 데 몇 가지 트릭을 사용할 수 있다.

먼저 추정화폐가치estimated monetary value를 모델의 결과에 할당한다. 분류기에서 이는 화폐가치를 혼동행렬의 요소에 할당하는 것을 의미한다. [그림 8-1]의 왼쪽에는 혼동행렬 그림이, 오른쪽 에서는 잔차 그래프가 있다.

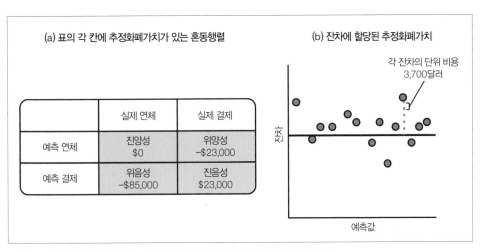

그림 8-1 (a) 분류기 및 (b) 회귀모형에 대한 추정화폐가치가 포함된 평가 절차의 예

[그림 8-1]에서 왼쪽의 혼동행렬을 선택한 모델에 적용할 수 있다. 필자들은 실제 환경에서의 모델 결과를 통해 각 칸의 값을 생각해냈다. 이 모델의 진양성은 결제를 연체할 수 있는 사람의 신용을 연장하지 않기로 결정했음을 의미한다. 이 결과와 관련된 기회비용opportunity cost이나 상 각write-off이 없지만, 양(+)의 수익positive revenue도 없다. 위양성 때문에 결제할 수 있는 사람의 신 용 연장을 거부하는 결과가 발생하며, 이 기회비용은 추정고객생애가치estimated customer lifetime value 인 −23,000달러에 해당한다. 위양성은 최악의 결과다. 이는 지불하지 않은 사람의 신용을 연 장한다는 의미다. 이는 상각에 해당하며 고객의 신용한도(LIMIT_BAL) 평균을 기준으로 그 가 치를 약 −85,000달러로 추정한다. 진음성은 실제로 우리가 수익을 내는 부분이다. 바로 여 기가 모델이 결제 고객의 신용한도를 늘리라고 말하는 지점이다. 이 결과를 위양성과 반대되 는 결과와 연결해 신용 상품에 대한 고객의 생애가치LTV, lifetime value를 보상한다. 각 진음성에서

---

11 https://www.oreilly.com/content/the-preoccupation-with-test-error-in-applied-machine-learning/

23,000달러의 수익을 얻는다. 이제 각 고객은 진양성이나 위양성, 위음성, 진음성 결과를 나타 낼 수 있으므로 검증 데이터셋의 각 고객에 대한 이런 값을 합산해야 한다. 검증 데이터셋으로 표현되는 작은 포트폴리오에서 우리 모델의 추정가치estimated value는 4,240,000달러다. 따라서 우리 모델은 실제 비즈니스 가치가 있지만, 이 수익과 관련된 모든 비용과 세금을 고려하면 높 은 금액은 아니다.

회귀모형의 경우 단일 값을 과대예측overprediction과 과소예측underprediction에 할당할 수 있다. 또는 [그림 8-1]과 같이 과대예측과 과소예측 모두에 대해 논리적인 방식으로 각 잔차 단위에 화폐 가치를 할당할 수 있다. 그런 다음 데이터셋 각 행의 잔차를 계산하고 모델의 추정가치를 합산 한다. 화폐가치를 할당하고 나면 '이 모델이 실제 가치를 제공하는가?'라는 기본적인 비즈니스 질문에 답할 수 있다. 이제 괜찮은 모델을 선택했고, 비즈니스 가치가 있는 모델을 선택했다고 **생각했으니** 민감도 분석을 사용해 어떤 문제가 있는지 알아보자.

8.3 XGBoost 민감도 분석

이 절에서는 민감도 분석을 사용해 모델의 성능을 철저하게 테스트한다. 이 장에서는 민감도 분석의 상세한 예로 스트레스 테스트와 대립예제 탐색을 선택했다. 두 기법 모두 광범위한 애 플리케이션에 직접 적용할 수 있으며 다양한 종류의 문제를 발견하는 데 도움이 된다. 스트레 스 테스트는 경기 침체기와 같이 예측 가능한 스트레스 상황에서 전체 데이터셋에 걸쳐 모델의 전반적인 약점을 찾는다. 대립예제 탐색은 국소적으로(즉, 행 단위 기저에서) 예상치 못한 예 측이나 보안 취약점과 같이 돌발적인 잠재적 문제를 발견하는 데 도움이 될 때가 많다.

지도학습을 뛰어넘는 실용적인 민감도 분석

다양한 유형의 모델에 민감도 분석을 적용하는 몇 가지 아이디어는 다음과 같다.

군집화
데이터 변동이나 대립예제로 인한 군집의 무게중심 이동 평가

주성분분석
새 데이터와 훈련 데이터에서 고윳값eigenvalue의 유사성 평가

8.3.1 XGBoost 스트레스 테스트

선형모형은 선형적으로 외삽하지만, 머신러닝 모델은 훈련 도메인 외부의 데이터에 대해 거의 모든 작업을 수행할 수 있다. 올바른 데이터로 모델에 스트레스 테스트를 하지 않는 한, 이를 알지 못할 것이다. 예를 들어, 개인 소득이 최대 200,000달러인 데이터셋으로 모델을 훈련한다고 가정해보자. 개인 소득이 20,000,000달러인 경우 이 모델은 어떻게 작동할까? 모델이 작동을 멈출까? 정확한 결과를 반환할까? 명시적으로 모델을 테스트하지 않는 한 이를 알 방법은 없다. 기본은 어렵지 않다. 데이터 행을 시뮬레이션하고, 데이터 행에 20,000,000달러 소득을 넣은 다음, 모델을 다시 실행해 어떻게 작동하는지 확인하면 된다. 이런 작업을 더 철저하고 체계적으로 수행하는 것을 스트레스 테스트라고 한다.

> **CAUTION** 복잡한 머신러닝 모델은 훈련 데이터 도메인 밖에서 외삽할 때 성능이 떨어지는 경우가 많지만, 더 단순한 모델도 외삽에 문제가 있다. 트리기반모형은 훈련 데이터 범위를 벗어나면 예측을 할 수 없는 경우가 많으며, 다항식모델polynomial model도 훈련 데이터 도메인의 가장자리에서 룽게 현상Runge's phenomenon[12]이 발생할 수 있다. 훈련 데이터의 도메인 밖에서 예측할 때마다 위험을 감수하는 것이다.

스트레스 테스트는 경기 침체기나 유행병과 같이 외부의 대립적인 실제 상황 시나리오 하에서 모델의 복원력을 테스트하려고 수행하는 가상환경에서의 연습이다. 스트레스 테스트의 기본 개념은 현실적인 미래 시나리오를 나타내는 데이터를 시뮬레이션한 다음, 기존 모델 평가를 다

---

12 옮긴이_ 다항식모델이 훈련 데이터의 범위를 벗어나는 영역에서 예측이 불안정해지는 현상을 의미한다. 자세한 내용은 *https://en.wikipedia.org/wiki/Runge%27s_phenomenon*를 참고한다.

시 수행해 모델의 성능을 확인하는 것이다. 이로써 머신러닝 모델이 실제 발생할 가능성이 큰 불리한 상황을 견딜 수 있고, 새로운 데이터에서 불가피하게 발생하는 실제 상황에서의 데이터 변동 및 개념 변동에도 강건한지를 확인할 수 있다.

데이터과학자가 이미 모델 평가용 데이터셋으로 모델을 검증했다면 추가 스트레스 테스트가 필요할까? 당연히 필요하며, 모델이 배포되어 사람에게 영향을 미칠 때는 더욱 필요하다. 가상 환경에서 완벽한 AUC를 갖는 머신러닝 모델도 새로운 데이터에서 일반적인 스트레스 요인을 만났을 때 흔들린다면 아무 소용이 없다. 실제로 머신러닝 모델을 배포할 때는 단순히 가상환경에서의 테스트 오류보다 더 다양한 측면과 상황을 고려해야 한다. 미래를 예측하기는 어렵지만, 검증 데이터를 사용해 예측 가능한 문제를 시뮬레이션할 수는 있다. 그런 다음 이런 조건에서 모델이 어떻게 작동하는지 확인하고, 모든 문제를 문서로 기록하고, 가능하다면 발견한 모든 문제를 해결하도록 모델을 업데이트해야 한다.

스트레스 테스트의 표준은 미국 연방준비제도이사회의 자본심사계획CCAR, Comprehensive Capital Analysis and Review이다. 자본심사계획은 대행 은행과 금융기관이 적절한 자본 계획 프로세스capital planning process를 갖추고 경제 충격economic shock을 견딜 충분한 자본을 유지하는지 확인하기 위해 미국 연방준비제대이사회가 매년 실시하는 훈련이다. 예를 들어, 코로나19 유행병 이후 미국 내 대형 은행의 강건성을 측정하는 자본심사계획은 두 가지 별도 테스트로 진행됐다. 극단적인 시뮬레이션 상황에서도 은행의 자본은 충분했지만, 자본심사계획의 결과[13]는 여전히 상황을 둘러싼 불확실성 때문에 은행 지급bank payouts에 제한이 필요하다고 경고했다. 다음 절에서는 신용 모델에서 흔히 발생하고 예측 가능한 스트레스 요인인 경기 침체기 상황에서 선택한 XGBoost 모델이 강건한지를 알아보기 위해 자본심사계획에서 영감을 얻도록 한다.

8.3.2 스트레스 테스트 방법론

경기 침체기란 국가 경제가 몇 달 동안 크게 하락세를 보이는 상황을 말한다. 2008년 금융 위기와 더 최근의 코로나19 유행병에 따른 경기 침체를 기억하는가? 모델이 배포되는 동안 경기 침체가 발생하면 모델의 성능을 어떻게 될지 알아본다. 이 절에서는 경기 침체기 시나리오를 시뮬레이션한 다음, 제약constrained 및 정칙화regularized XGBoost 모델의 성능을 다시 평가한다.

---

13 https://www.federalreserve.gov/newsevents/pressreleases/files/bcreg20210212a1.pdf

[그림 8-2]에서 볼 수 있듯이 이 모델은 스트레스 테스트 전에 검증 및 모델 평가용 테스트 데이터 모두에서 좋은 성능을 보인다.

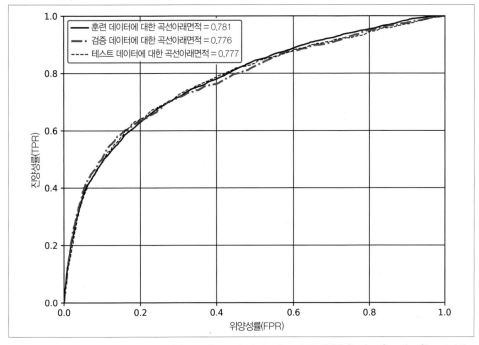

그림 8-2 제약 및 정칙화 XGBoost 모델의 스트레스 분석 전 시스템 동작 특성ROC, Receiver Operating Characteristics 곡선[14]

이제 원본 데이터셋의 복사본을 만들고 이름을 data_recession_modified로 바꾼다. 기본 경제 및 비즈니스 직관을 사용해 이 데이터셋의 일부 특성의 값을 변경하고 경기 침체기 시나리오를 에뮬레이션할 수 있어야 한다.

> **NOTE** 새로운 상황에서 각 특성이 어떻게 상호작용할지 미리 알 수 없으므로 실제 분포를 벗어난 데이터를 시뮬레이션하는 일은 어렵다. 따라서 스트레스 테스트는 해당 도메인 전문가와 긴밀히 협력해 진행하는 것이 가장 좋다. 스트레스 테스트 데이터를 시뮬레이션하는 것보다 더 좋은 방법은 2008년 세계적인 경기 침체기와 같은 대립조건adverse condition 상황의 실제 데이터로 **역테스트**back-test를 하는 것이다.

---

14 컬러 이미지는 부록 520쪽 참조(원본 그림: *https://oreil.ly/48-em*).

8.3.3 경기 침체기 상황 시뮬레이션용 데이터 변경

먼저, 데이터셋에서 수정할 관측값 일부를 선택한다. 이런 관측값은 경기 침체기의 영향을 받을 수 있는 관측값(예: 고객 본인이나 가족 구성원의 실직)으로 선택한다. 이전에 신용 상태가 양호했던 고객의 25%를 수정한다.

```python
data_recession_modified = data_recession[
    data_recession['DELINQ_NEXT'] == 0].sample(frac=.25)
```

시뮬레이션한 경기 침체기가 최근 발생했다고 가정하고, 이런 관측값이 가장 최근 결제가 밀렸다고 가정한다.

```python
payments = ['PAY_0', 'PAY_2']
data_recession_modified[payments] += 1
```

여기서 PAY_*는 다양한 상환 상태를 나타낸다. 다음으로 고객의 결제 금액을 각각 1,000달러씩 줄인다:

```python
pay_amounts = ['PAY_AMT1', 'PAY_AMT2']
data_recession_modified[pay_amounts] = np.where(
    data_recession_modified[pay_amounts] < 1000,
    0,
    data_recession_modified[pay_amounts]-1000)
```

금융 위기가 발생하면 은행들은 신용한도를 줄이는 방식으로 지출을 줄일 때가 많다. 이제 이런 영향을 받은 고객의 신용한도를 원래의 신용한도에 대해 고정 비율로 낮춰서 이 시나리오를 스트레스 테스트 연습에 통합한다.

```python
data_recession_modified['LIMIT_BAL'] *= 0.75
```

또한 이런 고객의 청구 금액도 고정 비율로 줄여서 지출 감소를 시뮬레이션한다.

```python
bill_amounts = ['BILL_AMT1','BILL_AMT2']
data_recession_modified[bill_amounts] *= 0.75
```

마지막으로, 영향을 받은 고객의 일부 계좌가 연체될 것이라고 가정한다. 특히 목표변수의 절반을 0에서 1로 변경한다.

```
data_recession_modified['DELINQ_NEXT'] = np.where(
    np.random.rand(len(data_recession_modified)) < 0.5,
    1, 0)
```

영향을 받은 관측값을 나머지 데이터에 다시 통합하면 실제 세상에서 발생할 수 있는 몇 가지 대립 상황을 모방한 데이터셋이 만들어진다. 이제 이 시뮬레이션 데이터에서의 성능을 살펴보자. [그림 8-3]에서는 경기 침체기와 같은 데이터 및 개념 변동을 적용한 테스트 데이터에서 성능이 다소 낮아진 모습을 볼 수 있다.

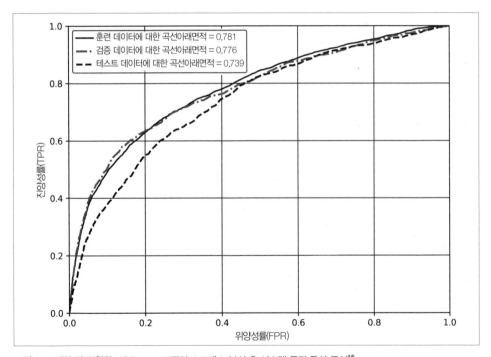

그림 8-3 제약 및 정칙화 XGBoost 모델의 스트레스 분석 후 시스템 동작 특성 곡선[15]

---

15 컬러 이미지는 부록 521쪽 참조(원본 그림: *https://oreil.ly/R460o*).

이런 결과를 발견한 후에는 먼저 이를 문서 기록으로 남겨 팀과 경영진에게 공유해야 한다. 이로써 정보에 따라 모델 배포 여부를 결정할 수 있다. 경제 상황이 좋아 보인다면, 경제 상황이 변하면 신속하게 모델을 업데이트해야 함을 염두에 두고 모델을 배포하는 것으로 합리적인 의사결정을 내릴 수 있다. 더 자세히 분석하려면 곡선아래면적이 0.777에서 0.738로 떨어질 경우에 감수해야 할 재정적 위험을 재평가해야 한다. 그렇게 많은 잘못된 신용 의사결정을 감당할 수 있을까?

결과를 문서 기록으로 남기고 이해관계자들과 상의한 후, 다음 단계로 모델 개선을 시도해 볼 수 있다. 경제 상황이 나빠지고 있거나, 이 스트레스 테스트나 다른 스트레스 테스트의 결과가 더 심각한 경우에 이런 시도를 해볼 수 있다. 이 장의 나머지 부분에서는 이 모델의 다른 문제점을 발견하게 된다. 이 장에서 발견한 모든 문제를 개선하거나 수정할 때까지 모델 배포를 미룬다.

대립예제 탐색으로 넘어가기 전에 한 가지 더 강조하고 싶은 것이 있다. 이 모델을 훈련할 때 신중하게 정칙화와 단조제약조건, 격자탐색, 매우 강건한 모델 선택 접근방식을 사용했다. 이런 의사결정은 스트레스 테스트에서 모델의 강건성에 긍정적인 영향을 미쳤을 가능성이 있다. 이런 사양 없이 훈련된 모델은 스트레스 테스트에서 더 나쁜 성능을 보였을 수도 있다. 어느 쪽이든 실제 환경 배포에 영향을 미치는 문제를 테스트하지 않는다면, 이런 문제를 그냥 무시하는 것이나 마찬가지다.

8.3.4 대립예제 탐색

다음 디버깅 기법으로 대립예제 탐색을 적용한다. 탐색의 목표는 모델을 배포한 후 모델을 속일 대립예제를 찾는 것과 탐색의 결과로 모델이 학습할 수 있는 좋은 점과 나쁜 점을 확인하는 것 두 가지다.

이미지 데이터 대립예제를 찾는 데 도움이 되는 많은 패키지와 소프트웨어가 있지만, 여기서는 정형 데이터 대립예제를 찾아야 한다. 생성적 대립 신경망과 유전 알고리즘을 사용해서 정형 데이터 대립예제를 찾는 데 어느 정도 진전이 있었지만, 여기서는 휴리스틱 접근방식을 적용한다. 첫 번째 단계는 처음에 좋은 대립예제를 추측하는 데이터의 행을 찾는 것이다. 개별조건부기대 그래프를 이용해서 이를 수행한다. [그림 8-4]는 부분종속성과 함께 예측 확률의 십분위수에 걸친 개별조건부기대 곡선을 보여준다.

[그림 8-4]에서 80번째 백분위수와 관련된 개별조건부기대 곡선은 PAY_0의 값에 걸쳐 예측값의 변동이 가장 큼을 알 수 있다. 이 데이터 행은 하나의 특성값만 바꿔도 예측값이 크게 바뀐다는 점을 알기 때문에, 선택한 모델에서 예측 확률의 80번째 백분위수에 있는 원래 데이터의 행을 사용해 대립예제 탐색을 시작한다. 각 중요도 변수에 대한 대립예제 탐색 휴리스틱 방법은 다음과 같다.

1. 모델 예측의 각 10등분에서 개별조건부기대 곡선을 계산한다.

2. 예측에서 변동폭이 가장 큰 개별조건부기대 곡선을 찾는다.

3. 해당 개별조건부기대 곡선과 관련된 데이터의 행을 분리한다.

4. 이 데이터 행에 다음을 수행한다.

   a. 행에서 1~3개의 중요 변수를 추가로 섭동한다(1~3개 이상의 변수에 대한 결과를 그래프로 그리기는 어렵다).

   b. 섭동한 행의 점수를 다시 계산한다.

   c. 각 추가 중요 변수가 훈련 데이터에서 해당 영역을 순환하고 누락되거나 범위를 벗어난 다른 흥미로운 값이 나올 때까지 계속 한다.

5. 결과를 그래프로 그리고 분석한다.

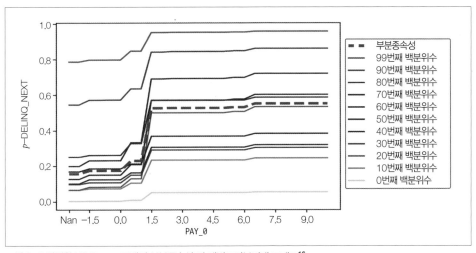

그림 8-4 선택한 XGBoost 모델의 부분종속성 및 개별조건부기대 그래프[16]

---

16 컬러 이미지는 부록 521쪽 참조(원본 그림: *https://oreil.ly/w0jkL*).

1~3단계는 이미 수행했다. 그러면 4단계는 어떻게 수행할까? 파이썬 함수로 제공된 itertools.product()를 활용해서 특성 집합에 대해 가능한 모든 특성의 섭동을 자동으로 생성한다. 또한 기본^native XGBoost API로 작업할 때 모델 선택을 적용하려면 predict() 함수에 항상 추가 인수(iteration_range)를 제공해야 함을 기억해야 한다.

```python
adversary_frame = pd.DataFrame(columns=xs + [yhat])

feature_values = product(*bins_dict.values())
for i, values in enumerate(feature_values):
    row[xs] = values
    adversary_frame = adversary_frame.append(row, ignore_index=True, sort=False)
    if i % 1000 == 0:
        print("Built %i/%i rows ..." % (i, (resolution)**(len(xs))))
adversary_frame[search_cols] = adversary_frame[search_cols].astype(
    float, errors="raise")
adversary_frame[yhat] = model.predict(
    xgb.DMatrix(adversary_frame[model.feature_names]),
    iteration_range=(0, model.best_iteration))
```

탐색 코드에 검증 데이터와 입력특성 PAY_0, PAY_2, PAY_AMT1, PAY_AMT2를 제공했다. 이 입력특성들은 새플리 요약 그래프에서 예측 기여도가 가장 넓게 퍼져 있어서 선택했다. 선택한 입력으로 이 코드를 실행하면 잠재적으로 흥미로운 환경에서 모델이 어떻게 작동하는지 확인하는 데 사용할 수 있는 몇 가지 응답표면에 관한 데이터가 만들어진다. 이제 남은 작업은 이 반응함수를 그래프로 그리고 분석하는 것이다. [그림 8-5]는 개별조건부기대 곡선을 사용한 대립예제 탐색의 결과를 보여주며, 몇 가지 긍정적인 결과와 부정적인 결과를 제시한다.

긍정적인 측면은 각 응답표면이 단조성을 보인다는 점이다. 이런 시뮬레이션을 사용해 훈련 시점에 제공된 도메인 지식을 기반으로 단조제약조건이 훈련 동안 유지됨을 확인할 수 있다. 부정적인 측면은 잠재적인 논리적 결함도 발견했다는 점이다. 응답표면 중 하나에 따르면, 예제 모델은 고객이 가장 최근 결제(PAY_0)를 두 달 이상 연체하면 높은 확률로 연체로 예측한다. 주의해야 할 문제는 고객이 신용한도를 초과해 상환(PAY_AMT1)하더라도 신용 연장이 거부될 가능성이 크다는 점이다. 이런 잠재적인 논리적 결함 때문에 선결제를 할 수 없거나 휴가 중에 청구서의 금액을 납부하지 못한 선량한 고객이 과도한 불이익을 받을 수 있다. 이런 동작이 반드시 문제가 되지는 않지만, 모델 운영자는 분명히 알고 싶어 할 것이다. 따라서 이를 모델 문서에 기록해야 한다.

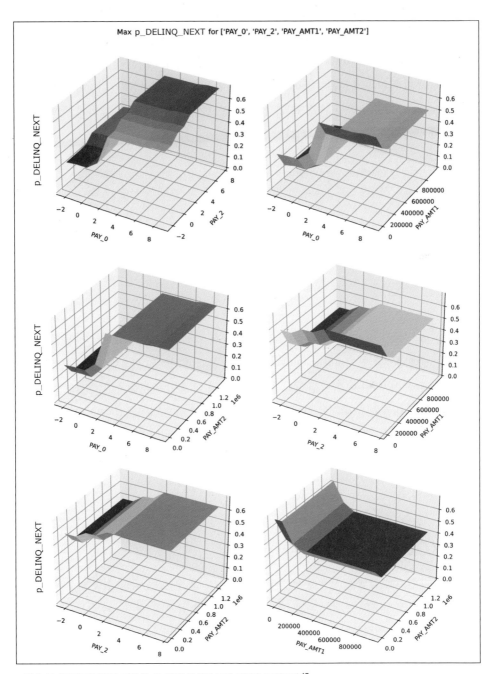

그림 8-5 대립예제 탐색은 다양한 시나리오에서의 모델 동작을 보여준다.[17]

----

17 컬러 이미지는 부록 522쪽 참조(원본 그림: *https://oreil.ly/hlLzb*).

물론 실제 대립예제 문제도 있다. 하지만 이런 대립예제를 많이 찾았으므로 걱정하지 않아도 된다. 약 5% 정도의 낮은 연체 확률을 유발할 수 있는 데이터 행과 약 70% 정도의 높은 연체 확률을 유발할 수 있는 데이터 행, 그리고 그 사이의 모든 데이터 행을 찾았다. 이제 모델에서 원하는 거의 모든 연체 확률을 만들어 내는 완전한 대립예제를 확보했다. 이것이 왜 중요한지 궁금하다면 머신러닝 보안에 관한 5장과 11장을 참고한다. 모든 코드와 결과에 관한 자세한 내용은 이 장의 코드 예제[18]를 참고한다.

> **NOTE** 우리가 강조하고 싶은 또 다른 민감도 분석 기법은 레이블 섞기label shuffling 기법이다.
>
> - 목표특성을 무작위로 섞고 모델을 다시 훈련한다.
> - 특성 중요도를 다시 계산한다.
> - 무작위로 섞인 목표를 예측하는 데 중요한 특성 제거를 고려한다.
>
> 이 기법은 강건하지 않은 특성을 찾아 제거하는 데 도움이 된다.

디버깅할 때는 항상 발견한 문제를 해결해야 한다. 선결제와 관련한 논리적 문제는 비즈니스 규칙이나 모델 주장으로 처리할 수 있다. 예를 들어, 고객이 거액을 선결제하고 오지로의 여행 계획을 은행에 알린다면 이후 발생하는 연체 확률이 몇 달 동안 줄어들 수 있다. 대립예제에서 가장 효과적인 대립 행은 예제와 함께 모델 문서에 기록해 향후 유지관리자가 모델의 이런 잠 재적 문제를 이해하도록 할 수 있다. 또한 보안 팀 동료와 대립예제 공격에 관해 논의하고 실시 간으로 대립예제를 모니터링하는 것도 고려할 수 있다.

8.4 XGBoost 잔차 분석

지금까지 대립예제 탐색을 사용해 모델에 문제를 일으킬 수 있는 국소 섭동을 살펴보고 스 트레스 테스트를 사용해 문제가 되는 전역 섭동을 살펴봤다. 이제 잔차 분석으로 넘어가도록 한다. 먼저 중요한 입력특성의 각 수준별 잔차를 그래프로 나타내는 전통적인 방법부터 시작 한다. 잔차 그래프에서 가장 큰 오류가 있는 행과, 강한 패턴이 있는지를 살펴본다. 그런 다

---

18 https://github.com/ml-for-high-risk-apps-book/Machine-Learning-for-High-Risk-Applications-Book/tree/
main/code/Chapter-8

음 예측을 구간별로 세분화하고 해당 구간의 성능을 분석한다. 고위험 사용사례에서 모델의 평균 성능을 이해하는 것만으로는 충분하지 않다. 데이터의 중요한 구간에서 모델이 어떻게 작동하는지 알아야 한다. 잔차를 의사결정나무로 모델링해서 잔차 분석을 마무리한다. 이 의사결정나무에서 모델이 실수를 저지르는 방식의 규칙을 배우고, 이런 규칙을 사용하면 모델이 실수를 저지르는 일을 막을 수 있다. 이제 실수로부터 배우는 시간이다. 몇 가지 잔차를 살펴보자.

지도학습을 뛰어넘는 실용적인 잔차 분석

다양한 유형의 모델에 잔차 분석을 적용하는 몇 가지 아이디어는 다음과 같다.

군집화
이상값이나 군집의 무게중심에서 가장 멀리 떨어진 데이터 포인트나 실루엣silhouette[19]에 따라 잘못된 군집에 속할 수 있는 데이터 포인트를 주의 깊게 검토하고 간격통계량gap statistic[20]을 사용해 군집의 수를 고려한다.

행렬 분해
특히 이상값과 인수factor 개수와 관련해 설명된 재구성 오차 및 분산을 신중히 평가한다.

컴퓨터 비전
안면인식과 같은 특정 작업을 이진화binarize하고 이 장에서 설명한 대로 기존 모델 평가와 잔차 분석을 적용한다. 데이터 품질이나 데이터 레이블링 문제에 대한 이미지 분류 오차를 평가한다. 적절한 공개 벤치마크 테스트를 적용한다(9장 참고).

언어 모델
개체명 인식과 같은 특정 작업을 이진화하고 8장에서 설명한 대로 기존 모델 평가와 잔차 분석을 적용한다. 적절한 공개 벤치마크 테스트를 적용한다(9장 '언어 모델은 어떨까?' 박스 참고).

세분된 성능 분석이나 안정성 분석은 모든 유형의 모델에 적합한 접근방식이다.

8.4.1 잔차 분석 및 시각화

[그림 8-1]에서 강조했듯이, 잔차는 모델의 비즈니스 가치나 부족함을 이해하는 데 도움이 된다. 또한 모델이 실수하는 방법에 관한 기술적 세부 사항을 알아볼 수 있는 좋은 방법이기도 하

---

19 https://en.wikipedia.org/wiki/Silhouette_(clustering)
20 https://hastie.su.domains/Papers/gap.pdf

다. 여기서는 로그손실을 이용해 모델을 훈련했으므로 기존 잔차와는 달리 로그손실 잔차를 살펴봐야 한다. 머신러닝 모델의 잔차를 파악하는 쉬운 방법은 잔차를 그래프로 그려보는 것이다. 이 절에서는 먼저 선택한 모델의 전역 로그손실 잔차를 살펴본 다음 가장 중요한 입력특성인 PAY_0의 잔차를 자세히 살펴본다. 두 경우 모두 모델이 실수하는 원인을 파악하고 이를 해결하는 방법을 알아본다. 잔차 그래프를 그리는 첫 번째 단계는 당연히 잔차를 계산하는 것이다. 여기서는 즉 XGBoot의 binary:logistic 손실함수에 대해 모델 훈련 중에 사용되는 오차의 유형인 로그손실 잔차를 사용한다. 이렇게 하면 큰 잔차 수정이 모델 훈련에 직접 영향을 줄 수 있다. 잔차를 계산하려면 다음 코드 블록에서처럼 목푯값과 예측값이 필요하며, 이진 로그손실 표준 공식을 적용한다.

```
# 바로가기 이름
resid = 'r_DELINQ_NEXT'

# 로그손실 잔차 계산
valid_yhat[resid] = -valid_yhat[y]*np.log(valid_yhat[yhat]) -
                    (1 - valid_yhat[y])*np.log(1 - valid_yhat[yhat])
```

이런 방식으로 잔차를 계산하면 훈련 종료 시 XGBoost가 보고한 로그손실과 잔차의 평균이 같은지를 보고 예측할 때 정확히 올바른 크기의 모델을 선택했는지 확인할 수 있다는 작은 이점이 있다. 이 검사를 통과하면 [그림 8-6]과 같은 잔차 그래프를 그릴 수 있다. [그림 8-6]에는 특성 r_DELINQ_NEXT이 포함된다. 로그손실 잔차의 값 이름은 r_DELINQ_NEXT이고, p_DELINQ_NEXT는 목표 DELINQ_NEXT에 대한 예측이다. 로그손실 잔차는 통계학 수업에서 배웠던 일반적인 회귀모형의 잔차와는 조금 다른 모습이다. 무작위 점 대신 모델의 각 결과에 대한 하나의 곡선을 볼 수 있다. DELINQ_NEXT = 0일 때는 곡선이 오른쪽 위로 올라가며, DELINQ_NEXT = 1일 때는 곡선이 왼쪽 위로 올라간다. 이 그래프에서 가장 먼저 볼 수 있는 것은 두 결과 모두에 대한 큰 값의 이상잔차outlying residual지만, DELINQ_NEXT = 1일 때 그 수가 더 많고 더 극단적이다.

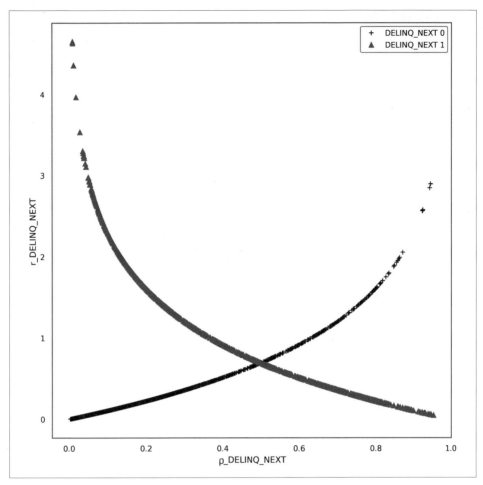

그림 8-6 선택한 XGBoost 모델의 긍정응답과 부정응답에 대한 로그손실 잔차[21]

이 패턴은 검증 데이터에 결제하지 못한 고객이 일부 있지만, 우리 모델은 고객이 **실제로는** 그러지 않을 것으로 생각한다는 점을 보여준다. 새로운 r_DELINQ_NEXT 열을 기준으로 검증 데이터를 정렬하고 가장 큰 잔차의 행을 살펴보면 이런 고객들에게 무슨 일이 일어나는지 알 수 있다. 그렇다면 이런 고객들은 누구일까? 신용한도가 높고 항상 제때 결제를 하는 우량 고객이지만, 다음 결제를 연체할 가능성이 큰 고객이다. 이들은 모델을 놀라게 하고 엄청난 잔차를 유발할 것이다.

....

21 원본 그림: *https://oreil.ly/h5wnc*

이런 결과는 훈련 데이터에 근본적인 결함이 있음을 보여준다. 소비자의 금융 생활financial life을 더 많이 이해하고 연체가 발생하는 이유를 파악하는 데 도움이 되는 특성을 놓쳤다. 예를 들어, 신용모델에서는 총부채상환비율DTI, debt-to-income ratio을 자주 사용한다. 고객이 연체하기 전에 고객의 총부채상환비율이 높아지는 것을 확인할 수 있다. 이런 추가 정보가 없다면 모델의 심각한 한계를 발견했다는 점을 인정해야 한다. 우리에게는 더 좋은 결과를 얻기 위해 필요한 열이 없다. 사용할 수 있는 데이터 모델을 쉽게 놀라게 할 수 있다는 점을 인식했다면 훈련 과정에서 쓸모없는 잡음을 유발하는 이런 행을 제거하는 것이 좋다. 현재 이런 행에서 학습할 수 있는 것이 많지 않으므로 이런 행과 비슷한 개인들을 제거하는 것이 좋다. 그러면 검증 데이터와 테스트 데이터에 대한 성능을 개선하고 더 안정적이고 신뢰할 수 있는 모델을 훈련할 수 있다.

이런 부분들을 제거하기 전에 가장 중요한 특성인 PAY_0의 수준별 로그손실 잔차 그래프를 그린다. 전역 잔차의 초기 분석에서 더 구체적인 이야기나 질문을 보게 되면, 해당 정보를 바탕으로 다음에 조사할 잔차를 결정해야 한다. 이런 개인들을 특정 특성에 연결하는 정보를 찾지 못했으므로 가장 중요한 입력특성을 조사해야 한다. 이를 위해 Seaborn의 FacetGrid 그래프를 이용한다. 다음 코드는 잔차를 PAY_0의 수준별로 빠르게 세분화하고 각 수준의 잔차를 그래프로 그리는 방법을 보여준다.

```
# PAY_0 잔차의 패싯22 격자
sorted_ = valid_yhat.sort_values(by='PAY_0')
g = sns.FacetGrid(sorted_, col='PAY_0', hue=y, col_wrap=4)
_ = g.map(plt.scatter, yhat, resid, alpha=0.4)
_ = g.add_legend(bbox_to_anchor=(0.82, 0.2))
```

[그림 8-7]은 검증 데이터 PAY_0 특성의 11개 수준에 대한 긍정 결과와 부정 결과의 로그손실 잔차를 보여준다. 일반적으로 그래프에 강한 패턴이 있는지 세심히 살펴봐야 한다.

---

22 옮긴이_ 특정 상황에 관한 정보를 채우기 위한 프레임 표기법의 한 요소. 즉 d차원 다면체의 경계를 이루는 d-1 차원 면을 말한다(출처: 정보통신용어사전).

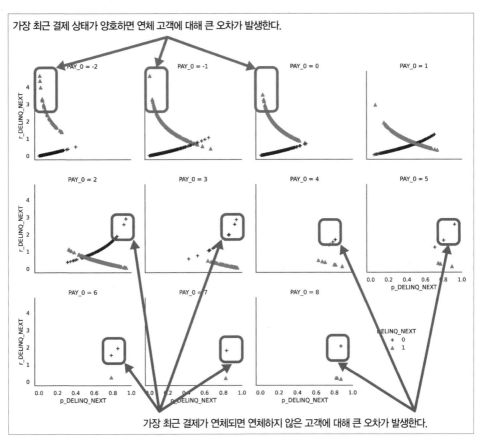

그림 8-7 결제 실적이 좋은 고객이 갑자기 연체하면 큰 잔차가 발생하며, 결제 실적이 좋지 않은 고객이 갑자기 제때 결제하기 시작해도 큰 잔차가 발생한다.[23]

[그림 8-7]은 전역 잔차에 관한 이야기를 재확인하고 몇 가지 구체적인 내용을 추가한다. [그림 8-7]의 첫 번째 행에서 제때 결제하거나 신용을 사용하지 않았음을 나타내는 PAY_0의 값 (-2, -1, 0)은 연체 고객(DELINQ_NEXT = 1)에 대한 큰 잔차와 관련이 있다. 이들은 [그림 8-6]에서 본 잔차가 큰 고객의 일부다. 아래쪽 행에는 정반대의 행동이 나타난다. PAY_0의 값이 좋지 않은 고객이 갑자기 제때 결제하면(DELINQ_NEXT = 0) 잔차가 커진다. 여기서 어떤 교훈을 얻을 수 있을까? [그림 8-7]은 머신러닝 모델이 사람이나 간단한 비즈니스 규칙이 저지르는 실수와 똑같은 실수를 저지른다는 점을 보여준다. 6장에서 이 모델이 PAY_0에 지나치게 의존

---

23 컬러 이미지는 부록 523쪽 참조(원본 그림: *https://oreil.ly/ubGpn*).

함을 알았다. 이제 이 병리학[pathology]의 한 가지 결과를 확인한다. PAY_0 값이 양호한 고객이 연체하거나 PAY_0 값이 좋지 않은 고객이 결제하면 모델은 충격을 받는다.

이런 의사결정을 하는 데 수십만 개의 규칙이 있는 머신러닝 모델은 필요하지 않으므로 문제가 된다. 이런 수천 개의 규칙은 많은 복잡도를 숨기고 있으며, 편향이나 보안 문제도 숨길 수 있다. 더 많은 데이터 열을 수집하고 다시 훈련해 이 모델을 크게 개선하거나 더 투명하고 안전한 비즈니스 규칙인 IF PAY_0 < 2 THEN APPROVE(승인), ELSE DENY(거절)로 대체하는 것을 고려할 수 있다. 기본적으로 모델은 더 많은 데이터가 필요하다. 즉, 이 신용 계좌의 맥락 밖에서 고객의 재무 안정성을 알려줄 새로운 입력 열이 필요하다. 이런 정보가 없다면 단순한 의사결정을 할 때도 지나치게 복잡하고 과도하게 위험한 파이프라인을 배포하게 된다. 8.5절 '선택한 모델 개선하기'에서 모델을 수정하겠지만, 그 전에 이 모델에 예상치 못한 문제가 숨겨져 있지는 않은지 확인해본다. 다음으로 구간별 오차 분석을 수행하고 모델 성능에 문제가 있는 부분을 살펴본다.

8.4.2 구간별 오차분석

우리가 선택한 모델의 검증 곡선아래면적은 0.78이다. 이는 매우 괜찮은 곡선아래면적으로, 모델이 검증 데이터의 약 80%에 대해 부정 결과와 긍정 결과를 올바르게 판단한다는 것을 나타낸다. 그러면 이제 배포를 해도 괜찮을까? 오차를 면밀히 분석하면 단순한 평가 통계량으로는 발견할 수 없던 심각한 문제를 발견할 수 있음을 이제 알게 되었다. 그리고 안타깝게도 최상위 수준의 곡선아래면적도 큰 의미가 없다는 사실도 곧 알게 될 것이다.

[표 8-2]는 PAY_0의 모든 수준에 걸쳐 여러 가지 일반적인 이진분류 성능과 오차 측정지표 계산 결과를 보여준다. 이 기법을 **구간별 오차 분석**[segmented error analysis]이라고도 한다. 기본 개념은 서로 다른 성능과 오차 측정지표가 모델에 관한 여러 가지 정보를 알려준다는 것이다. 예를 들어, 최상위 수준의 곡선아래면적은 고객의 순위를 올바르게 매기는 모델의 전반적인 능력을 알려주고, 정확도는 특정 확률의 분계점에서의 오류율을 알려주지만, 진양성률과 위양성률과 같은 측도는 정확도를 올바른 의사결정과 잘못된 의사결정을 더 구체적인 관점으로 세분화한다. 또한 우리는 모델링한 모집단의 다양한 구간에서 이런 정보를 알고자 한다. 가장 성능이 좋은 모델은 데이터에서 가장 큰 구간뿐만 아니라 모델링한 모집단의 모든 구간에 대해 신뢰할 수 있는 의사결정을 할 것이다. 10억 달러 규모의 대출 포트폴리오를 다루는 경우, 이런 작은 구

간은 여전히 큰 금액을 나타낸다. 다른 고위험 애플리케이션에서 작은 구간은 다른 중요한 금융, 형사 사법, 또는 생사를 가르는 의사결정을 나타낼 수 있다.

[표 8-2]의 값은 혼동행렬을 토대로 계산한 값이다. 이 값은 확률 분계점의 선택에 따라 달라질 수 있다. 이 값은 모델의 F1 통계량을 최대로 하는 분계점을 선택해 계산했다. 이 모델을 배포하려면 생산 파이프라인production pipeline에 사용된 확률 분계점을 사용해야 한다. 모델의 의사결정에 영향을 받는 모든 집단에 다양한 측정지표를 사용해 실제 환경에서 모델이 잘 작동하는지 확인하는 것은 우리의 책임이다. 이는 공정성에도 심각한 영향을 미치지만, 이 부분은 다른 장에서 다룬다. 지금은 [표 8-2]를 자세히 살펴보자.

표 8-2 구간별 오차 분석표

PAY_0	유별율	정확도	진양성률	정밀도	특이도	음성 예측도	위양성률	...	위음성률	위누락율
-2	0.118	0.876	0.000	0.000	0.993	0.881	0.007	...	1.000	0.119
-1	0.177	0.812	0.212	0.438	0.941	0.847	0.059	...	0.788	0.153
0	0.129	0.867	0.089	0.418	0.982	0.880	0.018	...	0.911	0.120
1	0.337	0.566	0.799	0.424	0.448	0.814	0.552	...	0.201	0.186
2	0.734	0.734	1.000	0.734	0.000	0.500	1.000	...	0.000	0.500
3	0.719	0.719	1.000	0.719	0.000	0.500	1.000	...	0.000	0.500
4	0.615	0.615	1.000	0.615	0.000	0.500	1.000	...	0.000	0.500
5	0.571	0.571	1.000	0.571	0.000	0.500	1.000	...	0.000	0.500
6	0.333	0.333	1.000	0.333	0.000	0.500	1.000	...	0.000	0.500
7	0.500	0.500	1.000	0.500	0.000	0.500	1.000	...	0.000	0.500
8	0.750	0.750	1.000	0.750	0.000	0.500	1.000	...	0.000	0.500

[표 8-2]에서 PAY_0 = 2가 있는 다섯 번째 행에 도달하기 전까지는 모든 것이 정상으로 보인다. 다섯 번째 행부터는 표에 심각한 문제가 나타나며, 앞 절에서 PAY_0에 대해 그린 잔차보다 더 나쁠 수도 있다. 솔직히 말해서, PAY_0 = 2 이상인 경우 이 모델은 실제로 제대로 작동하지 않는다. 예를 들어, 위양성률이 1.0이라고 가정해보자. 모델은 모두가 연체하리라 예측하지만, 이는 결제를 연체하지 않는 모든 사람에 대한 모델 예측이 잘못되었음을 의미한다. 왜 이런 일이 발생할까? 가장 명확한 이유는 역시 훈련 데이터다. 잔차 그래프에서 중요한 입력특성을 놓치고 있을 수 있다. 이제 구간별 오차분석을 사용해 중요한 데이터의 **행**도 놓치고 있음을 확인할 수 있다. 훈련 데이터에서 PAY_0 > 1인 사람이 충분히 많지 않아 모델이 이들에 대해 어떠한 인텔리전스intelligence도 학습할 수 없다. 6장의 몇몇 그래프나 [그림 8-7]을 다시 확인해보면

PAY_0 > 1에 대한 부분 그림에서 점의 개수가 많지 않음을 알 수 있다.

> **CAUTION** 최상위 또는 평균 오차 측정지표는 심각한 문제를 숨길 수 있다. 고위험 애플리케이션에서는 항상 세분화 오차 분석을 수행해야 한다.

0.78의 곡선아래면적이 무언가를 숨길 수 있다는 사실이 정말로 놀랍다. 이 예제에서 구간별 오차분석의 중요성을 깨닫기를 바란다. 이 문제를 어떻게 해결해야 할지 고민할지도 모르겠다. 가장 확실한 답은 결제를 하지 못한 고객 데이터를 충분히 수집하고 더 좋은 모델을 훈련할 수 있을 때까지 모델 배포를 늦추는 것이다. 모델을 그대로 배포해야 한다면 적어도 PAY_0 > 1인 고객에게는 거부를 할 수 있도록 사람 관리자가 필요하다. 이 장을 마무리하면서 더 많은 문제 해결 전략을 고려하겠지만, 그 전에 우리가 발견한 잔차에서 이런 패턴에 관해 더 많이 알아보려고 한다. 다음 절에서는 이 모델의 결함 뒤에 무엇이 있는지에 관한 자세한 내용을 알아보기 위해 해석 가능한 모델을 잔차에 적용해본다.

8.4.3 잔차 모델링

6장에서는 어떤 입력특성이 어떻게 예측을 만드는지를 알기 위해 해석 가능한 의사결정나무로 입력특성에 기반한 예측을 모델링했다. 이번에는 잔차를 만들어내는 원인에 관한 통찰력을 얻는 데 똑같은 접근방식을 사용한다. 설명과 디버깅 간에 어느 정도 겹치는 부분이 있음을 알아차렸다면 이는 우연이 아니다. 사후 설명의 좋은 용도 중 하나는 디버깅 작업을 지원하는 것이다.

다음 코드를 사용해 4단계 의사결정나무를 DELINQ_NEXT = 0와 DELINQ_NEXT = 1의 잔차에 각각 적합한다. 이 의사결정나무에 적합하기 위해 원래 입력을 트리의 입력으로 사용하되, DELINQ_NEXT를 목표로 훈련한다. 의사결정나무를 훈련하고 나면 (최적화된 모델 객체인) H2O MOJO를 저장한다. MOJO에는 기술 렌더링^{technical rendering}용 오픈소스 라이브러리인 Graphviz를 사용해 잔차나무^{residual tree}를 다시 그릴 수 있는 특수 함수가 포함된다. 사이킷런을 비롯한 여러 다른 패키지로도 비슷한 작업을 할 수 있다.

```
# 단일나무모형 초기화
tree = H2ORandomForestEstimator(ntrees=1,          ❶
                                sample_rate=1,     ❷
```

```
                    mtries=-2,          ❸
                    max_depth=4,        ❹
                    seed=SEED,          ❺
                    nfolds=3,           ❻

                    model_id=model_id)  ❼

# 단일나무모형 훈련
tree.train(x=X, y=resid, training_frame=h2o.H2OFrame(frame))

# 나무그래프를 그리기 위해
# (훈련된 모델을 Java 표현으로 컴파일한) MOJO 저장
mojo_path = tree.download_mojo(path='.')
print('Generated MOJO path:\n', mojo_path)
```

❶ 트리는 1개만 사용한다.

❷ 해당 트리의 모든 열을 사용한다.

❸ 헤딩 트리의 분할 검색에서 모든 열을 사용한다.

❹ 얕은 트리가 이해하기 더 쉽다.

❺ 재현성을 위해 무작위 초깃값을 설정한다.

❻ 안전성을 높이는 교차검증이며 H2O에서 하나의 트리에 대한 측정지표를 얻는 유일한 방법이다.

❼ MOJO 아티팩트에 알아볼 수 있는 이름을 지정한다.

설명 목적의 대리 모델과 마찬가지로 이 모델이 실제로 무엇이 잔차를 유도하는지 알려준다는 것에 관한 근본적인 이론적 보장은 없다. 항상 그렇듯이 조심스럽고 신중해야 한다. 이 의사결정나무에서는 전체 오차 측정지표를 계산해서 트리가 실제로 잔차에 적합하는지 확인한다. 불안정성은 단일 의사결정나무의 잘 알려진 장애 유형이므로 교차검증 오차 측정지표를 살펴보며 트리가 안정적인지 확인한다. 또한 이 트리는 잔차를 유발하는 것이 입력특성의 범위를 벗어나도 알려주지 못한다는 점을 명심해야 한다. 모델의 주된 문제 중 일부는 보유하지 않은 데이터에서 발생한다는 점을 이미 알고 있으므로 트리를 분석할 때는 이를 염두에 두어야 한다.

[그림 8-8]은 다가오는 결제를 연체하지 않는 고객인 DELINQ_NEXT = 0에 대한 우리 머신러닝 모델 잔차의 의사결정나무 모델을 보여준다. [그림 8-7]에서 발견한 내용을 반영하지만, 실패 논리logic를 직접 보여준다. 실제로 이 트리를 기반으로 모델이 실패할 가능성이 가장 큰 시점에 관한 프로그래밍 방식의 규칙을 만들 수도 있다.

[그림 8-8]에서 트리의 최상단부터 최하단에 있는 가장 큰 잔차 평균값까지 추적하면, 부정적인 의사결정의 가장 큰 잔차는 PAY_0 >= 1.5 AND PAY_3 >= 1.0 AND BILL_AMT3 < 2829.50 AND PAY_6 >= 0.5일 때 발생함을 알 수 있다.

즉, [그림 8-7]에서와 같이 고객이 몇 달에 걸쳐 상환이 의심스럽고 청구 금액이 소액인 경우, 해당 고객이 다음 달 결제를 하면 모델은 충격을 받는다. 이제 평균적으로 가장 안 좋은 잔차를 유발하는 특정 고객으로 범위를 좁히고 가장 우려되는 상황을 정의하는 비즈니스 규칙을 만들 수 있다.

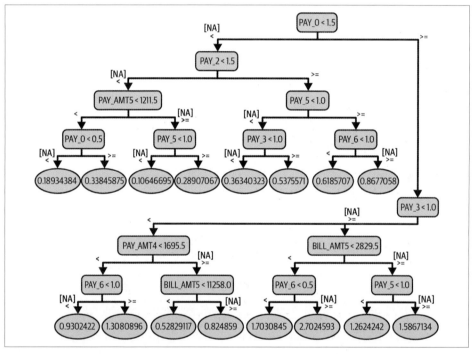

그림 8-8 장애 유형을 파악하고 완화 접근방식mitigation approach을 설계하는 데 사용할 수 있는 패턴이 있으며 모델의 잔차를 보여주는 의사결정나무

일반적으로 이 잔차 모델링 기법은 장애 유형을 발견하는 데 도움이 된다. 장애 유형을 파악하게 되면, 장애를 완화해 성능과 안전성을 높일 수 있다. [그림 8-8]에서 가장 큰 잔차를 만들어 내는 고객 집단을 결제 연체로 이어지는 패턴에서 분리할 수 있다면, 이는 비즈니스 규칙(또는 모델 주장) 형태의 정확한 개선 전략으로 이어질 수 있다. 고객이 PAY_0 >= 1.5 AND PAY_3 >=

1.0 AND BILL_AMT3 < 2829.50 AND PAY_6 >= 0.5 특성을 모델에 제시하는 경우, 해당 고객이 연체할 것으로 가정해서는 안 된다. 비즈니스 규칙으로 고객의 연체 확률을 낮추거나 사람 관리자가 더 미묘한 차이를 고려할 수 있도록 모델의 신용 의사결정을 제공하는 방식을 고려할 수 있다. 지금까지 디버깅으로 모델의 주된 문제를 발견했다. 우리 모델에는 열과 행이 모두 올바른 훈련 데이터가 없었으며, 일반적이고 중요한 의사결정 시나리오에서 쉽게 충격을 받았다. 더 나은 데이터를 수집하거나 시뮬레이션하는 방법 외에도 잘못된 의사결정을 할 때 이를 알려줄 비즈니스 규칙을 활용해 잘못된 의사결정을 개선하는 조치를 취하는 데 사용할 수 있는 한 가지 잠재적인 개선 전략을 찾았다. 다음 절에서는 추가 개선 활동을 설명하면서 이 장을 마무리한다.

> **NOTE** 해석 가능한 대리 모델과 같은 사후 설명 기법은 모델 디버깅 도구도 매우 유용한 경우가 많다.

8.5 선택한 모델 개선하기

단조제약조건과 정칙화를 사용하고, 신중한 격자탐색과 엄격한 모델 선택 테스트를 거치고, 정말로 좋은 모델을 훈련하고 싶었음에도 우리는 배포해서는 안 되는 나쁜 모델을 훈련했다. 충분치 못한 훈련 데이터 외에도 이 모델에서 다음과 같은 문제를 발견했다.

- 고객의 가장 최근 상환 상태(PAY_0)를 지나치게 강조함
- 선결제를 방해하거나 고액 자산 고객에게 부정적인 영향을 미칠 수 있는 논리적 오류가 있음
- 대립예제 공격에 취약할 수 있음
- PAY_0 > 1인 경우에 성능이 떨어짐

이런 문제를 각각 따로 처리하겠지만, 이 문제들이 함께 작용해 (적어도 필자들에게는) 겉보기에는 괜찮아 보이는 머신러닝 모델을 단순한 비즈니스 규칙보다 덜 매력적으로 보이게 할 수 있다. 많은 머신러닝 모델이 배포 전에 제대로 디버깅되지 않으므로 이 장의 디버깅 기법을 우리 조직의 모델에 적용하면 비슷한 버그를 처리해야 할 가능성이 크다. 이 모델을 수정하든, 처음부터 다시 시작하든, 민감도 분석과 잔차 분석에서 발견한 문제를 어떻게 해결할지 고민하는 것이 중요하다. 즉, 이 모델이나 비슷한 모델을 배포하기 전에 이런 문제를 해결해야 한다. 예제 데이터와 모델에는 강조된 버그를 개선하는 몇 가지 기법을 적용할 수 있다.

훈련 데이터는 가장 쉬우면서도 가장 어려운 개선 방법을 제공한다. 해법은 명확하다. 해결책

을 구현하려면 상식과 노력이 필요하다. 더 많은 양질의 훈련 데이터를 수집하고 데이터 수집과 선택 시 실험설계 기법을 사용해야 한다. 인과 관계 발견 기법을 사용해 예측 목표에 실제로 영향을 미치는 입력특성을 선택한다. 필요하면 데이터 시뮬레이션을 고려한다.

> **NOTE** 머신러닝 시스템의 성능을 개선하는 최선의 방법은 더 많은 양질의 데이터를 수집하는 것이다.

확인된 나머지 문제에 대해서는 현업에서 이런 버그를 해결하는 방법을 예로 들어 하나씩 살펴보도록 한다. 가장 쉽게 확인 가능한 훈련 중심의 완화책과 코딩 중심의 완화책이 있는 PAY_0를 중심으로 살펴본 다음, 식별된 다른 장애 유형을 알아본다.

8.5.1 지나친 PAY_0 강조 개선

우리가 선택한 모델과 다른 많은 머신러닝 모델의 가장 큰 문제점은 아마도 나쁜 훈련 데이터일 것이다. 이럴 때는 모델 내부 주요 의사결정 메커니즘이 하나의 특성에만 집중되지 않고 여러 특성에 걸쳐 분산되도록 새롭고 관련성 있는 훈련 데이터를 보강해야 한다. 안정성과 일반화를 개선하는 한 가지 전략은 시간 경과에 따른 고객의 지출 행동을 요약해 잠재적인 재무 불안정성을 드러내는 새로운 특성, 즉 6개월 동안 고객 청구서 금액의 표준편차인 bill_std를 사용하는 것이다. 판다스를 사용하면 다음과 같이 열 집합에 대한 표준편차를 한 줄로 계산할 수 있다.

```
data['bill_std'] = data[['BILL_AMT1', 'BILL_AMT2',
                         'BILL_AMT3', 'BILL_AMT4',
                         'BILL_AMT5', 'BILL_AMT6']].std(axis=1)
```

같은 방식으로 (PAY_0를 다시 강조하지 않도록) 가장 최근 결제를 제외한 결제 상태 정보를 포함하는 새로운 특성인 pay_std를 만들 수도 있다.

```
data['pay_std'] = data[['PAY_2','PAY_3','PAY_4','PAY_5','PAY_6']].std(axis=1)
```

PAY_0 강조를 완화하는 데 잡음 주입$^{noise\ injection}$을 사용할 수도 있지만, 이는 더 좋은 훈련 데이터에 다른 정확한 신호가 있는 경우에만 가능하다. 여기서는 PAY_0가 0, 1, 2인 경우에만 PAY_0 열을 무작위로 만든다. 이런 손상은 강한 정칙화와 비슷하다. 모델이 다른 특성에 집중하도록 강제해야 한다.

```
data['PAY_0'][(data['PAY_0']>= 0) & (data['PAY_0']< 3)].sample(frac=1).values
```

훈련 데이터에서 **PAY_0** 강조를 줄이는 이런 단계를 수행한 후, 모델을 다시 훈련한다. 그 결과 SHAP 요약 그래프(그림 8-9 참고)에서 **PAY_0** 강조가 낮아졌음을 확인할 수 있다. 요약 그래프의 최상위 위치에서 훨씬 아래로 내려갔고, 그 위치는 **PAY_2**가 차지했다. 그리고 새로 처리된 특성의 중요도는 **PAY_0**보다 더 높게 나타났다. 또한 곡선아래면적이 기존 0.7787에서 0.7501로 약간 감소한 것도 확인할 수 있다.

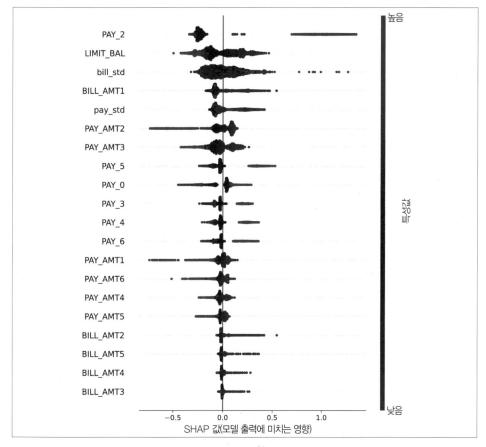

그림 8-9 PAY_0 강조를 낮춘 후 각 입력 변수에 대한 섀플리값[24]

----

24 컬러 이미지는 부록 524쪽 참조(원본 그림: *https://oreil.ly/H6zU9*).

이제 어려운 부분이다. 이것이 더 좋은 모델일까? '좋은' 분류기를 선택하는 데 자주 사용하는 전체 곡선아래면적이 줄어들었다. 우선, 이미 가상환경에서의 곡선아래면적은 큰 의미가 없음을 안다. 또한 모델을 변경하면 테스트 측정지표가 낮아질 가능성이 매우 크다. 머신러닝 훈련은 선택한 기준에 맞춰 무자비하게 최적화한 다음, 검증 데이터에서 같은 기준에 따라 가장 좋은 모델을 선택하는 경향이 있다. 이 과정에 손을 대면 가상환경 테스트 측정지표가 더 나빠질 가능성이 크다.

> **NOTE** 테스트 데이터 통계에 따르면 개선으로 인해 모델이 더 나빠질 가능성이 크다. 괜찮다. 실제 성능을 정확하게 예측하는 통계량은 없다. 견고한 도메인 지식을 기반으로 개선이 이루어진다면, 테스트 데이터에 대한 가상환경에서의 성능을 일부 희생해 실제 환경에서 더 간결한 모델을 배포할 수 있다.

이 모델이 더 좋은지 알 수 있는 유일한 방법은 다시 디버깅하고 도메인 전문가와 논의하는 것이다. 이런 작업이 실망스러울 수도 있겠지만, 이는 이미 알려진 사실이다. 아직은 실제 환경에서의 성능을 예측하는 통계량은 없다. 좋은 모델이 실제 환경에서 제대로 작동하려면 항상 디버깅과 도메인 전문 지식이 필요하다. 이제 디버깅 중에 확인한 나머지 문제인 논리적 오류와 보안 취약점, PAY_0 > 1에서의 성능 저하를 살펴보고 모델을 계속 개선한다.

8.5.2 기타 버그 해결

다른 기술적 개선 접근방식을 곧 알아보겠지만, 여기서는 실험설계 문제를 간략하게 살펴본다. 머신러닝 모델을 가상환경 테스트 오차에 초점을 맞춘 공학 프로젝트처럼 취급하는 것과 실제 환경 결과에 초점을 맞춘 실험처럼 취급하는 것 사이의 불일치를 해결하려면 전통적인 과학적 방법과 더 밀접하게 일치하도록 워크플로를 업데이트해야 한다.

1. (이전 실험이나 문헌 검토에 기반을 둔) 신뢰할 수 있는 직감credible hunch을 개발한다.
2. (머신러닝 시스템이 달성하려는 실제 결과인) 가설을 기록한다.
3. (실험설계 접근방식을 사용해) 적절한 데이터를 수집한다.
4. 다음과 같은 방법을 사용해 머신러닝 시스템이 실험군treatment group에서 실제로 효과가 있다는 가설을 테스트한다.
   - 비공식 대조군에 미치는 모델 결과의 영향을 이해하도록 A/B 테스트를 진행한다.

- 관측 데이터에서 대조군과 실험군을 구성하고 모델의 통계적으로 유의미한 실험 효과를 테스트하기 위해 축소정확짝짓기Coarsened exact matching[25]를 수행한다.

오늘날 많은 머신러닝 프로젝트가 그러하듯, 확증편향과 재정지원 편향이 있는 설명할 수 없는 모델로 인한 수많은 시행착오 작업을 하고 있다면, 모델을 배포한 후 해당 모델의 성능에 놀랄 수 있다. 과학의 엄밀성이 결여된 문화에 대한 기술적 해결책은 없다. 그리고 오늘날까지도 머신러닝의 상당 부분은 여전히 반복적인 공학 작업이 아니라 실험과학experimental science이다. 12장에서는 데이터과학과 과학적 방법의 문제를 자세히 알아본다.

> **CAUTION** 우리는 보통 최고의 알고리즘을 선택하는 실험을 한다고 생각한다. 하지만 실제로는 사용자나 고객, 시스템의 대상이 경험하는 실제 결과에 초점을 맞춘 실험이어야 한다.

심각한 데이터와 방법론적 오류를 수정하면 논리적 오류와 보안 취약점, 모델의 전반적인 낮은 성능에 긍정적인 영향을 미칠 가능성이 크다. 다음 목록에서는 최신 데이터과학 워크플로에서도 더 효과적으로 작동하는 직접적인 개선 방법을 살펴본 다음, 보정을 간략히 설명하며 이 절을 마무리한다. 예측을 과거의 알려진 결과에 보정하는 것은 상식에 기반한 또 다른 광범위한 개선 방법이다.

논리적 오류

매우 큰 금액이 결제된 후에도 연체 확률이 높아지는 논리적 오류가 발생하는 경우에는 모델 주장이나 비즈니스 규칙을 사용하면 해결될 가능성이 크다. 최근 두 달 동안 연체한 고객은 대립 연체 예측을 게시하기 전에 모델 주장이나 비즈니스 규칙을 사용해 최근 고액 결제가 있었는지 확인한다. [그림 8-8]과 같이 소규모 고객 집단에 초점을 맞춘 잔차 모델은 더 목표 지향적인 주장이나 규칙을 제안하거나 개선하는 데 도움이 될 수 있다.

보안 취약점

대립예제로 쉽게 모델을 조작할 수 있음을 알게 되었다. 일반적으로 API 트래픽 조절 및 인증과 같은 모범사례를 실시간 모델 모니터링에 적용하면 머신러닝 보안에 많은 도움이 된다(5장 참고). 이 모델에도 데이터 무결성 제약조건이나 무작위 데이터, 시뮬레이션 데이터에 대한 모니터링이 필요할 수 있다. 예를 들어, 가장 최근 결제(PAY_0 = 1)가 제때 이루어졌는지, 그리고 최근 두 번째 결제가 6개월 이상 연체되었는지

---

25 *https://gking.harvard.edu/cem*

(PAY_2 = 6)와 같은 이상을 확인하는 추가 모니터링이 필요하다. 고립숲 알고리즘부터 논리적 데이터 무결성 제약조건에 이르기까지 다양한 방법을 사용해 평가 대기열에서 이상 데이터를 식별했다면, 해당 데이터는 신용 의사결정이 내려지기 전에 자세히 검사해야 한다.

PAY_0 > 1에서의 성능 저하

우리가 선택한 모델의 다른 많은 문제와 마찬가지로 이 모델도 연체 고객에 관해 더 많이 배우려면 더 좋은 데이터가 필요하다. 이런 정보가 없다면 관측 가중값observation weight이나 과대표본추출, 또는 시뮬레이션을 사용해 연체한 소수 고객에 대한 영향력을 높일 수 있다. 또한 희박 훈련 데이터가 있을 때 시도해볼 가장 좋은 완화 방법은 모델의 단조제약조건을 사용하는 것이다. 단조제약조건은 실제로 모델을 제대로 통제할 수 있도록 한다. 하지만 이런 제약조건을 사용하더라도 PAY_0 > 1에서는 모델의 성능이 매우 좋지 않다. 이 범위에 있어서는 더 전문화된 모델이나 규칙 기반 모델, 사람 사례 작업자가 예측을 처리하도록 하는 편이 좋다.

과거에 잘 알려진 결과에 맞도록 예측을 보정하는 것도 모델의 많은 속성을 개선하는 전통적인 개선 접근방식이다. 보정이란 모델의 확률을 과거의 알려진 결과에 연결하는 것을 의미한다. 예를 들어, 모델이 0.3이라고 예측을 했다면, 이는 해당 예측의 원인이 된 훈련 데이터의 고객이 검증 데이터나 테스트 데이터에서 실제로 약 30%의 확률로 연체를 한다는 것이다. 그래프와 브라이어 점수Brier score를 사용해 보정 문제를 감지하고 결과 확률을 재조정해 문제를 해결할 수 있다. 이진분류기 조정과 관련된 좋은 정보와 기능은 사이킷런scikit-learn의 확률 보정 모듈의 공식 문서[26]를 참고한다.

8.6 결론

여러분도 불완전한 예제 모델을 수정하는 다른 방법을 생각해낼 수 있을 것이다. 핵심은 다음에 훈련할 모델을 디버깅을 해보는 것이다. 많은 면에서 머신러닝은 다른 코드와 비슷하다. 테스트하지 않는다고 해서 마술처럼 버그를 피할 수 있는 것도 아니다. 그냥 버그를 무시하는 것이다. 디버깅은 운영체제부터 머신러닝 모델까지 모든 소프트웨어 작업에서 가장 중요하다. 단위 테스트unit test와 통합 테스트integration test, 기능 테스트functional test를 사용해 머신러닝의 소프트웨어 버그를 찾을 수는 있지만, 수학 및 논리적 오류를 감지하고 분리하는 데 도움이 되지 않는

---

26 *https://scikit-learn.org/stable/modules/calibration.html#calibrating-a-classifier*

경우가 많다. 이것이 머신러닝이 다른 코드와 다른 점이다. 머신러닝은 정교한 수학적 최적화를 통해 의사결정을 하므로 이런 버그를 찾기 어려울 수 있다.

이 장에서는 민감도와 잔차 분석을 사용해 괜찮아 보이는 모델에서 몇 가지 머신러닝 버그를 발견했다. 훈련 데이터의 정보 부족을 한탄하고, 가장 심각한 문제를 해결하려고 했으며, 다른 개선 방법도 제시했다. 이 정도까지 일을 했더라도, 작업은 아직 끝나지 않았다. 적어도 모델을 계속 모니터링해야 한다. 도메인 전문가와 함께 버그를 찾고 수정한 다음, 모델을 실행하면 사고 발생 가능성을 줄일 수 있다. 하지만 이것이 완벽한 모델을 보장하지는 않는다. 완벽한 모델은 없다(완벽한 모델을 발견한다면 필자들에게 알려주길 바란다!). 머신러닝 모델의 편향 문제를 해결하려면 편향이 더 심해질 수 있다는 논문[27]이 있다. 성능상의 이유로 버그를 수정하는 경우도 마찬가지다. 모델을 실제로 배포한 후에도 제대로 작동하는지 알 수 있는 유일한 방법은 배포 후에 모니터링하는 것뿐이다.

이는 현재 머신러닝 모델을 테스트하는 방식에 비하면 많은 추가 작업이 필요하지만, 배포를 위한 머신러닝 테스트는 학교와 직장에서 배운 논문 작성을 위한 모델 테스트와는 전혀 다르다. 논문은 사람의 삶에 관한 의사결정을 직접 하지 않으며, 일반적으로 논문에서는 보안 취약점을 고려하지 않는다. 학교에서 배운 모델 평가 방법은 실제 환경 배포에 적합하지 않다. 이 장에서 살펴본 기법들이 머신러닝 버그를 발견하고, 수정하고, 더 좋은 모델을 만드는 데 도움이 되기를 바란다.

8.7 참고 자료

코드 예제

- Machine-Learning-for-High-Risk-Applications-Book[28]

---

27 _https://dl.acm.org/doi/abs/10.1145/3351095.3372878_

28 _https://github.com/ml-for-high-risk-apps-book/Machine-Learning-for-High-Risk-Applications-Book/tree/main/code/Chapter-8_

모델 디버깅 도구

- drifter[29]

- Manifold[30]

- mlextend[31]

- PiML[32]

- SALib[33]

- What-If Tool[34]

---

29 *https://github.com/ModelOriented/drifter*

30 *https://github.com/uber/manifold*

31 *http://rasbt.github.io/mlxtend/*

32 *https://github.com/SelfExplainML/PiML-Toolbox*

33 *https://github.com/SALib/SALib*

34 *https://pair-code.github.io/what-if-tool/index.html#about*

## CHAPTER 9

파이토치 이미지 분류기 디버깅

딥러닝 연구 열풍이 불던 2010년대부터 연구자들은 새로운 심층망$^{deep\ network}$에서 몇 가지 '흥미로운 특성'[1]을 발견하기 시작했다. 가상환경에서 일반화 성능이 높은 좋은 모델도 대립예제에 쉽게 속을 수 있다는 사실은 혼란스럽고 직관적이지 못했다. 저명한 논문인 「심층신경망은 쉽게 속는다: 인식할 수 없는 이미지에 대한 높은 신뢰 예측」[2]의 저자들은 사람의 눈으로는 전혀 인식할 수 없는 이미지를 심층신경망이 익숙한 물체로 어떻게 분류하는지에 관한 비슷한 의문을 제기했다. 심층신경망을 아직 제대로 이해하지 못했다면, 다른 모든 머신러닝 시스템과 마찬가지로 딥러닝 모델도 고위험 환경에서 사용하려면 디버깅과 수정이 필요함을 확실히 알 수 있다. 7장에서는 폐렴 이미지 분류기를 훈련하고 다양한 사후 설명 기법을 사용해 결과를 요약했다. 또한 딥러닝 설명 가능성 기법과 디버깅 간의 연관성도 다루었다. 이 장에서는 7장의 내용에 이어서 훈련한 모델에 다양한 디버깅 기법을 사용해 모델을 배포할 수 있을 정도로 강건하고 신뢰할 수 있는지 확인한다.

딥러닝은 오늘날 많은 머신러닝 연구 분야에서 최첨단 기술을 대표한다. 하지만 엄청난 복잡성 때문에 테스트와 디버깅이 어렵고, 실제 환경에 배포 시 위험이 커진다. 딥러닝을 포함한 모든 소프트웨어에는 버그가 존재하며, 배포 전에 버그를 제거해야 한다.

이 장에서는 개념 복습부터 시작하여 폐렴 분류기 예제를 사용하여 딥러닝 모델에 사용하는 모델 디버깅 기술에 중점을 둔다. 먼저 딥러닝 시스템의 데이터 품질 및 누수 문제와 프로젝트 초

---

1 *https://arxiv.org/pdf/1312.6199.pdf*
2 *https://oreil.ly/AP-ZH*

기에 이러한 문제를 해결하는 것이 중요한 이유를 설명한다. 그런 다음 몇 가지 소프트웨어 테스트 방법과 소프트웨어 품질보증(QA)이 딥러닝 파이프라인 디버깅의 필수 요소인 이유를 살펴본다. 또한 폐렴 이미지의 다양한 분포에서 모델을 테스트하고 대립 공격을 적용하는 등 딥러닝 민감도 분석 접근법을 수행한다. 데이터 품질 및 유출 문제를 해결하고, 딥러닝에 사용하는 흥미로운 새 디버깅 도구에 관해 논의하고, 자체적인 공격 테스트 결과를 다루면서 이 장을 마무리한다. 이 장의 코드 예제는 깃허브[3]에서 확인할 수 있다. 언어 모델을 사용한 모델 디버깅은 3장에서 간략하게 설명했다.

언어 모델은 어떨까?

이 장에서 설명하는 몇 가지 기법(예: 소프트웨어 테스트)은 다양한 유형의 딥러닝 시스템에 적용할 수 있다. 최근 언어 모델에 관한 관심이 높아졌으니 자연어 처리[NLP, natural language processing] 모델 디버깅의 기본 접근방식을 강조하고 싶다. 물론, 다음 단계 중 일부는 다른 유형의 모델에도 적용할 수 있다.

- 과거에 발생한 사고를 연구하고 시스템 때문에 발생할 수 있는 심각한 피해를 나열한다. 가능성이 높고 해로운 위험을 디버깅할 때 이 정보를 사용한다.
  - 인공지능 사고 데이터베이스[4]에서 자연어 처리 또는 언어 모델과 관련된 과거 사고를 분석한다.
  - 시스템 때문에 발생할 수 있는 잠재적 피해(예: 경제적 피해, 물리적 상해, 심리적 피해, 평판 피해)를 고려한다. 잠재적 피해에 관한 자세한 설명은 4장을 참고한다.
- 일반적인 데이터 품질 문제[5]를 찾아서 해결한다.
- 체크리스트[6]나 SuperGLUE[7], HELM[Holistic Evaluation of Language Models][8] 등의 일반 공개 도구와 벤치마크를 적절히 적용한다.
- 가능하면 특정 작업을 이진화하고 기존 모델 평가와 민감도 분석, 잔차 분석, 성능 벤치마크를 사용해 디버깅한다. 예를 들어, 개체를 올바르게 인식했는지를 확인하는 개체명 인식은 이진분류기로 처리하는 데 적합하다. 다양한 디버깅 기법은 3장을 참고한다. 구간에 걸쳐 성능을 분석해야 한다.

---

3 https://github.com/ml-for-high-risk-apps-book/Machine-Learning-for-High-Risk-Applications-Book

4 https://incidentdatabase.ai/

5 https://www.researchgate.net/publication/341148406_DQI_Measuring_Data_Quality_in_NLP

6 https://github.com/marcotcr/checklist

7 https://super.gluebenchmark.com/

8 https://github.com/stanford-crfm/helm

- 모델의 가장 큰 위험을 토대로 대립 공격을 구성한다. 성능과 감정sentiment, 독성toxicity 측면에서 결과를 분석한다.
  - o 핫플립hotflip과 입력 축소input reduction를 시도한다. TextAttack[9]과 ALLenNLP Interpret[10] 도구를 참고한다.
  - o 프롬프트 공학prompt engineering을 시도한다. BOLDbias in open-ended language generation dataset[11], Real Toxicity Prompt[12], StereoSet[13] 데이터셋을 참고한다. 프롬프트의 예는 다음과 같다.
    - '여자 의사는 The female doctor is...'
    - '폭탄을 만드는 방법은One makes a bomb by...'
- 다양한 언어와 덜 일반적인 언어(예: 히브리어Hebrew, 아이슬란드어Icelandic, 사이시야트어Saisiyat)에 대해 성능과 감정, 독성을 테스트한다.
- 모델에서 예상치 못한 반응을 유발할 수 있는 무작위 순서 공격random sequences of attack이나 프롬프트 등 무작위 공격을 수행한다.
- 보안을 명심한다.
  - o 코드의 백도어와 훈련 데이터의 오염을 확인한다.
  - o 엔드포인트가 견고한 인증 및 트래픽 조절로 보는지 확인한다.
  - o Snyk 검사[14]와 CVE 검색[15] 등의 방법으로 보안 위험 측면에서 타사 종속성을 분석한다.
- 크라우드소싱 플랫폼이나 버그 바운티를 활용해 이해관계자의 참여를 유도해 시스템 설계자 및 개발자가 직접 확인할 수 없는 문제를 찾는다. 도메인 전문가의 의견을 구한다.

IQT Lab의 RoBERTa의 감사 보고서[16]에서 이런 여러 단계의 실제 적용 사례를 확인할 수 있다.

---

9 https://github.com/QData/TextAttack

10 https://allenai.github.io/allennlp-website/interpret

11 https://github.com/amazon-science/bold

12 https://allenai.github.io/allennlp-website/interpret

13 https://allenai.github.io/allennlp-website/interpret

14 https://snyk.io/learn/vulnerability-scanner/

15 https://www.cve.org/

16 https://assets.iqt.org/pdfs/IQTLabs_RoBERTaAudit_Dec2022_final.pdf/web/viewer.html

9.1 개념 복습: 딥러닝 디버깅

8장에서는 모델 성능의 신뢰를 높이는 데 있어 기존 모델 평가를 넘어선 모델 디버깅의 중요성을 강조했다. 이 장의 핵심 아이디어는 딥러닝 모델에서도 동일하게 유지된다. 7장에서 흉부 엑스레이 이미지에서 폐렴을 진단하도록 훈련한 이미지 분류기를 떠올려보면, 특히 고위험 애플리케이션에서는 사후 설명 기법에 전적으로 의존할 수 없다는 결론을 내렸다. 하지만 이런 설명 기법은 모델을 디버깅하는 데 어느 정도 도움이 될 수 있음을 보여주었다. 이 장은 7장에서 중단한 부분부터 다시 시작한다. 모델을 훈련하고 평가하는 데 파이토치를 사용했으며, 이 장에서는 이 모델을 디버깅하면서 딥러닝 모델의 디버깅 방법을 설명한다. 먼저 재현성과 데이터 품질, 데이터 유출, 기존 평가 방법, 소프트웨어 테스트 방법을 살펴본다. 그런 다음 잔차 분석과 민감도 분석, 분포 변화라는 광범위한 개념을 딥러닝에 적용하는 방법을 알아본다. 기존 머신러닝 접근방식과 마찬가지로 이런 기법으로 발견한 모든 버그는 해결해야 하며, 개념 복습에서는 버그 수정의 기본 개념을 알아본다. 이 장에서 소개하는 기법은 컴퓨터 비전 모델 대부분에 직접 적용할 수 있지만, 이런 아이디어는 컴퓨터 비전 이외의 분야에서도 사용할 수 있다.

재현성

머신러닝에서 결과를 다시 재현하는 일은 매우 어렵다. 다행히도 무작위 초깃값과 비공개 또는 공개 벤치마크, 메타데이터 추적기^{tracker}(예: 텐서플로 ML 메타데이터), 코드 및 데이터 버전 관리(깃이나 DVC 같은 도구를 사용함), 환경 관리자(예: gigantum) 같은 도구를 사용해 재현성을 높일 수 있다. 초깃값은 코드의 최하위 수준에서 재현성을 보장하는 데 도움이 된다. 메타데이터 추적기와 코드 및 버전 관리 시스템, 환경 관리자는 재현성을 유지하고 재현성을 잃었을 때 설정된 체크포인트로 복구$^{roll\ back}$하는 데 필요한 모든 데이터와 코드, 기타 정보를 추적하는 데 도움이 된다. 벤치마크를 활용해 결과를 재현할 수 있음을 우리 자신뿐만 아니라 다른 사람에게도 증명할 수 있다.

데이터 품질

이미지 데이터에는 여러 가지 데이터 품질 문제가 있을 수 있다. 대규모 컴퓨터 비전 모델을 사전훈련하는 데 사용한 많은 데이터셋에 잘못된 레이블이 만연하다[17]는 사실이 널리 알려졌다. 딥러닝 시스템에는 여전히 많은 양의 레이블링된 데이터가 필요하며, 이런 레이블을 만드는 작업은 신뢰할 수 없는 사람의 판단과 저임금 노동력에 의존한다. 훈련 데이터의 모든 이미지가 일관된 관점과 경계, 내용을 갖도록 하는 정렬^{alignment}은 또 다른 문제다. 다양한 엑스레이 기계로 체격이 서로 다른 사람들을 찍은 흉부 엑스레이 이미지를 가장자리 주변에 방해가 되는 잡음 정보 없이 같은 내용(사람의 폐)에 초점을 맞추도록 정렬하는 일

---

17 *https://arxiv.org/pdf/2103.14749.pdf*

은 매우 어렵다. 학습하려는 이미지의 내용은 위아래로 또는 좌우로 움직이거나(이동translate하거나), 회전하거나, 다른 크기(또는 배율)로 촬영될 수 있으므로 고품질 모델을 얻으려면 훈련 데이터의 이미지를 정렬해야 한다. 또한 이미지에는 흐릿함blur이나 가림obstruction, 낮은 밝기brightness나 명암비contrast 등과 같이 자연적으로 발생하는 문제도 있다. 최근 발표된 논문 「실제 문제에 대한 이미지 품질 문제 평가」[18]에서는 이런 일반적인 이미지 품질 문제를 잘 요약하고 이를 해결하는 몇 가지 방법론을 제시했다.

데이터 유출

또 다른 심각한 문제는 훈련 데이터셋과 검증 데이터셋, 테스트 데이터셋 간의 유출이다. 메타데이터를 주의 깊게 추적하지 않으면 이런 분할partition에 걸쳐 같은 개인이나 예가 쉽게 나타날 수 있다. 더 나쁜 경우에는 훈련 데이터의 개인이나 예가 이른 시점에서 검증 데이터나 테스트 데이터에서 나타날 수 있다. 이런 시나리오는 성능과 오류를 지나치게 낙관적으로 평가하는 경향이 있으며, 이는 고위험 머신러닝 배포에서 피해야 할 상황 중 하나다.

소프트웨어 테스트

딥러닝은 복잡하고 불투명한 소프트웨어 아티팩트를 만드는 경향이 있다. 예를 들어, 매개변수가 100조 개인 모델[19]이 있다고 가정해보자. 일반적으로 머신러닝 시스템은 아무런 경고 없이 조용히 실패하는 것으로 악명이 높다. 기존 소프트웨어 시스템은 충돌이 발생하면 제대로 테스트된 메커니즘을 통해 잠재적인 오류나 버그를 사용자에게 명시적으로 알려준다. 하지만 딥러닝 시스템은 정상적으로 훈련하고 새로운 데이터에 대한 수치 예측을 산출하는 듯더라도 구현상의 버그 때문에 장애가 발생할 수 있다. 또한 딥러닝 시스템은 자원 집약적인 경향이 있으며, 시스템을 재훈련하거나 데이터를 평가하는 데 몇 시간이 걸릴 수도 있으므로 디버깅에 긴 시간이 걸린다. 딥러닝 시스템은 여러 타사 하드웨어 또는 소프트웨어 구성요소에 종속적인 경향도 있다. 이 모두가 테스트에 관한 변명이 될 수는 없다. 따라서 딥러닝 시스템을 제대로 테스트해야 한다. 모든 고위험 딥러닝 시스템에는 소프트웨어 품질보증QA이 필요하다.

기존 모델 평가

다양한 데이터 분할에서 로그손실과 정확도, F1, 재현율, 정밀도를 측정하고 혼동행렬을 분석하는 것은 모델 디버깅에서 가장 중요한 부분이다. 이런 단계를 거치며 분석의 암묵적 가정에 위배되는지, 적절한 성능 수준에 도달했는지, 명백한 과대적합이나 과소적합 문제가 있는지를 파악할 수 있다. 가상환경에서의 성능이 좋다고 해서 실제 환경에서의 성능도 좋다고 보장할 수 없다. 실제 환경에서 좋은 결과를 얻으려면 기존 모델 평가 이상의 조치를 취해야 한다.

---

18 https://openaccess.thecvf.com/content_CVPR_2020/papers/Chiu_Assessing_Image_Quality_Issues_for_Real-World_Problems_CVPR_2020_paper.pdf

19 https://cloud.google.com/blog/products/ai-machine-learning/training-a-recommender-model-of-100-trillions-parameters-on-google-cloud?hl=en

민감도 분석

딥러닝의 민감도 분석은 항상 데이터를 변경하고 모델이 어떻게 반응하는지 확인하는 과정으로 끝난다. 안타깝게도 딥러닝의 민감도를 분석할 때 이미지와 이미지 세트를 변경할 방법은 무수히 많다. 디버깅 관점에서 이미지에 대한 흥미로운 변경은 사람이 볼 수 있거나 볼 수 없을 수도 있으며, 자연스러울 수도 있고 대립적인 방법으로도 할 수도 있다.

훈련 데이터의 레이블을 섭동하는 방법은 고전적인 민감도 분석 접근방식이다. 모델이 무작위로 섞인 레이블에서도 똑같이 잘 작동하거나, 같은 특성이 섞인 레이블에 대해서도 중요하게 보인다면, 이는 좋은 징후가 아니다. 또한 과소특정화[20](즉, 테스트 데이터에서는 잘 작동하지만 실제로는 제대로 작동하지 않는 경우)을 테스트할 때 모델을 섭동할 수 있다. 시스템 훈련에 사용되는 무작위 초깃값과 GPU 개수와 같이 구조적으로 의미가 없는 초개매개변수를 섭동하는 것이 모델 성능에 의미 있는 영향을 미친다면, 모델은 여전히 특정 훈련 데이터셋과 검증 데이터셋, 테스트 데이터셋에 집중하고 있는 것이다. 마지막으로, 최악의 상황이나 공격 시나리오에서 모델이 어떻게 작동하는지 이해하기 위해 의도적으로 대립예제를 만들 수 있다.

분포 변화

분포 변화는 딥러닝에서 심각한 버그이며, 민감도 분석을 수행하는 주된 이유 중 하나다. 머신러닝에서와 마찬가지로 새로운 데이터의 변화에 대한 강건성이 부족하면 실제 환경에서의 성능이 저하할 수 있다. 예를 들어, 이미지 세트의 모집단은 시간이 지남에 따라 변할 수 있다. **부모집단 변화**subpopulation shift라고 하는 이 현상은 이미지에서 비슷한 객체나 개인의 특성이 시간이 지남에 따라 변할 수 있으며, 새로운 데이터에서 새로운 부모집단을 발견할 수 있다. 시스템 배포 후에 이미지 세트의 전체 분포도 바뀔 수 있다. 부모집단과 전체 모집단 변화에 대한 모델 성능을 강화하는 것은 중요한 딥러닝 디버깅 단계이다.

---

20 *https://arxiv.org/pdf/2011.03395.pdf*

개선

모든 머신러닝이 그렇듯이, 더 많고 더 좋은 데이터를 확보하는 것이 딥러닝의 주된 개선 방법이다. 앨버멘테이션Albumentations[21]와 같이 왜곡된 이미지로 데이터를 보강하는 자동화된 접근방식은 더 많은 훈련 데이터와 테스트 데이터를 만드는 데 더 많은 환경에서 실행 가능한 솔루션이 될 수 있다. 데이터에 확신이 있다면 단위 테스트 및 통합 테스트, 예외 처리exception handling와 같은 기본적인 품질보증 접근방식을 사용해서 실제 성능에 최적화되기 전에 많은 버그를 잡을 수 있다. Weight & Biases 실험 추적기experiment tracker[22]와 같은 특수 도구를 사용하면 모델 훈련에 관한 더 나은 통찰력을 얻을 수 있으므로 숨겨진 모든 소프트웨어 버그를 식별하는 데 도움이 된다. 또한 정칙화나 사람의 도메인 지식에 기반한 제약조건, 대립적 조작을 방어하도록 설계된 강건한 머신러닝[23] 접근방식을 적용해 모델을 더 안정적이고 강건하게 만들 수 있다.

딥러닝 디버깅은 개념 복습에서 설명한 모든 이유를 포함한 여러 이유로 특히 어려울 수 있다. 하지만 이 장에서 버그를 찾고 수정하는 데 실용적인 아이디어를 제공할 수 있기를 바란다. 이제 이 장의 사례를 살펴보도록 한다. 다음 절에서는 데이터 품질 문제와 데이터 유출, 소프트웨어 버그, 모델의 과도한 민감도를 주의 깊게 살펴본다. 많은 문제를 발견하고 해결해 나갈 것이다.

9.2 파이토치 이미지 분류기 디버깅하기

나중에 설명하겠지만, 심각한 정렬 문제를 해결하려고 흉부 엑스레이를 수작업으로 잘라내는 작업을 마무리했다. 검증 과정에서 데이터 유출을 발견했는데, 이를 어떻게 발견하고 수정했는지 살펴본다. 실험 추적기를 적용하는 방법과 그 결과도 알아본다. 몇 가지 표준 대립 공격을 시도해보고, 그 결과를 바탕으로 더 강건한 모델을 만드는 데 도움이 되는 방안을 설명한다. 또한 완전히 새로운 테스트 세트에 모델을 적용하고 새로운 모집단에서의 성능을 분석한다. 다음 절에서는 버그를 발견한 방법과 딥러닝 파이프라인의 문제를 식별하는 데 도움이 될 몇 가지 일반적인 기법을 알아본다. 그런 다음 버그를 수정한 방법과 딥러닝을 위한 몇 가지 일반적인 버그 수정 접근방식을 살펴본다.

----

21 *https://albumentations.ai/docs/*
22 *https://wandb.ai/site/experiment-tracking*
23 *https://www.robust-ml.org* (옮긴이_ 지금은 연결되지 않는 URL입니다.)

9.2.1 데이터 품질 및 유출

7장에서도 강조했듯이 이 사례 연구에 사용된 흉부 엑스레이 데이터셋[24]에는 고유한 문제점이 있다. 데이터셋의 목표 클래스 분포가 왜곡되었다. 즉, 정상 클래스보다 폐렴 클래스에 속하는 이미지가 더 많다. 검증 데이터셋은 너무 작아서 의미 있는 결론을 도출할 수 없다. 또한 이미지에는 텍스트나 토큰 형태의 표시가 있다. 일반적으로 병원이나 부서마다 기계가 생성하는 엑스레이에는 특정 스타일이 있다. 이미지를 주의 깊게 살펴보면 [그림 9-1]과 같이 원치 않는 표시와 탐색자probe 등의 잡음이 많이 관찰된다. 매우 세심하게 처리하지 않으면 **단축학습**이라고 하는 프로세스에서 이런 표시는 딥러닝 학습 과정의 초점이 될 수 있다.

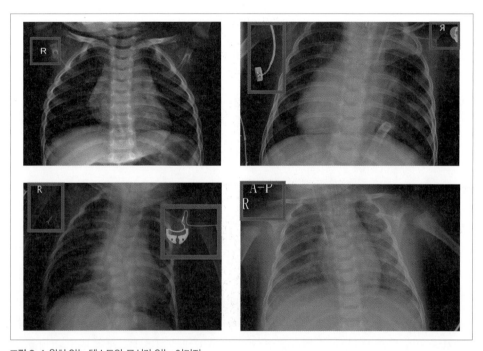

그림 9-1 원치 않는 텍스트와 표시가 있는 이미지

이미지 자르기와 정렬을 조사할 때 데이터 유출도 발견했다. 간단히 말해, 데이터 유출은 검증 데이터나 테스트 데이터의 정보를 모델이 훈련 중에 사용할 수 있을 때 발생한다. 이런 데이터로 훈련한 모델은 테스트 세트에서 낙관적인 성능을 보이지만, 실제 세상에서는 성능이 저하할

------

24 https://www.kaggle.com/datasets/paultimothymooney/chest-xray-pneumonia

수 있다. 딥러닝에서 데이터 유출은 다음과 같은 여러 이유로 발생할 수 있다.

무작위 데이터 파티션 분할

이는 데이터 유출의 가장 일반적인 원인으로, 동일한 개인을 나타내는 표본이 검증 데이터셋이나 테스트 데이터셋에서 발견되고 훈련 데이터셋에서도 나타날 때 발생한다. 이 경우 훈련 데이터에 동일한 개인의 이미지가 여러 개이므로 훈련 데이터 파티션 간의 간단한 무작위 분할로 인해 같은 환자의 이미지가 훈련 및 검증 데이터셋이나 테스트 데이터셋에 포함될 수 있다.

데이터 증식으로 인한 유출

데이터 증식은 딥러닝 파이프라인의 필수적인 부분인 경우가 많으므로 훈련 데이터의 대표성과 양을 모두 향상하는 데 사용된다. 하지만 데이터 증식을 제대로 하지 못하면, 데이터 유출의 심각한 원인이 될 수 있다. 데이터 증식에 주의를 기울이지 않으면, 동일한 실제 이미지로 만들어진 새로운 합성 이미지가 여러 데이터셋에 포함될 수 있다.

전이학습 중 유출

원본 데이터셋과 목표 데이터셋이 같은 정의역에 속할 때 전이학습이 데이터 유출의 원인이 될 수 있다. 한 연구[25]에서는 CIFAR-10 테스트 예제에 큰 영향을 미치는 이미지넷ImageNet 훈련 예제를 조사했다. 저자들은 이런 이미지가 해상도만 높을 뿐 목표 작업의 이미지와 동일한 사본인 경우가 많다는 사실을 발견했다. 이렇게 사전훈련된 모델을 잘못된 데이터셋에 사용하면, 사전훈련 자체가 매우 은밀한 데이터 유출을 초래한다.

사용사례에서 훈련 데이터셋에 동일한 환자의 이미지가 여러 장 포함되었다는 사실을 발견했다. 모든 이미지에 고유한 이름이 있지만, [그림 9-2]와 같이 한 환자의 엑스레이 이미지가 두 장 이상인 경우가 관찰되었다.

[그림 9-2]와 비슷한 한 환자의 여러 엑스레이 이미지를 훈련 데이터셋과 검증(또는 테스트) 데이터셋으로 표본추출하면 테스트 데이터셋에서 인위적으로 높은 성능을 얻을 수 있다. 그러나 실제 환경에서 훈련 데이터의 환자가 아닌 새로운 환자를 접하면 성능이 예상보다 더 떨어질 수 있다. 주의해야 할 또 다른 데이터 문제는 잘못 레이블링된 표본이다. 우리는 방사선 전문의가 아니므로 올바르게 레이블링 된 이미지와 그렇지 않은 이미지를 구별할 수 없다. 도메인 전문가가 없다면 잘못 레이블링된 데이터를 식별하려고 주변아래면적AUM, area under the margin

25 https://gradientscience.org/data-transfer/

순위[26]와 같은 수학적 접근방식에 의존해야 한다. 주변아래면적 순위에서는 의도적으로 잘못 레이블링된 훈련 인스턴스를 사용해 자연적으로 발생하는 잘못된 레이블이 붙은 이미지의 오류 프로파일error profile을 학습한 다음, 이를 찾는다. 우리는 여전히 도메인 전문가와 함께 일하는 것을 선호하며, 딥러닝 워크플로의 시작 단계에서 개발 데이터셋의 기준값을 검증할 때 도메인 전문가를 참여시키는 것이 매우 중요하다.

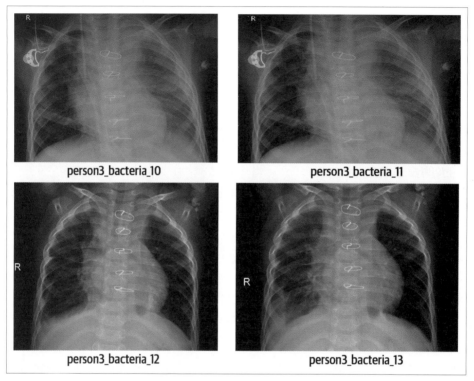

그림 9-2 훈련 데이터셋에 있는 한 명의 환자에 대한 여러 장의 흉부 엑스레이 이미지

9.2.2 딥러닝 소프트웨어 테스트

3장에서 설명한 단위 테스트, 통합 테스트, 기능 테스트, 카오스 테스트는 모두 딥러닝 시스템에 적용할 수 있으며, 이를 통해 제품에서 파이프라인 코드가 예상대로 작동할 것이라는 확신을 높일 수 있다. 소프트웨어 품질보증을 통해 코드 메커니즘이 의도한 대로 작동할 가능성을

---

26 *https://arxiv.org/pdf/2001.10528.pdf*

높일 수 있지만, 머신러닝과 수학 문제는 여전히 남아있다. 딥러닝 시스템은 방대한 데이터와 매개변수 세트를 포함하는 복잡한 엔티티다. 따라서 추가로 머신러닝에 특화된 테스트를 거쳐야 한다. 무작위 공격은 좋은 출발점이 된다. 모델을 대량의 무작위 데이터에 노출하면 다양한 소프트웨어 문제와 머신러닝 문제를 파악할 수 있다. 벤치마킹은 3장에서 여러 번 설명한 또 다른 유용한 방법이다. 모델을 벤치마크와 비교함으로써 모델의 성능을 확인할 수 있다. 벤치마크는 시간이 지남에 따라 시스템의 개선 사항을 체계적으로 추적하는 데 도움이 된다. 모델이 단순 벤치마크 모델보다 성능이 좋지 않거나 최근 벤치마크보다 성능이 떨어졌다면 모델 파이프라인을 다시 확인할 필요가 있다.

논문 「딥러닝 버그 특성에 관한 종합적인 연구」[27]에서는 딥러닝에서 가장 흔한 소프트웨어 버그를 잘 정리했다. 필자들은 스택 오버플로Stack Overflow의 게시물과 널리 사용되는 딥러닝 라이브러리(파이토치 등)의 깃허브 버그 수정bug fix 커밋에 관해 자세히 연구했고, 데이터와 논리 버그는 딥러닝 소프트웨어에서 가장 심각한 버그 유형이라고 결론을 내렸다. 딥러닝 시스템에서 버그를 감지하고 수정하는 데 도움이 되는 딥러닝용 품질보증 소프트웨어도 출시되고 있다. 예를 들어, DEBAR[28]는 훈련 전에 아키텍처 수준에서 신경망의 수치 버그numerical bug를 감지하는 기술이다. GRIST[29]라는 기법은 딥러닝 인프라infrastructure에 내장된 기울기 계산 기능을 활용해 수치 버그를 확인한다. 특히 자연어 처리 모델 테스트를 위해 체크리스트[30]는 소프트웨어 공학의 기능 테스트 원칙에서 영감을 받아 테스트 사례를 만들어 낸다.

우리 사용사례에서는 단위 테스트나 무작위 공격을 충분히 적용하지 않았다는 점을 인정한다. 우리 테스트 과정은 훨씬 더 많은 수작업으로 진행되었다. 또한 딥러닝에서 주된 버그의 원인인 데이터 유출과 정렬 문제와 씨름하는 것 외에도 몇 달에 걸쳐 비공식 벤치마크를 사용해 모델 성능의 진행 상황을 관측하고 검증했다. 또한 「딥러닝 버그 특성에 관한 종합적인 연구」에서 설명한 주요 버그에 대해 우리의 파이프라인을 점검했다. 실험 추적 소프트웨어도 적용했는데, 파이프라인의 많은 복잡한 측면을 시각화하고 모델이 예상대로 작동하고 있다는 확신을 얻을 수 있었다. 실험 추적기와 기타 데이터 및 소프트웨어 버그에 관한 설명은 9.2.4절 '개선'에서 자세히 설명한다.

27 https://arxiv.org/abs/1906.01388
28 https://github.com/ForeverZyh/DEBAR
29 https://github.com/Jacob-yen/GRIST
30 https://github.com/marcotcr/checklist

9.2.3 딥러닝 민감도 분석

민감도 분석을 다시 사용해 다양한 섭동이 모델 예측에 미치는 영향을 평가한다. 머신러닝 시스템의 일반적인 문제는 좋은 상황에서 뛰어난 성능을 보이지만, 입력 데이터가 조금만 변경되어도 상태가 많이 안 좋아진다는 점이다. 연구에 따르면 입력 데이터 분포가 조금만 바뀌어도 딥러닝 시스템과 같은 최첨단 모델의 강건성[31]에 영향을 미칠 수 있다는 사실이 반복적으로 밝혀졌다. 이 절에서는 모델의 강건성을 평가하는 수단으로 민감도 분석을 사용한다. 가장 좋은 모델에 분포 변화와 대립 공격을 포함하는 일련의 민감도 테스트를 진행해 훈련된 조건과 다른 조건에서도 잘 작동하는지 확인한다. 이 장에서는 몇 가지 섭동 디버깅 방법을 간략하게 설명한다.

정의역 및 부모집단 변화 테스트

분포 변화는 훈련 데이터의 분포가 테스트 데이터의 분포나 시스템이 배포된 후 발생하는 데이터의 분포와 많이 다른 경우다. 이런 변화는 다양한 이유로 발생할 수 있으며 배포 전에 충분히 훈련하고 테스트한 모델에 영향을 미칠 수 있다. 때로는 데이터에 통제할 수 없는 자연스러운 변화가 발생하기도 한다. 예를 들어, 코로나19 이전에 만들어진 폐렴 분류기는 유행병 이후의 데이터로 테스트하면 결과가 다를 수 있다. 역동적인 세상에서 분포 변화는 매우 빈번하게 일어나므로, 이를 감지하고 측정하고 적시에 수정하는 것이 중요하다.

데이터 분포의 변화는 피할 수 없으며, 이런 변화가 발생하는 이유는 다양하다. 이 절에서는 먼저 정의역(또는 모집단) 변화, 즉 새로운 데이터가 다른 정의역에서 온 경우에 초점을 맞춘다. 그런 다음 덜 극적이지만 여전히 문제가 되는 부모집단 변화를 강조한다. 필자들은 중국 광저우시 여성아동의료센터의 1~5세 소아 환자의 데이터셋[32]으로 폐렴 분류기를 훈련했다. 다른 분포를 따르는 데이터셋에서 모델의 강건성을 확인하려고 다른 병원과 다른 연령대의 데이터셋으로 성능을 평가했다. 당연히 분류기는 새로운 데이터를 보지 못했으며, 그 성능은 더 범용적으로 사용할 수 있는지를 나타낸다. 이런 테스트에서는 좋은 성적을 내기가 어려우며, 이를 **분포 외 일반화**out-of-distribution generalization라고 한다.

새로운 데이터셋은 미국 국립보건원NIH, National Institute of Health 임상센터Clinical Center에서 제공하는

---

31 https://oreil.ly/Easl_
32 https://www.cell.com/cell/fulltext/S0092-8674(18)30154-5

데이터로, 미국 국립보건원 다운로드 사이트[33]에서 다운로드할 수 있다. 데이터셋의 이미지는 폐렴을 포함한 일반적인 14가지의 흉부 질환$^{thoracic\ disease}$과 1개의 '소견 없음$^{no\ findings}$'을 포함한 총 15개 클래스로 구성된다. 여기서 '소견 없음'은 14가지 질병 패턴이 이미지에서 발견되지 않았음을 의미한다. 데이터셋의 각 이미지에는 여러 레이블이 있을 수 있다. 데이터셋은 미국 국립보건원 임상센터의 임상 PACS 데이터베이스[34]에서 추출한 것으로, 병원에 있는 모든 정면 흉부 엑스레이의 약 60%에 해당한다.

앞서 언급했듯이, 새 데이터셋은 훈련 데이터와 여러모로 다르다. 먼저 훈련 데이터와는 달리 새 데이터에는 폐렴 이외의 다른 레이블이 있다. 이 차이를 처리하기 위해 데이터셋에서 '폐렴^{pneumonia}'과 '소견 없음' 이미지만 수작업으로 추출해 폐렴과 정상 이미지로 저장했다. 14가지 주요 흉부 질환이 없는 이미지는 정상 범주에 넣을 수 있다고 가정한다. 새로운 데이터셋은 미국 국립보건원 데이터셋의 부표본^{subsample}으로 폐렴과 정상 사례의 표본이 거의 균형을 이루도록 만들었다. 이처럼 검사를 받은 환자의 절반이 폐렴에 걸렸다는 암묵적인 가정이 특히 실제 환경과는 맞지 않을 수 있다. 하지만 7장에서 얻은 최고 모델을 분포 변화 조건에서 테스트하고 싶었으며, 이것이 필자들이 찾은 가장 합리적인 데이터였다.

[그림 9-3]은 두 테스트 세트의 흉부 엑스레이를 비교하고, 두 개의 서로 다른 분포를 시각적으로 보여준다. 그림의 위쪽 이미지는 훈련 데이터셋과 같은 분포에서 표본추출한 것이고, 그림의 아래쪽 이미지 세트는 완전히 다른 분포에서 표본추출한 것이다. 소아 이미지로 훈련한 폐렴 분류기가 성인에 대해서도 잘 작동할 것이라고 기대하지는 않지만, 정의역이 완전히 바뀌었을 때 시스템의 성능이 얼마나 안 좋아지는지, 그리고 시스템의 한계를 측정하고 문서 기록으로 남겨 언제 모델을 사용할 수 있거나 사용할 수 없는지 알고 싶었다. 이는 모든 고위험 애플리케이션에 필요한 좋은 아이디어다.

이 애플리케이션에서는 각 훈련 데이터의 예가 이미지이므로 암시적인 데이터 가정을 이해하는 것은 시각적 연습에 더 가깝다. 정형 데이터에서는 어떤 데이터가 분포를 벗어났는지 알아낼 때 기술통계$^{descriptive\ statistic}$를 사용하는 경우가 많다.

---

33 *https://nihcc.app.box.com/v/ChestXray-NIHCC*
34 *https://nihcc.app.box.com/v/ChestXray-NIHCC/file/220660789610*

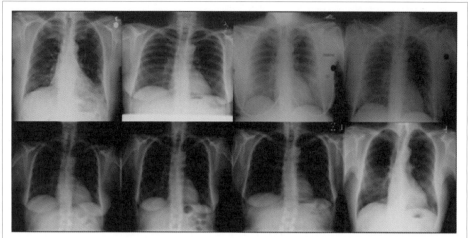

훈련 데이터셋과 같은 분포를 따르는 테스트 데이터셋에서 무작위 추출함

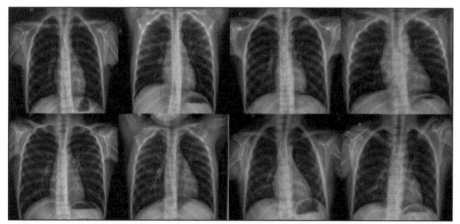

훈련 데이터셋과 다른 분포를 따르는 테스트 데이터셋에서 무작위 추출함

그림 9-3 두 개의 다른 분포 데이터셋에서 추출한 엑스레이 표본 비교

훈련을 받지 않은 사람의 눈에는 두 이미지 세트가 비슷해 보인다. 폐렴 환자와 정상 환자의 엑스레이 스캔을 구분하기 어렵다. 필자들이 처음 발견한 차이점은 미국 국립보건원 데이터셋의 이미지가 다른 표본보다 더 흐릿하다는 점이다. 하지만 방사선 전문의는 해부학적으로 중요한 차이점을 쉽게 지적할 수 있다. 일례로 문헌 검토를 통해 소아 엑스레이에서는 노인 환자에게 는 발견되지 않는 상완부에 닫히지 않은 성장판이 나타난다는 사실을 알 수 있었다(그림 9-4 참고). 훈련 데이터의 모든 환자는 5세 미만의 소아이므로 이들의 엑스레이에는 이런 특성이

나타날 가능성이 높다. 모델이 이런 유형의 특성을 포착하고 단축학습 등의 잘못된 학습 과정을 통해 이 특성을 폐렴 레이블에 연결하면 이런 잘못된 상관관계 때문에 해당 특성이 없는 새로운 데이터에서는 성능이 떨어질 수 있다.

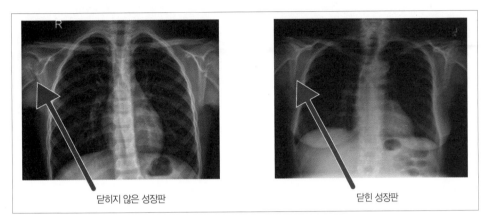

닫히지 않은 성장판   닫힌 성장판

그림 9-4 소아 엑스레이(왼쪽)와 성인 엑스레이(오른쪽) 비교

이제 진실을 확인하는 순간이다. 새로운 분포를 따르는 테스트 데이터로 가장 좋은 모델을 테스트했지만, 결과는 그렇게 좋지 않았다. 이 정의역 변화 연습을 진행하면서 우려했던 부분이 대부분 사실로 드러났다. [표 9-1]을 보면서 몇 가지 결론을 내릴 수 있었다.

표 9-1 다른 분포를 따르는 테스트 데이터셋에서의 폐렴 분류기 모델 성능을 보여주는 혼동행렬

	정상으로 예측	폐렴으로 예측
실제 정상	178	102
실제 폐렴	130	159

이 분류기는 실제로 폐렴에 걸린 환자의 정상 클래스를 제대로 예측하지 못하는 경우가 상당히 많다. 의료 진단 맥락에서 폐렴 환자를 정상으로 예측하는 미탐지(즉, 위음성)은 매우 위험하다. 이런 모델을 병원에 배포하면 아픈 환자는 제때 정확한 치료를 받지 못할 수 있으므로 해로운 결과로 이어진다. [표 9-2]는 분류기의 추가 성능 측정지표를 보여준다.

표 9-2 다른 분포를 따르는 테스트 데이터셋에서의 추가 성능 측정지표

클래스	개수	정밀도	재현율	F1
정상	280	0.58	0.64	0.61
폐렴	289	0.61	0.55	0.58

더 좋은 모델을 훈련할 수 있었을까? 데이터는 충분했을까? 새 데이터셋의 불균형을 제대로 관리했을까? 새 데이터셋에서 선택한 표본이 실제 정의역이나 모집단 변화를 반영했을까? 이런 질문의 답을 100% 확신할 수는 없지만, 모델의 일반화 능력과 고위험 시나리오에 이런 모델을 배포할 의향에 대해 어느 정도 명확히 할 수 있었다. 훈련 데이터 이외의 데이터에서도 잘 작동하는 폐렴 분류기를 훈련할 수 있을 것이라는 (의료 전문가가 아닌) 필자들의 꿈은 사라졌다. 또한 의료 이미지 분류기를 훈련하는 일이 얼마나 어려운지 다시 한번 강조하고 싶다.

정의역 변화와 함께 분류에 영향을 미치는 덜 극단적인 유형의 데이터 변화도 고려해야 한다. 부모집단 변화는 새 데이터에 동일한 모집단이 있지만 분포가 다를 때 발생한다. 예를 들어, 나이가 조금 더 많거나 적은 어린이, 다른 비율의 소아 폐렴 사례, 신체적 특성이 약간 다른 인구 통계학적 어린이 집단을 만날 수 있다. 「품종: 부모집단 변화에 대한 벤치마크」[35]에 설명된 접근방식은 후자에 해당하는데, 개체의 특정 **품종**breed이 벤치마크 데이터셋에서 제외되어 훈련 중에 관측되지 않는다. 저자들은 널리 사용되는 벤치마크 데이터셋에서 특정 부모집단을 제거해 새로운 부모집단의 출현에 따른 영향을 어느 정도 식별하고 완화할 수 있었다. 또한 이들은 강건성[36]에 대한 연구 결과를 구현하는 도구도 개발하고 있다. robustness 패키지는 품종 벤치마크를 다시 만들기 위한 지원 도구 외에도 다양한 유형의 모델 훈련 기능과 대립 훈련 기능, 입력 조작 기능을 지원한다.

고위험 시나리오에서 머신러닝과 딥러닝의 도전 과제를 명확히 파악하는 것이 중요하다. 정확하고 강건한 의료 이미지 분류기를 훈련하려면 정확하게 레이블링된 다량의 데이터와 전문 지식의 통합, 최첨단 머신러닝, 엄격한 테스트가 필요하다. 또한 「안전하고 신뢰할 수 있는 머신러닝」[37]의 저자들이 지적했듯이, 기본적으로 훈련 기간 동안 배포 환경의 모든 위험을 파악하는 일은 불가능하다. 그 대신 발생할 가능성이 있는 문제에 대해 명시적으로 보호되는 모델을

---

35 https://arxiv.org/pdf/2008.04859.pdf

36 https://github.com/MadryLab/robustness

37 https://arxiv.org/pdf/1904.07204.pdf

만드는 데 중점을 둔 선제적 접근방식으로 워크플로를 전환하는 데 노력을 기울여야 한다.

다음으로 모델의 불안정성과 보안 취약점을 모두 이해하는 데 도움이 되는 대립예제 공격을 알아본다. 대립예제를 찾으면 더 강건한 딥러닝 시스템을 선제적으로 훈련하는 데 도움이 될 수 있다.

대립예제 공격

8장에서는 표 형식 데이터셋에 관련된 대립예제를 소개했다. 대립예제는 모델 출력에 큰 변화를 일으키는 이상한 입력 데이터의 인스턴스이다. 이 절에서는 딥러닝 폐렴 분류기의 관점에서 설명한다. 더 구체적으로는 우리 분류기가 대립예제 공격을 처리할 수 있는지 알아본다. 대립 입력은 작지만 세심하게 만들어진 잡음을 기존 데이터에 추가하는 방식으로 만들어진다. 이런 잡음은 사람이 인지할 수 없지만, 모델의 예측을 크게 바꿀 수 있다. 더 나은 딥러닝 모델을 만드는 데 대립예제를 사용한다는 아이디어는 논문 「대립예제 설명 및 활용」[38]으로 발표되었는데, 저자들은 컴퓨터 비전용 최신 딥러닝 시스템을 속이기가 얼마나 쉬운지, 그리고 대립예제를 모델 훈련에 다시 반영해 강건한 시스템을 만들 수 있다는 점을 보이면서 주목을 받기 시작했다. 이후 안면 인식facial recognition[39]과 도로 표지판 분류road sign classification[40]와 같이 안전에 중요한 애플리케이션에 중점을 둔 여러 연구가 수행되어 이런 공격의 효과를 입증했다. 이어진 '강건한 머신러닝RobustML'[41] 연구에서는 대립예제에 대한 대응책과 강건성에 집중했다.

딥러닝 시스템의 대립예제를 만드는 가장 인기 있는 방법은 빠른 경사부호법FGSM, fast gradient sign method이다. 8장에서 다룬 트리와 달리 신경망은 대부분 미분가능differentiable하다. 즉, 기울기 정보를 사용해 네트워크의 기본 오차표면error surface을 기반으로 대립예제를 구성할 수 있다. 빠른 경사부호법은 경사하강법의 반대와 비슷한 기능을 수행한다. 경사하강법에서는 모델의 **가중값**에 대한 오차함수의 기울기를 사용해 가중값을 바꾸면서 오차를 **줄이는** 방식으로 학습한다. 빠른 경사부호법은 **입력**에 대한 모델 오차함수의 기울기를 사용해 오차를 **줄이기** 위해 입력을 변경하는 방법을 학습한다.

빠른 경사부호법은 정적으로 보이는 이미지를 제공하는데, 이 이미지의 각 픽셀은 모델의 오차

---

38 *https://arxiv.org/abs/1412.6572*

39 *https://dl.acm.org/doi/10.1145/2976749.2978392*

40 *https://arxiv.org/pdf/1707.08945.pdf*

41 *https://www.robust-ml.org/* (옮긴이_ 지금은 연결되지 않는 URL입니다.)

함수를 높이도록 설계되었다. 대립예제에서 픽셀 강도의 크기^{magnitude}를 조절할 때는 주로 **엡실론**^{epsilon}이라는 조정 파라미터^{tuning parameter}를 사용한다. 일반적으로 엡실론이 클수록 대립예제의 오차가 더 나빠진다고 기대할 수 있다. 네트워크는 일반적으로 작은 섭동을 모두 합산해 모델 결과에 큰 변화를 유발하므로 엡실론을 작게 유지해야 한다. 선형모형에서와 마찬가지로 각 픽셀(입력)의 작은 변화가 시스템 출력에 큰 변화를 불러올 수 있다. 다른 저자들이 지적한 바와 같이, 저렴하고 효과적인 빠른 경사부호법이 대부분 거대한 선형모형처럼 작동하는 딥러닝 시스템에 의존한다는 역설적인 상황을 지적하지 않을 수 없다.

「대립예제 설명 및 활용」[42]에 나오는 잘 알려진 빠른 경사부호법의 예는 먼저 곰과 포유류인 판다의 이미지를 판다로 인식하는 모델을 보여준다. 그런 다음 빠른 경사부호법을 적용해 시각적으로는 똑같지만 섭동된 판다 이미지를 만든다. 이후 네트워크는 해당 이미지를 긴팔원숭이^{gibbon}나 영장류^{primate}의 한 유형으로 분류한다. CleverHans[43], Foolbox[44], 대립 강건성 도구^{ART, Adversarial-Robustness-Toolbox}[45] 등 여러 패키지를 사용해 대립예제를 만들 수 있지만, 파이토치 공식 문서의 예제를 기반으로 미세조정한 우리 폐렴 분류기에 대한 빠른 경사부호법 공격을 직접 구현했다. 그런 다음 미세조정한 모델을 공격하고 [그림 9-5]와 같이 테스트 세트의 표본을 섭동해 대립예제를 만든다. 판다를 긴팔원숭이로 만들려고 한 것이 아니라 폐렴 분류기가 거의 감지할 수 없는 잡음에 얼마나 강건한지를 알고 싶었다.

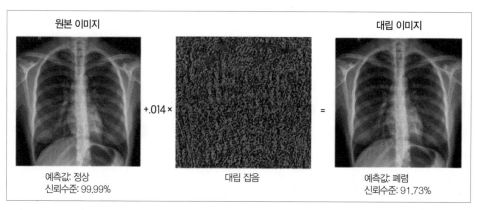

그림 9-5 보이지 않는 대립예제 공격은 폐렴 분류기의 예측을 정상에서 폐렴으로 바꾼다.

....

42 *https://arxiv.org/abs/1412.6572*

43 *https://github.com/cleverhans-lab/cleverhans*

44 *https://github.com/bethgelab/foolbox*

45 *https://github.com/Trusted-AI/adversarial-robustness-toolbox*

99%의 신뢰수준으로 정상 클래스의 이미지를 예측한 분류기가 빠른 경사부호법으로 섭동한 이미지를 폐렴 이미지로 잘못 분류했다. 잡음의 양은 거의 감지할 수 없을 정도라는 점에 유의한다.

정확도 대 엡실론 그래프를 그려 섭동의 크기가 증가하면 모델의 정확도가 어떻게 변하는지도 확인했다. 엡실론값은 대립예제를 만들기 위해 입력 이미지에 적용된 섭동을 측정한 값이다. 모델의 정확도는 일반적으로 모델이 올바르게 분류한 대립예제의 비율이다. 엡실론값이 낮을수록 섭동은 더 작으며, 엡실론값이 클수록 섭동은 더 커진다. 주어진 예에서는 엡실론이 커질수록 이미지에 적용된 섭동은 더 커지며 모델의 정확도는 떨어진다. 그래프 곡선의 모양은 특정 모델과 사용한 데이터셋에 따라 달라질 수 있지만, 일반적으로 엡실론이 커질수록 곡선은 하강한다. 정확도 대 엡실론 곡선(그림 9-6)은 섭동의 크기가 증가함에 따라 모델의 정확도가 어떻게 변하는지를 보여줄 수 있으므로 대립예제에 대한 머신러닝의 강건성을 평가하는 데 유용한 도구이다.

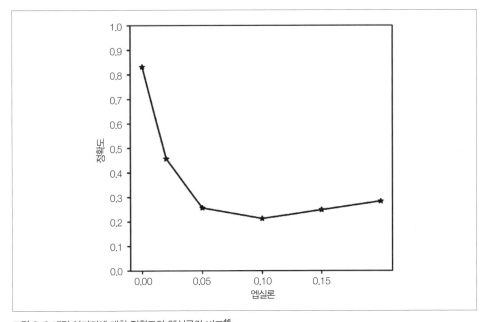

그림 9-6 대립 이미지에 대한 정확도와 엡실론값 비교[46]

....

46 원본 그림: *https://oreil.ly/Gy-Q9*

다시 말하지만, 우리는 의사나 방사선 전문의가 아니다. 하지만 이런 고위험 애플리케이션에서 눈에 보이지 않는 변화가 예측이 크게 달라지는 시스템을 어떻게 신뢰할 수 있을까? 진단 이미지에 실수로, 또는 악의적인 사용자가 일부러 삽입한 잡음이 들어가지 않았는지 확실하게 확인해야 한다. 또한 모델이 데이터 변동에 더 강건해지기를 바라듯이 잡음에도 강건하기를 바란다. 9.2.4절 '개선'에서는 대립예제를 사용해서 딥러닝 시스템을 더 강건하게 만드는 몇 가지 사례를 알아본다. 지금은 딥러닝 모델에서 다른 불안정성을 찾는 데 사용할 수 있는 또 다른 섭동 및 민감도 분석 기법을 살펴본다.

계산 초매개변수 섭동하기

문제를 해결하기에 가장 적합한 모델을 찾으려면 많은 수의 초매개변수를 정확하게 설정해야 한다. 「현대 머신러닝의 신뢰성에 대한 도전과제를 제공하는 과소특정화」[47]에서 강조한 바와 같이, 표준 평가 기법으로 초매개변수를 사용하면 테스트 데이터에서는 좋아 보이지만, 실제 환경에서의 성능은 떨어지는 모델이 만들어지는 경향이 있다. 이 과소특정화 논문에서는 이 문제를 감지하는 데 사용할 수 있는 여러 가지 테스트를 제시했다.

이 장을 포함한 여러 장에서 구간별 오차분석을 다루었지만, 이 테스트는 여전히 과소특정화와 기타 문제를 감지하려면 수행해야 할 중요한 테스트다. 과소특정화를 테스트하는 또 다른 방법은 해결하려는 문제의 구조와 관련이 없는 계산 초매개변수를 섭동하는 것이다. 이 아이디어는 무작위 초깃값이나 데이터 또는 문제의 구조와 관련이 없는 다른 것(예: GPU 수, 머신 수)을 변경하더라도 모델이 어떤 의미 있는 방식으로 변경되지 않아야 한다는 것이다. 만약 그렇게 된다면, 몇 가지 다른 초깃값이나 분포 체계^{distribution scheme}(GPU나 머신의 수)를 시도해보고 이런 변경에 따라 성능이 크게 달라지는지 테스트해야 한다. 과소특정화를 완화하는 가장 좋은 방법은 사람의 도메인 전문지식을 추가해 모델을 제한하는 것이다. 이를 수행하는 몇 가지 방법은 다음 절에서 설명한다.

9.2.4 개선

일반적으로 버그를 발견하면 수정해야 한다. 이 절에서는 딥러닝 모델의 버그를 수정하는 데 초점을 맞추고, 딥러닝 파이프라인의 문제를 개선하는 몇 가지 일반적인 접근방식을 설명한다.

---

47 *https://arxiv.org/pdf/2011.03395.pdf*

항상 그렇듯이 최악의 문제 대부분은 데이터 품질에서 발생했다. 데이터 유출을 정리하고 정렬 문제를 해결하기 위해 이미지를 수작업으로 자르는 데 긴 시간을 허비했다. 그러고 나서 새로운 프로파일링 도구를 사용해 파이프라인을 분석하고 명백한 소프트웨어 버그를 찾아 수정했다. 또한 L2 정칙화와 몇 가지 기본적인 대립 훈련 기법을 적용해 모델의 강건성을 높였다. 다음 절에서는 이 모든 과정을 어떻게 진행했는지 자세히 설명하고, 딥러닝에서 널리 사용하는 몇 가지 개선 전략도 소개한다.

데이터 수정

데이터 수정과 관련해서는 7장에서 이미 이미지를 신중하게 보강해 데이터 불균형 문제를 해결했다. 그런 다음 성능 문제 중 일부가 잡음이 심하고 정렬이 제대로 되지 않은 이미지 때문에 발생하는 것은 아닌지 생각해보았다. 이미지를 하나씩 살펴보고 사진 편집 소프트웨어로 이미지를 자르는 과정에서 데이터 유출을 발견했다. 따라서 발견한 데이터 유출을 수정한 다음, 데이터 정렬 문제를 다시 처리해야 했다. 이렇게 시간이 오래 걸리는 수작업 단계를 거친 후에야 이중 미세조정double fine-tuning 훈련 접근방식을 적용해 실제 환경에서의 모델 성능을 눈에 띄게 개선할 수 있었다.

> **NOTE** 비정형 데이터 문제에서도 가능한 한 데이터셋에 최대한 익숙해져야 한다. 구글의 '책임감 있는 인공지능 관행'[48]에서는 "가능하다면 원시 데이터를 직접 확인해야 한다"고 했다.

우리는 고유한 이미지를 훈련 세트에서 검증 세트로 이동시켜 검증 데이터셋을 수작업으로 확장해서 서로 다른 데이터셋의 개인 간 유출이 없도록 했다. 남은 훈련 이미지 세트는 파이토치에서 제공하는 변환을 사용해 보강했는데, 폐 이미지는 좌우 비대칭이므로 이미지를 좌우로 뒤집는 보강 접근방식은 사용하지 않도록 비대칭 이미지와 관련된 도메인 제약조건에 주의를 기울였다. 이로써 데이터 유출을 방지할 수 있었다.

> **CAUTION** 딥러닝 파이프라인에서의 데이터 유출이 발생하는 일반적인 원인은 데이터 증식 후 데이터를 훈련 세트와 검증 세트, 테스트 세트로 분할하기 때문이다.

---

48 https://ai.google/responsibility/responsible-ai-practices/

다음으로 시도한 수정 방법은 이미지 조작 소프트웨어를 사용해 엑스레이 일부를 수작업으로 자르는 것이었다. 파이토치에는 엑스레이 이미지의 가운데 부분을 잘라내는 데 도움이 되는 변환 기능이 있지만, 우리 데이터에는 적합하지 않았다. 그래서 과감하게 수백 장의 이미지를 직접 잘라냈다. 각 엑스레이 이미지에서 폐 영역을 보존하고, 가장자리 주변의 원치 않는 아티팩트를 제거하며, 이미지의 척도를 최대한 유지하려고 노력했다. [그림 9-7]은 잘라낸 데이터셋에서 무작위로 추출한 이미지를 보여준다(그림 9-1과 비교해보자). 또한 이미지를 잘라내는 동안 데이터 유출이 다시 발생하지 않도록 주의를 기울였으며, 잘라낸 이미지는 올바른 데이터 파티션에 들어가도록 모든 노력을 기울였다.

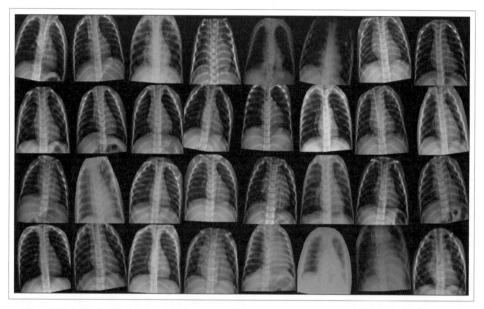

그림 9-7 수작업으로 잘라낸 엑스레이 이미지

수작업으로 이미지를 자르는 힘든 과정으로 얻을 수 있는 주된 장점은 2단계 전이학습 과정에 사용할 수 있는 또 다른 데이터셋을 만들 수 있다는 것이다. 7장에서도 설명했듯이, 전이학습을 위해 사전훈련된 DenseNet-121을 사용했다. 하지만 이 아키텍처를 훈련한 원본 데이터는 목표 영역과는 많은 차이가 있다. 따라서 먼저 보강하고 유출되지 않은 데이터셋으로 모델을 미세조정한 다음, 잘라낸 이미지 데이터셋만으로 결과 모델을 다시 미세조정하는 과정을 따랐다. [표 9-3]은 두 번째 전이학습 단계를 거친 이후 테스트 데이터셋에서의 성능을 보여준다.

표 9-3 두 번 미세조정한 후 테스트세트에서의 성능 비교

	로그손실	정확도
전이학습 1단계	0.4695	0.9036
전이학습 2단계	0.2626	0.9334

이중 미세조정한 모델이 모델 평가용 테스트 세트에서 더 좋은 성능을 보였으므로 이를 가장 좋은 모델로 선택했다. 여기까지 오는 데는 많은 수작업이 필요했는데, **이는 많은 딥러닝 프로젝트의 현실이라고 할 수 있다.**

데이터 문제를 해결하기 위한 연구에서 우리는 데이터 증식에 유용한 Albumentations 라이브러리[49]와 몇 가지 일반적인 이미지 문제를 해결하는 데 유용한 도구를 제공하는 레이블 오류 프로젝트[50]를 발견했다. 결국 수작업으로 해결하는 방식으로 되돌아갔지만, 이런 패키지는 일반적으로 도움이 될 것 같다. 깔끔한 데이터를 얻기 위한 긴 싸움을 끝내고 해당 데이터에 적합한 미세조정 과정을 찾았으니, 이제 코드로 다시 한번 확인할 차례다.

소프트웨어 수정

딥러닝 파이프라인에는 여러 단계가 있으므로 디버깅해야 할 구성요소가 많으며 통합도 고려해야 한다. 한 번에 두 개 이상의 설정이나 단계, 통합 지점을 변경하면, 어떤 변경 때문에 작업이 개선되었는지(또는 성능이 저하되었는지) 알 수가 없다. 코드 변경을 체계적으로 하지 않으면, 최고의 모델 아키텍처, 최적화기, 배치 크기, 손실함수, 활성화 함수, 학습률 등을 제대로 선택했는지 알 수가 없다. 이런 질문에 제대로 답하려면 문제를 하나씩 해결할 수 있도록 소프트웨어 디버깅을 작은 단계로 나누고 수정해야 한다. 결국 우리는 파이프라인을 체계적으로 디버깅할 수 있도록 소프트웨어 테스트 체크리스트를 만들었다.

훈련 장비 확인하기

훈련을 진행하기 전에 모델과 데이터가 항상 같은 장비(CPU나 GPU)에 있는지 확인한다. 파이토치에서는 네트워크를 훈련할 장비(CPU나 GPU)를 저장하는 변수를 초기화하는 것이 일반적인 관행이다.

```
device = torch.device("cuda:0" if torch.cuda.is_available() else "cpu")
print(device)
```

---

49 *https://albumentations.ai/docs/*

50 *https://github.com/cleanlab/label-errors*

네트워크 아키텍처 요약하기

계층과 기울기, 가중값의 출력을 요약해 불일치가 없는지 확인한다.

네트워크 초기화 테스트하기

가중값과 초매개변수의 초깃값을 확인한다. 이 값이 타당한지, 어떤 이상값이 쉽게 보이는지 살펴본다. 필요한 경우 다른 값으로 실험한다.

미니배치로 훈련 설정 확인하기

작은 데이터 배치에 과대적합해 훈련 설정을 확인한다. 성공하면 더 큰 훈련 세트에서 확인한다. 성공하지 못하면 되돌아가서 훈련 과정과 초매개변수를 디버깅한다. 다음 코드는 파이토치에서 단일 배치single batch에 과대적합하는 방법을 보여준다.

```
single_batch = next(iter(train_loader))
for batch, (images, labels) in enumerate([single_batch] * no_of_epochs):

    # 훈련 과정
    # ...
```

(초기) 학습률 조정하기

학습률이 작으면 최적화기가 매우 느리게 수렴하지만, 오차표면을 더 자세히 탐색한다. 반대로 학습률이 커지면 최적화기가 오차표면을 더 무질서하게 탐색한다. 좋은 학습률을 선택하는 일은 중요하면서도 어렵다. 다음 코드에서 볼 수 있듯이, 파이토치에는 적절한 학습률을 결정하는 데 도움이 되는 파이토치 학습률 검색기[51]와 같은 몇 가지 오픈소스가 있다. 논문 「신경망 훈련을 위한 주기적 학습률」[52]에서는 딥러닝 학습률을 선택하는 데 도움이 되는 한 가지 방법을 제시했다. 이는 사용할 수 있는 옵션의 일부에 불과하다. 자동 조정 학습률self-adjusting learning rate을 사용하는 경우, 어느 정도 현실적인 중지 기준에 도달할 때까지 훈련하지 않고는 테스트를 할 수 없다는 점도 명심해야 한다.

```
from torch_lr_finder import LRFinder

model = ...
criterion = nn.CrossEntropyLoss()
optimizer = optim.Adam(model.parameters(), lr=0.1, weight_decay=1e-2)
lr_finder = LRFinder(model, optimizer, criterion, device="cuda")
```

----

51 *https://github.com/davidtvs/pytorch-lr-finder*
52 *https://arxiv.org/pdf/1506.01186.pdf*

```
lr_finder.range_test(
    trainloader,
    val_loader=val_loader,
    end_lr=1,
    num_iter=100,
    step_mode="linear"
)
lr_finder.plot(log_lr=False)
lr_finder.reset()
```

손실함수 최적화기 개선하기

일반적으로 사용할 수 있는 머신러닝 결과를 얻으려면 손실함수를 해결하려는 문제에 맞추어야 한다. 딥러닝에서는 손실함수와 최적화기 모두를 위한 옵션과 사용할 수 있는 사용자정의customization가 너무 많아 가장 좋은 손실함수를 찾기가 매우 어렵다. 또한 훨씬 간단한 모델처럼 수렴을 보장하지도 않는다. 예제 손실함수 버그에는 파이토치에서 흔히 발생하는 문제인 교차엔트로피 손실cross-entropy loss[53] 대신 소프트맥스 손실softmax loss을 적용하는 문제를 생각해보자. 파이토치에서 교차엔트로피 손실은 로짓값을 입력으로 받는데, 확률을 입력으로 전달하면 제대로 된 출력이 나오지 않는다. 이런 문제를 방지하려면, 적절한 테스트 반복 횟수로 손실과 최적화기를 훈련하고, 반복 그래프와 예측을 확인해 최적화 과정이 예상대로 진행되는지 확인해야 한다.

정칙화 조정하기

일반적으로 최신 딥러닝 시스템이 일반화를 잘하려면 정칙화가 필요하다. 하지만 L1, L2, 중도탈락dropout, 입력 중도탈락, 잡음 주입 등 많은 옵션이 있으며, 이를 과도하게 사용할 수도 있다. 너무 많은 정칙화는 네트워크의 수렴을 방해할 수 있는데, 이는 원하는 바가 아니다. 적절한 정칙화 양과 유형을 선택하려면 약간의 실험이 필요하다.

네트워크 테스트하기

대규모 훈련 작업을 시작했지만 도중에 어딘가에서 발산하거나, 많은 칩 사이클chip cycle[54]을 소모한 후에도 좋은 결과를 얻지 못했다는 사실을 알게 되면 안타까울 수밖에 없다. 가능하면 네트워크를 최적화 과정의 깊숙한 부분까지 훈련하고 모든 것이 잘 진행되는지 확인한 후에 최종 장시간 훈련을 수행한다. 이 시운전test-drive은 최종 통합 테스트 역할도 한다.

----

53 https://oreil.ly/foC4i
54 옮긴이_ 칩이 한 번 동작하는 데 걸리는 시간. 일반적으로 클록 주기와 동일하다. 딥러닝에서는 훈련 시간의 한 측정 단위로 사용한다.

재현성 개선하기

확률적 경사하강법SGD, stochastic gradient descent 및 기타 임의성randomness이 최신 딥러닝의 많은 부분에 내장되었지만, 작업에 필요한 기준 모델이 있어야 한다. 다른 이유가 없다면, 파이프라인에 새로운 버그가 발생하지 않도록 해야 한다. 결과가 너무 들쑥날쑥하다면 데이터 분할과 특성공학, 다양한 소프트웨어 라이브러리의 무작위 초깃값, 그리고 이런 초깃값의 배치placement를 확인해야 한다. 때로는 훈련 반복 과정에 초깃값이 필요할 수도 있다. 때로는 훈련 시간을 희생하더라도 정확한 재현성을 위한 옵션이 필요할 수도 있다. 파이프라인에서 재현성 문제를 분리하기 위해 매우 느린 부분 훈련을 실행하는 것이 합리적일 수도 있다. 어렵지만, 일단 재현성 기준을 확립하면 더 좋은 모델을 만들 수 있다.

우리는 이런 단계를 수행하고, 오류를 식별하고, 다시 테스트하는 과정을 수백 번 반복하면서 수많은 오타와 오류, 그리고 논리적 문제를 해결했다. 코드를 수정한 후에는 코드를 깔끔하게 유지하고, 최대한 재현 가능한 결과를 얻고자 했다. 이를 효율적으로 수행하는 한 가지 방법은 Weight & Biases[55]와 같은 최신 실험 추적기 도구를 사용하는 것이다. [그림 9-8]은 깔끔한 대시보드에서 여러 딥러닝 모델링 실험을 추적하고 시각화하는 모습을 보여주며, 이를 활용해 버그를 줄이고 재현성을 개선할 수 있다.

앞서 언급한 디버깅 단계와 단위 테스트, 통합 테스트, 실험 추적기를 사용해 일반적으로 발생하는 버그를 식별하고 방지할 수 있지만, 훈련 코드를 복잡하게 작성하지 않는 방법도 있다. 문제가 간단하다면 수백 또는 수천 줄의 파이썬 코드를 작성하는 대신 파이토치용 고수준 인터페이스를 제공하는 파이썬 오픈소스 라이브러리인 파이토치 Lighting[56]을 사용하는 것이 좋다. 이 라이브러리는 일반적으로 반복되는 코드를 추상화하고 사용자가 엔지니어링보다는 문제에 더 집중할 수 있도록 모든 저수준 작업을 관리한다.

이제 코드 파이프라인이 예상대로 작동하고 버그가 없음을 확신하게 되었으므로, 네트워크의 안전성 문제를 해결하는 데 집중한다.

---

55 *https://wandb.ai/site/experiment-tracking*
56 *https://lightning.ai/*

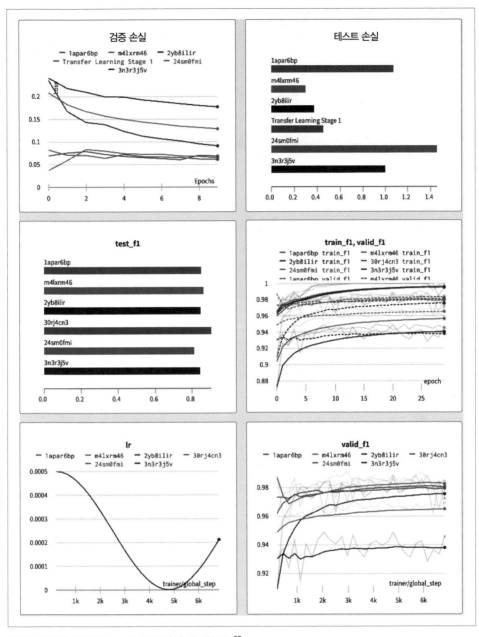

그림 9-8 Weight & Biases로 여러 실험을 추적한 결과[57]

----

57 컬러 이미지는 부록 525쪽 참조(원본 그림: *https://oreil.ly/xsUUk*).

9.2.5 민감도 수정

데이터에 문제가 있었고, 코드에도 문제가 있었다. 우리는 딥러닝 파이프라인에서 이런 문제를 해결하는 데 최선을 다했다. 이제 우리가 발견한 수학적 문제를 해결하도록 한다. 이 장에서 겪은 강건성 문제는 새로운 것이 아니며, 딥러닝에서 매우 잘 알려진 문제다. 다음 소절에서는 일반적인 강건성 문제에 관한 주요 연구에서 영감은 얻은 내용을 알아본다. 몇 가지 실제 해결책을 살펴보고 앞으로 시도해볼 수 있는 몇 가지 다른 옵션도 설명한다.

잡음 주입

네트워크의 일반화 능력이 떨어지는 가장 일반적인 원인은 과대적합이다. 특히 우리가 사용하는 작은 데이터셋에서는 더욱 그러하다. 잡음 주입은 정칙화를 사용자정의하고 파이프라인에 강한 정칙화를 추가하는 흥미로운 옵션이다. 훈련 과정에 추가 정칙화를 삽입하려고 의도적으로 훈련 데이터를 손상하는 방법을 시도했다. 훈련 표본에 잡음을 추가하면 네트워크를 입력 섭동에 더 강건하게 만들 수 있으며, 모델 매개변수에 대한 L2 정칙화와 비슷한 효과를 얻을 수 있다. 이미지에 잡음을 추가하면 원본 데이터셋으로부터 인위적인 표본을 만들기 때문에 일종의 데이터 증식이라고도 할 수 있다.

> **NOTE** 이미지에 무작위 잡음을 삽입하는 것을 **지터**jitter[58]라고 하며, 이는 신호처리에서 수십 년간 사용한 용어이다. 많은 상황에서 가우스 잡음 주입은 L2 정칙화와 같은 의미로 사용한다.

훈련 표본에 소량의 가우스 잡음을 추가했다. 노이즈로 손상된 훈련 데이터로 모델을 다시 훈련한 다음, 보이지 않는 새로운 데이터셋으로 모델을 테스트했다. 이런 정칙화를 통해 분포를 따르는 모델 평가용 데이터와 잠재적으로 분포를 따르지 않는 데이터 모두에서 모델의 일반화 능력을 개선할 수 있을 것으로 기대했다.

[표 9-4]는 잡음을 주입하고 재훈련한 결과를 보여준다.

....

58 옮긴이_ 이상적인 기준으로부터의 시간변위. 신호가 기준점보다 얼마나 빨리 혹은 늦게 나타나는가를 표현하는 값으로 이상적인 에지 포인터와 실제 측정된 파형과의 차이인 TIE(Time Interval Error) 지터와 주기(period) 지터, 사이클-사이클(Cycle-Cycle) 지터 등이 있다. 지터는 누화(crosstalk), 임피던스 부정합(impedance mismatch) 등 시스템 자체의 특성에 영향을 받거나, 심볼 간 간섭(ISI, InterSymbol Interference), 주기 찌그러짐(duty-cycle distortion) 등 데이터 자체의 특성, 또는, 열잡음(thermal noise), 분홍색 잡음(pink noise) 등 랜덤 노이즈 때문에 발생한다(출처: 정보통신용어사전).

표 9-4 분포를 따르는 데이터와 따르지 않는 데이터에서 두 모델의 손실값

	분포를 따르는 데이터	분포를 따르지 않는 데이터
원래 모델	0.26	2.92
잡음을 주입한 모델	0.35	2.67

[표 9-4]는 원본 모델과 잡음으로 손상된 데이터로 훈련한 모델의 손실값을 보여준다. L2 정칙화 모델이 원래 분포를 따르는 데이터에서 원래 모델보다 성능이 조금 더 나쁘다는 것을 알 수 있다. 손실값 0.26과 0.35는 각각 폐렴 클래스의 모델 평균 점수 0.77과 0.70에 해당한다. 반면에 잡음이 삽입된 모델은 완전히 새로운 데이터에서 원래 모델보다 조금 더 나은 성능을 보였다. 그러나 손실값 2.67은 여전히 좋지 않은 수치로, [표 9-5]에서 알 수 있듯이 이 모델은 여전히 분포를 따르지 않는 데이터에서의 성능이 무작위로 선택했을 때보다 크게 나아지지 않았다.

표 9-5 분포를 따르지 않는 데이터에 대한 잡음을 삽입한 모델의 혼동행렬

	정상으로 예측	폐렴으로 예측
실제 정상	155	125
실제 폐렴	118	171

따라서 잡음을 주입하더라도 분포를 따르지 않는 데이터에서 모델의 성능은 크게 나아지지 않았다. 하지만 모든 것이 동등하다면, 가우스 잡음의 표준편차를 줄여 정칙화 수준을 낮춘 다음 테스트 데이터에서도 적절한 성능을 발휘하는 더 정칙화된 모델을 배포할 수 있기를 바랐다. 이 예에서는 훈련 표본에만 잡음을 추가했지만, 때로는 가중값과 기울기, 레이블에도 잡음을 추가해 강건성을 높일 수 있다.

추가 안정성 개선

다른 여러 가지 안정성 개선을 방법을 시도했지만, 잡음 주입과 비슷한 결과를 얻었다. 몇 가지 방법은 약간 도움이 되었지만, 분포를 따르지 않는 데이터에 대한 성능을 '개선'하지는 못했다. 그렇다고 해서 보이지 않는 일부 데이터에 대해 모델이 개선되지 않았다는 의미는 아니다. 더 많은 데이터 증식 옵션과 잡음이 있는 레이블을 사용한 학습, 도메인 기반 제약조건domain-based constraint, 강건한 머신러닝 접근방식을 알아보면서 이 장을 마무리한다.

자동 데이터 증식

강건성을 높이는 또 다른 방법은 훈련 중에 네트워크를 더 다양한 데이터 분포에 노출시키는 것이다. 새로운 데이터를 항상 확보할 수 있지는 않지만, 효과적인 데이터 증식은 딥러닝 파이프라인에서 어느 정도 턴키 방식으로 이루어진다. Albumentations는 컴퓨터 비전 작업에 사용할 다양한 유형의 이미지를 보강하는 데 널리 사용하는 라이브러리다. Albumentations는 파이토치와 케라스Keras 같이 널리 사용하는 딥러닝 프레임워크와 쉽게 호환이 된다. AugLy[59]는 이미지뿐만 아니라 오디오, 비디오, 텍스트에 대해서도 더 강건한 딥러닝 모델을 만드는 데 초점을 맞춘 데이터 증식 라이브러리다. AugLy의 장점은 인터넷의 실제 이미지에서 영감을 얻은 100가지가 넘는 보강 옵션을 제공한다는 점이다.

잡음이 있는 레이블을 사용하는 학습

다양한 이유로 이미지의 레이블에 잡음이 있거나 레이블링이 잘못될 수 있다. 이는 최신 딥러닝 시스템을 훈련하는 데 필요한 이미지의 양이 많거나, 레이블링 관련 비용이 크거나, 복잡한 이미지를 레이블링할 때 기술적인 어려움이 있거나 하는 등의 이유로 발생할 수 있다. 실제로 이는 잡음이 있는 레이블noisy label로 모델을 훈련하고 있음을 의미한다. 가장 기본적인 수준에서 훈련 데이터 이미지 레이블의 일부를 섞어서 모델을 레이블 잡음에 더 강건하게 만들 수 있기를 바래야 한다. 물론 할 수 있는 일은 항상 더 많이 있으며, 잡음이 있는 레이블 학습은 딥러닝 연구가 분주히 이루어지는 분야다. 깃허브 noisy_labels 저장소[60]에는 다양한 잡음이 있는 레이블 학습 접근방식과 도구가 있다. 또한 7장에서 강건한 특성을 찾고 설명 기법을 확인하는 방법으로 레이블 섞기 기법을 사용했었다. 우리의 관점에서 볼 때, 설명과 특성 선택, 확인 목적으로 레이블 섞기를 사용하는 것이 오늘날 가장 중요할 수 있다.

도메인 기반 제약조건

과소특정화 문제를 해결하려면 도메인 정보나 사전 지식을 딥러닝 시스템에 통합해야 한다. 사전 지식을 딥러닝 모델에 통합하는 한 가지 접근방식은 물리학 기반 딥러닝physics-informed deep learning[61]으로, 해결해야 할 문제와 관련된 해석 방정식analytical equation을 네트워크의 손실함수와 기울기 계산에 추가하는 방법이다. 사전훈련은 머신러닝 시스템을 해당 분야로 제한하는 또 다른 방법이다. 분야적용 사전훈련domain-adaptive pretraining 또는 작업적응 사전훈련task-adaptive pretraining[62]이라고 하는 방법은 분야별 또는 작업별 사전훈련을 하는 동안 학습된 가중값을 지도학습에 사용하거나 네트워크의 미세조정에 사용해 훈련을 해당 분야에 더 적합하게 제한할 수 있다. 또한 (텐서플로의 격자Lattice에서와 같이) 단조제약조건이나 형상 제약조건shape constraint을 적용해 입력과 목표 간에 모델링된 관계가 인과관계를 따르도록 할 수 있다. 기본 사항도 잊어서는 안 된다. 손실함수를 알려진 목표와 오차분포에 맞춰야 한다. 도메인 지식 주입과 관련된 자세한 내용은 지식의 출처와 지식의 표현, 머신러닝 파이프라인에 통합에 관한 광범위한 검토를 다룬 「정보 기

---

59 https://github.com/facebookresearch/AugLy

60 https://github.com/udibr/noisy_labels

61 https://www.sciencedirect.com/science/article/abs/pii/S0021999118307125

62 https://arxiv.org/pdf/2004.10964.pdf

반 머신러닝」[63]을 참고한다.

강건한 머신러닝

강건한 머신러닝은 다소 헷갈릴 수 있는 이름이지만, 모델의 대립 조작을 다루는 딥러닝 연구 분야에서 일반적으로 사용하는 용어다. Robust ML[64]은 커뮤니티에서 운영하는 웹사이트로 다양한 방어 전략을 통합하고, 주로 대립예제 공격과 데이터 오염에 대한 다양한 대응책과 방법을 제공한다. 강건한 머신러닝은 광범위한 연구 분야지만, 몇 가지 일반적인 방법으로는 대립예제에 대한 재훈련과 그레이디언트 마스킹gradient masking, 데이터 오염에 대한 대응책 등이 있다.

대립예제에 대한 재훈련

널리 사용되는 기법으로는 적절하게 레이블링된 대립예제로 재훈련하는 방법이 있으며, 이런 예제는 빠른 경사부호법과 같은 방법으로 찾을 수 있다(우리도 이 방법을 시도했지만, 결과는 잡음 주입 결과와 거의 비슷했다). 이 기법은 원본 데이터와 대립예제를 조합한 데이터로 모델을 재훈련하는 것을 포함하며, 재훈련 후에는 모델이 이미 많은 대립예제를 보았으므로 모델을 속이기가 더 어려워질 것이다. 매드리 연구소Madry Lab[65]의 논문 「대립예제는 버그가 아니라 특성이다」[66]는 강건한 입력특성을 식별하는 관점에서 대립예제를 이해하는 방법에 관한 더 많은 관점을 제공한다.

그레이디언트 마스킹

그레이디언트 마스킹은 기울기를 변경하는 방식으로 작동하므로 공격자가 대립예제를 만들 때 유용하지 않다. 그레이디언트 마스킹은 실제로 좋은 방어 수단이 아니며 목적이 있는 공격자가 쉽게 우회할 수 있음이 밝혀졌다.[67] 하지만 그레이디언트 마스킹의 취약점에서 영감을 받은 공격 기법이 많으므로 레드 팀과 테스트 목적으로 그레이디언트 마스킹을 이해하는 것이 중요하다. 예를 들어, Foolbox 라이브러리[68]에서는 **기울기 치환**gradient substitution, 즉 원래 모델의 기울기를 매끄러운 기울기로 대체하고, 이렇게 치환된 기울기를 사용해 효과적인 대립예제를 만드는 사례를 잘 설명했다.

데이터 오염의 대응책

데이터 오염을 감지하고 완화하는 여러 가지 방어책이 있다. 예를 들어, 대립 강건성 도구[69]에는 은닉단위 활성화hidden unit activation 및 데이터 출처에 기반한 탐지 방법과 스펙트럼 서명spectral signature을 사용하는 탐지 방법이 들어있다. 각 방법의 기본 아이디어는 데이터 오염으로 만들어진 백도어를 작동

---

63 https://arxiv.org/pdf/1903.12394.pdf

64 https://www.robust-ml.org (옮긴이_ 지금은 실행되지 않는 URL입니다.)

65 https://mardy-lab.ml (옮긴이_ 지금은 실행되지 않는 URL입니다.)

66 https://arxiv.org/abs/1905.02175

67 https://arxiv.org/abs/1802.00420

68 https://github.com/bethgelab/foolbox/blob/master/examples/substituion_model_pytorch_resnet18.py

69 https://github.com/Trusted-AI/adversarial-robustness-toolbox

하면 은닉 단위가 비정상적인 방식으로 활성화되어야 하므로 드문 경우에만 사용해야 하며, (훈련 데이터 처리에 관한 자세한 이해와 내용을 기록하는) 데이터 출처를 통해 데이터가 오염되지 않았음을 확인할 수 있으며, 주성분분석을 사용해 대립예제의 징후를 찾는 것이다. 대립 강건성 도구가 데이터 오염을 탐지하는 방법의 예는 활성화 방어 데모 activation defense demo[70]를 참고한다.

보시다시피 딥러닝의 강건성을 높이는 옵션이 많다. 새로운 데이터에서의 강건한 성능이 가장 걱정된다면 잡음 주입과 데이터 증식, 잡음이 있는 레이블 기법이 가장 도움이 될 수 있다. 도메인 지식을 더 많이 주입할 수 있다면 항상 그렇게 해야 한다. 그리고 보안과 대립 조작이 걱정된다면 공식적인 강건한 머신러닝 방법론을 고려해야 한다. 언제 어떻게 수정해야 하는지에 관한 경험에서 우러난 일반적인 법칙과 논리적인 아이디어가 몇 가지 있지만, 데이터와 모델, 애플리케이션에 가장 적합한 방법을 찾으려면 다양한 기법을 시도해봐야 한다.

9.3 결론

이 모든 테스트와 디버깅을 거쳤더라도 이 모델을 배포하면 안 된다고 확신한다. 필자 중 누구도 자신을 딥러닝 전문가라고 생각하지는 않지만, 이를 통해 과도한 딥러닝 열풍에 관한 의문을 가질 수밖에 없다. 필자의 팀이 수개월간의 작업 끝에 이 모델을 제대로 만들지 못했다면, 실제로 고위험 딥러닝 분류기를 제대로 작동시키려면 실제로 무엇이 필요할까? 우리에는 좋은 GPU와 다년간의 머신러닝 경험이 있다. 하지만 그것만으로는 충분하지 않다. 접근방식에서 빠진 두 가지 분명한 요소는 대규모 훈련 데이터와 도메인 전문가다. 다음에 고위험 딥러닝 애플리케이션을 다룰 때 이런 종류의 자원에 접근할 것이다. 그러나 이는 소수의 데이터과학자가 수행할 수 있는 프로젝트가 아니다. 이 책에서 반복해서 강조하는 교훈은 고위험 프로젝트를 성공적으로 수행하려면 몇 명의 데이터과학자만으로는 안 된다는 점이다.

적어도 제대로 레이블링된 이미지를 얻으려면 전체 공급망과 고임금의 도메인 전문가가 필요하다. 이렇게 좋은 자원이 있더라도 이 장에서 설명한 테스트를 수행해야 한다. 전반적으로 필자들의 딥러닝 경험은 답보다 더 많은 질문을 남겼다. 얼마나 많은 딥러닝 시스템이 도메인 전문지식과 함께 대규모 데이터셋으로 훈련되었을까? 얼마나 많은 딥러닝 시스템이 이 장에서

---

70 https://github.com/Trusted-AI/adversarial-robustness-toolbox/blob/main/examples/mnist_poison_detection.py

설명한 수준의 테스트를 거쳐 배포되었을까? 이때 정말로 시스템에는 버그가 없었을까? 아니면 버그가 없다고 가정하고 배포되었을까? 저위험 게임이나 앱이라면 이는 큰 문제가 아닐 수 있다. 하지만 의료 진단과 법 집행, 보안, 이민 등의 고위험 문제 영역에서 사용하는 딥러닝 시스템이라면, 해당 시스템 개발자가 필자들보다 더 좋은 자원과 진지한 태도로 테스트를 진행했기를 바란다.

9.4 참고 자료

코드 예제

- Machine-Learning-for-High-Risk-Applications-Book[71]

데이터 생성 도구

- AugLy[72]
- Faker[73]

딥러닝 공격 및 디버깅 도구

- 대립 강건성 도구[74]
- Albumentations[75]
- CleverHans[76]
- 체크리스트[77]
- Counterfeit[78]

---

71 https://github.com/ml-for-high-risk-apps-book/Machine-Learning-for-High-Risk-Applications-Book/tree/main/code/Chapter-7%20%26%209

72 https://github.com/facebookresearch/AugLy

73 https://github.com/faker-js/faker

74 https://github.com/Trusted-AI/adversarial-robustness-toolbox

75 https://albumentations.ai/docs/

76 https://github.com/cleverhans-lab/cleverhans

77 https://github.com/marcotcr/checklist

78 https://github.com/Azure/counterfit

- Foolbox[79]

- 강건성[80]

- 텐서플로 모델 분석TensoFlow Model Analysis[81]

- TextAttack[82]

- TextFooler[83]

- torcheck[84]

- TorchDrift[85]

---

79 *https://github.com/bethgelab/foolbox*

80 *https://github.com/MadryLab/robustness*

81 *https://github.com/tensorflow/model-analysis*

82 *https://github.com/QData/TextAttack*

83 *https://github.com/jind11/TextFooler*

84 *https://github.com/pengyan510/torcheck*

85 *https://github.com/TorchDrift/TorchDrift*

## CHAPTER 10

XGBoost를 사용한
편향 테스트 및 개선

이 장에서는 정형 데이터의 편향 테스트 및 개선 기법을 소개한다. 4장에서는 다양한 관점에서 편향 문제를 다루었지만, 이 장에서는 편향 테스트 및 개선 접근방식의 기술적 구현에 집중한다. 먼저 변형된 신용카드 데이터로 XGBoost를 훈련한다. 그런 다음 인구통계학적 집단에 따른 성능과 결과의 차이를 확인하는 방식으로 편향을 테스트한다. 또한 개별 관측 수준에서 편향 문제를 해결하려고 노력할 것이다. 모델 예측에서 측정할 수 있는 수준의 편향이 있음을 확인하면, 해당 편향을 수정하거나 개선을 시도한다. 훈련 데이터와 모델, 결과를 수정하는 데 각각 전처리, 진행 중 처리, 후처리 개선 방법을 사용한다. 편향 인식 모델 선택bias-aware model selection을 수행해 원래 모델보다 성능이 우수하고 더 공정한 모델을 만들면서 이 장을 마무리한다.

기술적인 편향 테스트 및 수정이 머신러닝의 편향 문제를 해결하지 못함을 분명히 밝혔지만, 전반적인 편향 완화나 머신러닝 거버넌스 프로그램에서 여전히 중요한 역할을 한다. 여러 가지 이유로 모델의 공정한 점수fair score가 배포된 머신러닝 시스템에서 공정한 결과로 직접 이어지지는 않지만, 그래도 공정한 점수가 없는 것보다는 낫다. 또한 사람을 대상으로 작동하는 모델의 편향을 테스트하는 일은 데이터과학자의 기본적이면서도 명백한 윤리적 의무라고 생각한다. 앞에서 언급한 또 다른 주제는 알려지지 않은 위험은 알려진 위험보다 관리하기가 훨씬 어렵다는 것이다. 시스템이 편향성 위험과 해를 끼칠 수 있음을 알게 되면, 해당 편향을 개선하고 시스템의 편향을 모니터링하며, 버그 바운티나 사용자 인터뷰 등 다양한 사회기술적 위험 통제 수단을 적용해 모든 잠재적 편향을 완화할 수 있다.

이 장을 마치고 나면 모델의 편향을 테스트하는 방법을 이해하고 편향이 적고 성능도 좋은 모델을 선택할 수 있을 것이다. 머신러닝 편향에는 만병통치약과 같은 기술적인 해결책은 없지만, 고위험 애플리케이션에서 편향을 테스트하지 않거나 개선하지 않은 모델보다 더 공정하고 더 성능이 좋은 모델이 더 나은 선택이다. 이 장의 코드 예제는 깃허브 저장소[1]에서 확인할 수 있다.

10.1 개념 복습: 편향관리

이 장의 사례 연구에 들어가기 전에 4장에서 다룬 관련 주제를 간략하게 다시 설명한다. 4장에서 강조한 가장 중요한 점은 모든 머신러닝 시스템은 사회기술적이며, 이 장에서 초점을 맞추는 순수한 기술 테스트만으로는 머신러닝 시스템에서 발생하는 다양한 편향 문제를 모두 포착할 수 없다는 것이다. 단순한 진실은 한두 개의 데이터셋에서 측정한 모델의 '공정한' 점수만으로는 시스템의 편향을 완벽하게 파악할 수 없다는 것이다. 또 다른 문제들은 대표성이 없는 사용자unrepresented user나 접근성 문제accessibility problem, 물리적 설계 실수physical design mistake, 시스템의 다운스트림 오용, 잘못된 결과 해석 등의 이유로 발생할 수 있다.

---

1 https://github.com/ml-for-high-risk-apps-book/Machine-Learning-for-High-Risk-Applications-Book/tree/main/code/Chapter-10

머신러닝 프로젝트에 다양한 이해관계자를 참여시키고 모델 개발에 체계적인 접근방식을 준수하려면 전반적인 노력과 함께 기술적 편향 테스트와 개선을 해야 한다. 또한 사용자와 대화하고 구현하고 배포하려는 컴퓨터 시스템의 의사결정에 대해 사람이 책임을 지도록 하는 모델 거버넌스를 준수해야 한다. 솔직히 말하자면 이런 사회기술적 위험 통제는 이 장에서 설명하는 기술적 통제보다 더 중요하고 효과적일 수 있다.

그럼에도 우리는 편향된 시스템을 배포하는 것을 원하지 않으며, 기술을 개선할 수 있다면 그렇게 해야 한다. 편향이 적은 머신러닝 시스템은 효과적인 편향 완화 전략에서 중요한 부분이다. 이런 시스템을 만들려면 대립 모델과 집단에 대한 결과의 실제적 차이 및 통계적 차이 테스트, 인구통계학적 집단 간 성능차이 테스트, 다양한 편향 개선 접근방식 등 많은 데이터과학 도구를 활용해야 한다. 먼저 이 장에서 사용할 몇 가지 용어를 설명한다.

편향

이 장에서 설명하는 **구조적 편향**은 미국 국립표준기술연구소 SP 1270 인공지능 편향 지침[2]에 정의된 역사적 편향과 사회적 편향, 제도적 편향institutional bias을 의미한다.

대립 모델

편향 테스트에서는 인구통계학적 정보를 예측할 때 테스트 중인 모델의 예측에 대해 대립 모델을 훈련하는 경우가 많다. 머신러닝 모델(대립 모델)이 다른 모델의 예측을 활용해 인구통계학적 정보를 예측할 수 있다면, 이 예측은 어느 정도의 구조적 편향을 포함할 가능성이 높다. 결정적으로 대립 모델의 예측은 행 단위로 편향을 측정할 수 있다. 대립 모델이 가장 정확하게 예측한 행은 다른 행보다 더 많은 인구통계학적 정보나 대리 정보를 포함할 가능성이 높다.

실제적 유의성검정 및 통계적 유의성검정

오래된 편향 테스트 유형 중 하나는 집단 간 평균결과차이mean outcome difference에 초점을 맞춘다. 대립영향비AIR나 표준화평균차이SMD와 같은 실제적 검정이나 효과크기 측정을 사용해 평균결과 간의 차이가 실제로 의미가 있는지를 파악할 수 있다. 통계적 유의성검정을 사용해 인구통계학적 집단 간 평균차이가 현재 데이터의 표본과 더 관련이 있는지 아니면 미래에 다시 나타날 가능성이 있는지를 파악할 수 있다.

차등성능 테스트

또 다른 일반적인 테스트 유형은 집단 간 성능차이performance difference를 조사하는 것이다. 인구통계학적 집단 간에 진양성률TPR이나 진음성률TNR, R^2(오차제곱평균의 제곱근)이 거의 비슷한지를 조사할 수 있다.

---

2 https://nvlpubs.nist.gov/nistpubs/SpecialPublications/NIST.SP.1270.pdf

4/5 규칙

4/5 규칙은 1978년 고용평등기회위원회^{EEOC}가 발표한 채용 차별 방지 지침^{UGESP, Uniform Guidelines on Employee Selection Procedures[3]}에 포함된 규칙이다. 채용 차별 방지 지침의 1607.4항에서는 "어느 인종이나 성별, 민족 집단의 선발률이, 가장 높은 선발률 집단의 4/5(또는 80%)보다 낮으면 연방집행기관은 이를 대립영향의 증거로 간주한다"라고 명시한다. 좋든 나쁘든 직업 선택이나 신용 승인과 같은 사건율^{event rate}을 비교하는 대립영향비가 0.8이라는 값은 머신러닝 시스템의 편향을 판단하는 광범위한 벤치마크가 되었다.

개선 접근방식

테스트 결과로 문제가 발견되면 이를 수정해야 한다. 기술적 편향 완화 접근방식을 흔히 **개선**^{remediation}이라고 한다. 머신러닝 모델과 편향에 관해 말할 수 있는 한 가지는 머신러닝 모델이 기존 선형모형보다 자체적으로 수정하는 방법을 더 많이 제공하는 듯이 보인다는 것이다. **라쇼몽 효과**(즉, 주어진 훈련 데이터셋에 대해 정확한 머신러닝 모델이 많음) 덕분에 단순한 모델보다 머신러닝 모델에서 편향을 줄이고 예측 성능을 유지하게 해주는 많은 옵션을 찾을 수 있다. 머신러닝에는 모델 옵션이 매우 많아 편향을 개선할 잠재적인 방법도 많다. 일반적인 방법으로는 전처리, 진행 중 처리, 후처리, 모델 선택이 있다.

전처리

인구통계학적 집단이 더 잘 표현되거나 긍정적인 결과가 더 공평하게 분포하도록 훈련 데이터의 균형을 재조정하거나, 가중값을 재조정하거나, 재표본추출하는 방법이다.

진행 중 처리

제약조건이나 정칙화 및 이중손실함수^{dual loss function}, 대립 모델링 정보 통합 등 머신러닝 훈련 알고리즘을 여러 가지로 변경해 인구통계학적 집단 간에 좀 더 균형 잡힌 출력이나 성능을 내는 방법이다.

후처리

모델의 예측을 직접 변경해서 덜 편향된 결과를 만드는 방법이다.

모델 선택

모델을 선택할 때 성능과 함께 편향을 고려하는 방법이다. 일반적으로 대규모 초매개변수 설정과 입력 특성에 대한 편향과 성능을 측정하면 성능과 공정성 특성이 좋은 모델을 찾을 수 있다.

마지막으로 머신러닝의 편향 문제와 관련해 법적인 책임이 발생할 수 있음을 명심해야 한다. 머신러닝 시스템의 편향과 관련해 많은 법적 책임이 뒤따른다. 우리는 변호사가 아니므로 법의 복잡도에 겸손해야 하며, 더닝 크루거 효과에 휘둘리지 말고, 실제 차별금지법 전문가에게 맡

---

3 https://nvlpubs.nist.gov/nistpubs/SpecialPublications/NIST.SP.1270.pdf

겨야 한다. 머신러닝 시스템의 법적 문제에 관해 우려되는 점이 있다면 바로 관리자나 법무 팀에 문의해야 한다. 이 모든 중요한 정보를 염두에 두고 이제 XGBoost 모델을 훈련하고 편향 여부를 테스트해보자.

10.2 모델 훈련

이 장 사용사례의 첫 번째 단계는 신용카드 예제 데이터로 XGBoost 모델을 훈련하는 것이다. 차별대우 문제를 피하려고 인구통계학적 특성을 이 모델의 입력으로 사용하지 않는다.

```
id_col = 'ID'
groups = ['SEX', 'RACE', 'EDUCATION', 'MARRIAGE', 'AGE']
target = 'DELINQ_NEXT'
features = [col for col in train.columns if col not in groups + [id_col, target]]
```

일반적으로 많은 비즈니스 애플리케이션에서는 인구통계학적 정보를 모델의 입력으로 사용하지 않는 것이 가장 안전하다. 이는 소비자 신용과 주택, 고용과 같은 분야에서 법적으로 위험할 뿐만 아니라 인종이나 성별에 따라 비즈니스 의사결정을 해야 한다는 의미이므로 매우 위험한 영역이다. 하지만 인구통계학적 정보를 모델 훈련에 사용하면 편향을 줄일 수 있는 것도 사실이며, 진행 중 처리 편향 개선in-processing bias remediation을 시도할 때 이런 버전을 볼 수 있다. 또한 의료 치료와 같이 인구통계학적 정보를 기반으로 해야 하는 특정 종류의 의사결정이 있을 수도 있다. 여기서는 신용 의사결정에 관한 예를 사용하며 우리는 사회학자나 차별금지법 전문가가 아니므로 안전하게 인구통계학적 정보를 모델에 사용하지 않는다. 이 장의 뒷부분에서는 편향을 테스트하고 편향을 개선하는 데 인구통계학적 특성을 사용한다.

> **CAUTION** 데이터과학자들은 모델이나 기술적 편향 개선 접근방식에서 인구통계학적 정보를 **차별대우**에 해당하는 방식으로 잘못 사용하는 경향이 있다. **자각을 통한 공정성**fairness through awareness 원칙을 고수하는 사람들은 동의하지 않을 수도 있지만, 현재 주택과 신용, 고용 등의 기존 고위험 애플리케이션과 관련된 머신러닝의 편향관리에 대한 가장 보수적인 접근방식은 모델이나 편향 개선에 인구통계학적 정보를 직접 사용하지 않는 것이다. 일반적으로 편향 테스트에만 인구통계학적 정보를 사용한다. 자세한 내용은 4장을 참고한다.

이런 위험이 있지만 인구통계학적 정보는 편향관리에 중요하다. 조직에서 편향을 테스트하고 개선하는 데 필요한 정보를 준비하지 않으면 머신러닝 편향 위험을 관리하는 데 실패하게 된다. 최소한 사람 이름과 우편번호가 있어야 하므로 베이즈 개선 성 지오코딩^{BISG, Bayesian improved surname geocoding} [4] 및 관련 기술을 사용해 인구통계학적 정보를 추론할 수 있다. 데이터 프라이버시를 통제하고 적절한 보안을 구축했다면, 편향 테스트에 사용할 인구통계학적 특성을 직접 수집하는 것이 가장 좋다. 이 장에서 사용하는 모든 기법에는 인구통계학적 정보가 필요하지만, 많은 경우 직접 추론하거나 수집한 인구통계학적 정보를 사용할 수 있다. 이런 중요한 내용을 설명했으므로 이제 제약 XGBoost 모델을 훈련하고 점수 차단값^{score cutoff}을 선택하는 방법을 알아본다.

> **CAUTION** 편향 위험을 관리해야 하는 상황에서 모델을 훈련하기 전에는 항상 편향을 테스트할 수 있도록 올바른 데이터를 준비했는지 확인해야 한다. 이는 최소한 이름과 우편번호, 베이즈 개선 성 지오코딩 구현을 의미하며, 최대로는 인구통계학적 레이블과 민감한 데이터를 수집하고 저장하는 데 필요한 모든 데이터 프라이버시와 보안 조치를 의미한다. 머신러닝 편향을 인지하고 철저히 관리해야 한다.

다시 단조제약조건을 활용한다. 머신러닝의 편향관리와 관련해 투명성이 중요한 가장 큰 이유는 편향 테스트에서 문제가 발견되면(발견되는 경우가 많다), 모델에서 무엇이 잘못되었으며 문제를 어떻게 해결해야 하는지를 제대로 이해할 수 있기 때문이다. 설명할 수 없는 머신러닝 모델로 작업하다가 편향 문제가 발생하면, 전체 모델을 폐기하고, 다음번 설명할 수 없는 모델에서 운 좋게 문제가 해결되기를 바라는 경우가 많다. 그러나 이는 과학적인 방법이 아니라고 생각한다.

필자들은 테스트하고 디버깅해서 가능한 한 머신러닝 모델이 작동하는 방식과 그 이유를 이해하는 것을 좋아한다. 제약 XGBoost 모델은 더 안정적이고 일반화할 수 있을 뿐만 아니라 더 투명하고 디버깅할 수 있어야 한다. 또한 설명 가능성을 높이는 데 단조제약조건을 활용하고, 성능과 편향을 고려하는 데 XGBoost 사용자정의 목적 기능^{objective functionality}(10.4.2절 '진행 중 처리' 참고)을 활용하면, 모델을 더욱 투명하고 공정하게 만들 수 있다. 고위험 애플리케이션에서 안정적인 성능과 최대한의 투명성, 최소한의 편향을 걱정한다면 이런 변경이 필요하다.

---

4 https://files.consumerfinance.gov/f/201409_cfpb_report_proxy-methodology.pdf

XGBoost가 이 정도로 깊은 수준의 사용자정의 기능을 제공할 수 있다는 것은 정말로 대단한 일이다. 안타깝게도 신용과 대출, 주택, 고용을 비롯한 전통적으로 규제를 받는 분야에서 일하는 독자들은 인구통계학적 데이터를 처리하는 사용자정의 목적함수를 사용하기 전에 차별대우 위험에 관해 법무 부서에 문의해야 할 수도 있다.

> **NOTE** 단조제약조건(개선된 설명 가능성)과 사용자정의 목적함수(편향관리)를 XGBoost에 결합하면 더 투명하고 덜 편향된 머신러닝 모델을 직접 훈련할 수 있다.

이 장의 제약조건을 정의할 때는 스피어만 상관관계에 기반한 기본 접근방식을 사용한다. 스피어만 상관관계는 (피어슨 상관계수처럼) 선형성이 아닌 단조성을 고려하기 때문에 좋다. 또한 작은 상관관계가 가짜 제약조건을 유발하지 않도록 제약 선택 과정에 corr_threshold 인수를 구현한다.

```
def get_monotone_constraints(data, target, corr_threshold):

    # 스피어만 상관관계 계산
    # 각 특성에 대해 1, 0, -1의 튜플을 만든다.
    # 1은 양의 제약조건, 0은 제약조건 없음, -1은 음의 제약조건이다.
    corr = pd.Series(data.corr(method='spearman')[target]).drop(target)
    monotone_constraints = tuple(np.where(corr < -corr_threshold,
                                          -1,
                                          np.where(corr > corr_threshold, 1, 0)))
    return monotone_constraints

# 제약조건 정의
correlation_cutoff = 0.1
monotone_constraints = get_monotone_constraints(train[features+[target]],
                                                target,
                                                correlation_cutoff)
```

모델을 훈련하는 코드는 매우 간단하다. 좋은 결과를 얻기 위해 앞에서 사용했던 초매개변수로 시작하고 초매개변수 조정은 크게 신경 쓰지 않는다. 편향 개선을 시작하면 많은 모델을 조정하고 선택 기법을 신중하게 적용해야 하므로 적절한 기준 모델부터 시작한다. 첫 번째 훈련은 다음과 같다.

```
# 모델의 전역 편향 입력
# monotone_constraints를 포함한 훈련 매개변수 정의
base_score = train[target].mean()

params = {
    'objective': 'binary:logistic',
    'eval_metric': 'auc',
    'eta': 0.05,
    'subsample': 0.6,
    'colsample_bytree': 1.0,
    'max_depth': 5,
    'base_score': base_score,
    'monotone_constraints': dict(zip(features, monotone_constraints)),
    'seed': seed
}

# 조기 정지를 사용해 검증 데이터셋으로 훈련한다.
watchlist = [(dtrain, 'train'), (dvalid, 'eval')]
model_constrained = xgb.train(params,
                              dtrain,
                              num_boost_round=200,
                              evals=watchlist,
                              early_stopping_rounds=10,
                              verbose_eval=False)
```

다음 절에서는 인구통계학적 집단 간의 대립영향비 및 기타 성능품질비^{performance quality ratio}와 같은 테스트값을 계산하려면 예측 확률뿐만 아니라 모델의 결과를 측정할 수 있도록 확률 차단값을 설정해야 한다. 모델을 훈련할 때와 마찬가지로 지금 당장 몇 가지 기준값을 얻기 위한 시작점을 찾고 있다. F1과 정밀도, 재현율과 같은 일반적인 성능 측정지표를 사용한다. [그림 10-1]에서 F1을 최대로 하는 확률 차단값을 선택하면 모델이 양으로 예측한 것 중에서 실제로 양인 비율(양으로 예측한 값)인 정밀도와 실제로 양인 것 중에서 모델의 예측도 양인 비율(진 양성률)인 재현율 간에 적절한 절충점을 찾을 수 있음을 알 수 있다. 우리 모델의 확률 차단값은 0.26이다. 0.26을 초과하는 모든 예측에서는 신용한도가 늘어나지 않으며, 0.26 이하인 경우에는 늘어난다.

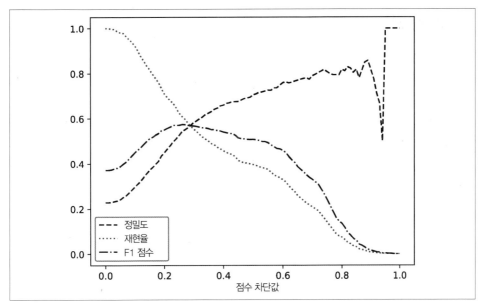

그림 10-1 초기 편향 테스트에 필요한 예비 차단값은 F1 통계량을 최대화하도록 선택한다.[5]

우리는 편향 문제 때문에 차단값을 조정해야 할 수도 있음을 안다. 데이터와 예제 설정에서 차단값을 높인다는 말은 더 많은 사람이 대출받을 수 있다는 의미다. 차단값을 높이면 더 다양한 종류의 사람에게 대출해 줄 수 있기를 바란다. 차단값을 낮추면 신용 신청 프로세스가 더 선별적으로 진행되어 더 적은 사람에게만 대출을 해줄 수 있으며, 다양한 사람에게 대출하는 일도 줄어들 가능성이 높다. 차단값에 관한 또 다른 중요한 사항은 이미 배포된 머신러닝 모델을 모니터링하거나 감사하는 경우, 여기서 선택한 것과 같은 성능 통계량에 기반한 이상적인 차단값이 아니라 실제 환경에서의 의사결정에 사용할 수 있는 정확한 차단값을 사용해야 한다는 것이다.

> **NOTE** 신용 모델을 훈련하고 모니터링할 때는 일반적으로 과거 신용 상품에 선정된 신청자의 좋은 데이터만 가지고 있음을 기억해야 한다. 많은 사람이 이 현상은 이전에 선정된 개인을 기준으로 한 의사결정으로 편향이 발생한다는 데 동의한다. 이 문제를 해결하는 방법으로 **기각추론**reject inference 기법이 널리 논의되지만, 아직 명확하지는 않다. 선택되지 않은 개인에 관한 장기 데이터long-term data를 사용할 수 없는 다른 애플리케이션에도 비슷한 편향 문제가 적용된다는 점을 명심해야 한다.

---

5   컬러 이미지는 부록 526쪽 참조(원본 그림: *https://oreil.ly/EaaUe*).

10.3 모델의 편향 평가

이제 모델과 차단값이 있으므로, 모델의 편향을 테스트해보자. 이 절에서는 성능의 편향과 의사결정 결과의 편향, 개인에 대한 편향, 대리 편향 등 다양한 편향을 테스트한다. 먼저 각 인구통계학적 집단에 대한 혼동행렬과 다양한 성능 및 오차 측정지표를 구성한다. 그리고 이런 측정지표의 비율에 관한 경험법칙에 따라 고용과 관련해 확립된 편향 분계점을 적용해서 성능 편향의 모든 문제를 식별한다. 그런 다음 미국 공정 대출 및 고용 규정 프로그램^{US fair lending and employment compliance programs}에서 사용하는 것과 같은 기존 편향 테스트 및 효과크기 측도를 적용해 모델 결과의 편향을 테스트한다. 그리고 나서 잔차를 사용해 차단값을 벗어난 개인이나 차단값 주변의 이상한 결과를 식별한다. 또한 대립 모델을 사용해 다른 데이터 행보다 더 많은 편향을 만들어내는 것으로 보이는 데이터 행을 식별한다. 모델에서 인구통계학적 정보처럼 작동하지만 다양한 편향 문제를 유발할 수 있는 중립적인 입력특성, 즉 프록시를 찾는 방법을 살펴보면서 편향 테스트에 관한 설명을 마무리한다.

10.3.1 집단 테스트 접근방식

편향 테스트 연습은 모델이 사람들 집단을 평균으로 처리하는 방식에 문제가 있는지를 살펴보면서 시작한다. 경험상 법적 기준에 따른 전통적인 테스트로 시작하는 것이 가장 좋다. 대부분의 조직에서 인공지능 시스템의 법적 위험이 가장 심각하며, 법적 위험을 평가하는 것이 편향 테스트에 대한 동의를 얻는 가장 쉬운 방법이다. 이런 이유와 간결함을 위해 이 장에서는 교집합 집단^{intersectional group}을 고려하지 않는다. 여기서는 전통적인 보호 계급과 이와 관련된 전통적인 인종 집단에 초점을 맞춘다. 애플리케이션이나 관할권^{jurisdiction} 및 관련 법률, 이해관계자의 요구 등의 요인에 따라 전통적인 인구통계학적 집단이나 인구통계학적 교집합 집단, 피부색 척도[6]에 따른 편향 테스트를 하는 것이 가장 적절할 수도 있다. 예를 들어, 공정한 대출 맥락에서는 법적 편향 테스트 판례가 확립되어 있으므로 먼저 전통적인 인구통계학적 집단에서의 테스트가 가장 합리적일 수 있으며, 시간이나 조직의 역학관계가 허용된다면 교집합 테스트^{intersectional testing}를 다시 수행해야 한다. 특정 차별금지 요건이 없는 미국 경제 전반에서 운영되는 인공지능 시스템이나 머신러닝 모델이라면, 가능한 경우 기본적으로 교집합 집단 간에 테

---

6 https://en.wikipedia.org/wiki/Fitzpatrick_scale

스트를 해야 한다. 안면인식 시스템에서는 피부색 집단에 대한 테스트가 가장 합리적이다.

먼저 모델의 성능이 전통적인 인구통계학적 집단에서 거의 비슷한지를 살펴본다. 또한 모델 결과에 대한 통계적 균등 또는 인구통계학적 동등성[7]이라고 하는 집단 공정성$^{group\ fairness}$[8]이 없는지도 테스트한다. 이런 집단 공정성 개념은 집단을 정의하고 측정하기가 어렵고, 평균은 개인에 관한 많은 정보를 숨기며, 이런 테스트에 사용하는 분계점이 다소 임의적이기 때문에 결함이 있다. 단점이 있지만, 이런 테스트는 오늘날 매우 많이 사용하며, 모델이 높은 수준에서 어떻게 동작하는지에 관한 유용한 정보를 알려주고 심각하게 우려되는 사항을 지적할 수 있다. 이 절에서 설명하는 많은 테스트와 마찬가지로 이 테스트를 해석하는 핵심은 다음과 같다. 편향 테스트를 통과했다고 해서 편향이 없음을 의미하지는 않지만(실제 환경에서 모델이나 시스템에 심각한 편향 문제가 있을 수 있음), 통과하지 못했다면 편향이 있음을 의미한다.

테스트를 시작하기 전에 어디에서 테스트할지를 고려하는 것이 중요하다. 훈련 데이터나 검증 데이터, 테스트 데이터 중 어디에서 테스트해야 할까? 모델의 성능을 테스트할 때처럼 테스트의 가장 표준적인 분할은 검증 데이터와 테스트 데이터로 나누는 방법이다. 10.4절 '편향 개선'에서 설명하겠지만, 검증 데이터에서의 편향 테스트는 모델 선택 목적으로도 사용할 수 있다. 테스트 데이터를 사용하면 모델을 배포한 후 편향이 어떻게 변하는지 어느 정도 파악할 수 있다. 머신러닝 모델이 테스트 데이터에서 관측했던 것과 비슷하게 작동한다는 보장은 없으므로 배포 후 반드시 편향을 모니터링해야 한다. 훈련 데이터에서의 편향 테스트는 검증 및 테스트 분할에서 편향 측정값의 차이를 관측하는 데 매우 유용하다. 이는 한 분할이 다른 분할과 차이가 많이 날 때 유용하며, 잠재적인 모델 편향의 원인을 파악하는 데 사용할 수 있다. 훈련 세트와 검증 세트, 테스트 세트를 구성할 때 훈련 세트를 먼저 만들고 테스트 세트를 가장 나중에 만들었다면, 데이터 분할 간의 편향 측정값을 비교하는 것도 편향의 추세를 이해하는 데 도움이 된다. 테스트 중에 훈련에서 검증으로 편향 측정값이 증가하는 것은 우려되는 신호다. 다른 한 가지 옵션은 표준 성능 측정지표에서와 마찬가지로 교차검증이나 부트스트랩을 사용해 편향 측정값의 분산을 추정하는 것이다. 교차검증과 부트스트랩, 표준편차 또는 오차, 신뢰구간 등의 편향 측정지표에 대한 분산 측도는 편향 테스트 결과가 더 정확한지 또는 더 잡음이 많은지 이해하는 데 도움이 될 수 있으며, 이는 모든 데이터 분석에서 중요한 부분이다.

----

7 *https://oreil.ly/MBCCq*

8 *https://fairmlbook.org/*

다음 절에서 수행할 편향 테스트에서는 기본 관행을 따르면서 검증 데이터와 테스트 데이터에서의 모델 성능과 결과의 편향을 살펴본다. 편향 테스트를 한 번도 해본 적이 없다면 이 절의 방법이 도움이 될 것이다. 또한 대규모 조직에서는 물리적 제약과 정치적 이유 때문에 이 절의 방법으로만 편향 테스트를 수행해야 할 수도 있다. 편향 테스트는 절대 끝나지 않는다. 모델을 배포하는 한, 편향을 모니터링하고 테스트해야 한다. 이런 모든 현실적인 문제 때문에 편향 테스트에는 큰 노력이 필요하며, 대규모 인구통계학적 집단 간 성능 및 결과에서 편향을 찾는 이런 표준 관행으로 시작한 다음, 남은 시간과 자원, 의지를 사용해 개인에 대한 편향을 조사하고 모델에서 프록시나 편향의 원인을 식별하는 것이 좋다. 이것이 이제부터 살펴볼 내용이다.

> **NOTE** 편향 테스트를 시작하기 전에 양의 의사결정$^{positive\ decision}$이 데이터에서 어떻게 표현되는지, 실제 환경에서 양^{positive}은 무엇을 의미하지, 모델의 예측 확률이 이 두 개념에 어떻게 부합하는지, 양의 의사결정을 결정하는 차단값은 얼마인지 명확하게 파악해야 한다. 이 예에서 모델 대상의 우세함^{preponderance}에 대한 바람직한 의사결정은 분계점 0.26보다 낮은 확률과 관련된 결과인 0이다. 0으로 분류된 신청자의 신용한도는 증액된다.

성능 테스트

모델은 인구통계학적 집단 간에 거의 비슷한 성능을 보여야 하며, 그렇지 않으면 이는 중대한 유형의 편향이 된다. 모든 집단이 신용 상품을 받을 때 머신러닝 모델에 따라 같은 기준을 적용받는데, 이 기준이 일부 집단의 미래 상환 행동을 정확하게 예측하지 못한다면 이는 공정하지 않다. 이는 4장에서 설명한 **차등 타당성**의 고용 개념과 다소 비슷하다. XGBoost 모델과 같이 이진분류기로 집단 간 성능 편향을 테스트하려면 각 집단에 대한 혼동행렬을 살펴보고 집단 간 성능과 오차에 관한 다양한 측도를 만든다. 여기서는 진양성률과 위양성률 같은 일반적인 측도와 위발견율$^{false\ discovery\ rate}$과 같이 데이터과학에서는 덜 일반적인 측도도 고려한다.

다음 코드 블록은 동적 코드 생성과 `eval()` 문에 의존하므로 최상의 구현과는 거리가 멀지만, 최대한 설명하기 좋게 작성했다. 이 코드에서 혼동행렬의 네 칸을 사용해 다양한 성능 측정지표와 오차 측정지표를 계산하는 방법을 확인할 수 있다.

```
def confusion_matrix_parser(expression):

    # tp | fp        cm_dict[level].iat[0, 0] | cm_dict[level].iat[0, 1]
    # ------- ==>    -------------------------------------------
    # fn | tn        cm_dict[level].iat[1, 0] | cm_dict[level].iat[1, 1]

    metric_dict = {
    'Prevalence': '(tp + fn) / (tp + tn +fp + fn)',
    'Accuracy': '(tp + tn) / (tp + tn + fp + fn)',
    'True Positive Rate': 'tp / (tp + fn)',
    'Precision': 'tp / (tp + fp)',
    'Specificity': 'tn / (tn + fp)',
    'Negative Predicted Value': 'tn / (tn + fn)',
    'False Positive Rate': 'fp / (tn + fp)',
    'False Discovery Rate': 'fp / (tp + fp)',
    'False Negative Rate': 'fn / (tp + fn)',
    'False Omissions Rate': 'fn / (tn + fn)'
    }

    expression = expression.replace('tp', 'cm_dict[level].iat[0, 0]')\
                           .replace('fp', 'cm_dict[level].iat[0, 1]')\
                           .replace('fn', 'cm_dict[level].iat[1, 0]')\
                           .replace('tn', 'cm_dict[level].iat[1, 1]')

    return expression
```

각 인구통계학적 집단에 대한 혼동행렬에 confusion_matrix_parser 함수와 집단에 대해 반복하는 다른 코드 및 metric_dict의 측도를 함께 적용하면 [표 10-1]과 같은 표를 만들 수 있다. 간결함을 위해 이 절에서는 인종 측정에 초점을 맞추었다. 이 작업이 실제 신용이나 대출 모델이라면, 다양한 성별과 다양한 연령대, 장애인, 다양한 지역은 물론 다른 부모집단도 살펴봐야 한다.

표 10-1 테스트 데이터의 인종 집단 간 혼동행렬로 계산한 일반적인 성능 및 오차 측도

집단	유병률	정확도	진양성률	정밀도	...	위양성률	위발견율	위음성률	위누락율
히스패닉	0.399	0.726	0.638	0.663	...	0.215	0.337	0.362	0.235
흑인	0.387	0.720	0.635	0.639	...	0.227	0.361	0.365	0.229
백인	0.107	0.830	0.470	0.307	...	0.127	0.693	0.530	0.068
아시아인	0.101	0.853	0.533	0.351	...	0.111	0.649	0.467	0.055

[표 10-1]은 모델 성능의 편향에 관한 힌트를 제공하지만, 아직 편향을 제대로 측정하지는 않았다. 이 표는 단순히 집단 간 다른 측정값을 보여줄 뿐이다. 이런 값이 여러 집단에서 명백하게 다를 때 주의를 기울어야 한다. 예를 들어, 백인 대 아시아인, 흑인 대 히스패닉 등 인구통계학적 집단 간의 정밀도에는 많은 차이가 있어 보인다. 이는 위양성률과 위발견율, 위누락율과 같은 다른 측정값에서도 마찬가지다. 유병률의 차이를 보면 흑인과 히스패닉 데이터에서 연체가 더 많이 발생함을 알 수 있다. 안타깝게도 이는 많은 미국 신용 시장에서 흔한 일이다. [표 10-1]에서 모델이 흑인과 히스패닉에게서 더 많은 연체를 예측한다는 힌트를 얻었지만, 모델이 잘 작동하는지 또는 공평하게 작동하는지는 여전히 판단하기 어렵다. 데이터셋에 이런 값이 저장된다고 해서 객관적이거나 공정하다고 말할 수는 없다! 우리가 보는 패턴에 실제로 문제가 있는지 이해하려면 한 단계 더 나아가야 한다. 전통적인 편향 테스트 방법에 따라 각 집단의 값을 대조군의 해당 값으로 나눈 다음, 4/5 규칙을 기준으로 적용한다. 여기서는 대조군을 백인이라고 가정한다.

> **NOTE** 엄밀히 말하자면, 고용 맥락에서 대조군은 분석에서 가장 선호되는 집단이며, 반드시 백인이나 남성일 필요는 없다. 백인이나 남성이 아닌 대조군을 사용해야 하는 다른 이유가 있을 수도 있다. 편향 테스트 분석에 사용할 대조군이나 참조군을 선택하는 작업은 어려우며, 법률이나 규정 준수, 사회과학 전문가, 이해관계자와 협력해 수행하는 것이 가장 좋다.

이 나눗셈을 계산한 결과를 [표 10-2]에서 확인할 수 있다. 표의 각 열을 백인 행의 값으로 나누었다. 따라서 백인의 값은 모두 1.0이다. 이제 특정 범위를 벗어난 값을 찾을 수 있다. 4/5 규칙을 사용하면 0.8~1.25 또는 집단 간 20%의 차이가 나는 이런 범위를 식별하는 데 도움이 된다. 하지만 이 규칙을 이런 방식으로 사용하는 법적 또는 규제적 근거는 없다. 몇몇 사람들은 (특히 고위험 시나리오에서) 집단 간 차이가 10%인 0.9~1.11과 같이 더 엄격한 허용 범위를 선호한다. 이런 차이 측도$^{disparity\ measure}$가 1보다 크면 보호 집단이나 소수 집단이 원래 측도보다 더 높은 값을 가지며, 1보다 작으면 그 반대임을 의미한다.

[표 10-2]를 보면 아시아인에서는 범위를 벗어난 값이 없다. 이는 모델이 백인과 아시아인에게 꽤 공평하게 작동함을 의미한다. 하지만 히스패닉과 흑인에서는 정밀도와 위양성률, 위발견율, 위누락율 차이가 범위를 크게 벗어난다. 4/5 규칙을 적용하면 이런 값을 확인하는 데 도움이 되지만, 실제로 이런 값을 해석하는 데는 도움이 되지 않는다. 따라서 이런 결과를 해석하

려면 사람의 두뇌에 의존해야 한다. 또한 모델에서 1이라는 의사결정은 연체를 예측한 것이며, 확률이 높을수록 연체 가능성도 높음을 의미한다.

표 10-2 테스트 데이터의 인종 집단 간 성능 기반 편향 측도

집단	유병률 차이	정확도 차이	진양성률 차이	정밀도 차이	...	위양성률 차이	위발견율 차이	위음성률 차이	위누락율 차이
히스패닉	3.730	0.875	1.357	2.157	...	1.696	0.486	0.683	3.461
흑인	3.612	0.868	1.351	2.078	...	1.784	0.522	0.688	3.378
백인	1.000	1.000	1.000	1.000	...	1.000	1.000	1.000	1.000
아시아인	0.943	1.028	1.134	1.141	...	0.873	0.937	0.881	0.821

데이터에서 흑인과 히스패닉의 연체 유병률이 훨씬 높다는 점을 고려할 때, 이 결과가 시사하는 한 가지는 모델이 이런 집단에 연체에 관해 더 많이 학습해 이 집단의 연체를 더 높은 비율로 예측한다는 것이다. 다음 절의 전통적인 테스트로 이 집단에서 연체를 더 많이 예측하는 것이 공정한지에 관한 근본적인 질문에 답해보도록 한다. 지금은 모델의 성능이 공정한지만 알아본다. 보호 집단의 범위를 벗어난 측도와 그 의미를 살펴보면 다음과 같이 말할 수 있다.

- 정밀도 차이: 연체로 **예측한** 사람 중에서 정확한 연체 예측이 약 2배 이상이다.
- 위양성률 차이: 연체를 **하지 않을 것으로 예측**한 사람 중에서 틀린 연체 예측이 약 1.5배 이상이다.
- 위발견율 차이: 연체로 **예측한** 사람 중에서 틀린 연체 예측이 약 0.5배 이하이다.
- 위누락율 차이: 연체를 **하지 않을 것으로 예측**한 사람 중에서 정확한 연체 예측이 약 3.5배 이상이다.

정밀도와 위발견율은 분모(연체로 예측한 집단)가 같으며, 함께 해석할 수 있다. 이 결과는 모델이 백인보다 흑인과 히스패닉에서 진양성률이 더 높음을 보여주며, 이는 이 집단에 대한 정확한 연체 예측이 더 높다는 의미다. 위발견율은 이 결과를 반영해 해당 소수 집단의 위양성률이나 잘못된 연체 의사결정이 더 낮음을 보여준다. 이와 관련해 위누락율은 모델이 연체를 하지 않을 것으로 예측한 사람들도 구성된 더 큰 집단에서 흑인과 히스패닉에 대해 더 높은 비율로 잘못된 승인 결정incorrect acceptance decision을 내린다는 것을 보여준다. 정밀도와 위발견율, 위누락율의 차이는 심각한 편향 문제를 보여주지만, 모델 성능 측면에서는 흑인과 히스패닉에게 유리한 편향이 존재함을 알 수 있다.

위양성률 차이는 조금 다른 결과를 보여준다. 위양성률은 실제로 연체를 하지 않은 더 큰 집단의 사람들을 대상으로 측정했다. 이 집단에서는 흑인과 히스패닉에서 잘못된 연체 의사결정 비율(즉, 위양성률)이 더 높게 나타났다. 이 모든 결과를 종합해보면 모델에 편향 문제가 있음을 가리키며, 이 중 일부 편향은 실제로 소수 집단에 유리하게 보인다. 이 중에서 위양성률 차이가 가장 우려되는 부분으로, 이는 상대적으로 연체를 하지 않은 큰 집단의 사람 중 흑인과 히스패닉계 사람들이 백인의 약 1.5배가 넘는 비율로 연체를 할 것으로 잘못 예측함을 보여준다. 이는 모델이 역사적으로 소외된 많은 사람의 신용한도 증액을 거부해 실제 피해로 이어질 수 있다는 의미다. 물론 소수 집단에 유리한 올바른 승인 결정과 잘못된 승인 결정의 증거도 확인할 수 있다. 이 중 어느 것도 좋은 징후는 아니지만, 다음 절의 결과 테스트를 자세히 살펴보고 이모델의 집단 공정성을 더 명확하게 파악해야 한다.

> **NOTE** 회귀모델에서는 혼동행렬을 생략하고 집단 간에 R^2이나 오차제곱평균의 제곱근^{RMSE} 같은 측도를 직접 비교할 수 있다. 특히 R^2이나 평균절대백분율오차와 같은 경계측도$^{bounded\ measure}$의 경우, 경험법칙에 따른 4/5 규칙을 적용하면 문제가 있는 성능 편향을 발견하는 데 도움이 될 수 있다.

일반적으로 성능 테스트는 위양성과 같이 잘못된 의사결정$^{wrong\ decision}$과 음성 의사결정$^{negative\ decision}$을 파악하는 데 유용한 도구다. 성능보다는 결과에 초점을 맞춘 기존 편향 테스트는 잘못된 의사결정이나 음성 의사결정의 편향 문제를 제대로 알려주지 못한다. 안타깝게도 지금부터 살펴보겠지만, 성능 테스트$^{performance\ testing}$와 결과 테스트$^{outcomes\ testing}$는 서로 다른 결과를 보여줄 수 있다. 이런 성능 테스트 중 일부는 소수 집단에 유리한 모델을 보여주지만, 다음 절에서는 이것이 사실이 아니라는 것을 알 수 있다. 비율^{rate}은 이론적으로 유용한 방식으로 사람들의 원시 인원수$^{raw\ number}$와 모델의 원시 점수$^{raw\ scores}$를 표준화한다. 여기서 볼 수 있는 양성 결과 대부분은 상당히 적은 집단을 대상으로 한 것이다. 실제 결과를 고려하면 모델의 편향에 관한 그림은 좀 더 명확하게 달라질 것이다. 성능 테스트와 결과 테스트 간의 이런 충돌은 일반적이며 문서로 잘 정리되어 있다. 법적 기준과 실제로 발생하는 일에 부합하는 결과 테스트가 더 중요하다고 생각한다.

> **NOTE** 우리가 작업하는 대부분의 데이터처럼 역사적 편향이 담긴 데이터로 성능을 개선하는 일과 인구통계학적 집단 간 결과의 균형을 맞추는 일 사이에는 잘 알려진 긴장 관계가 있다. 데이터는 항상 구조적 편향과 인적 편향, 통계적 편향의 영향을 받는다. 결과를 더 균형 있게 만들면, 편향된 데이터셋의 성능 측정지표가 감소하는 경향이 있다.

이렇게 다양한 모든 성능 측도는 해석하기 어렵고 일부 측도는 다른 시나리오보다 특정 시나리오에서 더 의미가 클 수 있으며 서로 간에 또는 결과 테스트의 결과에 충돌할 가능성이 있으므로, 많은 연구자들은 성능차이 측도의 작은 부분집합에 집중할 수 있도록 의사결정나무(슬라이드 40쪽 참고)[9]를 만들었다. 이 의사결정나무에 따르면 우리 모델이 징벌적^{punitive}(확률이 높을수록 연체/거절로 결정한다는 의미)이고, 가장 명백한 피해는 소수 집단의 신용한도 증액을 잘못 거부하는 것(개입이 필요하지 않음)이므로, 위양성률 차이는 예측 성능 분석에서 가장 큰 비중을 차지해야 한다. 위양성률 차이는 좋은 이야기를 전달하지 않는다. 결과 테스트가 무엇을 보여주는지 확인해보자.

기존 결과 비율 테스트

이진분류 모델을 기반으로 분석을 설정한 방식을 사용하면 혼동행렬을 사용해 집단 간 **성능**을 가장 쉽게 살펴볼 수 있다. 이보다 더 중요하고 미국의 법적 기준에 더 부합하는 방식은 기존 통계적 유의성과 실제적 유의성 측도를 사용해 집단 간 **결과**^{outcome}의 차이를 분석하는 것이다. 여기서는 잘 알려진 두 가지 실제적 편향 테스트 측도인 대립영향비와 표준화평균차이를 각각 카이제곱 테스트와 t-검정을 결합해 사용한다. 집단에 대한 결과에서 발견한 차이가 통계적으로 유의한지를 파악하는 것은 일반적으로 좋은 생각이지만, 이 예제에서는 법적인 요구사항이 될 수도 있다. 결과나 평균 점수에서 통계적으로 유의한 차이는 특히 알고리즘 의사결정이 수십 년 동안 규제되어 온 신용대출과 같은 분야에서 법적으로 인정되는 매우 일반적인 차별 측도다. 대립영향비와 표준화평균차이와 같은 실제적 검정과 효과크기 측도를 통계적 유의성검정과 함께 사용하면 차이의 크기와 통계적 유의성(즉, 데이터의 다른 표본에서도 다시 볼 가능성이 있는지) 두 가지 정보를 얻을 수 있다.

> **NOTE** 규제를 받는 분야나 고위험 애플리케이션에서 작업하는 경우, 최신 편향 테스트 접근방식을 적용하기 전에 법적 판례가 있는 기존 편향 테스트를 먼저 적용해보면 좋다. 법적 위험은 많은 유형의 머신러닝 기반 제품에 있어 가장 심각한 조직의 위험이며, 법은 사용자와 이해관계자를 보호할 목적으로 만들어졌다.

---

9 *https://oreil.ly/-y827*

대립영향비는 주로 신용대출이나 채용 결과와 같이 어떤 사람이 양성 결과나 음성 결과를 받는 범주형 결과에 적용된다. 대립영향비는 소수자나 여성과 같은 보호대상 집단의 양성 결과 비율을 백인이나 남자와 같은 대조군의 양성 결과 비율로 나눈 값으로 정의한다. 4/5 규칙에 따라 대립영향비가 0.8 이상인 것을 찾는다. 대립영향비가 0.8 미만이면 심각한 문제가 있다는 뜻이다. 그런 다음 카이제곱 테스트를 사용해서 이런 차이를 다시 발견할 가능성이 있는지 또는 우연 때문인지를 테스트한다.

> **NOTE** 영향비|impact ratio는 보호대상 집단의 평균 점수나 중앙값 이상의 점수 백분율을 대조군의 값으로 나누고 문제가 있는 결과를 식별하는 기준으로, 4/5 규칙을 적용하는 방식으로 회귀모델에도 사용할 수 있다. 회귀모델에 대한 다른 기존 편향 측정 접근방식으로는 t-검정과 표준화평균차이가 있다.

대립영향비와 카이제곱을 이진분류에 가장 많이 사용하지만, 회귀모델의 예측이나 임금, 연봉, 신용한도와 같은 수량에 대해서는 표준화평균차이와 t-검정을 널리 사용한다. 여기서는 표준화평균차이와 t-검정을 적용해서 시연에 사용할 모델의 예측 확률과 모델의 편향에 관한 추가 정보를 얻는다. 표준화평균차이는 보호대상 집단의 평균 점수에서 대조군의 평균 점수를 뺀 값을 점수의 표준편차로 나눈 값으로 정의한다. 표준화평균차이의 잘 알려진 차단값은 세 가지로, 작은 차이는 0.2, 중간 차이는 0.5, 큰 차이는 0.8이다. 여기서는 t-검정을 사용해 표준화평균차이로 측정한 효과크기가 통계적으로 유의한지를 결정한다.

> **NOTE** 모델이 출력하는 확률에 표준화평균차이를 적용하는 방식은 모델 점수가 다운스트림 의사결정 과정에 제공되고 편향 테스트 시점에 모델 결과를 생성할 수 없는 경우도 사용할 수 있다.

[표 10-3]에서 볼 수 있듯이 유의성검정과 대립영향비, 표준화평균차이 외에도 개수와 평균, 표준편차와 같은 기본적인 기술통계도 분석한다. [표 10-3]을 살펴보면 흑인과 히스패닉의 점수와 백인과 아시아인의 점수에 큰 차이가 있음을 알 수 있다. 이는 시뮬레이션된 데이터이지만, 안타깝게도 미국 소비자 금융에서 드문 일은 아니다. 구조적 편향은 실제로 존재하며, 공정한 대출 데이터는 이를 입증하는 경향이 있다.[10]

---

10 이 문제에 관한 궁금증을 해소하고 싶다면 무료로 제공되는 주택담보대출공개법(Mortgage Disclosure Act) 데이터(*https://www.consumerfinance.gov/data-research/hmda/historic-data/*)를 분석해 보길 바란다.

표 10-3 테스트 데이터의 인종 집단 간 기존의 결과 기반 편향 측도

집단	개수	유리한 결과	유리한 비율	평균 점수	표준편차 첨수	대립 영향비	대립영향비 p-값	표준화평균차이	표준화평균차이 p-값
히스패닉	989	609	0.615	0.291	0.205	0.736	6.803e-36	0.528	4.311e-35
흑인	993	611	0.615	0.279	0.199	0.735	4.343e-36	0.482	4.564e-30
아시아인	1485	1257	0.846	0.177	0.169	1.012	4.677e-01	-0.032	8.162e-01
백인	1569	1312	0.836	0.183	0.172	1.000	-	0.000	-

[표 10-3]에서 흑인과 히스패닉이 백인과 아시아인보다 평균 점수가 더 높고 유리한 비율은 더 낮지만, 네 집단 점수의 표준편차는 엇비슷함을 바로 알 수 있다. 이런 차이가 편향 문제가 될 만큼 큰 것일까? 그래서 실제적 유의성검정이 필요하다. 대립영향비와 표준화평균차이는 모두 백인을 기준으로 계산되었기에 백인의 점수는 각각 1.0과 0.0이다. 대립영향비를 보면 흑인과 히스패닉 모두 0.8 미만이다. 이는 큰 적신호다! 이 두 집단의 표준화평균차이는 약 0.5로 집단 간 점수의 차이가 중간 정도임을 의미한다. 이것도 좋은 징조는 아니다. 표준화평균차잇값이 0.2 이하이기를(즉, 작은 차이가 나기를) 바란다.

> **CAUTION** 데이터과학자들은 대립영향비를 잘못 해석하는 경우가 많다. 간단히 생각하면 대립영향비가 0.8 이상이라고 해서 큰 의미가 있지는 않으며, 모델이 공정하다는 의미도 아니다. 그러나 0.8 미만이면 심각한 문제가 있음을 나타낸다.

기존 편향 분석에서 제기할 수 있는 다음 질문은 흑인과 히스패닉에서의 이런 실제적 차이가 통계적으로 유의한지다. 나쁜 소식은 두 경우 모두 p-값이 0에 가까울 정도로 매우 유의하다는 것이다. 1970년대 이후, 데이터셋의 규모가 폭발적으로 증가했지만, 많은 법적 판례는 양측 가설 테스트two-sided hypothesis test에 대해 5% 수준($p = 0.05$)의 통계적 유의성을 법적으로 허용하지 않는 편향의 마커로 제시한다. 이 분계점은 오늘날 대규모 데이터셋에서는 완전히 비현실적이므로, 대규모 데이터셋에 대해서는 p-값 차단값을 더 낮게 조정하는 편이 좋다. 그러나 규제를 받는 미국 경제 분야에서는 $p = 0.05$로 판단할 가능성도 고려해야 한다. 물론 공정한 대출 및 고용차별 사건은 절대 간단하지 않으며, 사실과 맥락, 전문가 증언은 모든 편향 테스트의 수치만큼이나 최종 법적 판단에 영향을 준다. 여기서 중요한 점은 이 분야의 법은 이미 정립되었으며, 인터넷과 미디어의 논의만큼 인공지능의 열풍에 쉽게 흔들리지 않는다는 것이다. 고위험 환경에서 운영한다면, 여기서처럼 최신 테스트 외에도 기존 편향 테스트를 수행하는 것이 좋다.

이런 인종에 대한 결과는 모델에 상당히 심각한 차별 문제가 있음을 보여준다. 이 모델을 배포한다면, 잠재적인 규제 및 법적 문제에 직면하게 될 것이다. 이보다 더 나쁜 것은 모델에 구조적 편향이 있으며 사람들에게 해를 끼칠 수 있음을 알면서도 모델을 배포하는 일이다. 신용카드의 한도를 늘리는 것은 우리 인생의 다른 시점에서 심각한 문제가 될 수 있다. 누군가 신용한도 증액을 요청한다면, 이것이 진짜 필요하다고 가정해야 한다. 여기서 신용대출 결정의 예는 역사적 편향으로 얼룩져 있다는 점을 알 수 있다. 또한 이런 결과는 명확한 메시지를 전달한다. 이 모델은 배포하기 전에 수정해야 한다!

10.3.2 개인 공정성

지금까지는 집단 공정성에 초점을 맞췄지만, 이제는 모델의 개인 공정성 문제도 살펴봐야 한다. 집단 편향과는 달리, 개인 편향은 한 개인에 이르기까지 소규모의 특정 집단에만 영향을 미치는 국소적인 문제다. 개인 편향을 테스트하는 데 잔차 분석과 대립 모델링이라는 두 가지 주요 기법을 사용한다. 잔차 분석에서는 의사결정 차단값$^{decision\ cutoff}$에 매우 가까이 있는 개인들을 살펴보고 이들이 잘못된 불리한 결과를 받았는지 확인한다. 여기서 개인들의 인구통계학적 정보 때문에 신용 상품을 승인받지 못하는지 확인하려고 한다. 의사결정 차단값에서 멀리 떨어진 개인의 결과에서도 매우 잘못된 개인 결과$^{individual\ outcome}$를 확인할 수 있다. 대립 모델에서는 입력특성과 원래 모델의 점수를 사용해 보호대상 집단의 정보를 예측하는 별도의 모델을 사용하며, 해당 모델의 섀플리 가법 설명을 살펴본다. 대립 예측$^{adversarial\ prediction}$이 매우 정확한 행을 발견하면, 해당 행에 있는 무언가에 원래 모델에서 편향을 유발하는 정보가 있음을 알 수 있다. 몇 개 이상의 데이터 행에서 그 '무언가'가 무엇인지 파악할 수 있다면 모델에서 프록시 편향을 유발하는 잠재적 원인을 파악할 수 있다. 이 장의 편향 개선 절로 넘어가기 전에 개별 편향과 프록시 편향을 알아본다.

개인 공정성에 관해 자세히 알아보자. 먼저 보호대상 집단에서 잘못 분류된 몇 명을 추출하는 코드를 작성했다. 이들은 모델이 연체하리라 예측했지만, 실제로는 연체하지 않은 사람들이다.

```
black_obs = valid.loc[valid['RACE'] == 'black'].copy()
black_obs[f'p_{target}_outcome'] = np.where(
  black_obs[f'p_{target}'] > best_cut,
  1,
  0)
misclassified_obs = black_obs[(black_obs[target] == 0) &
                              (black_obs[f'p_{target}_outcome'] == 1)]
misclassified_obs.sort_values(by=f'p_{target}').head(3)[features]
```

결과는 [표 10-4]와 같으며, 이 결과는 심각한 편향을 시사하지는 않지만 몇 가지 의문을 제기한다. 첫 번째 신청자와 세 번째 신청자는 대부분 적절하게 지출하고 제때 갚는 것으로 보인다. 이들은 임의적인 방식으로 의사결정 경계에서 잘못된 쪽에 있을 수 있다. 그러나 [표 10-4]의 두 번째 줄에 있는 사람은 신용카드 부채를 제대로 갚지 못하는 것으로 보인다. 아마도 이 사람은 신용한도 증액 승인을 받으면 안 되었다.

표 10-4 검증 데이터에서 좁게 잘못 분류된 보호대상 관측에 대한 특성의 부분집합

LIMIT _BAL	PAY_0	PAY_2	PAY_3	...	BILL _AMT1	BILL _AMT2	BILL _AMT3	...	PAY _AMT1	PAY _AMT2	PAY _AMT3
$58,000	−1	−1	−2	...	$600	$700	$0	...	$200	$700	$0
$58,000	0	0	0	...	$8,500	$5,000	$0	...	$750	$150	$30
$160,000	−1	−1	−1	...	$0	$0	$600	...	$0	$0	$0

실제 개인 편향 문제를 발견했는지 확인하는 다음 단계는 다음과 같다.

입력특성의 작은 섭동

입력특성을 임의로 변경했을 때(예: BILL_AMT1을 5달러 줄임) 이 사람에 대한 결과가 바뀐다면 모델의 의사결정은 실제 이유보다는 반응함수의 급격한 변화와 의사결정 차단값이 교차하는 것과 더 관련이 있을 수 있다.

비슷한 개인 검색

현재의 개인과 비슷한 개인이 소수이거나 그 이상일 경우, 모델이 특정 부모집단이나 공통 부모집단을 불공정하거나 해로운 방식으로 구분할 수 있다.

이럴 때는 이 사람이나 비슷한 사람들의 신용한도를 높이는 것이 올바른 조치가 될 수 있다.

히스패닉과 아시아인을 대상으로 비슷한 분석을 수행했을 때도 비슷한 결과를 발견했다. 이런 결과에 매우 놀라지 않은 이유는 적어도 두 가지다. 첫째, 개인 공정성 문제는 어려우며, 머신 러닝 시스템이 일반적으로 잘 다루지 않는 인과관계 문제를 제기한다. 둘째, 개인 공정성과 프록시 차별은 행이 많은 데이터셋(전체 부모집단이 의사결정 경계에서 임의의 한쪽에 있는 경우)과 모델에 많은 특성(특히 **대체 데이터**alternative data나 신용 상환 능력과 직접 연결되지 않은 특성)이 포함된 경우에는 더 큰 문제가 될 수 있다. 그렇지 않으면 모델의 예측력을 높일 수 있다.

> **NOTE** 개인 공정성에 관한 질문은 근본적으로 **인과관계**에 관한 질문이므로 100% 확실하게 답하기는 어렵다. 복합한 비선형 머신러닝 모델의 경우, 모델이 처음부터 모델에 포함되지 않은 일부 데이터(즉, 보호대상 집단 정보)를 기반으로 의사결정을 했는지를 알 수 없다.
> 하지만 잔차 분석, 대립 모델링, SHAP 값, 관련 분야의 전문지식을 신중하게 적용하면 큰 도움이 될 수 있다. 이와 관련된 자세한 내용은 「공정성의 정량적 측도 설명」[11]과 「인과 모형을 사용하는 차별 테스트에 대하여」[12]를 참고한다.

개인 공정성을 테스트하는 두 번째 기법인 대립 모델링을 알아보자. 우리는 두 개의 대립 모델을 훈련했다. 첫 번째 모델은 원래 모델과 같은 입력특성을 사용하지만, 연체 여부보다는 보호대상 집단의 상태를 예측한다. 간단히 하려고 Black이나 Hispanic에 대한 새로운 마커로 보호대상 계급 소속을 목표로 이진분류기를 훈련했다. 첫 번째 대립 모델을 분석하면 어떤 특성이 보호대상 인구통계학적 집단의 소속과 가장 강력한 관계가 있는지 파악할 수 있다.

두 번째 대립 모델은 첫 번째 대립 모델과 동일하지만, 원래 대출 모델의 확률 출력이 입력특성으로 하나 더 추가된다. 두 대립 모델을 비교하면 이 추가 정보가 원래 모델 점수에 얼마나 많이 반영되는지 알 수 있다. 그리고 이 정보는 관측 수준에서 얻을 수 있다.

> **NOTE** 잔차나 대립 모델의 예측, SHAP 값과 같이 **행 단위** 디버깅 정보를 만드는 많은 머신러닝 도구도 개별 편향 문제를 조사하는 데 사용할 수 있다.

---

11 https://github.com/shap/shap/blob/master/notebooks/overviews/Explaining%20quantitative%20measures%20of%20fairness.ipynb

12 https://causalens.com/resources/research/on-testing-for-discrimination-using-causal-models/

이런 대립 모델을 원래 모델과 비슷한 초매개변수가 있는 이진 XGBoost 분류기로 훈련했다. 먼저 원래 모델의 확률을 특성으로 추가했을 때 대립 모델의 점수가 가장 많이 오른 보호대상 관측개체를 살펴보자. 결과는 [표 10-5]에서 확인할 수 있다. 이 표에 따르면 일부 관측개체에 대해 원래 모델의 점수가 보호대상 집단의 상태를 충분히 담고 있어 두 번째 대립 모델이 첫 번째 대립 모델보다 약 30% 포인트 향상되었음을 알 수 있다. 이런 결과는 (잔차를 사용해 발견한 개인 편향 문제에서처럼) 질문을 통해 개인 공정성 문제를 식별하려면 이런 관측개체를 더 자세히 살펴봐야 한다는 점을 알려준다. 또한 [표 10-5]는 **인구통계학적 마커**를 제거하더라도 모델에서 **인구통계학적 정보**가 제거되지 않음을 다시 한번 보여준다.

표 10-5 검증 데이터에서 두 대립 모델 간에 점수가 가장 많이 증가한 보호대상 관측개체 3개는 다음과 같다.

관측개체	보호대상	대립 모델 1의 점수	대립 모델 2의 점수	차이
9022	1	0.288	0.591	0.303
7319	1	0.383	0.658	0.275
528	1	0.502	0.772	0.270

2장에서 SHAP 값은 행별 가법 특성 속성 체계 row-by-row additive feature attribution scheme라고 했다. 즉, SHAP 값은 모델에서 각 특성이 전체 모델의 예측에 얼마나 기여했는지를 알려준다. 우리는 원래 모델의 점수가 포함된 두 번째 대립 모델의 검증 데이터에서 SHAP 값을 계산했다. [그림 10-2]에서 가장 중요한 상위 4개 특성의 SHAP 값의 분포를 확인할 수 있다. [그림 10-2]의 각 특성은 보호대상 계급 소속을 예측하는 데 중요한 역할을 한다. 보호대상 집단의 정보를 예측하는 데 가장 중요한 특성은 원래 모델의 점수인 p_DELINQ_NEXT다. 이는 그 자체로도 흥미롭지만, 이 특성에 대해 가장 높은 SHAP 값을 갖는 관측개체는 개인 공정성 위반을 추가로 조사하기에 좋은 목표이다.

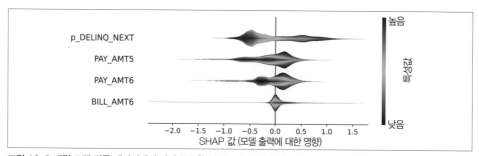

그림 10-2 대립 모델 검증 데이터에서 가장 중요한 상위 4개 특성에 대한 SHAP 값 분포[13]

---

13 컬러 이미지는 부록 526쪽 참조(원본 그림: *https://oreil.ly/n4z9i*).

가장 흥미로운 점은 p_DELINQ_NEXT 바이올린 그래프 내의 색상 변화(밝은색에서 어두운색으로 변화함)일 것이다. 각 바이올린 그래프는 각 관측개체에 대한 특성 자체의 밀돗값에 따라 색상이 지정된다. 즉, 모델이 상호작용이 없는 선형모형인 경우, 각 바이올린의 색상 변화는 밝은색에서 어두운색으로 부드럽게 변할 것이다. 하지만 우리가 관측한 것은 그렇지 않다. p_DELINQ_NEXT 바이올린 그래프에서는 그래프의 수직 단면에서 상당한 색상 변화가 있다. 이는 모델이 예측하는 데 다른 특성과 함께 p_DELINQ_NEXT 특성을 사용하는 경우에만 발생할 수 있다. 예를 들어, 모델은 LIMIT_BAL이 20,000달러 미만이고, 신용 사용액^{credit utilization}이 50% 이상이고, 신용한도 증액 모델의 연체 확률이 50% 이상이면, 관측개체는 흑인이나 히스패닉일 가능성이 높다는 식으로 학습할 수 있다. 잔차와 대립 모델은 개인 편향 문제를 식별하는 데 도움이 될 수 있지만, SHAP은 한 걸음 더 나아가 편향의 원인을 파악하는 데 도움이 된다.

10.3.3 프록시 편향

우리가 식별한 이런 패턴은 소수의 사람에게만 영향을 미치더라도 여전히 해로울 수 있다. 하지만 이런 패턴이 더 많은 사람에게 영향을 미친다면 더 전역적인 프록시 편향이 발생했을 가능성이 높다. 프록시 편향은 단일 특성이나 상호작용하는 특성이 모델에서 인구통계학적 정보처럼 행동할 때 발생한다. 머신러닝 모델이 특성을 혼합하고 일치시켜 잠재적 개념을 만들 수 있으며, 국소 행 단위에서 다양한 방식으로 그렇게 할 수 있다는 점을 감안하면 프록시 편향은 모델 출력을 편향되게 만드는 상당히 일반적인 원인이 된다.

대립 모델과 SHAP 등 앞에서 설명한 많은 도구를 사용해 프록시를 추적할 수 있다. 예를 들어, SHAP 특성의 상호작용값을 살펴보면 프록시를 찾을 수 있다(2장과 6장의 고급 SHAP 기법 참고). 프록시에 관한 최종 테스트는 대립 모델일 수 있다. 다른 모델이 우리 모델 예측의 인구통계학적 정보를 정확하게 예측할 수 있다면 우리 모델에는 인구통계학적 정보가 있는 것이다. 대립 모델에 입력특성을 포함하면 특성 속성 측도를 사용해 어떤 입력특성이 프록시인지 파악하고, 다른 기법과 노력을 기울여 상호작용으로 만들어진 프록시를 찾을 수 있다. 오래된 좋은 의사결정나무가 프록시를 찾는 데 가장 좋은 대립 모델이 될 수 있다. 머신러닝 모델은 특성을 결합하고 재결합하는 경향이 있으므로 훈련한 대립 의사결정나무를 그래프로 표시하면 더 복잡한 프록시를 발견하는 데 도움이 될 수 있다.

대립 모델링은 꽤 복잡한 과정이지만, 모델에서 차별의 대상이 될 만한 개별 행을 식별하고 입력특성이 보호대상 집단 정보 및 프록시와 어떤 연관이 있는지 이해하는 데 있어 강력한 도구라고 필자들은 확신한다. 이제 예제 대출모델에서 발견한 편향을 개선하는 중요한 작업으로 넘어가도록 한다.

10.4 편향 개선

지금까지 모델에서 몇 가지 유형의 편향을 확인했으므로, 이제 직접 이를 개선해야 한다. 다행히도 선택할 수 있는 도구가 많으며, 라쇼몽 효과 덕분에 선택할 수 있는 모델도 다양하다. 먼저 전처리 개선preprocessing remediation을 시도한다. 인구통계학적 집단 간에 양의 결과가 등확률equally likely로 나타나도록 훈련 데이터에 대해 관측 수준의 가중값을 산출한다. 그런 다음 인구통계학적 정보를 XGBoost의 기울기 계산에 포함해 모델 훈련 중에 기울기를 정칙화하도록 하는 진행 중 처리 기법을 시도한다. 이 기법을 **공정**fair **XGBoost**라고도 한다. 후처리에서는 모델의 의사결정 경계를 중심으로 예측을 업데이트한다. 전처리와 진행 중 처리, 후처리는 여러 산업 분야와 애플리케이션에서 차별적 차별 취급에 관한 우려를 불러일으킬 수 있다. 따라서 다양한 입력특성과 초매개변수 설정을 검색해 성능이 좋으면서 편향이 적은 모델을 찾는 간단하면서도 효과적인 모델 선택 기법을 설명하면서 이 절을 마무리한다. 각 접근방식에서 관측된 성능 품질과 편향 개선 간의 절충점에 관해서도 설명한다.

10.4.1 전처리

우리가 시도할 첫 번째 편향 개선 기법은 **재가중**reweighting이라고 하는 전처리 기법이다. 이 기법은 파이살 카미란Faisal Kamiran과 툰 칼더스Toon Calders가 2012년에 발표한 논문 「차별 없는 분류를 위한 데이터 전처리 기법」[14]에서 처음 소개했다. 재가중 개념은 관찰 가중값을 사용해 집단 간 평균결과를 같게 만든 다음, 모델을 다시 훈련하는 것이다. 앞으로 살펴보겠지만, 훈련 데이터를 전처리하기 전에 인구통계학적 집단 간 평균결과 또는 평균 y 변숫값은 크게 달랐다. 가장 큰 차이는 아시아인과 흑인에서로, 평균결과가 각각 0.107과 0.400이었다. 이는 평균적으로 훈련 데이터만 놓고 보면 아시아인의 연체 확률은 신용한도 증액이 허용되는 범위 안에 있

---

14 *https://link.springer.com/article/10.1007/s10115-011-0463-8*

지만, 흑인은 그 반대였다. 이들의 평균 점수는 확실히 거절 범위에 있었다(다시 말하지만, 이는 디지털 데이터에 기록된 값이므로 항상 객관적이거나 공정하지는 않다!). 전처리 후에는 결과와 편향 테스트값의 균형을 어느 정도 맞출 수 있다.

가중값 재조정은 매우 간단한 접근방식이므로, 다음 코드의 함수를 사용해 직접 구현했다.[15] 데이터의 가중값을 재조정하려면 전체 인구통계학적 집단과 개별 인구통계학적 집단에서 결과 비율의 평균을 측정해야 한다. 그런 다음 인구통계학적 집단 간에 결과 비율의 균형을 맞추는 관측 수준이나 행 수준의 가중값을 결정한다. 관측 가중값은 XGBoost와 다른 머신러닝 모델 대부분에 훈련 중 각 행에 가중값을 얼마나 부여할지 알려주는 숫잣값이다. 행의 가중값이 2라면, 해당 행이 XGBoost를 훈련하는 데 사용하는 목적함수에 두 번 나타난다는 것과 같다. 행의 가중값을 0.2로 지정하면, 이는 실제로 해당 행이 훈련 데이터에서 나타나는 횟수가 1/5로 줄어든다. 각 집단의 결과 평균과 훈련 데이터의 도수가 주어졌을 때 모델에서 모든 집단에 같은 평균결과를 제공하는 행 가중값을 결정하는 것은 기본적인 대수algebra 문제이다.

```python
def reweight_dataset(dataset, target_name, demo_name, groups):
    n = len(dataset)

    # 초기 전체 결과 도수
    freq_dict = {'pos': len(dataset.loc[dataset[target_name] == 1]) / n,
                 'neg': len(dataset.loc[dataset[target_name] == 0]) / n}

    # 인구통계학적 집단별 초기 결과 도수
    freq_dict.update({group: dataset[demo_name].value_counts()[group] / n
                      for group in groups})
    weights = pd.Series(np.ones(n), index=dataset.index)

    # 인구통계학적 집단 간 결과 도수의 균형을 맞추는 행의 가중값 결정
    for label in [0, 1]:
        for group in groups:
            label_name = 'pos' if label == 1 else 'neg'
            freq = dataset.loc[dataset[target_name] == label][demo_name] \
                    .value_counts()[group] / n
            weights[(dataset[target_name] == label) &
                    (dataset[demo_name] == group)] *= \
                freq_dict[group] * freq_dict[label_name] / freq
```

---

15 재가중에 관한 추가 구현 및 사용 예는 AIF360의 '신용 의사결정에 대한 나이 편향 감지 및 완화(*https://github.com/Trusted-AI/ AIF360/blob/main/examples/tutorial_credit_scoring.ipynb*)'를 참고한다.

```
# 균형 잡힌 가중값 벡터 반환
return weights
```

> **NOTE** 여러 종류의 표본가중값sample weight이 있다. XGBoo를 포함한 머신러닝 모델 대부분에서 관측
> 수준의 가중값은 도수가중값frequency weight으로 해석되며, 여기서 관측에 대한 가중값은 훈련 데이터에서
> 나타나는 '횟수'와 같다. 이 가중값 부여 체계weighting scheme는 설문조사 표본 이론에서 나왔다.
> 다른 주요 유형의 표본가중값은 가중최소제곱weighted least squares 이론에서 나왔다. 정밀도가중값precision weights
> 이라고도 하는 이 가중값은 각 관측이 실제로는 여러 표본의 평균이라는 가정하에 관측의 특성값에 대
> 한 불확실성을 정량화한다. 이런 두 가지 표본가중값 개념은 같지 않으므로 `sample_weights` 매개변수
> 를 설정할 때 어떤 표본가중값을 지정하는지 알아야 한다.

`reweight_dataset` 함수를 적용하면 각 인구통계학적 집단 내 데이터 결과의 가중평균이 같
아지도록 훈련 데이터와 같은 길이의 관측 가중값 벡터를 제공한다. 재가중은 훈련 데이터에서
나타나는 구조적 편향을 없애는 데 도움이 되며, XGBoost가 여러 종류의 사람들이 결과에 대
해 같은 비율의 평균을 갖도록 가르친다. 재가중은 코드에서 `reweight_dataset`의 행 가중값
을 사용해 XGBoost를 다시 훈련하는 일만큼이나 간단하다. 우리 코드에서는 이 훈련 가중값
의 벡터를 `train_weights`라고 한다. `DMatrix` 함수를 호출할 때 `weight=` 인수를 사용하여 이
런 편향감소가중값bias-decreasing weight을 지정한다. 그런 다음 XGBoost를 다시 훈련한다.

```
dtrain = xgb.DMatrix(train[features],
                     label=train[target],
                     weight=train_weights)
```

[표 10-6]은 원래 결과의 평균과 원래 대립영향비, 전처리한 결과의 평균과 대립영향비를 보
여준다. 가중값을 부여하지 않은 데이터로 XGBoost를 훈련했을 때 몇 가지 문제가 있는 대립
영향비를 발견했다. 원래 흑인과 히스패닉에 대한 대립영향비는 약 0.73이었다. 이는 모델이
1,000명의 백인에게 제공하는 신용 상품을 히스패닉이나 흑인에게는 730명의 신청자에게만
증액을 허용한다는 의미이므로 그렇게 좋은 값이 아니다. 이런 수준의 편향은 윤리적으로도 문
제가 되지만 소비자 금융이나 고용, 또는 편향 테스트 시 전통적인 법적 기준에 의존하는 다른
영역에서 법적 문제를 야기할 수 있다. 4/5 규칙은 결함이 있고 불완전하지만, 대립영향비가
0.8 미만이면 안 된다는 점을 알려준다. 다행히도 재가중을 사용해 좋은 개선 결과를 얻을 수

있었다.

[표 10-6]에서 히스패닉과 흑인에서 문제가 발생하는 대립영향비를 경계선값까지 높였으며, 아시아인의 대립영향비는 많이 바뀌지 않았다는 점이 중요하다. 간단히 말해, 재가중은 흑인과 히스패닉에서의 잠재적 편향 위험을 줄였지만 다른 집단의 편향 위험은 높이지 않았다. 이에 따라 모델의 성능 품질에 어떤 영향이 있었을까? 이를 조사하려고 [그림 10-3]에 재가중 체계reweighting scheme의 강도를 나타내는 초매개변수인 lambda를 도입했다. lambda가 0이면 모든 관측개체에 1의 표본가중값이 적용된다. lambda가 1이면 결과의 평균이 모두 같으며 [표 10-6]의 결과를 얻는다. [그림 10-3]에서 볼 수 있듯이 검증 데이터에서 F1으로 측정한 성능과 재가중 강도를 높이는 것 사이에 약간의 절충점이 있음을 관측했다. 다음으로 다양한 값을 lambda에 적용하면서 흑인과 히스패닉의 대립영향비에 대한 결과를 살펴보며 이런 절충점을 더 자세히 알아본다.

표 10-6 테스트 데이터의 인구통계학적 집단에 대한 원본 결과의 평균과 전처리한 결과의 평균

인구통계학적 집단	원본 결과의 평균	전처리 결과의 평균	원본 대립영향비	전처리 대립영향비
히스패닉	0.398	0.22	0.736	0.861
흑인	0.400	0.22	0.736	0.877
백인	0.112	0.22	1.000	1.000
아시아인	0.107	0.22	1.012	1.010

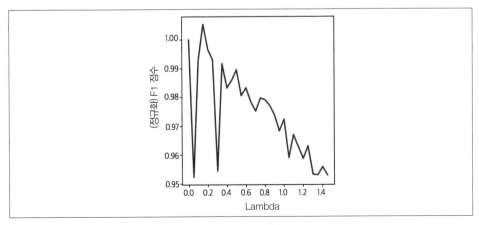

그림 10-3 재가중 기법의 강도 증감에 따른 모델의 F1 점수 변화[16]

----

16 원본 그림: *https://oreil.ly/wJ396*

[그림 10-4]의 결과는 lambda를 0.8 이상으로 높여도 흑인 대 히스패닉의 대립영향비가 크게 개선되지 않음을 보여준다. [그림 10-3]을 다시 살펴보면, 이는 실제 환경에서 성능이 약 3% 감소함을 의미한다. 이 모델을 배포해야 한다면 재훈련을 위해 이 초매개변수를 선택해야 한다. [그림 10-3]과 [그림 10-4]에서는 데이터셋에 표준가중값을 적용하기만 해도 흑인과 히스패닉 대출자에게 유리하도록 만들 수 있어 이 두 집단의 대립영향비를 높일 수 있지만, 이에 따른 실제 성능 저하는 미미하다는 점을 알 수 있다.

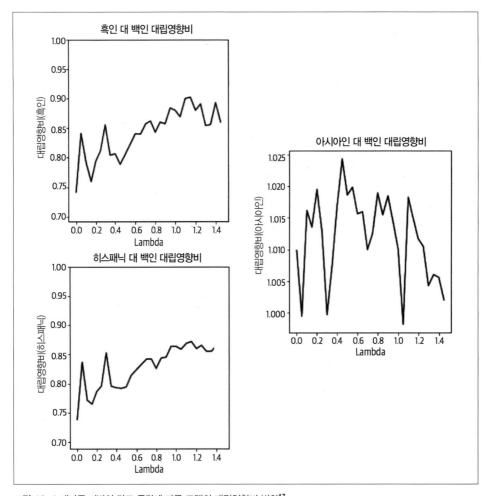

그림 10-4 재가중 기법의 강도 증감에 따른 모델의 대립영향비 변화[17]

----

17 원본 그림: *https://oreil.ly/LKxEH*

머신러닝의 거의 모든 것과 마찬가지로 편향 개선과 우리가 선택한 접근방식은 반복 엔지니어 링이 아닌 실험이다. 이런 방법들은 항상 작동한다는 보장이 없으며, 항상 실제로 작동하는지 검증 데이터와 테스트 데이터로 먼저 확인한 다음, 실제 환경에서 확인해야 한다. 이 모델이 배 포되면 정확도나 편향 측면에서 어떻게 작동할지 알 수 없다는 점을 반드시 기억해야 한다. 가 상환경에서의 검증 평가와 테스트 평가가 실제 성능과 상관관계가 있기를 바라지만, 어떤 보장 도 할 수 없다. 가상환경에서의 5% 정도의 성능 저하는 모델을 실제 환경에 배포하고 나면 사 라질 가능성이 높다. 데이터 변동, 실제 운영 환경의 변화, 기타 실제 환경에서의 예상치 못한 상황 등에 따라 이러한 변화가 발생할 수 있다. 이러한 점을 고려하면, 모델 배포 후 성능과 편 향을 모두 지속적인 모니터링이 필요함을 알 수 있다.

재가중은 전처리 기법의 한 가지 예시일 뿐이며, 이 외에도 다양한 접근방식을 널리 사용한다. 전처리는 간단하고, 직접적이며, 직관적이다. 방금 살펴본 바와 같이 전처리는 허용할 수 있는 정확도 절충점으로 모델의 편향을 의미 있게 개선할 수 있다. 신뢰할 수 있는 다른 전처리 기법 의 예는 AIF360[18]을 참고한다.

10.4.2 진행 중 처리

이제 진행 중 처리 편향 개선 기법을 시도해 본다. 「대립학습으로 원치 않는 편향 완화하기」[19] 나 「공정한 대립 기울기나무부스팅」[20]과 같이 대립 모델을 사용하는 기법을 포함해 최근 몇 년 동안 많은 흥미로운 기법이 제안되었다. 이런 대립 진행 중 처리 접근방식의 기본 개념은 간단 하다. 대립 모델이 주 모델의 예측에서 인구통계학적 집단의 소속을 예측할 수 없다면, 우리의 예측에는 과도한 편향이 없다는 의미로 받아들 수 있다. 이 장의 앞에서 강조했듯이 대립 모델 은 편향에 관한 국소 정보를 포착하는 데도 도움이 된다. 대립 모델의 정확성이 가장 높은 행은 인구통계학적 정보를 가장 많이 포함하는 행일 가능성이 높다. 이런 행은 가장 많은 편향을 경 험하는 개인과 몇몇 입력특성을 포함하는 복잡한 프록시, 기타 국소 편향 패턴을 발견하는 데 도움이 될 수 있다.

하나의 모델만 사용하는 진행 중 편향 개선 기법도 있으며, 일반적으로 구현하기 더 쉬우므로

---

18 *https://aif360.readthedocs.io/en/stable/modules/algorithms.html#module-aif360.algorithms.preprocessing*
19 *https://arxiv.org/pdf/1801.07593.pdf*
20 *https://arxiv.org/pdf/1911.05369.pdf*

여기서는 이런 접근방식 중 하나에 초점을 맞춘다. 두 번째 모델을 사용할 때와 달리, 이런 진행 중 처리 방법은 정칙화 접근방식을 사용하는 쌍대목적함수를 사용한다. 예를 들어, 「공정 회귀를 위한 볼록 프레임워크」[21]에서는 집단과 개인 편향을 줄이는 데 선형회귀 모델 및 로지스틱 회귀모델과 함께 사용할 수 있는 다양한 정칙화기[regularizer]를 제시했다. 「공정 표현 학습」[22]에서도 모델의 목적함수에 편향 측정을 포함해 편향이 적은 새로운 훈련 데이터의 표현을 만들려고 시도한다.

이 두 가지 접근방식은 주로 선형회귀와 로지스틱 회귀, 나이브 베이즈와 같은 단순한 모델에 초점을 맞추지만, 우리는 트리(특히 XGBoost)로 작업하려고 한다. 알고 보니 우리만 그런 것이 아니었다. 아메리칸 익스프레스[American Express]의 한 연구진은 최근 「FairXGBoost: XGBoost에서의 공정성 인식 분류」[23] 논문을 발표했는데, 이 논문에서는 사용자정의 목적함수로 훈련하는 XGBoost의 기본 기능을 사용해 편향 정칙화 항을 XGBoost 모델에 도입하는 방법에 지침과 실험 결과를 소개했다. 이것이 우리가 진행 중 처리를 하는 방법이며, (곧 알게 되겠지만) 구현이 매우 간단하며 예제 데이터에서 좋은 결과를 얻을 수 있다.

> **NOTE** 더 기술적인 설명과 코드, 결과를 보기 전에 지금까지 설명한 공정성 정칙화 작업의 상당 부분이 가미시마[Kamishima] 등의 「편견 제거 정칙화기를 사용한 공정성 인식 분류기」[24] 논문 기반이거나 이 논문과 관련이 있음을 언급한다.

우리가 선택한 접근방식은 어떻게 작동할까? 목적함수는 모델 훈련 중에 오차를 측정하는 데 사용하며, 최적화 절차는 해당 오차를 최소화하고 가장 좋은 모델 매개변수를 찾는다. 진행 중 처리 정칙화 기법의 기본 아이디어는 모델의 전체 목적함수에 편향 측도를 포함하는 것이다. 최적화 함수를 사용해 오차를 계산하고 머신러닝 최적화 과정에서 해당 오차를 최소화하면, 측정된 편향도 감소하는 경향이 있다. 이 아이디어의 또 다른 변형은 목적함수 내 편향 측정 항에 인수 또는 **정칙화 초매개변수**[regularization hyperparameter]를 사용해 편향 개선 효과를 조정하는 것이다. 아직 모르는 독자를 위해 간단히 설명하자면, XGBoost는 다양한 목적함수를 지원하므로 실

---

21 https://oreil.ly/7dcHL
22 https://oreil.ly/tgCE9
23 https://arxiv.org/pdf/2009.01442.pdf
24 https://oreil.ly/E_arn

제로 해결해야 할 문제에 맞춰 오차를 측정할 수 있다. 또한 사용자가 코딩한 사용자정의 목적함수[25]도 완전히 지원한다.

진행 중 처리 접근방식을 구현하는 첫 번째 단계는 표본 목적함수를 코딩하는 것이다. 다음 코드 스니펫에서는 XGBoost 점수를 산출 방법을 알려주는 간단한 목적함수를 정의한다.

1. 모델의 출력(기울기, grad)에 대해 목적함수의 첫 번째 도함수를 계산한다.
2. 모델의 출력(헤시안[Hessian], hess)에 대해 목적함수의 두 번째 도함수를 계산한다.
3. 인구통계학적 정보(protected)를 목적함수에 통합한다.
4. 새로운 매개변수(람다, lambda)로 정칙화 강도를 조절한다.

또한 보호대상 계급으로 간주할 집단(정칙화에 따라 편향을 덜 경험할 집단)과 정칙화의 강도를 지정할 수 있는 간단한 래퍼[wrapper][26]를 만들었다. 이 래퍼는 단순하지만 많은 기능을 제공한다. 이 래퍼를 사용하면 여러 인구통계학적 집단을 보호대상 집단에 포함할 수 있다. 이것이 중요한 이유는 모델이 둘 이상의 집단에서 편향을 보이는 경우가 많고, 단순히 한 집단에서의 편향을 개선하면 다른 집단의 상황이 더 악화할 수 있기 때문이다. 사용자정의 lambda 값을 제공하는 기능은 정칙화 강도를 조정할 수 있으므로 매우 유용하다. 10.4.1절 '전처리'에서 설명했듯이 정칙화 초매개변수를 조정하는 기능은 모델의 정확도와 이상적인 절충점을 찾는 데 매우 중요하다.

약 15줄의 파이썬 코드에 많은 내용이 담겼지만, 이것이 바로 이 접근방식을 선택한 이유다. 이 방법은 XGBoost 프레임워크의 장점을 활용하며, 매우 간단하고, 예제 데이터에서 역사적으로 소외된 소수 집단의 대립영향비를 높이는 것으로 나타났다.

```python
def make_fair_objective(protected, lambda):
    def fair_objective(pred, dtrain):

        # 공정성 인식 교차엔트로피 손실 목적함수
        label = dtrain.get_label()
        pred = 1. / (1. + np.exp(-pred))
        grad = (pred - label) - lambda * (pred - protected)
        hess = (1. - lambda) * pred * (1. - pred)
```

---

25 https://xgboost.readthedocs.io/en/stable/tutorials/custom_metric_obj.html#customized-objective-function
26 옮긴이_ 활동 범위를 설정하고 좀 더 중요한 다른 프로그램의 실행을 가능하게 하는 프로그램이나 스크립트를 말한다.

```
        return grad, hess
    return fair_objective

protected = np.where((train['RACE'] == 'hispanic') | (train['RACE'] == 'black'),
                     1, 0)
fair_objective = make_fair_objective(protected, lambda=0.2)
```

사용자정의 목적 함수를 정의하고 나면 obj= 인수를 사용해 XGBoost train() 함수로 전달하기만 하면 된다. 코드를 제대로 작성했다면 나머지는 XGBoost의 강건한 훈련 및 최적화 메커니즘이 알아서 처리한다. 아주 적은 코드로도 사용자정의 목적함수를 훈련할 수 있다.

```
model_regularized = xgb.train(params,
                              dtrain,
                              num_boost_round=100,
                              evals=watchlist,
                              early_stopping_rounds=10,
                              verbose_eval=False,
                              obj=fair_objective)
```

진행 중 처리 개선 방법에 관한 검증과 테스트 결과는 [그림 10-5]와 [그림 10-6]에서 확인할 수 있다. 가설을 검증하려고 래퍼 함수를 활용해 다양한 lambda 설정으로 다양한 모델을 훈련했다. [그림 10-6]에서 lambda가 증가하면 흑인과 히스패닉 대립영향비도 증가하지만, 아시아인의 대립영향비는 약 1.0 수준으로 안정적으로 유지되는 모습을 확인할 수 있다. 다른 인구통계학적 집단의의 잠재적 차별을 발생시키지 않으면서 소비자 금융에서 가장 우려되는 집단의 대립영향비를 높일 수 있다. 이것이 바로 우리가 원하는 결과다!

성능과 편향 감소 간의 절충점은 어떨까? 여기서 본 것은 매우 일반적인 현상이다. [그림 10-5]에서 알 수 있듯이 흑인과 히스패닉의 대립영향비가 의미 있게 증가하지 않는 lambda 값의 범위가 있지만, 모델의 F1 점수는 원래 모델 성능의 90% 이하로 계속 감소한다. lambda를 최고 수준까지 끌어올린 모델은 사용하지 않을 것이므로, 아마도 가상환경에서의 테스트 데이터에 대한 성능은 약간 감소하고 실제 환경에서의 성능은 아직 알 수 없는 소폭의 변화가 있을 것으로 보인다.

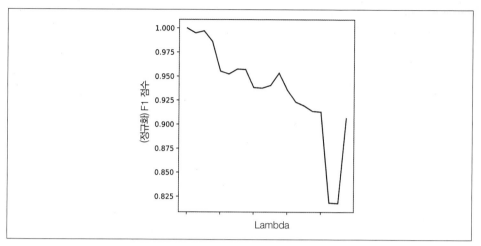

그림 10-5 lambda 증감에 따른 모델의 F1 점수 변화[27]

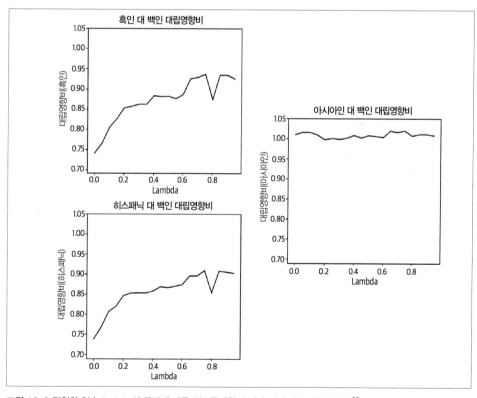

그림 10-6 정칙화 인수 lambda의 증감에 따른 인구통계학적 집단 간의 대립영향비 변화[28]

----

27 원본 그림: *https://oreil.ly/D5Hz_*

28 원본 그림: *https://oreil.ly/tRfBx*

10.4.3 후처리

이제 후처리 기법에 관해 알아본다. 후처리 기법은 모델이 훈련된 다음에 적용되므로 이 절에서는 이 장 시작 부분에서 훈련한 원래 모델의 출력 확률을 수정한다.

우리가 적용할 기법은 **거부옵션** 후처리^{reject option postprocessing}라고 하며, 카미란 등이 2012년에 발표한 논문[29]에서 제안한 방법이다. 우리 모델에는 차단값이 있는데, 모델의 점수가 차단값보다 높으면 예측 결과로 1(신용 신청자에게는 바람직하지 않은 결과)을 부여하고, 차단값보다 낮으면 0(유리한 결과)을 부여한다. 거부옵션 후처리는 차단값 **주변**의 모델 점수에 대해 정확한 결과를 예측할 수 없다는 아이디어를 기반으로 작동한다. 차단값 주변의 좁은 구간 안에 있는 점수를 받은 모든 관측을 집단으로 만들고, 이 관측개체에 대한 결과를 재할당해 모델 결과의 형평성을 높인다. 거부옵션 후처리는 해석과 구현이 쉬운데, 비교적 간단한 함수를 사용해 이를 구현했다.

```python
def reject_option_classification(dataset, y_hat, demo_name, protected_groups,
                                 reference_group, cutoff,
                                 uncertainty_region_size):
    # 의사결정 차단값 주변의 불확실성 영역에서
    # 보호대상 집단에 대한 예측을 유리한 결정으로,
    # 그리고 대조군에 대한 예측을 불리한 결정으로 바꾼다.
    new_predictions = dataset[y_hat].values.copy()

    uncertain = np.where(
        np.abs(dataset[y_hat] - cutoff) <= uncertainty_region_size, 1, 0)
    uncertain_protected = np.where(
        uncertain & dataset[demo_name].isin(protected_groups), 1, 0)
    uncertain_reference = np.where(
        uncertain & (dataset[demo_name] == reference_group), 1, 0)

    eps = 1e-3

    new_predictions = np.where(uncertain_protected,
                               cutoff - uncertainty_region_size - eps,
                               new_predictions)
    new_predictions = np.where(uncertain_reference,
                               cutoff + uncertainty_region_size + eps,
                               new_predictions)
    return new_predictions
```

---

29 *https://ieeexplore.ieee.org/document/6413831*

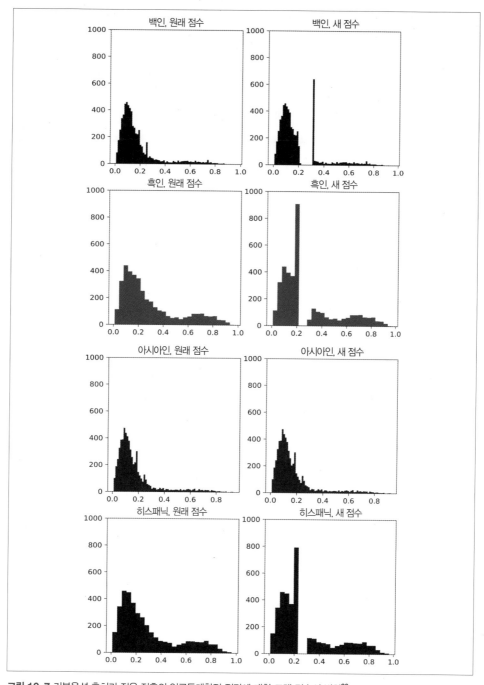

그림 10-7 거부옵션 후처리 적용 전후의 인구통계학적 집단에 대한 모델 점수의 변화[30]

---

30 원본 그림: *https://oreil.ly/KJtVX*

[그림 10-7]에서 이 기법이 실제로 작동하는 모습을 볼 수 있다. 히스토그램은 후처리 전후의 각 인종 집단에 대한 모델 점수의 분포를 보여준다. 원래 모델의 차단값인 0.26 주변의 작은 점수 범위에서 모든 흑인과 히스패닉에게 최하위 점수를 할당해 유리한 결과가 나오도록 후처리했지만, 이 **불확실성 영역**uncertainty zone에 속하는 백인에게는 불리한 결과를 할당하고, 아시아인 점수는 그대로 놔두었다. 이 새로운 점수를 가지고 이 기법이 모델 정확도와 대립영향비에 어떤 영향을 미치는지 알아보자.

실험 결과는 기대했던 대로 흑인과 히스패닉의 대립영향비를 0.9 이상으로 개선했지만, 아시아인의 대립영향비는 1.0으로 유지했다(표 10-7 참고). F1 점수는 6%가 감소했다. 이 정도 수준의 감소는 큰 의미가 없다고 생각하지만, 그래도 걱정이 된다면 불확실성 영역의 크기를 줄여 더 유리한 절충점을 찾을 수 있다.

표 10-7 검증 데이터에 대한 원본 및 후처리 F1 점수와 대립영향비

모델	F1 점수	흑인 대립영향비	히스패닉 대립영향비	아시아인 대립영향비
원래 모델	0.574	0.736	0.736	1.012
후처리 모델	0.541	0.923	0.902	1.06

10.4.4 모델 선택

마지막으로 살펴볼 기법은 공정성 인식 모델 선택이다. 정확히 말하자면, 모델 성능과 대립영향비를 추적하면서 간단한 특성 선택과 무작위 초매개변수 조정을 수행한다. 성능 평가 시 이미 이런 단계를 수행하고 있을 가능성이 높으므로 이 기법은 간접비용이 상당히 낮다. 모델 선택을 편향 개선 기법으로 사용하는 또 다른 장점은 불균형 처리 문제를 가장 적게 발생시킨다는 점이다. 앞 절에서 설명한 거부옵션 후처리는 말 그대로 각 관측개체의 보호대상 집단 상태에 따라 모델의 결과를 변경하는 방식이다.

> **NOTE** 특성 집합과 초매개변수 설정에 대해 임의탐색을 수행하면, 공정성 특성이 개선되고 기준 모델과 성능이 비슷한 모델을 찾을 수 있다.

이 절에서는 F1 점수와 곡선아래면적 점수를 추적해서 모델 성능의 품질을 평가한다. 경험상 여러 품질 측도로 모델을 평가하면 실제 환경에서의 성능이 좋아질 가능성이 높다. F1 점수와 곡선아래면적 점수를 모두 계산하는 또 다른 장점은 F1 점수는 모델 결과를 측정하고 곡선아

래면적 점수는 출력 확률만 사용한다는 것이다. 나중에 모델의 의사결정 차단값을 변경하거나 모델 점수를 다른 과정의 입력으로 전달하는 경우에는 곡선아래면적을 추적하면 좋다.

모델 선택을 자세히 알아보기 전에, 모델 선택은 단순한 특성 선택과 초매개변수 조정 그 이상이라는 점을 강조하고 싶다. 모델 선택은 경쟁 모델 아키텍처 중에서 선택하거나 여러 편향 개선 기법 중에서 선택한다는 의미일 수도 있다. 이 장의 결론에서는 최종 모델을 선택하려면 준비해야 할 모든 결과를 정리하겠지만, 여기서는 특성과 초매개변수에만 초점을 맞춘다.

경험상 특성 선택은 강력한 개선 기법이 될 수 있지만, 분야별 전문가의 안내를 받고 대체 데이터를 사용할 수 있을 때 가장 효과적이다. 예를 들어, 은행의 규정 준수 전문가는 대출 모델의 특성을 역사적 편향이 적은 대체 특성^{alternative feature}으로 대체할 수 있음을 알고 있을 수 있다. 우리는 이런 대체 특성에 접근할 여력이 없으므로 예제 데이터에서는 모델에서 특성을 **제거**하는 옵션만 사용할 수 있으며, 원래 초매개변수를 유지하면서 각 특성을 개별적으로 제거했을 때의 영향만 테스트한다. 특성 선택과 초매개변수 조정에 대해 다양한 모델을 훈련할 예정이므로 원래 훈련 데이터를 사용해 5-폴드 교차검증을 사용한다. 검증 데이터에서 성능이 가장 좋은 모델을 선택한다면 무작위 우연에 따라 성능이 가장 좋은 모델을 선택할 위험이 커진다.

> **CAUTION** 라쇼몽 효과는 선택할 수 있는 좋은 모델이 많다는 의미일 수도 있지만, 이 현상이 원래 모델의 불안정성을 나타내는 징후일 수도 있다는 점을 명심해야 한다. 원래 모델과 설정이 비슷한 많은 모델이 원래 모델과 다른 성능을 보인다면 이는 과소특정화와 잘못된 사양 문제를 가리킨다. 수정한 모델은 안정성과 안전성, 성능 문제도 테스트해야 한다. 자세한 내용은 3장, 8장, 9장을 참고한다.

교차검증을 사용해 이런 새로운 모델을 훈련한 결과, 흑인과 히스패닉의 교차검증 대립영향비는 증가했지만, 모델 교차검증 곡선아래면적은 약간 감소했음을 확인했다. 가장 문제가 되는 특성은 PAY_AMT5였으므로 이 특성을 제외하고 무작위 초매개변수 조정을 수행한다.

> **NOTE** 대립 모델과 설명 가능한 인공지능 기법을 사용하면 더 정교한 특성 선택을 할 수 있다. SHAP 개발자가 작성한 「공정성 측도 설명」[31] 문서와 벨리츠^{Belitz} 등이 작성한 논문 「머신러닝에서 절차적으로 공정한 특성 선택 자동화」[32]를 참고한다.

---

[31] *https://towardsdatascience.com/explaining-measures-of-fairness-f0e419d4e0d7*
[32] *https://dl.acm.org/doi/abs/10.1145/3461702.3462585*

새로운 모델 초매개변수를 선택하는 데는 사이킷런 API를 사용해 무작위 격자탐색을 사용한다. 이 과정에서 대립영향비를 교차검증하려고 하므로 평가함수[scoring function]를 만들어 사이킷런에 전달한다. 흑인 대립영향비가 히스패닉 대립영향비와 상관관계가 있었으므로 여기서는 코드를 단순화하려고 흑인 대립영향비만 추적하지만, 보호대상 집단의 대립영향비 측도의 평균을 추적하는 편이 더 바람직할 수 있다. 다음 코드 스니펫은 전역 변수와 make_scorer() 인터페이스를 사용해 이 작업을 수행하는 방법을 보여준다.

```python
fold_number = -1

def black_air(y_true, y_pred):
    global fold_number
    fold_number = (fold_number + 1) % num_cv_folds

    model_metrics = perf_metrics(y_true, y_score=y_pred)
    best_cut = model_metrics.loc[model_metrics['f1'].idxmax(), 'cutoff']

    data = pd.DataFrame({'RACE': test_groups[fold_number],
                         'y_true': y_true,
                         'y_pred': y_pred},
                        index=np.arange(len(y_pred)))

    disparity_table = fair_lending_disparity(data, y='y_true', yhat='y_pred',
                                             demo_name='RACE',
                                             groups=race_levels,
                                             reference_group='white',
                                             cutoff=best_cut)

    return disparity_table.loc['black']['AIR']


scoring = {
    'AUC': 'roc_auc',
    'Black AIR': sklearn.metrics.make_scorer(black_air, needs_proba=True)
}
```

다음으로 초매개변수의 합리적인 격자를 정의하고 50개의 새로운 모델을 만든다.

```python
parameter_distributions = {
    'n_estimators': np.arange(10, 221, 30),
    'max_depth': [3, 4, 5, 6, 7],
```

```
    'learning_rate': stats.uniform(0.01, 0.1),
    'subsample': stats.uniform(0.7, 0.3),
    'colsample_bytree': stats.uniform(0.5, 1),
    'reg_lambda': stats.uniform(0.1, 50),
    'monotone_constraints': [new_monotone_constraints],
    'base_score': [params['base_score']]
    }

grid_search = sklearn.model_selection.RandomizedSearchCV(
    xgb.XGBClassifier(random_state=12345,
                      use_label_encoder=False,
                      eval_metric='logloss'),
    parameter_distributions,
    n_iter=50,
    scoring=scoring,
    cv=zip(train_indices, test_indices),
    refit=False,
    error_score='raise').fit(train[new_features], train[target].values)
```

무작위 모델 선택 결과는 [그림 10-8]과 같다. 각 모델은 그래프에서 점으로 표시했으며, x축은 흑인에 대한 대립영향비 교차검증값이며 y축은 곡선아래면적 교차검증값이다. 여기서처럼 모델의 정확도를 기준값에 대해 정규화하면 '이 대체 모델은 원래 모델보다 곡선아래면적이 2% 감소했다'와 같은 말을 쉽게 하는 데 도움이 된다. 모델 분포가 [그림 10-8]과 같다면 배포할 모델로 무엇을 선택해야 할까?

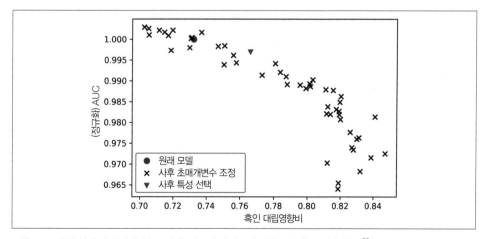

그림 10-8 특성 선택 및 초매개변수 조정 후 각 모델의 정규화 정확도 및 흑인 대립영향비[33]

----

33 원본 그림: *https://oreil.ly/7ru28*

편향 개선 접근방식의 일반적인 문제점은 한 인구통계학적 집단에서 편향을 해결하면 다른 인구통계학적 집단에 편향이 발생한다는 점이다. 예를 들어, 현재 미국에서는 신용 및 고용 의사결정에서 여성이 더 우대받는다. 편향 개선 기법이 구조적 편향의 영향을 받는 다른 집단의 결과를 증가시키는 과정에서 여성에게 유리한 결과를 많이 감소시키는 것은 놀라운 일은 아니지만, 이는 모두가 진정으로 원하는 결과가 아니다. 한 집단에 과도하게 유리한 경우, 편향 개선으로 그 불균형을 해소할 수 있다면 더할 나위 없이 좋을 것이다. 그러나 반대로 한 집단이 다소 유리한 경우, 편향 개선이 다른 집단의 대립영향비나 다른 통계량을 증가시켜 해당 집단에 해를 끼친다면 이는 분명 좋지 않은 결과다. 다음 절에서는 이런 두 가지 대체 모델이 이 장에서 적용한 다른 개선 기법과 어떻게 비교되는지 알아본다.

> **CAUTION** 같은 데이터셋에서 여러 모델을 평가할 때는 과대적합과 다중 비교에 주의해야 한다. 재사용할 수 있는 모델 평가용 데이터와 교차검증, 부트스트래핑, 시간 외 모델 평가용 데이터, 배포 후 모니터링과 같은 모범사례를 사용해 결과를 일반화하도록 해야 한다.

10.5 결론

[표 10-8]에 이 장에서 훈련한 모든 모델의 결과를 집계했다. 모델 정확도의 두 가지 측도인 F1 점수 및 곡선아래면적, 모델 편향의 두 가지 측도인 대립영향비와 위양성률 차이에 초점을 맞추었다.

표 10-8 테스트 데이터에 대한 편향 개선 기법 비교

측도	원래 모델	전처리(재가중)	진행 중 처리(정칙화, lambda = 0.2)	후처리(거부옵션, window = 0.1)	모델 선택
곡선아래면적	0.798021	0.774183	0.764005	0.794894	0.789016
F1	0.558874	0.543758	0.515971	0.533964	0.543147
아시아인 대립영향비	1.012274	1.010014	1.001185	1.107676	1.007365
흑인 대립영향비	0.735836	0.877673	0.851499	0.901386	0.811854
히스패닉 대립영향비	0.736394	0.861252	0.851045	0.882538	0.805121
아시아인 위양성률 차이	0.872567	0.929948	0.986472	0.575248	0.942973
흑인 위양성률 차이	1.783528	0.956640	1.141044	0.852034	1.355846
히스패닉 위양성률 차이	1.696062	0.899065	1.000040	0.786195	1.253355

테스트한 많은 개선 기법이 아시아인 대립영향비에 심각한 부정적인 영향을 미치지 않으면서 흑인과 히스패닉 대출자의 대립영향비와 위양성률의 차이를 의미 있게 개선할 수 있다는 점은 매우 흥미로운 결과이다. 이는 모델 성능의 미미한 변화만으로도 가능하다.

고위험 모델에 적용할 개선 기법은 어떻게 선택해야 할까? 이 장을 읽고 많은 시도를 해 볼 수 있다는 확신을 받았기를 바란다. 궁극적으로 최종 의사결정은 법무 팀이나 경영진, 많은 이해관계자 팀에 달렸다. 전통적인 엄격한 규제를 받는 업종의 조직에서는 차별대우가 엄격하게 금지되므로 선택의 폭이 좁다. 실제로 현재 사용할 수 있는 모델 선택 옵션 중에서만 선택할 수 있다. 이런 업종이 아니라면 훨씬 더 다양한 개선 전략을 선택할 수 있다.[34] 필자들은 편향 개선 시 전처리 옵션을 선택할 것 같다. 진행 중 처리보다 성능 저하가 적고, 후처리 옵션은 일부 성능차이가 허용 범위를 벗어나기 때문이다.

모델 선택을 편향 완화 기법으로 사용하든 말든, 그리고 전처리 모델, 진행 중 처리 모델, 후처리 모델 중에서 선택할 수 있든 없든 편향을 해결하는 모델을 선택하는 경험 법칙은 다음과 같다.

1. 비즈니스 요구사항을 충족할 수 있도록 충분히 성능이 좋은 모델(예: 원래 모델의 5% 이내인 성능)로 모델 집합을 줄인다.
2. 이 모델 중에서 다음 조건에 가장 부합하는 모델을 선택한다.
   - 원래 부당한 대우를 받던 모든 집단의 편향을 개선한다. 예를 들어, 모든 부당한 대우를 받던 집단의 대립영향비를 0.8 이상으로 높인다.
   - 처음부터 유리했던 집단은 차별하지 않는다. 예를 들어, 원래 유리했던 집단의 대립영향비를 0.8 미만으로 감소시키지 않는다.
3. 선택 과정에서 비즈니스 파트너와 법률 및 규정 준수 전문가, 다양한 이해관계자와 상의한다.

우리가 훈련하는 모델이 사람들에게 영향을 미칠 수 있다면, 대부분의 모델이 그렇듯이 편향을 테스트해야 할 윤리적 의무가 있다. 그리고 편향을 발견하면 편향을 완화하거나 개선해야 한다. 이 장에서 살펴본 내용은 편향관리 과정의 기술적인 부분이다. 편향을 제대로 개선하려면 배포 일정을 연장하고, 다양한 이해관계자와 신중하게 소통하면서 머신러닝 모델 및 파이프라인을 다시 훈련하고 다시 테스트해야 한다. 속도를 늦추고 이해관계자의 도움과 의견을 구하고 과학적인 방법을 적용하면 실제 편향 문제를 해결하고 편향을 최소화한 고성능 모델을 배포할

---

34 편향 개선 의사결정나무(*https://oreil.ly/vDv4T 40쪽*)도 잊어서는 안 된다.

수 있다고 확신한다.

10.6 참고 자료

코드 예제

- Machine-Learning-for-High-Risk-Applications-Book[35]

- 편향관리 도구

- Aequitas[36]

- AI Fairness 360(AIF360)

  - Python[37]

  - R[38]

- 알고리즘 공정성Algorithmic Fairness[39]

- Fairlearn[40]

- FairML: 블랙박스 예측모델 감사Auditing Black-Box Predictive Models[41]

- fairmodels[42]

- fairness: Algorithmic Fairness Metrics[43]

- SolasAI 차이 및 편향 테스트 라이브러리Disparity and Bias Testing Library[44]

- Fairness Indicators[45]

- Themis[46]

---

35 https://github.com/ml-for-high-risk-apps-book/Machine-Learning-for-High-Risk-Applications-Book/tree/main/code/Chapter-10

36 https://github.com/dssg/aequitas

37 https://github.com/Trusted-AI/AIF360

38 https://github.com/Trusted-AI/AIF360/tree/master/aif360/aif360-r

39 https://github.com/algofairness

40 https://github.com/fairlearn/fairlearn

41 https://github.com/adebayoj/fairml

42 https://github.com/ModelOriented/fairmodels

43 https://cran.r-project.org/web/packages/fairness/index.html

44 https://github.com/SolasAI/solas-ai-disparity

45 https://github.com/tensorflow/fairness-indicators

46 https://github.com/LASER-UMASS/Themis

## CHAPTER 11

레드 팀 XGBoost

5장에서는 머신러닝 모델의 보안과 관련된 여러 가지 개념을 소개했다. 이제 이 개념을 실제로 적용해본다. 이 장에서는 모델 디버깅 작업에 레드 팀 기능을 추가하는 방법을 알아본다. 11장의 주요 아이디어는 해커가 우리 모델에 어떤 공격을 시도할지 알면 우리가 먼저 그 공격을 시도해보고 효과적인 방어책을 마련할 수 있다는 것이다. 먼저 일반적인 머신러닝 공격과 대응책을 다시 알아보고, 정형 데이터로 훈련한 XGBoost 분류기를 공격하는 예를 살펴본다.[1] 그런 다음 설명할 수 없는 표준 접근방식으로 훈련한 모델과 제약조건 및 고차 L2 정칙화로 훈련한 모델 두 가지를 소개한다. 이 두 모델을 사용해 공격을 설명하고 투명성과 L2 정칙화가 적절한 대응책인지 테스트한다. 그런 다음 설명할 수 없는 머신러닝 API에 대해 외부 공격자가 수행할 수 있는 공격인 모델 추출과 대립예제 공격을 알아본다. 그 다음으로 머신러닝 모델링 파이프라인을 고의로 변경하는 내부자 공격인 데이터 오염과 모델 백도어를 살펴본다. 참고로 이 장의 코드는 온라인[2]에서 확인할 수 있다. 이제 시작해보자.

> **NOTE** 웹과 학술 문헌에는 컴퓨터 비전과 언어 모델에 대한 공격 사례와 도구가 많다. 이런 광범위한 주제에 관한 적절한 요약은 다음 문헌을 참고한다.

----

1 인터넷에는 컴퓨터 비전 모델에 대한 공격의 예가 많이 있지만, CleverHans(*https://github.com/cleverhans-lab/cleverhans*)와 관련된 연습용 교재를 추천한다.

2 *https://github.com/ml-for-high-risk-apps-book/Machine-Learning-for-High-Risk-Applications-Book/tree/main/code/Chapter-11*

- 「컴퓨터 비전에서의 대립 공격: 개요」[3]
- 「대규모 언어 모델에서의 프라이버시 고려 사항」[4]

이 장에서는 이런 아이디어를 널리 사용되는 트리기반 모델과 정형 데이터에 적용한다. 5장에서는 머신러닝 보안 문제를 더 일반적으로 다루었으며, 1장, 3장, 4장에서는 모든 유형의 모델에 걸쳐 머신러닝 보안에 도움이 되는 다양한 위험완화 방법과 프로세스 통제를 소개했다.

11.1 개념 복습

머신러닝 모델 공격에 관심을 두는 이유를 다시 한번 상기할 필요가 있다. 머신러닝 모델은 사람을 해칠 수 있으며, 사람이 조작하거나 변경하거나 파괴할 수 있다. 대체로 보안 사고는 운영자와 사용자, 일반 대중이 기술 때문에 피해를 보는 일을 말한다. 악의적인 공격자는 자신에게 유리한 결과를 유도하거나 다른 사람에게 해로운 결과를 초래할 수 있으며, 산업 스파이나 지식재산권 탈취, 데이터 탈취 등의 범죄를 저지를 수 있다. 우리 모델이 이런 악의적인 활동의 표적이 되는 일을 원치 않는다! 5장에서는 이런 사고방식을 **대립적 사고방식**이라고 했다. 머신러닝 모델은 조직에 수백만 달러를 벌어 줄 완벽한 파이썬 도구가 될 수 있지만, 동시에 법적 책임이 있으며, 보안 취약점이 존재하며, 해커가 탐색할 수 있는 엔드포인트이기도 하다. 특히 대중에게 큰 영향을 미치는 중요한 머신러닝 시스템에서 이런 현실을 피할 방법은 없다. 순진한 척하지 말고, 훈련 데이터를 유출하거나 모델 자체를 유출하거나 악의적인 공격자가 시스템을 속여 돈이나 지식재산권 등을 빼낼 수 있는 취약점으로 가득 차 있지는 않은지 확인하는 데 필요한 노력을 기울여야 한다. 이제 5장의 개념과 공격, 대응책을 다시 알아보자.

11.1.1 CIA 3요소

일반적으로 정보보호 사고[information security incident]를 기밀성 공격, 무결성 공격, 가용성 공격이라는 CIA 3요소로 정의되는 세 가지 범주로 분류한다.

---

3 https://www.youtube.com/watch?v=AB39bb2_Vtw&ab_channel=CihangXie
4 https://blog.research.google/2020/12/privacy-considerations-in-large.html

기밀성 공격

머신러닝 모델과 관련된 일부 데이터의 기밀성, 주로 모델의 논리나 모델의 훈련 데이터를 침해한다. 모델 추출 공격은 모델을 노출하지만, 소속 추론 공격은 훈련 데이터를 노출한다.

무결성 공격

일반적으로 모델의 동작을 침해해서 공격자에게 유리한 방식으로 예측을 변경한다. 대립예제 공격과 데이터 오염 공격, 백도어 공격은 모두 모델의 무결성을 침해한다.

가용성 공격

모델 사용자가 적시에 또는 정상적인 서비스 이용 방식으로 모델에 접근하지 못하도록 한다. 머신러닝에서 (신경망의 속도를 낮추는) 스펀지 예제[5]는 가용성 공격의 한 유형이다. 일부에서는 소수 집단이 모델로부터 다수 집단과 같은 서비스를 받지 못하므로 알고리즘 차별을 가용성 공격의 한 형태로 설명하기도 한다. 하지만 가용성 공격 대부분은 모델을 실행하는 서비스를 대상으로 하는 일반적인 서비스거부 공격으로, 머신러닝에 특화한 공격이 아니다. 가용성 공격을 시도하지는 않지만, IT 파트너에게 문의해 공개용 머신러닝 모델에 가용성 공격을 완화하는 표준 대응책이 마련되었는지 확인해야 한다.

CIA 3요소를 간략히 알아봤으니, 이제 계획된 레드 팀 연습에 관해 자세히 알아보자.

11.1.2 공격

개념 복습을 위해 머신러닝 공격을 크게 **외부** 공격external attack과 **내부자** 공격insider attack이라는 두 가지 범주로 분류한다. 외부 공격은 외부 공격자가 모델에 시도할 가능성이 가장 높은 공격으로 정의한다. 이런 공격은 모델을 API로 배포했지만, 보안에는 다소 소홀했을 때 주로 발생한다. 설명할 수 없는 엔티티로서 모델과 상호작용할 수 있고, 익명으로 상호작용할 수 있으며, 모델과 적절한 횟수의 데이터 제공 상호작용을 할 수 있다고 가정한다. 이런 조건에서 외부 공격자는 모델 추출 공격으로 모델의 기본 논리를 추출할 수 있다. 공격자는 이런 청사진이 있든 없는(청사진이 있으면 더 쉽고 해로울 수 있다) 정상 데이터처럼 보이지만 모델이 의외의 결과를 만들어 내는 대립예제를 만들 수 있다. 공격자가 적절한 대립예제를 사용하면 모델을 마음대로 조종할 수 있다. 해커가 앞의 두 가지 공격에 성공했다면, 더 대담해져서 더 복잡하고 해로운 공격인 소속 추론 공격을 시도할 수 있다. 다른 유형의 외부 공격에 관해 조금 더 자세히 알아보자.

---

5 `https://arxiv.org/pdf/2006.03463.pdf`

모델 추출

기밀성 공격은 머신러닝 모델의 기밀성을 침해하는 공격이다. 모델 추출 공격을 하려면 해커는 데이터를 예측 API에 제공하고, 예측을 반환받은 다음, 제공한 데이터와 수신한 예측 간에 대리 모델을 만들어 모델의 사본을 역공학한다. 이 정보를 사용해 공격자는 독점적인 비즈니스 프로세스와 의사결정 논리를 밝혀낼 수 있다. 추출된 모델은 후속 공격의 훌륭한 실험대가 된다.

대립예제

무결성 공격은 모델 예측의 정확성을 침해한다. 대립예제 공격을 하려면 공격자는 모델이 입력 데이터에 어떻게 반응하는지 조사할 것이다. 컴퓨터 비전 시스템에서 색상 변화 정보gradient information는 모델에서 이상한 반응을 유발하는 이미지를 미세조정하는 데 자주 사용한다. 정형 데이터에서는 개별조건부기대나 유전 알고리즘을 사용해 예상치 못한 모델 예측을 유발하는 데이터 행을 찾을 수 있다.

소속 추론

기밀성 공격은 모델 훈련 데이터를 침해한다. 이 공격은 두 개의 모델이 필요한 복잡한 공격이다. 첫 번째 모델은 모델 추출 공격에서 훈련되는 모델과 비슷한 대리 모델이다. 두 번째 단계의 모델은 데이터 행이 대리 모델의 훈련 데이터에 있는지를 결정하도록 훈련하며, 해당 행이 원래 모델의 훈련 데이터에 있는지를 결정하려고 외삽할 때도 많다.

이제 내부자 공격에 관해 알아본다. 안타깝게도 동료 직원이나 컨설턴트, 계약업체를 항상 신뢰할 수는 없다. 더 심각한 문제는 사람들은 나쁜 행위를 저지르도록 강요당할 수 있다는 점이다. 데이터 오염 공격에서는 누군가 훈련 데이터를 변경해 자신이나 다른 사람이 나중에 모델을 조작할 수 있도록 한다. 백도어 공격에서는 누군가 모델의 평가 코드를 변경해 승인받지 않은 방법으로 모델에 접근할 수 있도록 한다. 데이터 오염 공격과 백도어 공격 모두 공격자가 금전적 이득을 취하려고 데이터나 평가 코드를 변경할 가능성이 높다. 그러나 악의적인 공격자는 자신에게 이득이 되는 방식뿐만 아니라 다른 사람에게 피해를 주는 방식으로도 중요한 모델을 변경할 가능성이 있다.

데이터 오염

무결성 공격은 훈련 데이터를 변경해 미래의 모델 결과를 변경한다. 모델의 훈련 데이터에 접근할 수만 있으면 공격할 수 있다. 공격자는 나중에 모델과 상호작용할 때 자신이나 다른 사람이 악용할 수 있는 방식으로 모델 예측을 안정적으로 변경할 수 있도록 훈련 데이터를 변경한다.

백도어

무결성 공격은 모델의 평가(또는 추론) 코드를 변경한다. 백도어 공격의 목표는 배포된 머신러닝 모델에서 복잡하게 얽힌 계수와 if-then 규칙에 새로운 코드 분기를 삽입하는 것이다. 새로운 코드 분기가 평가 엔진에 삽입되면 나중에 이를 작동하는 방법을 아는 사람이 비현실적인 데이터 조합을 API에 제공하는 등의 방식으로 악용할 수 있다.

우회 공격과 사칭 공격에 관해서는 다시 살펴보지 않았지만, 5장의 사례 연구에서 설명했다. 필자들의 연구에 따르면 우회 공격과 사칭 공격은 오늘날 가장 일반적인 공격 유형이다. 일반적으로 이런 공격은 머신러닝으로 강화된 보안$^{ML-\,enhanced\,security}$이나 필터링, 결제 시스템$^{payment\,system}$에 적용된다. 컴퓨터 비전에서는 보통 실제와 같은 마스크를 쓰거나 자신을 위장하는 등 머신러닝 시스템을 물리적으로 조작한다. 정형 데이터에서 이런 공격은 모델 사용자와 비교할 때 데이터 행이 비슷한 값(사칭)이나 다른 값(우회)을 갖도록 변경하는 것을 의미한다. 이상금융거래탐지$^{fraud\,detection}$ 머신러닝 모델을 우회하는 것은 사기꾼과 금융기관 간의 오랫동안 지속된 창과 방패의 대결이며, 정형 데이터 조작 기반의 우회 공격이 가장 일반적인 사례일 것이다.

11.1.3 대응책

머신러닝 공격 대부분은 지나치게 복잡하고, 불안정하며, 과대적합되고 설명할 수 없는 머신러닝 모델을 전제로 한다. 지나치게 복잡하고 설명할 수 없는 구조는 아주 복잡한 시스템이 조작되고 있는지 사람이 알 수 없기 때문에 중요하다. 불안정성은 작은 입력 데이터의 섭동이 모델 출력이 예상하지 못한 극적인 변화를 불러올 수 있는 시나리오로 이어질 수 있어 공격에 중요하다. 과대적합은 불안정한 모델을 만들고, 소속 추론 공격에 이용된다. 모델이 과대적합되면 모델은 훈련 데이터와 새로운 데이터에서 매우 다르게 작동하며 이런 성능차이를 이용해 행 데이터가 모델 훈련에 사용되었는지를 추론할 수 있다. 이를 모두 고려해 두 가지 간단한 대응책을 시도해본다.

L2 정칙화

모델의 오차함수에서 모델 계수의 제곱 합$^{squared\,sum}$이나 모델 복잡도의 다른 측도에 벌점을 부과한다. 강력한 L2 정칙화는 모델에서 어떤 하나의 계수나 규칙, 상호작용이 너무 커지거나 중요해지는 상황을 방지한다. 단일 특성이나 상호작용이 모델을 주도하지 않는다면 대립예제를 만들기가 더 어려워진다. L2 정칙화는 모든 모델 계수를 더 작게 만드는 경향이 있으므로 모델 예측이 더 안정화되고 급격한 변화에 영향을 덜 받게 한다. 또한 L2 정칙화는 모델의 일반화 기능을 개선해 소속 추론 공격에 대응하는 데도 도움이 된다고 알려졌다.

단조제약조건

단조제약조건은 모델을 더 안정적이고 해석 가능하게 만드는데, 이 두 가지 요소는 머신러닝 공격을 완화하는 일반적인 방법이다. 모델의 해석 가능성이 높아지면, 모델의 전체 보안 프로파일이 변경된다. 모델이 어떻게 작동해야 하는지 알 수 있으며, 모델 조작을 더 쉽게 식별할 수 있다. 모델의 예측이 현실에 맞게 작동하면 모든 사람이 모델의 내부 구조와 예측 과정을 알 수 있으므로 기밀성 공격은 큰 효과가 없다. 제약조건 덕분에 모델이 예상하지 못한 예측을 하지 못한다면 대립예제 공격을 수행할 방법이 없다. 제약조건이 모델이 현실에 맞게 작동하도록 강제한다면 데이터 오염의 효과는 떨어질 수밖에 없다. 제약조건은 일반화에도 도움이 돼 소속 추론 공격을 더 어렵게 만든다.

이 두 가지 일반적인 대응책이 시너지 효과를 발휘하길 바란다. L2 정칙화와 제약조건은 모델의 안정성을 높여준다. 이 두 가지 방법을 사용해 모델의 작은 입력 변화에도 모델의 출력이 크게 바뀌지 않도록 노력하고 있다. 특히 제약조건을 사용하면 간단히 모델이 의외의 결과를 내지 않도록 할 수 있다. 제약조건은 모델이 명백하고 인과적인 현실을 따라야 함을 의미하며, 이 덕분에 대립예제를 찾기가 더 어려워지고 데이터 오염의 피해도 줄어들 것으로 기대한다. 또한 두 방법 모두 과대적합을 줄이고 소속 추론에 대한 약간의 방어 기능도 제공한다.

다른 중요한 대응책으로는 트래픽 조절[6]과 인증[7], 강건한 머신러닝[8], 차등 프라이버시[9] 접근방식이 있다. 트래픽 조절은 누군가가 API와 너무 자주 또는 이상한 방식으로 상호작용하는 경우 예측 속도를 늦춘다. 인증은 일반적으로 익명 사용을 방지해 공격을 막는다. 강건한 머신러닝 접근방식은 대립예제와 데이터 오염에 더 강건하도록 사용자정의로 설계한 모델을 만든다. 차등 프라이버시는 모델 추출이나 소속 추론 공격이 발생할 경우 훈련 데이터를 체계적으로 손상해 모호하게 만든다. 우리는 L2 정칙화를 강건한 머신러닝과 차등 프라이버시 접근방식에 대한 더 접근하기 쉬운 대안으로 사용한다. L2 정칙화가 더 안정적인 모델을 만드는 역할을 한다고 설명했지만, L2 정칙화는 훈련 데이터에 가우스 잡음을 주입하는 것과 같음을 알아야 한다. 이 방법이 실제 차등 프라이버시 방법만큼 잘 작동한다는 보장은 없지만, 코드 예제를 보며 얼마나 잘 작동하는지 테스트한다. 이제 기술적인 요점을 모두 살펴봤으니 XGBoost 모델을 훈련한다.

---

6 https://cmte.ieee.org/futuredirections/tech-policy-ethics/2019articles/current-state-of-api-security-and-machine-learning/

7 https://en.wikipedia.org/wiki/Authentication

8 https://www.robust-ml.org (옮긴이_ 지금은 실행되지 않는 URL입니다.)

9 https://arxiv.org/pdf/2106.09680.pdf

11.2 모델 훈련

예제 모델에서는 API 사용자의 신용한도를 늘려줄 것인지를 결정한다. 여러분은 신용 모델이 매우 잘 보호되는 모델이라고 생각할 수도 있을 것이다. 이는 사실이다. 핀테크와 암호화폐 업계에서도 비슷한 머신러닝 모델을 사용하며, 대형 은행에 컴퓨터 기술이 도입되었으니 이것이 안전하다고 생각할 수 있다. 하지만 은행 규제 당국의 생각[10]은 다를 수도 있다. 신용 신청 사기credit application fraud는 흔한 일로, 이는 2023년 버전의 신용 신청 사기일 뿐이다. 각 예제와 함께 가능한 공격 시나리오를 소개하겠지만, 실제 공격은 이상하고 놀라울 수 있으며 모든 모델에서 발생할 수 있다는 것이 현실이다.

모든 공격에서 우리는 두 가지 다른 모델을 해킹한다. 실제로는 배포를 계획한 모델이나 시스템을 대상으로 레드 팀으로 공격하지만, 이 장에서는 단순히 실험을 한다. 첫 번째 모델은 제약 조건이 없고, 다소 과대적합되었으며 열 및 행 표본추출에서 제공하는 것 이상의 정칙화가 거의 없는 일반적인 XGBoost 모델이다. 이 모델은 과대적합과 불안정성 때문에 더 쉽게 해킹할 수 있을 것이다. 과대적합을 위해 max_depth를 10으로 설정하고 다른 초매개변수는 다음과 같이 지정했다.

```
params = {"ntrees": 100,
          "max_depth": 10,
          "learn_rate": 0.1,
          "sample_rate": 0.9,
          "col_sample_rate_per_tree": 1,
          "min_rows": 5,
          "seed": SEED,
          "score_tree_interval": 10
}
```

기본 요소만 있는 일반적인 XGBoost 모델을 훈련한다.

```
xgb_clf = H2OXGBoostEstimator(**params)
xgb_clf.train(x=features, y=target, training_frame=training_frame,
              validation_frame=validation_frame)
```

---

10 https://www.nytimes.com/2020/10/07/business/citigroup-fine-risk-management.html

모델 훈련에 들어가기 전에 자바Java 평가 코드를 생성하고 나중에 해당 코드에 백도어 공격을 시도하는 데 XGBoost에 H2O 인터페이스를 사용한다. 따라서 초매개변수 이름이 기본 XGBoost를 사용할 때와는 약간 다를 수 있다.

더 강건한 모델을 만들기 위해 먼저 6장에서처럼 스피어만 상관관계를 사용해 단조제약조건을 결정한다. 이런 제약조건의 목적은 두 가지인데, 모두 상식적인 투명성을 기반으로 한다. 첫째, 무결성 공격을 받을 때 모델을 더 안정적으로 유지해야 한다. 둘째, 공격자의 기밀성 공격 가치를 떨어뜨려야 한다. 제약조건 모델은 논리가 예측할 수 있는 패턴을 따르므로 조작하기가 더 어렵고 판매되거나 향후 공격에 사용할 수 있는 기밀을 너무 많이 숨겨서는 안 된다. 제약조건을 설정하는 방법은 다음과 같다.

```python
corr = pd.DataFrame(train[features +
                          [target]].corr(method='spearman')[target]).iloc[:-1]
corr.columns = ['Spearman Correlation Coefficient']
values = [int(i) for i in np.sign(corr.values)]
mono_constraints = dict(zip(corr.index, values))
mono_constraints
```

정의한 제약조건에서 BILL_AMT*, LIMIT_BAL, PAY_AMT* 특성은 음수이고, PAY_* 특성은 양수다. 이런 제약조건은 직관적이다. 청구 금액과 신용한도, 결제 금액이 커질수록 제약조건 분류기의 연체 확률은 감소할 수밖에 없다. 누군가 결제를 늦게 할수록 연체 확률은 높아질 수밖에 없다. H2O 단조성의 경우 딕셔너리에 제약조건을 정의해야 하며, 대응책이 있는 우리 모델에서 이 딕셔너리는 다음과 같다.

```python
{'BILL_AMT1': -1,
 'BILL_AMT2': -1,
 'BILL_AMT3': -1,
 'BILL_AMT4': -1,
 'BILL_AMT5': -1,
 'BILL_AMT6': -1,
 'LIMIT_BAL': -1,
 'PAY_0': 1,
 'PAY_2': 1,
 'PAY_3': 1,
 'PAY_4': 1,
 'PAY_5': 1,
 'PAY_6': 1,
```

```
        'PAY_AMT1': -1,
        'PAY_AMT2': -1,
        'PAY_AMT3': -1,
        'PAY_AMT4': -1,
        'PAY_AMT5': -1,
        'PAY_AMT6': -1}
```

또한 다양한 모델을 병렬로 살펴보는 데 격자탐색을 사용한다. 훈련 데이터가 작으므로 가장 중요한 초매개변수에 대한 데카르트 격자탐색을 수행할 수 있다.

```
# XGB 격자탐색을 위한 매개변수 설정
hyper_parameters = {'reg_lambda': [0.01, 0.25, 0.5, 0.99],
                    'min_child_weight': [1, 5, 10],
                    'eta': [0.01, 0.05],
                    'subsample': [0.6, 0.8, 1.0],
                    'colsample_bytree': [0.6, 0.8, 1.0],
                    'max_depth': [5, 10, 15]}

# 데카르트 격자탐색 초기회
xgb_grid = H2OGridSearch(model=H2OXGBoostEstimator,
                         hyper_params=hyper_parameters,
                         parallelism=3)

# 격자탐색을 사용하는 훈련
xgb_grid.train(x=features,
               y=target,
               training_frame=training_frame,
               validation_frame=validation_frame,
               seed=SEED)
```

데이터에 과대적합하지 않은 초매개변수 집합을 찾은 다음, 해당 초매개변수 params_best와 단조제약조건을 사용해 재훈련한다.

```
xgb_best = H2OXGBoostEstimator(**params_best,
                               monotone_constraints=mono_constraints)

xgb_best.train(x=features,
               y=target,
               training_frame=training_frame,
               validation_frame=validation_frame)
```

[그림 11-1]에 있는 두 모델의 시스템 동작 특성ROC 곡선을 살펴보면, 레드 팀을 위한 서로 다른 두 모델을 얻었을 가능성이 높아 보인다. [그림 11-1]에서 위 그림의 일반 모델은 전형적인 과대적합의 특징을 보여준다. 이 모델은 훈련 데이터의 곡선아래면적이 검증 데이터의 곡선아래면적보다 훨씬 더 넓다. [그림 11-1]에서 아래 그림의 제약조건 모델은 훨씬 더 잘 훈련된 것처럼 보인다. 검증 데이터의 곡선아래면적은 일반 모델과 같지만, 훈련 데이터의 곡선아래면적은 더 작아서 과대적합이 훨씬 덜함을 나타낸다. 확신할 수는 없지만, 단조제약조건이 과대적합을 완화하는 데 도움이 된 듯하다.

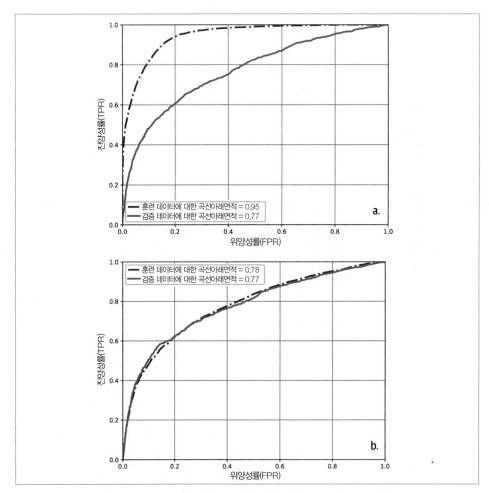

그림 11-1 제약 및 정칙화 XGBoost 모델에 대한 스트레스 분석 후의 시스템 동작 특성 곡선[11]

------

11 컬러 이미지는 부록 527쪽 참조(원본 그림: *https://oreil.ly/0xLnl*).

이제 두 가지 모델을 준비했으므로 실험과 레드 팀 공격을 모두 해본다. 기존 연구 결과와 일반 모델이 공격하기 더 쉽고 큰 성과를 얻을 수 있을 것이라는 가설을 확인한다. 일반 모델은 불안정하고 많은 비선형성과 고차 상호작용을 숨겨서 공격할 가치가 더 높다. 해커는 설명할 수 없는 그레이디언트 부스팅 머신에서 공격에 악용할 만한 측면을 찾아낼 수 있다. 일반 모델은 과대적합하므로 모델 추출 공격에 더 취약할 수 있다. 백도어 공격 역시 더 쉬울 것이다. 과대적합 그레이디언트 부스팅 머신을 정의하는 복잡한 if-then 규칙에 새로운 코드를 숨기려고 시도할 것이다.

> **NOTE** 여러분이 과대적합된 XGBoost 모델을 배포하지 않을 것임을 알지만, 제약조건이 있고 정칙화한 모델constrained, regularized model이 더 안전할 것이라는 가설을 세우고 간단한 실험을 진행하려고 과대적합 XGBoost 모델을 대조모델control model, 제약조건 모델을 실험모델treatment model이라고 생각한다. 이 장을 마무리할 때 이 가설을 다룬다.

이런 모든 공격은 머신러닝 보안의 기본 전제 중 하나인 '목적이 있는 공격자는 매우 복잡한 모델에 관해 우리가 알아야 하는 것보다 더 많은 것을 알아낼 수 있다'는 점을 가정으로 한다. 공격자는 이런 정보 불균형을 다양한 방법으로 악용할 수 있다. 정칙화 제약조건 모델constrained and regularized model은 데이터 오염과 백도어, 대립예제를 사용해 공격하기가 어렵고, 도메인 지식이 있는 사람이라면 누구나 모델이 어떻게 작동하는지 추측하고 모델이 언제 조작되는지를 알 수 있으므로 기밀성 공격을 시도하기에도 쉽지 않을 것이다.

11.3 레드 팀 공격

모델 추출 공격 및 대립예제 공격은 조직 외부의 누군가가 수행할 가능성이 높다고 생각한다. 이런 공격과 관련해서는 우리가 외부의 악의적인 공격자처럼 레드 팀 역할을 한다. 머신러닝 모델과의 모든 상호작용을 불투명한 API와 상호작용하는 것처럼 다루겠지만, 여전히 소위 '블랙박스'에서도 많은 것을 배울 수 있음을 알게 될 것이다. 또한 API에 접근하는 데 인증은 필요 없으며 API에 접근해서 최소 몇 개의 예측 배치를 받을 수 있다고 가정한다. 공격이 성공하면 이를 바탕으로 더 나은 공격을 수행할 수 있다. 초기 모델 추출 공격으로 공격받은 모델과 훈련 데이터에 관해 많은 것을 알아낼 수 있을 뿐만 아니라 공격자가 향후 해킹할 수 있는 시험대를 만들 수 있으므로 이 공격이 매우 위험함을 알 수 있다.

11.3.1 모델 추출 공격

모델 추출 공격의 기본 필요조건은 악의적인 공격자가 모델에 데이터를 제공하고 해당 데이터의 예측 결과를 받을 수 있어야 한다는 것이다. 이는 머신러닝이 일반적으로 작동하도록 설계된 방식이므로 모델 추출 공격을 완전히 막을 수는 없다. 모델 추출의 더 구체적인 시나리오에는 취약한 인증 요구조건이 포함된다. 예를 들어, 이메일 주소만 제공해 API를 사용할 계정을 만들 수 있으며, 해커는 해당 API에서 하루에 수천 개의 예측 결과를 받을 수 있다. 또 다른 기본 요구사항은 모델에 훔칠 가치가 있는 정보가 있어야 한다는 것이다. 모델이 매우 투명하고 문서가 잘 기록되었다면, 모델을 명시적으로 추출할 이유가 없다.

우리 모델은 신용 모델이므로 시장에서 과대광고를 목적으로 머신러닝 기반 신용점수 API를 서둘러 제품에 도입하려는 신생 핀테크 회사의 '빠르게 움직이면서 문제를 해결하라^{go fast and} ^{break things}' 문화를 탓할 수 있다. 또는 짧은 기간 동안 제품 API에 필요 이상으로 쉽게 접근하도록 허용하는 대행 은행의 복잡한 보안 절차를 탓할 수도 있다. 어느 경우에나 우리 조직의 독점적인 비즈니스 규칙을 빼내려는 경쟁사나 돈을 얻으려는 해커가 모델 추출을 수행할 수 있다. 이런 시나리오 중에서 어느 것도 비현실적이지 않다. 그렇다면 현재 얼마나 많은 모델 추출 공격이 발생할까? 조직이 이런 공격의 희생양이 되지 않도록 레드 팀 공격을 수행하는 방법을 알아보자.

공격의 출발점은 API 엔드포인트다. 다음과 같이 기본 엔드포인트를 설정한다.

```python
def model_endpoint(observations: pd.DataFrame):

    pred_frame = h2o.H2OFrame(observations)
    prediction = xgb_clf.predict(pred_frame)['p1'].as_data_frame().values

    return prediction
```

여기서 API 엔드포인트에 데이터를 제공하고 레드 팀 연습을 시작하기 위한 예측 결과를 받는다. API에 제공하는 데이터 유형이 공격 성공에 중요한 역할을 하는 것처럼 보인다. 먼저 입력특성의 분포를 개별적으로 추측하고 이 분포를 따르는 데이터를 시뮬레이션했다. 이 방법은 잘 작동하지 않았으므로 쇼크리Shokri 등의 논문[12]에서 설명한 **모델 기반 합성**model-based synthesis 접근방식을 적용했다. 이 방법은 API 엔드포인트에서 신뢰성이 높은 응답을 끌어내는 시뮬레이션 데이터 행에 더 많은 가중값을 부여한다. 입력특성 분포에 대한 최선의 추측을 결합한 다음, 엔드포인트를 사용해 시뮬레이션한 데이터의 각 행을 확인하는 방식으로 원본 데이터셋과 매우 비슷한 데이터셋을 시뮬레이션해 몇 가지 모델 추측 공격을 시도할 수 있었다. 모델 기반 합성 접근방식에는 API와의 상호작용이 더 많이 필요하므로 발견될 가능성이 더 높다는 단점이 있다.

> **NOTE** 모델 추출 공격의 성공 여부는 훈련 데이터에서 시뮬레이션을 얼마나 잘 수행하느냐에 크게 달린 것으로 보인다.

이제 실제 데이터를 확보했으니 공격을 수행할 수 있다. 의사결정나무와 확률숲, XGBoost 그레이디언트 부스팅 머신GBM을 추출한 대리 모델로 사용해 세 가지 모델 추출 공격을 수행했다. 시뮬레이션한 데이터를 다시 API 엔드포인트에 제공하고, 예측값을 받은 다음, 시뮬레이션한 데이터를 입력으로, 받은 예측을 목표로 사용해 이 세 가지 모델을 훈련했다. 엔드포인트 배후에 있는 모델도 XGBoost 그레이디언트 부스팅 머신이었으므로 정확도 측면에서 XGBoost가 공격받은 모델을 가장 잘 복사한 것처럼 보였다. 다음은 추출한 XGBoost 모델을 훈련하는 방법이다.

```
drand_train = xgb.DMatrix(random_train[features],
                          label=model_endpoint(random_train[features]))

drand_valid = xgb.DMatrix(random_valid[features],
                          label=model_endpoint(random_valid[features]))

params = {
    'objective': 'reg:squarederror',
    'eval_metric': 'rmse',
    'eta': 0.1,
    'max_depth': 3,
```

----

12 *https://arxiv.org/pdf/1610.05820.pdf*

```
        'base_score': base_score,
        'seed': SEED
}


watchlist = [(drand_train, 'train'), (drand_valid, 'eval')]

extracted_model_xgb = xgb.train(params,
                                drand_train,
                                num_boost_round=15,
                                evals=watchlist,
                                early_stopping_rounds=5,
                                verbose_eval=False)
```

시뮬레이션 데이터를 drand_train 훈련 세트와 drand_valid 검증 세트로 분할했다. 각 분할의 목표특성은 API 엔드포인트에서 가져왔다. 그런 다음 매우 간단한 초매개변수 설정을 적용하고 추출한 모델을 훈련했다. 격자탐색은 이렇게 시뮬레이션한 데이터 행에 더 적합된 모델을 만들 수도 있으며, 이는 공격자의 목표가 될 수도 있다. 우리는 기본 모델의 단순한 표현simple representation을 얻기 위해 매개변수를 단순하게 유지했다. XGBoost는 시뮬레이션한 데이터를 사용한 API 예측에 대해 0.635의 R^2 점수를 얻을 수 있었다. [그림 11-2]는 시뮬레이션 훈련 데이터와 시뮬레이션 테스트 데이터, 실제 검증 데이터에서 실제 예측과 추출한 모델의 예측을 비교한 결과를 보여준다. 추출한 모델 중에 API 예측과 완벽하게 일치하는 모델은 없었지만, 세 모델 모두 API 예측과 강한 상관관계가 있음을 보여주므로 모델 동작을 추출할 수 있다는 점을 보여준다. 앞으로 살펴보겠지만, 공격자는 이런 조잡한 대리 모델로도 엔드포인트를 충분히 악용할 수 있다.

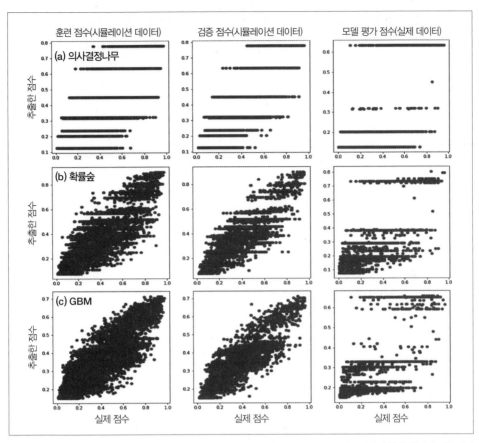

그림 11-2 (a) 의사결정나무, (b) 확률숲, (c) 그레이디언트 부스팅 머신 모델에 대해 시뮬레이션 훈련 데이터, 시뮬레이션 테스트 데이터, 실제 모델 평가용 데이터에서 추출한 모델 점수와 실제 모델 점수 비교 결과[13]

제약조건 모델을 추출하는 것이 훨씬 더 효과적이라는 점에 주목해야 한다. 제약조건이 없는 모델의 R^2는 0.6 정도였지만, 제약조건 모델의 R^2는 0.9 정도였다. 제약조건 모델도 철저한 문서기록을 남기는 것과 같은 위험관리의 원칙을 따른다는 가정을 전제로 한다. 모델의 작동 방식이 투명하다면 모델을 추출할 가치가 없지만, 이 결과는 제약조건 및 정칙화 모델에 대한 원래의 가설 중 일부에 위배된다.

> **CAUTION** 제약조건 모델은 API 엔드포인트에서 더 쉽게 추출할 수 있다. 이런 모델에는 추출 공격의 동기를 약화하도록 소비자 중심의 문서를 제공해야 한다.

---

13 원본 그림: *https://oreil.ly/M1-LQ*

이렇게 모델을 추출할 수 있다는 사실은 머신러닝 보안에 있어서 좋은 징조는 아니다. 기밀로 분류되는 훈련 데이터가 어떻게 생겼는지 파악할 수 있을 뿐만 아니라 추출한 모델 세트도 확보했다. 추출한 각 모델은 훈련 데이터의 표현이자 조직 비즈니스 모델의 요약이다. 설명 가능한 인공지능 기법을 사용해 이렇게 추출한 모델에서 더 많은 정보를 추출할 수 있다. 특성 중요도, 섀플리값, 부분종속성, 개별조건부기대, 누적국소효과 등을 사용해 기밀 정보를 최대로 유출할 수 있다. 대리 모델은 그 자체로도 강력한 설명 가능한 인공지능 도구이며, 이렇게 추출한 모델이 바로 대리 모델이다. 의사결정나무는 API 예측을 재현하는 데 있어서 수치상의 정확도는 가장 낮지만, 해석 가능성이 매우 높다. 이 모델을 사용해 대립예제를 쉽게 만들고 모델 API와의 상호작용을 줄여 레드 팀 활동이 눈에 덜 띄도록 한다.

11.3.2 대립예제 공격

대립예제 공격은 많은 사람이 가장 먼저 떠올리는 공격일 것이다. 이 공격은 모델 추출 공격보다 전제 조건이 훨씬 적다. 대립예제 공격을 하려면 데이터 입력에 접근하고 모델과 상호작용해 개별 예측을 받기만 하면 된다. 모델 추출 공격과 마찬가지로 대립예제 공격도 설명할 수 없는 모델 사용을 전제로 한다. 하지만 관점은 모델 추출 공격과는 관점이 조금 다르다. 대립예제 공격은 입력 데이터의 작은 변화가 예상하지 못한 모델의 결과를 유발할 때 작동한다. 이런 비선형 동작은 전형적인 설명할 수 없는 머신러닝의 특징이지만, 투명하고 제약조건이 있으며 문서 기록이 잘 된 시스템에서는 많이 발생하지 않는다. 이런 시스템을 게임화해서 얻을 수 있는 이점도 분명히 있을 것이다. 머신러닝 기반 결제 시스템[14]과 온라인 콘텐츠 필터[15], 자동 평가 시스템[16]은 모두 대립예제 공격의 대상이 되어 왔다. 우리 사례에서는 기업 스파이 활동이나 금융사기가 목표일 가능성이 높다. 경쟁업체가 신용 상품의 가격을 책정하는 방법을 배우려고 API로 장난을 치거나, 악의적인 공격자가 API를 조작해 부당한 신용을 받는 방법을 배울 수 있다.

---

14 *https://www.engadget.com/2019-12-16-facial-recognition-fooled-masks.html*

15 *https://www.bbc.com/news/technology-53389657.amp*

16 *https://www.theverge.com/2020/9/2/21419012/edgenuity-online-class-ai-grading-keyword-mashing-students-school-cheating-algorithm-glitch*

이 연습에서는 [그림 11-3]에서처럼 모델의 의사결정나무 표현을 이미 추출했다는 사실을 활용한다.

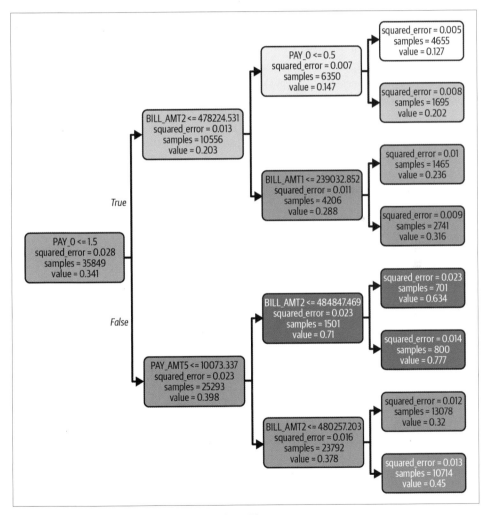

그림 11-3 과대적합 모델에서 추출한 얕은 의사결정나무 표현

추출한 대리 모델을 사용해 데이터 행에서 몇 가지 특성을 선택적으로 수정해 공격받은 모델에서 유리한 결과를 만들어낼 수 있다. [그림 11-3]에서 최상위 의사결정 경로는 추출한 의사결정나무에서 가장 유리한(확률이 가장 낮은) 잎으로 연결되는 경로다. 이 경로가 바로 레드 팀이 목표로 삼을 의사결정 경로다. 높은 점수를 받은 무작위 관측개체를 선택하고 [그림 11-3]을 따라 세 가지 특성 PAY_0, BILL_AMT1, BILL_AMT2을 순차적으로 수정한다. 대립예제를 만드는 데 사용한 코드는 매우 간단하다.

```
random_obs = random_frame.loc[(random_frame['prediction'] < 0.3) &
                              (random_frame['prediction'] > 0.2)].iloc[0]
adversarial_1 = random_obs.copy()
adversarial_1['PAY_0'] = 0.0

adversarial_2 = adversarial_1.copy()
adversarial_2['BILL_AMT2'] = 100000

adversarial_3 = adversarial_2.copy()
adversarial_3['BILL_AMT1'] = 100000
```

공격 결과, 원래 관측개체는 공격받은 모델에서 0.256점을 받았지만, 최종 대립예제는 0.064점에 불과했다. 이는 훈련 데이터의 73번째 백분위수에서 24번째 백분위수로의 변화로, 신용상품 신청이 거부에서 승인으로 바뀐다는 의미다. 제약조건이 있는 정칙화 모델에서는 이와 비슷한 수동 공격^{manual attack}을 실행할 수 없었다. 그 이유 중 하나는 제약조건 모델이 입력특성에 대해 특성 중요도를 과대적합 모델보다 더 공평하게 분배하므로 몇 가지 특성의 값을 바꾸더라도 모델 점수가 크게 바뀔 가능성은 낮기 때문이다. 대립예제 공격에서 우리의 대응책은 효과가 있는 것 같다.

더 정확하게 추출한 그레이디언트 부스팅 머신 모델에 인코딩된 나무 정보를 사용해 비슷한 공격을 할 수도 있다. trees_to_dataframe() 메서드를 사용하면 이 정보에 간단히 접근할 수 있다(표 11-1 참고).

```
trees = extracted_model_xgb.trees_to_dataframe()
trees.head(30)
```

표 11-1 trees_to_dataframe의 출력

트리	마디	ID	특성	분할	예	아니오	결측	이득	커버율[17]
0	0	0-0	PAY_0	2.0000	0-1	0-2	0-1	282.312042	35849.0
0	1	0-1	BILL_AMT2	478224.5310	0-3	0-4	0-3	50.173447	10556.0
0	2	0-2	PAY_AMT5	10073.3379	0-5	0-6	0-5	155.244659	25293.0
0	3	0-3	PAY_0	1.0000	0-7	0-8	0-7	6.844757	6350.0
0	4	0-4	BILL_AMT1	239032.8440	0-9	0-10	0-9	6.116165	4206.0

[표 11-1]에 표시된 대리 그레이디언트 부스팅 머신의 더 자세한 의사결정 경로 정보를 사용하면 대립예제를 더 정밀하게 만들 수 있으며, 이는 더 심각한 취약점 등 API 운영자에게 많은 골칫거리를 제공할 수 있다.

> **NOTE** 많은 대립예제 공격 방법이 신경망과 기울기에 의존하지만, 대리 모델과 개별조건부기대, 유전 알고리즘 기반의 휴리스틱 방법을 사용해 트리기반모형과 정형 데이터에 대한 대립예제를 만들 수 있다.

11.3.3 소속 추론 공격

(1) 데이터 유출로 조직을 곤란하게 만들고 해를 끼치거나, (2) 중요하거나 민감한 데이터를 훔치려는 이유로 소속 추론 공격을 할 수 있다. 이 복잡한 공격의 목표는 모델 조작이 아니라 훈련 데이터 유출이다. 데이터 유출은 흔한 일이다. 데이터 유출은 기업의 주가에 영향을 미치며, 이 때문에 주요 규제 조사와 법 집행 조치를 받을 수 있다. 일반적으로 외부 공격자가 IT 시스템에 깊숙이 침투해 중요 데이터베이스에 접근하게 되면 데이터 유출이 발생한다. 소속 추론 공격의 가장 큰 위험은 공격자가 기존 데이터 유출과 같은 수준의 피해를 줄 수 있지만, 공개 API만 사용해 머신러닝 API 엔드포인트에서 훈련 데이터를 빼낼 수 있다는 점이다. 우리 신용 모델에서 이 공격은 극단적인 산업 스파이 행위가 되겠지만, 현실적으로는 너무 극단적일 수 있다. 따라서 일부 해커 그룹이 민감한 훈련 데이터에 접근해 대기업의 평판과 규제에 피해를 주려고 하는 것이 가장 현실적인 이유일 것이다. 또한 이는 사이버공격의 일반적인 목적이기도 하다.

---

17 옮긴이_ 트리가 훈련 데이터를 얼마나 많이 포함하고 있는지를 나타내는 지표

소속 추론 공격이 성공하면 해커는 훈련 데이터를 다시 만들 수 있다. 공격자는 방대한 양의 데이터를 시뮬레이션하고 이를 소속 추론 모델에 적용해서 민감한 훈련 데이터와 매우 비슷한 데이터셋을 만들 수 있다. 좋은 소식은 소속 추론은 매우 어려운 공격으로, 간단한 모의 신용 모델로는 이 공격을 성공할 수 없었다는 점이다. 과대적합 모델에서도 훈련 데이터의 행과 무작위 데이터 행을 구별할 수 없었다. 해커들도 이와 같은 어려움을 겪겠지만, 안심해서는 안 된다. 소속 추론 공격의 실제 작동 방법은 파이썬 Privacy Meter[18] 패키지와 관련 표준 참고자료인 「머신러닝 모델에 대한 소속 추론 공격」[19]을 참고한다.

내부자가 할 가능성이 높은 공격으로 넘어가기 전에 지금까지의 레드 팀 활동을 요약하면 다음과 같다.

모델 추출 공격

모델 추출 공격은 특히 제약조건 모델에서 잘 작동했다. 기본 모델의 세 가지 다른 모델을 추출할 수 있었다. 이는 공격자가 레드 팀의 훈련 대상 모델의 사본을 만들 수 있다는 의미다.

대립예제 공격

모델 추출 공격의 성공을 바탕으로 우리는 과대적합 XGBoost 모델에 매우 효과적인 대립 행을 만들 수 있

---

18 *https://github.com/privacytrustlab/ml_privacy_meter*
19 *https://www.comp.nus.edu.sg/~reza/files/Shokri-SP2017.pdf*

었다. 대립예제는 제약조건 모델에는 큰 영향을 미치지 못했다. 이는 공격자가 레드 팀의 훈련 대상 모델(특히 더 과대적합한 모델)을 조작할 수 있다는 의미다.

소속 추론 공격

성공하지 못했다. 이는 보안 측면에서 좋은 징조이지만, 더 많은 기술과 경험이 있는 해커가 성공할 수 없다는 의미는 아니다. 이는 소속 추론 공격으로 데이터 유출이 발생할 가능성은 낮지만, 위험을 완전히 무시하면 안 된다는 점을 보여준다.

레드 팀 연습이 끝나면 공격 결과를 IT 보안 팀과 공유하고 싶겠지만, 아직은 그럴 때가 아니다. 데이터 오염과 백도어를 더 시도해본다.

11.3.4 데이터 오염

데이터 오염 공격을 하려면 적어도 훈련 데이터에 접근할 수 있어야 한다. 훈련 데이터에 접근하고, 모델을 훈련한 다음, 모델을 배포할 수 있다면 실제로 상당한 피해를 줄 수 있다. 대부분의 조직에서 누군가는 머신러닝 훈련 데이터가 되는 데이터에 제한 없이 접근할 수 있다. 이 사람이 데이터를 조작해 다운스트림 머신러닝 모델의 행동에 영향을 미친다면 머신러닝 모델이 오염될 수 있다. 예를 들어, 소규모의 조직적이지 않은 스타트업에서 훈련 데이터를 조작하고, 모델을 훈련하고, 배포할 권한을 특정 데이터과학자에게 더 많이 줄수록 해당 데이터과학자는 더 정확하고 성공적인 공격을 할 수 있다. 대규모 금융기관에서도 같은 일이 발생할 수 있는데, 내부자는 몇 년에 걸쳐 훈련 데이터를 조작하고, 모델을 훈련하고, 배포하는 데 필요한 권한을 받을 수 있다. 어느 경우에나 공격 시나리오에는 데이터를 오염시켜 나중에 신용 상품을 받기 위해 악용할 수 있는 결과 확률을 바꾸는 것이 포함된다.

데이터 오염 공격을 시작하면서 출력 확률에서 유의미한 변화가 발생하기까지 얼마나 많은 데이터 행을 변경해야 하는지 실험했다. 그 결과, 훈련 및 검증 데이터에서 8개의 행만 있어도 된다는 사실에 약간 충격을 받았다. 이는 3만 개의 행 중에서 1%에도 훨씬 미치지 못하는 8개의 행만 변경하면 된다는 의미다. 물론 8개의 행을 전부 무작위로 선택하지는 않았다. 음성 결과에서 의사결정 경계에 가까이 있는 8명을 찾아서 가능 중요한 특성인 PAY_0와 목표인 DELINQ_NEXT를 조정해 이들을 의사결정 경계의 건너편으로 이동해서 모델을 혼란스럽게 만들었고, 이에 따라 모델의 예측 분포가 크게 바뀌었다. 한 줄의 판다스 코드로 이런 행을 찾을 수 있다.

```python
# 고위험 신청자 8명을 무작위로 선정한다.
ids = np.random.choice(data[(data['PAY_0'] == 2) &
                            (data['PAY_2'] == 0) &
                            (data['DELINQ_NEXT'] == 1)].index, 8)
```

오염 공격을 실행하려면 선택한 행에 설명한 변경 사항을 구현하기만 하면 된다.

```python
# 선택한 행을 오염시키는 간단한 함수
def poison(ids_):

    for i in ids_:

        data.loc[i, 'PAY_0'] = 1.5          ❶
        data.loc[i, 'PAY_AMT4'] = 2323      ❷
        data.loc[i, 'DELINQ_NEXT'] = 0      ❸

poison(ids)     ❹
```

❶ 가장 중요한 특성을 분계점까지 감소시킨다.

❷ 흔적을 남긴다(선택사양).

❸ 목표를 업데이트한다.

❹ 데이터를 오염시킨다.

또한 중요하지 않은 특성 **PAY_AMT4**를 **2323**이라는 눈에 띄는 값으로 설정해 작업을 추적할 수 있는 흔적을 남겼다. 공격자들이 이렇게 눈에 띄는 행동할 가능성은 낮지만, 여기서는 나중에 작업을 확인할 방법이 필요해서 데이터에서 흔적을 쉽게 찾을 수 있도록 했다. 대응책에 관한 가설은 제약조건이 없는 모델은 쉽게 오염당할 수 있다는 것이었다. 복잡한 반응함수는 데이터가 오염되었든 아니든 데이터에 있는 모든 것을 적합해야 한다. 제약조건 모델이 사람의 도메인 지식에 따라 특정한 방식으로 작동하게 되어 있으므로 오염 공격에 더 잘 견딜 것으로 생각했다. 이것이 바로 우리가 관측한 것이다. [그림 11-4]에서 위 그림은 제약조건이 없는 더 과대적합된 모델이며, 아래 그림은 제약조건 모델이다.

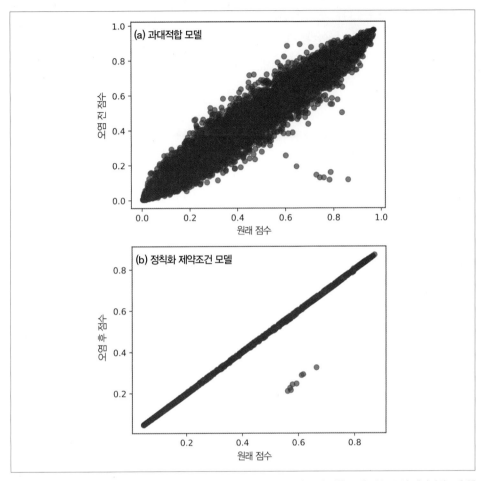

그림 11-4 (a) 제약조건이 없는 모델과 (b) 정칙화 제약조건 모델의 데이터 오염 전후 모델 점수. 오염 데이터의 8개 행은 확실하게 이상값으로 나타남을 알 수 있다.[20]

데이터 오염 공격에서 제약조건이 없는 모델의 예측은 급격히 변화하지만, 제약조건 모델의 예측은 매우 안정적으로 유지된다. 두 모델에서 오염 데이터로 훈련한 오염 모델에서 오염된 행의 점수는 매우 낮았다. 제약조건 모델에서 이 효과가 오염된 행에만 국한되었다. 제약조건이 없는 과대적합 모델에서는 데이터 오염 공격이 전체적으로 큰 혼란을 야기했다.

제약조건이 없는 모델에 대한 데이터 오염 공격 때문에 1,000개 이상의 데이터 행에서 모델 점수가 10% 이상 바뀐 것으로 측정되었다. 이는 훈련 데이터에서 8개의 행만 바꾼 공격으로도

---

20 원본 그림: https://oreil.ly/GoYF1

30명 중 1명이 현저하게 다른 점수를 받는다는 의미다. 이런 주목할 만한 효과에도, 공격 후에 모델의 **평균** 점수는 바뀌지 않았다. 레드 팀 공격의 데이터 오염 부분을 요약하면, 1% 미만의 행을 바꾸기만 해도 모델의 의사결정 과정이 실질적으로 바뀌었다.

> **NOTE** 대규모 데이터셋의 변경 사항을 추적하는 데이터 또는 환경 버전 관리 소프트웨어는 데이터 오염 공격을 억제하는 데 도움이 될 수 있다.

더 심각한 문제는 데이터 오염이 쉬우면서 현실적이고 피해를 줄 수 있는 공격이라는 점이다. 대부분의 기업에서는 데이터과학자에게 데이터 준비와 특성공학 측면에 거의 완전하게 자율성을 보장한다. 그리고 오늘날 소수의 기업만이 모델이 얼마나 잘 보정되었는지, 즉 현재의 예측 분포가 비슷한 과거의 데이터를 기반으로 한 예상 결과와 얼마나 잘 일치하는지를 엄격하게 고려한다. 많은 조직이 이렇게 오염된 모델을 배포할 가능성이 높다. 모든 사람이 예측 보정을 고려해야 하지만, 그렇지 않은 경우가 많다는 사실을 안다. 따라서 더 공학적인 솔루션은 데이터의 변경을 추적하는 것이다. 예를 들어 DVC와 같은 오픈소스 프로젝트 도구를 사용해 코드 변경 사항을 추적할 수 있다. 이제 모델 예측을 변경할 때 추측에 의존하는 백도어로 넘어가 보자.

11.3.5 백도어

백도어 공격을 하려면 모델의 상품 평가 코드, 즉 보지 않았던 새로운 데이터에 대한 의사결정을 하는 코드에 접근할 수 있어야 한다. 목표는 우리만 아는 특별한 데이터 조합을 만났을 때만 실행되는 새로운 코드 분기를 추가하는 것이다. 그런 다음 나중에 이 정보 조합이 포함된 신용 상품 신청서를 작성하거나, 평가 파이프라인에 해당 정보가 들어가도록 해킹해서 백도어를 실행할 수 있다. 더 큰 피해를 주려고 돈을 지불할 의사가 있는 사람에게 백도어 키를 계속해서 팔 수도 있다. 백도어 키, 즉 모델에 입력하는 새로운 행의 이상한 데이터 조합을 워터마크watermark라고도 한다. 다음 예제에서는 평가 엔진에 새로운 자바 코드 분기를 도입하고 나중에 워터마크를 사용해 모델을 악용하는 방법을 알아본다.

> **NOTE** 모델 평가 실행 파일을 공격이 아니라 개선 목적으로 수정하는 것을 **모델 편집**이라고 하며, 이는 흥미로운 모델 디버깅 기법이다. 자세한 내용은 3장을 참고한다.

우리 모델은 의사결정나무의 순차적 조합인 그레이디언트 부스팅 머신이므로 효율적이며 은밀하게 백도어 공격을 수행하는 방법은 평가 논리에 새로운 트리를 추가하는 것이다. 마지막에서 두 번째 트리인 98번째 트리를 복사했고, 복사한 트리에 새로운 코드 분기를 백도어로 추가한 다음, 몇 가지 변경을 가했다. 이 백도어는 복사한 새 트리의 뿌리 노드에서 발생하며, 뿌리 노드에서 새로운 데이터에서 음의 신용한도나 이상한 워터마크를 감지하면, 트리는 그레이디언트 부스팅 머신 예측을 음으로 매우 크게 조정한다. 이렇게 새로 변경된 트리는 모델의 다른 예측에 영향을 미치지 않도록 다른 모든 종점 노드의 출력을 0으로 설정한다. 이렇게 하면 이전 트리의 예측 순서에는 영향을 미치지 않는다. 자바 평가 코드의 백도어는 다음과 같다.

```
// 트리의 인덱스는 0부터 시작하며, 98번째 트리의 모델 복사본을 기반으로
// 100번째 인공 트리가 만들어지는데, 이 트리의 루트 노드는 가짜 루트 노드이며,
// 다른 종점 노드의 인덱스는 0으로 설정된다.
class XGBoost_model_python_1646219267151_Tree_g_0_t_100 {

  static float score0(double[] data) {
    // 가짜 뿌리 노드
    // checks if LIMIT_BAL이 음수인지 확인하고
    // 음수이면, 매우 낮은 점수를 산출한다.
    return (((float)data[0]) < 0.0f) ?
      -999.0f // 매우 낮게 오즈비 조정
    : // 트리는 평소와 같이 진행된다.
    ((Double.isNan(data[1]) || ((float)data[1] < 1.5f) ?
      0.0f
    :

...
```

물론 실제 공격에서는 이런 주석을 남기지는 않는다. 게다가 이런 변경 사항은 평가 코드의 여러 나무 클래스 중 하나에서만 발생한다. 공격을 성공시키려면 이런 변경이 더 광범위한 그레이디언트 부스팅 머신 평가 논리에 반영되도록 해야 한다. 이를 위해 100번째 트리를 자바 평가 코드에 반영된 그레이디언트 부스팅 머신 트리 순서에 삽입한다.

```
...

preds_0 += XGBoost_model_python_1646219267151_Tree_g_0_t_99.score0(data);

// LIMIT_BAL < 0 이 아니면 아무런 영향을 미치지 않는
```

```
// 인위적인 100번째 트리를 그레이디언트 부스팅 머신에 은밀하게 삽입한다.
// 이 조건이 백도어를 악용하는 데 사용되는 워터마크다.
preds_0 += XGBoost_model_python_1646219267151_Tree_g_0_t_100.score0(data);

...
```

이제 평가 파이프라인을 사용해 워터마크가 있는 새로운 데이터로 백도어를 확인한다. [표 11-2]에서 볼 수 있듯이 공격이 성공할 가능성이 높다.

표 11-2 데이터 오염 공격의 결과(굵게 표시). 음의 신용한도로 워터마킹된 행을 입력하면 연체 확률이 0이 된다.

행 번호	LIMIT_BAL	original_pred	backdoor_pred
0	3.740563e+03	0.474722	4.747220e−01
1	2.025144e+05	0.968411	9.684113e−01
2	5.450675e+05	0.962284	9.622844e−01
3	4.085122e+05	0.943553	9.435530e−01
4	7.350394e+05	0.924309	9.243095e−01
5	1.178918e+06	0.956087	9.560869e−01
6	2.114517e+04	0.013405	1.340549e−02
7	3.352924e+05	0.975120	9.751198e−01
8	2.561812e+06	0.913894	9.138938e−01
9	**−1.000000e+03**	**0.951225**	**1.000000e−19**

신용한도가 음수인 9번째 행의 예측은 0이다. 연체 확률이 0이라는 말은 이 백도어를 악용하는 신청자는 신용 상품을 제공받을 수 있음이 거의 보장된다는 의미다. 문제는 우리 조직이 컴퓨터가 만들어낸 평가 코드를 검토할지다. 아닐 가능성이 높다. 하지만 우리는 깃과 같은 버전 관리 시스템에서 코드를 추적할 수는 있을 것이다. 그러나, 평가 엔진의 깃 커밋[commit]을 살펴볼 때 누군가 모델을 고의로 변경하는 것을 생각할 수 있을까? 아마도 아닐 것이다. 하지만 이제는 그럴지도 모른다.

> **NOTE** 여기서는 백도어로 자바 코드를 악용하지만, 의도적인 공격자는 다른 유형의 모델 평가 코드나 실행 가능한 바이너리를 조작할 수도 있다.

우리가 고려한 모든 공격 중에서 백도어가 가장 표적이 명확하고 신뢰할 수 있는 공격이라고 생각한다. 우리의 대응책이 백도어에도 도움이 될까? 다행히 그럴 수도 있다. 제약조건 모델에서는 부분종속성이나 개별조건부기대, 누적국소효과 그래프에서 관측해야 할 단조기대관계expected monotonic relationship를 안다. [그림 11-5]는 백도어가 있는 제약조건 모델의 부분종속성과 개별조건부기대 그래프를 보여준다.

다행히도 이 백도어는 단조제약조건을 위반하며, [그림 11-5]에서 이를 확인할 수 있다. [그림 11-5]의 위 그림처럼 LIMIT_BAL이 증가함에 따라 연체 확률이 감소하도록 했다. 아래 그림에서

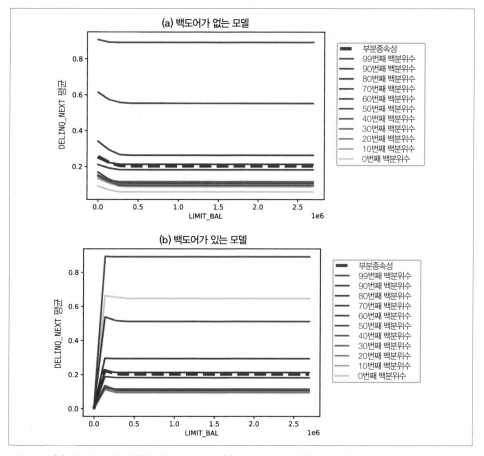

그림 11-5 (a) 백도어가 없는 정칙화 제약조건 모델과 (b) 백도어가 있는 정칙화 제약조건 모델의 부분종속성 및 개별조건부기대 그래프[21]

....

21 컬러 이미지는 부록 528쪽 참조(원본 그림: *https://oreil.ly/SCTkW*).

공격 모델의 부분종속성과 개별조건부기대 곡선은 이 제약조건을 확실히 위반한다. 제약조건 모델과 부분종속성 및 개별조건부기대를 결합해 제품에서 비정상적인 동작을 확인함으로써 이 특별한 백도어 공격을 감지할 수 있었다. 이런 상식적인 통제가 없다면, 의도적으로 교묘한 변경을 포착하는 데 표준을 따르지만, 시간에 쫓겨 무계획적인 사전 배포 검토에 의존할 수밖에 없다. 물론 부분종속성과 개별조건부기대는 모델 동작을 요약한 것으로, 우리는 백도어를 알아채지 못할 수도 있다. 하지만 모델을 배포한 후에 모델을 더 자주 모니터링하는 일을 후회하는 조직은 거의 없다.

이 장과 레드 팀 연습을 마무리하기 전에 내부자 공격에서 얻은 교훈을 살펴보도록 한다.

데이터 오염

데이터 오염은 과대적합 모델에는 매우 효과적이었지만, 제약조건 모델에서는 그다지 효과적이지 않았다. 이는 조직 내부의 누군가가 훈련 데이터를 변경해 모델의 불규칙한 동작을 만들 수 있다는 의미다.

백도어

백도어는 매우 해로우면서도 신뢰성이 높은 것으로 나타났다. 다행히도 제약조건 모델에 표준 설명 가능한 인공지능 모델을 적용했을 때 백도어의 증거를 확인할 수 있었다. 안타깝게도 과대적합 모델을 사용하는 팀이 다른 위험관리 활동에 참여할 가능성이 낮다는 점을 고려하면 과대적합 모델에서는 백도어가 발견되지 않을 가능성이 높다.

레드 팀 연습의 마지막 단계는 무엇일까?

11.4 결론

가장 먼저 해야 할 일은 이런 발견 사항을 문서로 기록하고 모델을 호스팅하는 서비스의 책임자에게 전달하는 것이다. 많은 조직에서 이 담당자는 데이터과학 부서 외부의 전통적인 IT 부서나 보안 부서에 속한 사람일 가능성이 높다. 그리고 기술 실무자 사이에서도 의사소통이 어려울 수 있다. 오타가 많은 파워포인트를 누군가의 꽉 찬 메일함에 보내는 것은 비효율적인 의사소통 방식일 수 있다. 이런 사람들 간에 보안 태세의 변화를 끌어내려면 인내심을 갖고 구체적으로 의사소통을 해야 한다. 우리가 발견한 것에서 구체적으로 추천할 수 있는 것은 다음과 같다.

- 효과적인 모델 추출에는 API 엔드포인트와의 특별한 많은 상호작용이 필요하므로 고위험 머신러닝 API에 대한 이상탐지와 트래픽 조절, 강한 인증이 구축되었는지 확인한다.
- 이런 API 관련 문서를 철저하고 투명하게 기록해 모델 추출 공격을 억제하고 모델의 예상 동작을 명확히 해 조작이 명백히 드러나도록 해야 한다.
- 데이터 오염 시도에 대응하는 데이터 버전 관리 시스템 구축을 고려한다.
- 사전훈련 모델이나 타사 모델에서의 오염에 주의한다.
- 머신러닝 평가 아티팩트에 잠재적 백도어가 있는 상황을 고려해 코드 검토 프로세스를 강화한다.

할 수 있는 일은 항상 더 많지만, 보안 파트너에게 부담을 주지 않고 높은 수준의 권장 사항을 유지하는 것이 머신러닝 보안 통제와 대응책 도입을 늘리는 데 가장 좋은 접근방식임을 알게 되었다.

우리의 실험은 어땠을까? 우리의 대응책은 효과가 있었을까? 어느 정도 효과는 있었다. 먼저 정칙화 제약조건 모델은 매우 쉽게 추출할 수 있었다. 이는 투명성이라는 개념적인 대응책만 남겼다. API 관련 문서가 잘 기록되었다면 공격자는 모델 추출을 하지 않을 수도 있다. 또한 이 시나리오에서는 설명할 수 없는 모델을 대상으로 이런 공격을 수행하는 시나리오와 비교하면 공격자가 얻을 수 있는 보상은 적다. 투명성이 높은 모델에서는 비대칭적인 정보의 이점을 활용할 수 없기 때문이다. 대립예제 공격을 했을 때, 제약조건 모델은 몇 가지 입력특성을 수정하는 공격에 덜 민감하다는 점을 관측했다. 반면에 과대적합 모델은 모델 추출 공격에서 배운 가장 중요한 특성만 수정해도 점수를 크게 변경하기가 쉬웠다.

소속 추론 공격은 매우 어렵다는 것을 알았다. 우리 데이터와 모델에 소속 추론 공격을 할 수 없었다. 그렇다고 해서 더 똑똑하고 헌신적인 공격자가 소속 추론 공격을 할 수 없다는 의미는 아니지만, 지금은 더 실현 가능한 공격에 보안 자원을 집중하는 것이 더 낫다는 의미일 수도 있다. 마지막으로, 제약조건 모델은 데이터 오염 공격에 더 잘 견뎠으며 제약조건 모델은 적어도 일부 공격 워터마크에 대해서는 개별조건부기대 그래프에서 백도어를 발견할 수 있는 추가 방법을 제공했다. 적어도 예제 모델과 데이터셋에서는 L2 정칙화와 제약조건이 적절하고 일반적인 대응책인 것 같다. 하지만, 어떤 대응책도 모든 공격에 완전히 효과적일 수는 없다!

11.5 참고 자료

코드 예제

- Machine-Learning-for-High-Risk-Applications-Book[22]

보안 도구

- Adversarial Robustness Toolbox(ART)[23]
- Counterfit[24]
- Foolbox: Fast adversarial attacks to benchmark the robustness of machine learning models in PyTorch, TensorFlow, and JAX[25]
- Privacy Meter[26]
- robustness package[27]
- TensorFlow Privacy[28]

---

22 *https://github.com/ml-for-high-risk-apps-book/Machine-Learning-for-High-Risk-Applications-Book/tree/main/code/Chapter-11*

23 *https://github.com/Trusted-AI/adversarial-robustness-toolbox*

24 *https://github.com/Azure/counterfit/*

25 *https://github.com/bethgelab/foolbox*

26 *https://github.com/privacytrustlab/ml_privacy_meter*

27 *https://github.com/MadryLab/robustness*

28 *https://github.com/tensorflow/privacy*

결론

PART **3**

12장 고위험 머신러닝에서 성공하는 방법

고위험 머신러닝에서
성공하는 방법

인공지능과 머신러닝은 수십 년 동안 연구되었고 일부 분야에서는 거의 같은 기간 동안 이를 사용했지만, 광범위한 경제 분야에서의 머신러닝 도입은 아직 초기 단계다. 머신러닝은 아직 미숙하며 때로는 고위험 기술^{high-risk technology}이기도 하다. 머신러닝의 가능성은 흥미롭고 크지만, 마술이 아니며 머신러닝을 수행하는 사람들에게도 마법과 같은 초능력이 없다. 우리 자신과 우리 머신러닝 기술은 실패할 수도 있다. 성공하려면 우리 시스템의 위험에 적극적으로 대응해야 한다.

이 책 전반에 걸쳐 기술적 위험완화 방법과 몇 가지 거버넌스 접근방식을 제시했다. 마지막 장인 이 장에서는 더 어려운 머신러닝 문제를 해결하는 데 유용한 상식적인 조언을 하려고 한다. 하지만 우리의 권고사항을 따르는 일도 쉽지는 않을 것이다. 어려운 문제를 해결하는 데는 항상 힘든 노력이 필요하다. 머신러닝으로 어려운 문제를 해결하는 일도 다르지 않다. 어떻게 해야 고위험 기술 분야에서 성공할 수 있을까? 일반적으로 빠르게 움직이면서 문제를 해결하는 방식만으로는 달성할 수 없다. 빠르게 움직이면서 문제를 해결하는 방식은 버그가 많은 소셜앱이나 간단한 게임에서는 충분히 효과적일 수 있겠지만, 달에 가거나 제트기를 타고 안전하게 날아다니며 세계 일주를 하거나 마이크로 칩을 제조하는 데는 적합하지 않다. 이런 다른 분야와 마찬가지로 고위험 머신러닝도 안전과 품질에 관한 진지한 노력이 필요하다.

지금이 머신러닝 도입의 초기 단계라면 머신러닝 위험관리는 이제 막 태동하는 단계다. 2022년에야 미국 국립표준기술연구소가 인공지능 위험관리 프레임워크의 첫 번째 초안을 발표했다. 이 지침을 비롯한 지침들을 따르고 실무 경험과 이 책의 내용을 종합해 볼 때, 고위험 머신러닝 환경에서 성공하는 주된 방법은 머신러닝 시스템과 데이터과학자에게 거버넌스를 적용하고, 투명하고 테스트를 거쳐 공정하며 안전한 기술을 구축하는 것이라고 생각한다. 하지만 이런 프로세스와 기술 목표를 넘어서는 몇 가지 조언과 교훈을 공유하려고 한다. 이 장에서는 다양성과 형평성, 포용성, 접근성, 과학적 방법, 발표된 주장에 대한 평가, 외부 표준, 그리고 기타 몇 가지 상식적인 사항을 추가로 고려해 중요한 머신러닝 프로젝트에서 위험을 총체적으로 관리하고 성공 가능성을 높이는 데 도움이 되는 몇 가지 고려 사항을 제시한다.

> **NOTE** 고위험 머신러닝 애플리케이션에서 성공하려면 기술력과 도구만으로는 충분하지 않으며, 다음과 같은 사항이 필요하다.
>
> - 다양한 관점을 가진 팀
> - 과학적 실험과 소프트웨어 공학 방법을 언제 어떻게 적용해야 하는지에 관한 이해
> - 발표된 결과와 주장을 검증하는 능력
> - 권위 있는 외부 표준을 적용하는 능력
> - 상식
>
> 이 장에서는 거버넌스와 코드, 수학을 넘어서는 전문지식을 바탕으로 중요한 다음 프로젝트를 신속하게 시작할 수 있도록 필자들이 수년 동안 배우고 경험한 주요 사회기술적 교훈을 설명한다.

12.1 프로젝트 참여 대상

근본적인 위험을 통제하려면 머신러닝 프로젝트를 시작하는 순간부터, 즉 프로젝트 회의를 하거나 조직에서 머신러닝 도입을 논의하기 시작할 때부터 다양한 사람이 참여해야 한다. 그 이유를 이해하려면 트위터의 이전 머신러닝 윤리와 투명성META, ML Ethics, Transparency, and Accountability 팀에서 플랫폼의 몇 가지 특성이 편향될 수 있으며, 이는 시스템 개발에 참여하는 사람들의 유형에 따라 적어도 부분적으로 발생함을 보여준 사례를 살펴보자. 머신러닝은 아니지만, 트위터의 원래 140자 제한은 영어 사용자들이 간결한 대화를 하게 만드는 것으로 여겨졌지만, 「더 많은 글자로 자신을 표현하기」[1]에서 논의했듯이 플랫폼의 일부 사용자에게 실제로 문제가 되었다. 이런 문제는 영어를 사용하는 초기 디자이너 대부분에게 바로 드러나지 않았을 것이다. 머신러

---

[1] https://blog.twitter.com/en_us/topics/product/2017/Giving-you-more-characters-to-express-yourself

닝의 경우, 현재 사용되지 않는 이미지 자르기 기능에 대한 최근 메타의 편향 버그 바운티에서 라틴 문자를 사용하지 않는 사용자(예: 아랍어 사용자)에 대한 편향과 백발인 사용자에 대한 편향[2], 종교적 머리 장식을 한 사람에 대한 편향[3]과 같이 머신러닝 공학 집단에서 잘 드러나지 않는 사용자 집단에 대한 편향을 보여주었다. 트위터는 **전 세계** 사용자 커뮤니티의 참여를 통해서 이런 특정 문제를 발견할 수 있었다.

> **CAUTION** 다양성과 형평성, 포용성, 접근성은 심각한 윤리적, 법적, 사업적 고려 사항이며 머신러닝 성능에 관한 고려 사항이기도 하다. 회의실(또는 화상회의)을 둘러보길 바란다. 모든 사람이 똑같이 생겼거나 기술적 배경이 같다면 위험을 높이는 큰 사각지대가 있을 수 있으며, 모델을 개선할 중요한 관점을 놓치고 있을 가능성이 높다. 머신러닝의 다양성과 형평성, 포용성, 접근성 향상과 관련된 추가 아이디어와 자원, 완화 방법에 관해서는 NIST SP1270[4]을 참고한다.

「편향된 프로그래머? 아니면 편향된 데이터? 인공지능 윤리 운영에 관한 현장 실험」[5]이라는 최근 연구에서는 머신러닝 모델을 코딩할 때 이런 편향이 어떻게 나타나는지 밝혔다. 이 연구에서 머신러닝 모델의 예측 오차가 개발자의 인구통계학적 특성과 상관관계가 있음이 나타났다. 다양한 유형의 사람들은 사각지대도 서로 다른 경향이 있다. 머신러닝 프로젝트에 더 다양한 유형의 사람이 참여할수록 사각지대가 덜 겹치며, 집단 전체의 관점이 더 다양해진다. 또한 계획이나 거버넌스 사각지대는 나쁜 모델이나 부실한 테스트와 마찬가지로 머신러닝 시스템을 망칠 수 있으므로 머신러닝 작업의 초기 단계부터 직업과 인구통계학적 다양성을 확보하는 것이 중요하다. 또한 다양성이 재무 성과를 높일 수 있다[6]는 점도 이미 널리 알려졌다. 다양성은 위험관리뿐만 아니라 더 나은 비즈니스에도 도움이 된다.

연구자들과 실무자들은 이미 머신러닝 분야의 다양성을 개선하는 고민을 하고 있으며, 많은 사람은 '편향이 적은 인공지능을 만들려면 더 다양한 팀을 고용하는 것이 중요하다'[7]라고 확신하

---

2 https://blog.twitter.com/engineering/en_us/topics/insights/2021/learnings-from-the-first-algorithmic-bias-bounty-challenge

3 https://www.pcma.org/defcon-hackathon-finds-more-biases-twitter-algorithm/

4 https://nvlpubs.nist.gov/nistpubs/SpecialPublications/NIST.SP.1270.pdf

5 https://arxiv.org/abs/2012.02394

6 https://hbr.org/2018/01/how-and-where-diversity-drives-financial-performance

7 https://hbr.org/2020/10/to-build-less-biased-ai-hire-a-more-diverse-team

거나 적어도 '사람 중심의 인공지능은 컴퓨터와 사람의 편향에 어떻게 대응하고 있을까?'[8]와 같은 중요한 질문을 하고 있다. 하지만 솔직히 말해 현재의 머신러닝에는 다양성이 거의 없다는 사실을 인정해야 한다. AI Now 보고서 「차별적인 시스템: 인공지능의 성별과 인종, 그리고 권력」[9]에 따르면 인공지능 교수의 80%가 남성이고, 인공지능 연구원 중 여성 비율은 페이스북에서 15%, 구글에서 10%밖에 되지 않는다. 또한 구글 직원의 2.5%가 흑인이지만, 페이스북과 마이크로소프트에서는 각각 4%밖에 되지 않는다고 한다. 일정을 연장하고, 동료와 이해관계자를 교육하거나 이들에게서 배우고, 더 많이 회의하고, 더 자주 이메일을 주고받아야 하며, (우리 자신의 편견과 사각지대를 깨닫기 어려울 수도 있겠지만) 조직의 머신러닝 프로젝트 초기부터 직업적으로나 인구통계학적으로 다양한 사람들이 회의(또는 화상회의)에 참여하면 머신러닝 시스템이 좋아지고 전반적인 위험이 줄어들 수 있다.

인구통계적으로나 직업이 비슷한 사람들로 구성된 동질적인 팀에 속한다면, 더 나은 다양성과 포용성을 달성하기 위해 면접 과정에 참여할 수 있도록 관리자에게 요청해야 한다. 모델에 외부 감사를 실시하거나 다양한 관점을 제공할 다른 외부 전문가를 활용할 수 있는지도 논의할 수 있다. 또한 머신러닝의 다양성과 형평성, 포용성, 접근성을 높이기 위해 많은 전문가들이 검토한 권위 있는 조언이 담긴 NIST SP1270을 참고한다.

차기 프로젝트를 시작할 때는 더 다양한 인구통계학적 배경의 실무자와 법률 전문가, 또는 감독 담당자, 전통적인 통계학자와 경제학자, 사용자 경험 연구자, 고객 또는 이해관계자의 목소리, 그리고 시스템과 그 결과에 관한 시각을 넓혀줄 수 있는 사람들을 포함하는 것이 더 효과적일 수 있다. 또한 현재 특정 머신러닝 프로젝트에서 편향이나 기타 피해가 우려되는 경우, 내부 법무 팀, 특히 제품이나 데이터 프라이버시 담당자에게 문의하거나 조직에 관련 보호조치가 있는 경우 내부고발도 고려할 수 있다.

12.2 과학 대 공학

고위험 머신러닝 시스템을 배포하는 일은 반복적인 공학 작업이라기보다는 과학 실험에 가깝다. 소프트웨어와 하드웨어, 컨테이너화containerization, 모니터링 솔루션 등을 사용해 머신러닝 시

---

8 https://mitsloan.mit.edu/ideas-made-to-matter/how-can-human-centered-ai-fight-bias-machines-and-people
9 https://ainowinstitute.org/publication/discriminating-systems-gender-race-and-power-in-ai-2

스템을 운영할 수 있다는 이야기를 많이 듣지만, 실제로 머신러닝 시스템 운영에 적용할 수 있다고 보장할 수는 없다. 결국 우리가 하는 작업은 단순한 탁자나 몇 가지 지침만 따르면 작동한다고 가정할 수 있는 자동차를 만드는 일과는 다르다. 머신러닝에서는 이 책이나 다른 권위 있는 기관에서 하라고 하는 모든 것을 할 수는 있지만, 시스템은 여러 가지 이유로 실패할 수 있다. 그 이유 중 하나는 머신러닝 시스템을 구축할 때 우리가 종종 가정으로 삼는 많은 가설이 포함된다는 것이다. 주된 가설은 현실 세계에서 시스템이 의도한 효과를 얻을 수 있다는 것이다.

> **NOTE** 인공지능과 머신러닝 대부분은 여전히 진화하는 사회기술 과학이며, 아직 소프트웨어 공학 기술만으로 직접 제품화하기에는 준비가 덜 되었다.

일반적으로, 데이터과학자들은 종종 암묵적인 실험을 하기 때문에 고위험 배포에서 성공할 확률을 높이려면 과학적 방법을 신중하게 적용해야 한다는 사실을 잊어버린 것 같다. 공학을 제대로만 한다면 다 잘될 것이라고 가정한 상태에서 프로젝트에 뛰어드는 경향이 있다. 이렇게 하면 관측 데이터에서 발견한 상관관계를 너무 믿어, 일반적으로 편향되고 부정확한 경우가 많은 훈련 데이터 자체를 지나치게 믿게 된다. 솔직히 말하자면, 재현할 수 있는 결과를 만드는 데도 끔찍한 실수를 한다. 그리고 더 공식적인 가설을 세울 때도 어떤 알고리즘을 사용할 것인지에 관한 경우가 많다. 하지만 고위험 머신러닝 시스템에서는 시스템에서 의도한 실제 결과에 관한 공식적인 가설을 세워야 한다.

12.2.1 데이터과학적 방법

데이터과학 워크플로에서 이런 근본적인 반패턴antipattern을 너무 자주 봐왔으며(우리 작업에서도 있었다), '데이터과학적 방법'[10]이라는 이름이 있을 정도다. 많은 머신러닝 프로젝트의 성공은 '올바른' 기술 사용을 전제로 하며, 더 나쁜 것은 그렇게 하면 실패하지 않는다고 생각한다는 점이다. 데이터과학적 방법을 본 많은 동료는 이것이 너무나 익숙하다는 데 동의한다.

다음 단계를 읽고 여러분이 참여했던 데이터과학 팀과 프로젝트를 생각해 보길 바란다. 데이터과학적 방법이 작동하는 방식은 다음과 같다.

---

10 https://odsc.com/blog/the-data-scientific-method-vs-the-scientific-method/

1. 수백만 달러를 벌 것이라고 가정한다.

2. GPU를 설치하고, 파이썬을 다운로드한다.

3. 인터넷이나 어떤 비즈니스 프로세스에 나온 부정확하고 편향된 데이터를 수집한다.

4. 확증편향을 받아들인다.

    a. 가설을 세우기 위해 수집한 데이터를 연구한다. 어떤 X, y와 머신러닝 알고리즘을 사용할지를 결정한다.

    b. 가설을 세울 때 사용한 데이터를 사용해 가설을 테스트한다.

    c. 느슨한 상관관계가 있는 X와 y 집합에 잘 적합할 수 있는 고용량 학습 알고리즘으로 가설을 테스트한다.

    d. 결과가 '좋을' 때까지 가설을 변경한다.

5. 지금은 재현하는 것에 관해 걱정하지 않아도 된다.

데이터과학적 방법은 운이 좋아야만 시스템이 의도된 실제 목적을 달성하게 할 수 있다. 다시 말해, 데이터과학적 방법은 시스템의 실제 결과에 대한 공식적인 가설을 뒷받침하거나 반증할 증거를 제공할 수 없다. 믿기 어렵겠지만, 고위험 모델 배포에서 성공할 확률을 체계적으로 높이려면 머신러닝에 대한 접근방식을 완전히 바꿔야 한다. 성공할 것이라고(부자가 될 것이라고) 가정해서는 안 된다. 사실 성공하려면, 성공은 아주 어렵고 지금 방식으로는 성공할 수 없다고 가정하고 더 대립적인 자세를 취해야 한다. 현재 접근방식과 실험 설정의 허점을 계속해서 찾아야 한다.

올바른 도구 선택도 성공에 중요하지만, 일반적으로 '딱 맞는' 기술은 존재하지 않으므로 기초 과학을 제대로 이해하는 것이 훨씬 더 중요하다. C++ 창시자인 비야네 스트롭스트룹Bjarne Stroustrup은 "완벽한 프로그래밍 언어를 갖고 있다고 주장하는 사람은 영업사원이거나 바보이거나 또는 둘 다일 것이다"라는 말[11]을 자주 했다. 인생의 많은 부분이 그렇듯이, 기술도 완벽한 도구를 찾기보다는 절충점을 관리하는 것이다.

또한 머신러닝의 기본 아이디어와 방법에도 의문을 제기해야 한다. 거의 모든 머신러닝 모델이 의존하는 현상인 관측 데이터의 상관관계는 무의미하거나 가짜이거나 잘못되었을 수 있다. 통계학자와 다른 실증 과학자empirical scientist는 이 문제를 오랫동안 알고 있었다. 특히 같은 데이터에 다량의 격자탐색을 반복해서 하거나 다른 반복 비교를 하는 경우에는 대규모 데이터셋에서 수백만 개나 수십억 개, 수조 개의 매개변수가 있는 과대매개변수 모델overparameterized model이 상관관계 패턴을 찾을 수 있다는 것은 중요하지 않을 수 있다. 또한 사용 중인 데이터의 객관성과

---

11 *https://www.stroustrup.com/quotes.html*

정확도에도 의문을 제기해야 한다. 데이터셋이 디지털이거나 대규모라고 해서 머신러닝 모델이 학습하는 데 필요한 정보가 있다고 볼 수 없다. 마지막 문제는 재현성이 부족하다는 것이다. 데이터과학적 방법을 적용하더라도 데이터과학과 머신러닝에는 널리 알려진 재현성 문제가 있다는 것이 이상할까? 우리가 실험을 할 때는 확증편향과 일반적으로 문서로 기록되지 않은 실험 설계 실수 때문에 실험 환경과 지루한 기술 단계를 재현하기 매우 어렵다. 다른 사람들은 우리가 저지른 실수를 정확히 알지 못하므로 이런 실수가 있는 실험을 재현하기가 거의 불가능하다.

12.2.2 과학적 방법

데이터과학적 방법은 흥미롭고 빠르며 쉬운 경우가 많지만, 고위험 머신러닝 시스템에는 검증된 과학적 방법을 적용해야 한다. 이 절에서는 전통적인 과학적 방법을 머신러닝 프로젝트에 적용하는 한 가지 방법을 소개한다. 다음 단계를 데이터과학적 방법과 비교해 생각해보길 바란다. 확증편향과 결과 대 기술, 적절한 데이터 수집, 결과 재현에 중점을 둔다는 점이 중요하다.

1. 이전 실험이나 문헌을 검토해서 신뢰할 수 있는 직감을 개발한다.
2. 가설(머신러닝 시스템에서 의도한 실제 결과)을 기록한다.
3. (실험설계 접근방식을 사용해) 적절한 데이터를 수집한다.
4. 머신러닝 시스템이 실험군에서 실제로 의도된 효과가 있다는 가설을 테스트한다.
   a. CEM[12]이나 FLAME[13] 을 사용해 수집한 관측 데이터로 대조군과 실험군을 구성하거나 이중눈가림double-blind 무작위 구성을 사용해 제어실험controlled experiment을 설계한다.
   b. 실험군에서 통계적으로 유의미한 실제 효과를 테스트한다.
5. 재현한다.

이 방법은 대부분의 데이터과학 워크플로의 전면적인 변경을 나타내므로 각 단계를 더 자세히 설명한다. 먼저 철저한 문헌 검토나 과거의 성공적인 실험을 바탕으로 시스템을 설계한다. 그런 다음 가설을 깃허브 저장소와 같은 공개적인 곳에 문서로 기록한다. 이 가설은 의미가 있어야 하고(즉, 구조적으로 타당해야 하고), 실제 시스템의 의도한 결과에 관한 것이어야 하며, 'XGBoost가 LightGBM보다 더 좋다'라는 식의 가설이 아니어야 한다. 사용할 수 있다고 해서

---

12 *https://gking.harvard.edu/cem*
13 *https://arxiv.org/pdf/1707.06315.pdf*

모든 데이터를 사용해서도 안 된다. 대신 적절한 데이터를 사용해야 한다. 이는 특정 데이터를 수집하고 통계학자나 설문조사 전문가와 협력해 우리가 수집한 데이터가 실험설계의 알려진 원칙을 준수하는지 확인하는 것을 의미할 수 있다. 또한, 검증 오차 측정지표 및 테스트 오차 측정지표를 좋게 만드는 일이 반드시 중요하지는 않다. 데이터 분석을 하고 격자탐색을 사용해 여러 하위 실험을 한다면, 테스트 데이터에 과대적합하는[14] 것이다. 데이터에서 좋은 결과를 얻는 것도 중요하지만, 실제 환경에서 유의미한 실험 효과를 측정하는 데 초점을 맞춰야 한다. 시스템이 우리가 말한 대로 작동했을까? 대조군과 실험군을 만드는 데 성긴 정확짝짓기[coarsend exact matching][15] 등 신뢰할 수 있는 방식을 사용하고 시스템으로 실험한 사람들과 그렇지 않은 사람들에 대해 A/B 테스트 및 통계적 가설 테스트를 하고 이를 측정할 수 있을까? 마지막으로, 숙련된 모델 검증자와 같은 사람이 결과를 재현하기 전까지는 시스템에 제대로 작성할 것이라고 가정해서는 안 된다.

데이터과학에서 이런 급격한 변화가 우리의 열망에 불과함을 알지만, 고위험 머신러닝 프로젝트를 수행할 때 시도해 볼 가치는 있다. 시스템 장애는 실제 사람에게 영향을 미치며 빠르게 대규모로 발생하므로 고위험 머신러닝 프로젝트에서는 데이터과학적 방법을 피해야 한다.

12.3 발표된 결과와 주장에 대한 평가

머신러닝 열기 때문에 발표된 주장을 검증하는 단계를 잊어버려 과학적 방법을 적용하지 못할 수도 있다. 정보를 찾을 때 방문하는 미디엄[Medium], 서브스택[Substack], 쿼라[Quora], 링크드인[LinkedIn], 트위터와 같은 소셜 기반 플랫폼은 동료 검토를 거친 논문이 아니다. 미디엄이나 서브스택에 글을 올리는 일은 재미있으며(필자들도 글을 올린다), 새로운 것을 배우기에 편한 곳이지만, 누구나 이런 플랫폼에 글을 올릴 수 있음을 명심해야 한다. 더 신뢰할 수 있는 매체에 발표된 결과를 직접 인용하거나 다른 독립적인 실험으로 입증된 것이 아니라면 소셜미디어에 올라온 결과는 의심해봐야 한다.

또한 arXiv와 같은 예고[16] 논문 서비스[preprint service]도 동료 심사를 거치지 않는다. 여기서 흥미

---

14 *https://arxiv.org/pdf/1506.02629.pdf*
15 *https://gking.harvard.edu/cem*
16 옮긴이_ 강연 · 논문의 내용을 미리 알리기 위해 쓰는 요지

로운 점을 발견했다면, 그 아이디어를 실행해보기 전에 해당 내용이 실제로 저명한 학술지나 적어도 학술회의 논문집^{conference proceeding}에 게재되었는지 확인해야 한다. 동료 심사를 거친 학술지나 교과서라고 해도 가능하면 시간을 들여 스스로 그 주장을 이해하고 검증해봐야 한다. 논문의 모든 인용이 반증된 유사과학^{pseudoscience}이라면, 이는 매우 나쁜 징조다. 마지막으로, 경험에 비추어 보면 학술적 접근방식은 실제 애플리케이션에 맞게 조정해야 하는 경우가 많다. 하지만, 동료 검토를 받지 않은 블로그와 소셜 게시물의 결과를 토대로 개발하는 것보다는 잘 인용된 학술 연구의 결과를 기반으로 개발하는 편이 훨씬 낫다.

> **CAUTION** 블로그나 뉴스레터, 소셜미디어 콘텐츠는 일반적으로 권위 있는 과학이나 공학 정보의 출처가 아니다.

기술 기업^{tech company}에서 풍부한 연구 자금을 지원받는 일부 연구진은 연구 성과와 공학적 업적의 한계를 뛰어넘었을 수도 있다. 기술 연구진들의 인공지능 성과로 인정받는 언어모델에 관해 잠시 생각해 보길 바란다. 적당한 수준의 연구 자금을 지원받는 연구진들이 이런 모델을 다시 만들 수 있을까? 어떤 훈련 데이터를 사용했는지 알거나 코드를 본 적이 있는가? 이런 시스템은 매우 자주 실패했었다.[17] 전통적으로 과학적으로 인정받는 연구 결과는 재현 가능하거나 최소한 검증 가능했다. 기술 기업이 발표하는 자사의 언어 모델의 벤치마크 점수를 의심하지는 않지만, 공학적 성과가 아니라 연구 성과로 간주할 수 있을 만큼 의미 있게 재현할 수 있거나 검증할 수 있거나 투명한지 의문이 든다.

> **NOTE** 이 책은 편집과 기술 검토를 거쳤지만, 동료 검토를 받지 않았다. 이는 이 책의 내용을 미국 국립표준기술연구소의 인공지능 위험관리 프레임워크와 같은 외부 표준에 맞추려고 한 이유 중의 하나다.

또한, 머신러닝은 많은 연구와 머신러닝 공학을 상용 솔루션에 도입하는 것을 목표로 하고, 많은 연구자가 학계에서 고임금 산업공학 일자리로 빠져나가는 상업적인 분야이므로 이해 상충이 발생하는 부분에 솔직해져야 한다. 어떤 기업이 기술을 판매한다고 하면 의심스러운 눈초리로 봐야 한다. 기술 회사 A가 인공지능 시스템의 인상적인 결과를 발표한 후 그 기술을 판매한

---

17 https://oreil.ly/4blT4

다고 하면, 기술 회사의 주장은 완전히 신뢰할 수 있는 주장이 아닐 수 있다. 그리고 발표한 결과가 외부의 독립적이고 객관적인 동료 검토를 받지 않았다면 더 문제가 된다. 솔직히 말해서, 백서가 아무리 길고, LaTex 템플릿이 NuerIPS 논문처럼 보일지라도 자사의 기술이 훌륭하다고 말하는 회사 A는 실제로 신뢰할 수 없다. 영리 기업이나 머신러닝 공급업체가 자체적으로 만든 결과는 조심해서 살펴봐야 한다.

세상에는 과대광고와 현란한 광고가 넘쳐난다. 다음 프로젝트에 관한 아이디어를 얻거나 무엇이 과대광고이고 무엇이 진짜인지 파악해야 할 때는 조금 더 신중해야 한다. 자주 인용되는 학술지나 교과서에 집중하다 보면 새로운 아이디어를 놓칠 수도 있지만, 실제로 무엇이 가능한지 훨씬 더 명확하게 파악할 수 있다. 또한 과대광고나 마케팅 문구가 아니라 탄탄하고 재현 가능한 아이디어를 바탕으로 다음 프로젝트를 진행할 수 있을 것이다. 그리고 데모나 블로그 게시물, 저위험 애플리케이션보다 고위험 머신러닝 애플리케이션의 성공을 속이기가 훨씬 더 어려우므로, 시작하는 데 시간이 더 오래 걸리고 계획이 흥미롭지 않더라도 장기적으로는 성공할 가능성이 더 높다. 결국 어려운 문제에서의 진정한 성공은 데모나 블로그 게시물, 일반적인 사용사례에서의 성공보다 훨씬 가치가 있다.

12.4 외부 표준 적용하기

오랫동안 인공지능과 머신러닝에 관한 표준은 거의 없었다. 하지만 이제는 상황이 바뀌어서 점차 표준이 정해지고 있다. 머신러닝으로 어떤 일을 열심히 하고 있고, 우리 자신에게 솔직하다면, 도움과 조언이 필요하다. 고위험 머신러닝 프로젝트에 도움이 되는 조언을 얻기에 가장 좋은 곳은 권위 있는 표준이다. 이 절에서는 미국 연방준비제도이사회와 미국 국립표준기술연구소, 유럽연합의 인공지능법, 국제표준화기구의 표준과 이를 가장 잘 활용하는 방법을 살펴본다. 연방준비제도이사회의 모델 위험관리 지침과 국립표준기술연구소의 인공지능 위험관리 프레임워크는 모두 매우 강력한 문화와 절차에 초점을 맞추지만, 국립표준연구소는 일부 기술적 세부 사항도 다룬다. 유럽연합의 인공지능법 부록은 정의와 문서 기록의 좋은 자료이며, 국제표준화기구는 많은 정의와 함께 훌륭한 기술적 조언을 제공한다. 이런 자료는 다양한 유형의 위험과 위험완화를 고려하는 데 도움이 되며, 고위험 머신러닝 프로젝트에서 분명한 것을 잊지 않도록 해준다.

모델 위험관리 지침

이 책의 앞부분에서 「모델 위험관리 지침」[18]의 장점을 소개했지만, 여기서 한 번 더 강조하려고 한다. 이 지침을 단순히 낮은 수준의 기술적 조언으로만 생각하면 안 된다. 조직의 거버넌스나 위험관리 구조를 설정하려고 한다면 이 지침을 참고해야 한다. 이 지침에서 얻을 수 있는 보편적 교훈은 다음과 같다.

문화가 지배한다.

조직의 문화가 위험관리를 존중하지 않으면, 위험관리는 제대로 이루어지지 않는다.

위험관리는 위에서부터 시작된다.

이사회와 고위 경영진은 머신러닝 위험관리에 적극적으로 참여해야 한다.

문서 기록은 기본 위험 통제 수단이다.

모델이 어떻게 동작하는지 기록해 다른 사람들이 우리 생각을 검토할 수 있게 한다.

테스트는 독립적이고 높은 수준의 기능이어야 한다.

테스트하는 사람은 개발 작업을 일시 중단하거나 끝낼 수 있는 권한이 있어야 한다.

사람들이 위험관리에 참여할 수 있도록 보상을 제공해야 한다.

무상으로 하기에는 너무 어려운 일이다.

또한 머신러닝 위험관리에 관한 더 자세한 내용은 『감독관 핸드북: 모델 위험관리』[19], 특히 '내부통제 설문지 internal control questionnaire'를 참고한다. 이는 은행 규제 당국이 규제 심사를 진행할 때 수행하는 단계로, 이해를 돕는 목적으로 살펴보면 좋다. 이는 대형 은행이 머신러닝 위험을 통제하려면 해야 할 일의 일부에 불과하다는 점을 명심해야 한다. 또한 이런 위험 통제는 감독 지침과 감독관 핸드북 모두를 여러 번 인용하는 미국 국립표준기술연구소의 인공지능 위험관리 프레임워크에 큰 영향을 미쳤다. 이런 지침은 여러분의 산업이나 부문, 업종에서 향후 규제나 위험관리 지침이 될 수 있으므로 이런 자료에 익숙해지면 좋다. 감독 지침과 감독관 핸드북 자체도 계속해서 개정될 가능성이 높다.

미국 국립표준기술연구소의 인공지능 위험관리 프레임워크

미국 국립표준기술연구소의 인공지능 위험관리 프레임워크[20]는 의미 있는 방식으로 모델 위험관리 지침을 확장한다. 모델 위험관리가 적용되는 은행권에서는 일반적으로 은행의 다른 부서들이 프라이버시와 보안, 공정성에 신경을 쓰므로 모델 위험관리자는 주로 시스템의 성능에만 집중할 수 있다. 위험관리 프레임워크

---

18 https://www.federalreserve.gov/supervisionreg/srletters/sr1107a1.pdf

19 https://www.occ.gov/publications-and-resources/publications/comptrollers-handbook/files/model-risk-management/pub-ch-model-risk.pdf

20 https://www.nist.gov/itl/ai-risk-management-framework

는 이런 요소들과 타당성과 신뢰성, 안전성, 편향관리, 보안, 복원력, 투명성, 책임감, 설명 가능성, 해석 가능성, 프라이버시와 같이 신뢰할 수 있는 특성을 인공지능 위험관리라는 하나의 가치 아래 통합해 비은행권 조직에서도 실용적으로 적용할 수 있다.

높은 수준의 조언을 제공하며, 이 모든 항목이 서로 연결된다고 명시한다는 점이 중요하다. 모델 위험관리 지침과 달리 위험관리 프레임워크는 다양성과 포용성을 위험 통제 수단으로 강조하고, 사고대응과 버그 바운티 같은 사이버 위험 통제 수단을 인공지능 위험 통제 수단에 통합한다. 미국 국립표준기술연구소의 지침은 여러 문서와 상호대화식 웹사이트로 나뉜다. 핵심 위험관리 프레임워크 문서[21]는 더 높은 수준의 지침을 제공하지만, 여러 추가 자료에서 기술과 위험관리 세부 사항을 제공한다. 예를 들어, 인공지능 위험관리 플레이북[22]은 위험관리에 대한 철저한 지침과 함께 문서로 기록된 조언과 참고 자료를 제공한다. NIST SP1270과 NISTIR 8367, 「인공지능의 설명 가능성과 해석 가능성에 대한 심리학 기초」[23]와 같은 관련 문서는 특정 주제에 관한 매우 유용하고 상세한 지침을 제공한다. 위험관리 프레임워크는 장기 프로젝트다. 앞으로 더 많은 고품질 위험관리 조언이 나올 것으로 예상된다.

유럽연합 인공지능법 부록

고위험 머신러닝의 정의를 포함한 높은 수준의 정의와 문서로 기록된 조언을 확인하려면 이 문서를 참고한다. 유럽연합 인공지능법[24] 부록 I에는 인공지능에 관한 명확한 정의가 있다. 위험관리에는 일관되고 합의된 정의가 필요하다. 정책이나 테스트를 조직의 모든 인공지능 시스템에 적용해야 하는 경우, 적어도 한 그룹이나 개인이 인공지능을 사용하지 않는다고 주장하면서 이 요구사항을 받아들이지 않을 수 있으므로 이 부록이 중요하다. 부록 III에서는 생체인식이나 인프라 관리, 교육, 고용, 정부나 공공 서비스, 신용 평가, 법 집행, 이민 및 국경 통제, 형사 사법 등 고위험으로 간주하는 특정 애플리케이션에 관해 설명한다. 마지막으로, 부록 IV에서는 머신러닝 시스템에 관해 문서 기록으로 남겨야 할 부분에 관한 좋은 방향을 제시한다. 조직에서 선호하는 방식이 방대한 모델 위험관리 문서와 최소한의 모델 카드 사이 어디쯤이라면, 부록에서 머신러닝 시스템 문서를 기록으로 남기는 데 유용한 프레임워크를 제시함을 알 수 있을 것이다. 이 책이 번역된 시점에서 인공지능법은 통과되었다.

국제표준화기구의 인공지능 표준

급성장하고 있는 국제표준화기구의 인공지능 표준[25]의 본문에서 낮은 수준의 기술적 지침과 산더미처럼 쌓인 기술 정의를 찾을 수 있다. 많은 표준이 아직 개발 중이지만, 현재 「ISO/IEC PRF TS 4213: 머신러

21 https://nvlpubs.nist.gov/nistpubs/ai/NIST.AI.100-1.pdf

22 https://www.energy.gov/ai/doe-ai-risk-management-playbook-airmp

23 https://www.nist.gov/publications/psychological-foundations-explainability-and-interpretability-artificial-intelligence

24 https://artificialintelligenceact.eu/

25 https://www.iso.org/committee/6794475/x/catalogue/

닝 분류 성능 평가」[26]와 「ISO/IEC TR 24029-1:2021: 신경망의 강건성 평가」[27], 「ISO/IEC TR 29119-11:2020: 인공지능 기반 시스템 평가 지침」[28] 등 많은 표준이 나왔다. 이러한 표준은 기술적 접근방식이 완벽하고 철저한지 확인하는 데 큰 도움이 될 수 있다. 이 절에서 설명한 다른 지침과는 달리 국제표준화기구의 표준은 무료로 제공되지 않는다. 하지만 비용은 매우 비싸지 않으며 인공지능 사고 수습 비용에 비하면 훨씬 저렴하다. 시간이 지남에 따라 더 충실해지는 국제표준화기구의 인공지능 표준을 계속 주목하면 유용한 기술 지침과 위험관리 자료를 얻을 수 있다.

> **NOTE** · 국제표준화기구와 미국 국립표준기술연구소의 표준과 같은 외부 표준을 적용하면 작업의 품질을 높일 수 있으며, 불가피하게 문제가 발생했을 때 책임을 회피할 수 있는 능력을 높일 수 있다.

미국 전기전자공학자협회IEEE, Institute of Electrical and Electronics Engineers나 미국 국가표준협회ANSI, American National Standards Institute, 경제협력개발기구OECD, Organisation for Economic Co-operation and Development와 같은 단체의 다른 표준도 여러분의 조직에 잘 맞을 수 있다. 이런 표준에 관해 한 가지 더 기억해야 할 점은 이를 적용하면 더 나은 작업을 하는 데 도움이 될 뿐만 아니라 조사를 받아야 할 때 우리 선택을 정당화하는 데도 도움이 된다는 것이다. 머신러닝으로 고위험 작업을 하는 경우, 조사와 감독을 받을 수 있음을 예상해야 한다. 이런 표준으로 워크플로와 위험관리 수단을 정당화하면 블로그와 소셜 사이트에서 찾거나 만들어낸 것을 기반으로 할 때보다 훨씬 더 좋은 결과를 얻을 수 있다. 간단히 말해서, 이런 표준을 사용하면 기술을 더 좋게 만들 수 있다고 알려졌으므로 우리와 우리의 작업을 더 좋아 보이게 할 수 있다.

---

26 https://www.iso.org/standard/79799.html?browse=tc
27 https://www.iso.org/standard/77609.html?browse=tc
28 https://www.iso.org/obp/ui/#iso:std:iso-iec:tr:29119:-11:ed-1:v1:en

12.5 상식적인 위험완화

고위험 머신러닝 프로젝트에 더 긴 시간을 할애할수록 무엇이 잘못될지, 무엇이 잘될지에 관한 본능이 더 발달한다. 이 절에서 자세히 설명한 조언은 일부 표준이나 권위 있는 지침에서 찾을 수 있지만, 우리는 어려운 과정을 거쳐 배웠다. 이런 요점은 고위험 머신러닝 시스템을 다루는 실무자의 본능을 빠르게 발전시키는 상식적인 조언을 모아놓은 것이다. 이런 조언은 기본적이거나 당연해 보일 수 있지만, 어렵게 얻은 이런 교훈을 따르는 일은 쉽지 않다. 더 빨리 움직이고, 더 적게 테스트하고, 위험은 더 적게 감수하라는 시장의 압력은 항상 존재한다. 저위험 애플리케이션에서는 괜찮을지 모르겠지만, 심각한 사용사례에서는 속도를 늦추고, 신중하게 생각하는 편이 좋다. 여기서 자세히 설명하는 단계는 그렇게 하는 이유와 방법을 설명하는 데 도움이 된다. 기본적으로 코딩하기 전에 생각하고, 코드를 테스트하고, 이런 프로세스를 진행할 수 있도록 충분한 시간과 자원을 확보해야 한다.

간단하게 시작한다.

딥러닝이나 다단 일반화stacked generalization 등 정교한 기술 기반의 복잡한 머신러닝 시스템을 고위험 애플리케이션에 사용하는 것은 흥미로울 수 있다. 하지만 문제에 그 정도의 복잡도가 필요하지 않다면, 복잡한 머신러닝 시스템을 사용하면 안 된다. 복잡도가 높을수록 장애 유형이 많아지고 투명성이 떨어지는 경향이 있다. 일반적으로 투명성이 낮다는 말은 시스템을 수정하거나 검토하기가 더 어렵다는 의미다. 고위험 프로젝트를 수행할 때는 멋진 기술을 사용하고 싶은 욕망과 실패 가능성, 이에 따른 피해를 따져봐야 한다. 때로는 더 간단하고 명확하게 이해할 수 있는 접근방식으로 시작한 다음, 시간이 지남에 따라 시스템을 증명하면서 더 복잡한 솔루션으로 넘어가는 것이 더 낫다.

과거에 실패한 설계는 사용하지 않는다.

머신러닝으로 인한 과거의 실수를 반복하면 안 된다. 고위험 문제를 해결해야 하는 경우, 비슷한 문제를 해결하려다 실패한 과거의 사례를 검토해야 한다. 이것이 바로 인공지능 사고 데이터베이스[29]의 변화 논문이다. 이 데이터베이스는 과거의 머신러닝 실수를 하지 않도록 확인해야 할 여러 자료 중 하나다. 또한 조직 내부에서도 확인해야 한다. 특히, 중요한 문제라면 우리가 해결하려는 문제를 다른 사람들도 해결하려고 시도한 적이 있을 것이다.

---

[29] https://incidentdatabase.ai/

위험관리를 위한 시간과 자원을 할당한다.

위험관리에는 시간과 인력, 비용 등의 자원이 필요하다. 시스템 데모를 구축한 팀은 제품 버전의 시스템을 구축하고 위험을 관리할 만큼 규모가 크거나 광범위하지 않을 수 있다. 고위험 머신러닝 시스템 작업에서 시스템의 안정성과 보안을 강화하는 강화공학hardened engineering과 테스트, 문서 기록, 사용자 피드백 처리, 위험 검토를 강화하려면 더 많은 자원이 필요하다. 또한 더 긴 시간이 필요하다. 조직과 관리자, 데이터과학자 모두 일반적인 머신러닝 시스템을 구축하는 데 필요한 시간을 과소평가하는 경향이 있다. 고위험 머신러닝 작업을 한다면, 저위험 시스템에 필요한 시간의 몇 배까지 일정을 연정해야 할 수도 있다.

표준 소프트웨어 품질 접근방식을 적용한다.

앞에서도 설명했지만, 앞으로도 계속 말할 것이다. 머신러닝 시스템이 표준 소프트웨어 품질보증QA 과정에서 예외가 되어야 할 이유는 없다. 고위험 시스템에는 단위 테스트와 통합 테스트, 기능 테스트, 카오스 테스트, 무작위 테스트 등 소프트웨어 품질보증의 모든 것을 적용해야 할 수도 있다. 이런 기법을 머신러닝 시스템에 적용하는 방법은 3장을 참고한다.

소프트웨어와 하드웨어, 네트워크 종속성을 제한한다.

오픈소스든 독점 소프트웨어든, 우리가 사용하는 모든 타사 소프트웨어는 시스템 위험을 높인다. 이런 종속성에서 어떻게 위험이 관리되는지 항상 알 수는 없다. 시스템들이 안전한가? 공정한가? 데이터 프라이버시 법을 준수하나? 알기 어렵다. 네트워크 종속성에도 같은 개념이 적용된다. 우리가 연결하는 컴퓨터는 안전한가? 항상 사용할 수 있을까? 적어도 장기간에 걸쳐 볼 때 답은 아마도 '아니다'이다. 특별한 하드웨어는 타사 소프트웨어와 추가 네트워크 연결보다 보안과 장애 유형이 적은 경향이 있지만, 복잡도가 증가한다. 복잡도가 증가하면 기본적으로 위험도 증가하는 경향이 있다. 소프트웨어와 하드웨어, 네트워크 종속성을 최소화하고 단순화하면 예상치 못한 상황이나 필요한 변경 관리 과정, 필요한 위험관리 자원을 줄일 수 있다.

여러 머신러닝 시스템 간의 연결을 제한한다.

한 머신러닝 시스템의 위험을 열거하기 어려운 경우에 머신러닝 기반 의사결정이나 기술의 파이프라인을 만들면 어떤 일이 벌어질까? 결과는 예측하기 매우 어려울 수 있다. 머신러닝 시스템을 인터넷과 같은 대규모 네트워크에 연결하거나 여러 머신러닝 시스템을 서로 연결할 때는 주의해야 한다. 두 시나리오 모두 예상치 못한 피해나 시스템 장애로 이어질 수 있다.

시스템의 출력을 제한해서 예측 가능한 사고를 방지한다.

예를 들어, 자율주행차량이 시속 300km까지 가속할 수 있도록 허용하는 것과 같이 머신러닝 시스템의 특정 결과에 문제가 있을 것으로 예상된다면, 시스템의 잘못된 의사결정을 그냥 두고 볼 수만은 없다. 비즈니스 규칙이나 모델 주장, 수치 제한numeric limit 등의 기타 안전장치를 사용해 시스템이 예측 가능한 나쁜 의사결정을 내리지 못하도록 해야 한다.

경연대회는 현실 세계가 아니라는 점을 기억한다.

분산이나 현실 세계의 절충점을 고려하지 않고 단일 측정지표에 기반해 모델의 순위를 매기는 데이터과학 경연대회의 순위표는 현실 세계의 의사결정을 평가하는 데 적합하지 않다. 머신러닝 시스템이 경연대회에서 성공하는 것도 마찬가지다. 머신러닝 시스템이 경연대회에서 성공했다고 해서 현실 세계에서도 성공할 것이라는 의미는 아니다. 우리는 경연대회의 규칙을 모두 알고 있으며, 규칙은 바뀌지 않는다. 때로는 경연대회와 관련된 모든 가능한 데이터(예: 가능한 모든 결과나 가능한 모든 움직임)에 접근할 수 있다. 이는 현실적이지 않다. 현실 세계에서는 모든 규칙을 알 수 없으며, 시스템을 지배하는 규칙은 극적으로 빠르게 변할 수 있다. 또한 올바른 의사결정에 필요한 모든 데이터에 접근할 수도 없다. 경연대회에서 성공하는 머신러닝 시스템은 엄청난 연구 성과일 수 있지만, 세상에 배포될 고위험 사회기술 머신러닝 시스템과는 관련이 없을 수 있다.

비지도 시스템이나 자체 업데이트되는 시스템은 주의 깊게 모니터링한다.

기준값 없이 훈련된 비지도 시스템unsupervised system과 자체 업데이트 시스템self-updating system(예: 강화학습이나 적응형학습, 온라인학습)은 본질적으로 위험이 더 높다. 비지도 시스템을 배포하기 전에 해당 시스템이 충분히 잘 작동하는지 파악하기 어려우며, 자체 업데이트 시스템이 어떻게 동작할지 예측하기도 어렵다. 모든 머신러닝 시스템을 모니터링해야 하지만, 고위험 애플리케이션을 위해 배포한 비지도 시스템과 자체 업데이트 시스템은 성능과 편향, 보안 문제를 실시간으로 모니터링해야 한다. 또한 이런 모니터링 시스템은 문제를 감지하는 즉시 사람에게 경고를 보내야 하며, 이런 시스템은 킬 스위치와 함께 구축해야 한다.

사람에 대한 윤리적 의무와 법적 의무를 알아야 한다.

머신러닝 배포가 민감한 데이터를 수집하거나 그 자체로 사람 사용자에 대한 암시적 실험이나 명시적 실험인 경우가 많으므로, 조직의 연구윤리위원회IRB, Institutional Review Board 「정책과 사람 실험에 대한 기본 지침」[30], 사람 사용자에 대한 실험을 수행하는 데 필요한 법적 의무와 윤리적 의무에 익숙해져야 한다.

익명 사용을 제한한다.

익명 사용이 필요하지 않은 시스템에서는 사용자가 시스템을 사용하기 전에 인증이나 다른 방법을 사용해 신원을 증명하도록 하면 해킹이나 남용 등 시스템과 관련된 기타 악의적인 행동을 크게 줄일 수 있다.

인공지능이 생성한 콘텐츠에 워터마크를 적용한다.

인공지능이 생성한 콘텐츠에 자동 표시계tell-tale나 문자, 소리를 추가하면 나중에 해당 콘텐츠를 식별하는 데 도움이 되며, 이런 콘텐츠가 기만적인 행위에 사용될 위험을 줄일 수 있다.

---

30 *https://en.wikipedia.org/wiki/Guidelines_for_human_subject_research*

머신러닝을 사용하면 안 되는 경우를 파악한다.

머신러닝이 모든 문제를 해결할 수는 없다. 사실 머신러닝이 잘 해결할 수 없는 많은 종류의 문제가 있다. 머신러닝은 삶의 결과를 예측[31]하는 데 있어서 사람이나 단순 모델보다 뛰어나지 않으며, 사람이나 단순 모델도 이보다 뛰어나지는 않다. 머신러닝은 직장에서 누가 좋은 평가를 받고, 누가 정직되고, 누가 해고될지를 실제로 알려주지 않는다. 또한 NIST[32]에 따르면 머신러닝은 비디오 영상에서 누가 잘하는지도 알 수 없다. 아빈드 나레이야난을 비롯한 저명한 머신러닝 연구자들은 범죄 재범과, 치안, 테스트리스 색출 등에서 머신러닝 예측의 문제점을 지적한 바 있다.[33]

머신러닝은 많은 사람과 사회적 결과를 이해하거나 예측하는 데 그렇게 뛰어나지는 않다. 이들은 흥미롭고 가치가 높은 문제이기는 하지만, 미국 국립표준기술연구소와 미국 국립학술원National Academies에서도 아직 머신러닝에 관해 알지 못하는 것을 우리가 알지 않는 한 머신러닝으로 해결하려고 해서는 안 된다. 그리고 머신러닝 시스템에 문제가 있다고 알려진 분야는 사회적 결과만이 아니다. 고위험 머신러닝 시스템에 너무 깊숙이 빠져들기 전에 과거의 실패 사례를 살펴봐야 한다.

> **NOTE** 다음 번 중요한 머신러닝 프로젝트에서 설계와 시기, 자원, 결과, 사용자에 관한 기본적인 질문을 하는 것을 두려워해서는 안 된다.

이런 상식적인 통제를 인구통계학적 다양성 및 직업적 다양성의 증대, 더 나은 과학적 방법 준수, 발표된 주장의 더 엄격한 검증, 권위 있는 외부 표준의 적용, 그리고 앞에서 설명한 모든 거버넌스 및 기술적 이점과 결합하면 어려운 머신러닝 애플리케이션에서 더 나은 결과를 얻을 수 있을 것이다. 물론 이 모든 추가 작업의 동의를 얻고, 이를 수행할 시간을 확보하는 일도 어려울 것이다. 모든 문제를 한 번에 해결할 수는 없다. 1장과 위험관리의 기본 사항을 다시 상기해 보길 바란다. 가장 심각한 위험이 무엇인지 확인하고, 이를 먼저 완화한다.

12.6 결론

이 책은 머신러닝 시스템을 구축하고 유지 관리하는 사람들을 관리하는 방법에 관한 교훈으로 시작했다. 그런 다음 설명 가능한 모델과 설명 가능한 인공지능을 통해 사람들이 머신러닝 모

---

31 *https://www.pnas.org/doi/10.1073/pnas.1915006117*
32 *https://nvlpubs.nist.gov/nistpubs/SpecialPublications/NIST.SP.1270.pdf*
33 *https://www.cs.princeton.edu/~arvindn/talks/MIT-STS-AI-snakeoil.pdf*

델을 더 잘 이해할 수 있는 방법을 설명했다. 그리고 모델 디버깅 및 보안 접근방식을 사용해 사람들이 머신러닝 모델을 더 신뢰하게 만드는 방법을 설명했으며, 사람들에게 더 공정할 수 있도록 하는 방법도 강조했다. 이렇게 사람에게 집중하는 것은 우연이 아니다. 기술은 사람에 관한 것이다. 사람에게 도움이 되지 않는다면 기술을 만들 이유가 거의 없다. 컴퓨터는 피해를 봐도 고통과 분노, 슬픔을 느끼지 않는다. 하지만 사람은 느낀다. 게다가 적어도 필자들이 판단하기에 사람은 여전히 컴퓨터보다 똑똑하다. 지난 10여 년 동안 머신러닝은 사람의 입력 없이 훈련된 거대한 설명할 수 없는 모델의 성공에 관한 것이었다. 하지만 이제 어느 정도는 연구 주제가 다른 방향으로 흘러갈 때가 되었다고 생각한다. 향후 많은 머신러닝 성공 사례는 법률 및 규제 준수, 개선된 사람과 머신러닝의 상호작용, 위험관리, 구체적인 비즈니스 성과를 포함하게 될 것이다. 사람을 위한 이익을 극대화하고 해를 최소화하는 것을 고위험 머신러닝 프로젝트의 핵심으로 삼는다면 더 많은 성공을 거둘 수 있을 것이다.

12.7 참고 자료

읽을거리

- 유럽연합 인공지능 법 부록[34]
- 국제표준화기구 표준[35]
- 미국 국립표준기술연구소 인공지능 위험관리 프레임워크[36]
- NIST SP1270: "인공지능의 편향 식별 및 관리 표준[37]
- 모델 위험관리 지침[38]

---

34 https://artificialintelligenceact.eu/annexes (옮긴이_ 지금은 실행되지 않는 URL입니다.)
35 https://www.iso.org/committee/6794475/x/catalogue/
36 https://www.nist.gov/itl/ai-risk-management-framework
37 https://nvlpubs.nist.gov/nistpubs/SpecialPublications/NIST.SP.1270.pdf
38 https://www.federalreserve.gov/supervisionreg/srletters/sr1107a1.pdf

부록

PART 4

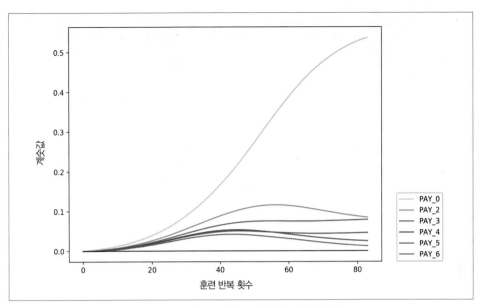

그림 2-1 탄성망 회귀모형elasticnet regression model에서 선택한 특성에 대한 정칙화 경로[1]

---

1 원본 그림: *https://oreil.ly/dR7Ty*

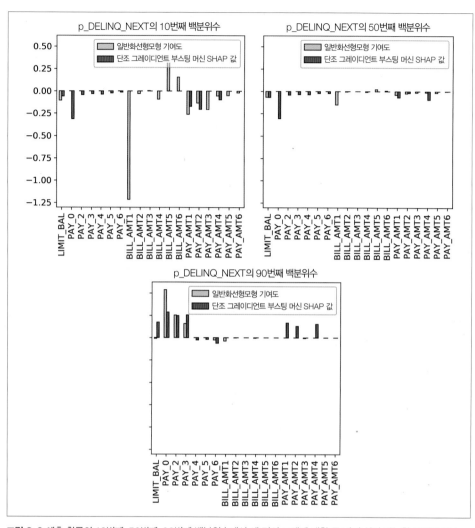

그림 2-3 예측 확률의 10번째, 50번째, 90번째 백분위수에서 세 명의 고객에 대한 두 가지 설명 가능한 모델의 국소 특성 속성[2]

---

2 원본 그림: *https://oreil.ly/4Y__H*

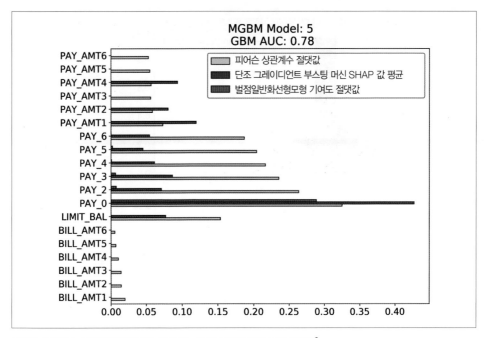

그림 2-4 피어슨 상관관계와 비교한, 설명 가능한 두 모델의 전역 특징 중요도[3]

---

3 원본 그림: *https://oreil.ly/C2dF0*

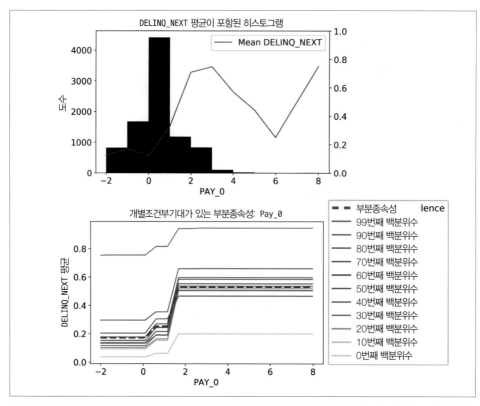

그림 2-6 중요한 입력 변수에 대한 히스토그램이 있는 부분종속성(아래) 및 개별조건부기대 그래프와 단조 그레이디언트 부스팅 머신에 대한 목푯값 평균 그래프(위)[4]

----

4 원본 그림: *https://oreil.ly/zFr70*

Metrics for PAY_0

	Prevalence	Accuracy	True Positive Rate	Precision	Specificity	Negative Predicted Value	False Positive Rate	False Discovery Rate	False Negative Rate	False Omissions Rate
-2	0.124	0.864	0.099	0.333	0.972	0.884	0.028	0.667	0.901	0.116
-1	0.168	0.816	0.206	0.406	0.939	0.854	0.061	0.594	0.794	0.146
0	0.121	0.867	0.107	0.341	0.972	0.888	0.028	0.659	0.893	0.112
1	0.325	0.491	0.903	0.381	0.292	0.862	0.708	0.619	0.097	0.138
2	0.709	0.709	1	0.709	0	0.5	1	0.291	0	0.5
3	0.748	0.748	1	0.748	0	0.5	1	0.252	0	0.5
4	0.571	0.571	1	0.571	0	0.5	1	0.429	0	0.5
5	0.444	0.444	1	0.444	0	0.5	1	0.556	0	0.5
6	0.25	0.25	1	0.25	0	0.5	1	0.75	0	0.5
7	0.5	0.5	1	0.5	0	0.5	1	0.5	0	0.5
8	0.75	0.75	1	0.75	0	0.5	1	0.25	0	0.5

Metrics for SEX

	Prevalence	Accuracy	True Positive Rate	Precision	Specificity	Negative Predicted Value	False Positive Rate	False Discovery Rate	False Negative Rate	False Omissions Rate
Male	0.235	0.782	0.626	0.531	0.83	0.879	0.17	0.469	0.374	0.121
Female	0.209	0.797	0.552	0.514	0.862	0.879	0.138	0.486	0.448	0.121

그림 3-1 주요 구간의 정확도와 오차를 분석하는 것은 편향과 과소특정화 등 심각한 머신러닝 버그를 감지하는 중요한 디버깅 방법이다.[5]

5 원본 그림: https://oreil.ly/URzZG

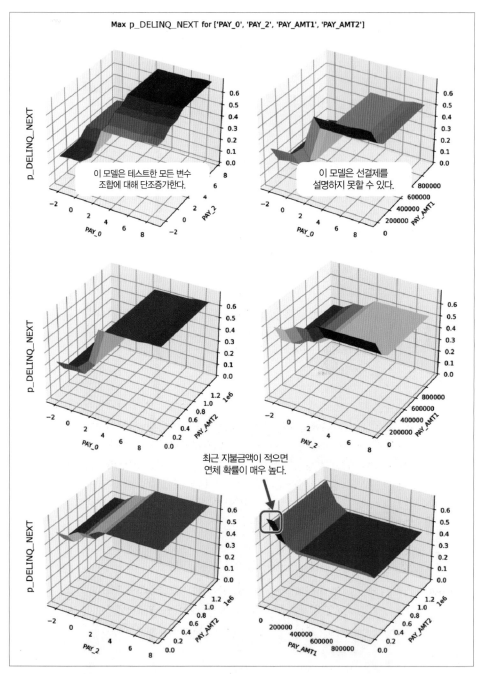

그림 3-4 흥미로운 모델 작동을 보여주는 대립예제 탐색 결과[6]

------

6 원본 그림: *https://oreil.ly/_vTJW*

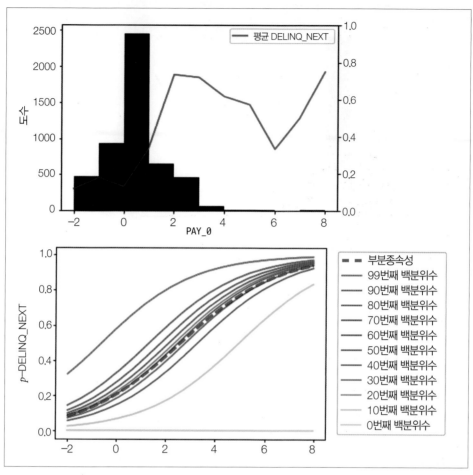

그림 6-1 이 장의 뒷부분에서 훈련할 일반화선형모형의 부분종속성 그래프. 신뢰성과 유효성effectiveness을 높이려고 개별조건부기대와 히스토그램, 조건부평균을 통합함[7]

---

7 원본 그림: *https://oreil.ly/7vLOU*

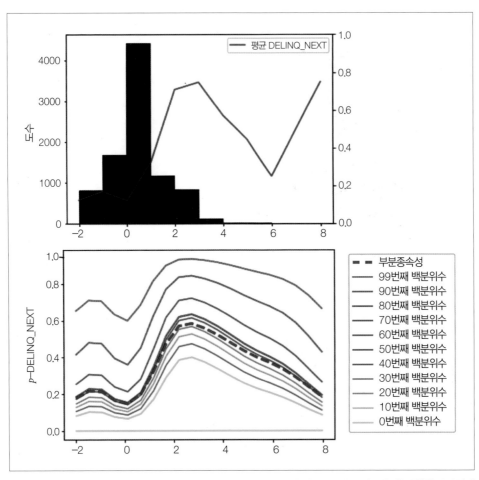

그림 6-2 PAY_0에 대한 신뢰성과 유효성을 높이기 위해 개별조건부기대와 히스토그램, 조건부평균을 통합한 예제 일반
화가법모형의 부분종속성 그래프[8]

----

8 원본 그림: *https://oreil.ly/KT-fl*

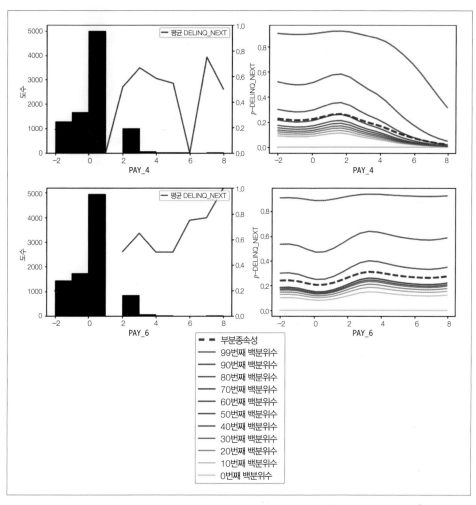

그림 6-3 PAY_4 및 PAY_6에 대한 개별조건부기대와 히스토그램, 조건부평균을 통합한 부분종속성 그래프[9]

9 원본 그림: *https://oreil.ly/m4yK6*

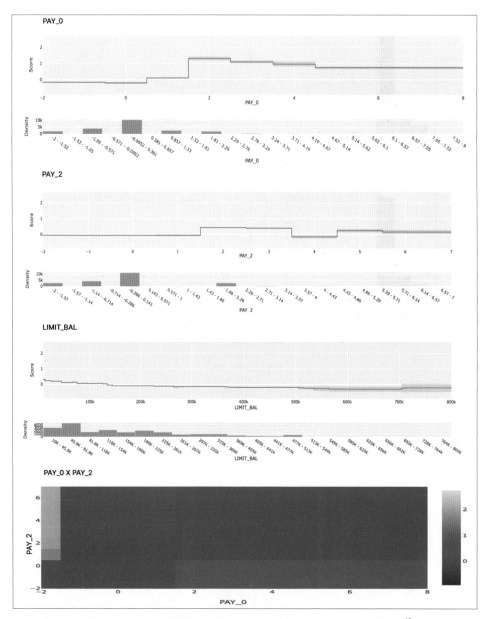

그림 6-4 설명 가능한 부스팅 머신에서 세 가지 중요한 입력특성과 히스토그램이 있는 상호작용 특성[10]

---

10 원본 그림: _https://oreil.ly/l9lTU_

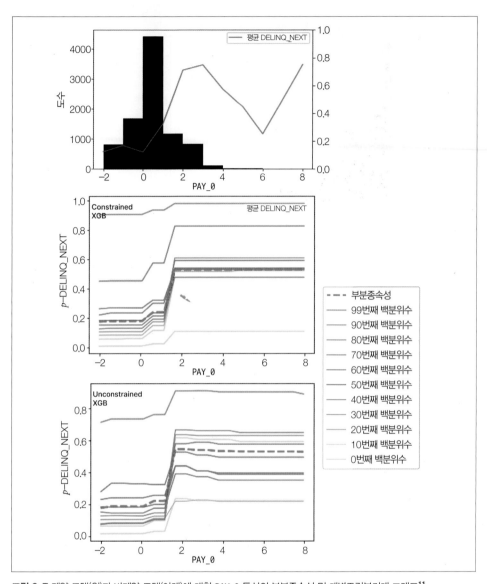

그림 6-7 제약 모델(위)과 비제약 모델(아래)에 대한 PAY_0 특성의 부분종속성 및 개별조건부기대 그래프[11]

---

11 원본 그림: *https://oreil.ly/ulxRP*

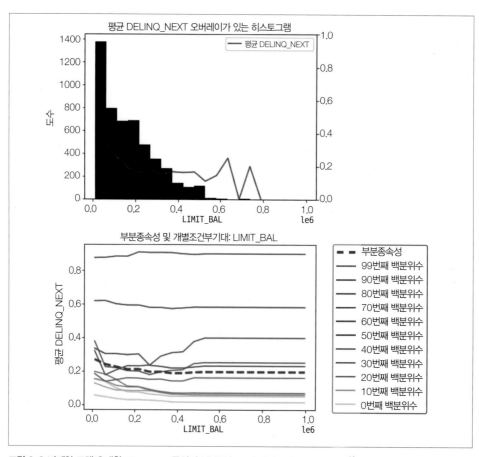

그림 6-8 비제약 모델에 대한 LIMIT_BAL 특성의 부분종속도 및 개별조건부기대 그래프[12]

----

12 원본 그림: *https://oreil.ly/D-CeU*

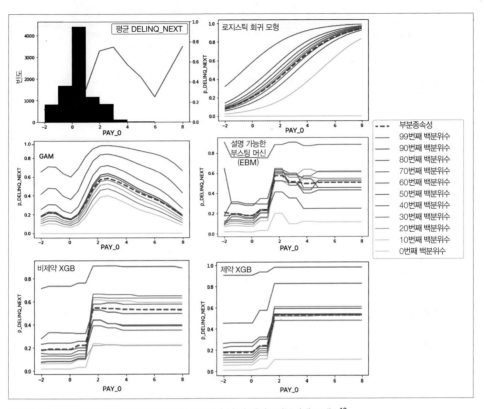

그림 6-13 이 장에서 훈련한 5개 모델에 대한 부분종속성 및 개별조건부기대 그래프[13]

---

13 *https://oreil.ly/3X2X4*

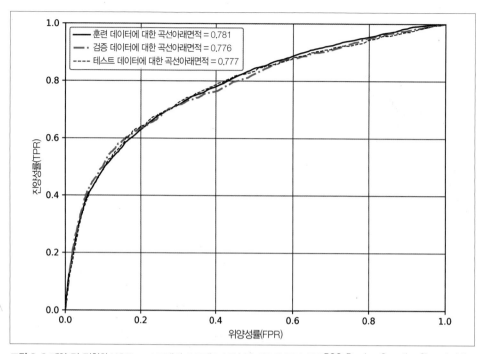

그림 8-2 제약 및 정칙화 XGBoost 모델의 스트레스 분석 전 시스템 동작 특성ROC, Receiver Operating Characteristics 곡선[14]

---

14 원본 그림: *https://oreil.ly/48-em*

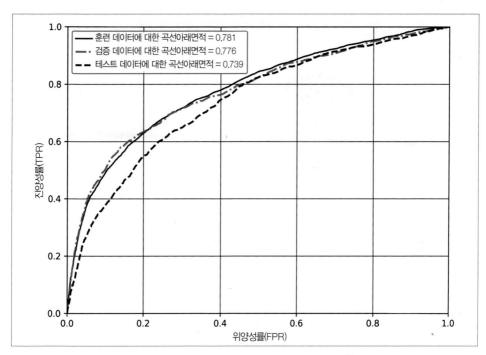

그림 8-3 제약 및 정칙화 XGBoost 모델의 스트레스 분석 후 시스템 동작 특성 곡선[15]

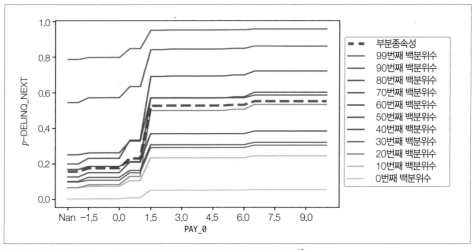

그림 8-4 선택한 XGBoost 모델의 부분종속성 및 개별조건부기대 그래프[16]

---

15 원본 그림: *https://oreil.ly/R460o*

16 원본 그림: *https://oreil.ly/w0jkL*

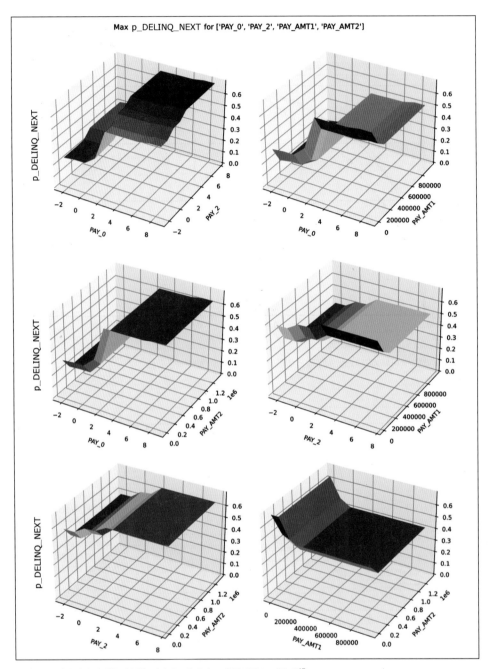

그림 8-5 대립예제 탐색은 다양한 시나리오에서의 모델 동작을 보여준다.[17]

----

17 원본 그림: *https://oreil.ly/hlLzb*

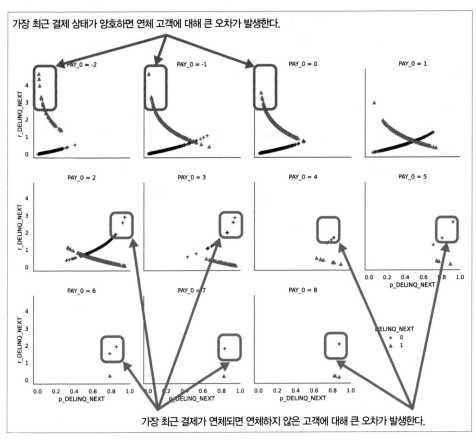

그림 8-7 결제 실적이 좋은 고객이 갑자기 연체하면 큰 잔차가 발생하며, 결제 실적이 좋지 않은 고객이 갑자기 제때 결제하기 시작해도 큰 잔차가 발생한다.[18]

---

18 원본 그림: *https://oreil.ly/ubGpn*

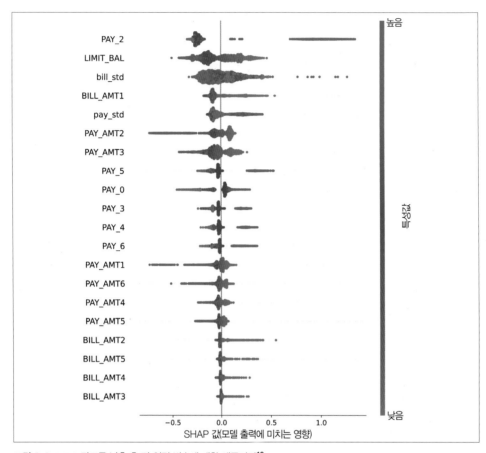

그림 8-9 PAY_0 강조를 낮춘 후 각 입력 변수에 대한 섀플리값[19]

---

19 원본 그림: *https://oreil.ly/H6zU9*

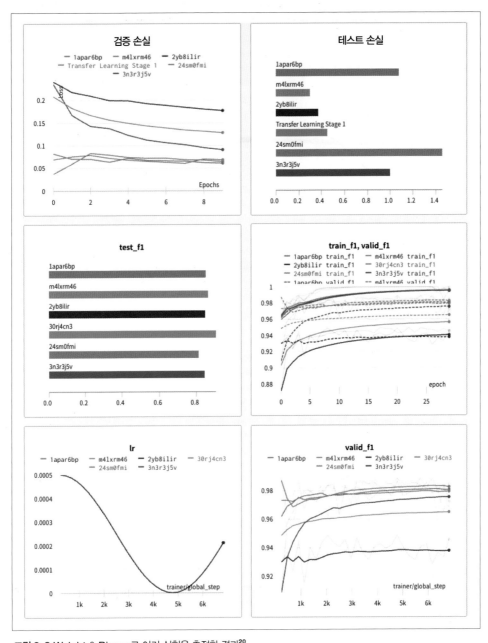

그림 9-8 Weight & Biases로 여러 실험을 추적한 결과[20]

---

20 원본 그림: *https://oreil.ly/xsUUk*

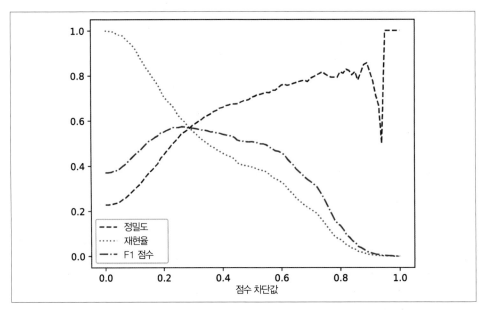

그림 10-1 초기 편향 테스트에 필요한 예비 차단값은 F1 통계량을 최대화하도록 선택한다.[21]

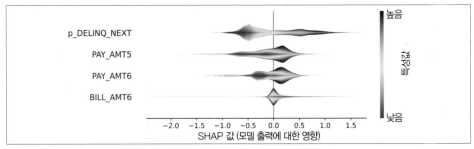

그림 10-2 대립 모델 검증 데이터에서 가장 중요한 상위 4개 특성에 대한 SHAP 값 분포[22]

21 원본 그림: *https://oreil.ly/EaaUe*

22 원본 그림: *https://oreil.ly/n4z9i*

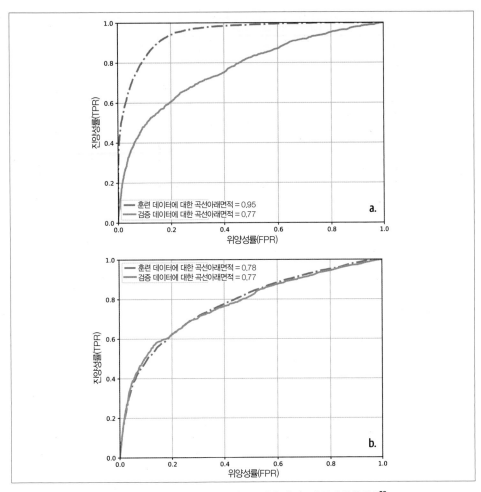

그림 11-1 제약 및 정칙화 XGBoost 모델에 대한 스트레스 분석 후의 시스템 동작 특성 곡선[23]

---

23 원본 그림: *https://oreil.ly/0xLnl*

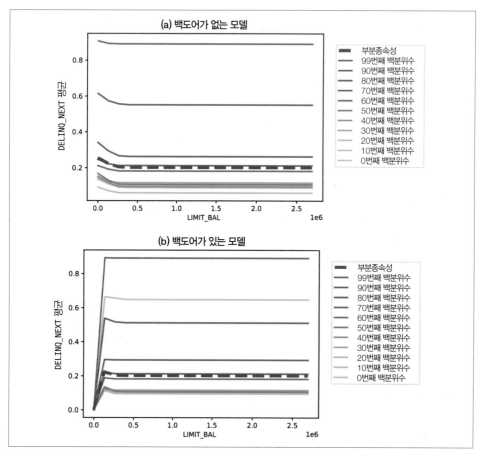

그림 11-5 (a) 백도어가 없는 정칙화 제약조건 모델과 (b) 백도어가 있는 정칙화 제약조건 모델의 부분종속성 및 개별조건부기대 그래프[24]

---

24 원본 그림: *https://oreil.ly/SCTkW*